부정부패

원인과 대책

부정부패

원인과 대책

이진호 지음

한국학술정보㈜

부패방지는 국민 권익보호와 복리증진, 국가발전을 위한 국가경쟁력 제고의 핵심이다. 또한, 우리나라가 선진국 대열에 합류하려면 공공부문의 부패 척결은 필수다. 만연한 부정부패를 두고는 선진국이 되기 어렵다. 그동안 정부는 공무원의 기강을 바로잡기 위해 공직자윤리법과 동 시행령, 윤리강령 등을 만들어 공무원의 부패 방지와 기강 확립을 위해 노력해 왔다. 공무원의 재산을 등록하게 하고 매년 그 변동을 보고하게 하는가 하면, 국가 주요기관에 대한 청렴도 측정 공개, 대통령이 직접 나서 부패척결과 개혁 의지를 천명하고 공무원의 뇌물범죄를 적발해 처벌하고 있으나 그 효과는 기대 이하이다.

부패행위는 공무원이 저지르는 것으로 공무원이 막아야 한다. 일반인들은 공무원이 부패했다고 생각하는데도 공무원 자신은 부패하지 않다고 생각하면 공무원 스스로에 의한 부패방지 노력은 기대하기 어렵다. 행정기관이 부패방지 노력을 등한시하면 그 틈새를 헤집고 부패는 만연한다. 부패문제를 더 심각하게 인식해야 할 공무원이 부패에 대한 인식도가 지나치게 낮은 것은 부패예방을 위해서는 심각한 문제이다. 무슨 일이든지 가장 좋은 해결책은 내부에서 나오는 것이다. 스스로에 의한 자정 노력이 제대로 이루어지지 않으면 그때는 더 큰 대가를 요구하는 국민에 의한 외부압력이 강화될 수밖에 없다.

오늘날 우리나라는 하위직 공무원의 뇌물사건 등은 잘 적발해 엄한 처벌을 하면서 고위공무원, 검찰, 법관 등의 비리에 대해서는 기소율이 낮고 세상을 떠들썩하게 한 정치인이나 장관 등에 대한 처벌은 미약하다. 정치가나 공직자가 거액의 뇌물을 받아도 대가성이 없으면 처벌하지 않는 모호한 법률에 대한 정비가 시급하다. 매번 선거철만 되면 선거사범이 대거 구속되는 악순환과 반복되는 대통령 친인척과 측근 비리도 이제는 끊어내야 한다. 국민 또한 청렴도 향상을 위해 노력해야 할 때다. 대한민국은 세계 10위 권역의 경제 대국이며 세계에서 가장 교육열이 높고, 문맹률 1%대인 남들이 부러워하는 나라다. 이제 청렴도도 국가품격에 맞게 향상돼야 한다.

부패인식 수준이 10점 만점에 5.4점이라는 것은 부끄러운 일이다. 국민은 아직도 개인 편익을 위해 뇌물을 상납하고 부패행위를 자행하고 있으며, 권력을 통하면 법과 절차를 넘을 수 있다는 생각이 상존한다. 청렴성과 사회적 신뢰 회복은 국가 경쟁력을 좌우한다. 국가청렴도를 높이기 위해서는 공직 정화淨化 노력을 배가함은 물론 내부고발자에 대한 보호와 국민의 기강 확립도 강화돼야 하겠다. 정부는 공무원법과 공직자윤리법, 형법 등을 엄격히 적용해 앞으로 국가청렴도를 향상해 청렴도 상위국가가 되도록 모든 노력을 다해야 할 것이다.

이 글은 모든 국민이 염원하는 공정한 사회, 살기 좋은 나라를 건설하는 데 도움이 되었으면 하는 바람에서 시작되었다. 구상에서 자료수집, 공부 등 글을 쓰는 데 햇수로 5년이라는 기간이 소요되었다. 14년 동안 취재현장에서 느낀 기업의 관공서 대응방식, 공무원과 행정기관 접촉 경험, 부패관련 서적과 정책자료, 언론에 보도된 1,000여 건의 부정부패 보도내용 분석, 각종 인터넷 자료를 참고했으며, 행정개혁과 리더십, 교육문제 등을 고려했다. 최고는 우리 안에 있다. 우리가 완성해야 할 최고는 우리 안에 있는 최고를 끄집어내는 창조적 지도력을 발휘하는 것이다. 우리에게는 부정부패를 다스릴 수 있는 충분한 자질이 있고 머지않아 청렴 한국이 달성되리라고 확신한다.

2011년 10월 15일

이진호

Contents

Chapter 1 부패

Chapter 2 부패문제에 대해 갖는 의문과 이해제고

1절 부패행위에 대한 이해제고 54

3절 포상에 의한 내부신고제도의 허실   151

Chapter 3 국제사회와 부정부패

Chapter 4 한국의 부정부패 무엇이 문제인가

Chapter 5 부정부패 방지 접근

표 · 그림 목차

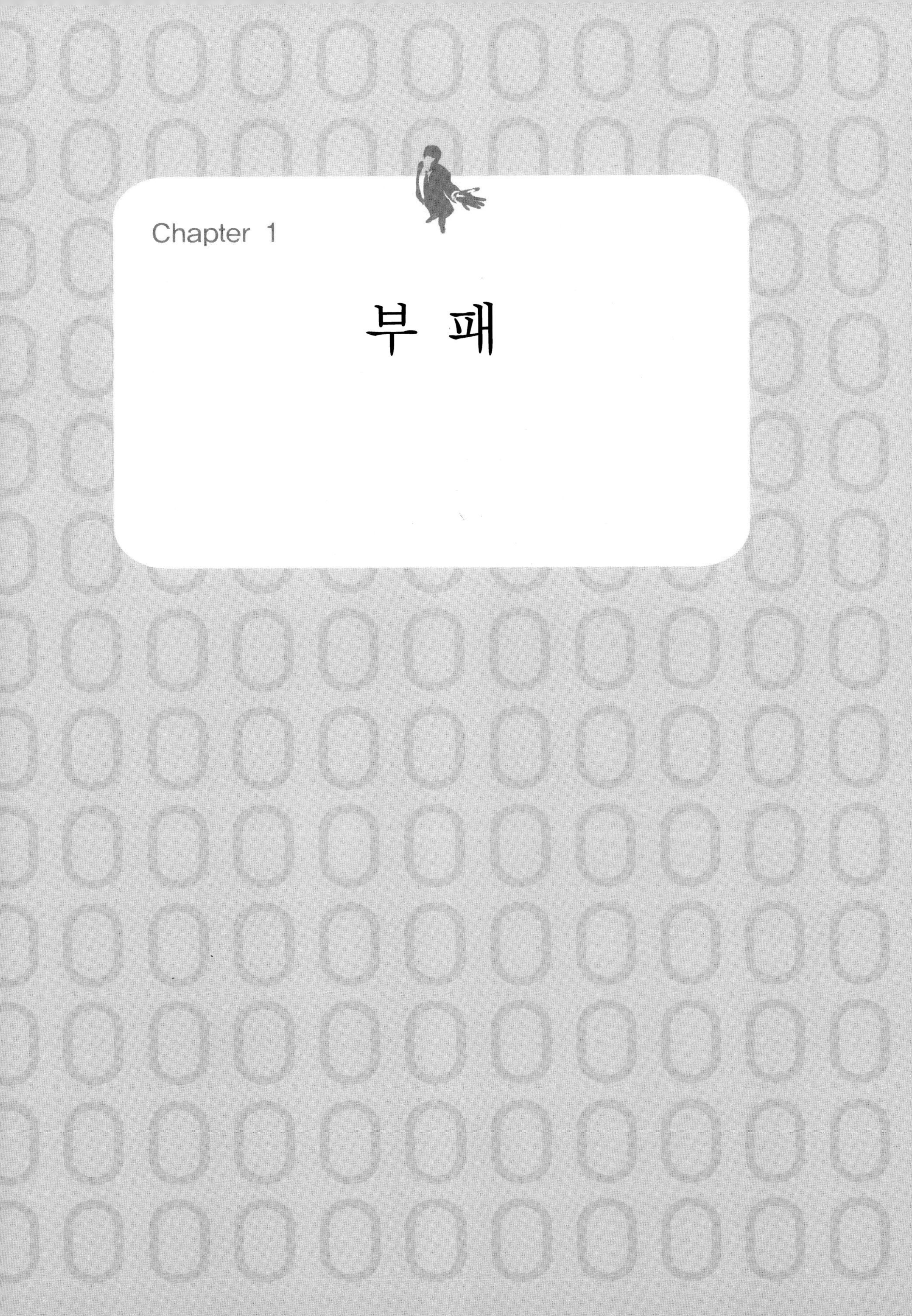

부 패

1. 부패에 대한 개념과 정의

1) 부패의 개념

부정부패^{不正腐敗} 또는 부패는 새로운 것이 아니다. 인류의 역사가 생겨난 이래로 부패는 존속해 왔으며, 2천 년 전 인도의 수상인 카우틸리아^{Kautilya}는 그의 저서 'Arthashastra'에서 부패를 이미 논하였다고 한다.[1] 부패^{腐敗, corruption}는 한자로 썩을 부^腐 무너질 패^敗 자를 쓴다. 말뜻 그대로 표현하면 '썩어서^腐 무너짐^敗'이다. 영어의 어원을 살펴보면 cor^{함께}와 rupt^{파멸하다}의 합성어로서, '함께 파멸한다'는 의미를 지니고 있다. 모두 정상적인 것에서 벗어나 있는 상태, 지속적 생존을 불가능하게 하는 파멸의 상태를 의미한다.[2]

부패는 사회윤리와 공직윤리가 지켜지지 않았을 때 외형적으로 드러나게 되는 병리현상이다. 그 개념은 '공무원이 직무와 관련하여 저지르는 행동으로서 개인의 이익을 추구하는 의식적 행동', '직무와 관련하여 부당한 이익을 취하거나 취하려는 행동' 등으로 이해된다. 우리가 여기서 공통으로 찾을 수 있는 것은 공무원의 부패를 구성하는 요인은 그것이 직무와 관련되어야 하고, 부당한 개인의 이익을 목표로 하는 것이라는 점이다.[3] 부정부패란 국민과 국가에서 위임된 권력인 공직을 이용하여 비정상적인 방

---

1) 배세영(2005), "부패의 경제학", 대경, p.3.

2) 이종수 외(2005), "새 행정학", 대영문화사, p.215.

3) 노정현(1996), "깨끗해야 떳떳하다", 미래미디어, pp.16~37.

법으로 사적 이익을 의식적으로 추구하는 것이라고 할 수 있다.4) 쉴라이퍼와 비쉬니 Shleifer & Vishny는 정부 등의 기구가 과도한 규제, 정부의 중앙집권화를 시도할 때, 정치적 기구들이 사회의 많은 기구와 단체들로부터 감독이 되지 않을 때 부패가 더욱 성행할 수 있다5)고 했다.

부패행위 속에는 횡령, 뇌물 수수와 같은 명백한 불법행위는 물론, 직권 남용과 오용 그리고 부정과 같이 비록 직접적인 물질적 혜택은 없다고 하더라도 민주적 절차를 벗어나거나 공정성을 잃은 행정처분 등 공식적 규범을 벗어난 일체의 행위가 포함된다.6) 이 외에도 부패행위를 더욱 확장하여 국민에게 시간과 경비, 기회비용을 잃게 하는 저급한 행동까지 포함해야 마땅하다. 사전에 잘 안내해 주고 방문할 때 한 번에 문제를 지적하여 해결방안을 알려주면 될 것을 두 번 세 번 걸음을 하게 해 피해를 주는 것에 대해 민원인은 부정부패 행위보다 더 불쾌하게 생각한다. 국민이 피해를 본다는 점에서 부정부패 행위로 피해를 주는 것과 다를 바 없다. 국민은 이러한 저급한 행동에서 더 큰 불신과 불만을 품고 강한 피해의식을 느낀다.

2) 부패의 정의

부패는 문화적 가치와 사회조건에 따라 다양하게 정의될 수 있다. 국제투명성기구, 세계은행, 경제협력개발기구OECD, 국제연합UN 등은 각각 나름대로 부패를 정의하고, 국가별로 부패수준을 평가하고 있다.7) 부패란 공공직무관계, 즉 정책·법·제도 등을 만들고 이를 서비스로 전달하는 집행과정에 윤리규범과 법규범을 초과하고 이 초과에 대한 반대급부로서 금전적 가치 등이 교환적·대가적으로 이루어지는 잘못된 부負적 행동이라고 정의할 수 있다.8)

세계은행이 정의한 부패corruption는 개인적인 이익을 위한 공권력의 남용이다.9) 국제투명성기구10)Transparency International, TI는 부패를 사적인 이익을 위해 주어진 권력을 오용

---

4) 최창호·하미승(2006), "새 행정학", 삼영사, p.547.

5) 배세영(2005), "부패의 경제학", 대경, p.28.

6) 강성철 외(2007), "새 인사행정론", 대영문화사, p.533.

7) 김장민(2010), "지방자치단체장 부패 근절 방안", 새세상연구소, p.10.

8) 이상안(2000), "공직윤리봉사론", 박영사, p.306.

9) 배세영(2005), "부패의 경제학", 대경, p.3.

하는 것으로 정의하고, '법에 따른 부패'와 '법에 반하는 부패'를 구분하고 있다. 급행료와 같이, 법에 당연히 해주게 되어 있는 것을 특별한 편의를 받기 위해 뇌물을 제공하는 것을 법에 따른 부패로 정의하는 반면, 법으로 금지된 것을 받기 위해 뇌물을 주는 것을 법에 반하는 부패로 정의한다.[11]

우리나라 부패방지 및 국민권익위원회의 설치와 운영에 관한 법률 제2조 제4호에서 부패행위란 공직자가 직무와 관련하여 그 지위 또는 권한을 남용하거나 법령을 위반하여 자기 또는 제삼자의 이익을 도모하는 행위, 공공기관의 예산사용, 공공기관 재산의 취득·관리·처분 또는 공공기관을 당사자로 하는 계약의 체결 및 그 이행에서 법령에 위반하여 공공기관에 대하여 재산상 손해를 입히는 행위, 위에 규정한 행위나 그 은폐를 강요, 권고, 제의, 유인하는 행위 중 어느 하나에 해당하는 행위를 말한다고 규정하고 있다.

국제투명성기구의 정의와 비교하여[12], 공직자와 공공부문으로 그 영역을 국한하고 있는 점이 가장 큰 차이다. 시민사회단체의 요구에 따라 직접적인 부패행위 외에 부패행위를 강요, 권고, 제의, 유인하거나 그 은폐 강요 등 간접적인 부패행위도 부패행위의 개념에 포함함으로써 부패행위 신고대상뿐만 아니라 신고자 보호범위도 확대되었다.

---

10) 국제투명성기구(Transparency International, TI)는 독일 베를린에 본부를 두고 있는 세계적 반부패 NGO(비정부 조직)로, 1993년 창립 이후 부패문제를 세계의 중심 의제(agenda)의 하나로 끌어올려 부패에 대한 인식을 높이는 데 기여하였다. 2006년 12월 현재 세계 112개국에 각국 본부(연락사무소 포함)를 두고 있으며, 우리나라에서는 한국투명성기구가 2000년부터 한국본부(Korea Chapter)의 역할을 겸하고 있다. 투명성(Transparency)이란 행정적 결정, 상거래행위, 자선행위 등에 의해 영향을 받는 사람들로 하여금 그와 관련된 기본적인 사실뿐만 아니라 그 메커니즘과 과정까지를 알도록 허용한다는 원칙이다. 가시적으로 예견할 수 있도록, 이해할만 하게 행동하는 것 모든 공무원, 경영자 수탁인들의 당연한 의무이다.

11) 한국투명성기구·대한주택공사(2007), "청렴교육교재", 서울, pp.13~14.

12) 한국투명성기구·대한주택공사(2007), "청렴교육교재", 서울, pp.13~14.

2. 부패의 유형

　부정부패는 발생양태 면에서 능동형과 수동형으로 나눌 수 있다. 능동형은 관료가 적극적으로 부정부패를 일으키는 것이고, 수동형은 관료가 소극적으로 부정부패에 이끌리는 것을 말한다. 내용 면에서 뇌물수수, 공금횡령, 정실조치 등으로 나누어 볼 수 있다. 뇌물수수는 뇌물제공자와 협력에 의해 행해지며 공직자 부정부패의 가장 보편적인 방식이다. 공금횡령은 행위자의 일방적인 행위로 이루어지며 막대한 국고손실을 가져온다. 정실조치는 뇌물제공자나 연고자를 후원하는 행위로 행해지며 부패보다도 부정 쪽에 가까운 현상이라 하겠다.13) 그 외에도 여러 가지가 있는데, 영향력을 행사하고 그 대가를 받는 것, 정보를 거래한 것, 재정적인 혜택을 주고 대가를 받는 것, 선물과 향응을 받는 것, 공직에 있으면서 기업의 비상근 감사나 사외이사 등 외부의 자리를 얻는 것, 퇴직 후의 자리를 보장받는 것, 친지들에게 유리한 결정을 내리는 것 등 실로 다양하다.14)

　부패의 유형은 기준에 따라 여러 가지로 분류할 수 있다. 첫째, 부패의 유형은 크게 나누어 정치권력이 부패의 주체가 되는 권력형 부패와 관료 부패로 나누어 볼 수 있다. 권력형 부패는 정치인이 주축이 된다는 의미에서 정치 부패라고도 불린다. 권력형 부

---

13) 최창호 · 하미승(2006), "새 행정학", 삼영사, p.548.
14) 노정현(1996), "깨끗해야 떳떳하다", 미래미디어, pp.16~37.

패는 관료 부패보다 훨씬 암묵적이고 겉으로 드러나지 않으며, 주로 정책 이전 단계에서 그 영향력을 발휘한다는 점에서 관료 부패와 그 성격이 다르다. 둘째, 부패가 얼마나 구조화되고 제도화되어 있느냐를 기준으로 하여 우발적 부패와 제도적 부패로 나누어 볼 수 있다. 우발적 부패는 사건 자체의 연속성이 없으며, 구조화되지 않은 부패를 말한다. 제도적 부패는 정부에 대한 불신은 물론 사회 전반의 불신 풍조를 조장하고, 공공자원의 오용과 행정의 비능률을 가져옴으로써 국가 사회의 생존과 발전을 심각하게 위협하게 된다. 셋째, 부패에 대한 사회 구성원의 관용 정도에 따라 백색부패와 회색부패, 흑색부패로 나누어 볼 수 있다. 백색부패는 이론상 일탈행위로 규정될 수 있으나 구성원 다수가 어느 정도 용인하는 관례화된 부패를 말한다. 우리 사회에서 흔히 '떡값'이라는 명목으로 관용되는 적은 액수의 뇌물 수수 관행이 이러한 유형의 부패에 속한다고 할 수 있을 것이다. 회색부패는 사회 체제에 파괴적인 영향을 미칠 수 있는 잠재성을 지닌 부패로서, 사회구성원 가운데 일부 집단은 처벌을 원하지만 다른 일부 집단은 처벌을 원하지 않는 경우의 부패를 말한다. 그리고 흑색부패는 사회 체제에 명백하고 심각한 해를 끼치는 부패로 구성원 모두가 인정하고, 처벌을 원하는 부패를 말한다.15)

---

15) 강성철 외(2007), "새 인사행정론", 대영문화사, pp.534~535.

3. 부정부패 발생원인

공직자 부패의 발생원인은 크게 보면 구조적인 원인과 개별적인 원인이 있다. 부패가 사회 구조적인 산물이라고 할 때, 그것은 사회의 가치관이 부정과 부패를 용인하고 정부의 통제기능이 취약하며, 직업공무원제도가 제대로 확립되어 있지 않거나 지나치게 강력한 행정권의 존재 등을 의미한다. 그리고 전문가로서 긍지를 살리기 어려운 정도의 낮은 대우, 권위주의적인 조직분위기 등도 이 범주에 해당한다.

부패의 원인이 개인에게 있는 것은 공무원들이 수행하는 공적인 역할과 개인적인 이익이 상충하는 데서 부패가 발생한다. 에밑D. Emmet이 지적한 것처럼 현대사회의 모든 조직은 '공동의 목적을 가진 하나의 공동체'이기도 하며, 동시에 '개인들이 그 안에서 자신의 경력을 키워나가는 장'이기도 하다. 따라서 공공조직 또한 공익에 봉사하기 위해 설립된 공동체인 동시에 각 개인이 자신의 이익을 실현하기 위하여 애쓰는 영역이다. 문제는 개인적 이익과 공적인 이익을 단순하고 완벽하게 갈라놓는 것이 점점 어려워진다는 점이다. 특히 공직자는 일반 시민으로서는 어려운 정부자원에 대한 특별한 접근이 가능하므로 이러한 갈등이 더욱 문제가 된다.[16]

구조적인 원인은 그 범위가 너무 넓고 부정부패의 원인은 다양하다. 사회·문화적 배경과 정치·행정 양태 등에 의해 다르게 나타난다. 부정부패가 발생하는 원인에 접근하는 이론은 여러 가지가 있다.[17] 그 내용을 정리하면 다음과 같다.

---

16) 노정현(1996), "깨끗해야 떳떳하다", 미래미디어, pp.16~37.

1) 개인 윤리적 접근

대인 윤리적 특성에서 볼 때 부패는 개인들의 행동결과이다. 부패의 원인을 부패행위에 참여한 개인들의 자질qualities, 본성nature 윤리에 있다고 보는 견해이다.18) 개인은 인간으로서 사악성, 나태함, 부정직과 같은 개인적 덕목이 창조 이래 원죄 맥락의 부패 원인이 된다는 것이다. 또한, 인간의 지나친 욕심이 부정부패의 원인이 되고 이에 의해 도덕률이 배제된다고 보는 입장이다.19) 윤리의식이 약하고 탐욕이 큰 사람은 부패행위를 경제적 자원을 획득하는 수단으로 인식하고 행동하기도 한다.20) 공사구분의식의 낙후, 도덕 불감증, 고발의식 미약, '법을 지키면 오히려 손해를 본다'는 등의 잘못된 윤리의식과 정의감 부재 등 부패의 원인을 부패를 저지르는 관료 개인의 윤리의식과 자질 탓으로 돌린다.21)

2) 사회 문화적 접근

온정주의, 연고주의, 접대문화, 촌지문화, 청탁 관행 등 우리 사회의 문화적 요소와 잘못된 관행 등 사회 문화적 접근은 관료 부패를 사회 문화적 환경의 종속 변수로 본다.22) 부패가 사회 문화적 소산이라고 주장하는 학자들은 특정한 지배적 관습이나 경험적 습성에 따른 선물 증정 같은 것이 바로 부패를 조장한다고 주장한다.23) 사회 문화적으로 연고주의가 지배하고 온정이 중요시되며, 권위주의 · 관존민비24) 사상의 뿌리가 깊을 때 부정부패가 더 많이 발생한다. 사회질서가 잡혀 있지 않고 혼란과 무질서가 심할 때 부정부패가 더 횡행함은 물론이다.25)

특히 연고주의26)는 지역갈등과 패거리 문화 등 불신사회를 조장하고 부정부패를 싹

17) 최창호 · 하미승(2006), "새 행정학", 삼영사, pp.548~549.

18) 김택(1999), "관료부패론", 학문사, pp.29~36.

19) 이상안(2000), "공직윤리봉사론", 박영사, p.313.

20) 강성철 외(2007), "새 인사행정론", 대영문화사, pp.537~538.

21) 강성철 외(2007), "새 인사행정론", 대영문화사, pp.537~538.

22) 강성철 외(2007), "새 인사행정론", 대영문화사, pp.537~538.

23) 김택(1999), "관료부패론", 학문사, pp.29~36.

24) 관존민비(官尊民卑)는 관리는 존귀하고 백성은 비천하다고 여기는 생각.

25) 최창호 · 하미승(2006), "새 행정학", 삼영사, pp.548~549.

틔우는 '병리현상'이다. 합리적 계약보다 개인적 친소관계를 더욱 중시하는 연줄사회, 학연·지연·혈연 등을 기반으로 조성된 '끼리끼리' 문화는 공정성과 합리성을 저해한다. 나아가 보편적인 질서의 공적公的 절차는 무시되고 줄과 끈을 매개로 한 부패가 싹트게 된다. 우리 사회의 뿌리 깊은 연고의식과 광범위한 사적 유대관계network가 낳은 병폐를 진단하고 공직부패의 근원으로서 연고주의를 타파해야 한다. 이런 연고주의는 상호경쟁을 저해하고 공적 조직관계network를 압도하여 공정성과 효율성을 저해한다.27)

3) 법·제도적 접근

제도적인 접근은 공직자가 공권력을 남용하거나 공직에 있음을 이용하여 사적인 이익을 추구, 확장하는 행위로 법과 제도상의 결함이나 운영 미숙 등이 부정부패의 원인으로 작용한다고 보는 것이다.28) 과잉규제, 모호한 법, 불완전한 제도 속에 있는 문제 등이 가장 대표적인 사례에 속한다. 법령이 사람에 따라 달리 해석된다면 민원인들은 법을 지키기보다 해석의 권한을 가진 공무원에게 잘 보이려고 노력할 수밖에 없다. 공무원이 '적절하지 않다'고 판단하면 모든 것이 끝장이다. 우리나라 법규에는 '기타 특별한 사유', '충분한 조치', '우려가 있을 때' 등의 문구가 많다. '귀에 걸면 귀걸이, 코에 걸면 코걸이'인 셈이다. 이 경우 공무원은 귀걸인지 코걸이인지를 가리는 '절대자'나 다름없다. 게다가 민원인에게 공개되는 행정정보가 극히 제한돼 있어 공무원과 민원인 간의 뒷거래로 이어지고 있다.

행정업무가 어떤 과정을 거쳐 언제쯤 어떻게 결론이 날지 예측할 수 없다면 민원인과 공무원 사이에 대등하고 공정한 일 처리는 기대하기 어렵다. 모호한 법 규정과 공개되지 않는 행정절차가 부정부패의 싹을 키운다. 민원인이 공무원에게 일방적으로 당하는 것은 법 규정이 모호해 공무원이 마음만 먹으면 끝없이 일 처리를 지연시킬 수 있기 때문이다.29) 그러므로 행정제도에 내재해 있는 지키기 어려운 각종 규제, 절차, 기준의 비현실성·모호성·불명확성, 업무처리에 대한 기록 미흡과 기록된 내용의 비

---

26) 연고주의(緣故主義)는 혈연(血緣), 학연(學緣), 지연(地緣) 등으로 연결된 집단 또는 그 구성원이 합리적, 객관적 기준보다는 주어진 연고를 바탕으로 의사를 결정하고 가치를 배분하는 사회 행동양식이다.

27) 이상안(2000), "공직윤리봉사론", 박영사, p.312.

28) 강성철 외(2007), "새 인사행정론", 대영문화사, pp.537~538.

29) 이상안(2000), "공직윤리봉사론", 박영사, pp.311~312.

공개, 부당한 처리에 맞서서 대응할 수 있는 수단의 미비는 부정부패의 원인으로 작용한다.

4) 체제와 구조적 접근

체제론적 접근은 관료 부패 현상을 관료 개인의 속성과 제도, 사회 문화적 환경 등 여러 요인이 복합적으로 상호작용한 결과로 이해한다.[30) 부패의 원인을 정부와 일반 국민public 간 상호작용의 소산으로 보는 것이다. 구조적인 측면에서는 오랫동안 비합리적인 관행과 풍토 그리고 관료구조의 내적 수준과 조직 문화적인 차원에서 그 원인을 추적할 수 있다.[31) 정·경·관의 유착구조, 고비용 정치구조, 관 주도형 경제체제, 시장진입을 제약하는 요소의 존재, 대내외적 개방체제의 미확립에 의한 불투명성 등이 있다.

공직 부패원인의 구조적 요인은 여러 가지가 있지만 공직의 과도한 권한 독점, 재량권, 과소한 책임감과 강한 연관이 있다. 이를 체계적인 부패corruption as a system 차원에서 공식화하면 C=M+D-ACorruption equals monopoly plus discretion minus accountability이다. 즉, C부패=M독점+D재량권-A책임의식일 때 부패는 번성한다고 본다. 이처럼 공직자 부패는 독점적 공무원의 자기재량권이 결합한 반면 공무원의 책임의식이 모자랄 때 야기된다. 따라서 부패란 단순한 윤리 문제가 아니라 사회적 에너지를 소모하고 자원의 낭비를 가져오는 경제발전의 장애물이므로 이를 척결하기 위해서는 법과 질서를 확립하는 일이 시급하다고 보는 관점이다. 특히 이 입장을 주장하는 사람들은 시민 또는 시민단체NGO의 자유가 높은 곳은 대체로 부패방지에 성공했다는 근거가 입증되고 있으며, 규제가 너무 엄격해 관료들의 권한이 과도하게 크거나 사법제도가 제대로 작동하지 않을 때 부패가 심해지는 경향을 보인다는 것이다.[32)

---

30) 강성철 외(2007), "새 인사행정론", 대영문화사, pp.537~538.

31) 김택(1999), "관료부패론", 학문사, pp.29~36.

32) 이상안(2000), "공직윤리봉사론", 박영사, pp.307~308.

5) 환경적 접근

환경環境은 생활하는 주위의 상태를 말한다. 인간의 삶은 사회 속에서 공동체 생활을 유지해 나가는 것이므로 자신을 둘러싼 주위의 제반 환경요소에 의해 행동의 영향을 받는다. 때로는 아무리 법규를 잘 지키고 청렴하려고 노력을 해도 사회화를 통해 동화되고 동료의식이 싹트기 때문에 사람으로서 행하여야 할 바른 도리인 의義를 실천해 나가기 어려운 때도 있다.

떡값, 접대의 일반화 등 사회 전반의 부조리 풍토 만연, 선처와 특혜를 바라는 민원인의 청탁 횡행, 학연·지연·혈연 등에 기초한 연고주의와 온정주의, 관직 사유관념 같은 정치가와 공무원의 전근대적 가치관과 직업윤리 타락, 내부 통제장치 미흡, 행정 처리 절차의 저급한 제도화, 특정 산업을 집중적으로 육성하고 특정 기업에 특혜가 돌아가게 하는 편중된 정부 주도 경제개발, 규제 중심의 행정, 부적절한 보수, 불합리한 인사제도, 시민의 낮은 정치의식 수준과 외부통제가 미흡한 상황이 발생하고 유지되면 부정부패는 만연할 수밖에 없다.

6) 관리·통제적 접근

부패통제 측면에서는 '공직 내부의 자체 통제기능 미약, 시민단체 역할 미흡, 부정부패 적발을 담당하는 사정기관 활동의 비효율성, 비리 공직자에 대한 관대한 처벌' 등과 관련이 있다. 사회의 법과 제도상의 결함, 이러한 것들에 대한 관리기구와 그 운영상의 문제들 또는 예기치 않았던 부작용 등이 부정부패의 원인으로 작용하기도 한다. 정부 각 기관의 관리와 관리과정에 절차가 너무 이상에 치우쳐 있다거나 형식적이며, 현재의 실정을 무시한 비현실적일 경우 각종 부정부패 현상들이 야기된다.[33] 정치·행정적으로 관권이 강하고 행정절차가 복잡하며, 관료보수 수준이 낮고 정치풍토가 타락하고 관에 대한 외부적 통제가 약할 때, 정치지도자의 지도력이 미약할 때 부정부패가 기승을 부린다.[34]

우리 사회에 이미 부정부패를 방지할 수 있는 법과 제도는 거의 모두 정비되어 존재

---

33) 김택(1999), "관료부패론", 학문사, pp.29~36.

34) 최창호·하미승(2006), "새 행정학", 삼영사, pp.548~549.

한다. 그리고 필요하면 언제든지 새로 만들거나 보완할 수 있는 체계도 갖추어져 있다. 그런데도 부정부패가 지속하는 것은 개인의 탐욕과 그것을 견제하는 관리에 허점이 있기 때문이다. 인간은 불완전한 존재로 완벽한 제도를 만들 수 없다. 하지만 합리적인 방법을 통해 수익을 취하려는 공무원 개인의 노력과 관리자의 역량에 따라 결과는 얼마든지 달라질 수 있다. 그러므로 지속적이고 끈질긴 노력을 통하여 부패를 관리해 나가야 한다.

4. 부정부패 유발 요인

 우리 주위에 부정부패를 유발할 수 있는 요인은 산재해 있다. 개인적인 측면에서 볼 때 공무원의 부정부패를 유발하는 요인을 크게 나누어보면 부정부패를 하는 당사자의 내부 문제와 연관되는 내부적 요인과 제도와 법규 등 외부적 요인으로 구분된다. 같은 직위에 있는 사람 중에서도 부정부패 한 사람과 그렇지 않은 사람이 있으며, 적은 급료를 받는 공무원 중에 청렴한 사람이 많은데도 많은 급료를 받는 고위 공무원이 부정부패를 일삼는 것은 법과 제도, 권력 자체보다는 그것을 운용하는 사람에 의해 좌우된다는 것을 뜻한다. 즉, 좋은 제도도 잘못 운영하고 악용하면 모두 부정부패에 이용될 수 있지만, 불합리한 제도도 운용의 묘를 살리고 보완해 나가면 부정부패가 발생하지 않는다.

 어느 집단이나 사회 조직할 것 없이 외부적 요인과 내부적 요인이 동시에 모두 문제가 있을 때 부정부패는 만연한다. 탐욕을 실현하기 위해 일부러 부정부패를 일삼으려고 하는 사람에게는 주어진 권력 그 자체가 도구가 되므로 모든 것이 이용도구가 될 수 있다. 그러나 개인이 법규를 준수하기 위해 노력하고 행정기관은 관리에 힘쓰면 부정부패는 대부분 막을 수 있다. 부정부패를 유발하는 내부적 요인과 외부적 요인을 좀 더 구체적으로 살펴보면 다음과 같다.

1) 내부적 요인

부정부패를 유발하는 근본적인 요인은 개인의 내부에 있다. 즉, 내부 요인에 의해 주로 발생한다. '나는 어떤 일이 있어도 나쁜 일을 하지 않겠다'는 확고한 생각을 하고 자신의 의지를 실천하면 누구도 어떻게 할 수 없다. 그러나 사람들은 대부분 처음에는 '나쁜 일을 하지 않겠다'는 생각을 하고 시작하지만, 살아가는 동안 재물에 대한 욕심이 생기고 의지가 약해져 현실과 타협하면서 나쁜 일을 하게 된다. 부정부패도 마찬가지이다.

(1) 수신 부족

대부분 도덕발달이론가들은 우리 자신의 통제 속에 있는 행동, 즉 내적 기준으로 판단된 행동이 규칙, 법률 또는 강요와 같은 외적 기준에 의한 행동보다 '더 도덕적'이라고 간주한다. 왜냐하면, 외적 통제에 의한 행동은 잠재적인 처벌자 또는 실재적이거나 상징적 보상자를 필요로 한다. 그러나 내적 통제에 의한 행동은 그렇지 않기 때문이다. 외적 통제에 의한 행동이 더 불안정하고 환경과 타인의 존재에 따라 변화하지만, 내적 통제에 의한 행동은 시간과 상황에 관계없이 더 일관적이다. 사회적 관점에서 볼 때, 내적 통제가 외적 통제보다 훨씬 바람직하다고 볼 수 있다. 하지만 행위자가 처한 환경에 따라 많은 행동이 다르게 나타난다.[35]

수신修身은 마음과 행실을 바르게 하도록 심신을 닦는 일이다. 수신이 제대로 되어 있는 사람은 공적인 일과 사적인 일, 옳고 그름을 구분하고 사리事理를 제대로 판단하여 행한다. 유혹이 들어와도 자신의 품위를 유지하기 위해 노력하므로 정도를 벗어난 행위를 경계하고 절제를 통해 부패행위를 하고 싶은 욕망을 이겨낸다. 그러나 수신이 부족한 사람은 자기 마음이 정제되어 있지 않기 때문에 재물을 보면 탐욕이 생기고 자신의 통제에 실패하여 훗날 대가를 치를 것을 생각하지 못하고 우선 눈앞에 보이는 이익을 좇아 법을 어기고 부패행위를 일삼는다.

---

35) Jeffery H. Goldstein 저, 홍성열·임영식 옮김(2002), "환경이 범죄자를 만드는가", 교육과학사, p.144.

(2) 이기주의

이기주의利己主義는 자기의 이익만을 행위의 규준으로 삼고, 사회 일반의 이익은 염두에 두지 않는 주의 또는 남을 돌보지 않고, 자기 이익만 차려 멋대로 행동하는 일을 뜻한다. 비슷한 말에 개인주의가 있다. 개인주의個人主義는 개인의 권위와 자유를 중히 여겨 개인을 기초로 하여 모든 행동을 규정하려는 윤리주의, 개인의 자유 활동의 영역이 개인 사이에 침범되지 않음을 이상으로 삼는 주의를 말한다. 이기주의의 반대말은 이타주의이다. 이타주의利他主義는 다른 사람의 복지증가를 행위의 목적으로 하는 생각이나 행위를 뜻한다.

국민권익위원회 자료실, 청렴공부방 부패바로알기에는 부패가 생기는 이유는 여러 가지가 있지만, 가장 기본적인 것은 '인간의 이기심'이라 할 수 있다. 인간의 이기심을 잘 설명하고 있는 것이 사회의 각 집단은 각자의 이익 극대화를 위해 활동한다고 하는 목적함수이론이다. 그러나 이기심 하나만으로 부패가 생기는 원인을 모두 설명할 수는 없다. 왜냐하면 부패의 정도가 나라, 사회, 지역 그리고 조직마다 다르기 때문이다. 그런데 나라마다 조직마다 부패 정도가 다르다는 사실은 부패 정도를 낮추는 것이 가능하다는 것을 시사해 준다. 즉, 부패가 심한 나라는 그렇지 않은 나라에 비해 '이기심' 외의 무언가 다른 이유가 있다고 소개하고 있다.

이기심利己心은 자기의 이익만을 꾀하고 남을 돌보지 아니하는 마음이다. 이 이기심이 일정한 생각의 형태로 체계화하고 행동을 통해 외부로 표출된 것이 이기주의다. 그렇지만 이기심이나 이기주의 자체가 부패의 원인으로 보기는 어렵다. 부패문제는 타인에게 피해가 가지 않는 범위 내에서 개인이 절제할 수 있느냐 없느냐 하는 것이다. 모든 인간은 자기 본위本位의 삶을 추구하기 때문에 항상 이기심을 갖고 이기적으로 행동한다. 단지 그 정도에 차이가 있을 뿐이다. 법규가 허용하는 범위 내의 행동도 이기심에서 이루어지는 것이 많다. 우리는 매번 행동할 때마다 모두 타인을 고려하지는 않는다. 사람들은 법규가 허용하는 범위 내에서 행동하는 것에 대해서는 이기주의적인 것이 아니라 당연하다고 받아들인다. 그럼에도 다른 사람과의 관계에서 이익을 추구할 때 자신이 좀 더 많은 것을 취하려고 하면 여지없이 이기적인 사람으로 내몰린다.

법규 범위 내에서 여러 사람이 공동으로 노력해 생산된 결과물을 분배하는 과정에서 자기가 좀 더 많은 것을 가지려고 하는 이기심을 드러낸 것이 부정부패와 무슨 상관이 있는가? 또한 권력을 남용하여 자신의 마음에 드는 특정인에게 수혜가 돌아가도록 의도적으로 조치하는 것은 이기심과 배치되는 것인데 법규에서는 그러한 것까지 부패행위로 규정하고 있다. 타인도 이익을 취하고 나도 이익을 취하는 방법으로 상호 이익을 각각 나누어 가지는 행동 역시 이기심으로 보기는 어렵지만, 부정부패에 포함된다. 그럼에도 이기심을 경계하고 이기주의를 부정부패의 원인으로 생각하는 것은 이기심이 발전하여 이기주의가 되고 사회의 규준을 넘어 부정부패 행위를 하는 것이 모두 이기심과 이기주의가 욕심과 관련될 때 형성되고 만들어지기 때문이다.

(3) 욕망 절제의 실패

지금 주어지는 즉각적인 유혹을 거부하고 미래의 더 큰 만족을 위한 투자는 어렵고 힘든 것이다.[36] 인간이 어떤 행동을 계속할 것인지는 그 행동의 결과에 강한 영향을 받는다. 그 행동의 결과가 나쁘면 계속하지 않지만, 결과가 좋으면 계속하게 된다. 효과 있는 행동은 차츰 그 행동을 할 가능성이 증가하고 효과가 없는 행동은 그 행동을 할 가능성이 감소하기 마련이다.[37]

욕망欲望은 누리고자 탐함 또는 그 마음, 부족을 느껴 이를 채우려고 바라는 마음이다. 욕망은 인간을 행동하게 하는 원천적인 에너지로 욕망이 있기 때문에 경쟁도 하고 창조도 이루어진다. 하지만 욕망을 적절하게 통제하지 못하면 다른 사람과 갈등이나 충돌을 일으키고 자신의 심신을 망치지는 원인이 되기도 한다. 사회 속에서 개인이 삶을 영위하기 위해 추구하는 이익은 법규가 인정하는 범위 내에서 이루어지는 경쟁에 의해 얻게 되어 있다. 그런데 법규를 지키며 이익을 얻는 것은 힘들고 어려우므로 인간은 누구나 법규를 어기고 이익을 얻고 싶은 마음이 생긴다. 이때 '법을 어기고 이익을 얻느냐? 힘들더라도 인내하며 법을 지키며 이익을 얻느냐' 하는 것은 욕망의 절제 여부, 즉 수신을 통한 절제력의 발휘 정도에 따라 달라진다.

절제를 잘하는 사람은 부정부패 행위를 하지 않지만 절제하지 못하는 사람은 부정부패 행위를 한다. 정상적인 사람은 욕망을 절제하여 힘들고 어렵더라도 합법적인 방법에 의해 이익을 추구하지만, 욕망 절제에 실패하는 사람들은 법을 어기는 것이 나쁘다

---

36) 박천식(1999), "재미있는 심리학", 원출판사, p.87.
37) 박천식(1999), "재미있는 심리학", 원출판사, p.87.

는 점을 알면서도 위법한 방법과 행동을 통하여 이익을 얻고 부정부패 행위자가 된다. 모든 공무원은 항상 부정부패 유혹에 노출되어 있지만, 대부분은 절제력을 발휘하여 올바른 판단과 행동을 하며 정당하고 합리적인 이익을 추구한다.

2) 외부적 요인

인간은 누구나 환경에 적응하면서 한편으로는 주어진 환경을 극복하고 스스로 개척하기 위해 노력한다. 개인이 아무리 혼자만 정직하고 청렴하려고 하여도 사회 환경이 좋지 않으면 어떤 형태로든 그 영향을 받기 마련이다. 부정부패한 집단 속에서 혼자 청렴하기는 사실상 어렵다. 개인을 둘러싸고 있으면서 삶에 영향을 미치는 제반 환경 요소는 부정부패를 하게 하는 외부적 요인으로 작용하기도 하지만, 동시에 부정부패의 도구로 활용되기도 한다. 그 대표적인 것 몇 가지 예를 들어 보면 다음과 같다.

(1) 권력

민주주의 국가의 모든 권력은 국민에게서 나오고 주권 행사인 선거를 통해 선출된 공무원에게 위임된다. 인간은 누구나 권력 욕구가 있다. 권력욕구need for power는 다른 사람들에게 영향력을 행사하고, 우선권priority을 가지며, 타인보다 더 강하다고 느끼고 싶어 하는 동기이다.[38] 권력은 국가와 국민을 위한 일을 하게 하려고 만들어지고 주어진 것으로 정상이나 비정상의 개념이 없다. 다만, 그것을 획득하고 운용하는 사람에 의해 정상적이나 비정상적인 것으로 규정된다. 행사자의 직위, 행사되는 방법과 내용 등에 따라 영향력의 크기도 각각 다르게 나타난다.

정상적인 권력은 국가 발전과 국민의 복리증진, 권익보호를 통한 삶의 질 향상을 위해 위임한 목적에 부응하여 국가와 국민을 위해 봉사하는 용도로 사용된다. 그러나 비정상적인 부패한 권력은 국가와 국민을 위해 봉사하는 것이 아니라 정치가나 공무원 개인의 이익을 위한 용도로 남용되고 권력 자체를 누리려고 한다. 그리고 권력에 의존하면 정상적인 체계의 법규와 절차를 넘어 목적을 달성할 수 있다는 잘못된 생각을 가진다. 권력에 의한 부정부패는 재화의 분배와 세금의 부과, 인사, 공사입찰, 납품, 인허

---

38) Charles S. Carver · Michael F. Scheier 공저, 김교헌 외 역(2005), "성격심리학", 학지사, p.163.

가, 시장의 통제, 제품검사, 수사 등등 우리 생활 전반에 걸쳐 나타날 수 있다. 권력에서 문제가 되는 것은 비정상적인 부패한 권력이다.

(2) 재화

사회보장제도의 강화를 추구하는 현대 복지국가에서 재화의 분배는 국가의 중요한 역할 중 하나로, 특히 자활능력이 부족한 저소득층이 생계를 유지하는 데 없어서는 안될 필수적인 활동이다. 재화財貨는 재물財物, 사람의 욕망을 만족하게 하는 물질을 뜻하고, 재물財物은 돈이나 그 밖의 온갖 값나가는 물건을 말한다. 재화에서 문제가 되는 것은 불공정한 분배이다. 친분이 있는 사람에게 위법한 방법으로 더 많은 이익이 돌아가도록 하거나 자신이 직접 횡령하는 것이다.

(3) 정책과 제도

정책이란 공공문제를 해결하거나 목표 달성을 위해 정부에 의해 결정된 행동 방침이다.[39] 좋은 정책과 제도는 국가를 발전시키고 국민의 복리증진에도 도움이 되지만 잘못된 정책과 제도, 부실하게 관리되는 정책과 제도는 오히려 부정부패와 사회문제를 발생시킨다. 서울시 양천구청 직원 안 모[38세] 씨의 장애인과 기초생활보장 수급자에게 지급되는 복지 보조금 26억 4천400만 원 횡령, 쌀 소득 보전 직접지불사업[40]에 의한 쌀 소득 보전 직불금 부당 수령이 좋은 사례이다.

2009년 2월 17일 서울시 발표에 의하면 안씨는 양천구청 사회복지과에 근무하던 2005년 5월부터 2008년 8월까지 72차례에 걸쳐 장애인에게 지급되는 보조금 액수를 부풀리는 수법으로 매월 700만 원~9천만 원을 빼돌렸다. 안씨는 장애인 보조금 수당이 등급별로 3만~20만 원씩 차등 지급되고 자치구별로 개인별 지급액이 아닌 총액만 서울시에 일괄 신청하는 제도상의 허점을 이용한 것으로 밝혀졌다. 또한, 쌀 소득 보전 직불금 부당 수령 사건은 정부가 쌀 직불금 부당 수령 의혹이 있다며 검찰에 통보한

---

39) 이종수 외(2005), "새 행정학", 대영문화사, p.260.

40) 쌀 소득 보전 직접지불사업의 주요 정책 대상은 지급대상 농지를 실제 경작 또는 경영하는 농업인 등이다. 목표 가격을 설정하고, 목표 가격과 해당 연도 수확기 전국 평균 쌀값과의 차액의 85%를 직접지급으로 보전함으로써 안정을 도모하는 것을 목적으로 한다. 특히, 도하개발아젠다(DDA)/쌀 협상 이후 시장개방 폭이 확대되어 쌀 가격이 떨어질 때도 쌀 농가 소득을 직징수준으로 인징을 도모하는 데 억점이 주이져 있다. 대상농지는 공부상 지목에 관계없이 1998년 1월 1일부터 2000년 12월 31일까지 논 농업(벼·연근·미나리·왕골 재배)에 이용된 농지법에 의한 농지이며, 지급대상자는 지급대상 농지를 실제 경작 또는 경영하는 농업인 등이다.

1만 9,024명 중 부당 수령액이 300만 원 이상이거나 부당 수령금을 반납하지 않은 1,302명을 상대로 수사를 벌여 2009년 10월 1일 쌀 소득 보전 직불금 부당 수령자 390명을 기소했다. 검찰이 발표한 바로는 임대업자 황 모 씨는 2005~2007년 허위서류를 제출하는 방식으로 3,146만여 원의 직불금을 부당 수령한 혐의로 불구속 기소됐으며, 공무원 최 모 씨는 농사를 짓지 않는데도 실경작자인 것처럼 허위 신고해 750만 원을 수령한 혐의로 약식기소[41] 됐다.

(4) 정보

정보information란 인간과 인간 사이에 교환되는 일정한 전언message으로서, 사용자의 의사결정과 행동을 위하여 의미 있는 형태로 처리된 어떤 내용을 말한다고 할 수 있다.[42] 자본주의 사회에서 이해관계가 연관되는 정보는 당사자들에게 바로 이익이나 손해로 직결된다. 특히, 경쟁 관계에 있는 사람들에게는 중요한 역할을 한다. 경쟁에 앞서기 위해서는 필요한 정보를 다른 사람들보다 신속하게 입수해야 하는 것은 필수적이다.

정보는 다양하게 활용될 수 있다. 국가 차원에서 정보는 그 내용에 따라 국가 안위나 국민 건강과 직결될 수 있고, 기업은 매출과 연결되며, 개인은 활동에 중요한 수단이 되기도 한다. 한 국가에서 가장 중요성이 많은 정보는 모두 대통령에게 보고되며 국가 통치에 활용된다. 이 정보가 생성 목적에 맞게 정해진 보고체계를 따라 순방향으로 순리대로 필요한 사람에게 공급되지 않고 흐름이 왜곡되어 정당성과 합리성을 벗어나 사용되면 언제든지 부정부패에 이용될 수 있다.

(5) 정당의 공천

정당의 일차적인 목적은 정권 창출이다. 정권 창출은 최고통치권자를 자기 당의 사람으로 내세우는 것이며, 동시에 입법 기능을 담당하는 국회에서 다수당을 확보하고자 하는 노력이다. 대통령을 낸 정당은 여당이 되어 국가 정책의 모든 분야에 참여할 수 있는 제도가 마련되어 있다. 정당은 국민의 의견을 조직하고, 요구사항을 결집하여 정책과정에 반영하는 노력을 한다. 정당은 동태적이고 능동적인 입장에서 국민의 의견을

---

41) 경향신문 2009. 10. 1.
42) 최창호 · 하미승(2006), "새 행정학", 삼영사, p.259.

수렴하는 창구라 할 수 있다. 또한, 일반 국민의 정치적 의사를 공식적인 정부기관에 매개하는 위치에 있기 때문에 직·간접적으로 많은 역할을 수행하고 있다. 그러나 정당은 행정부 조직이 아니므로 공식적인 정책과정을 주도할 수는 없고 직접적인 통제에서도 벗어나 있다.43)

민주주의 사회에서 선거 후보자에 대한 정당의 공개추천은 정치지도자가 권력을 획득하는 시작이 되기 때문에 지극히 중요하다. 정당이 어떤 사람을 공천하느냐에 따라 국가와 지방자치단체의 발전이나 국민의 복리증진과 권익보호 내용이 달라진다. 현재 우리나라는 정당의 비민주화로 계파정치에 의한 불합리하고 불공정한 공천이 많이 이루어지고 있다. 불합리한 공천은 공천과정에서 자신을 추천하거나 공천되도록 배경이 되어 준 사람, 즉 계파의 수장이 충성, 정치자금, 하부조직 관리자 역할을 요구하므로 정쟁과 부정부패의 씨앗이 되어왔다. 부패를 근원적으로 차단하기 위해서는 정당의 합리적인 공천체계를 반드시 구축해야 한다.

(6) 선거

선거는 정치권력을 획득하느냐 하지 못하느냐 하는 최종 관문이다. 여기서 통과하지 못하면 그동안의 노력이 모두 허사로 돌아간다. 국민의 대표로 국민으로부터 권력을 위임받아 국가발전과 국민의 복리증진 및 권익 신장을 위해 지도력을 발휘할 사람은 법규를 준수하고 공정한 경쟁을 통하여 자신의 능력을 공개적으로 검증받아 당선되어야 한다. 그런데 권력에 눈이 어두운 많은 정치인이 돈으로 유권자를 매수하는 금권선거를 일삼고 있다. 금권선거를 통해 당선된 사람은 당선 후 뇌물을 주고 청탁하는 부정부패한 사람을 임용하여 배치하고 승진시키는 등 자신이 투입한 돈을 되찾는 데 권력을 이용하는 경향이 나타난다. 선거는 인사의 시작이다. 금권선거를 내버려두면 부패는 개선되는 것이 아니라 만연하므로 반드시 척결해야 한다.

(7) 인사

인사人事는 개인의 능력·신분에 관한 행정적인 일로 인사행정의 줄임말이다. 인사행정은 정부활동의 수행에 필요한 인적 자원을 충원하고 유지하며, 근무 의욕을 고취하

---

43) 이종수 외(2005), "새 행정학", 대영문화사, p.76.

고 통제하는 인적 자원의 효율적 관리활동을 의미한다.44) 사람이 하는 모든 일은 인사에 영향을 받는다. 그래서 인사를 만사라고 한다. 적임자를 찾아 일을 맡기느냐 그렇지 못하느냐에 따라 그 결과는 크게 달라진다. 정상적인 인사에서는 공정하고 합리적인 평가방법에 의해 능력이 뛰어난 사람이 그에 합당한 승진을 하고 적절한 보직을 받아야 한다. 그런데 현실에서는 그렇지 않은 경우가 많다. 능력보다는 충성심이 평가기준으로 작용하고 공공연하게 코드인사나 정실인사정에 끌린 인사가 이루어진다.

보직과 승진에서 연고와 청탁, 온정주의에 따른 인사가 이루어지면 소위 수단 좋은 사람들이 득세하고, 말없이 성실하게 일하는 사람이 능력을 발휘할 기회는 박탈되는 경우가 생기게 된다. 또한 징계에서도 인과응보, 일벌백계의 원칙이 무너지고 징계양정45)의 법칙이 상실됨으로써 비위에 대한 불감증이 심해져 더욱더 청탁문화가 세력을 키우는 악순환이 이루어진다. 공사 및 납품과정에서도 자격이 모자라거나 불성실한 업자가 선정되는 일이 다반사로 나타난다.

더욱 문제인 것은 청탁을 받은 공무원은 민원인에 대한 권위를 상실하게 되어 민원인들에게 끌려다니게 된다는 점이다. 이러한 이유로 각종 공사 및 물품납품에는 부실이 만연하고 부정부패 행위의 고리는 끊기가 어려워진다. 오늘날 우리나라는 이렇듯 전반적으로 능력과 자격에 따른 인적·물적 자원의 최적 배분이 이루어지지 않아 비능률·부실·부정부패가 행정 및 사회에 만연 국가경쟁력 향상에 저해되는 현상이 발생하고 있다.46)

(8) 주위환경

인간을 둘러싸고 있는 주변의 제반 환경요소는 끊임없이 변화하고 인간은 그 속에서 환경에 적응하며 살아간다. 오늘날 한국 사회의 부정부패는 잘못된 관행이 새로운 부패행위자를 양산하는 경향이 있다. 아무도 부정부패하지 않은 조직에서는 새로운 구성원이 들어와도 부정부패를 하기 어렵다. 부정부패가 일어나는 것은 기존 조직구성원에

---

44) 이종수 외(2005), "새 행정학", 대영문화사, p.424.

45) 징계양정은 징계권자가 징계혐의자에 대하여 구체적인 징계의 종류와 양을 정하는 것을 말한다. 징계양정의 기준에는 징계혐의자의 비위유형, 비위 정도, 과실의 경중, 평소의 소행이나 근무성적, 공적, 개전의 정(뉘우치는 빛) 기타 정상참작 등이 있다. 공무원 징계양정 등에 관한 규칙 제2조(징계양정의 기준) ①징계위원회는 징계혐의자의 비위의 유형, 비위의 정도 및 과실의 경중과 평소의 소행, 근무성적, 공적, 개전의정 기타 정상 등을 참작하여 별표 1의 징계양정기준에 따라 징계사건을 의결하여야 한다.

46) 행정자치부 총무과(1999), "늦었지만 이제부터라도", 행정자치부, p.130.

게 부정부패가 존재하기 때문이다. 즉, 부패 환경이 조성된 조직에 들어오는 새로운 구성원은 기존 구성원들로부터 그것을 학습하고 답습하거나 발전시킨다.

부정부패가 교묘해지는 것에 비례하여 적발하는 기술도 꾸준히 진화해 왔다. 과학과 기술이 발전하고 지식이 늘어날수록 과거에는 제대로 적발하지 못하던 부정부패를 적발하는 일이 늘어나고 있다. 하지만 여전히 상당수 부정부패 행위자들은 사회 환경이 변화하고 발달한 것을 제대로 인식하지 못하고 고전적인 수법을 사용한다.

대개 사람들은 견제와 관리가 강하면 긴장하고 행동을 조심하지만 느슨해지면 긴장을 풀고 비교적 자유로운 활동을 한다. 그런데 자율적으로 일하도록 상부에서 취해지는 견제와 관리 완화가 부패행위자에게는 또 다른 부패행위를 할 기회로 작용하는 문제점이 나타난다. 오늘날 상당수의 행정기관 책임자들이 진퇴양난에 처해있다. 규제를 강화하려고 하자니 내부의 반발이 심하고 규제를 완화하려고 하자니 부정부패를 제어하기 어렵다.

(9) 법과 규제

법은 규제적 성격을 가지고 있으므로 적으면 적을수록 바람직하다. 하지만 경제가 성장하고 이해관계에 따른 갈등이 늘어나면서 현대자본주의 사회에서는 법과 규제가 계속 증가하고 있다. 법과 규제가 많으면 많을수록 중복되고 맞지 않고 서로 어긋나 상충相衝되는 부분이 나타나기 마련이다. 중복 과잉 규제는 그 자체가 국민의 부담을 가중시키는 일로 정부는 규제일몰제도[47) 등을 통해 규제 완화를 추진하고 있지만, 새로운 대체입법 등으로 규제는 쉽게 완화되지 않고 있는 실정이다. 특히 공무원이 부패행위를 목적으로 할 때 지나친 법과 규제는 재량권을 남용하는 수단으로 이용될 수 있다. 같은 내용이라도 이익을 챙기는 데 도움이 되는 법규를 적용하고 불리한 법 조항은 문제가 발생할 때 변명을 위한 책임 회피수단으로 활용할 수 있기 때문이다. 따라서 국민에게 양질의 행정서비스를 제공하기 위해 정부는 끊임없이 이러한 과잉규제와 중복

---

47) 규제일몰제(規制日沒制, sunset law)는 새로 신설되거나 강화되는 모든 규제는 존속기한을 설정하고, 기한이 끝나면 자동으로 규제가 폐기되는 제도이다. 2004년 4월부터 규제를 신설할 때는 규제 상한선에 맞춰 기존의 규제를 폐지하는 제도인 규제총량제(規制總量制)와 함께 도입된 개념이다. 새로운 규제를 만들 때는 반드시 존속기한을 설정하고, 그 기한이 끝나면 자동으로 폐기되는 제도를 일컫는다. 규제의 존속기한은 규제의 목적을 달성하는 데 필요한 최소한의 기간 안에서 설정하되, 원칙적으로 5년을 넘길 수 없다. 규제의 존속기간을 연장할 필요가 있을 때는 해당 규제의 존속기한이 끝나기 1년 전까지 규제의 신설·강화의 절차에 따라 규제개혁위원회에 심사를 요청해야 한다. 규제의 신설·강화와 존속기한을 연장할 때는 규제영향을 분석해 그 결과를 자체적으로 심사해야 하며, 필요성을 입증하지 못할 때는 원칙적으로 폐지된다. 그 외에 존속할 명백한 이유가 없는 규제도 5년을 넘길 수 없다는 규정에 따라 5년이 지나면 자동으로 효력이 상실된다.

된 법규를 찾아내 정비해야 한다.

비합리적인 정부규제에 따른 일반적인 부작용은 다음과 같다. 첫째는 엄청난 규제비용의 발생이다. 둘째는 규제에 대한 인위적 시장개입은 산업구조를 왜곡시켜 시장 기구를 통한 적정한 자원배분을 저해한다. 셋째는 일정한 정책적 목적을 위해 도입된 정부규제는 피규제자의 주요 로비대상이 됨으로써 결과적으로 기득권 보호를 강화하는 방향으로 흐르기 쉽다. 넷째는 규제정책의 내용이 현실과 동떨어져 있어 피규제자의 입장에선 준수하기가 사실상 어렵다. 이로 말미암아 각종 행정 부조리의 온상이 되고 있으며, 정부규제가 관료 부패를 유발하는 요인으로 작용하기도 한다. 이러한 문제를 인식 1980년대 이후 정부기능의 효율화와 민간 자율 증진을 목적으로 규제영향분석제도, 규제등록 및 전산화, 규제법정주의, 규제일몰제 등을 구체화하여 운영하고 있으며, 규제신고센터 및 국민제안제도를 채택·시행하는 등 규제 완화 작업을 꾸준하게 추진했다. 그럼에도 피규제자인 국민과 기업은 아직도 규제 완화의 효과를 체감하지 못하고 있다.[48]

(10) 사회화와 사회적 학습

부정부패 문제가 터져 책임을 물을 때 자신의 억울함을 호소하는 사람들이 지적하는 공통된 내용 중 하나가 잘못된 관행이다. 문제가 있거나 위법인 것은 알았지만, 오래전부터 관습적으로 해왔기 때문에 당연히 해야 하거나 해도 괜찮은 일로 받아들였다는 것이다. 그리고 모두가 함께 행동하는데 자신만 거절하거나 거부하고 문제점을 지적하면 고지식하거나 모난 사람으로 몰려 같이 일하면서도 소외될 수 있다고 주장한다. 그러나 이것은 핑계에 불과하다. 공무원의 모든 업무는 국민과 국가로부터 위임받은 권력에 의해 법을 집행하는 것이므로 어떠한 이유로도 위법한 관행이 정당화될 수는 없다. 공무원의 국가와 국민에 대한 봉사는 육체적인 노동뿐만 아니라 정당성과 합리성을 벗어난 것을 바로 잡는 일도 포함된다. 그리고 자신은 법을 어기면서 국민에게 법규준수를 강제하는 것은 권력을 통한 법 집행의 정당성正當性을 인정받기 어렵다.

(11) 인허가

인가[49]와 허가[50]는 기본적으로 정부와 행정기관이 정책적 목적달성을 위해 기득권

---

48) 하태권 외(2001), "현대 한국정부론", 법문사, pp.195~196.

을 가진 자를 보호하고 시장 참여자의 진입을 제한하는 등 통제에 따라 선별적으로 행위를 하도록 동의나 해제 등의 방법으로 인정해주는 것이다. 새로운 사업의 시작, 제품 생산, 건축, 공사 관련 분야 등 인허가가 있어야 하는 사람으로서는 경우에 따라 생계나 수익이 좌우되는 중요한 일이다. 규제 완화 정책에 따라 허가사항이 등록제로 바뀐 것도 상당수 있지만, 아직도 행정기관의 허가나 인가를 받아야 하는 것들이 너무 많다.

인허가 과정에 과거에는 통행료나 급행료 등이 관행적으로 공공연하게 요구되는 때도 있었다. 하지만 근래에 들어선 외형상으로는 웬만큼 자취를 감추었으나 음성적인 뇌물제공은 없어지지 않고 있다. 여전히 인허가는 부정부패 행위 가능성이 남아 있는 부분이고 실제 적잖은 부정부패 행위가 발생하고 있는 것이 현실이다. 또한, 일부 행정기관의 불합리하고 까다로운 인허가 처리는 전직 공무원이 일을 추진해야 순조롭게 인허가가 이루어지게 함으로써 전관예우 논란을 불러일으키는 등 고위공무원이 퇴직 후 재취업하는 수단으로 이용되기도 한다.

(12) 점검 및 단속

모든 국민은 법 앞에 평등하므로 법은 공정하게 집행되어야 한다. 행정기관에 소속된 공무원이 업체를 방문하여 점검하고 단속하는 일은 일상적인 공공서비스 업무에 속한다. 그런데 이 업무가 부정부패 행위를 목적으로 할 때는 특정업체에 의도적으로 과잉 집중점검이나 단속을 하는가 하면, 또 다른 업체는 전혀 상반되게 점검이나 검사업무의 분량이 너무 많다는 이유로 내버려두거나 실제 현장에 가지 않고 갔다 온 것처럼 전화로 업체 담당자와 입을 맞추는 등 형식적으로 처리되기도 한다.

---

49) 인가(認可)는 제삼자의 법률행위를 보충하여 그 법률상 효력을 완성해 주는 행정행위이다. 즉 어떤 당사자의 법률행위가 행정주체의 인가를 받아야 하도록 법률에 특히 규정하고 있으면, 그 법률행위에 동의하여 그 행위를 완전히 유효하게 만드는 행정주체의 동의행위이다.

50) 허가(許可)는 법령에 따라 일반적으로 금지된 행위를 특정의 경우에 특정인에 대하여 해제하는 행정처분이다. 법령상으로는 허가·면허·인가 등의 용어가 함께 사용되고 있으나, 이들은 단지 국민의 자유 활동에 과해졌던 제한을 해제하고 그 자유를 회복시키는 행위일 뿐, 새로이 권리를 설정하는 특허나 다른 행위의 법률적 효과를 보충하는 인가와 구별된다. 다만 특정인에게 허용되는 것이기 때문에 사실상 독점적 이익이 보장되며, 이해에 영향을 미치게 되는 경우가 많으므로 허가과정에는 여러 규제조치가 취해지고 있다. 따라서 허가를 받지 않고 금지된 행위를 하면 대개는 처벌을 받게 되는데, 허가를 받지 않았다는 이유로 그 사법상의 효력이 부인되는 일은 없다. 예를 들어 식품위생법 규정에 따른 허가를 받지 않고 술집을 경영한 자는 동법 위반으로 형벌을 받게 되지만, 그 술집에서 음주한 사람은 무허가영업을 이유로 요금의 지급을 거부하지는 못한다.

(13) 검사기관의 검사

제품검사는 주로 행정기관보다는 행정기관으로부터 업무를 위탁받은 공공기관에 의해 이루어지는 경우가 많다. 기업에서 생산된 제품에 대한 검사를 요청하면 검사기관이 검사를 해주는 것은 당연하다. 그런데 검사물량이 적거나 원거리에 있는 업체는 비용이 많이 든다며 검사를 꺼리거나 검사물량이 많고 납품기일이 촉박한 업체에도 행정편의적 발상에 의한 권위주의를 내세워 제한된 수량만 검사를 해주기도 한다. 때로는 지나치게 꼼꼼한 검사나 문제 지적으로 업체로 하여금 정기적인 접대나 금품을 제공하게 하거나 요구하는 등 부정부패 행위도 적지 않게 일어난다.

(14) 공사

공사는 부정부패 행위가 가장 많이 그리고 대규모로 일어나는 분야이다. 공사발주와 수주, 감독 그리고 준공검사를 할 때 법규위반 내용을 눈감아주고 뇌물을 수수하거나 접대를 받는 것이다. 특히 건설공사 부분은 접대와 뇌물제공이 오래전부터 관행화되어 있으며 공사가격을 부풀리거나 특정업체가 돌아가면서 수주하도록 몇몇 업체가 짜고 밀어주기를 하는 담합입찰이 성행해 왔다. 인력수급 내용과 자재납품, 하도급업체의 공사비 내용 조작 등을 통해 자사나 협력업체를 통하여 비자금 조성이 가장 많이 이루어지는 분야 중 하나다. 기업의 비자금은 정경유착政經癒着을 위한 뇌물제공과 특혜수주로 이어져 우리 사회의 각종 대형 부정부패 사건의 원인이 되어 왔다. 부정부패의 대명사로 그동안 터져 나온 수많은 게이트gate는 하나같이 대기업의 비자금과 연관되었다.

(15) 구매 또는 납품

관공서에 사용되는 소모품이나 장비의 위장구매를 통해 물품은 들여오지 않고 계산서만 발행하도록 하거나 계산서와 다른 자재내용의 입고, 자재가격 부풀리기, 동일 종류 제품은 제조업체와 생산국 지명도 차이를 이용 저가의 저질 제품을 납품하고 고가의 자재를 납품한 것처럼 속여 차익을 보는 등 다양한 방법이 사용되고 있다. 때로는 재생품이나 중고부품을 새것으로 속여 납품하는 사례도 있으며, 납품권 자체를 획득하기 위한 뇌물제공과 접대 사례도 적지 않다. 부정부패가 상존하는 대표적인 곳 중 하나가 구매 및 납품이다.

(16) 과잉이나 과소예산 · 인력 · 업무량

우리나라의 행정기관은 예산이 남아돌면 멀쩡한 보도블록을 파헤치고 각종 시설공사를 발주하여 선심성 공사를 한다. 하지만 예산이 부족하면 정작 공사를 해야 할 곳도 공사를 못하고 방치하는 행태를 보이는 것이 어제오늘의 일이 아니다. 힘 있는 부서나 힘 있는 책임자가 있는 부서에서 더 많은 예산을 따가 자신과 연고가 있는 업체에 공사를 배정하는 일이 다반사로 일어난다. 인력과 업무량도 마찬가지이다.

인력이 과잉되면 중복업무를 하는 부서가 생겨나고 결재해야 할 간부가 많아져서 일 추진이 늦어진다. 평직원으로서는 지극히 번거로운 일이다. 반대로 인력이 부족하면 현장방문을 통한 점검과 확인 등이 소홀해지고 치밀한 관리가 이루어지지 못하기 때문에 허점이 드러나 부정부패 행위가 발생한다. 업무량이 많은 곳은 허점이 발생하고 업무량이 적은 곳은 시간을 보내기 위해 허튼 행동을 일삼게 된다. 이 또한 부정부패의 원인이 된다. 적정한 예산과 인력, 업무량을 조정하여 효율적인 관리가 이루어지도록 해야 한다.

(17) 법규와 현실의 괴리에 의한 격차

자연적인 현상을 비롯한 인간의 모든 삶을 법으로 규제할 수는 없다. 또 그렇게 할 필요도 없다. 여기에서 문제가 발생한다. 행위를 하는 데 필요한 규정이 없는 경우, 있어도 모호해 현실적으로 법규가 그것을 명시하지 못할 경우, 존재하는 법규가 비현실적인 것으로 방치되는 경우에도 민원은 들어오고 일은 해야 하는데 규정은 현실과 맞지 않다. 규정대로 할 수도 없고 하지 않을 수도 없는 곤란한 상황에 직면한다. 이런 때 공무원들은 재량권을 발휘하거나 좋지 않은 관행을 만들고 부정부패한 행동을 하게 된다. 하지만 이럴 때에도 얼마든지 합리적인 처리는 가능하다. 민원내용과 연관된 관계기관 합동회의를 통해 합리적인 방안을 도출하거나 그것이 곤란한 경우에도 현실적 필요성이 인정되면 내부에서 합의 처리하고 그 사유를 기록으로 남기면 된다. 그런데 그런 일은 책임이 따른다고 생각하기 때문에 하려고 하지 않는다.

(18) 국민

부정부패는 공직자만의 책임이 아니다. 모든 국민이 공동으로 책임을 져야 할 문제이다. 공직사회는 일반사회로부터 동떨어진 존재가 아니라 밀접한 관계를 갖고 상호 영향을 미친다. 일반사회에 만연된 부조리 형태는 공직사회에 직접적인 영향을 준다. 부정을 저지르는 공직자에게는 대개 그렇게 하도록 유혹하는 일반 민원인이 있다. 다시 말해서 뇌물을 받는 자가 있으면 뇌물을 주는 자가 있기 마련이다. 국민 스스로 법규를 준수하지 않고 청탁을 배격하지 않으면서 정부와 공무원의 부정부패 행위를 비난하는 것으로는 부패문제를 해결하기 어렵다. 정의롭고 청렴한 사회의 구현은 공직자는 물론 일반 국민의 합리적인 사고와 도덕관의 확립 위에 실현될 수 있다. 따라서 부패방지는 국민과 공무원이 스스로 양심을 바로 세우도록 하는 예방적 활동에 역점을 두어야 한다.51)

---

51) 전수일(2008), "이명박 정부의 반부패 정책 검토와 과제", 한국투명성기구, p.22.

5. 한국 부정부패의 심각성

1) 부패예방 선도역할 해야 할 기관 더 부패

한국의 부정부패 관리에서 가장 큰 문제점으로 심각성을 느끼게 하는 것은 부정부패가 나쁘다는 것을 가르쳐야 할 교육기관, 법을 수호해야 할 공권력 기관, 부정부패를 척결해야 할 위치에 있는 정치권력이 더 부패해 정상적인 부패관리체계의 작동을 어렵게 하고 있다는 점이다.

부정부패 관리에서 가장 중요한 것은 교육이다. 교육은 부정부패가 나쁜 것이라는 점을 계도啓導하고 국가와 행정기관, 공무원, 국민 모두의 피해를 예방할 수 있는 가장 좋은 방법이다. 교육이 잘 이루어져 부정부패 행위가 예방되면 처벌받는 사람이 줄어들고 국가 예산의 합리적인 분배를 통한 국가발전, 국민의 복리증진과 권익 신장은 물론 정부에 대한 신뢰 제고에도 도움이 되기 때문에 국가와 국민 모두를 위해 부패예방교육은 반드시 필요하다. 이런 중요한 역할을 하는 교육기관과 종사자들이 오히려 더 부정부패하면 정부의 부정부패 관리 노력은 큰 타격을 입을 수밖에 없다.

청렴하지 않은 사람들이 순수한 청소년들에게 정당성을 확보하지 못한 상태에서 교육한다는 것 자체도 문제이지만, 자라는 세대들에게 부정부패의 사회적 학습모형이 된다는 점은 더욱 심각한 문제다. 교육자가 부정부패를 부추기는 역할을 하도록 정부가 방치하고 국민이 지도자의 의지에 대해 의심하기 시작하면, 정부 정책에 대한 불신은 증폭되어 부정부패 관리는 더욱 어려워질 수밖에 없다. 다른 어떤 분야보다도, 특히 교육기관의 청렴성이 중요한 이유가 여기에 있다. 그런데 오늘날 우리나라의 교육계는 온통 썩어 문드러져 있다고 할 정도로 곳곳에서 너무 많은 부정부패 행위가 드러나고 있다.

국가가 존속되는 것은 법치가 이루어지기 때문이다. 법은 국민 스스로 지키는 것이 가장 중요하다. 하지만 수많은 법을 모두 알 수 없는데다 법을 어기는 줄 알면서도 개인의 이익을 탐하려는 사람들이 있기 때문에 국가는 공권력을 통해 국민에게 법규준수를 강요한다. 국민에게 행동과 자유를 제한하고 법규를 어긴 것에 대해 책임을 강요하고 처벌을 하려면 국가권력은 정당성과 합리성을 가져야 한다. 여기서 정당성과 합리성의 기준은 법과 규칙이 허용하는 것이다. 국민이 공감할 수 있는 것으로 국가나 권력기관 집행자에 의해 함부로 해석되거나 편의에 따라 마음대로 만들어지고 폐지되어서는 안 된다. 만들고 폐지할 때는 반드시 합당한 이유가 있어야 한다.

정당하지 않은 국가권력이 정당한 국민을 처벌하거나 정당하지 않은 국민을 처벌하는 것은 민주주의 기본원리인 평등과 법치주의를 위반하는 것이기 때문에 논리 모순이다. 그런데 지금 대한민국에는 너무 많은 공권력 기관 종사자들이 스스로 정당하지 않으면서 정당한 국민이나 정당하지 않은 국민을 처벌하는 모순을 범하고 있다. 군대, 검찰, 국세청, 감사원 등도 여러 가지 문제로 사회적 물의를 일으켜 왔다. 특히 경찰의 부정부패 행위는 심각하다. 또한 정치인은 부정부패를 척결해야 할 가장 중요한 위치에 있다. 그런데 우리나라는 정치권력에 의한 부정부패 행위가 끊이지 않는다. 그동안 우리 사회에서 발생한 대형 부정부패 사건은 모두 정치인이 연관되어 있었다. 이른바 게이트 사건이 그것이다.

정치인과 고위관료의 부정부패 행위는 내부견제가 용이하지 않아 각별한 관리가 요구된다. 매번 선거 때마다 연례행사처럼 선거법을 위반한 사람들이 대거 구속된다. 정치인의 구속은 보궐선거를 통한 세금낭비뿐만 아니라 국민의 생업에 직접적인 지장을 준다. 이러한 악순환이 반복되는 것은 정치인이 입으로는 부정부패 척결을 외치고 개혁을 부르짖지만, 뒤에서는 부정부패 행위를 일삼는 이중적인 행동을 한다는 증거이다. 즉, 대다수 정치인이 부정부패 행위를 일삼으면서 국민의 여론이 악화하면 부정부패 척결을 외치고 무엇을 하는 체하다가 국민 여론이 다른 관심사로 옮겨지면 슬그머니 흐지부지한다.

　스스로 제도를 만드는 일을 하면서도 부정부패 행위를 하다가 적발되면 직분을 망각하고 '나는 문제가 없는데 법이 문제다'라며 관련 법률을 개정하려고 시도한 것이 한두 번이 아니다. 혼자만 부정부패한 것이 아니라는 점을 잘 알기 때문에 '재수 없어 걸렸다'는 말을 하고, 떼로 나서 다른 정치인의 잘못을 탄원하기도 한다. 법이나 제도에 문제가 있을 때 그것을 고치는 것이 국회의원의 할 일이고, 부정부패가 나쁜 것이라는 점을 알면 그것을 하지 않으면 개선된다. 그런데 우리 정치인은 나쁘고 잘못된 것인 줄 알면서 그 나쁜 짓을 계속하다가 자신이 그것에 연루되어 문제가 되면 그때야 문제를 제기하고 잘못을 고치려 든다. 이것이 가장 큰 문제이다.

2) 부패의 방치·단속 반발·무대책 일반화

　언젠가 굴비[52]로 유명한 영광군 주민 중 한 분이 옛날에 조기가 많이 날 때는 섬 아무 곳에서나 돌멩이를 집어 바다를 향해 던지기만 하면 굴비가 맞아 떠오를 정도였다고 말하는 것을 들은 일이 있다. 그런데 우리나라 공무원의 부패 수준이 거의 영광굴비가 한창 많을 때 상황과 비슷하다는 것을 인식하게 해주는 일들이 나타나고 있다.

　동아일보가 보도한 <"불륜 폭로할까요" 전화에 공무원들 줄줄이 송금>이라는 기사는 우리 사회 부정부패의 단면을 잘 보여준다. 「경남 김해서부경찰서는 2010년 5월 24일 전국의 지방자치단체 사무관 이상 공무원들을 상대로 불륜사실을 폭로하겠다고 협박해 돈을 뜯은 혐의폭력행위 등 처벌에 관한 법률 위반로 김 모[55] 씨와 황 모[54] 씨를 긴급체포해 조사하고 있다고 밝혔다. 경찰은 이들이 남의 명의로 개설해 범행에 사용한 대포폰[53]과 대포통장, 전국 지방자치단체 간부 공무원과 학교장 명단을 기록한 수첩 등을 증거물로 압수했다. 김씨 등은 5월 14일 오후 2시 40분께 전남 모 지자체 A 과장에게 전화를 걸어 "불륜사실을 알고 있으며 증거사진도 있다"고 협박해 300만 원을 송금받는 등 같은 수법으로 모두 12차례에 걸쳐 전국의 지자체 공무원들로부터 3천400만 원을 갈취한 혐의를 받고 있다. 이들은 2010년 3월 말부터 5월 초까지 전국의 초·중·고 교장과 지자체 과장급 이상 공무원, 농·축협 조합장 등 300여 명에게 같은 수법으로 협박했다가 미수에 그친 혐의도 있다고 경찰은 밝혔다. 김씨 등은 1톤 트럭을 타고 다니

---

52) 굴비는 소금에 약간 절여 통째로 말린 조기이다.

53) 대포폰(大砲phone)은 다른 사람의 명의로 개통한 휴대 전화를 말한다.

며 대포통장으로 입금된 돈을 찾은 뒤 다른 지역으로 옮겨 전화와 통장을 바꾸는 등 치밀한 수법을 사용했다. 또한, 경찰은 김씨가 지난 2005년에도 같은 수법으로 전국의 공무원 53명으로부터 1억 3천여만 원을 챙긴 것으로 확인됐다고 밝혔다. 경찰 관계자는 "공무원 대부분이 전화 협박을 당한 피해 사실조차 신고하지 않아 수사의 어려움을 겪었으며 실제 돈을 보낸 피해자들도 사생활이 탄로 날까 봐 입을 닫았다"고 말했다.」54)

김씨와 황씨는 인터넷과 지역신문에 난 기사 등을 보고 범행대상을 골라 전화번호부에서 사무실 연락처를 알아냈다. 대머리와 같은 신체특징을 미리 파악하고 전화를 걸었다고 하지만 상당수 피해자가 이에 속은 것은 자신들의 잘못이 드러날 것을 우려했기 때문이다. 이는 우리 사회에 부정부패 행위를 일삼는 공무원들이 그만큼 많다는 것을 반증한다.

불법은 부정부패로 이어지기 쉽다. 그런데 불법이 어떻게 방치되고 있는지는 2010년 5월 23일 전북일보가 보도한 <중기 인력난 "어쩔거나…">에 그 실상이 잘 드러나 있다. 「당국이 불법 체류 외국인에 대해 단속을 강화하겠다고 밝힌 것과 관련, 중소기업 인력난이 가중될 수 있다는 우려의 목소리가 높다. 대기업보다 생산인력 충당에 어려움을 겪고 있는 중소기업은 가용 외국인 노동자가 줄어드는 효과가 있기 때문이다. 최근 법무부와 경찰청은 2010년 11월 열리는 'G20 정상회의'의 안전과 치안 확립을 위해 외국인 불법 체류자에 대한 집중 단속을 벌일 계획이라고 밝혔다. 문제는 불법 체류 외국인이라도 고용할 수밖에 없는 중소기업들의 인력난이다. 2010년 5월 23일 외국인 노동자 상담기관의 한 관계자는 전라북도 내 불법 체류 노동자가 최대 7,000명에 달한다고 추정했다. 이 관계자는 "최근 일부 공단지역과 공단 인근 외국인 노동자 거주 지역을 중심으로 단속이 빈번해져 외국인 노동자와 중소업계의 불안이 가중되고 있다"고 말했다. 일부 중소기업은 내국인 근로자 인력난과 함께 외국인 근로자에 대한 인력난도 겪고 있어 불법 체류 외국인에 대한 단속 강화로 말미암아 자칫 노동시장이 위축될 수 있다는 것이다. 현재 1년 단위로 고용허가기간을 정하고 있는 외국인 고용 관리제도도 문제점으로 지적된다. 외국인 근로자들은 임금이 높고 자국 출신 근로자들이 많은 수도권 근무 경향이 강하기 때문에 도내 기업에서 1년 일한 뒤 떠나는 사례가 빈번하기 때문이다. 업계 관계자들은 "이런 상황에서 불법 체류자에 대한 단속이 강화

---

54) 동아일보 2010. 5. 24.

되면 중소기업 인력난으로 이어질 수 있다"고 말한다. 10여 명의 외국인 근로자를 고용하고 있는 익산 A업체 관계자는 "경찰의 단속이 잦아져 합법적인 외국인 근로자만을 고용하고 있다. 생산인력이 부족하지만, 내국인을 구할 수 없어 외국인을 고용하고 있다. 하지만 최근 2명은 수도권에 취업하겠다며 회사를 옮겼다. 전체적으로 분위기가 불안해지면 중소업체는 아무래도 외국인 인력마저 구하기가 어렵지 않겠느냐"고 덧붙였다. 전주근로자선교상담소 관계자는 "지역에 따라 단속 강도가 다르지만, 전라북도 내에서는 주로 신고에 의해 단속이 이뤄지고 있다. 단속이 강화되면 인권침해 문제가 발생하고, 단속 대상 근로자는 군·면 단위로 숨는 경향이 있다. 업체도 오죽하면 불법 노동자를 고용하겠느냐는 호소를 하는 만큼 단속보다는 제조업의 인력난을 해결하는 정책이 필요하다"고 밝혔다. 2009년 12월 말 현재 국내 거주 외국인 합법·불법 체류자는 총 116만 8,000명이고, 이 중 취업자는 69만 명으로 전체 외국인의 59.1%인 것으로 알려졌다.」

외국인의 불법체류가 일반화되어 있는데도 정부에서는 뚜렷한 대책을 세우지 않고 가끔 한 번씩 단속한다. 불법체류 외국인의 취업에 의해 기업이 이익을 도모하는 행위를 보고도 거의 내버려두다시피 하고 있다. 이러한 공무원의 공무 집행방식이나 태도는 사실상 직무유기나 단속 방치에 해당하는 것으로 분명히 불공정하고 잘못된 것이다. 그럼에도 부정부패 행위규정에 명시된 내용 중 권한남용이나 봐주기 등의 법령 위반을 적용하여 담당 공무원에게 책임을 묻거나 처벌하기는 쉽지 않다. 문제는 이러한 일 처리의 대가로 공무원이 업체를 방문할 때 떡값이나 거마비^{교통비} 명목의 촌지나 뒷돈을 주는 일로 이어진다는 점이다. 즉, 부정부패의 원인으로 작용한다.

엄정하게 법을 집행하고 단속할 것 같으면 서울 강남 유흥가의 휘황찬란한 불빛이 오래전에 사라져야 맞다. 성매매는 법으로 금지되어 있다. 그런데 성매매가 공공연하게 이루어지고 강남의 유흥가에는 오늘도 불빛이 휘황찬란하다. 서울신문 보도에 의하면 2010년 5월 19일 당시 우리나라의 부패를 관장하던 「이재오 국민권익위원장은 천안함 사태[55] 애도 기간에 룸살롱에서 술을 먹고 모텔로 '2차'를 나간 고위공직자들이

---

55) 천안함 침몰 사건(天安艦沈沒事件)은 2010년 3월 26일 백령도 근처 해상에서 대한민국 해군의 초계함인 PCC-772 천안이 침몰한 사건이다. 줄여서 천안함 사태 또는 천안함 사건이라고 불리기도 한다. 이 사건으로 대한민국 해군 40명이 사망했으며 6명이 실종되었다. 대한민국 정부는 천안함 침몰 원인을 규명할 민간·군인 합동조사단을 구성하였고, 한국을 포함한 오스트레일리아, 미국, 스웨덴, 인도네시아 70여 명의 전문가로 구성된 합동조사단은 2010년 5월 20일 천안함이 조선민주주의인민공화국의 어뢰공격으로 침몰한 것이라고 발표하였다.

있다고 밝혔다. 이 위원장은 "공직자들이 주로 가는 룸살롱이 서울 강남구 역삼동의 L, T 룸살롱이다. 이 룸살롱들은 여종업원이 100여 명이나 되고 모텔까지 겸하고 있다. 술 먹으러 들어가면 자고 나오는 곳"이라고 말했다.」56) 즉, 성매매 개연성이 있음을 언급한 것이다.

그럼 당시 국가 부패관리기관인 국민권익위원회 수장으로서 그 후 특임장관을 지낸 이재오 의원은 고위공무원이 룸살롱에 가서 자고 나오는 것을 방지하도록 법률 개정을 권고하고 대책을 마련했는가? 아직 그런 내용을 들어 본 것이 없다. 이것이 한국 부정부패 관리의 실상이다. 국민권익위원회에서 배포해 일선 학교에서 사용하는 청렴 교육자료 속에서 언급된 것처럼 중고생 93.2%가 앞으로 부패가 줄어들지 않을 것으로 생각하는 데는 그만한 이유가 있다. 이렇게 우리 사회에는 한쪽에서는 부패를 단속하지만 다른 한쪽에서는 부패를 내버려두고, 일부 국민은 단속하는 공무원에 반발하며, 정부와 국회는 해결할 수 있는 대책을 내놓지 못하는 상황이 일반화되어 있다. 그러므로 열심히 부정부패 행위를 적발하고 대통령이 직접 나서서 개혁을 부르짖어도 다른 쪽에서는 부정부패가 일반화되어 있어 부패인식지수가 개선되지 않고 있다.

3) 공무원 부패 인식도 지나치게 낮아

국민권익위원회는 2002년부터 매년 부패인식도 조사를 주기적으로 실시해 왔다. 일반 국민과 공무원, 기업체 임원, 주한 외국인을 대상으로 공직사회와 우리 사회 전반의 부패수준과 부패경험, 부패발생 원인, 정부의 부패방지 노력 및 성과 등에 대한 인식을 조사·분석하여 부패인식에 대한 시계열 자료를 확보하고, 국민권익위원회의 부패 관련 정책수립을 위한 기초자료로 활용하기 위해서이다.

2010년 9월 7일에서 10월 22일까지 전국 일반 국민, 공무원, 기업인, 외국인 등 총 4,330명을 대상으로 현대리서치연구소를 통해 조사한 결과, 공무원들의 전반적인 부패수준에 대해 '부패하다'는 응답 비율은 일반 국민 54.1%, 기업인 40.9%, 외국인 38.0%인 데 반해 공무원은 2.4%에 불과했다. 이는 우리나라 공무원의 부패인식도가 지나치게 낮다는 것을 의미한다. 공무원 부패수준에 대하여도 일반 국민3.49점, 기업인4.06점, 외

---

56) 서울신문 2010. 5. 24.

국인4.62점과 공무원7.19점 사이에 매우 큰 인식 격차를 보였다. 우리 사회의 전반적인 부패수준에 대해 10점 만점으로 환산하면, 일반 국민3.68점, 기업인4.23점, 외국인4.50점, 공무원5.97점 순으로 공무원이 우리 사회를 가장 청렴하다고 인식하는 것으로 나타났다.[57]

국민권익위원회가 2011년 8월 12~23일 일반 국민 1천 명과 공직자 1천 명을 대상으로 전화 조사를 벌인 결과 10명 중 8명가량이 넘는 국민 대다수84.9%가 공직사회의 알선·청탁이 심각하다고 생각하는 것으로 나타났다. 반면 공직자는 10명 중 2명21.8%가량이 알선·청탁이 심각하다고 답해 일반인들과 큰 인식 차이를 드러냈다.

지난 몇 년간 정부가 시행해 온 부패방지 정책이나 제도에 대해서는 2008년 부패인식도 조사에서는 '잘 알고 있음' 6.0%, '어느 정도 알고 있음' 42.0% 등 약 절반 정도인 48.0%가 '알고 있다'고 응답했으며, 52.0%는 '잘 모른다'고 응답했다. 부패방지를 위한 정부의 노력 정도에 대해서는 '노력한다'는 긍정적인 평가가 34.5%로 '노력하지 않는다'는 응답률 27.0%보다 높았다. '보통' 응답은 38.0%였으며, 이를 10점 만점으로 환산한 평균 점수는 5.19점이었다. 정부가 시행하는 부패방지 정책이나 제도가 실효성을 발휘하기 위해서는 국민이 그 내용을 알아야 한다. 그런데도 국민 중에 여전히 잘 모른다는 사람이 많다는 것은 홍보에 문제가 있음을 의미한다.[58]

전체적으로 볼 때 정부가 부패방지 노력은 하고 있지만, 국민이 흡족해하지 않고 있는 것으로 볼 수 있다. 그런데 2010년 조사에서는 정부가 시행해 온 부패방지 정책이나 제도에 대한 설문 결과 내용은 없다. 이 부분은 국민권익위원회 자체가 일을 잘하고 있는지 잘못하고 있는지와 연관되는 부분이다. 다른 기관은 마음대로 평가하고 우리에게 불리한 것은 빼려는 저의가 느껴진다. 부패행위는 공무원이 저지르는 것으로 공무원이 막아야 한다. 일반인들은 공무원이 부패했다고 생각하는데도 공무원 자신은 부패하지 않다고 생각하면 공무원 스스로에 의한 부패방지 노력은 기대하기 어렵다.

행정기관이 부패방지 노력을 등한히 하면 그 틈새를 헤집고 부패는 만연한다. 부패 문제를 더 심각하게 인식해야 할 공무원이 부패에 대한 인식도가 지나치게 낮은 것은 부패예방을 위해서는 심각한 문제이다. 무슨 일이든지 가장 좋은 해결책은 내부에서 나오는 것이다. 스스로에 의한 자정 노력이 제대로 이루어지지 않으면 그때는 더 큰 대가를 요구하는 국민에 의한 외부압력이 강화될 수밖에 없다.

---

57) "2010년 부패인식도 조사 결과", 국민권익위원회
58) 국민권익위원회, "2008년 부패인식도 조사 결과", 리서치 플러스, p.104.

Chapter 2

부패문제에 대해 갖는 의문과 이해제고

부패행위에 대한 이해제고

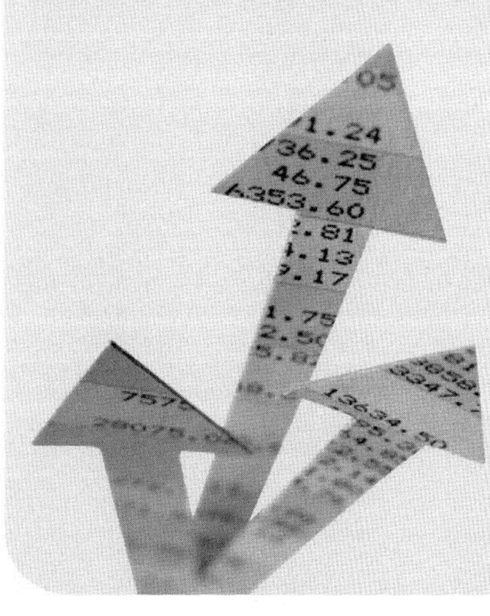

1. 부정부패의 근원

근원根源은 사물이 생겨나는 본바탕을 말한다. 사회악인 부정부패의 근원을 자연 속에 존재하는 재화의 부족으로 생각하는 사람들도 있다. 그렇지만 그것으로는 상대적으로 많은 것을 가진 사람이 더 많은 것을 얻기 위해 법규를 위반하는 행동과 별로 가진 것이 없는 사람들이 법규를 지키며 주어진 재화에 만족하며 사는 것을 설명하기 어렵다. 그리고 아무리 좋은 제도를 만들어도 부패는 생긴다. 따라서 부정부패의 근원은 완벽한 제도를 만들 수 없는 인간의 불완전성과 개인의 욕망 절제節制에 대한 실패, 즉 탐욕이다.

부패의 근본적인 원인은 인간의 만족할 줄 모르는 탐욕에 있다. 인간은 재산상의 물욕과 신분상의 명예욕을 추구하는 속성이 있고, 장래의 불확실성에 대한 자기 보호나 안전 욕구가 있다. 원래 인간의 욕망에는 한계가 없다. 따라서 인간은 이러한 욕망을 충족시키는데 치중하는 나머지 법규를 위반하거나 어떤 행동규범에서 일탈할 수 있는 소지가 있다. 뇌물수수 행위, 공금횡령, 강탈행위 등으로 부정축재를 하려는 것은 재산상의 물욕에 근거하고 있다. 인간은 또 의지나 체면유지 때문에 자신의 영향력을 이용하여 가족이나 연고자를 정실에 따라서 차별대우를 하거나 보직 임용에 유리한 결정을 내리게 함으로써 소위 '인맥의 울타리'를 확대하려고 한다. 이는 신분상의 명예욕에 근거하는 것으로 부정 축재나 정실에 근거한 족벌주의는 장래의 불확실성에 대비한 자기 보호 또는 안전욕구의 발로로 볼 수 있다.59)

사람들이 부정부패의 근원을 법, 정책, 제도 자체를 포함한 넓은 의미에서의 제도라고 말하는 이유는 인간의 불완전성이 제도를 통해 나타나기 때문이다. 그러므로 제도가 부정부패의 근원이라고 말한다고 해서 잘못된 것으로 보기는 어렵다. 하지만 엄격한 의미에서 부정부패는 제도에서 발생하는 것이 아니라 인간의 불완전성으로 말미암아 발생하는 것이다. 탐욕에 의한 부정부패는 욕망 실현 대상이 개인인 내가 중심이 되지만 그 범위가 항상 나에게 국한하는 것은 아니다. 내가 세상을 살아가는데 울이 되고 도움을 주는 우리로 확대하여 인식할 때, 나와 친분이 있는 사람까지 우리의 범주에 포함하고 그들에게까지 수혜가 돌아가게 하는 행동으로 이어지기도 한다. 그러나 나와 우리의 단계를 벗어나면 반대급부를 기대하고 그들에게 수혜가 돌아가도록 의도적으로 행동한다.

누구도 완벽한 제도를 만들 수 없고 인간의 마음은 순간순간 바뀐다. 같은 직위에서 같은 직무를 수행하더라도 부정부패 행위를 일삼는 사람과 그렇지 않은 사람이 있다. 어떤 사람은 다른 사람들보다 상대적으로 직위가 높고 좋은 보수를 받는데도 부정부패 행위를 일삼지만, 또 다른 사람은 하위직에 있고 보수가 훨씬 적음에도 부정부패 행위를 하지 않는다. 사람은 환경에 영향을 받기 때문에 부정부패가 권력이나 직위, 직책과 연관되는 사례는 많이 찾아볼 수 있다. 하지만 부정부패 행위를 하고 하지 않는 것은 각 개인의 인간적 자질에 따라 다르다. 어느 사회에나 반드시 자신의 양심에 따라 살아가는 강직한 사람들이 있다.

그럼 부정부패 행위를 일삼는 사람들은 특별한 사람들인가? 아니다. 부정부패 행위의 근원은 탐욕을 실현하려는 마음이다. 누구나 탐욕을 실현하고자 하는 마음을 타고 난다. 단지 정도의 차이가 있을 뿐이다. 즉 모든 사람은 부정부패의 씨앗을 갖고 있지만, 싹이 자라고 자라지 않는 것은 개인에 따라 큰 차이를 보인다. 아주 청렴한 사람으로 평가되던 사람도 가치판단 요소를 비롯한 환경 변화나 순간적인 욕망 절제에 실패하면 얼마든지 부정부패한 사람이 될 수 있다. 부정부패 행위를 일삼는 사람이라고 엄청나게 나쁜 사람이나 전혀 특이한 사람이 아니다. 인간은 누구나 부정부패의 씨앗인 탐욕을 실현하려는 마음을 갖고 있고 제도는 불완전하므로 끊임없는 재교육과 견제, 제도 보완 등의 관리가 필요한 것이다.

---

59) 전수일(2008), "이명박 정부의 반부패 정책 검토와 과제", 한국투명성기구, p.21.

대부분 부정부패 행위를 일삼는 사람들은 자신의 행동이 법규를 위반하는 것이라는 점을 잘 안다. 그럼에도 부정부패 행위를 일삼는 것은 직무를 수행하는 동안 법규를 위반하지 않기 위해서는 정도를 넘지 않도록 알맞게 조절하여 제한하는 절제節制가 필요한데 더 많은 재화를 얻고자 하는 탐욕에 의해 절제에 실패하기 때문이다. 여기에는 직위를 이용하여 불법적인 이익을 취하더라도 자신의 잘못된 행동이 적발되지 않을 것이라는 안이한 생각, 부정부패 행위를 통하여 얻은 재화가 가져다주는 달콤한 유혹이 강하게 작용한다. 이들은 대개 강화를 통하여 자신이 저지른 부정부패 행위가 적발되지 않으면 더 자주 더 규모가 큰 부정부패 행위를 저지르려고 하는 경향을 보인다.

부정부패 행위가 드러나더라도 처음에는 '나는 모르는 일이다. 나는 그런 일을 하지 않았다'며 부인으로 일관하다가 증거가 드러나면 '나만 그런 것이 아니다. 잘못된 줄은 알지만, 그것은 관행이었다'고 항변하고 때로는 자신의 인맥 등 배경을 동원 무마를 시도한다. 그러나 결국 모든 내용이 백일하에 드러나 부정부패 행위에 대한 책임을 져야 할 상황이 되면 그때야 비로소 자신의 잘못된 행동에 대해 후회한다.

2. 부정부패의 발원

발원發源은 물줄기가 처음 생김 또는 그 근원, 사회 현상이나 사상 따위가 맨 처음 생겨남 또는 그 근원을 말한다. 시발始發은 맨 처음의 출발이나 발차, 어떤 일의 처음, 병세가 처음 생기는 것이다. 근원根源은 물이 흘러내리기 시작하는 곳 또는 사물이 생겨나는 본바탕을 말한다. 근원이 물이 흘러내리기 시작하는 곳이라는 의미로 사용될 때는 발원이나 시발과 거의 비슷하다. 그러나 사물의 본바탕이라는 의미로 사용될 때는 발원이나 시발과는 다소 차이가 있다.

부정부패의 개념 구분에서 그 본바탕인 근원은 인간의 불완전성과 욕망에 대한 절제의 실패이다. 그러나 모든 인간은 이 부정부패의 씨앗을 가지고 있음에도 부정부패 행위를 저지르는 사람과 그렇지 않은 사람이 있다. 씨앗에서 싹이 나기 위해서는 토양과 온도, 습도가 맞아야 하고 일조량도 필요하므로 씨앗은 근원이고 발원은 아니다. 좀 더 쉽게 말하면 땅속에는 어디에나 물이 있지만, 그것이 물줄기를 형성하기 전의 물은 근원이고 땅이 머금을 수 있는 한계를 넘어 땅 밖으로 드러나 물줄기를 형성한 것이 발원이나 시발이라고 할 수 있다. 따라서 적발이 되던 되지 않던 구체적인 부정부패 행위가 형태를 갖추어 드러나고 시작되는 곳이 발원이다.

현대 민주주의 국가에서 부정부패의 발원은 국민이 위임한 정치권력이다. 정치권력은 공무원에게 다시 위임된다. 하지만 모든 정치권력이 부정부패한 것은 아니다. 물이 맑고 좋은 물과 오염된 더러운 물이 있듯이 정치권력에도 국가발전을 선도하고 국민의 복리를 증진하는 좋은 정치권력과 개인의 입신출세와 축재 등 권력 향유에 이용되고 국가발전을 저해하고 국민에게 불신을 받는 좋지 않은 정치권력, 즉 부정부패한 권력이 있다. 부정부패는 정치권력 자체가 문제가 아니라 운용하는 사람의 문제다.

정치政治는 여러 권력이나 집단 사이에 생기는 이해관계의 대립 등을 조정·통합하는 일로 국가의 주권자가 그 영토 및 국민을 통치하는 것, 국가 권력을 획득하고 유지하며 행사하는 활동을 말한다. 권력權力은 남을 지배하고 복종시키는 힘이다. 특히, 국가나 정부가 국민에게 행사하는 강제력을 뜻한다. 따라서 이해관계를 조정하기 위해 활동하고 권력을 행사하는 과정에서 합리적으로 정치권력을 사용하면 국가발전과 국민에게 도움이 되지만 그렇지 못하면 부정부패의 발원이 된다.

정치권력의 행사과정에서 나타나는 부정부패는 권력의 생산, 이해관계를 조정하는 핵심 요소인 재화의 분배, 정보의 잘못된 사용, 원칙을 벗어난 인사에 의해 태동한다. 권력의 생산은 공천과 금권선거가 문제가 된다. 이해관계를 조정하는 핵심요소들은 재화의 분배, 시장조정, 인허가, 인사, 정보에서 문제가 발생한다. 이해관계를 조정하는 사람은 이미 권력을 획득해 기득권을 가진 기존 정치가이다. 이들 정치가는 권력이 생산되는 과정에서 파벌이나 계파의 영향력을 이용 불합리한 공천을 일삼고 선거과정에서 금품을 살포하여 유권자들을 매수하는 금권선거를 조장하는 등 부정부패 행위를 통하여 세력을 확장해 나간다.

이런 과정을 거쳐 선거에 당선된 신진 정치가는 자신이 권력을 획득하는 선거과정에서 들인 비용을 만회하기 위해 불법적인 인허가에 개입하거나 청탁을 받고 인사를 하는 등 각종 부정부패 행위를 저지른다. 따라서 부정부패의 발원으로 작용하는 정치권력이 생산되는 과정에서의 불합리한 공천과 금권선거를 예방하지 못하는 한 앞으로도 계속적인 사회적 논란 대상이 될 것이며, 한국이 선진국으로 나아가는 데 걸림돌로 작용할 것이 확실하다.

3. 부정부패의 존재 위치

사람들은 누구나 자기중심적인 사고를 하므로 자신은 부정부패하지 않다고 생각한다. 심지어는 부정부패 행위를 일삼고 있는 사람까지도 그렇게 생각하는 경향이 있다. 이것은 그들의 생각이 잘못된 것이 아니라 부정부패가 무엇인지에 대한 지식이나 이해가 부족한 데 그 원인이 있다. 또한 이기심에 의해 자신의 타고난 본능인 욕망에 충실하여 자신의 입장에서 자신을 변론하거나 정당화하려는 경우에 나타날 수 있는 모습으로 사회화가 미흡한 것이 문제이다.

어려서부터 철저한 법규준수를 생활화하고 교육을 충분히 받은 사람은 더불어 살아가는 사회생활에서 법규를 위반하여 자신의 편익을 도모하면, 그에 상응한 벌을 받아야 한다는 것을 알기 때문에 구차하게 변명하지 않는다. 잘못된 행동을 한 점에 대해 자신의 부족함이나 실수 또는 스스로 욕망을 절제하지 못한 점에 대해 자신을 책망하거나 후회한다. 그러나 사회화가 제대로 이루어지지 않으면 법규준수가 생활화되지 않아 그것이 나쁜 것이고 잘못된 것이라는 인식을 하지 못하면 성인이 되어서도 유사한 행동을 하기 마련이다. 이러한 행동의 반복은 자신의 가치관에 의한 가치판단에서 당연한 일이나 자신의 행동이 잘못된 것이 아니라는 인식을 형성하므로 위법을 통해 편익을 취해도 정당하거나 잘못된 것이 아니라는 생각을 하게 한다. 범죄자들이 죄를 저질러 체포되었을 때 '국가와 사회가 나에게 무엇을 해준 것이 있다고 나를 괴롭히느냐'라며 공권력의 처벌에 불만이나 피해의식을 나타내는 것이 대표적인 사례이다.

부패행위는 권력을 남용하고 법을 위반하여 자신의 이익을 취하거나 반대급부를 받을 목적으로 의도적으로 다른 사람에게 편익을 제공하는 것으로, 인위적으로 규정되고 설정된 것이다. 따라서 규정하는 사람의 설정에 따라 그 내용이 달라질 수 있다. 우리나라의 부패행위에 대한 정의도 국민의 권익보호를 위해 정해진 것이다. 판단과 행동의 기준으로 설정된 것이지 처음부터 부정부패의 특별한 형태가 존재한 것은 아니다. 그러므로 부정부패의 규정을 모르는 사람은 자신이 부정부패 행위를 했으면서도 무엇이 잘못된 것인지 이해하지 못하는 일이 발생할 수도 있다. 하지만 부정부패의 근원과 존재위치는 비교적 뚜렷하다.

부정부패의 근원은 인간의 욕망 절제 실패와 불완전함에 있고, 행동을 통하여 모습이 나타난다. 법규를 위반하여 이익을 취하는 부정부패 행위를 하고 하지 않는 것은 개인의 마음이므로 부정부패의 존재는 바로 자신의 마음속에 있다. 일반적으로 사람들이 부정부패가 권력에서 나온다고 하는 것은, 그 근원과 존재에 대한 지식과 이해가 부족한 데다 권력을 남용하는 행사과정에서 실현되는 것으로 인식하기 때문에 그렇게 말하는 것이다. 하지만 권력을 갖고 있다고 하여 모두 부정부패 행위를 하는 것은 아니다.

사람이 부정부패 행위를 하고 하지 않는 것은 고정된 것이 아니라 마음의 변화에 따라 순간적인 상황판단에 의한 행동이 좌우하므로 아무래도 이기심이 강한 사람이 부정부패 행위를 할 가능성이 크다. 주어진 상황에 따라 '나에게 이익이 된다. 도움이 된다는' 판단을 하면 행동으로 옮기는 일이 많다. 그렇지만 부패행위에 대한 유혹을 받고 생각하고 행위를 해야 하겠다는 판단을 한다고 해서 실제 반드시 행동으로 이어지는 것은 아니다. 많은 사람이 평상시에 부정부패 행위에 대한 유혹을 받고 하고 싶은 충동을 느낀다. 한번 해보고 싶다는 판단을 하기도 하지만 행동을 하고 하지 않는 것은 주위의 환경요소 등에 따라 다르게 나타난다.

가령 부정부패 행위를 해야 하겠다고 작심을 했다고 하더라도 그것을 할 기회가 주어져야 할 수 있다. 주위의 견제와 감시가 조밀하게 이루어지면 대부분 실행에 옮기지 못한다. 부정부패 행위의 전력이 있거나 강한 유혹을 받는 사람도 이런 이유 때문에 일상 속에서는 법을 어기지 않고 정상적인 행동을 하게 된다. 그러므로 부정부패의 존재위치는 모든 사람의 마음속에 있다. 행동하고 하지 않는 판단은 마음속에서 이루어지므로 부정부패는 마음에서 시작되어 행동에 의해 나타나는 것이다. 우리가 수신을 강조하는 것도 욕망을 실현하기 위한 행동 여부를 마음에서 판단할 때 위법의 기준 범위를 넘지 않는 선에서 행동하도록 절제하는 것이 수신에 의해 이루어지기 때문이다.

4. 부정부패 행위를 하는 사람의 행동결정방식

부패는 생계형과 권력형, 개인형과 조직형, 고위층 부패와 하위층 부패 등 유형에 따라 부정부패 행위를 하는 사람의 개인적인 사유事由는 다양하게 분석된다.[60] 하지만 그들의 행동결정방식은 거의 같다. 공직자의 부정부패 행위는 법을 어기는 것이기 때문에 하나의 범죄유형에 속한다.

인간의 범죄행위는 기회, 책임감, 기대이익과 비용 개념으로 설명될 수 있다. 첫째는 직무와 대가교환을 할 기회를 가진다는 점과 정보의 독점적 지위를 항상 가지고 있다는 점이 부정부패 행위의 시초를 이룬다. 모든 일은 기회가 주어져야 실행할 수 있다. 공무원은 항상 부정부패 행위를 할 기회가 주어져 있다. 그런데 한 걸음 더 나아가 적극적으로 부패행위의 기회를 만들기도 한다. 부정부패 행위를 일삼는 사람은 스스로 부정부패 행위를 할 기회 확대를 위해 좋은 자리와 위치를 차지하려고 노력한다. 대내외적으로 큰 영향력을 발휘할 수 있는 요직이라고 인식되는 자리, 공사와 납품, 자재관리, 발주 등 재화의 취급이나 분배가 많이 이루어지는 자리, 인허가 업무를 처리하는 자리 등이 주요 표적이 된다. 둘째는 법과 윤리 규범에 대한 책임의식의 저하이다. 공직자의 의무감·책임감이 법과 윤리 규정에 어떻게 규범화되어 있는지 그 내용과 의미를 대체로 지각·인식하지 못하거나 오류에 빠짐으로써 책임감을 낮게 느끼는 데서 부패의 크기가 성장하는 추세로 이어진다. 인간의 행동은 여러 가지 요인의 복합적인 작용에 의해 결정된다. 단순하게 기회가 주어지고 이익이 된다고 하여 무조건 행동하

---

60) 이상안(2000), "공직윤리봉사론", 박영사, pp.306~307.

는 것은 아니다. 행위를 하기 위해서는 기회가 주어져야 하고 이익이 될 때 행동 가능성은 커지지만, 이것이 행동으로 실행되기 위해서는 옳고 그름을 비롯하여 '행동할 것인가 하지 않을 것인가' 하는 점 등에 대한 가치판단이 작용한다. 그 가치판단의 핵심적인 요소로 작용하는 것 중 한 가지가 책임감이다. 책임責任은 도맡아 해야 할 임무나 의무이고 책임감責任感은 책임을 중하게 여기는 마음이다. 책임감은 자신, 가족, 사회, 국가에 대한 것 등 여러 가지가 있다. 이 중에서 행동에 가장 큰 영향을 미치는 책임감은 자신에 대한 책임감이다. 인간은 자기 본위로 행동하기 때문에 자신에 대한 책임감은 적발되었을 때 자신이 안게 될 처벌이나 치러야 할 대가 또는 심리적 부담이 핵심적인 내용이다. 공직에 대한 책임감이 낮은 사람들은 자신의 직위를 이용한 부패행위를 경제적 자원을 획득하는 하나의 수단으로 인식하기도 한다. 그런데 여기에 자신에 대한 책임감마저 이익의 유혹에 의해 약해지면 부정부패 행위를 별다른 죄의식 없이 행할 수 있다. 셋째는 부패라는 범죄행위를 행했을 때 '기대되는 이익이 희생되어야 할 기대비용61)'보다 크다는 범죄경제학적 판단 때문에 범죄를 저지르는 쪽으로 행동을 결정하게 된다. 이는 대체로 처벌의 고통보다는 적발이나 체포의 위험이 낮은 경우에 전체 기대비용을 낮게 계산하기 때문에 자주 발생한다.

부정부패 행위를 하는 사람의 행동결정방식은 기회, 이익을 고려한 가치판단에 의해 실행되는데 기회가 주어지고 책임감이 약할 때, 이익이 손해보다 크다는 판단이 작용하면 위험을 감수하고 부정부패 행위를 저지른다. 이러한 판단은 적발되는 것보다는 적발되지 않는 부정부패 행위가 훨씬 많다는 개인적인 생각, 부패행위를 했는데 적발되지 않았다는 직접적인 경험, 부패행위를 하고 적발되었지만 솜방망이 처벌로 큰 부담이나 손해가 발생하지 않더라는 잘못된 인식이 작용하면 위험을 낮게 평가하게 되기 때문에 부정부패 행위의 가능성이 커진다. 따라서 부정부패 관리의 핵심은 행위의 시작점이 되는 기회를 차단하기 위한 정밀한 확인, 점검과 구조적 문제제거, 주인의식과 책임감 함양, 부정부패 행위를 하면 반드시 적발된다는 인식을 심어주고 이익보다는 손해가 크다는 것을 깨닫게 하는 것이다. 이를 위해서는 반드시 엄격한 처벌이 수반되어야 한다.

---

61) 기회비용(機會費用 opportunity cost)은 일정한 생산 때문에 단념된 생산기회의 이익을 평가한 비용. 기회원가라고도 한다. 여러 용도를 가진 경제재 또는 용역은 가장 효율이 높은 용도로 이용됨에 따라 그만큼 다른 용도의 이용을 포기해야 한다. 이때 포기된 용도로 이용되었을 때의 이익을 실제로 이용된 용도의 비용으로 간주할 수 있다. 이러한 비용을 기회비용이라 한다. A · B 2가지 생산요소로부터 X · Y 2가지 생산물을 생산하는 경우 Y의 X에 대한 대체관계를 나타내는 곡선을 기회비용곡선이라고 하며 이 곡선이 주어지면 일정한 가격비율 아래에서 가장 능률적인 X와 Y의 조합을 발견할 수 있다. 기회비용의 개념은 실제 경제활동의 능률판정에 중요한 기준을 제공할 뿐 아니라 오늘날에는 경제이론의 분석도구로서도 중요한 위치를 차지한다.

5. 수요-공급 측면에서 본 부패의 변수와 기회

부패를 조장하는 기회는 궁극적으로 정부의 독점과 행정 과정에 내재하는 병목현상 bottleneck에 있다. 일반적으로 정부의 분배정책과 규제정책은 특정한 계층에 특혜를 베푸는 효과가 있다. 이러한 정부활동은 항상 수요가 공급을 초과하는 병목현상을 나타낸다. 이처럼 특혜 수단의 정부 독점 수급과 불균형 상태가 부패를 조장하는 본원적 요인이 된다.[62]

탄지Tanzi는 부패를 수요-공급 개념에 기초하여 분석하였다. 부패의 원인 중 수요측면의 변수로는 규제와 인허가, 조세제도의 특정한 성격, 지출결정, 시장가격 이하의 재화 공급 등이 있고, 공급 측면에서는 관료적 전통, 공공부문의 임금수준, 처벌, 징계체계, 제도적 장치, 제도, 법 집행과정의 투명성, 지도력을 중요한 변수로 생각하였다.[63] 많은 학자는 공무원들에게 지급되는 임금 수준이 부패의 정도를 결정하는 중요한 요소라고 생각한다. 린드벡Assar Lindbeck은 스웨덴의 낮은 부패 정도는 일반 노무직보다 12~15배나 높은 공무원 임금 때문이라고 결론지었다.[64] 하지만 고위 공무원이나 정치가의 부정부패는 임금과 연계해서는 이해되지 않는다. 임금 자체보다는 수입을 넘어선 과도한 지출과 같은 소비생활 형태 등 개인의 경제관념과 탐욕이 원인이 되는 경우가 더 많다.

---

62) 강성철 외(2007), "새 인사행정론", 대영문화사, p.536.

63) 배세영(2005), "부패의 경제학", 대경, p.4.

64) 배세영(2005), "부패의 경제학", 대경, p.9.

6. 부정부패의 극한과 사례

부정부패가 만들어내는 것은 무질서와 혼란이다. 무질서와 혼란은 법규가 존재하지 않거나 존재하더라도 준수되지 않는 상태에서 각자가 자신의 욕망을 실현하기 위해 자유롭게 행동하는 상황을 말한다. 그러나 법규가 준수되지 않는다고 반드시 모든 것이 무질서하고 혼란한 것은 아니다. 세상에 완전한 무질서와 혼란은 없다. 자연의 흐름에 의해 인간의 삶이 지배받기 때문에 무질서와 혼란의 기준은 인간 세상을 국한하여 정의된 것이다. 자연의 관점에서 볼 때 인간이 법규를 지키며 살든 아니면 법규를 정하지 않고 살아가든 그것은 항상 자연적이다. 사회가 혼란과 무질서에 빠지더라도 모두 도탄에 빠지지는 않는다.

법규가 지켜지지 않는데도 모두 도탄에 빠지는 것이 아니라는 말은 궤변이 아니다. 혼란과 무질서를 판단하는 기준이나 관점의 차이에 따라 다르게 해석될 수 있다는 점을 말하는 것이다. 개인의 입장, 가족의 입장, 한 마을 단위에서 볼 때와 거대도시 전체나 국가 차원에서 볼 때의 혼란과 무질서에는 차이가 난다. 물론 국가가 무질서와 혼란에 빠지면 그 속에 있는 구성원들은 영향을 받는다. 그러나 그 영향력은 일률적인 것이 아니라 각기 다르다. 낙도와 심심산골에 사는 사람과 대도시에 사는 사람이 받는 영향은 같지 않다. 그리고 개인의 입장에서는 나라가 망하더라도 새로운 질서가 부여되는 주체에 편입되면 된다는 위험한 발상을 할 수도 있다.

그러면 무질서와 혼란이 발생하고 국민이 도탄에 빠지는 것이 부정부패의 극한인가?

아니다. 부정부패의 극한은 생명이 있는 것들의 생명 마감이다. 즉 사람의 파직이나 운명, 조직의 와해瓦解, 기업이나 행정기관의 파산이나 합병, 정권의 몰락, 국가의 멸망이다. 삼풍백화점 붕괴사고가 좋은 사례이다. 2010년 5월 25일 조선대에서 일해 온 40대 강사 서 모 씨의 자살도 논문 대필과 교수 취업에 억대가 넘는 돈을 요구한65) 부정부패가 원인이 되었다. 무질서와 혼란이 심하지 않을 때는 불법적인 이익을 추구하는 기업가와 공무원의 유착에 의한 벌목이나 지하자원의 채굴로 환경이 파괴되어 재해 원인이 될 수도 있다. 국가는 멸망 이전에 국제적인 신인도 추락과 대외 경쟁력 저하, 각종 사회문제 증가 현상이 나타나기도 한다.

기업이 파산하고 국가가 멸망해도 사람들은 남는다. 한쪽에서는 기존에 있던 사람들이 죽고 다른 쪽에서는 새로운 생명이 태어난다. 따라서 인류의 종말이 오지 않는 한 인간의 삶은 지속하기 때문에 부정부패의 극한, 즉 끝은 새로운 질서 창조로 이어진다. 정확하게 표현하면 부정부패의 극한은 새로운 질서를 만드는 일이 시작되기 직전을 말한다. 이러한 일이 진행되는 과정에 연관된 사람들은 극도의 혼란과 무질서 속에 운명, 파산 같은 말로 표현하기 어려울 정도의 혹독한 시련을 겪는 등 피해를 당할 수 있다. 여기서 부정부패가 극한에 이르면 어떤 현상이 나타나는지 몇 가지 사례를 들어 살펴보자.

1) 삼풍백화점 붕괴사고

삼풍백화점 참사는 대표적인 부패의 사례이다. 1995년 6월 29일 오후 5시 56~57분쯤 서울 서초구 서초동 삼풍백화점三豊百貨店이 무너졌다. 지상 5층의 유명 백화점 건물이 1분여 사이에 폭삭 내려앉은 것은 황당한 사건이었다.66) 사망 501명, 실종 6명, 부상 937명에, 3,000억여 원의 재산피해가 났다. 피 흘리는 부상자와 희생자들, 흉하게 튀어나온 철근들과 부서진 잔해 등 텔레비전TV을 통해 보인 당시 사고현장은 우리 사회에 큰 충격을 안겨주었다. 특히 이 사고는 성수대교가 무너져 내린 지 불과 8개월여 만에 벌어진 일이라 충격이 더 컸다.

붕괴 원인은 뻔했다. 삼풍백화점 붕괴사고 이전이나 이후의 대형 붕괴사고 원인과도

---

65) 중앙일보 2010. 5. 28.

66) 경향신문 2009. 6. 28.

별로 다르지 않았다. 한 마디로 총체적 부실이 원인이었다. 설계부터 시공, 감리, 유지관리 등 모두가 부실했다. 기둥의 두께는 기준보다 얇았고, 철근은 가늘었고, 배치되는 간격 또한 넓었다. 4층으로 설계된 건물은 5층으로 증축됐고, 수시로 용도변경이 이뤄지면서 애초의 구조체는 곳곳에서 훼손됐다. '부실 공화국'의 전형이었다. 어떻게 이런 총체적 부실이 가능했을까. 부패 때문이었다. 부실한 공사는 뇌물로 덮어졌다.

구청장들은 뒷돈을 챙기며 설계변경 등을 승인했고, 기술자engineer들과 관련 공무원들은 떡값을 받아 챙겼다. 붕괴사고와 관련, 업무상과실치사 · 뇌물수수 · 뇌물공여 등의 혐의로 기소된 사람만 25명이었다.67) 삼풍백화점 붕괴 당시 공직자들이 받았던 뇌물 액수는 모두 합쳐 3천만 원 정도로 추산된다. 3천만 원 때문에 3천억 원의 피해가 발생한 것이다. 만 배 정도의 손실이다. 여기에는 삼풍백화점 관련 업체들의 피해액 6백억 원이 계상되지 않았다. 또한, 돈으로 따질 수 없는 국민의 충격과 피해유족들의 슬픔, 그 밖의 다양한 손실들은 이 경제적 계산에서 빠졌다.

2) 씨랜드 화재사건

화성 씨랜드 화재사건으로 불리기도 하는 '씨랜드 청소년수련원 화재'는 1999년 6월 30일 오후 1시 20분경 경기도 화성군현재 화성시 서신면 백미리 363-1 씨랜드 청소년수련의 집에서 발생한 사고이다. 국립과학연구소와 수원지방검찰청에서 밝힌 사고의 원인은 모기향 불이 옆의 가연성 물질일회용 가스라이터, 종이, 의류에 접촉되면서 발화된 것으로 발표되었다. 인솔교사 등 보호의무자의 무책임한 행동은 물론 행정적인 측면에서도 문제가 있었다. 씨랜드 수련시설은 스티로폼Styrofoam, 발포發泡 폴리스티렌: 상표명, 목재 등 인화성이 강하고 열전도가 강한 철골구조물로 건축되어 대형 참사가 발생하는 요인으로 작용했다.

화재로 말미암은 인명 피해는 총 29명사망 23, 부상 6이었으며, 재산피해는 7,200만 원동산 1,000만 원, 부동산 6,200만 원이 발생하였다. 재산피해는 부동산조립식 경량철골조 3동 782평 중 1동 3층 534평 소실, 동산에어컨과 집기류 등이다. 가장 많은 18명의 희생자가 발생한 소망유치원생들은 301호에 18명, 302호에 24명 등으로 나누어 42명의 어린이만 잠을 자게 했다. 원장 천경자와 인솔교사 등 3명은 301호의 맞은편 314호에 투숙하고 있었으나, 301호실

---

67) 경향신문 2009. 6. 28.

에 투숙한 어린이 18명이 불길을 헤쳐 나오지 못하고 희생되었다. 화재 진압에는 인원 553명소방 249, 의용소방대 50, 경찰 52, 공무원 200, 한국통신 2, 장비 67대펌프차 14대, 물탱크차 11대, 구조공작차 8대, 구급차 6대, 기타 27대, 헬기 1대 등의 인력과 장비가 동원되었다.

수사결과 씨랜드 측은 갖가지 변칙, 불법 행위를 되풀이하는 과정에서 시공회사와 감리회사 관계자들을 매수한 것은 물론, 그때마다 화성군청 공무원들의 묵인 또는 비호를 받았던 것으로 밝혀졌다. 불법, 탈법운영에 필요한 각종 인허가 과정에 김일수 화성군수가 직접 개입한 혐의까지 드러났다. 이례적으로 사고 후 2001년 3월 21일 씨랜드 화재사고로 발생한 사상자와 그 가족을 위로하고, 지역사회 안정에 이바지하기 위한 목적으로 '화성시 씨랜드 청소년수련의 집 화재사고 사상자 보상금 지급 조례'가 제정되기도 했다.[68]

3) 한국의 IMF 구제금융 요청

1990년대의 한국은 권위주의적 발전 모형을 통해 계속적인 고성장 속에 세계적인 무역대국으로 부상, 경제협력개발기구OECD, Organization for Economic Cooperation and Development 가입국, 국민소득 1만 달러 시대에 진입하는 등 아시아의 용으로 주목받으면서 제삼세계의 발전 본보기 모형model으로 연구되기까지 했다. 그러나 1997년 1월 23일 한보철강 부도, 국가 신인도 추락을 시작으로 대기업들의 연쇄적인 부도, 부도유예협약, 화의, 법정관리, 계속되는 주가 하락과 환율 상승, 한국은행 외화보유액 고갈 등 일련의 사태 이후 1997년 11월 21일 결국 국제통화기금IMF, International Monetary Fund에 긴급 구제 금융을 공식요청하기에 이르렀다. 1997년 12월 3일 국제통화기금 구제금융 합의 이후 공황에 직면 경기후퇴가 더욱 심화하여 총체적인 국가경제위기에 빠지게 되었다.

원화가치의 급격한 하락과 외화보유액의 급감 형태로 표출된 우리나라 외환위기 원인에 대한 학자들의 견해는 다양하다. 관치금융, 감독 소홀, 도덕적 해이, 기업의 과다 차입과 과잉투자 등으로 금융기관이 부실화됨에 따른 금융위기, 교역조건의 악화, 정경유착과 관치금융, 경제정책 실종, 동남아 외환위기의 전염 효과contagion of crises로 분석하는 사람도 있다. 또한, 한국 외환위기가 과대평가된 환율과 과도한 경상수지 적자

---

68) 국가기록원 나라기록.

에 있는 것이 아니라 과도한 단기외채의존과 같이 금융부문의 위험관리risk management의
실패로 말미암은 단기적 유동성 부족 현상일 뿐이며, 한국경제의 기초 경제 여건
fundamental과는 무관하다는 견해 등 여러 가지 분석이 있다. 한국의 국제통화기금 구제
금융 요청은 복합적인 문제들이 작용하여 발생한 것으로 국내외적 요인들에 대한 분석
을 통해 종합적인 이해가 가능할 것이다. 그러나 분명한 것은 관리 실패와 부정부패가
한 원인이 되었다는 점은 확실하다.

특히 한보 사태는 한국이 '국제통화기금IMF 위기'를 맞이하는 도화선이 되었다. 한보
는 추석 때 떡값으로만 '30억 원'을 돌리고 확인된 것만 2천여억 원의 비자금을 조성
한 부패기업의 전형이었다. 제일은행은 한보에 엄청난 대출을 해주었다. 이렇게 은행
의 기업에 대한 무리한 대출과 무리한 사업 확장에 따른 기업 부실로 은행의 금융위기
가 발생하고 이것이 연쇄적인 은행 도산으로 이어져 결국 IMF 위기[69]까지 가게 된 것
이다. 물론 이 과정에서 여야의 정치인, 공무원, 기업인, 금융인 등 많은 사람이 뇌물로
연결된 거대 부패조직망이 작용했다.

4) 유럽 재정위기

2010년 이후 그리스를 중심으로 한 남부 유럽지역 국가의 재정위기에 대한 우려감
이 고조되면서 세계적인 관심사가 되고 있는 가운데 유럽연합을 중심으로 한 국제사회
의 거듭된 공조(共助)에도 불구하고 국제금융위기 극복을 지연시키고 세계 경제의 불
안을 심화하는 원인으로 작용하고 있다. 국민권익위원회가 2010년 5월 12일 발간한 「
"청렴한 나라 만들기 원년" 추진을 위한 공공기관 감사관 회의 자료」 국제사회의 반부
패동향에 의하면 공직사회 부정부패를 유럽 재정위기의 한 원인으로 진단하고 있다.
유럽의 일부 국가에서 고질적인 탈세와 공무원의 부정부패가 결국 국가부도위기로 이

---

69) 대한민국의 IMF 구제금융 요청은 1997년 12월 3일 대한민국이 외환위기(국가부도위기)를 겪으며 국제통화기금에 자금지원
양해각서를 체결한 사건이다. IMF 경제 위기, IMF 외환위기, IMF 환란, IMF 관리체제, IMF 시대, IMF 사태라고 부르기도
하지만 엄밀히 말하면 IMF라는 명칭 자체가 외환위기의 의미를 담고 있지 않기 때문에, 잘못된 표현이지만 IMF(국제통화기
금)에 구제 금융을 요청했다는 상징성으로 인해 내용이 압축된 단어로 대한민국 언론 등에서 자주 사용되고 있다. 당시 대
한민국의 대통령인 김영삼은 11월 10일 홍재형 당시 부총리와의 통화 이전까지 외환위기의 심각성조차 모르고 있었다. 이로
말미암아 대한민국의 경제가 큰 위기를 겪게 되었다. 이를 극복하기 위해서 국제통화기금에서 요구하는 조건들을 수행해야
했으며 이 시기에 신자유주의 논리가 급속하게 확산되었다. 이 과정에서 많은 회사의 부도 및 경영 위기를 초래하였고, 대량
해고와 경기 악화로 인해 대한민국의 온 국민이 큰 어려움을 겪었다. 이 사건이 일어난 1997년 대통령 선거에서 여당이던
신한국당(현 한나라당)은 대선에서 패배하여 정권 교체가 되었다.

어졌다는 견해가 대두하고 있다는 것이다.

35개 선진국의 2006~2009년도 자료 조사에 의하면, '부패와 재정적자'는 높은 상관관계가 있음이 나타났다^{미국 브루킹스연구소, 2010. 4. 19.}. 파판드레우^{Papandreou} 그리스 총리는 우리가 외국인 투자자들과 건실한 기업들을 주저앉게 하고, 도적들에게 나라를 넘겨주게 하는 관료주의와 부패를 청산해야만 경제위기를 극복하게 될 것^{파이낸셜타임스, 2010. 5. 7.}이라고 말했다. 1,100억 유로의 구제 금융을 지원받은 그리스의 2009년 부패인식지수는 180개국 중 71위를 차지했다.[70] 2010년에는 순위가 더 떨어져 178개국 중 78위였다.[71]

부정부패는 단순하게 공무원 개인이나 정부 내 행정기관의 문제가 아니다. 국가와 사회 전체에 엄청난 피해를 유발하는 원인으로 작용할 수도 있다. 공무원의 부정부패를 막는 일은 공무원이 해야 하지만, 그 일을 하게 하는 것은 국민이다. 국민이 깨어 있지 않으면 부정부패는 언제든지 국가 위기를 초래하고 국민을 도탄에 빠뜨릴 수도 있다.

5) 조선의 종식

조선이 종식되고 고종에 의해 대한제국[72]이 탄생한 데는 여러 가지 원인이 있다. 그중에서 외척세력에 의한 권력 독식과 매관매직, 삼정문란[73]에서 비롯된 부정부패가 결

---

70) "청렴한 나라 만들기 원년" 추진을 위한 공공기관 감사관 회의 자료(2010년), 국민권익위원회, p.4.

71) 국제투명성기구, "2010년 부패인식지수(CPI)"

72) 대한제국(大韓帝國)은 1897년 10월 12일부터 1910년 8월 29일까지의 조선의 국명이다. 1884년에 일어난 갑신정변(甲申政變)을 계기로 개화당은 국왕의 지위를 중국의 황제와 대등한 지위로 올리려고 하였다. 우선 용어를 공식적인 칭호에서 군주(君主)를 대군주(大君主)로, 전하를 폐하(陛下)로 높여 불렀으며, 명령을 칙(勅), 국왕 자신의 호칭을 짐(朕)으로 부르도록 하였다. 이 노력은 갑신정변의 실패로 중단되었으나, 1894년 갑오개혁 때 중국의 연호를 폐지하고 개국기년(開國紀年)을 사용함으로써 1896년 1월부터 연호를 건양(建陽)으로 하였다. 이러한 조치들은 일본의 반대로 무산되고 같은 해 2월 아관파천(俄館播遷)으로 중단되었다.
　1897년 2월 고종이 환궁한 후 독립협회와 일부 수구파가 연합하여 칭제건원(稱帝建元)을 추진, 8월에 연호를 광무(光武)로 고쳤으며, 9월에는 원구단(圜丘壇)을 세웠고, 드디어 1897년 10월 12일 황제즉위식을 올림으로써 대한제국이 성립되었다. 제국을 성립하기까지 서로 연합하였던 독립협회와 수구파는 정체(政體) 문제로 대립하였다. 자주독립 세력을 꺾어버리는 것이 이롭다고 생각한 일본이 수구파에 가담, 독립협회의 운동을 탄압하도록 권고하고 이를 고종이 받아들여 독립협회와 만민공동회를 강제해산함으로써 독립협회와 수구파의 싸움은 수구파의 승리로 끝났다. 수구파 내각은 1899년 8월 17일 대한국국제(大韓國國制)를 제정·공포하였다. 이에 따르면 국호는 대한제국이고 정체는 전제군주제이다. 수구파 정부는 국제 열강의 세력균형을 이용하여 실력을 기르는 데 힘쓰기보다는 친러적인 경향이 강하였다. 이를 지켜본 일본은 러시아와의 일전이 불가피하다고 생각하고, 러일전쟁을 준비하기 시작하였으며, 이를 안 정부도 1904년 1월 국외중립(局外中立)을 선언하였다. 그러나 일본은 이러한 중립선언을 무시하고 러일전쟁이 시작되자 서울을 점령하고 2월 23일 대한제국을 위협하여 한일의정서(韓日議定書)를 체결하였다. 이를 시작으로 대한제국의 주권은 침해되기 시작, 일본은 7월 20일에는 군사경찰훈령(軍事警察訓令)을 만들어 치안권(治安權)을 빼앗았으며, 8월 22일에는 한일외국인고문용빙(韓日外國人顧問傭聘)에 관한 협정서로 재징권을 빼앗아 갔고, 1905년 11월 17일에는 을사조약(乙巳條約)을 체결하여 외교권을 강탈하였다. 1910년 8월 22일 한일병합조약이 강제 체결되고, 같은 해 8월 29일 한일병합조약이 공포됨으로써 대한제국은 역사 속으로 사라지고 국호는 다시 조선으로 바뀌었다.

정적인 원인으로 작용한 것은 분명한 사실이다. 지도자는 국제정세를 제대로 읽는 안목이 부족하고 지도력과 문제해결능력이 없었으며, 고위 공직자는 자기 잇속 챙기기에 급급해 학정을 일삼으면서 국민은 도탄에 빠졌다.

동학혁명74)이 일어난 것은 단순하게 고부 군수 조병갑75) 혼자만의 부정부패 행위문제로 말미암은 것이 아니다. 동학혁명은 청나라 군대와 일본군대를 이 땅에 끌어들이는 계기가 되었고 청일전쟁76) 결과 청나라의 패배는 일본과 러시아의 격돌로 이어져

---

73) 삼정문란(三政紊亂)은 조선 재정의 주류를 이루던 전정(田政)·군정(軍政)·환정(還政) 세 가지 수취체제가 변질하여 부정부패로 나타난 현상이다. 전정은 공정하고 정확한 전지(田地)의 조사와 측량을 바탕으로 1년에 소출 되는 양을 검사하여 균등한 전세를 부과하는 제도이다. 그러나 전지에 대한 조사가 20년에 한 번씩 이루어지도록 규정되었으나 이것이 지켜지지 않았을 뿐만 아니라 소출량에 대한 조사도 담당자인 수령과 토호들의 농간에 의해 공정한 세금부과가 어렵게 되었다. 이러한 관리들의 부정부패는 조선 후기로 갈수록 극대화되었다. 그 유형으로 실제 세금을 거둘 수 있는 토지보다 더 많은 양의 토지를 장부에 올려 세금을 착복하는 백지징세(白地徵稅), 실제 세액의 몇 배를 징수하여 착복하는 도결(都結)과 방결(防結), 각종 부당한 명목의 잡세 등이 있다. 이를 전정의 문란이라 한다.
군정은 군적(軍籍)에 따라 번상병(番上兵)을 뽑고 보포(保布)를 정급(定給)하여 주는 제도였으나 15세기 말부터 군포를 내고 군역을 면제받는 관례가 생겨난 뒤 임진왜란 이후에는 직업군인이 생겨나고 군에 가지 않는 대상자들은 군포를 부과하는 방법으로 수취제도가 변질하였다. 그리하여 대다수 돈 있는 백성은 군포를 내고 군대에 가지 않았다. 그러나 점차 군포가 부담되자 향교의 교생(校生)이나 서원의 원생(院生), 향직, 향안에 등재, 공명첩(空名帖) 등의 방법으로 군포 면제를 받는 편법이 등장하였다. 이에 군포가 줄어들자 지방 관아에서는 이웃에게 군포를 강제 징수하는 인징(隣徵), 가족에게 강제로 징수하는 족징(族徵), 마을 단위로 전체의 군포 액수를 부담케 하는 동징(洞徵), 어린아이에게까지 군포를 징수하는 황구첨정(黃口簽丁), 이미 죽은 자의 이름으로 군포를 징수하는 백골징포(白骨徵布) 등과 같은 불법징수가 성행하였다. 이를 군정의 문란이라 한다.
환정은 춘궁기에 농민에게 식량과 씨앗을 빌려주었다가 추수한 뒤에 돌려받아 농업의 재생산을 도모하고 군자미를 매년 새로운 곡식으로 전환하는 정책이었다. 그러나 빌려준 곡식을 돌려받지 못하는 사례가 늘어나고, 자연적으로 소모되는 곡식이 증가하자 모곡이라 하여 1/10을 이자로 더 돌려받게 되었다. 이후 국가 재정이 어려워지고, 아전들의 횡포가 늘어나면서 모곡의 양이 1/10에서 1/2로 늘어나는가 하면 빌려주는 원곡에 모래나 겨를 섞어 실제 양을 줄이고 후에 거두는 모곡은 원곡대로 받는 등 다양한 편법이 자행되었다. 이에 환곡 받기를 거부하는 백성에게도 강제로 배부하거나, 이자를 돈으로 내도록 하여 아전들이 부당한 이익을 취하기도 하였다. 이를 환정의 문란이라 한다. 이처럼 전정·군정·환정의 문란을 합하여 삼정의 문란이라 하였으며, 1811년 홍경래 난이나 1862년 전국적으로 일어난 임술농민항쟁 등 19세기 크고 작은 농민항쟁의 주요한 원인으로 작용하였다.

74) 동학운동(東學運動: 동학혁명)은 1894년(고종 31) 전라도 고부군에서 시작된 동학계(東學系) 혁명운동이다. 동학농민운동이라고 부르기도 하지만 규모와 이념적인 면에서 농민봉기로 보지 않고 정치개혁을 외친 하나의 혁명으로 간주하며, 또 농민들이 궐기하여 부정과 외세(外勢)에 항거하였으므로 갑오농민전쟁이라고도 한다.

75) 조병갑(趙秉甲)은 조선 후기의 탐관이다. 고종 30년 전라북도 고부군수였으며 백성을 탄압하고 착취하여 동학농민운동을 유발했다. 본관 양주(楊州). 충청도 관찰사 조병식(趙秉式)과 사촌 간이다. 1892년(고종 29) 4월 전라북도 고부군수(古阜郡守)가 되었고 이듬해 만석보(萬石洑: 貯水池)를 증축할 때 군민에게 임금도 주지 않고, 수세(水稅)를 징수 착복하였으며, 무고한 사람에게 죄목을 씌워 재산을 착취하는 한편, 태인 군수(泰仁 郡守)를 지낸 부친의 비각을 세운다고 금품(1,000냥)을 강제 징수하는 등 온갖 폭정을 자행하였다. 격노한 군민들은 군수의 불법에 항의했으나, 듣지 않고 오히려 학정을 가중함으로써 이듬해 동학농민운동을 유발한 직접 원인이 되었다. 전봉준(全琫準)의 습격을 받았으나 목숨을 부지하여 전주로 달아나 관찰사 김문현(金文鉉)에게 보고하였다. 하지만 그의 행위가 밝혀져 파면되어 유배되었다. 유배에서 해배되어 판사가 되었다.

76) 청일전쟁(淸日戰爭, First Sino-Japanese War)은 1894년 6월~1895년 4월 사이에 청(淸)나라와 일본이 조선의 지배권을 놓고 다툰 전쟁이다. 1894년 조선에서 동학농민운동(東學農民運動)이 발생하였다. 위기에 처한 조선 정부는 청나라에 지원을 요청하였고, 양력 6월에 청나라가 파병하자 일본도 톈진조약에 근거하여 동시에 조선에 파병함으로써 세력 만회의 기회를 놓치지 않았다. 동학농민운동이 진압된 이후에도 일본은 철병(撤兵)을 거부하고 오히려 조선에 대한 침략 야욕을 드러내어, 조선 내 개혁(갑오개혁)을 강요하고, 동시에 조·청 간에 맺은 통상무역장정(通商貿易章程)을 폐기하라고 요구하며 내정을 간섭하는 등 지배권 확보를 도모하였다. 일본은 경부 간 전선(電線)을 가설하여 전쟁에 대비하는 듯하더니, 6월 21일에는 병력을 동원하여 왕궁과 사대문을 장악하였다. 한편, 조선 정부는 일본의 강요로 청나라와의 통상무역장정을 폐기한다고 발표함으로써, 조-청 간의 국교를 단절시키고, 일본군은 조선 정부의 요청을 받은 것처럼 위장하여 아산만에 주둔 중인 청군을 공격하기 시작하였다. 아산만 앞바다에 있는 풍도(豊島)에서는 청의 육군을 싣고 오는 청의 함정을 일본군이 습격하여 참패시키고 말았다. 여기서 청나라 군사 1,200여 명이 익사하였다. 이미 청·일 두 나라 군대가 조선 내에서 충돌한 것이다(1894. 6. 23/양 7. 25, 새벽). 이어서 성환(成歡)에서도 두 나라 군대가 충돌하여 일본군이 압승하였다. 이 마당에 양국은 선전포고(宣戰布告)를 하고 이제야 전면전으로 돌입하게 되었다(7. 1/양 8. 1).

러일전쟁77)에서 일본이 승리함으로써 조선은 자주독립 국가로서의 면모와 자치권을 거의 상실하였다. 한 나라의 국왕이 스스로 일가의 안위와 국권을 보존하지 못해 내 나라 땅에 있는 외국 공관으로 피신해 국사를 보고 거기서 돌아와 무력한 조선의 종식을 선언하고 새로운 질서를 창조하기 위해 노력했지만, 이미 기울기 시작한 국운은 걷잡을 수 없는 상태에 이르고 말았다.

일본과 청국은 1895년 4월 시모노세키조약(下關條約/당시는 馬關)을 체결하여 전쟁의 뒤처리를 하였다. 일본은 승전 대가로 거액(청나라 1년 예산의 2.5배)의 배상금과 중국의 영토인 랴오둥반도(遼東牛島), 타이완(臺灣), 펑후섬을 할양받았다. 그러나 만주로의 진출을 꾀하는 러시아는 일본이 랴오둥반도를 장악하는 것에 위기감을 느끼고, 러시아·프랑스·독일 3국이 이에 간섭하여(삼국간섭) 랴오둥반도를 중국에 반환토록 압박하였다. 힘의 열세를 느낀 일본은 랴오둥반도를 반환하였고, 러시아에 대한 불만은 심화하여 새로운 어두운 역사를 잉태하고 있었다. 전쟁을 사전에 철저히 준비한 일본은 전쟁준비에 무성의하고 부패한 청나라를 상대로 압도적으로 승리할 수 있었다. 청일전쟁의 승리로, 그동안의 동양 패권을 중국으로부터 일본이 넘겨받는 계기가 되었고, 그 후 조선 등 대륙으로의 침략을 한층 강화할 수 있게 되었다. 또한, 일본은 국내의 산업혁명을 성공적으로 추진하며 자본주의 국가로 성장하게 되었다. 한편, 패전한 중국은 제국주의 열강의 침략을 더욱 받게 되는 불운을 겪게 되었다.

77) 러일전쟁(Russo-Japanese Wars)은 1904~1905년에 만주와 한국의 지배권을 두고 러시아와 일본이 벌인 전쟁이다. 1904년 2월 8일에 일본함대가 뤼순군항(旅順軍港)을 기습 공격함으로써 시작되어, 1905년 9월 5일에 강화를 하게 된 러시아와 일본 간의 전쟁이다. 한국과 만주(중국 동북지방)의 분할을 둘러싸고 싸운 것이지만, 그 배후에는 영일동맹(英日同盟)과 러시아와 프랑스가 동맹이 있었고, 제1차 세계대전의 전초전이었다. 러시아는 패배의 결과로 혁명운동이 진행되었고, 전쟁에서 승리한 일본은 한국에 대한 지배권을 확립하고 만주에 진출할 수 있게 되었으나 미국과 대립이 시작되었다.

7. 부정부패 막아야 하는 이유

건전한 국가는 개인의 발전과 동시에 사회와 국가발전에 기여할 수 있는 사람이 능력 경쟁을 통하여 양산되도록 규칙을 정하고 운용한다. 경쟁에서 이긴 사람은 단순히 자신이 흘린 땀의 대가를 향유하는 것이 아니라 사회와 국가발전을 위해 봉사함으로써 존경의 대상이 되고 경쟁에서 패한 사람들도 결과에 승복할 수 있게 된다. 이것이 모두가 지향하는 살기 좋은 세상이다. 그런데 부정부패는 권력 남용과 위법한 행동을 통해 '나 혼자만 잘 먹고 잘살겠다'는 것이므로 국민이 모두 염원하는 다 함께 잘사는 사회를 건설하고자 하는 이상에 역행하는 행동이다.

민주주의 국가는 민주주의 이념인 자유, 평등 그리고 국민 주권의 원리, 국민자치의 원리, 권력 분립의 원리, 입헌주의의 원리, 다수결의 원리에 의하되 자신의 의견이 아니더라도 대표자에 의해 정해진 결정에 따라야 한다. 다수결에 의하되 소수 의견도 존중한다는 것이 핵심적인 내용인 민주주의 기본원리를 존중하고 법의 지배에 의한 통제가 이루어진다. 국민이 정치가와 정부, 행정기관, 공무원에게 주권행사를 통하여 권력을 위임하며 세금 등 각종 의무와 책임을 부담하는 이유는 국가발전, 국민의 복리증진, 권익을 보호하고 신장시켜 인간 존엄성 실현과 삶의 질을 향상하고자 하는 데 있다. 정치가와 정치권력, 공무원이 부정부패하면 이러한 국민의 기대와 요구가 무시되는 것은 당연하고 국가발전을 저해하며 국민 복리는 감소하기 마련이다. 국민이 누려야 할 권익은 보호받고 신장하는 것이 아니라 침해당한다.

부패행위를 통해 무능력자와 능력이 부족한 사람이 학연·지연·혈연을 동원하여 뇌물을 제공하고 청탁을 통하여 불합리하고 불공정한 편법적·불법적인 방법으로 승진하거나 원하는 보직을 받으면 재화의 불균등 분배가 이루어질 가능성이 커진다. 모든 국민이 공정한 기회를 통하여 정해진 규칙인 법규와 합리적인 제도에 의해 실력을 발휘할 기회가 차단되므로 법을 준수하는 사람은 피해의식을 갖게 된다. 한 걸음 더 나아가 편법과 불법을 저지르는 사람이 능력 있는 사람으로 여겨지는 상황이 고착되면 모두가 법을 지키지 않으려고 하므로 사회는 혼란에 빠지고 권력을 가진 사람이 사회의 이익을 독점하는 현상이 나타나 부정부패가 더욱 기승을 부리게 된다. 이런 사회는 갈등과 대립이 증가할 가능성이 크다.

권력자와 유착관계에 있는 사람들이 자신들과 마음이 맞거나 마음에 드는 사람을 주요 보직에 임명하는 코드인사 같은 정실인사가 난무하고 권력과 이익을 독점하는 것을 방치하면 국민의 주권은 제한된다. 이러한 상태가 더욱 심화하면 점차 민주주의는 그 기능을 상실하고 독재 권력이 출현하거나 국가기능이 마비되는 무정부상태에 빠질 수도 있다. 민주주의에서 벗어난 독재 권력과 무정부 상태에서는 당연히 국민의 권익은 보호되지 않고 민주주의 이념인 자유와 평등도 위협받는다.

빙산모형에 따르면 수면에 드러난 얼음과 같이 부패에는 표면화되고 해결된 부패현상과 노출되었으나 미해결된 부패, 수면 아래 잠겨 보이지 않는 얼음과 같이 노출되지 않고 은폐된 부패현상 세 가지로 구분된다. 드러난 부패현상은 잘못한 사람에게 어떤 형태로든 징계나 처벌이 가해지는 대가를 치르게 함으로써 처리하고 마무리되기 때문에 문제가 될 것이 없다. 그러나 노출되지 않고 은폐된 부패현상은 다르다. 그것으로 말미암아 국민이 직간접적인 손해를 입고 사회를 병들게 하여 사람들이 살아가기 어렵게 한다. 그런데도 권력을 악용하여 자신의 탐욕에 따라 재물을 획득한 잘못이 은폐되어 드러나지 않으면 청렴한 공무원으로 포장되고 명예로운 삶을 한 것으로 전도된다. 이것을 허용한다면 누가 힘들여 노동하려 하겠는가? 아마 권력을 가진 자들은 하나같이 모두 권력을 악용하여 사적인 이익을 채우기에 급급할 것이다.

부정부패를 통한 권력의 악용은 사회질서를 교란하고 자원의 분배를 왜곡시켜 그들과 결탁한 소수에게만 특전이 주어지는 엄청난 폐해를 불러일으킨다. 또한 부패행위가 노출되지 않은 상태에서 정년퇴임을 하면 연금제도에 의해 노후까지 평생 기본적인 생활보장이 이루어진다. 부패행위 사실이 드러나지 않는다면 이보다 더 좋은 호사가 없다. 이런 유혹으로 오늘도 수많은 공무원이 끊임없이 부정부패 행위의 유혹에 빠져들고 있다. 걸리지만 않으면 부정부패 행위의 열매는 너무나 달고 맛있다. 여기에 더하여 그 어떤 것에서도 맛보기 어려운 긴장감과 두려움의 감정까지 즐길 수 있다.

이 맛에 길들면 쉽게 헤어나지 못하고 같은 잘못을 되풀이한다. 그러므로 한번 부정부패 행위를 한 경험이 있는 사람이 쉽게 다시 부패행위를 한다. 우리가 노출되지 않고 은폐된 부패현상에 관심을 두고 반드시 척결해야 하는 이유가 여기에 있다. 뒤에서는 권력을 남용하여 탐욕을 추구하면서 앞에서는 모순되게 박봉 운운하고 공무원의 권리를 주장하는 파렴치한들은 어떤 일이 있더라도 그냥 두어서는 안 된다. 부정부패를 그대로 두고서는 사회정의 실현과 질서유지는 달성할 수 없다. 살기 좋은 세상을 만들려는 대다수 국민의 바람도 요원해진다.

부패에는 여러 가지 속성이 있다. 첫째는 습관성^{마약}이다. 뇌물수수의 유혹에서 벗어나기 어렵게 한다. 둘째는 확산성^{암세포}이다. 암세포처럼 확산의 속도가 빠르고 급격하게 퍼져 나간다. 셋째는 은밀성^{빙산적} 성격이다. 쉽게 노출되지 않고 은폐된 부분이 훨씬 크다. 넷째는 보충성이다. 뇌물을 준 사람은 더 많은 뇌물을 받게 된다. 이러한 속성상 부패를 방치하면 엄청난 대가를 치르게 된다.78)

우리가 부정부패를 막아야 하는 이유는 크게 보면 부패행위를 통해 사회에 해악을 끼친 공무원이 청렴한 공무원으로 전도되어 특혜를 누리는 것 차단, 부패가 갖는 속성이 가지고 올 수 있는 역기능 방지에 있다. 그러나 실질적인 이유는 사회정의 구현, 국가발전, 국민인 자신의 복리증진과 권익보호, 자유와 평등을 확보하여 공정한 기회 속에 나 자신의 능력 발휘를 통하여 삶을 영위하는 살기 좋은 세상을 만들기 위함이다. 누구를 위한 일이 아니라 바로 나 자신과 내 가족을 위한 일이다.

---

78) 김길환, "공직기강과 부패방지 교육자료", 충청남도교육연수원장 p.1.

8. 부정부패 적발하기 어려운 이유

부정부패의 근원은 인간의 불완전성과 욕망 통제 실패에 있다. 우리가 부패 통제에 어려움을 겪는 이유는 개인의 행동에서 욕망이 어느 때는 통제되고 어느 때는 통제되지 않는지 그것을 정확하게 모른다는 것이다. 심지어는 부패행위를 저지른 당사자도 자신이 '그때 왜 내가 그렇게 했는지 모르겠다'는 경우도 있다. 인간의 생활양식은 그것이 규칙성을 가질 때는 외형적으로 잘 드러난다. 일부러 감추지 않으면 일정한 형태를 보이기 때문에 누구나 쉽게 파악할 수 있다. 그러나 탐욕 실현 등 불규칙적이고 뚜렷한 형태를 보이지 않은 것, 은밀하게 감추어진 것일 때는 파악하기 쉽지 않다.

우리가 부정부패를 적발하기 어려운 이유도 바로 심리변화에 기인한 행동의 불규칙성과 은밀성에 있다. 그동안 많은 학자가 '관료 부패의 원인은 개념규정만큼이나 명확히 규정하기가 어렵다. 누구도 부패의 원인이나 조건을 완벽하게 규명할 수는 없다'[79]고 말한 것도 심리변화에 기인한 행동의 불규칙성을 규정할 수 없었기 때문이다. 그렇다고 부정부패 행위를 적발할 수 없는 것은 아니다. 감사실 등 사정업무 담당자는 한정되어 있는데다 모든 공무원의 일거수일투족을 감시할 수 없어 원천적으로 부정부패 행동을 하는 현장을 포착하기가 쉽지 않지만 잘 관찰하면 많은 실마리를 찾을 수 있다. 사회 속에서 인간의 모든 행동은 혼자 독립적으로 이루어지는 것이 아니라 일정한 규정과 틀 같은 제도 또는 법규에 따라 움직이고, 사람과의 관계 속에서 업무가 진행된다. 그러므로 부정부패 행위를 했을 때는 반드시 그 증거가 남기 마련이다.

---

79) 윤태범, "관료부패 발생의 경제적 조건에 관한 연구", 부경대학교, pp.4~5.

9. 부정부패 방지가 제대로
안 되는 이유

그동안 우리나라의 부정부패 방지는 사실상 실패했다고 할 수 있을 정도로 부패가 사회 전반에 만연해 있다. 고구마 덩굴처럼 하나의 부패문제를 건드리면 줄줄이 연루자들이 드러난다. 이렇게 부정부패 방지가 제대로 안 되는 데는 여러 가지 이유가 있다. 첫 번째는 부정부패에 대한 이해부족에 따른 잘못된 진단과 대책, 두 번째는 잘못된 교육, 세 번째는 개인의 수신 부족, 네 번째는 관리자의 관리 미흡, 다섯 번째는 솜방망이 처벌, 여섯 번째는 지도자의 권력에 대한 집착과 향유에 대한 탐욕 그리고 이기주의와 자기중심적 사고, 일곱 번째는 정치와 권력에 대한 잘못된 인식, 여덟 번째는 지도자의 의지와 모범 부족, 아홉 번째는 예방보다는 적발과 처벌, 제도개혁 위주의 부정부패 방지 등 잘못된 방법에 의한 해결접근, 열 번째는 공무원의 무사안일주의와 복지부동, 열한 번째는 지나친 정부 규제, 열두 번째는 불합리한 구조적 모순과 문제점의 방치, 열세 번째는 구성원들의 참여 유도 실패, 열네 번째는 지나치게 부족하거나 많은 인력 및 예산, 열다섯 번째는 부패는 지도력과 관리능력이 결부된 문제인데 부패 자체의 문제로 인식하고 부패문제로 풀려고 하면서 지도력과 관리 능력 제고를 등한히 한 점 등을 들 수 있다.

그럼 앞으로 부정부패를 성공적으로 관리하기 위해서는 어떻게 해야 할까? 첫 번째는 부정부패를 관리하는 지도자와 담당자 그리고 전체 공무원은 업무 내용만 다를 뿐 법규 앞에서 같은 사람으로 생각하고 모든 공무원이 부정부패 방지에 참여하고 공동의 노력을 기울일 것, 두 번째는 지도자와 관리자, 담당자 등 모든 공무원이 같이 법규를 잘 지키기 위해 노력할 것, 세 번째는 관리자는 감사와 상관없이 법규를 잘 지키는지 수시로 그리고 지속적으로 현장을 확인할 것, 네 번째는 고객 만족 운동을 전개할 것, 다섯 번째는 친절교육을 할 것, 여섯 번째는 모범적인 사람이나 집단에 대해서는 포상을 할 것, 일곱 번째는 법규와 제도의 구조적인 문제점을 파악하여 제거할 것, 여덟 번째는 비점부패와 점부패 관리기법을 적용하여 부패가 집중적으로 발생하는 곳은 점관리 기법을 적용하여 집중적으로 관리할 것, 아홉 번째는 지도자는 모범을 보이고 확실한 부정부패 척결의지로 공개적이고 합리적인 인사를 할 것, 열 번째는 반복교육을 통해 전체 구성원에게 부정부패에 대해 정확하게 이해시킬 것, 열한 번째는 드러난 법규 위반자에 대해서는 규정에 따라 엄격하게 처벌할 것, 열두 번째는 가급적 정보는 최대한 공개하고 업무도 공개적으로 처리할 것, 열세 번째는 자신이 맡은 바 업무를 제대로 수행하지 못하는 사람이나 능력이 부족한 사람은 반드시 가려내어 재교육할 것, 열네 번째는 신고포상제 폐지와 긍정적 견제 활성화 방안 마련, 열다섯 번째는 실적이나 예산사용 등 보고서 조작이나 보고 내용의 의도적 누락에 대해 반드시 징계할 것, 열여섯 번째는 부정부패의 사례분석 및 연구를 통해 방지 방안을 모색 계도용으로 활용, 열일곱 번째는 적발과 처벌보다는 예방에 중점을 두는 부정부패 방지정책 추진, 열여덟 번째는 지도력과 유능한 인재 양성을 통한 관리능력 제고를 병행하여 해결방안을 모색할 필요가 있다.

부정부패 관리의 첫 번째 대상은 자신이다. 그동안 부정부패 관리가 모두 한시적인 효과 발휘의 실패로 끝난 것은 잘못된 진단과 대책이 문제였다. 그 핵심은 부정부패의 관리자와 피관리자를 구분하고 나를 제외한 다른 사람을 대상으로 한 데서부터 문제가 시작되었다. 어떤 집단이든 성과는 구성원 모두가 참여하는 공동의 노력으로 만들어진다. 부정부패 개선도 마찬가지다. 같은 집단 내에서 주체와 객체로 구분하여 대응하면, 부정부패 행위를 저지르고자 하는 사람과 그들의 행동을 예방하고 적발해 처벌하려는 사람 간에 영원한 숨바꼭질로 이어질 수밖에 없다. 따라서 부패 개선을 통해 목표하는 바의 부패인식지수Corruption Perceptions Index, CPI를 달성하기 위해서는 모두가 함께 참여하는 공동의 노력이 필수적이다.

10. 부패관리의 어려움

1) 부패의 딜레마

딜레마^{dilemma}의 어원은 그리스어의 di^{두 번}와 lemma^{제안·명제}의 합성어로, 진퇴양난·궁지라는 뜻이다. 선택해야 할 길은 두 가지 중 하나로 정해져 있는데, 그 어느 쪽을 선택해도 바람직하지 못한 결과가 나오게 되는 곤란한 상황을 말한다. 궁지^{窮地}는 어떤 일에서 어찌할 수 없는 곤란한 경우이고, 진퇴양난^{進退兩難}은 이러지도 저러지도 못하는 매우 난처한 처지에 놓여 있음이다. 궁지와 진퇴양난은 해결하기 어려운 경우를 표현하는 대표적인 말이다. 부패는 그 자체가 딜레마적 성격이 있다. 부패행위를 방치하면 국민이 모두 손해를 입기 때문에 내버려둘 수도 없고, 인간의 불완전성과 욕망 절제 실패에 근원 하므로 부패를 완전하게 제거할 해결방법도 없다. 노력은 해야 하지만 어떤 대책을 세워도 부패는 완전하게 제거되지 않는다. 이것이 부패의 딜레마이고, 여기에 부패 대응에서 관리의 중요성이 있다.

구성원의 절제된 행동, 지도자의 모범과 의지, 담당자의 관리기술과 노력에 따라 부패발생 정도는 크게 달라진다. 그동안 우리나라에서 많이 사용되어 온 제도에 대한 개혁이나 새로운 법규 제정, 관리기관 신설, 정화운동, 적발과 처벌강화 등도 모두 관리방법에 속하는 것들이다. 이들 방법도 부패예방에 나름대로 효과가 있기는 하지만, 부패는 원래 완전히 해결할 수 있는 것이 아니므로 특정한 어느 하나의 기법에 의존하여 부정부패를 막는 데는 한계가 있다. 부패행위자의 행동이 진화하고 상황에 따라 다르게 나타나기 때문이다.

이제까지 법규가 미비하고 조직과 인력이 부족해서 부패가 근절되지 않은 것이 아니다. 우리나라에는 2008년 3월 28일 통과된 '부패재산의 몰수 및 회복에 관한 특례법'이 마련되어 있고 공무원은 부패행위를 저지르면 처벌을 받는다는 것을 안다. 그럼에도 부패행위를 일삼는 사람들이 속출하고 있다. 각종 규정과 대책에도 부패행위를 하는 사람들은 적발을 통해 처벌하는 방법밖에 없다. 따라서 부패 방지기관은 지속적인 노력과 효율적인 관리방법 및 기술 개발을 병행하여 부패행위를 하면 반드시 적발되고 처벌된다는 것을 보여주어야 한다. 이를 위해서는 치밀함과 끈질김은 필수적이다. 효율적인 관리를 위해서는 어느 수준의 목표를 설정하고 유지할 것인가 하는 점도 아주 중요하다. 추상적이고 격정적인 부패와의 전쟁 선언보다는 구체적인 목표를 정해 한 걸음 한 걸음 앞으로 나아가야 한다.

2) 추구하는 가치의 추상성과 난해성

추상성抽象性은 실제로나 구체적으로 경험할 수 없는 성질 또는 그 경향이고, 난해성難解性은 이해하기 어려운 특성을 말한다. 인간은 가시적인 상황변화와 결과에 따라 대응하고 행동하는 양상이 달라진다. 그런데 부정부패 관리가 추구하는 가치는 대부분 추상적이다. 지수에 의해 현황이나 결과를 파악할 수는 있지만, 그것은 실제 부정부패의 실체와는 다른 것이다. 그 실체가 확실하게 드러났을 때는 이미 관리에 허점이 있거나 잘못되었다는 것을 의미한다.

부정부패 관리의 목적은 부패예방이지만, 추구하는 가치는 살기 좋은 세상을 만드는 것이다. 살기 좋은 세상이 되기 위해서는 인간 존엄성 실현과 삶의 질 향상이 필수적이다. 그리고 부정부패의 예방 방법도 지극히 난해하다. 실질적인 결과를 만들어내기 위해서는 대부분 마음이나 정신작용을 정당성과 합리성 또는 진선미眞善美를 추구하도록 유도하고 현실 속에서는 법규를 준수하도록 해야 한다. 정당성과 합리성, 진선미를 추구하도록 유도하는 노력을 하더라도 그것이 제대로 받아들여지는지 그 여부도 알기 어렵다.

가령 이기심利己心은 자기의 이익만을 꾀하고 남을 돌보지 아니하는 마음이고 반대말은 이타심이다. 이타심[80]altruism은 훌륭한 행위를 했다는 느낌 없이 어떤 형태의 보상도 기대하지 않고 타인을 자발적으로 돕는 행동을 뜻한다. 이기주의egoism는 자기의 이익만을 행위의 규준으로 삼고, 사회 일반의 이익은 염두에도 두지 않는 주의, 남을 돌보지 않고, 자기 이익만 차려 멋대로 행동하는 일이다. 반대말인 이타주의利他主義는 다른 사람의 복지증가를 행위의 목적으로 하는 생각이나 행위를 말한다. 그런데 부정부패는 이타심을 가진 사람보다는 이기심을 갖는 사람에 의해 많이 발생한다는 자료에 근거해 이기심을 줄이고 이타심을 갖도록 하기 위한 교육을 했다고 하더라도 이기심이 얼마나 줄고 이타심이 얼마나 늘었는지 알 수 없다.

사람의 마음속에는 이기심과 이타심이 동시에 존재한다. 평상시에 이기심을 갖고 있는 것으로 인식되는 사람도 때로는 이타심을 발휘하기도 하고, 아무리 교육을 해도 오랜 시간에 걸쳐 이미 형성된 일정한 심성의 형태가 이기심으로 굳어져 있는 사람은 몇 번의 교육으로 그것을 바꾸기는 쉽지 않다. 이처럼 부패관리가 추구하는 가치를 실현하고 그 방법을 찾고 기대하는 바의 목표를 달성하는 데 난해성을 갖고 있다. 하지만 세상 모든 일이 그렇듯이 힘들고 어려운 일일수록 그것을 해냈을 때 가치는 더욱 빛난다. 부패관리도 마찬가지이다.

3) 동료효과와 동료의식

관리를 철저하게 하면 부정부패뿐만 아니라 여러 가지 문제를 사전에 예방할 수 있고 효율 향상에도 도움이 된다는 것을 사람들은 알고 있다. 그런데 나름대로 열심히 관리해도 실무에서는 생각만큼 효율이나 실적이 향상되지 않는다. 이는 관리 능력이 부족하고 방법을 잘 모르는 때도 있지만, 대개는 금방 활용할 수 있고 이미 알고 있는 간단한 방법도 실천하지 않은 것이 원인인 경우가 많다.

알고 있는 것과 실행하는 것은 전혀 다른 것이다. 아무리 많이 알고 있어도 활용하지 않는 것은 소용이 없다. 결과도 만들어지지 않는다. 부정부패 관리도 마찬가지이다. 전문가들의 강의를 들어보면 별것 아닌 것 같고 모두 알고 있는 내용인 것 같다. 그런

---

80) 홍성열(2008), "사회심리학", 시그마프레스, p.418.

데 실전에서 기대 수준의 예방이 되지 않는다. 이런 때는 자신이 알고 있는 것을 제대로 실행하지 않는 것이 원인인 경우가 많다. 그러나 알고 있는 것을 열심히 실행해도 항상 문제가 해결되는 것은 아니다.

부정부패는 '올바른 예방교육, 청렴한 사람의 채용, 법과 원칙 준수, 자신의 직무에 합당한 업무진행, 장기적이고 지속적인 부정부패 적발, 엄격한 처벌을 하면 상당 부분 예방할 수 있다'고 할 때, 이렇게 이미 알고 있는 내용을 나름대로 실행해도 기대하는 결과가 나타나지 않는 일이 생긴다는 점이다. 이러한 일련의 방법을 무력화시키는 요인은 무엇일까? 거기에는 여러 가지가 복합적으로 작용하지만, 가장 대표적인 것이 동료의식과 동료효과이다.

동료同僚는 같은 직장이나 같은 부문에서 함께 일하는 사람이고, 의식consciousness은 깨어 있는 상태에서 자기 자신이나 사물에 대하여 인식하는 작용, 사회적·역사적으로 형성되는 사물이나 일에 대한 개인적·집단적 감정이나 견해 및 사상, 현재 직접 경험하고 있는 심적 현상의 총체이다. 사람은 누구나 깨어 있을 때는 무엇인가를 항상 생각하거나 느낀다. 이것을 총칭하여 의식이라 한다. 동료의식同僚意識은 집단이나 단체생활의 활동 중에 발생할 수 있는 어려움이나 여러 문제 등에 대해 동료에게 배려하고 서로 위해주는 태도와 자세, 마음이다. 즉 함께 일하거나 행동할 때 동료 간에 느끼는 감정이나 인식 등이 복합적으로 작용하여 나타나는 서로 위하는 마음을 뜻한다. 서로 위하는 마음은 어려움이나 문제가 생겼을 때 곧잘 도움을 제공하는 행동으로 이어진다.

동료효과peer effects는 동료의 행동과 사고방식에 영향을 받아 개인의 행동이 변하는 것을 말한다. 동료효과는 동료 간 준거norm 지키기와 역할모델roll model 따라 하기 등으로 말미암아 발생한다. 조직 내에서 동료효과를 이용하여 직원들의 근무태도 변화 등 긍정적인 효과를 올릴 수 있다.[81] 동료의식과 동료효과는 주로 사회화를 통해 강화되고 공동 생활에 의해 자연스럽게 발현된다. 동료의식이 강한 사람은 동료가 처한 현실적인 어려움을 잘 알기 때문에 설령 부정부패 행위를 저지르더라도 법과 규칙대로 엄격하게 처벌하기보다는 무마하거나 구제방안을 제공하기도 한다. 어쩔 수 없이 처벌할 때도 최대한 가벼운 벌을 주려고 하는 솜방망이 처벌을 하려는 경향을 보인다.

동료효과가 강하게 나타나는 경우 존경하는 상관이나 동료가 자신의 발전모델로 설

---

81) 조현국(2009), "SERI 경영 노트 보이지 않는 힘: 동료효과", 삼성경제연구소, p.1.

정되는 등 그들과 직접 동화되어 가기도 한다. 누구나 평상시에 이런 밀접한 관계를 맺어 온 동료를 감시하고 처벌하는 것에 부담감을 갖는 것은 당연한 일이다. 또한 같은 직장에 다닌다는 평등의식, 현실적으로 당면하는 애로 사항에 대한 이해, 역할의 역전, 이질적인 존재로 인식될 때 발생할 수 있는 동료의 따돌림과 견제, 원래 근무부서에 복귀했을 때 내사나 비리 적발과정에서 그 대상이 된 사람을 같은 부서나 직장 내에서 대면 또는 상하관계 형성에 따른 부담감 발생 우려, 평상시 보여 온 충성심에서 우러나오는 온정, 부정부패 행위 적발과 처벌에 따른 자책감 등으로 말미암아 주어진 역할에 충실하기보다는 자신이 크게 피해를 보지 않으면 된다는 소극적 의식이 생성된다.

그 결과 이성은 직무에 충실하여 관리를 철저하게 해야 한다고 명령하고 생각은 그렇게 해야 한다는 것을 알지만, 행동은 치밀하고 꼼꼼한 관리에서 후퇴하여 차츰 느슨한 관리로 나아가게 된다. 즉 자신은 아는 것을 실천한다고 생각하고 행동했는데 그 강도가 동료의식과 동료효과의 영향을 받아 처음 같지 않게 약해진다. 특히 자신이 적발한 동료가 징계를 받고 불평불만 하는 것을 들으면 '내가 꼭 그렇게까지 해야 할 필요가 있었을까?' 하는 나약한 생각을 하게 되고 이는 행동을 더욱 약화시키는 원으로 작용한다. 이렇게 동료의식과 동료효과는 부정부패 관리를 어렵게 하는 중요한 원인 중 한 가지이다.

4) 원칙 혼동과 회피

심리적 오류 중의 하나인 원칙 혼동은 상황에 따라 적용되어야 할 원칙이 다른데도 이를 일상적인 상황과 혼동하는 오류를 말한다. 오류誤謬는 그릇되어 이치에 어긋남이다. 그런데 부패관리자는 원칙 혼동 오류가 나타나고 일반 공무원은 성급한 일반화의 오류가 상당히 많이 나타난다. 성급한 일반화hasty generalization는 일부 제한된 사례를 일반화하여 모든 경우가 다 그러한 속성이 있다고 주장하는 오류이다. 제한된 정보, 부적합한 증거, 대표성을 결여한 사례를 근거로 마치 전부가 그런 것처럼 일반화하는 오류를 말한다. 그런데 사람은 성급한 일반화와 같이 같은 행동이 반복되면 그것을 당연한 것으로 받아들이게 되는 경향을 보인다.

원칙 혼동과 성급한 일반화 오류는 습관의 영향도 있지만, 조직 내의 동화를 요구하는 사회화의 영향이 강하다. 가령, 기관장의 업무활동비는 공금이기 때문에 개인적인 경조사비, 영수증 없이 조직원의 회식비로 사용해서는 안 된다. 그런데 현실적으로 기관장들은 업무활동비를 경조사비용을 포함한 개인적인 용도로 사용하는 경우가 많고 조직구성원을 격려하기 위해 회식비로 제공할 때에도 현금을 주는 것으로 끝낸다. 지출근거는 다른 영수증으로 대체하거나 지출결의서 등으로 갈음 처리한다. 이것은 관행이지만 성급한 일반화의 오류이다. 그런데 자신이 기관장의 활동비 지출을 관리하는 총무과나 재무과 또는 비서실에 근무할 때는 이러한 일을 당연한 것으로 받아들이지만, 보직이 변경되어 감사실에 근무할 때는 공금지출에 대한 일반적인 원칙에 따라 문제를 지적해야 한다. 그런데 감사실에 근무하고 감사를 하면서도 이러한 문제를 지적하지 않는 경우가 많다.

지적하면 자신이 잘못한 일을 스스로 지적하는 결과를 초래할 수도 있는데다 이러한 일들이 여러 부분에서 나타나고 이미 관행화되어 있기 때문이다. 일반부서에 근무하는 공공기관 종사자들이 휴가철이나 명절에 기업으로부터 상품권, 선물, 떡값 등을 받는 일이 적지 않다. 특히 공사 발주와 자재부에 근무하는 사람들은 거의 모두 공공연하게 향응이나 접대를 받는다. 하지만 부서가 이동되어 자신이 감사업무를 담당하더라도 그것을 쉽게 문제 삼지 못한다. 그렇게 하면 자신이 가장 먼저 다치기 때문이다.

업무가 달라지고 입장이 달라진다고 원칙이 변화하는 것은 아니지만, 누구나 직무에 충실하고 잘못을 정확하게 지적해야 하는 것은 당연한 일이다. 그런데도 일반적으로 관용되는 일로 혼동을 하므로 많은 부정부패 행위들이 자체 감사실에서 제대로 지적되지 않게 된다. 용기를 내 원칙에 따라 행동하려고 하여도 '다른 사람들은 안 그런데 왜 혼자만 그렇게 유별나게 행동하느냐. 좋은 게 좋다. 모난 돌이 정 맞는다'라는 말로 은근하게 압박하면서 책임을 회피하려는 풍토가 상당 부분 조성되어 있어 원칙대로, 법대로 일하기가 쉽지 않다. 하지만 원칙을 지키지 않는 것은 타인의 압력이 아니라 결국은 자신의 판단과 선택에 의해 한 것이기 때문에 책임회피 행동에 지나지 않는다.

11. 부정부패 예방과 척결 목적

부정부패를 예방하고 척결하는 목적은 여러 가지가 있다. 법규 준수의식 제고, 국민 권익보호, 국가 체계의 유지와 발전, 국민 복리증진, 사회적 약자보호, 부패 확대 방지, 사회적 학습효과에 의한 부정부패의 전이 및 확산 차단 등이 대표적이다. 이것은 모두 국민의 삶의 질 향상과 직결되어 있다. 부정부패 행위가 예방된다는 것은 법을 어기는 사람이 줄어든다는 것을 의미한다. 다른 말로 하면 법규준수 의식이 높아진다고 볼 수 있다. 사람들이 법을 잘 지키면 국민의 권익은 보호되고 국가체계의 유지와 발전에 도움이 된다. 국가가 발전하면 국민의 복리가 증진되고 삶의 질은 향상되기 마련이다.

현대 국가가 지향하는 사회보장제도와 같은 사회복지예산이 정상적으로 집행되면 사회적 약자를 보호하는 데 도움이 된다. 그러나 공무원이 횡령하거나 예산 집행을 왜곡시켜 복지예산으로 사용될 예산이 다른 용도로 전용되거나 공급이 차단되면, 자활능력이 부족한 사람들은 큰 고통을 받을 수밖에 없다. 부정부패 행위를 일삼는 사람들을 그대로 방치하면 더 큰 부정부패 행위를 하려고 하므로 부패가 확대되어 더 큰 피해를 유발한다. 사회적 학습효과에 의해 이를 보고 배운 다른 공무원들도 부정부패 행위를 저지르기 때문이다. 이렇게 부정부패가 다른 사람에게로 옮기고 널리 퍼지면 국가 기강은 흐트러져 명령과 지시체계에 문제가 발생하고 급기야는 정상적인 체계가 작동하지 않는 무질서와 혼란 상태에 빠지게 된다.

처음에 개인에 의해 저질러지는 부정부패 행위는 대수롭지 않은 일정도로 여겨지거나 별다른 관심을 끌지 못하지만, 그것이 확대되어 전이 확산하면 걷잡을 수 없는 상태로 발전할 수 있다. 그러므로 작은 부정부패 행위도 끈질기게 추적하고 적발하여 부정부패 행위를 하면 반드시 대가를 치러야 한다는 인식이 정착하도록 철저한 관리가 필요하다. 우리 사회 일각에는 대형 부정부패 사건이 드러날 때마다 제도 개선을 통해 부정부패 척결에 접근하지만, 그것은 올바른 방법이 아니다. 부정부패 척결의 가장 좋은 방법은 굳은 의지와 끈질긴 노력, 철저한 관리에 있다. 이 세 가지 요소 중 한 가지라도 부족하면 부정부패는 금방 다시 나타나 기승을 부린다.

12. 부정부패 관리의 목적

관리를 통한 부정부패 방지활동을 상당수 공무원은 기강을 확립하는 것으로 인식하는 경향이 있다. 부정부패가 드러나 사회적인 관심사가 되었을 때 공무원의 기강 확립이 강조되고 부패방지 노력이 본격화되는 일이 많이 이루어지기 때문이다. 기강紀綱은 기율과 법도이다. 기율紀律은 사람에게 행위의 표준이 될 만한 질서, 법도法道는 법률을 지켜야 할 도리를 말한다. 확립確立은 사물의 기초·내용을 굳게 세움, 사물의 기초·내용이 굳게 섬, 꽉 정해져 움직이지 않게 함을 뜻하므로 기강 확립은 질서를 세우고 법을 지켜야 할 도리를 일깨우는 것을 말한다. 다른 말로 표현하면 법규를 준수하도록 하는 것이다.

부정부패 척결이나 국가 기강 확립, 법규준수 또는 준법정신 제고가 그 목적상 상통하는 말이라는 것을 잘 모르는 사람들이 많다. 그러므로 부정부패 척결이 부정부패 행위를 일삼은 사람을 색출하여 처벌하는 것, 국가 기강 확립을 공무원 길들이기 하는 정도로 인식하는 경향이 나타나는 것이다. 부정부패 척결은 위법 행위자나 범법자에 대한 처벌을 통하여 법규를 준수하도록 하는 것이고, 국가 기강 확립은 질서를 바로 세우고 법을 지켜야 할 도리를 일깨워 준법정신이 굳게 서도록 하여 위법이나 불법을 예방하고자 함이다. 준법정신 함양 또한 위법과 불법 행위의 사전 예방을 목적으로 한다. 법규준수는 행동으로 법을 어기는 것을 예방하고 법을 어긴 사람을 찾아내어 처벌하는 행동으로 나타난다. 이들의 공통점은 법규준수에 있다.

인간이 국가를 만들고 법규를 제정하는 목적은 근본적으로 개인의 권익을 보호하고 삶의 질을 향상하기 위한 것이다. 그러나 법을 제정하고 국가를 만들어 놓는다고 하여 국민의 권익이 보호되는 것은 아니다. 제정된 법률을 준수하도록 끊임없이 요구하고 불합리한 것은 손질하는 노력이 필요하다. 그 노력의 주체가 국가이고 공권력이다. 공권력을 통해 국민과 국가로부터 권한을 위임받은 공무원이 공적인 업무를 수행하는 과정에서 법을 어기고 자신의 이익을 취하거나 특정인에게 의도적으로 특혜를 부여하는 부정부패 행위를 척결해야 정상적인 국가 체계가 작동한다.

부정부패에 의해 법규가 지켜지지 않으면 국가 체계에 혼란과 무질서가 발생하고 이 무질서와 혼란은 재화의 분배를 왜곡시켜 많은 피해자가 발생하게 한다. 소수의 수혜를 받는 사람들은 호의호식할 수 있지만, 그렇지 못한 사람들은 살아가기 어려워진다. 사회혼란이 가중되어 무질서와 혼란이 일정한 단계를 넘어서면 국가는 그 체계가 무너져 멸망한다. 모두에게 피해가 돌아가는 이런 공동목장의 비극을 만들지 않기 위해 부정부패를 막지 않으면 안 된다.

관리를 통해 부정부패를 막는 일은 법을 지키도록 하는 일이다. 일반적인 부정부패 관리는 부패행위를 예방하고 부패행위자를 적발하고 부패행위를 하기 어려운 환경을 조성하는 활동이다. 이러한 일련의 활동을 통해서 추구하고자 하는 것은 부정부패를 하지 못하도록 하는 것이다. 부정부패를 하지 못하도록 하는 방법은 법규를 준수하도록 하는 일이다. 따라서 부정부패의 관리 목적은 법규를 준수하도록 하는 데 있다. 법규를 준수하는 법치주의가 확립되어야 국가가 발전하고 국민의 삶의 질도 나아진다.

13. 부정부패 관리자의 자세

우리 사회는 학연·지연·혈연으로 연결되어 있어 불과 서너 사람만 거치면 연결되지 않는 사람이 없고, 조금만 활동력이 왕성한 사람은 가는 곳마다 아는 사람과 마주친다. 이런 사회 환경에서 누구는 봐주고 누구는 봐주지 않는다는 것은 말이 안 된다. 내 가족이나 친구, 동기 동창 중 누군가가 공무원이기 때문에 마음이 가고 신경이 쓰여 봐주면 처벌할 사람은 아무도 없게 된다. 가까운 사람이나 아는 사람 몇몇만 봐주는 끼리끼리 봐주기가 성행하면 파벌이 확산하여 사회갈등이 고조될 수밖에 없다. 결국은 권력을 가진 사람과 그들과 결탁하는 사람만 잘사는 기형적인 사회가 만들어져 부정부패가 만연해지는 것을 피하기 어렵다. 따라서 잘못에 대해서는 그 기준을 모든 사람에게 엄격하게 적용해야 한다.

인간관계를 고려하여 법을 집행하면 모두 다 봐주어야 하지만, 부정부패를 일삼는 사람이 우리 사회를 좀먹고 혼란에 빠뜨리도록 내버려 두면 모두 피해자가 된다. 부정부패는 자신의 마음속에 있기 때문에, 특히 부정부패를 관리하는 사람은 항상 수신하여 절제하고 형평을 잃지 않으려고 노력해야 하며, 가장 먼저 자신의 잘못에 대해 언제든지 채찍을 가할 수 있는 마음가짐을 가져야 한다. 민주주의 국가에서 모든 국민은 법 앞에 평등하다. 그러므로 자신은 물론 가족이라도 잘못이 있으면 당연하게 법에 따라 처벌을 하고 처벌받아야 한다. 그 누구도 예외는 있을 수 없다. 만약 예외가 있다면 그것은 사회적인 합의가 인정될 때로 국한되어야 한다.

사회적 합의는 인정에 치우치거나 추종자의 허물을 덮어주기 위한 목적의 개인을 봐주기 위한 것이어서는 안 된다. 또한, 남발되어서도 곤란하다. 그런데 우리나라에서 부정부패를 관리하는 사정기관의 담당자들은 자신이 맡은 직무를 권력으로 잘못 인식하여 자신과 부패척결 주체는 피관리자에서 제외하는 경향이 있다. 이것은 잘못된 것이다. 관리자는 다른 사람보다 자신에게 더욱 엄격해야 한다. 도덕적이지 않은 사람이 도덕적인 사람을 통제하는 것은 우리가 추구하는 이상도 아니고, 정당성도 인정받기 어렵다. 관리자의 역할을 하려면 수신의 단계를 넘어 생활 속에서 스스로 모범을 보여 정당성을 인정받아야 한다. 그래야 주어진 권력과 권한을 집행할 때 힘이 생긴다. 다른 사람들이 그 정당성을 수긍하기 때문에 질서도 잡아나갈 수 있다.

부정부패를 조정하고 통제하는 관리자는 엄격한 법규 집행, 철저한 법규 준수, 청렴의 모범, 인내, 정확한 목표의식, 목표 달성을 위한 구체적인 실행 방안 확보, 지식함양과 이론 구비, 공정함, 끈질김, 균형감각, 형평성, 절제력, 창조적 지도력 발휘, 정당성과 합리성 추구, 조직의 특성과 업무에 대한 이해 등을 바탕으로, 개인의 이익이 아닌 국가발전과 국민 복리증진 및 권익보호를 위해 사용되어야 한다는 것을 항상 염두에 두고 맡은 바 직무에 충실해야 한다.

14. 교육이 부패예방에 중요한 이유

  부패에 대한 근본적인 치유는 개인적, 사회적 양심의 회복밖에 다른 길이 없다.[82) 양심良心은 도덕적인 가치를 판단하여 옳고 그름, 선과 악을 깨달아 바르게 행하려는 의식을 뜻한다. 양심을 회복하도록 올바른 지식과 정보를 제공하는 가장 좋은 방법이 교육이다. 부정부패 예방에서 교육이 중요한 이유는 여러 가지가 있다. 첫째는 어떤 형태가 되던 일단 부정부패 행위가 발생하면 애꿎은 국민 중 누군가는 반드시 피해를 본다. 그것이 드러나면 본인도 대가를 치러야 한다. 하지만 드러나지 않으면 또 다른 부정부패 행위를 저지르는 잠재요소로 작용하기 때문에 부정부패는 공공의 적이다. 그러나 교육을 통하여 부정부패가 나쁜 것이라는 인식을 잘 심어주면 아무도 손해를 입지 않게 할 수도 있다. 둘째는 부정부패의 개념과 내용이 무엇인지 알아야 한다. 부정부패에 대한 개념도 없고 내용이 무엇인지도 모르는 사람에게 본능적으로 행동한 것을 부정부패 행위를 했다며 무조건 처벌하면 너무 많은 사람이 부당하게 벌을 받고 그들로부터 반발을 사기 마련이다. 그것을 가르쳐 주는 것이 교육이다. 교육을 받은 사람은 처벌에 대해 자신의 잘못을 수긍하므로 반발심이 약해지고, 자신의 잘못을 깨닫게 할 수도 있다. 셋째는 인간은 누구나 욕망이 있고 본능적으로 탐욕을 추구한다. 이 탐욕을 절제하며 개인의 발전과 동시에 사회에 도움이 되도록 순화하기 위해서는 적절한 훈련이 필요하다. 가정생활, 학교생활 등 공동체 생활을 통한 습관화와 훈련은 교육의 일종이다.

82) 동아일보 2009. 4. 20.

넷째는 성인이 되어 자신의 잠재적인 능력을 실현하는 등 자신이 원하는 일을 하면서 삶을 영위하기 위해서는 누가 무엇을 가르쳐주지 않더라도 스스로 사리事理를 분별하고 판단할 수 있는 능력을 갖추어야 하는데, 이 역시 성장 과정의 교육이 가장 효과적인 방법이다. 사리 분별 속에는 자신의 행위가 법을 어기는 것인지 아닌지 또는 부정부패 행위를 일삼는 것인지 아닌지 분별하고 판단하는 것이 포함된다.

15. 감시와 견제의 차이

부정부패 방지에 견제는 아주 중요한 역할을 한다. 1983년 3월 30일 신설된 국가공무원 복무규정 [별표 1] 선서문에 '본인은 정의의 실천자로서 부정의 발본에 앞장선다'라는 말이 나온다. 모든 공무원은 임용될 때 선서를 해야 하므로 부정부패를 비롯한 나쁜 일의 근본 원인을 아주 없애 버리는 발본拔本에 앞장서야 한다. 이러한 행위는 그 자체가 강력한 견제에 속한다. 그런데 상당수 공무원이 견제를 감시와 동일시하는 경향이 있다.

견제에는 좋지 않은 목적으로 행하는 부정적 감시와 모두를 위한 긍정적 감시가 있다. 공무원들은 모두 현실적으로 상호견제 하고 그러한 의무가 주어져 있음에도 외형상 적극적인 견제는 꺼린다. 모든 조직은 사회화의 기본적 특성인 동화를 요구하고 개인은 불편한 인간관계가 조성되는 것을 피하려는 마음이 작용하기 때문이다. 그러나 견제는 감시와 다른 것이다. 개인의 잘못된 행동이 외부로 노출되었을 때, 그가 소속된 집단과 전체 구성원이 나쁜 집단 또는 부패한 집단으로 낙인이 찍히고 손해를 입지 않으려면 긍정적 감시에 해당하는 견제는 강화되어야 한다. 그렇지 않으면 구성원 모두가 어떤 형태든 피해를 면하기는 어렵다.

견제에는 여러 가지 방법이 있다. 일반적인 견제방법은 개인 차원에서 자신의 직분에 충실히 임하는 것, 관리 차원에서는 제도개선, 건의함 운용, 예방교육, 옴부즈맨제도 활성화, 업무의 내용을 확인하는 해피콜[83], 직무감사, 처벌의 방법이 있고 내부에서

---

83) 해피콜(happy call, 행복한 전화)은 특별한 목적이나 권유 없이 인사차 하는 방문이나 소비자 서비스의 증진 등을 통해 판매

해결이 어려울 때는 외부 공권력에 감사와 수사 요구, 처벌, 학교 등을 통한 교육의 방법이 있다. 또한, 극단적인 견제방법에는 내외부인에 의한 고발이나 감시도 있다. 하지만 이러한 방법은 조직 내에 위화감을 조성할 수 있고 생산성 향상의 바탕이 되는 단결을 저해하므로 바람직하지 않다.

감시監視는 경계하여 살펴봄이고, 견제牽制는 끌어당겨 자유로운 행동을 하지 못하게 억누름, 고발告發은 비리·부정을 문제 삼아 알림을 뜻한다. 정부는 부정부패를 방지하기 위해 내부와 외부 고발제도를 활성화하여 부정부패에 대한 고발자 또는 공익신고자에게 포상금을 지급하는 #파라치몰래제보꾼제도까지 도입하였다. 정부의 이러한 노력은 부정부패 척결이 그만큼 중요하고 절박하다고 생각할 수 있는 측면도 없지는 않다. 그러나 다른 한편으로 생각해보면 스스로 내부견제장치인 관리능력의 한계를 인정하는 것으로 능력이 없는 공무원을 그대로 두고 외부인에게 별도의 비용까지 지급하는 것은 국가 예산을 이중으로 낭비하는 일이다.

부정부패로 말미암아 감시와 고발, 외부 공권력에 의한 감사와 수사, 처벌의 단계까지 이르는 것은 공무원뿐만 아니라 국가와 국민 모두를 위하여 바람직하지 않다. 따라서 공무원은 정부에서 고발제도를 도입하였다고 기분 나빠 할 것이 아니라 스스로 부정부패 행위를 하지 않도록 노력하고 관리를 강화해 부정부패가 발붙이지 못하게 해야 한다. 부정부패 행위가 줄어들면 견제의 역할도 그만큼 줄어들고 고발과 감시 같은 극단적인 견제를 받지 않아도 된다. 오늘날 공무원 사회의 부정부패 행위 단속을 위한 고발과 감시제도 도입은 공무원이 스스로 저지른 일의 인과응보因果應報를 공무원 스스로 받는 자업자득自業自得이다. 나는 부정부패 행위를 하지 않았다는 말로 공무원 전체에 대한 좋지 않은 이미지는 바뀌지 않는다. 공무원 모두가 참여하는 공동의 노력만이 좋은 이미지로 전환할 수 있다.

부패의 통제84)가 제대로 이루어지기 위해서는 기관 내외에서 견제와 균형check and balance의 원리가 작동하여야 하며, 기관 구성원들은 물론 각종 이해관계자가 함께 핵심가치core values를 공유해야 한다. 공직자들도 공직윤리와 행동강령을 철저하게 실천해야 하며 정보 공개 등으로 투명성transparency을 증진하고, 시민참여civil participation를 통한 공정성 확보 노력도 이루어져야 한다.

활동을 활성화하는 간접 마케팅 방식.

84) 김거성, "공직부패, 어떻게 극복할 것인가?", p.5.

16. 절제심 제고 방법 이성
장벽 요소 강화

절제^{節制}는 정도를 넘지 않도록 알맞게 조절하여 제한하는 것을 말하고, 절제심은 절제하는 마음이다. 제고^{提高}는 쳐들어 높이는 것이므로 절제심을 제고한다는 것은 정도를 넘지 않도록 알맞게 조절하는 마음을 높이는 것이다. 정도^{正道}는 올바른 길 또는 정당한 도리를 말한다. 절제심이 제고되면 정도에 대한 분별력이 생겨 자신이 하려고 하는 행동이나 일이 올바르고 정당한 것인지 아닌지 알기 때문에 이미 정당하지 않은 일을 행하면 처벌을 받는 것으로 규정되어 있는 부정부패 행위를 하려는 마음이 줄어든다.

이성^{理性}은 사물의 이치를 논리적으로 생각하고 판단하는 능력이고, 감성^{感性}은 자극에 대하여 느낌이 일어나는 능력으로 서로 대비되는 말이다. 다르게 말하면 이성은 법규를 의식하여 옳고 그름을 판단하여 행동하게 하는 것이고, 감성은 본능이 환경요소에 의해 자극되었을 때 발생하는 느낌에 따라 행동을 하게 하는 것이라고 할 수 있다. 장벽^{障壁}은 벽으로 가린 것처럼 무엇을 하는 데 방해가 되는 것의 비유, 벽^壁은 장애 또는 장애물, 장애^{障礙}는 막아서 거치적거리는 것, 요소^{要素}는 사물의 성립·효력 등에 꼭 있어야 할 성분, 강화^{强化}는 강하게 함 또는 수준이나 정도를 더 높임을 뜻한다.

사람의 눈에는 보이지 않지만, 생각과 행동 사이에는 경계막이 존재한다. 경계벽이라고 할 수도 있다. 이것은 물과 공기 사이에 막이 있는 것과 같다. 생각이 행동으로 이어질 때, 그 필요에 대한 인식 정도에 의해 욕망이 발현하는 에너지의 크기에 차이가 난다. 생각이 행동으로 이어지는 과정에서 경계막을 뚫거나 경계벽을 넘는 에너지가 필요하다. 즉 에너지의 크기가 막이나 벽보다 크면 막을 통과하여 쉽게 행동으로 이어지지만, 적을 때는 생각이 막을 통과하지 못하므로 행동으로 이어지지 않는다. 양쪽의 에너지 크기가 같거나 비슷할 때 인간은 갈등을 겪거나 망설임을 보이게 된다. 그리고 에너지의 크기가 장애를 구성하는 막이나 벽이 가지고 있는 고유의 에너지보다 크다고 하더라도 생각의 세계와 행동의 세계는 다르므로 항상 행동으로 이어지는 것은 아니다. 에너지가 크고 필요성에 의해 자극되었을 때 행동이 일어난다.

막이나 벽은 일차적인 장애요소로 작용하기 때문에 생각을 실현하기 위한 욕망에서 분출되는 에너지는 직선적으로 통과하는 것이 아니라 대개는 굴절된다. 행동은 이차적으로 현실 속에 존재하는 여러 가지 환경요소에 의해 다양한 형태의 결과를 만들어 낸다. 그런데 인간은 한번 행동을 통하여 경험한 것은 그것을 되풀이할 때는 더욱 쉽게 할 수 있도록 숙련되고 익숙해지며 더 효율적인 방법을 찾아가는 특성이 있다. 그러므로 거의 모든 사람이 처음 행동할 때는 두려움과 어려움을 느끼고 죄의식도 느끼지만, 다음에 그것을 할 때는 이러한 느낌이 많이 줄어들고 때로는 당연한 것으로 인식하거나 자기를 합리화하는 단계까지 발전하기도 한다.

부정부패나 범죄와 같은 잘못된 행동도 처음 한 번이 어렵지 다음부터는 더욱 효율적인 방법으로 큰 죄의식 없이 쉽게 되풀이한다. 그리고 어느 단계를 넘어서면 그때부터는 잘못된 줄 알지만, 습관화하는 경향까지 나타난다. 이미 잘못된 생활이 습관화된 사람들은 ‘나도 나를 어쩔 수 없다. 다른 사람들도 하는데 왜 나만 갖고 그러느냐’라는 말을 하곤 한다. 한번 부정부패나 범죄를 저지른 사람이 다시 저지를 가능성이 크고 잘못된 행동은 고치기 어려우며, 제거 외에는 처벌을 통한 행동수정이 큰 효과를 보지 못하는 이유도 여기에 있다. 따라서 올바른 교육을 통한 사회화가 아주 중요하다.

처음부터 부정부패 행위와 같은 잘못된 행동을 하지 않도록 하기 위해서는 교육을 통한 사회화가 필요하고 그 핵심은 이성 장벽 요소를 강화하는 방법이다. 이성 장벽 요소는 감성적 욕망이 발동할 때 행동에 앞서 마음속에서 사물의 이치를 논리적으로 생각하고 판단하는 능력 성분이 막아서 거치적거리는 것을 말한다. 여기에는 정당한 것과 정당하지 않은 것을 구분할 수 있는 지식, 법과 제도에 대한 이해 제고, 진선미를 추구하려는 의지, 정당하고 올바른 가치의 전파나 교화, 나눔과 배려의 생활화 등 여러 가지가 있다. 이성 장벽 요소를 강화하면 절제심이 높아진다. 현실 속에서 절제력을 높이는 방법은 공부하여 지식을 함양하고 심신을 정제하는 수신에 의해 이루어지므로 이성 장벽 요소를 강화하기 위해서는 결국 수신을 해야 한다는 것을 말한다.

수신修身은 마음과 행실을 바르게 하도록 심신을 닦는 일로 공부가 중요한 부분을 차지한다는 것은 모두가 아는 사실이다. 수신을 통해 이성 장벽 요소가 강화되고 부정부패 행위를 하지 않게 되는 것은 공부를 통하여 정당하고 올바른 것, 옳은 것과 옳지 않은 것을 구분하는 능력이 생기기 때문이다. 공부는 스스로 하는 것이기도 하지만 교육에 의해 이루어지기도 하는데 현대사회에서 교육은 국가에 의한 공교육이 중심이 된다. 따라서 공교육 기관인 학교 교육을 통해 정당한 것, 올바른 것, 옳은 것과 옳지 않은 것을 구분하는 능력을 키워주고 부정부패에 대한 충분한 지식을 제공해 왜 부정부패를 하지 말아야 하는지 이해하도록 하면 부정부패는 그만큼 줄일 수 있다. 학교 교육 후 부족한 지식과 정보는 공무원 임용 후 직무교육과 보수교육을 통하여 계속 강화해 나가야 한다. 인간은 재화를 보면 욕심이 생기는 본능을 타고났으므로 부정부패 행위를 막을 수 있는 가장 좋은 방법은 지속적이고 반복적인 예방교육과 견제이다.

17. 강화와 부정부패

강화에는 여러 가지 의미가 있다. 사전에 나타나 있는 강화強化는 강하게 함 또는 수준이나 정도를 더 높임을 뜻한다. 사회학에서 강화reinforcement는 어떤 사람이나 동물이 어떤 특정 반응을 수행하였을 때 보수를 받음으로써 그 반응을 수행하는 것을 학습하는 과정이다. 심리학에서 강화強化는 반응의 빈도를 높이기 위하여 유쾌한 자극을 제시하거나 불쾌한 자극을 제거해 주는 것으로 결국 행동의 가능성을 높여 주는 것을 말한다.

사람이 어떠한 행동을 했을 때, 그 행동과 관련하여 환경적 자극의 변동을 가해 그 행동이 증가하였다면 강화가 제공되었다고 할 수 있다. 작동 조건 형성에서의 강화作動強化는 어떤 반응이 일어난 직후에 보상되는 자극을 제시하여 그 반응의 강도가 강해지는 것을 말하며, 고전 조건 형성에서의 강화受動強化는 조건자극이 무조건자극과 동시에 또는 직전에 주어짐으로써 조건자극이 반응을 일으킬 확률이 높아지는 것을 말한다. 같은 자극이라 하더라도 어떤 사람에게는 고도의 강화 역할을 하나, 다른 사람에게는 고도로 불쾌한 것이 될 수 있다.

강화의 종류에는 적극적肯定的 강화와 소극적否定的 강화가 있다. 흔히 벌을 소극적 강화로 보는데, 이것은 어떤 행동의 빈도를 줄이는 것이므로 강화의 반대 개념이다. 헐Hull은 이런 점에 착안하여 학습이론에서 이른바 신행동주의에 입각한 강화설을 주장하였다. 정신분석학에서는 꿈을 꾸게 한 원인이 특히 꿈속의 꿈으로 재현되어서 강화되는 경우를 말한다. 한편 신경학에서는 어떤 신경과정이 다른 신경과정의 강도를 보다 강하게 해주는 경우를 말하기도 한다. ① 정적 강화는 어떤 작동에 대하여 조건부로 제시되었을 때, 그 작동이 일어날 확률을 증가시키는 자극을 말한다. 유쾌한 대화, 좋은 성적, 머리를 쓰다듬어 주는 것, 부모들이 자녀에게 공부를 잘한다고 칭찬해 주는 것이 대표적인 예이다. ② 부적 강화는 어떤 작동에 대하여 조건부로 제시되지 않았을 때, 그 작동이 일어날 확률을 증가시키는 자극이다. 비행을 저지른 학생을 '격리' 시킨다거나 '화장실 청소'를 시킬 때 학생이 다음부터는 그렇게 하지 않겠다고 약속해 이를 해제해 주면, 학생은 '격리', '화장실 청소'를 시킬 때마다 약속하려 할 것이다. 이때 '격리', '화장실 청소'가 부적 강화이다. ③ 간헐 강화는 조건 형성 과정 중 강화 자극을 어떤 규칙에 따라 제시함으로써 조건 형성의 속도와 소멸의 속도를 높이거나 줄이거나 하는 실험절차를 말한다.

부정부패 측면에서 강화는 부정부패 행동을 통하여 이익을 취할 때 나타나는 달콤한 긴장감의 자극을 통하여 횟수, 분량 등 부정부패 행위의 가능성을 높여 주는 것을 말한다. 따라서 부정부패의 방치는 강화를 통하여 개인에게는 부정부패 행위의 횟수 증가와 금액이나 물품 양의 증가 같은 확대로 이어지고, 다른 사람에게도 사회적 학습효과를 통한 전이와 확산하는 결과를 초래한다. 그러므로 부정부패를 방치하는 것은 사회를 어지럽히고 국민이 모두 피해자로 전락하게 하며 종국에는 나라가 망하는 것으로 이어진다. 조선이 망하는데 이기적인 관리에 의해 저질러진 삼정문란과 매관매직 같은 부정부패 행위가 결정적인 역할을 했다는 것은 잘 알려진 사실이다. 따라서 더 큰 부정부패 행위의 폐해를 방지하기 위해서는 강화의 단계에 들어서기 전에 해결방안을 찾아 예방하는 것이 중요하다.

18. 부정부패 추방 전개방안과 유의사항

부패추방을 위한 구체적 전개방안으로는 첫째, 부패추방운동은 국민운동으로서 관과 민 또는 군 등과의 연계성을 가지고 전개해나가야 한다. 둘째, 최고 정치지도자와 정책결정자들의 확고한 부패척결 신념이 선행되어야 한다. 셋째, 언론기관은 이 운동을 적극적으로 협조하는 용기가 필요하다. 넷째, 모든 교육기관은 부패추방에 대한 범국민적 계몽에 적극적으로 협조를 하고 교육내용에 반영시켜야 한다. 다섯째, 모든 공공기관에 반부패운동의 계몽을 위한 홍보자료를 공급하고 활용할 수 있어야 한다. 여섯째, 입법기관은 부패방지법을 제정하여 단순한 행정적 차원이 아니라 입법 정책적 지원 노력을 기울여야 한다. 일곱째, 부패추방운동을 구국적 차원으로 승화시켜 나가기 위해서 권력기관의 엄정한 중립을 제도적으로 보장하여야 한다.[85] 여덟째, 정부와 행정기관의 내부 관리강화와 함께 전체 공무원이 동참하고 실천하도록 해야 한다.

뇌물이나 접대를 제공하고 청탁을 하는 것은 공무원 내부에도 있지만, 기업이나 국민 중에도 존재하고 부정부패 행위는 주는 자와 받는 자가 동시에 존재하기 때문에 발생하는 일이다. 어느 한 쪽만의 노력으로는 실효성을 거두기 어렵다. 부정부패 추방은 전체적인 국가기관의 동참과 국민적인 호응이 필요하다. 부패 당사자는 공무원이기 때문에, 특히 정부의 관리강화와 동시에 모든 공무원이 동참해야 효과를 거둘 수 있다. 그러나 부패청산과 관련하여 정책을 추진하는 과정에는 몇 가지 유의해야 할 사항이

---

85) 김영종(2001), "부패학", 숭실대학교 출판부, p.29.

있다. 첫째는 최고통치자의 부패 척결의지가 확고부동해야 한다. 둘째는 부패척결은 정치홍보를 위한 한시적인 정략에 불과해서는 안 되고 정권 말기까지 지속해야 한다. 셋째는 정부는 과거의 관례대로 비리 사정을 빙자한 정치보복을 추구해서는 안 된다. 넷째는 부정부패 척결은 엄중하되 공정하게 진행되어야 한다.[86] 정당성과 합리성을 벗어나 특정한 목적이나 의도를 갖고 시행하는 부정부패 척결이 제대로 성과를 내기는 어렵다. 그런데 우리나라의 그동안 부정부패 척결은, 특히 인사를 하는 방편으로 이용하는 경향이 있었다. 대부분 정권 교체 초기에 부정부패 척결을 명분으로 대대적인 사정司正 작업을 해왔다.

---

86) 배세영(2005), "부패의 경제학", 대경, p.41.

19. 사전예방활동의 중요성

　사회적 관심사가 되는 부정부패 사건은 터지는데 그냥 손 놓고 앉아 있을 수는 없다. 대책이 필요한데 막상 뭔가 하려고 하면 할 만한 내용이 마땅하지 않다. 이때마다 정부에서 하는 일이 가시적인 효과가 눈에 보이는 부패척결 천명과 제도개혁 추진이었다. 새로 만들어진 제도는 여론 공세가 누그러져 관심이 줄어들면 자체적으로 시행하는 것으로 흐지부지 끝나고 세월이 흐르면 다시 또 유사한 문제가 터져 나오는 일이 반복되었다. 그 사이 누군가는 밀려나고 누군가에게는 승진의 기회로 작용하여 정권이 다른 사람에게로 넘어갔다. 이것이 이제까지 가장 일반화된 우리나라의 부정부패 관리 흐름이었다. 이렇게 형식적인 관리로는 부정부패를 예방하기 어렵다.

　부정부패 관리 방법은 크게 나누면 사전예방활동, 현장관리, 사후처벌이 있다. 사후처벌은 누군가 피해를 본 후 대가를 지급하고 교훈을 얻는 것이고, 현장관리는 동료 간의 견제가 감시로 인식될 수 있다. 감시대상이 된 사람이나 감시를 하는 사람 모두 부담스럽기 때문에 불편한 인간관계를 조성하여 조직 내에 가장 필요한 단결을 저해하는 요소로 작용하기도 한다. 하지만 사전예방활동은 모두가 피해를 보지 않는 가장 좋은 방법이다. 특히 동료의식에 의한 부담과 동료 간에 발생할 수 있는 마찰을 피하면서 목표를 가장 효율적으로 달성할 수 있는 유일한 방법이다. 그러므로 관리의 역점은 사전예방활동에 두어야 하고 현장관리는 중점 대상이며 사후적발은 법규에 따라 엄격하게 시행하면 된다.

　문제는 사전예방활동이 가장 효율적인 부정부패 예방방법이고 중요하다는 것은 알지만, 그것의 실행이 쉽지 않다는 점이다. 사전예방활동에는 법규와 제도, 불합리한 관행 제거, 사전 예방교육, 간접적인 방법으로 친절교육이나 고객 만족, 배려와 나눔, 자원봉사 같은 우회적인 부정부패 관리방법이 있다. 그런데 뭣 하나 만만한 것이 없다. 법규와 제도 개선은 단위 조직이 마음대로 할 수 있는 권한이 주어져 있는 것이 아니어서 외부의 도움을 받아야 하는 것들이 많다.

　관행은 불합리한 줄 알아도 규정과 현실 사이에 존재하는 괴리乖離에 의한 틈을 채워주는 역할을 하는 경우가 많아 이 또한 제거하기가 쉽지 않다. 사전예방교육은 단조롭다. 관심을 끌 만한 특별한 내용이 없어 지루해한다. 우회적인 부정부패 관리방법도 필요하다는 것은 알지만, 직접적인 요인이 아니므로 당장 처리해야 할 일들을 젖혀두고 그것을 해야 할 여유가 없거나 이유를 못 느낀다. 때로는 고유의 규정이 발목을 잡는 때도 있다. 이처럼 세상의 모든 일은 각기 장애물과 애로가 따른다. 하지만 관리자는 문제가 있고 해야 할 일이 있기 때문에 자신이 존재한다는 점을 명심할 필요가 있다.

20. 우회적인 관리방법의 필요성

　사람을 움직이고 관리하는 방법 중에서 가장 이상적인 활동이 구성원들과 마찰을 피하면서 구성원 스스로 자연스럽게 올바른 행위를 하도록 노력하게 하여 원하는 목표를 달성하는 것이다. 산이 문제가 될 때 산에 간다고 반드시 문제가 해결되는 것은 아니다. 문제 해결에는 다른 연관된 요소를 활용하는 것이 도움되는 일이 많다. 부정부패 관리도 직접적인 방법을 사용하면 그것을 주관하는 부서와 담당자도 힘들지만, 관리대상이 되는 조직구성원들도 거부감이 생겨 싫증을 내거나 때로는 반발할 수도 있다. 이러한 문제를 해결하면서 목표를 달성하기 위해서는 우회적인 관리방법의 활용이 필수적이다. 그러나 우회적인 관리방법은 시간이 오래 걸리고 비용이 많이 들므로 강한 인내와 목표의식이 필요하다.

　부정부패를 관리하는 목적은 부패문제 해결과 그 역작용을 방지하는 것으로도 의미는 있다. 하지만 부정부패를 방지하면서 그것이 실질적으로 국가와 국민에게 도움이 되는 생산적인 활동에 기여하고 고객인 국민이 만족하게 할 수 있다면 더욱 바람직하다. 부정부패의 우회적 관리방법에는 사전예방활동과 현장관리활동이 있다. 사전예방교육, 고객만족교육, 친절교육, 효율적인 관리, 적정한 업무의 안배, 적임자 인사, 봉사하는 사람의 채용과 자원봉사 활성화, 나눔 활동 등이 대표적이다. 이러한 우회적인 관리 방법은 부정부패 예방은 물론 공무원의 저급한 행동과 태도를 고치는데도 도움이 된다.

　공무원의 가장 저급한 행동과 태도는 고객인 국민으로 하여금 비용과 시간, 기회비용을 낭비하게 하는 것이다. 사전에 필요한 서류와 준비물을 지참하도록 안내하거나 잘못된 점 또는 부족한 점을 한꺼번에 지적하고 해결방안을 알려주어 처리하도록 하지 않고 핀잔을 주며 두 번 세 번 걸음을 하게 만들기도 한다. 이러한 저급한 행동은 부정부패보다 더 큰 불신을 만들어 내고 직접적인 피해를 유발한다. 공무원이 법을 어기거나 이익을 챙겨 다른 사람에게 피해를 주는 것과 크게 다를 바 없다. 때로는 한시가 급한 국민으로 하여금 뇌물이나 급행료 같은 뒷돈을 주어서라도 빨리 처리하기를 원하는 생각과 행동을 유발하기 때문에 권력남용을 통한 부정부패의 원인이 되기도 한다. 그러므로 이런 저급한 행동과 태도는 반드시 제거할 필요가 있다.

21. 비리 예방 1단계 목표,
거지근성 차단

인간의 행동은 대개 일정한 발달 양상을 보인다. 사회적인 물의를 일으킨 부정부패 행위자도 공무원으로 처음 임용할 때부터 부패행위를 하겠다는 것을 목표로 세우거나 작정을 하는 것은 아니다. '적성에 맞다'는 생각, 좋은 직업이라는 인식을 바탕으로 한 선택, '국가와 국민에 봉사하고 헌신하겠다'는 목적 등 다양한 이유로 공무원을 지망한다. 근무분야나 기관은 선택에 의해 어느 정도 정해지지만, 자신이 구체적으로 어떤 기관의 부서에서 어떤 업무를 맡아 일하느냐 하는 것을 모르기 때문에 부정부패 행위를 기획하기도 어렵다. 임용되어 보직을 부여받고 일을 하면서 비로소 부정부패를 구체적으로 인식하게 된다.

초기의 부패행위는 대부분 민원인의 단순한 호의에 의한 식사 접대, 기름값 또는 거마비[87] 제공, 휴가나 명절에 선물 또는 촌지[88] 제공 같은 일로 시작된다. 좀 더 나아가 인간관계가 형성되면 경조사 챙기기, 음주 및 가무를 비롯한 향응 접대, 의도적인 촌지 요구와 제공으로 급격히 친밀도가 더해진다. 이런 과정에서 단속과 점검 정보가 새어 나가고 편익을 제공하며 공생관계가 형성된다. 특별히 도움을 주지 않아도 때가 되어 인사를 오지 않으면 서운한 마음이 생기고, 괜히 화도 난다. 때로는 일부러 전화해 '요

---

87) 거마비(車馬費)는 수레와 말을 타는 비용이라는 뜻으로, '교통비'를 이르는 말이다.

88) 촌지(寸志)는 촌심(寸心)과 같은 말로 마음이 담긴 작은 선물 또는 정성을 드러내기 위하여 주는 돈을 말한다. 흔히 선생이나 기자에게 주는 것을 이른다.

즘 얼굴 보기 어렵다'고 의도적인 안부 인사를 하기도 한다. 이미 거지근성이 몸에 밴 것이다.

'내가 이래서는 안 된다, 이것은 아니다. 내가 왜 이런가' 하는 생각이 들지만, 뇌물과 접대에 맛을 들여 그것이 자신의 기분을 좋게 하고 이익에 도움이 된다는 생각이 만들어 내는 달콤한 유혹에 빠져들면 법과 원칙대로 업무를 집행하는 일이 점차 줄어든다. 그러나 이때에도 자존감이 강한 사람은 책임을 회피하기 위해 촌지 받은 것으로부서 회식비를 내고 기회주의자는 상관에게 상납하거나 같은 일에 끌어들인다. 이 단계를 넘어서면 성 접대와 뇌물의 단위가 급속하게 커진다.

갈취喝取를 일삼는 강도强盗의 수준에 이르지만, 서로 이해를 교환하기 때문에 공생관계로 인식한다. 최종의 단계에서는 정치가의 부정부패 행위에서 보는 것처럼 필요에 따라 기업이 일방적으로 접대해야 하는 것을 당연한 일로 여기고 수시로 금품을 요구해 승진이나 정치자금으로 이용하면서 이권 개입이나 압력 등을 통해 뒤를 봐준다. 기업가들도 '소금 먹은 놈은 물 먹게 되어 있다'며 이를 적절하게 활용한다. '바늘 도독이 소도둑 된다'는 말이 그냥 생긴 말이 아니다. 오늘날 우리나라 공무원 중에는 이미 거지근성을 가지고 있는 단계에 이른 사람들이 적지 않다.

거지근성은 겉으로 드러나는 것이 아니라 자신이 스스로 느끼는 것이기 때문에 자신의 가슴에 손을 얹고 생각해보면 거지근성이 들어앉아 있는지 아닌지 금방 안다. 세상에 공짜는 없다. 공무원은 국가로부터 봉급을 받기 때문에 당연히 제공해야 할 공공서비스를 명분으로 금품이나 접대를 받아서는 안 된다. 법으로도 금지하고 있다. 만약 자신이 공무원이고 직위를 갖고 있다는 이유로 단 한 번이라도 공무와 관련하여 접대, 촌지나 물품 등을 수수했다면 이미 거지근성이 생기기 시작한 것이다. 이런 일을 몇 번만 반복하면 그때는 당연한 일로 받아들인다. 그러므로 부정부패 행위를 예방하기 위한 1단계 목표는 거지근성의 차단이다. 거지근성 차단에 실패하면 사회적인 물의를 일으키는 일이 발생한다.

대부분 공무원의 거지근성은 업무를 좀 알기 시작하는 임용 1년에서 3년 사이에 형성된다. 따라서 맨 처음 임용할 때 강력한 부정부패 교육이 필요하고, 임용 2년 차와 4년 차에 확실한 부정부패 교육을 시행해야 한다. '세 살 버릇 여든 간다'고 했다. 처음부터 부패행위를 차단하여 '해서는 안 되는 일'로 인식시키는 데 성공하여도 환경요소가 변화하면 또 어떻게 행동할지 모른다. 하물며 처음부터 거지근성이 생기고 부정부패를 대수롭지 않은 일로 생각하도록 방치하면 어떻게 되겠는가? 시간이 갈수록 그 수법이 교묘해져 단속하고 행동을 수정하기 어려워진다.

거지근성을 방치하면, 결국 본인은 부패행위를 하다가 적발되어 처벌을 받는 것으로, 행정기관은 관리와 견제를 잘못한 책임으로 전체가 욕을 먹고 비난의 대상이 되는 대가를 치르는 것으로 끝난다. 사회화를 통해 신규 임용 공무원이 기존의 부정부패한 공무원에 물들지 않고 자신을 잘 지키도록 관리를 통해 부정부패에 대한 확실한 개념을 정립하도록 해주는 길밖에 없다. 깨끗한 물이 많아지면 전체적인 물은 맑아지듯이 청렴한 사람이 많아지면 청렴 사회가 구축된다.

22. 부패행위자 계속 적발되는데 줄지 않는 이유

1) 부패의 빙산모형과 평형

체제부패는 그 규모가 쉽게 파악되거나 노출되지 않고 있다.[89] [그림 2-1] 부패빙산

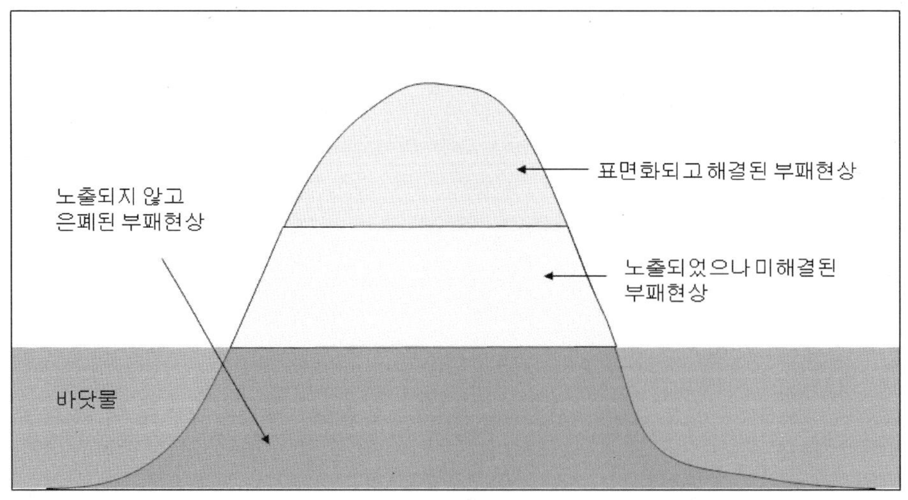

출처: 조은상(2003), "기업 내 부패의 유형, 원인 및 반부패 제언", 전경련 간담회자료, p.6.

[그림 2-1] 부패빙산모형

---

89) 김택(1999), "관료부패론", 학문사, p.36.

모형에서 보는 바와 같이 표면에 노출된 부패현상보다는 은폐된 측면이 많다. 빙산 iceberg은 육지의 빙하로부터 분리되어 바다 표면을 떠다니는 거대한 얼음덩어리를 말한다. 남극이나 북극의 바다에서 많이 볼 수 있다. 빙산은 보통의 해빙海氷보다 굵기가 크다. 해면 아래에는 해면 위 질량의 6~7배나 되는 빙괴가 잠겨 있다. 부정부패도 빙산과 같이 드러난 부분이 드러나지 않는 부분보다 훨씬 크다. 사람들이 실체를 확인하고 인지할 수 있는 것은 드러난 작은 부분에 불과하다. 이로 말미암아 끊임없이 부패 혐의를 적발하여 제거해도 부패행위자가 줄어들지 않는 것으로 느끼는 사람도 있다. 그러나 그것은 느낌일 뿐 실제로는 적발하는 만큼 부정부패가 줄어든다.

사람들이 어떻게 느끼든 부패 자체의 관점에서 볼 때 인간의 행위로 그것이 적발되든 적발되지 않던 끊임없이 새로 만들어지고 세월 속에서 우리의 관심으로부터 멀어지거나 사라져 간다. 그럼에도 외형적으로 그 존재에 큰 변화가 없는 것은 새로 발생하는 부정부패 행위와 제거하는 부정부패 행위의 크기와 양이 비슷하다는 것을 의미한다. 빙하도 마찬가지이다. 과거와 비슷한 온도와 기후가 유지되어 눈이 계속 내리고 일정한 양만큼 서서히 녹거나 떨어져 나가 빙산이 되면 우리가 느끼는 빙하는 거의 같은 양이 된다. 이는 새로 생기는 빙하와 떨어져 나가거나 녹아 없어지는 빙하의 양이 비슷할 때 나타나는 현상으로 일종의 평형이 이루어지고 있는 것이다.

화학반응이 어느 한 방향으로 진행하여 생성물을 생성하는 반응물질의 농도가 이와는 반대 방향인 역반응에서 반응물질을 생성하는 생성물의 농도와 균형을 일룰 때, 이 반응은 평형에 도달했다고 말한다. 최종평형 상태를 결정하는 데는 반응물질의 농도와 생성물질의 농도가 중요하다. 다음과 같이 일반적인 반응식으로 나타낸 평형계를 생각해보자.

$$A + B = C + D$$

A 또는 B가 증가하면 평형은 오른쪽으로 이동하고, 반대로 C 또는 D가 증가하면 평형은 왼쪽으로 이동할 것이다.[90) 화학반응에서의 생성물은 반응의 결과이지만, 반응이 완전히 끝난 것이 아니라 현재 평형상태가 어느 정도 유지되고 있다는 것을 의미한다. 언제든지 한쪽에 새로운 반응물질이나 에너지가 공급되면 그 균형은 변화하거나 파괴된다.

가령 돌은 기계적인 힘을 가하거나 다른 더 딱딱한 돌과 부딪히면 약한 쪽이 깨진다.

---

90) Sawyer · McCarty · Parkin 공저, 김덕찬 외 공역(2005), "환경화학", 동화기연, p.30.

이렇게 형태가 변화하고 평형이 깨지는 것은 반응물의 한쪽에 더 많은 생성물이나 더 큰 에너지가 가해졌을 때 나타나는 현상이다. 그러므로 부정부패 행위를 줄이기 위해서는 부패가 발생하는 것보다는 그것을 막는 방법과 기술이 더 우위에 있지 않으면 안 된다. 그리고 부패가 많이 드러나고 사회적인 논란이 되는 것은 새로운 부패가 생기고 그 부패를 척결하기 위한 노력 양쪽에 새로운 에너지가 공급되어 격렬한 반응이 일어나고 열이 방출되는 것과 같은 현상이다. 우리는 종종 부패와의 전쟁이라는 표현을 사용한다. 전쟁의 우열을 가리는 것과 마찬가지로 힘의 대결에서 척결하려는 노력이 우위를 차지하지 못하면 부패는 만연하고 우위를 차지하면 부패는 개선되어 부패인식지수가 상승하는 것은 당연하다.

우리가 지구온난화[91]를 실감하고 빙하와 빙산이 줄어드는 것을 느끼는 것은 지구표면 온도가 올라가 빙하와 빙산의 녹는 속도가 새로 생기는 속도보다 빨라졌기 때문에 나타나는 현상이다. 우리의 부정부패가 현저하게 줄어드는 현상을 보기 위해서는 새로 발생하는 부정부패를 억제하는 효율적인 방법을 개발하여 새로 발생하는 것보다 예방하고 적발하는 것이 많도록 하면 된다. 그런데 그것이 현재 제대로 이루어지지 않기 때문에 부패가 개선되었다는 것을 인식하지 못하는 것이다. 따라서 부정부패를 개선하고 부패인식지수를 향상하기 위해서는 더 효율적인 부정부패 관리 기술과 방법을 개발하고 찾아내 적용해야 한다.

---

91) 지구온난화(地球溫暖化, global warming)는 지구 표면의 평균온도가 상승하는 현상이다. 땅이나 물에 있는 생태계가 변화하거나 해수면이 올라가서 해안선이 달라지는 등 기온이 올라감에 따라 발생하는 문제를 포함하기도 한다.
온난화는 1972년 로마클럽 보고서에서 처음 공식적으로 지적되었다. 이후 1985년 세계기상기구(WMO)와 국제연합환경계획(UNEP)이 이산화탄소가 온난화의 주범임을 공식으로 선언하였다. 1988년에는 IPCC가 구성되어 기후 변화에 관한 조사와 연구를 하고 있다. 1988년 미국항공우주국(NASA)에서 미국 의회에 지구온난화에 대한 발언을 한 것을 계기로 일반인에게도 널리 알려지게 되었다. 지구의 연평균기온은 원래 400년에서 500년 정도를 주기로 약 1.5℃의 범위에서 계속 변화한다. 15세기에서 19세기까지는 비교적 기온이 낮은 시기였으며 20세기에 들어와서는 기온이 오르고 있어서, 어떤 면에서는 기온 상승이 자연스러운 현상일 수도 있다. 하지만 대기 중의 이산화탄소량은 1800년대에는 280ppm이었으나 1958년에는 315ppm, 2000년에는 367ppm으로 계속 증가하고 있으며 다른 온실기체도 증가하고 있다.
온난화의 원인은 아직 명확하게 규명되지 않았으나, 온실효과를 일으키는 온실기체가 유력한 원인으로 꼽힌다. 온실기체로는 이산화탄소가 가장 대표적이며 인류의 산업화와 함께 그 양은 계속 증가하고 있다. 이외에도 메테인, 수증기가 대표적인 온실기체다. 특히 현대에 사용하기 시작한 프레온가스는 한 분자당 온실효과를 가장 크게 일으킨다. 또한 인류가 숲을 파괴하거나 환경오염 때문에 산업초가 줄어드는 것에 의해서 온난화 현상이 심해진다는 가설도 있다. 나무나 산호가 줄어듦으로써 공기 중에 있는 이산화탄소를 자연계가 흡수하지 못해서 이산화탄소의 양이 계속 증가한다는 것이다. 이러한 가설 이외에도 태양 방사선이 온도 상승에 영향을 준다거나, 오존층이 감소하는 것이 영향을 준다거나 하는 가설이 있지만, 온실효과 이외에는 뚜렷한 과학적 합의점이 존재하지 않는 상태이다.
지구의 연평균기온이 계속 올라감으로써 땅이나 바다에 들어 있는 각종 기체가 대기 중에 더욱 많이 흘러나올 것으로 예측된다. 이러한 피드백 효과는 온난화를 더욱 빠르게 진행시킬 것이다. 온난화에 의해 대기 중의 수증기량이 증가하면서 평균 강수량이 증가할 것이고 이는 홍수나 가뭄으로 이어질 수 있다. 가장 큰 문제는 해수면이 상승하는 것으로, 기온 상승에 따라 빙하가 녹으면서 이 현상이 일어날 것으로 예측된다. 2000년 7월 NASA는 지구온난화로 그린란드의 빙하가 녹아내려 지난 100년 동안 해수면이 약 23cm 상승하였다고 발표하였다. 그린란드의 빙하 두께는 매년 2m씩 얇아지고 있으며 이 때문에 1년에 500억 톤 이상의 물이 바다로 흘러 해수면이 0.13mm씩 상승하고 있다는 것이다. 이러한 해수면 상승은 섬이나 해안에 사는 사람들의 생활에 영향을 미칠 것이며 특히 해안에 가까운 도시에는 대단히 큰 문제를 일으킬 수 있다.

2) 제로섬 게임

제로섬zero-sum은 어떤 체제system나 사회 전체의 이익이 일정하여 한쪽이 득을 보면 반드시 다른 한쪽이 손해를 보는 상태이고, 제로섬게임zero-sum game은 게임 참가자가 각각 선택하는 행동이 무엇이든지 참가자의 이득과 손실의 총합이 제로(0)가 되는 경기를 말한다. 제로섬사회zero-sum society는 플러스(+) 마이너스(-) 제로가 되는 사회를 가리키는 말이다. 미국 매사추세츠공과대학의 L. C. 더로가 저술한 같은 이름의 책1980년에 의하여 널리 알려지기 시작하였다.

미국 사회는 제로성장에 빠지게 되면, 에너지 · 환경 · 인플레이션92)inflation 등의 까다로운 문제를 해결하는 데 큰 어려움을 겪게 된다. 그것은 어떠한 문제이든 반드시 어느 계층의 이해利害와 충돌하게 되어 그들의 반론에 부닥뜨리게 되기 때문이다. 그러므로 제로섬 상황을 타파하기 위해서는 저축을 투자에 결부시켜, 경제성장률을 플러스가 되게 하여야 한다. 이를 위해서는 소비를 억제하는 세제稅制의 도입이 필요하다.

우리나라는 2008년 2월 이후 대통령이 여러 차례 부정부패 척결과 개혁을 천명하고 검찰과 경찰, 감사원 등 국가 주요 부정부패 관리 기관들이 대대적인 사정 활동을 전개하면서 많은 부정부패 행위들이 드러났다. 이러한 적발은 다른 사람들에게 경각심을 고조시키고 문제가 되는 것으로 파악된 제도를 버리고 개혁을 통하여 새로운 제도를 만들게 하였다. 그러면 당연히 부패인식지수CPI는 개선되어야 한다. 그런데도 한국의 2008년과 2009년, 2010년의 부패인식지수는 5.6~5.4로 비슷한 수준에 머물렀다.

이것은 논리적으로 풀이하면 부패개선 노력과 부패발생이 비슷하다는 것을 의미한다. 즉 제로섬 게임이나 제로섬사회의 결과가 나타나고 있다는 말이다. 경기에서 성과를 내기 위해서는 게임이론을 적용할 필요가 있다. 그런데 우리나라의 부정부패 대응은 게임이론이 제대로 적용되지도 않았고 부정부패 개선을 위한 합리적인 게임을 하지 못하는 문제점을 드러내고 있다. 그러니까 탄탄한 이론을 토대로 한 과학적 관리보다는 국민 여론을 의식해 사회적 관심사가 되는 부정부패 사건이 터질 때마다 종래에 해온 후진적인 방법을 답습하여 구호성 부패척결을 외치는 수준에 머물고 뒤에서는 부패

---

92) 인플레이션(inflation)은 화폐가치가 하락하여 물가가 전반적 · 지속적으로 상승하는 경제현상이다. 종래에는 인플레이션을 통화팽창이라고 보았고, 유효수요이론의 입장에서는 사회적 총수요(소비수요와 투자수요의 합계)가 사회적 총 공급(소비수요의 저축의 합계)을 초과하는 총수요로 보았다. 그러나 최근에는 물가수준의 지속적 상승과정으로 정의하고 있다. 여기에서 물가수준은 많은 개별상품의 가격을 일정한 방법으로 평균하여 산출한 물가지수(price index)로써 측정한다.

행위를 계속하기 때문에 나타난 당연한 결과이다.

　게임이론theory of games은 경쟁 주체가 상대편의 대처 행동을 고려하면서 자기의 이익을 효과적으로 달성하기 위해 수단을 합리적으로 선택하는 행동을 수학적으로 분석하는 이론이다. 한 집단, 특히 기업에서 어떤 행동의 결과가 경기game처럼 참여자 자신의 행동에 의해서만 결정되는 것이 아니고 동시에 다른 참여자의 행동에 의해서도 결정되는 상황에서, 자기 자신에게 최대의 이익이 되도록 행동하는 것을 분석하는 수리적 접근법數理的接近法이다. 게임이론은 상충적相衝的이고 경쟁적競爭的인 조건에서 경쟁자 간의 경쟁 상태를 모형화하여 참여자의 행동을 분석함으로써 최적전략最適戰略을 선택하는 것을 이론화하려는 것이다. 1944년 폰 노이만John von Newmann과 모르겐슈테른Oskar Morgenstern의 공저 《게임이론과 경제 행동, Theory of Games and Economic Behavior》에서 이론적 기초가 마련되어, 제2차 세계대전 당시 잠수함 전투에 이 이론을 이용한 미국의 물리학자인 P. 모스에 의해서 더욱 발전되었다.

　게임이론은 주로 군사학에서 적용됐으나, 점차 경제학·경영학·정치학·심리학 분야 등에도 널리 적용되고 있다. 게임이론에서는 게임 당사자를 경쟁자라 하고, 경쟁자가 취하는 대체적 행동代替的行動을 전략戰略이라 하며, 어떤 전략을 선택했을 때 경기의 결과로서 경쟁자가 얻는 것을 이익 또는 성과成果라고 한다. 어떤 경쟁자가 어떤 전략을 선택하느냐에 따라 좌우되는 것이므로 각 경쟁자는 상대방이 어떤 전략을 선택하더라도 자기의 이익성과을 극대화할 수 있는 전략을 선택하게 된다.

　만약 정부나 부패방지 기관이 성과를 극대화할 수 있는 게임이론을 적용했다면 부정부패를 개선하는 효과가 부패인식지수에서 나타나야 한다. 그런데 2010년 상반기 한국 사회에는 거대한 서울시교육청 비리사건과 스폰서sponsor, 후원자 검찰의 실체를 보고 경악했다. 그런데 2011년에는 더 엄청난 사상 최악의 부산저축은행 비리사건이 터졌다. 이것은 정부의 부정부패 관리 노력에도 기존에 주로 사용해온 적발과 처벌, 제도개선 위주의 부패관리 방법이 효율을 증가시키는 데 한계가 있으며, 일선 행정기관에는 여전히 부정부패 관리의 사각지대가 상존하고 있다는 것을 의미한다. 따라서 부패인식지수를 향상하고 실질적인 부패발생 정도를 줄이기 위해서는 국민권익위원회의 역할 미흡과 한계를 보완하고 국가 차원에서 부정부패를 총괄적으로 관리하고 관계기관의 유기적인 협조체제 구축을 통해 업무를 조정하고 통합하는 등 선도할 수 있는 관제탑control tower을 대통령실에 신설할 필요가 있다.

23. 부패가 만연한 한국 사회
그 악순환의 실체

우리는 부패가 만연해 있다는 말을 많이 사용한다. 만연蔓延은 널리 **뻗어서 퍼짐**이다. 그런데 어떤 상태가 부패가 만연한 것인지는 잘 모른다. 대개 드러난 부패사건을 통해 널리 퍼져 있다는 것을 인지해 말하는 정도이다. 부패사건을 많이 접하는 사람들은 우리 사회에 부패가 만연되어 있다고 생각한다. 하지만 언론을 통해 부정부패 사례가 연일 보도되어도 별로 관심을 두지 않는 사람들은 부패했다는 생각을 하지 않을 수도 있다. 이는 개인적인 판단이나 생각에 상당한 차이가 날 수 있다는 말이다.

부패를 계량적으로 관리하기 위해서는 일정한 기준과 개념 정립이 필요하다. 개념을 바탕으로 정립된 기준에 따라 어느 수준으로 유지하고 관리할 것인가 하는 목표가 정해져야 필요한 예산과 인력을 책정하고 어떤 방법을 동원하여 어느 정도의 노력을 할 것인가 하는 것을 결정할 수 있다. 그 첫걸음이 개념정립이다. 부패의 정도는 여러 단계로 나눌 수 있지만, 일반적으로 사회 전반에 부패가 퍼져 있는 상태를 부패가 만연해 있다고 한다.

좀 더 구체적으로 부패가 만연한 사회를 규정하면, 국민과 국가로부터 권력을 위임받은 공무원이 자신의 이익을 위해 권력을 남용하고 국민이 정상적인 상태에서는 해결할 수 없는 문제를 뇌물을 주고 청탁請託을 해 권력을 통하면 법과 규칙, 절차를 넘어 해결하고 이익을 얻는 등 목적을 달성할 수 있다는 생각이 널리 퍼져 있으며, 실제로 그러한 행위가 사회 전반에서 발생하고 통용되는 사회를 말한다. 이렇게 부패가 만연한 사회는 권력 남용과 청탁을 통한 뇌물제공으로 부패가 일반화되고 악순환이 거듭되는 현상이 나타나는데 오늘날 대한민국은 부패가 만연한 사회라고 할 수 있다.

단순하게 부패인식지수의 높고 낮음의 문제가 아니다. 우리 사회에는 부패의 만연으로 잘못된 방법으로 문제를 해결하고, 부당한 이익을 탐하는 일을 하고자 할 때 권력을 찾고 그것에 의존하려는 생각을 사람들이 너무 많다. 이는 그동안 정치가를 포함한 공무원의 권력 남용이 너무나 공공연하게 이루어졌기 때문이다. 국민으로 하여금 뇌물을 주고 청탁해 권력을 이용하면 법과 규칙, 절차를 넘어 목적을 달성할 수 있다는 인식을 심어준 것이 원인이다. 이러한 청탁문화가 이미 우리 사회 전반에 널리 확산하여 법규 이면에서 부정부패 행위를 통해 상호 부당한 이득을 챙기는 이해교환이 일반화되어 있다. 이것이 부패를 유발하는 악순환의 고리역할을 한다.

문제가 생기고 뜻대로 안 되는 일이 있으면 우선 권력을 가진 사람들을 찾는다. 정치가들은 그들을 계도하는 것이 아니라 기다렸다는 듯이 반기고, 기꺼이 문제 해결에 개입하여 부당한 이익을 챙긴다. 이런 와중에 낭패를 당하는 사람들도 적지 않다. 권력과 친분이 있다는 말에 현혹되어 사기를 당하는 사람들이 그들이다. 정치가나 공무원으로 당연하게 해야 할 일을 생색을 내거나 을로부터 대가를 공공연하게 받고 압력을 무자비하게 행사하기도 한다. 대표적인 사례가 공무원의 기업에 대한, 대기업의 중소기업에 대한, 발주자의 하도급자에 대한, 검사원의 피검사자에 대한 행태이다. 자신의 마음에 안 들면 '어디 두고 보자'라며 공공연하게 협박과 공갈을 일삼는다.

오늘날에도 여전히 우리 사회에는 권력을 자신의 욕구 충족목적으로 전방위적으로 이용하고 행사하는 사람들이 많다. 기업에 취업 청탁, 공사발주에 권력자가 삼자로 개입하여 압력을 행사하는 일이 공공연하게 이루어지고 있다. 이름 있는 기업들은 정부의 주요기관으로부터 인사 청탁을 받아 보지 않은 곳이 없을 정도이다. 그리고 자신의 요구가 받아들여지지 않을 때는 일방적인 행동이었음에도 서운한 마음을 노골적으로 표시하거나 앙심을 품기까지 한다. 대기업이 어느 날 갑자기 납품단가를 일방적으로 낮추어 통보하면 하도급업체는 거의 무조건 따라야 하고 거기다가 수시로 접대를 해야 하며 경조사와 명절에 인사를 하는 것은 기본이다. 이러한 일을 당연한 것으로 받아들이며 즐기는 사람들이 너무 많다.

그럼 왜 국민은 권력의 이런 횡포를 감수하며 부정부패를 방조하는 것인가? 그 이유는 권력에 편승하는 것이 자신에게 이익이 된다는 생각과 권력에 맞서면 손해가 된다는 생각 때문이다. 권력을 가진 사람도 자신의 권력을 유지하고 과시하기 위해 국민으로 하여금 그렇게 행동할 수밖에 없게 하여 왔다. 즉 누군가가 사회고발자의 입장에서 권력 남용에 의한 부정부패 행위를 고발했을 때, 그것이 드러나면 앙심을 품고 되갚을 기회를 찾거나 고발자를 보호하기보다는 문제점을 찾아 동시에 처벌되게 한다. 또한 고발하고 싶어도 추후 다시 관공서를 이용해야 하고 바뀐 담당자도 이전 담당자와 크게 다르지 않다. 공무원은 공무원 편이라는 생각을 하므로 대부분 부정부패 사실을 알아도 고발하지 않는 풍토가 조성되어 있다. 국민의 이런 심리를 마치 특권을 가진 것으로 착각하는 공무원은 국민 위에 군림하려 들고 권력을 남용하며 자신의 이익을 탐한다.

국민에게 청탁하여도 거절하고 청탁이 통하지 않는다는 인식을 심어주면 부정부패는 줄어들 것이 확실함에도 많은 공무원이 오히려 청탁을 즐긴다. 그래야 밥이라도 한 그릇 얻어먹고 차비라도 받을 수 있다. 징징대는 아이 달래듯이 정부가 사회 불만 세력에 대응하여 내놓는 해결방법도 시위해야 피해에 귀를 기울이고 지원책이 나온다. 공무원과 행정기관 스스로 국민의 아픈 곳을 찾아가 해결해 주지 않는다. 공무원 사회의 비판에 대해 '청렴한 사람이 더 많다'고 항변抗辯하는 공무원이 적지 않다. 그러나 우리 사회에 부정부패가 만연해 있는 것은 엄연한 사실이고, 공무원 중 누군가는 스스로 자제하지 못해 부정부패 행위를 저지르기 때문이다. 따라서 부당이익 교환 악순환의 고리를 끊는 방법은 역시 법대로 밖에 없다.

24. 신뢰와 청렴, 지속 가능한 발전 사회자본

청렴이 개인·조직·국가 차원에서 이미 선택의 문제가 아닌 생존의 문제로 대두하였다.[93] 청렴성은 공동체 구성원들의 가치와 행태, 문화와 관련된 것으로서 다른 요소들을 가장 앞서서 이끌어가는 개념이라고 할 수 있다. 그것은 윤리 혹은 청렴이 가진 본질적 속성에 기인한다. 윤리ethics는 어원상 '특정한 시대의 지배적인 바람직한 가치'를 의미하며, 이 개념과 혼용되는 청렴integrity은 '정직함, 완결성, 통합, 곧음'을 의미한다.

이 두 가지는 개념상 구분되기도 하지만, 두 개념 모두 이타성을 기본적 속성으로 한다는 공통점이 있다. 윤리와 청렴은 그 자체가 구성원 개인적으로 '단독적 완결성'을 갖지만, 개인 외부적으로는 이타성을 지향하는 개념이다. 즉 내적으로는 자신의 완결성을, 외적으로는 타인에 대한 관계 등 이타성을 지향하고 있다. 그러므로 윤리나 청렴성을 지향한다는 것은, 타인과의 관계에서 정당한 나의 몫만을 취하며, 나아가서 타인의 몫이 훼손되지 않도록 동시에 배려하는 것이다. 이와 같은 의미에서 윤리나 청렴성은 개인윤리이며 동시에 공동체 윤리이기도 하다.

공동체를 유지하는 데 틀이 되는 법이나 규범, 규칙, 절차를 정당하게 준수하는 것은 늘 공동체 내에 존재하는 타인과의 관계 속에 그 의미가 있다. 이러한 행동은 지극히 윤리적이고 청렴의 기본적인 속성이다. 한 사회나 국가의 윤리수준이나 청렴성이 높다는 것은, 공동체를 규율하는 구체적 혹은 추상적 규범들에 대한 구성원들의 준수 정도

---

93) "선진일류국가 실현을 위한 2008년 청렴·투명행정 실천가이드", 국민권익위원회, p.15.

가 높고, 더 실천적으로 타인을 배려하는 가운데 구성원의 삶이 영위되고 있음을 의미한다. 그러므로 부패는 반인륜적, 반인본적인 것으로 평가된다. 부패행위는 타인의 정당한 몫에 대한 권리를 침해하는 것이며, 그것이 가능한 것은 구성원들 간의 정당하지 못한 불평등한 권력구조에 기인한다.

일방이 다른 일방을 권력적으로 부당하게 구속하지 않으며, 타인에게 귀속되어야 할 정당한 몫을 취하지 않고, 정당한 자신의 몫만 취하는 것이 바로 윤리이고 청렴이다. 따라서 윤리와 청렴에는 이타성, 권력의 정당한 공유, 규범의 준수 등과 같은 것들이 내재하여 있다. 이와 같은 것들이 확보되었을 때, 구성원들은 각자의 정당한 몫을 위하여 타인의 권리를 침해함이 없이 노력하며, 공동체를 규율하는 절차와 규범을 따르게 된다. 그리고 같은 구조 아래에 있는 다른 구성원들을 신뢰한다. 결국 윤리와 청렴이 공동체를 유지, 발전시키는 가장 강력한 유인체계인 신뢰trust를 만들어내는 것이다. 이와 같은 점에서 한국이 지향해야 하는 지속 가능한 발전된 사회는 '구성원들 간에 신뢰로 형성된 사회'라고 할 수 있다.

신뢰는 사회자본94)의 가장 핵심적인 요소이다. 사회자본은 개인 간 협력을 촉진하는 무형의 자산으로서 기존의 토지, 노동, 자산과 같은 유형의 자본과 구분된다. 이 무형의 자산에 해당하는 것은 신뢰, 규범, 유대관계network, 사회적 관계 등을 들 수 있다. 이들은 사회적 맥락 속에서 만들어진다. 사회적 자본은 국가의 부와 사회 안정을 증진하기 위한 핵심적인 조건으로서 인식되고 있다. 물론 이 자본은 이것을 가능하게 하는 직접적인 조건이라기보다는 간접적 조건의 역할을 한다. 그런데 한국은 사회자본의 축적이 낮은 수준인 것으로 평가된다. 삼성경제연구소 조사에 따르면, 한국인 10명 중 9.9명이 가족을 신뢰한다고 응답했지만, 처음 만난 사람에 대해서는 1.3명만이 신뢰한다고 응답하였다. 이 수치는 경제협력개발기구OECD 평균인 33.9%와 비교하여 매우 낮은 수치로, 조사대상 29개국 중 22위에 해당하는 낮은 수준이다.

신뢰를 핵심요소로 하는 사회자본은 추상적인 가치 수준에 머무는 것이 아니라 실질적인 경제적 가치를 가진 것으로 평가된다. 이런 점에서 사회자본의 축적은, 곧 경제발

---

94) 사회자본(社會資本, social capital)은 피에르 브르디외(Pierre Bourdieu)가 말한 자본의 종류 중에서 집단과 사회에서의 위치와 관계이다. 일반적으로 인맥이나 학연, 연줄, 소속단체 등이 여기에 속한다. 이것은 지속적이고 공동의 속성을 지니고 있으며, 유용한 관계에 의해 뭉쳐진 사람들의 집합이다. 운동을 위해 골프장에 가는 것보다는 고위층 사람들과 사귀기 위해 골프장에 간다거나, 입무를 위해 사교글립에 가입하는 것은 모두 사회직 자본을 일기 위함이다. 사회직 자본은 자신이 소속되거나 자신과 연결된 집단을 통해 동원할 수 있는 유·무형의 자원의 총합이기도 하다. 그러므로 한 개인의 사회자본 총량은 그 자신이 활용할 수 있는 관계망과 함께 그와 연결된 다른 사람의 경제, 문화, 상징자본까지도 합한 것이 된다.

전을 위한 자본의 축적이라고 할 수 있다. 특히 지속적인 경제발전을 위해서는 신뢰, 규범과 같은 무형의 사회자본이 자연자원보다 더 중요한 것으로 평가된다. 다른 조건이 동일한 상태에서 사회자본의 핵심인 신뢰지수가 10% 떨어지면 경제성장률은 약 0.8%p 하락한다는 연구 결과가 보고된 것도 있다. 사회자본의 축적이 낮다는 것은, 곧 사회 자체가 고비용구조임을 보여주는 것이다. 사회자본의 축적이 제대로 이루어지지 않으면, 사회분열과 공공부문에 대한 불신이 팽배해진다. 이는 각종 공식적 제도의 작동 및 개혁을 어렵게 하고, 결국 한국경제의 효율성을 저해한다. 특히 한국적 특성으로 부각되어 있는 학연·지연·혈연 등 폐쇄적 연고주의로 인하여 사회적 갈등은 더욱더 심화하고, 이것이 불필요한 사회적 비용을 과다하게 발생시킨다.

낮은 국가경쟁력을 초래하는 요인으로 노사 간 갈등, 높은 거래비용, 내부 감시 등 관리비용기업수준, 법질서 유지비용국가 수준 그리고 각종 감사 및 통제관련 비용을 들 수 있는데, 이것들은 모두 낮은 사회자본에 기인한다.[95] 청렴성은 국가경쟁력의 기반인 '사회적 자본'의 중요 요소로 대두하였다. 세계은행WB에 따르면 경제협력개발기구OECD 국가의 국부national wealth 창출기여도는 사회적 자본 81%, 생산자본 17%, 자연자본 2% 라고 한다. 2007년 자료 기준으로, 1인당 사회적 자본은 스위스 54만 달러, 미국 41만 달러, 일본 34만 달러, 한국은[96] 10만 7,864달러로 118개국 중 26위, 경제협력개발기구 회원국 평균 1인당 35만 3,339달러와 비교하면 1/3에 불과한 실정이다.[97]

청렴·투명행정으로 사회적 자본을 선진국 수준으로 확충하여 국가경쟁력 개선의 기반을 강화해야 한다. 국가청렴도 향상이 경제발전에 직접적인 기여를 한다는 연구도 다수 있다. 국가청렴도가 경제협력개발기구 평균인 7점대를 유지하면 국내 경제성장률이 1.4% 추가 상승 가능하다한국개발연구원. 국가청렴도가 1점 상승할 때 외국인 투자기업에 대한 7.53%의 세율 인하 효과로 외국인의 직접 투자가 증가한다하버드 샹진웨이 교수.[98] 청렴성은 지속적인 사회발전을 위한 핵심요소이자 사회자본 형성의 기반 역할을 한다. 그러므로 낮은 수준의 청렴성은, 곧 지속 가능한 사회발전과 이를 위한 사회자본의 축적이 어렵다는 것을 의미한다. 그런데 한국 사회의 전반적인 청렴성 수준은 높지 않은 것으로 평가되고 있다. 여러 가지 자료를 통하여 이와 같은 사실들을 확인할 수 있다.[99]

---

95) 윤태범(2010), "한국의 지속적 성장발전을 위한 청렴정책의 방향", 국민권익위원회, pp.22~24.

96) "선진일류국가 실현을 위한 2008년 청렴·투명행정 실천가이드", 국민권익위원회, p.15.

97) 윤태범(2010), "한국의 지속적 성장발전을 위한 청렴정책의 방향", 국민권익위원회, pp.22~24.

98) "선진일류국가 실현을 위한 2008년 청렴·투명행정 실천가이드", 국민권익위원회, p.15.

25. 문제 답 안다고 항상 해결되는 것 아니다

공무원은 부정부패와 청탁이 나쁘다는 것을 모두 안다. 윤리강령과 행정지침, 부정부패를 방지하기 위해 제정된 법규에는 하나같이 부정부패 행위를 해서는 안 된다거나 처벌받는다는 것을 명시하고 있다. 여러 가지 법규와 제도적 장치가 마련되어 있고, 내부와 외부 사정기관도 존재한다. 이미 우리가 필요로 하는 부정부패를 방지할 수 있는 거의 모든 수단과 방법을 가졌다. 그런데 부정부패는 끊이지 않는다. 답은 알고 있는데 해결되지 않는 상황이 빚어지고 있는 것이다.

이처럼 아무리 좋은 법과 제도, 장치가 있어도 공무원의 일하는 방법이 잘못되고 담당자가 그것을 적극적으로 활용하지 않으면 소용이 없다. 그래서 관리자의 행동과 태도, 자세, 마음가짐이 중요하다는 것이다. 우리가 답을 알고 있음에도 해결되지 않는 것은 시간이 요구되어 세월이 가야 해결되는 것도 있지만, 대개는 일하는 방식에서 형식주의, 복지부동, 무사안일, 책임회피가 주요 원인이다.

형식주의[100]는 일선 관료들이 법규나 조직의 규정 준수 자체를 행정목표로 삼음으로써 조직의 목표달성이나 국민에 대한 봉사라는 행정의 본래 목적을 등한시하는 행태를 말한다. 일선 관료들의 형식주의는 기본적으로 그들이 민주의식이 낮은 데서 비롯되는 현상이다. 하지만 정책 자체가 비현실적인데도 불구하고 정책의 효과성과 효율성

---

99) 윤태범(2010), "한국의 지속적 성장발전을 위한 청렴정책의 방향", 국민권익위원회, pp.22~24.

100) 하태권 외(2001), "현대 한국정부론", 법문사, pp.178~179.

에 초점을 맞추어 정책내용을 현실화하기보다, 현재의 정책과 규칙을 지킬 것을 강요한다. 또한 저액집행 위반사항을 적발하는 데 중점을 두는 감사제도와 감사 관행에 따라 감사·보고·현지 확인 등을 통해 그 집행 여부를 계속해서 점검하는 행정 관행에도 그 원인이 있다.

부패는 관료들이 공익 추구의 본분을 망각한 채 행정규범과 사회 문화적 규범을 일탈하는 행태를 보이는 것을 가리킨다. 일선 관료들의 부패현상은 만성적 박봉에 시달린다는 점과 일방적 우위를 누리는 대민행정에 익숙해진 고객들이 자신들의 불이익을 최소화하거나 자신의 이익을 극대화하기 위한 목적에서 금품 등을 제공하는 경향을 보인다는 것이다. 부패는 개별적으로는 사소해 보인다. 그러나 이것이 대민접촉과정에서 이루어지는 까닭에 정부에 대한 국민의 신뢰도에 미치는 총체적 영향은 막대하다.

일선 관료들의 무사안일 내지 적당주의 풍토는 공직자로서의 책임의식 결여에서 비롯된 것이다. 관료의 무사안일이나 책임회피 행태는[101] 유신체제까지만 해도 별로 부각되지 않았다. 5공화국의 출범과 함께 시작된 대규모 사정작업 이후 공직사회 전반으로 확산하였다. 한직을 희망하는 한편 대민업무를 기피하는 풍조가 바로 이것을 의미한다. 6공화국에서 정치적 민주화의 진전으로 정치 권력자가 더는 전과 같이 관료의 과오나 비리를 감싸주지 못하게끔 하였다. 그런데 문민정부가 들어서면서 부패추방을 위한 사정이 강화되는 동시에 민주화에 따라 정치권력으로부터 보호막이 약화하자 무사안일과 책임회피가 심화하여 복지부동이란 용어를 낳았다.

복지부동[102]은 상당히 다면적인 성격을 띠고 있지만, 일반적으로 관료들의 소극적이고 무책임한 업무행태를 총칭하는 말이다. 뭔가 일은 하는데 결과가 나오지 않는 것은 형식적으로 일하고 있다는 것을 의미한다. 다른 사람에게는 일하는 것처럼 보이면서 형식적으로 일하는 대표적인 방법은 공문 작성과 공문 남발, 보고서 작성, 법률 검토, 통계조사, 행정지도나 현장지도, 일부러 만들어서 가는 출장 등이다. 공무원의 입장에서는 상당 부분 필요한 일이다. 그러나 느긋하게 시간을 보낼 수 있고 결과는 나올 것이 없다.

책임을 지지 않는 가장 좋은 방법은 복지부동이나 무사안일로 일관하며 위에서 지시하는 일, 하라고 요구하는 대로 일을 하고 결정도 상관이 하도록 하는 방법이다. 눈으로 보기에는 하는 척하지만 실제로는 형식적으로 일하고 책임회피에만 급급하므로 좋

---

101) 김호정(1994), "한국관료행태의 결정요인: 복지부동의 원인", 한국행정학보, 28(4) pp.1256~1257.
102) 하태권 외(2001), "현대 한국정부론", 법문사, pp.199~200.

은 결과가 나올 수 없다. 역설적이게도 이런 결과를 만들어 내는 원인은 대개 처벌위주의 정책과 제도, 책임 강요 등 관리자의 잘못된 생각에 있다. 잘 해보자고 여러 가지 제도를 만들었는데 조직구성원인 공무원들은 그것이 자신을 위협하는 요소로 인식한다. 의도와는 달리 오히려 일을 잘 못하게 만드는 현상이 발생하게 한 꼴이 되는 것이다. 하지만 제대로 된 관리를 하면서 리더십leadership을 발휘하면 웬만한 문제는 거의 해결할 수 있다.

부패문제에 대해 갖는 의문

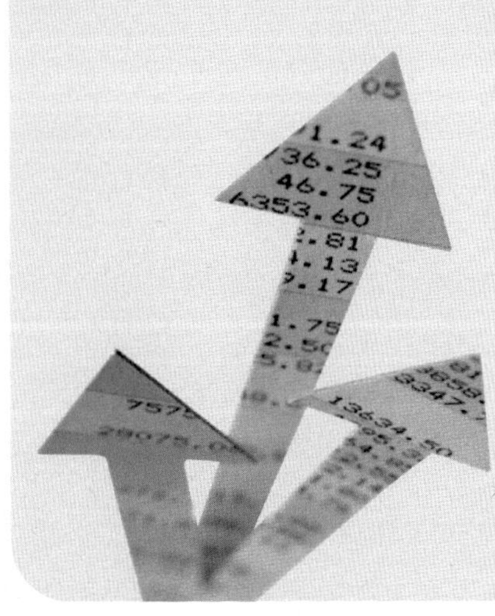

1. 탐욕 나쁜 것인가

　부정부패의 근원 중 한 가지가 인간이 가진 욕망 절제에 실패할 때 나타나는 탐욕이라고 했다. 그럼 '탐욕이 나쁜 것인가?' 하고 질문을 하면 그것은 답을 하기가 쉽지 않다. 탐욕은 좋은 요소와 좋지 않은 요소를 동시에 지니고 있다. 따라서 부정부패를 보다 명확하게 이해하기 위해서는 탐욕과 관련된 여러 가지 용어의 이해가 필요하다.

　먼저 욕망欲望은 누리고자 탐함 또는 그 마음, 부족을 느껴 이를 채우려고 바라는 마음이다. 인간은 누구나 때로는 지나친 욕망에 사로잡힌다. 탐욕貪慾은 지나치게 탐하는 욕심이다. 좋은 것, 마음에 드는 것, 필요한 것을 보면 탐욕이 생기기 마련이다. 그런데 여러 사람이 모여 사는 사회에서는 탐욕을 부리면 대개는 법규의 제재를 받는다. 법法은 법률·법령·조례 등 구속력을 갖는 온갖 규칙이다. 규칙規則은 여러 사람이 다 같이 지키기로 작정한 법칙, 헌법·법률에 따라 정해지는 제정법의 한 형식을 말한다. 입법·사법·행정의 각 부에서 제정되며, 국회 인사 규칙·법원 사무 규칙 따위가 있다.

　법규法規는 일반 국민의 권리 의무를 규정하여 활동을 제한한 법률이나 규정이다. 법규가 없으면 모든 사람은 자연 속에서 천부인권을 누릴 수 있지만, 타인의 공격이나 강박, 억압으로부터 보호받지 못한다. 약자가 강자에게 먹히는 약육강식弱肉强食이 세상을 지배하기 때문에 약자는 살아남기 어렵다. 인간은 그러한 폐해를 극복하고 공존공영하기 위해 각자가 일정한 권리와 행동의 제약을 받으면서 동시에 다른 사람으로부터 권리를 보호받을 수 있도록 각종 규칙을 정하고, 그 범위 내에서 욕망을 실현하며 산다.

규정한 대로 모두가 법규를 지키면 문제가 될 것이 없다. 그런데 자연 속에는 인간이 필요로 하는 재화가 부족하고 욕망은 끝이 없으므로 법규를 어겨서라도 자신의 이익을 탐하려는 사람들이 있다. 부정부패는 권력과 재화에 대한 탐욕에서 비롯된다. 권력權力은 남을 지배하고 복종시키는 힘이다. 특히 국가나 정부는 공권력으로 공무를 집행하고 국민을 강제한다. 재화財貨는 재물財物, 사람의 욕망을 만족하게 하는 물질로 대표적인 것이 의식주에 필수적인 것들이지만, 그 외에도 여러 가지가 있다. 현대 사회에서는 화폐가 물품 교환의 매개 수단으로 사용되기 때문에 부정부패는 돈과 연관된 것이 많다.

사람에 따라 같은 권력이나 재화를 얻게 되더라도 만족하는 사람과 그렇지 않은 사람이 있다. 공무원이 법규를 벗어나 권력이나 재화를 얻는 행위와 관련된 것을 부정부패라고 한다. 부정不淨은 깨끗하지 못함, 부패腐敗는 정신·정치·사상·의식 등이 타락함, 부정부패不淨腐敗는 생활이 깨끗하지 못하고 썩을 대로 썩는 일을 뜻한다. 하지만 실질적인 부정부패의 내용은 법규를 어기고 직위를 남용하여 자신의 이익을 취하거나 특정한 사람이 이익을 얻도록 하는 것이다. 그러나 욕망이나 탐욕을 시현하더라도 그것이 법규를 위반하지 않는 것은 부정부패에 해당하지 않는다.

욕망이나 탐욕은 사람이 살아가는데 활동의 힘이 되는 본바탕인 활력소活力素로 작용하므로 동기와 동기부여를 위해서는 욕망이나 탐욕에 대한 자극이 필요하고, 실생활에서도 상당 부분 활용한다. 동물과 달리 인간이 인류역사를 통하여 이루어낸 모든 것들이 욕망과 탐욕이 있었기 때문에 가능했다. 만약 다른 사람보다 더 잘하고 싶은 마음이 없다면 세상은 어떻게 되겠는가? 한편으로는 경쟁이 없어서 좋을 수도 있겠지만, 발전은 기대하기 어렵게 될 가능성이 크다. 그러므로 부정부패 관리를 통해 우리가 추구하고자 하는 것은 욕망이나 탐욕을 제거하는 것이 아니다. 각 개인이 그것을 잘 통제하도록 올바른 지식과 정보를 제공하여 발전적인 곳에 사용하게 하는 것이다.

2. 법 모두 지킬 수 있는가

　자신이 법을 위반하지 않았다고 말하는 사람은 있을 수 있다. 그러나 실제 세상에 법을 모두 지킬 수 있는 사람은 거의 없다. 만일 법을 모두 지킬 수 있는 사람이 있다면 외딴 섬이나 깊은 산 속에서 고립된 생활을 하는 사람일 가능성이 크다. 너무나 많은 법이 만들어져 있어 사람들은 대부분 자신이 법을 위반하는지 하지 않는지 모르고 산다. 법규를 모두 지키는 것은 현실적으로 불가능에 가깝다.

　법규를 적게 만들면 위반하는 사람은 줄어들겠지만, 대신 이해관계로 말미암아 갈등과 마찰, 충돌이 발생하면 조정하는 데 어려움을 겪는다. 이런 문제를 해결하기 위해 인간은 쉼 없이 법을 만든다. 이제는 너무나 많은 법이 만들어져 그 종류와 내용을 모두 아는 사람은 아무도 없다. 심지어 법률전문가인 변호사나, 판사, 검사, 법률학자도 법을 모두 알지 못한다. 전문가이기에 일반인보다는 많이 알지만 그렇다고 모두 알지는 않는다. 그리고 모두 알 필요도 없다. 법률은 고정된 것이 아니라 사회적 환경변화에 따라 끊임없이 변화하므로 개략적인 내용을 알고 있으면 나머지는 필요한 내용을 그때그때 찾아보거나 활용하면 된다.

　사람들이 법을 모두 지킬 수 없다는 것은 역으로, 누구나 법을 어기는 위법이나 불법을 하고 산다는 말이 된다. 그리고 실제 대부분의 사람들이 법을 어기고 산다. 단지 차이가 있다면 법규의 내용을 알고 있으면서 '의도적으로 어겼느냐 모르고 어겼느냐, 대가를 치르느냐 치르지 않느냐'라는 정도이다. 이처럼 사실상 모든 사람이 법을 위반하며 자신의 이익을 취하고 살아간다.

3. 부패 정의 왜 민간부문은 언급하지 않는가

　부정부패는 기본적으로 편익을 제공하는 측과 받는 측 양자에 의해 이루어진다. 공직사회 내부에서 인사 등을 둘러싸고 이러한 일이 일어나기도 하지만, 편익을 제공하는 기업을 포함한 민간인과 그 편익을 받고 수혜를 제공하는 공직자 사이에 많이 일어난다. 그런데 부정부패의 정의에서 '왜 기업이 포함된 민간부분에 대해서는 언급하지 않는 것일까'라는 의문이 생길 수 있다. 그 이유는 공무원의 업무내용과 특성이 일반인들의 그것과는 다르다는 데 있다.

　공무원은 국민과 국가가 위임한 권력을 통하여 법규를 집행하고 재화를 분배하는 등의 제반 활동으로 국가발전과 국민 복리증진을 위해 일을 하도록 하는 것이 목적이다. 이를 위해 국민은 선거를 통해 주권을 위임하고 스스로 통치를 받는 일을 자원하고, 국방의 의무 등 여러 가지 의무를 부담한다. 이를 통하여 조성된 국가나 지방자치단체의 예산으로 급료를 지급하는데다 법을 어기고 권력을 남용하여 부정부패 행위를 하면 국가발전을 저해한다. 국민의 복리를 증진하는 것이 아니라 국민이 보장받아야 할 권익을 오히려 침해당하는 피해가 발생한다. 국민이 권익을 보호받지 못하고 질서가 유지되지 못하면 국가의 기능은 훼손되며 독재 권력이 출현할 수도 있다. 권력의 독점은 피해자를 발생시키고 혼란을 불러일으킨다. 이것이 심화하면 국가의 존재사유가 위협받는다. 이런 폐해를 방지하기 위해 공무원이 법을 어기고 권력남용을 통하여 이익을 취하는 것을 부정부패라고 규정하여 관리하는 것이다.

부정부패를 규정하여 관리한다고 하여 공무원에게 특별히 법을 가혹하게 적용하는 것은 아니다. 국민이 법을 어기고 이익을 취하는 것도 관용되지 않기는 마찬가지이다. 불법이나 위법적인 방법에 의해 이익을 취한 것이 드러나면 그에 상응하는 법의 처벌을 받는다.

4. 부패의 대가 계량화할 수 있는가

일부 전문가는 부패를 계량화하기 위하여 회귀분석이나 경험적 방법을 사용한다. 그러나 제공되는 뇌물의 규모가 어느 정도인지 확인할 수 없다. 파악할 수 있는 것은 사정기관을 통해 적발된 것에 국한된다. 매년 부패 정치가나 관료의 주머니로 얼마나 많은 돈이 '흘러들어 가는지' 누구도 정확하게 알지 못한다. 또한 뇌물은 돈의 형태뿐만 아니라 접대, 선물 등 다양한 형태를 취한다. 기껏해야 부패의 정도와 민주화, 경제발전 또는 환경파괴의 상관관계를 연구할 수 있을 뿐이다.

부패의 사회적 비용[103]대가은 계량화하기 더욱 어렵다. 부정부패로 말미암아 한 나라에서 열정적인 기업가나 뛰어난 과학자를 잃는 비용이 얼마인지는 아무도 모른다. 수많은 기업가와 과학자들이 부정부패에 염증을 느껴 다른 나라에 투자하고 일하기를 원하다. 돈으로 환산된 부패의 추정 사회적 비용은 공무원의 사직辭職, 문맹, 부적당한 의료 보호 이면의 인간적인 비극을 측정하는 것은 불가능하다.[104]

---

103) 사회적 비용(社會的費用, social cost)은 어느 생산자가 어떤 재화를 생산하는 경우, 이로 인해 생산자를 포함한 사회 전체가 부담하게 되는 비용이다. 사회적 비용이 존재할 때 그 비용을 경제활동의 당사자가 부담하지 않음으로써 자원에 대한 과소평가 경향이 발생, 자원을 과잉사용하게 된다. 자원의 효율적 배분이라는 점에서 자원은, 사회적 비용을 포함하는 가격으로 평가되어야 하며, 따라서 이 같은 과잉사용을 예방하기 위해서는 비용을 당해 주체가 부담해야 한다는 주장이 대두하고 있다. 환경파괴에 따른 오염자부담원칙(polluter pays principle)은 그 예의 하나이다.

104) 한국투명성기구 · 대한주택공사(2007), "청렴교육교재", 서울, p.16.

5. 부패, 인간 삶에 어떤 영향을 미치는가

어느 나라 할 것 없이 부패는 사람들의 삶에 매우 많은 방식으로 나쁜 영향을 준다. 최악에는 부패가 생명을 앗아가기도 한다. 무고한 수없이 많은 사람이 부패로 자유, 건강, 재산을 그 대가로 치르고 있다.[105] 부패 행위자들은 자활 능력이 부족한 가난하고 힘이 없는 사람들을 돌보는 것이 아니라 그들에게 돌아가야 할 몫을 착복하여 자신들은 호의호식하면서 가난한 사람들의 삶을 도탄에 빠뜨려 더욱 피폐하게 한다.

---

105) 한국투명성기구 · 대한주택공사(2007), "청렴교육교재", 서울, p.18.

6. 어떤 환경에서 부패가 창궐하는가

부패는 유혹과 묵인 또는 허용이 공존하는 곳에서 번창한다. 국민의 감시와 견제가 느슨하고 곳, 권력에 대한 제도적 견제가 실종된 곳, 의사결정 과정이 모호한 곳, 시민사회의 층이 얕은 곳, 일 처리 결과가 제대로 공개되지 않는 곳, 부의 불평등 분배로 말미암아 사람들이 가난하게 살 수밖에 없는 곳에서 주로 창궐한다. 부패는 살아 움직인다. 정치, 경제, 법, 사회적 제도가 잘 확립된 곳에서조차 부패는 끊이지 않고 있다.[106]

---

106) 한국투명성기구 · 대한주택공사(2007), "청렴교육교재", 서울, p.19.

7. 사회적 조건 부패 정당성 제공할 수 있는가

일부 비평가들은 반부패투쟁이란 단지 서방세계가 발전도상국에 자신의 관점과 가치를 강요하려는 또 하나의 형태일 뿐이라고 주장한다. 혹자는 공공영역에서 선물을 주고받는 것은 수많은 비서방국가에서는 통상적인 전통이라고 말하기도 한다. 문화적 상대주의를 둘러싼 논쟁은 여전히 진행 중이다. 공공조달 절차와 같은 개념이 없는 곳에서는 공공업무 계약을 확보하려고 관리에게 뇌물을 주는 등의 행위가 존재하지 않는다.

기준과 가치는 주변여건에 달려 있고 문화에 따라 다양하다. 어떤 나라의 특정지역에서는 전통적traditional으로 선물이 협상과 관계 설정의 한 부분으로 통용되고 있다. 그러나 문화적 상대주의도 정도의 문제이다. 모든 문화에는 나름의 기준이 있어서 그것을 넘으면 부정부패가 되고 용납되지 않는다. 그 사회에 닻을 내리고 사는 사람들은 무엇이 관습이고 무엇이 기준의 파괴인지 잘 안다. 분명하게 사적 이득을 위한 권력의 남용, 공공 혹은 공유자원의 착복은 그 어떤 문화나 사회에서도 허용되지 않는다.107)

---

107) 한국투명성기구 · 대한주택공사(2007), "청렴교육교재", 서울, p.20.

8. 민주주의와 부패 양립할 수 있는가

　　현대 민주주의에서 통치 권력은 본질적으로 국민에 의해 주어진 정치적 위임이다. 권력은 위탁된 것이므로 권력을 쥐고 있는 개인의 이익이 아니라 사회 전체의 이익을 위해 사용하기로 되어 있다. '공적으로 위탁된 권력을 사적 이득을 위해 오용하는 것'으로 정의되는 부패는 민주주의와 모순되고 양립할 수 없다.[108]

　　민주주의의 기본이념은 평등이다. 헌법에서도 법 앞에서 평등을 보장한다. 또한 법치주의를 원리로 하는 오늘날의 민주주의는 법에 의한 통치가 근간을 이룬다. 그런데 부정부패는 법을 어기고 개인의 이익을 취하는 것이므로 법치주의에 정면으로 도전하는 행위이다. 국민과 국가에서 위임한 권력을 남용하여 분배를 왜곡시켜 국민의 피해를 발생시키고 공정한 경쟁이 이루어지는 것을 저해한다. 그렇다고 민주주의 체제가 부패방지를 보장하지는 않는다. 어디서든 유혹은 여전히 난제이다. 바로 이것이, 사람들로 하여금 권력을 남용하지 못하도록 하는 통제 장치mechanism를 배치하고 체계적인 방지책을 수립하게 한다.

---

108) 한국투명성기구 · 대한주택공사(2007), "청렴교육교재", 서울, p.21.

9. 부패는 어떤 대가를 요구하는가

부패의 대가[109]cost of corruption는 정치, 경제, 사회, 환경 등 네 측면에 중첩되어 나타난다. 먼저 정치적 측면에서 부패는 민주주의와 법치의 가장 중요한 장애물이다. 민주주의 체제에서 관료와 제도가 사적 이득을 위해 오용되면 그 정당성을 상실하게 된다. 부패한 환경에서는 책임 있는 정치 지도력이 성장할 수 없다. 경제적으로 부패는 국부國富의 고갈을 초래한다. 공정한 시장구조의 발전을 가로막고 경쟁을 왜곡하며 결과적으로 투자를 방해하게 된다.

특히, 사회에 끼치는 해악은 가장 크다. 부패는 정치 체제와 제도 및 지도력에 대한 사람들의 신뢰를 훼손한다. 대중들이 환멸을 느끼고 좌절과 냉담함이 일반화되면 시민사회를 취약하게 만드는 원인으로 작용할 수 있다. 이는 다시 민주적으로 선출된 부도덕한 지도자들로 하여금 국가자산을 개인적으로 치부하게 하고, 독재로 가는 길을 닦는 것이 된다. 뇌물을 요구하고 제공하는 것이 심화하면 사회기준으로 통용될 수도 있다. 이를 따르려 하지 않는 사람들은 나라를 떠나므로 가장 유능하고 정직한 시민이 고갈되게 된다.

환경 악화는 부패 체제system가 초래하는 또 다른 결과이다. 환경관련 규제나 입법의 결여 혹은 비강제는 역사적으로 서방선진국으로 하여금 공해산업을 개발도상국으로 수출하는 것을 허용하였다. 동시에 국제와 국내를 막론하고 목재, 광물, 코끼리 등 자연자원의 무분별한 착취는 자연환경의 황폐화를 가져왔다.

---

109) 한국투명성기구 · 대한주택공사(2007), "청렴교육교재", 서울, p.15.

10. 부패의 역기능은 무엇인가

국제통화기금International Monetary Fund, IMF의 보고서를 비롯한 상당수 연구보고서는 부패는 민간투자를 줄임으로써 능력 있는 개인들을 비생산적 활동으로 끌어들인다. 풍부한 자연자원을 형편없이 경영하게 하여 성장을 촉진하는 구조 개혁을 연기하게 하고 성장을 방해한다. 부패가 뇌물 축적이 용이한 부문의 편의를 위하여 공적 비용의 구성을 왜곡하고, 통상적 유지·보수 및 교육과 보건을 어렵게 만든다[110]고 지적한다.

부패의 역기능은 너무 많아 일일이 열거하기 어려울 정도지만, 그 내용을 정리해보면 다음과 같다. ① 다양한 계층에 대한 객관적 정치지도가 불가능하게 되고, ② 생산적 노력의 상실과 공신력 감퇴, ③ 개인 이기심을 채우기 위한 부정한 방법의 횡행, ④ 정부의 신뢰성과 권위 추락으로 국가에 대한 불신감 증대, ⑤ 도덕적 윤리 기준 후퇴, ⑥ 행정업무 부진과 행정가격이 상승하여 적정한 행정공급과 서비스가 합리적으로 이루어지는 것을 방해하고 행정기능을 마비[111]시켜 행정상의 비능률과 비공정성을 초래한다. ⑦ 국가신인도에도 큰 영향을 미친다. 9·11 테러September 11 attacks 직후 이코노미스트The Economist: 1843년에 영국의 런던에서 창간된 주간지가 세계 유력 투자자 300명을 상대로 한 설문조사에서 '국외투자에 가장 큰 영향을 미치는 요소가 무엇인가'라는 질문에 대하여 가장 많은 응답자가 부패를 꼽았다. 테러[112]Terror는 두 번째였고, 노동과 환경이 각

---

110) 반부패국민연대(2001), "반부패 지도 I", 사람생각, p.337.
111) 김영종(2001), "부패학", 숭실대학교 출판부, p.11.

각 3위와 4위를 차지했다고 한다. ⑧ 개인의 이기심 실현과 탐욕문화를 만연시켜 사회적 기강을 해이113)하게 만들며, ⑨ 국민권익을 침해한다. ⑩ 부패는 정책결정과 집행에 국민의 참여를 차단해 국민의 불만과 저항을 조성하는 씨앗이 된다. ⑪ 건전한 노력과 성실한 삶을 방해하고 사회적 갈등 유발과 황금만능주의 풍조를 확산시킨다. ⑫ 목적 지향적 편의주의로 연결되고 비민주적 행동 양식과 접목되어 사회 전체에 불안과 불신 분위기를 조성한다. ⑬ 전체 공직사회의 사기를 저하한다. ⑭ 공무원 사회의 내부 승진에서 불공정한 경쟁을 유발한다. ⑮ 부패구조에 동참하지 않으면 불이익을 당하게 하는 역기능을 조장한다. 이로 말미암아 검은돈이 사치와 향락으로 연결되며, 사회적 위화감을 양산하여 갈등을 심화시키는 결과를 가져온다. 또한 부패는 경쟁에서 탈락하지 않으려면 어쩔 수 없이 동참할 수밖에 없게 만들어, 이를 방치하면 자연히 확대재생산 되어 민생의 고난과 고통, 슬픔을 겪게 하고 급기야 나라 전체를 서서히 파멸로 이끄는 사회의 암적 존재로 발전해 갈 수 있다. 특히 지도자의 부정부패는 망국의 지름길이다. ⑯ 부정부패는 정치를 소모적으로 왜곡시키고 행정을 무력화시킨다. 그리고 불필요한 비용이 추가되도록 하는 가장 큰 원인이다. ⑰ 부패구조는 또 다른 부패 사슬을 잉태하여 결국 부패의 악순환을 거듭할 수밖에 없게 한다. ⑱ 부정부패는 정상적인 자유민주주의와 시장경제를 왜곡시키는 핵심요인으로 작용해 왔다. 이로 말미암아 로비와 뇌물을 통한 경제활동이 생산적 경제활동을 억누르고 방해했던 것이다. ⑲ 부패는 경제적으로 자원분배의 효율성과 공정한 소득분배에 역기능114)으로 작용함으로써 막대한 경제적 비용을 발생하게 한다. 즉 부패에 따른 부정적인 경제적 효과는 자원배분의 왜곡과 추가비용에 의한 낭비, 정책 및 정부, 국내 경제 및 산업 그리고 기업들에 대한 대내외적 신뢰성 상실에 따른 추가비용, 국내 산업 및 기업들의 국제경쟁력을 약화시킨다. 자원배분의 왜곡은 저질 상품 공급, 부실공사, 무용한 사업의 무리한 수행 등으로 나타난다. 정책의 불투명성과 신뢰성 상실로 말미암은 불확실성 그리고 추가비용 및 시간의 부담은 단독투자 및 합작 등을 통해 국내 진출을 고려하는 외국기업의 자본유치나 기술도입을 저해한다. ⑳ 부패는 자금의 건실한 관리, 건전한 사업계획project 개발 및 사업계획의 효율적인 수행에 대한 동기부여에 실패함으로써 국제경쟁

---

112) 테러(terror)는 폭력 수단을 행사하여 적을 위협하거나 공포에 빠뜨리게 하는 행위.

113) 김영종(2001), "부패학", 숭실대학교 출판부, pp.98~99.

114) 배세영(2005), "부패의 경제학", 대경, pp.27~28.

력을 저하하고 공정한 경쟁을 왜곡시키게 된다. 이런 측면에서 정경유착에 의한 관치금융 아래에서 부당한 개입에 의한 비효율적인 대출을 유발함으로써 무용한 사업계획에 자본을 투자하여 관련 금융기관의 부실을 초래하고 제한된 투자자원의 낭비를 초래하게 된다. ㉑ 공공부문의 부패는 잘못된 사업계획의 선정으로부터 시작하여 비효율적인 사업계획 수행으로 국민의 세금으로 마련된 공공재원을 낭비하게 되는 결과를 가져온다. 민간부문의 부패는 민간기업의 귀중한 투자재원을 비효율적으로 사용하는 낭비를 초래하게 되어 기업의 수익성을 악화시키고 궁극적으로는 파산에 이르게 하여 기업에 종사하는 근로자, 채권자, 주주, 하도급기업들과 소비자들에게까지 사회적 피해를 준다. 이외에도 정부수입 감소 등 부정부패의 역기능은 다양하며 그 폐해는 사회 전반에 미친다.

이렇게 부정부패는 모든 사회문제의 근원으로 작용한다. 부정부패가 심화하면 사회는 결국 악화가 양화를 구축하는 결과가 초래된다. '악화가 양화를 구축한다'Bad money drives out good는 말은 16세기 영국의 금융가 토머스 그레셤Thomas Gresham이 주장한 것이다. 그는 당시 유럽의 부국강병을 꿈꾸는 엘리자베스 1세에게 보낸 서신을 통해 실질 가치가 서로 다른 금화나 은화, 동화를 액면 가치가 동일하게 시중에 유통할 경우 실질 가치가 높은 양화金貨는 사라지고 악화銅貨만 남을 것이라고 주장했다. 이처럼 실질 가치가 낮은 동화를 이용해 외환시장을 장악하면 영국의 국부를 늘릴 수 있다는 것115)이었다.

부정부패를 방치하면 실력이 있는 사람들은 밀려나고 청탁이나 부정한 방법에 의해 제대로 된 실력이 없는 사람들이 세상을 지배하게 된다. 그렇게 되면 국가발전은 저해되고 국민의 권익은 침해되며 사회는 혼란에 빠져 권력을 가진 자만 호의호식하는 세상이 되어 국민은 도탄塗炭에 빠질 수밖에 없다.

---

115) 뷰스앤뉴스 2009. 4. 18.

11. 비리, 완전하게 막을 방법 있는가

비리非理는 올바른 이치나 도리에 어그러지는 일로 부정부패 행위도 비리에 포함된다. 부정부패 문제에 접근하면서 갖게 되는 화두는 '비리를 완전하게 막을 방법이 있는가'라는 점이다. 그 답은 '없다'라는 것이다. 개인이 본능적 욕구에 따라 하는 행동은 자신의 입장에서는 필요한 것이지만, 사회 규율의 관점에서 보면 문제가 되는 것이 많다. 그런데 사람의 마음도 수시로 변하지만, 사회 규율도 고정된 것이 아니라 시대의 상황에 따라 변화한다. 따라서 과거에는 허용되던 것이 오늘날 허용되지 않는 것도 있고, 과거에는 용납되지 않던 것들이 오늘날 당연한 일로 받아들이는 것들도 많다. 200년 전의 생활과 오늘날의 생활양식生活樣式을 비교하면 판이하다.

비리가 관리대상이 되는 이유도 환경에 따라 규율이 변화하고 완전하게 막는 방법이 없다는 점에 있다. 막을 수 있으면 단번에 막으면 끝난다. 그런데 막을 수 없고 방치해서도 안 되기 때문에 지속적으로 관심을 두고 노력하며 관리할 수밖에 없다. 우리가 부정부패를 제대로 관리하기 위해서는 법률에 대한 이해가 필요하다. 부정부패가 권력 남용에서 비롯되고 권력은 법으로 행위의 범위를 규정되고 위임되는데다 옳고 그름도 법에 의해 가려지기 때문이다.

국가의 주권적인 강제 권력을 대행하는 정부는 법을 통해 그 권력을 행사한다. 법은 국가의 강제적 공권력을 구체적으로 행사하는 정부기능 수행의 도구가 된다. 정부의 의지를 표현한다. 강요할 태세를 갖춘 정부의 권력적 의지이고 정치권력과 분리될 수 없다. 법에 대한 모든 정의에 상관없이 법은 정치권력과 밀접한 관계 속에 있으며, 정치권력의 사회통제 수단이다. 정부가 그 목적을 달성하기 위해 법에만 의존하는 것은 아니지만, 일관된 법률의 체계 없이는 존재할 수 없다. 법은 정부기관에 의해 실시될 행위의 규칙이다. 규범을 명백히 언급하고 있으며, 범법에 대한 처벌을 규정하고 있다.116)

형법은 범죄와 형벌과의 관계를 규정한 법을 말한다. 즉 일정한 행위를 범죄로 인정하고 그에 대한 법률효과로서 형벌을 가할 것을 규정하는 법규범이다. 형벌수단을 통하여 범죄행위를 방지함으로써 범죄로부터 사회 공동의 질서를 유지·보호하는 기능을 가진다.117) 죄형법정주의118)는 '법률 없으면 범죄 없고 형벌도 없다'라는 말로 대표되는데, 어떤 행위가 범죄가 되고 그 범죄에 대하여 어떤 처벌을 할 것인가는 미리 성문成文의 법률에 규정되어 있어야 한다는 원칙을 말한다.

죄형법정주의에 따라 국가는 아무리 사회적으로 비난받아야 할 행위라도 법률이 이를 범죄로 규정하지 아니하는 한 벌할 수 없다. 또한 그 범죄에 관하여 법률이 정하고 있는 형벌 이외의 형벌을 과할 수 없게 된다. 즉 죄형법정주의는 국가 형벌권의 확장과 자의적 행사로부터 국민의 자유와 인권을 보장하기 위한 형법의 최고원리인 것이다. 그런데 '법률 없으면 범죄 없고 형벌도 없다'는 의미에서의 죄형법정주의는 '법률만 있으면 범죄 있고 형벌 있다'는 것을 뜻할 수도 있다. 그러나 '어떤 내용의 법률이라도 있으면 범죄 있고 형벌 있다'는 의미에서의 죄형법정주의는 실질적 법치주의의 원리에 반하므로 죄형법정주의는 '법률 없으면 범죄 없고 형벌도 없다'는 원칙에 그치는 것이 아니라 그 내용이 실질적 정의에 합치하는 '적정한 법률 없으면 범죄 없고 형벌 없다'는 원칙을 의미한다고 보아야 한다.119)

법은 사람이 운용하는 것이므로 정부와 행정기관의 법집행이 항상 공평하거나 합리적으로 이루어지는 것만은 아니다. 이러한 문제를 보완하기 위해 법률구조제도를 두고 있다. 법률구조제도는 경제적으로 어렵거나 법을 모르기 때문에 법의 보호를 충분히

---

116) 이수윤(1998), "정치학 개론", 법문사, p.221.

117) 김범주(2003), "법과 사회", 형설출판사, p.419.

118) 죄형법정주의(罪刑法定主義)는 범죄와 형벌을 미리 법률로써 규정하여야 한다는 근대형법상의 기본원칙이다. 권력자가 범죄와 형법을 마음대로 전단 하는 죄형전단주의(罪刑專斷主義)와 대립하는 원칙이다. '법률이 없으면 범죄도 없고, 법률이 없이는 형벌도 없다'는 이 원칙은 범죄와 형벌을 미리 법률로써 규정하여야 한다는 근대 형벌제도를 지배하여 왔다. 여기에서 말하는 법률은 제정법만을 의미한다. 따라서 아무리 사회적으로 비난받아야 할 행위라 할지라도 법률이 범죄로서 규정하지 않았다면 처벌할 수 없으며, 범죄에 대하여 법률이 규정한 형벌 이외의 처벌을 과할 수 없다는 것이 이 주의의 본래 의미이다. 결국 죄형법정주의의 근본적 의의는, 국민 개인의 자유와 권리를 보장하기 위하여 승인되는 국가권력의 자기제한(自己制限)인 것이다.

119) 김범주(2003), "법과 사회", 형설출판사, p.423.

받지 못하는 사람들에게 법률상담, 변호사 또는 공익 법무관에 의한 소송대리, 기타 법률사무에 관한 각종 지원을 통하여 피해발생을 사전에 예방함은 물론, 분쟁이 발생하면 정당한 권리가 적법한 절차에 의하여 보호될 수 있도록 국민의 기본적 인권을 옹호하는 법률 분야의 사회복지제도를 말한다.[120]

사회적 관심사가 되는 비리는 대부분 법률 위반과 연관된다. 언론 매체의 보도를 통해 매일 같이 쏟아져 나오는 정치가와 공무원의 비리를 접하는 국민 중에는 대통령과 정부의 무능함에 대한 실망의 단계를 넘어 지겹다고 생각하는 사람들이 적지 않다. 정부의 중앙부처나 산하기관과 같이 비교적 조직 규모가 큰 곳은 인원수가 많고 취급하는 예산 규모도 커 관리의 허점이 발생할 수 있으므로 비리 연루자가 나오는 것을 이해한다고 하더라도 군청이나 구청 단위에서 사회적인 관심사가 될 만한 부정부패 사건이 터지는 것을 볼 때는 허탈감[121]虛脫感을 느끼기도 한다. 정부가 비리를 원천적으로 막을 수 있는데 그냥 두는 것인지 아니면 의지와 역량이 부족한 것인지 의구심을 가진다.

행정기관 중에는 대형 부정부패 사건으로 국민의 비판을 받는 기관도 있지만, 그렇지 않은 기관도 있다. 기관에 따라 큰 차이를 보이는 것은 운용하기 따라 분명히 비리를 차단할 수 있는 '무슨 방법이 있지 않을까'라는 생각을 하게 한다. 하지만 원천적으로 부정부패를 완전하게 막는 방법은 없다. 만일 그런 방법이 있다면 그 방법을 사용하면 되기 때문에 부정부패는 모두 없어지고 사회적 관심사가 되지도 않았을 것이다.

비리를 막을 수 없는 이유는 사람의 감정이 수시로 변화하고 인간의 불완전성으로 말미암아 완벽한 제도를 만들 수 없는데다 법규와 제도, 거기에 연관된 정치가, 권력가, 공무원, 민원인 등 환경 요소가 수시로 변화하기 때문이다. 비리의 폐해를 줄이기 위해 정부는 경비가 늘어나더라도 비리를 방지하기 위해 처벌과 관리를 강화할 수는 있다. 그러나 처벌이 강화되고 관리체계가 변경되면 그 변경된 관리체계를 악용하여 더욱 교묘하게 비리를 저지르려는 사람이 나오기 마련이다. 하지만 드러나는 비리 내용을 분석하고 그에 대응하는 방법을 끊임없이 보완하며 문제를 제거해 나가는 방식으로 대응하는 등 꼼꼼하게 관리하면 비리를 저지를 수 있는 여지는 그만큼 줄어든다.

---

120) 김범주(2003), "법과 사회", 형설출판사, p.524.
121) 허탈감(虛脫感)은 몸에 기운이 빠지고 정신이 멍하여 몽롱한 느낌.

12. 왜 대형 비리 터져야 부패척결 시작하는가

많은 사람이 비리문제에 대해 의문을 갖는 것 중 한 가지는 '대통령을 비롯한 정부와 행정기관의 지도자들은 평상시에 관리를 철저하게 하면 될 것을 왜 꼭 대형 비리사건이 터져야 호들갑을 떨며 부패척결을 시작할까' 하는 점이다. 여기에는 여러 가지 이유가 있지만, 대표적인 것은 세 가지이다. 첫째는 부정부패의 확인 노력과 인식 부족의 문제이다. 부정부패는 밖으로 드러나기 전에는 그 형체를 알 수 없다. 문제가 발생하는데 그것에 대해 잘 모를 때는 실체를 파악하기 위해 더욱 열심히 노력해야 한다. 그런데 그렇게 하지 않는다. 노력하지 않으므로 당연히 보이지 않는 형체에 대해 어떻게 관리하고 대응해야 하는지 잘 모를 수밖에 없다. 평상시에는 국민이 아무리 부정부패가 만연해 있다고 말하고 각종 지표가 그렇게 나와도 그 실체가 확인되기 전에는 부정부패에 대해 잘 알지도 못하고 심각성도 인식하지 못한다. 많은 부정부패 사례가 있기는 하지만, 그것은 과거의 문제로 현재 상태에서 드러난 부정부패와는 그 성격이 다르다. 부정부패 행위자, 발생 여건에 해당하는 법규와 환경요소 등도 같지 않다. 하지만 대형 비리사건이 터지면 형체가 확인되고 문제의 심각성을 인식해 행동에 나선다. 둘째는 확인된 문제 해결 필요성과 관리 강화의 명분을 준다. 부정부패를 현장에서 관리하기 위해서는 필연적으로 감시와 견제 등을 통한 압박과 적발 노력이 수반된다. 이러한 노력은 구성원들이 대체로 불편하게 생각하거나 싫어하므로 관리자의 입장에서는 상당히 부담스럽게 느낀다. 관리자의 불편 회피 경향은 시간의 경과에 따라 구성원에 대한 관리가 점차 느슨해지는 것으로 나타난다. 느슨한 관리는 부패행위를 할 수 있는 여지를 만들어내지만, 느슨해진 관리를 다시 강화하면 반발이 따르므로 관리를 강화할 엄두를 내기 어렵다. 그런데 대형 비리사건이 터지면 확인된 문제는 해결할 필요를 느끼게 되고 관리강화의 좋은 명분이 된다. 문제가 터져 해결책을 찾을 때는 관리강화에 따른 불편이 예상되더라도 구성원들도 해결 필요성에 공감하므로 반발이 상쇄되어 관리강화에 대한 거부감이 많이 줄어들기 때문이다. 셋째는 책임 회피 수단으로 이용한다. 대형 비리사건이 터졌다는 것은 그동안 관리를 잘못한 지도자들의 지도력leadership이 부족함을 의미한다. 그러므로 제대로 된 지도자라면 발생한 비리사건에 대해 사과하고 책임을 지는 자세를 보이는 것이 마땅하다. 하지만 대부분 지도자들은 책임을 지는 것이 아니라 오히려 자신이 지도력과 문제해결능력을 발휘해야 할 시기로 인식하고 부정부패 척결에 나선다. 분화된 조직특성은 지도자의 책임을 상당 부분 면책시켜주는 역할을 하므로 책임을 져야 한다면 중간 간부나 실무 책임자, 참모를 교체하는 정도로 그친다. 국민도 해결이 우선이므로 지도자가 지도력을 발휘해 문제를 빨리 해결하도록 촉구하는 방향으로 움직인다. 그러나 이러한 후진적 대응방식은 근원적인 해결은 하지 못하고 항상 뒷북치는 미봉책의 행정으로 여론을 따라 한바탕 회오리를 몰아쳐 가는 것으로 끝난다. 여론이 잠잠해지면 언제 그런 일이 있느냐는 듯이 일상으로 되돌아가 다시 부패를 양산한다.

13. 부패 전쟁해야 할 사안인가

언론을 통하여 정부나 행정기관의 수장이 부패와의 전쟁을 선포하는 것을 종종 볼 수 있다. 부정不淨은 깨끗하지 못함이다. 부패腐敗는 정신·정치·사상·의식 등이 타락함을 말한다. 한자 낱말을 그대로 풀이하면 '썩어 무너진다'는 뜻이고 영어 의미는 '함께 파멸한다'는 것이다. 부정부패不淨腐敗는 생활이 깨끗하지 못하고 썩을 대로 썩는 일, 전쟁戰爭은 병력에 의한 국가 상호 간 또는 국가와 교전 단체 간의 싸움을 뜻한다. 부패의 정의는 여러 가지가 있지만, 공통점은 개인적인 이익을 위해 법규를 위반한 공권력 남용이라는 점이다. 따라서 부패를 제어하는 방법도 법을 지키도록 하는 것이 될 수밖에 없다. 즉 부정부패의 관리 목적이 법규 준수가 되는 것이다.

싸움은 물리적인 폭력 또는 강제력에 의존한 것으로 오늘날 공식적인 폭력 행사는 국가가 독점한다. 국민의, 국민에 의한, 국민을 위한 정치를 해야 할 민주주의 국가에서 국민 중 일부인 부정부패 행위자들을 대상으로 싸움하겠다는 것 자체가 잘못된 일이다. 국가는 이미 국민을 통치할 수 있는 권한을 갖고 있고 국민은 통치를 받는 것을 자원했다. 그러므로 지도자는 통치를 통해 관리하면 될 일이다. 법에서도 국민을 싸움 대상이 아니라 봉사의 대상으로 규정하고 있다. 오히려 혼란과 갈등에 의한 대립으로 발생할 수 있는 싸움이 일어나지 않도록 질서를 부여하기 위해 법을 만들고 권력을 통치자에게 위임한다.

국민으로부터 권력을 위임받은 정치가, 정부, 공권력 기관, 공무원은 국민이 법규를 잘 지키도록 계도啓導하고 선도적인 역할을 할 의무가 주어져 있다. 이를 위해 필요하면 언제든지 강제할 수 있도록 법으로 규정하고 있다. 정부나 행정기관이 공권력을 동원하여 국민을 대상으로 전쟁한다는 것이 논리 모순이다. 공권력과 공무원이 자신에게 주어진 직무를 제대로 수행하지 못해 드러난 능력의 한계를 감추기 위한 허튼수작에 불과하다. 법을 지키도록 하는데 전쟁을 해야 하는지 관리를 통해 강제하고 계도를 해야 하는 것이 합당한지는 재론의 여지가 없다. 당연히 관리를 통해 강제하고 계도를 해야 한다. 그리고 권력을 위임하고 국민이 의무를 부담하는 이유 중 하나가 정부가 그런 일을 하도록 하는 데 있다.

그럼 왜 대통령부터 시작하여 정치가들이 대형 비리사건이 터지면 걸핏하면 부정부패와 전쟁을 선포하고 개혁을 천명한 후에 한다는 행동이 경찰, 검찰, 감사원 등 사정기관을 동원하여 한동안 부정부패 행위자들을 적발하고 제도 일부를 손질하는 일로 끝낼까? 그것은 부정부패에 대한 개념이 부족한 것은 물론 대응 방법도 잘 모르고, 당장 국민에게 지도력과 문제해결능력을 실질적인 성과로 보여줄 수 있는 가시적인 방법이 부정부패 행위자의 적발 실적과 문제점을 보완하여 바꾼 제도를 내보이는 것으로 인식하는 데 그 원인이 있다. 경험을 통하여 격앙된 국민감정을 달래고 비판과 비난 여론을 누그러뜨리는데 이 방법이 정치적인 행위로 가장 적합하다고 생각하기 때문이다.

인간은 불완전한 존재이다. 법과 제도는 설정된 것 또는 만들어진 것으로 아무리 잘 만들어도 항상 피해자가 나오고 문제를 안고 출발한다. 그렇다고 부정부패를 그대로 두고는 국가발전이 어렵고 명령도 잘 먹혀들지 않는다. 국민 여론을 무시할 수도 없다. 진퇴양난이다. 이때 가시적인 성과로 국민의 불만을 잠재우고 공무원에게 경각심을 줄 수 있으며 약간은 비현실적이지만, 명분을 얻기에는 충분한 전시효과122)를 거두는 방법이 부정부패와의 전쟁 선포와 개혁이다. 따라서 정치가들이 내보이기 위해 하는 부정부패와 전쟁 선포나 개혁은 항상 미봉책으로 끝난다.

미봉책은 추후 다시 유사한 문제를 불러일으킨다. 그런데 이 미봉책이 정치가의 존재사유와 역할의 필요성을 만들어 낸다. 즉 정치가가 문제를 한 번에 해결할 수 있는 능력을 발휘하면 시간 경과에 따라 해결해야 할 과제는 계속 줄어들기 때문에 결국 정치가의 존재와 필요성이 그만큼 감소한다. 그래서 탈무드에 나오는 이야기처럼 유능한

---

122) 전시효과(展示效果)는 정치 지도자가 대내외적(對內外的)으로 그 업적을 과시하기 위하여 실질적인 효과가 크지도 않은 상징적인 사업을 하는 따위를 이름.

변호사는 한 사건을 평생 우려먹고 사위에게 그 사건을 물려줄 수 있다. 정치가를 위한 유능한 정치가는 미봉책으로 한 번에 문제를 해결하지 않고 같은 사안을 두고 매번 유사한 대책을 내놓고 부분적인 문제를 해결하면서 한편으로는 문제를 만든다. 그러면서 국민 앞에서는 항상 자신이 뛰어난 지도력과 문제해결능력을 갖췄다는 논리를 만들어내어 현혹한다.

인간이 사는 세상은 출생과 죽음이 공존한다. 오늘도 새로운 생명이 태어나고 누군가는 죽는다. 사회구성원이 계속해서 바뀌는 상황 속에서 일정한 사회가치를 유지하기 위해서는 그에 상응하는 대응 조치를 해나가야 한다. 그 대응 조치가 관리이다. 부정부패는 한 번에 척결하거나 해결할 수 있는 일이 아니다. 허울 좋은 전쟁으로 해결될 일은 더욱 아니다. 부패는 앞으로도 없어지지 않을 것이기 때문에 전쟁해야 할 일이라면 인류가 망하는 그 순간까지 전쟁은 계속되어야 하고 승리할 수 없는 전쟁이다. 오직 인내하며 끈질긴 관리를 통해 목표하는 수준의 부정부패를 유지해 나가는 길 밖에는 대책이 없다. 병이 있는 사람도 정기검진을 하고 문제가 있을 때마다 병원을 찾아 치료를 하고 처방을 받아 약을 복용하며 스스로 건강을 유지하기 위한 노력을 하면 쉽게 생명에 위협을 받지는 않다. 부정부패도 관리를 잘하면 사회의 위협이 되지 않는 수준에서 충분히 대응할 수 있다.

부패와 전쟁을 하여 승리할 수 있다면 전쟁을 하는 것도 나쁘지 않다. 하지만 부패는 전쟁할 대상도 전쟁하여 승리할 수 있는 것도 아니다. 부패문제를 전쟁으로 접근하는 자체가 잘못된 것이다. 부패와 전쟁 선포는 국민에게 보여주기 위한 감정적 공연 performance 행위에 지나지 않는다. 부패와 전쟁을 선포하고 행동을 개시하면 몇몇 부정부패 행위자들을 색출하는 정도의 실적을 올리는 일은 가능하다. 그러나 대대적인 척결작업을 시작하면 끝없이 나오는 부정부패 행위에 질리고 공무원은 반발하고 국민은 드러나는 부패에 대해 오히려 무능한 정부라며 비판의 목소리를 높인다.

때로는 장기적인 부정부패 척결작업으로 악화한 여론이 정치가 자신의 정치적 기반을 허물거나 자신의 잘못을 지적하는 문제가 발생하고 법규와 현실의 괴리를 보며 고민에 빠질 수밖에 없다. 정치가는 이런 단계에 이르면 '국가발전과 국민 복리증진을 위해 할 일이 너무 많은데 언제까지 비생산적인 부정부패 척결을 계속해야 하나'라는 의문을 갖고 스스로 부패척결로부터 멀어지는 행동을 하게 된다. 결국 여론의 관심이 멀어지면 언제 전쟁을 선포했느냐는 듯이 끝낸다는 언급도 없이 흐지부지되고 만다.

14. 부정부패 관리 왜 어려운가

그동안 부정부패 척결시도와 개혁자들의 노력은 대부분 실효성을 제대로 거두지 못하고 실패로 돌아갔다. 이것은 부정부패의 발생원인 파악과 관리가 그만큼 어렵다는 것을 의미한다. 치열한 노력과 국민 의식 개선, 문물의 발달로 과거보다 많이 개선된 가시적인 성과를 달성한 나라들이 있다. 그러나 이들 나라 역시 매년 엄청난 예산을 쏟아 붓고 있지만, 여전히 해결과제가 많이 남아 있기는 마찬가지이다. 인류의 역사가 그렇듯이 인간은 항상 당시에는 어렵다고 생각한 일들을 언젠가는 실마리를 찾아내 해결해 왔다. 부정부패도 실마리를 찾으면 그렇게 어려운 문제만도 아닐 것이다. 그런데도 여전히 부정부패 관리의 어려움을 느낀다면 그것은 아직 해결 실마리를 제대로 못 찾은 것으로 볼 수 있다.

많은 정의감에 불타는 개혁자들이 부정부패 문제의 심각성을 인식하고 해결을 시도했다. 그러나 그들 대부분이 마음을 먹고 부정부패 문제 해결을 착수한 후 얼마 지나지 않아 길과 방향을 잃고 목표에 도달하지 못한 채 스스로 지쳐 허물어지고 말았다. 개혁자들의 실패에는 부정부패의 발생 특성에 대한 이해부족, 부정확한 진단과 대책, 개혁주체와 객체의 구분으로 전체 공무원의 개혁 참여유도 실패 등 여러 가지 원인이 있다. 그중에서, 특히 부정부패의 발생 원인을 정확하게 규명하지 못한 점이 가장 큰 문제였다.

부정부패의 발생 특성을 살펴보면 행정기관, 부서, 공무원마다 모두 다르게 나타난다. 청렴도가 아주 높은 기관이 있는가 하면 그렇지 않은 기관도 있고, 같은 기관 내에서도 부서에 따라 심한 차이를 보이기도 한다. 공무원 개인은 같은 사람이라도 부패행위를 할 때도 있고 하지 않을 때도 있는 등 종잡기 어렵다. 이러한 특성은 부정부패 관리를 어렵게 한다. 청렴한 사람이나 부패가 드러나지 않은 부서에서는 필요성을 느끼지 못하기 때문에 예방교육과 확인 및 점검을 비롯한 관리를 강화하면 반발을 사거나 불만 대상으로 작용 행동을 위축시켜 복지부동이 나타나기도 한다. 그러나 청렴도가 낮고 부정부패한 사람이 많은 부서는 그것이 드러날까 봐 전전긍긍하며 저항한다. 이렇게 부정부패의 정도 차이는 일을 하고 기준을 세우고 관리해나가기 어렵게 만든다.

부정부패의 존재는 사람의 마음속에 있다. 사람의 마음은 수시로 변화한다. 럭비공이 어느 방향으로 튈지 모르듯이 예측을 불허한다. 즉 예측이 어려우므로 부정부패 관리가 어려운 것이다. 그렇다고 부정부패를 방지할 수 없는 것은 아니다. 그동안 발생한 많은 사례를 분석해 보면 발생 장소나 방법 등 이미 단서가 될 만한 내용은 대부분 구체적으로 드러나 있다. 적발기술이 발달하는 것에 맞추어 은폐도 더욱 교묘해지고 있지만, 양쪽 모두 동시에 진화하고 있어 대응할 수 있다.

사람의 마음을 인위적으로 조절하기는 어렵지만, 가치판단의 기준이 되는 정보와 지식은 교육을 통해 제공하여 스스로 올바른 판단을 하게 하거나 깨달음을 얻게 할 수 있다. 관리를 통해 압박하며, 적발로 대가를 치르게 하는 전방위적인 대응에 나서면, 예측 불허인 인간의 마음이라도 부정부패 행위를 행동으로 옮기기 전에 개인이 상당 부분 통제하도록 할 수 있다. 여기에 기존에 부정부패 행위가 많이 발생한 부서, 부패 전력이 있는 담당자 등 주요 관리대상을 선정하여 집중적으로 관리하는 기술적 접근, 친절 및 고객 만족 교육을 강화하는 방법으로 접근하면 좋은 성과를 거둘 수 있다.

15. 절대 권력은 절대로 부패하는가

영국 역사·윤리학자 로드 액튼 경이 갈파했다고 하는 "권력은 부패하기 쉽고 절대 권력은 절대로 부패한다"는 경구는 오늘날에도 진리로 통하고 있다고 말하는 사람들이 적지 않다.123) 절대 권력이란 무엇인가? 절대絕對는 상대하여 비교될 만한 것이 없음이고, 권력權力은 남을 지배하고 복종시키는 힘이다. 특히, 국가나 정부가 국민에게 행사하는 강제력을 말한다. 따라서 절대 권력이란 남을 지배하고 복종시키데 있어 상대하여 비교될 만한 것이 없는 힘을 말한다. 일반적으로 절대 권력자는 전제군주시대의 황제나 왕, 군주 등을 말하지만, 현대국가에서도 독재정치124)를 하는 장기집권자를 절대 권력자라고 말하기도 한다.

액튼 경이 말한 '절대 권력은 절대로 부패한다'는 말은 너무나 많은 사람이 인용하고 있다. 이 말은 상징적 의미로서는 어느 정도 가치가 있지만, 논리적으로는 합당하지 않다. 상대적 개념으로써 절대 권력이 아닌 국민이 주권자인 민주적 권력은 전혀 부패하지 않는가 하면 그것도 아니다. 오늘날 민주주의가 가장 발전한 것으로 인정되는 미국도 세계 최고의 부패인식지수를 얻지 못하고 있다. 권력자 중에는 부패한 사람도 있지만 부패하지 않은 사람도 있다. 인간의 불완전성에 기인한 제도는 항상 불완전하므로 전제군주시대에도 국민을 잘 돌봐 성군으로 칭송된 분들이 적지 않았고, 국민이 주

---

123) 전수일(2008), "이명박 정부의 반부패 정책검토와 과제", 한국투명성기구, p.21.

124) 독재정치(獨裁政治)는 한 나라의 권력을 민주적인 절차를 무시하고 지배자 한 사람이 마음대로 행사하는 정치. [준말] 독재.

인인 현대 민주주의 국가에서도 극심한 부패에 시달리는 나라도 많다. 즉 권력 자체가 부패하고 부패하지 않는 것이 아니라 운용하는 사람의 문제이다.

인간은 사회에 규정되어 있는 법규보다는 자신의 욕망에 충실하려고 하는 본능을 가지고 있으므로 권력이 부패하기 쉬운 것은 맞다. 하지만 절대 권력이 절대로 부패하는 것이 아니라 지도자가 정당성과 합리성을 추구하지 않는 권력은 반드시 부패한다. 정당성正當性은 이치에 합당하고 옳은 것이고, 합리성合理性은 논리나 이치에 맞는 성질을 말한다. 정당성과 합리성은 논리나 이치에 맞고 옳은 것이다. 옳은 것을 추구하지 않는 권력은 절대 부패한다. 인간의 현실적 삶에서 옳고 그른 것은 법규에 의해 구분된다. 독재자나 권력자는 자신에게 유리하도록 일시적으로 왜곡된 법규를 만들 수는 있지만, 그것이 인간이 보편적으로 추구하는 옳은 것을 넘어설 수는 없다. 훗날 정당성과 합리성에 의해 도전받고 재평가된다.

포상에 의한 내부신고제도의 허실

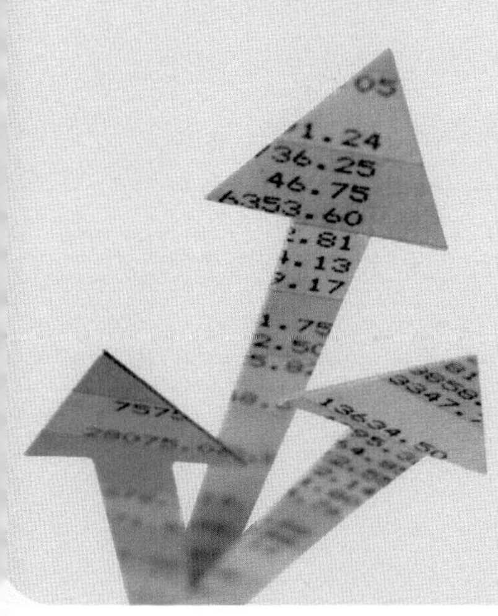

1. 내부신고제도에 대한 이해제고

내부신고제도에 대해서는 LG주간경제에 실렸던 김기태 씨의 글 '윤리경영의 실천 포인트: 내부신고제도'와 보안뉴스를 통해 보도된 민진규 국가정보전략연구소 소장의 '내부고발이란 무엇인가?'라는 글에 잘 나타나 있다. 원문을 인용하여 정리하면 다음과 같다.

1) 내부고발[125]이란 무엇인가

우리 사회에서 반기업정서를 갖게 한 많은 기업관련 사건들의 공통점은 내부고발자에 의해 진실이 밝혀지고 있다는 점이다. 현대자동차 비리, SK 분식회계, 삼성에버랜드 전환사채, 두산그룹 형제의 난 등 굵직굵직한 사건들이 세상에 알려지게 된 것은 실제로 내부고발자의 신고에 의해 검찰이 수사에 착수한 결과다. 이처럼 내부고발이 기업의 안정성에 지대한 영향을 미치고 있다. 내부고발이란 단어는 1972년 미국 닉슨 대통령의 사임을 몰고 온 워터게이트 사건[Watergate scandal]으로 대중들에게 알려지게 됐다. 이 사건을 통해 워터게이트 사건에서 내부 정보제공자의 암호명이었던 '딥 스로트[Deep Throat, 내부고발자]'가 내부고발을 의미하는 고유명사로 굳어졌을 정도다. 한편, 내부고

---

125) 민진규, "내부고발이란 무엇인가?", 보안뉴스(2007. 3. 3.)

발행위를 휘슬 블로잉whistle-blowing이라고도 하는데 내부신고제도, 내부고발제도, 공익제보제도 등으로 번역할 수 있다. 두 용어를 종합해 보면, 내부고발이란 조직 또는 조직 내부 구성원이 불법, 비윤리적, 공공이익에 반하는 행위 등에 대한 정보를 조직 내부나 외부에 신고 또는 공개하는 행위를 의미한다.

2) 내부고발을 바라보는 시각

내부고발자를 휘슬 블로워whistle-blower, 즉 호루라기를 부는 사람이라 부르기도 한다. 내부고발자를 바라보는 시각은 다양하다. 일단 내부의 문제를 조직 내부에서 신고하거나 공개하는 행위 자체를 용기 있는 행동으로 보는 시각도 있지만, 한국이나 동양적인 관점에서는 배신背信이나 위계질서를 위반하는 행위로 여기기도 한다. 실제로 대부분의 내부고발자가 이런 영향으로 자신들이 속한 조직에서 배척당했거나 불이익을 감당하지 못한 채 조직을 떠난다. 그러나 민주주의 사회에는 개인과 집단 모두 합법적인 행동을 해야 할 의무가 있으므로 공익에 반하는 행위를 보고 사회정의 구현을 위해 한 내부고발을 배신으로 여기는 생각은 잘못된 것이다.

현실 세계에서는 조직과 개인의 관심사가 항상 일치할 수 없으며, 가치관도 각자 다르다. 따라서 조직과 조직을 구성하는 개인 간에 괴리감126)이 발생하는 것은 당연한 일이다. 조직이 공익에 반하는 일을 하거나 성향을 띨 때, 내부고발은 조직의 목적과 사회 공익 사이에서 벌어진 양심적 갈등의 표출이다. 내부 문제점을 고발하는 행위는 쉽지 않다. 내부고발을 하는 개인은 상당한 용기가 필요하고 많은 부담을 떠안게 됨에도 고발을 하는 것은 사회정의를 실현하기 위한 것이다. 포상금 획득을 목적으로 하는 신고와 공익을 위한 사회정의 실현 차원에서 이루어지는 고발은 구분해야 한다. 사회정의 실현을 위한 행동은 주로 조직과 개인의 괴리감 차이에서 내부고발이 이루어진다.

전통적으로 내부고발제도는 국민의 세금으로 운영되는 정부기관이나 공공단체에서부터 시작됐다. 우리나라도 마찬가지이다. 정부주도의 부패방지위원회와 시민단체가 주도하는 반反부패국민연대 등 사私기업보다는 공公기업 혹은 공公조직에서 내부고발제도가 시작되었다. 그러나 최근의 국내 사례를 보면 이제는 신고의 대상이 정부기관이

---

126) 괴리감은 서로 어그러져 동떨어진 느낌.

나 공익 문제뿐만 아니라 점차 기업 내부 문제로 확대되는 경향을 보이고 있다.

3) 내부고발 왜 발생하는가

집단이나 사회 조직에서 내부 고발이 발생하는 원인은 업무 특수성, 지도자 자질이나 의지 등 여러 가지가 있다. 여기서는 기업을 중심으로 내부고발이 발생하는 이유를 살펴보면 다음과 같다.

① 공조직이나 기업의 비합리적인 경영

내부고발은 공조직이나 기업의 비합리적인 경영 때문에 발생한다. 그동안 한국의 기업들은 경제개발 지향의 정부정책에 힘입어 성장위주의 기업경영 풍토가 만연돼 있었다. 이러한 사업 확대 의욕은 기업과 정·관계 유착을 위한 뇌물제공, 불법 정치자금이나 정부입찰정보 획득을 위한 정보비 제공, 시공 및 준공 허가 혹은 검사를 위한 사례금, 기업 간 거래 편의를 위한 뇌물 제공 등 비정상적인 경영자금의 소요와 불법적인 거래로 말미암아 기업경영 및 조직 운영에 비합리적인 요소가 산재할 수밖에 없는 원인으로 작용했다. 즉 내부고발을 위한 요소가 조직 내부 곳곳에 산재散在해 있다.

② 내외부 감시 체계 미흡

기업의 비합리적인 요소를 막아줄 수 있는 내외부 감시 체계system가 미흡하다는 것이다. 기업 내부의 감시체계는 비리를 비롯한 불법행위를 탐지하고, 부패를 방지하는데 중요한 요소다. 또한 내부 감시체계는 이러한 소극적인 통제 외에도 경영철학과 기업행위의 근본적 원칙에 대한 윤리강령을 채택해 이를 직원들에게 알리고, 비리를 포함한 불법행위를 방지 또는 탐지할 수 있는 조치를 확립하는 등 적극적인 통제활동도 수행해야 한다.

조직에서 발생하는 문제는 경영진의 비합리적 경영에만 그치는 것이 아니라, 조직 내의 팀team 단위에서도 얼마든지 발생할 수 있다. 따라서 팀 구성원 간에 합리적인 기준에 의해 용인되지 못하는 일들이 발생하면 상급자, 감사실 혹은 경영진에 의해 이를 해결할 수 있는 대안이 적극적으로 마련돼야 한다. 우리나라의 기업들도 내부에 상근이나 비상근 감사와 노동조합, 이사회나 주주 총회 등 조직체계 내부 관리감독 조직이나 기능 등이 있다. 하지만 오히려 비합리적인 요소를 막아야 할 최고 경영진이 은밀하게 잘못된 일을 행하기 때문에 감시 체계가 제 기능을 발휘하지 못한다. 이렇게 내부 감시가 허술하고 주주와 국가기관, 사회단체 등 외부의 감시와 고발도 느슨해질 때 경각심을 고조시키기 위해 내부고발이 일어난다.

③ 조직원 간 원활한 의사소통 취약

조직 내부의 경직성과 관료화로 말미암아 조직원 간에 원활한 의사소통communication이 이루어지지 못할 때에도 내부고발이 일어난다. 어떤 조직이든지 문제가 없을 수는 없다. 그러나 문제가 발생했을 때, 그것을 어떻게 대처하고 해결하느냐 하는 것은 조직의 운명을 결정짓는 중요한 요소가 될 수 있다. 즉 문제가 발생하면 조직 내부의 일상적인 업무 과정process 내에서 해결되는 것이 바람직하다. 하지만 대부분 비공식적인 정보전달 경로channel에서 해결하거나 아니면 전혀 해결되지 않아 내부고발로까지 이어지게 하는 것이다.

조직의 의사소통 정보전달 경로는 사람 몸의 혈관과 같아서 막히면 피가 통하지 않게 되고, 소통이 원활하면 조직의 말단 세포까지 신선한 피를 받게 돼 생기가 돈다. 혈관이 막힌 부분이 썩어 몸 전체로 번지는 것을 막기 위해서는 문제가 된 신체의 부분을 잘라내야 하는 것처럼, 조직에서도 원만한 해결이 어렵다면 문제를 초래한 인력이나 조직을 제거하도록 해야 한다.

④ 합리적 경영에 대한 경영진의 의지부족

경영진이 합리적인 경영에 관한 의지가 부족하거나 조직 관리에 관심이 소홀 할 때에도 내부고발이 일어난다. 물론 비합법적인 요소들이 경영진의 의지나 묵인 아래에 이루어지기도 한다. 하지만 하부조직에서 문제가 발생하는 것이 더 많다. 직원들이 원하는 결과를 달성하기 위해 편법이나 불법행위를 저지른다면 그것은 경영진의 확고한 의지만으로도 충분히 저지할 수 있다. 그럼에도 경영진의 관심과 관리가 부족하거나 부정을 막으려는 의지가 약할 때, 조직 하부에서 부정행위가 일어날 가능성이 크다.

4) 내부고발사건의 유형 구분

내부고발사건의 유형은 고발 시기, 고발자의 신분공개 여부, 고발경로 등을 고려하면 첫째는 조직 구성원 신분으로 행했는가 아니면 퇴사나 해고된 뒤에 신고했는가에 따라 재직형과 이직형으로 구분된다. 이직형은 재직 중 목격한 내부의 비리를 조직을 떠나고 난 뒤 폭로하는 것이고, 재직형은 현직에 있으면서 조직문제를 해결하려고 시도하는 것이다. 둘째는 신분 공개 여부에 따라 이름을 밝히지 않는 익명형과 이름을 밝히는 공개형, 셋째는 고발을 하는 대상 경로가 내부인가 아니면 외부인가에 따라 내부에서 고발하는 내부형과 외부에서 고발하는 외부형 등 6가지로 분류할 수 있다.

현실적으로 많이 일어나는 내부고발유형을 기준으로 좀 더 세부적으로 살펴보면 다음과 같다. 첫 번째는 조직 내부에 있으면서 익명으로 내부에 고발하는 것은 상급자나 감사실 등에 제보나 투서의 형식으로 일어나는 것이 많다. 두 번째는 재직하면서 자신의 신분으로 알리는 때에는 내부나 외부 모두 문제 제기가 가능하다. 먼저 문제를 조직 내부에 제기해 해결된다면 여기서 멈춘다. 하지만 해결해주지 못하거나 만족스럽지 않은 때는 곧바로 외부로 문제를 가져가는 경향이 있다. 이때는 자신이 문제를 외부에 제기할 때 발생할 수 있는 사태, 즉 사법적 처벌, 파면, 소송 등을 예견할 수 있으므로 불이익을 감수하고 공개적인 기자회견이나 청문회에 등장해 적극적으로 해결하려고 한다. 재직자의 생생한 체험이므로 신빙성이 높으며, 조직에 미치는 해[害]도 제일 큰 유형이다. 세 번째는 이직한 이후에 익명으로 외부에 문제를 제기하는 것이다. 하지만 이 경우는 시민단체나 언론기관에 제보한 후에도 내용에 신빙성을 얻기 어려워서 크게 관심을 받지 못한다. 네 번째는 이직 후, 자신의 이름을 공개하면서 근무했던 조직의 문제를 외부에 알리는 것이다. 고위직에 근무한 사람은 고백이나 체험기, 회고록을 통해 알리는 경우가 많고, 중간 및 하위직에 근무한 사람은 구체적인 정황자료 등을 구비해 시민단체나 언론기관, 검찰 등 수사기관에 제보한다. 정황자료가 신뢰성이 있을 때는 실제 수사로 이어지기도 하지만, 모든 제보내용이 비중 있게 다뤄지지는 않는다. 그러나 외부에서 문제가 제기돼 재벌총수가 구속되기도 하고, 기업이 존폐의 갈림길에 서기도 한다.

국내에서는 아직 내부고발자로 말미암아 대기업이 문을 닫은 사례는 없지만, 일본이나 미국에서는 그런 사례가 제법 발생하고 있다. 따라서 조직의 입장에서는 합법적인 고발이던, 조직원의 비논리적인 감정에 따른 문제 제기이든 간에 외부에 알려지는 것은 도움이 되지 않는다고 생각해 내부에서 해결하기 위해 적극적으로 노력을 한다. 감사기관이나 전담조직을 강화하고, 외부 전문기관에 내부고발문제를 위임해 관리하는 등 문제의 예방과 조용한 해결에 초점을 맞춘다.

5) 국내에서 내부고발이 빈발하는 이유

2007년 11월 김용철 변호사의 불법비자금 폭로에 의해 시작된 삼성 비자금 의혹 관련 특별검사에 의한 수사에서 보듯이, 내부고발은 조직 내부의 고위층이나 핵심인사들에 의한 고급정보로 해당 기업이나 조직에 상당한 타격을 줄 수 있다. 과거에는 벌금을 내거나 사과 성명을 발표하는 정도로 넘어갔지만, 이제는 재벌기업의 총수가 구속되고, 해당 기업이 문제를 야기한 사업에서 철수하며, 수천억 원의 사죄기금을 사회에 출연하는 등의 모습을 보이고 있다.

내부고발자가 최근 한국 사회에 심심찮게 나타나는 이유는 크게 보면 사회적 환경과 기업조직 내부 환경의 변화를 꼽을 수 있다. 1990년대 이후 다양한 목소리를 내는 시민단체 등 비정부 조직NGO, non-governmental organization이 등장해 조직 내부의 문제점이나 비합리성을 전문적으로 판단할 수 있게 됐다. 또한 1980년대 민주화 운동, 노동운동, 시민운동 등으로 기업이나 정부기관에서 상명하복이나 무조건적인 충성심을 강요하던 군사문화를 유교적 전통으로 착각하던 권위주의 문화가 많이 없어졌다. 특히 IMF 경제위기는 대량실직과 해고의 반복으로 말미암아 자신이 몸담은 조직에 대한 충성심을 급격하게 감소시켰다.

이외에도 조직 내 핵심계층으로 주목되고 있는 신세대는 윤리의식이나 기업시민정신127)corporate citizenship이 기성세대와는 비교되지 않을 정도로 강하다는 특징이 있다. 또한 조직 내의 권위주의 문화파괴와 컴퓨터의 도입으로 말미암아 기업의 고급정보가 모든 조직원에게 쉽고 빠르게 전파된다. 그룹웨어128)group ware, 전사적 자원관리129)ERP 등

---

127) 기업시민정신(corporate citizenship)은 기업이 기업의 핵심적인 사업 활동, 사회적 투자와 사회공헌 프로그램, 그리고 공공 정책에의 참여를 통해서 사회와 환경에 기여하는 것이다.

128) 그룹웨어(group ware)는 기업 등의 구성원들이 컴퓨터로 연결된 작업장에서, 서로 협력하여 업무를 수행하는 그룹 작업을 지원하기 위한 소프트웨어나 소프트웨어를 포함하는 구조를 말한다.

129) 전사적 자원관리(全社的資源管理, Enterprise Resource Planning, ERP)는 기업 활동을 위해 사용되는 기업 내의 모든 인적, 물적 자원을 효율적으로 관리하여 궁극적으로 기업의 경쟁력을 강화시켜 주는 역할을 하는 통합정보 시스템이다. 기업은 경

의 이름으로 도입된 각종 기업업무 체계는 정보공개와 공유를 가속하게 했다. 그리고 시민윤리의식이 강한 신세대들은 조직과 기업윤리에 대해 기성세대와 차별적인 인식을 하고 있다. 한 직장에 젊음을 바치고 평생 상명하복 조직구조 아래에서 자신의 일을 천직처럼 여기는 관리자층에 비해, 이들은 자신이 하고자 하는 일을 좋아하고 조직의 합리성과 업무명령의 객관성을 존중하기 때문에 기존 세대들과 괴리가 존재한다.

이렇듯 사회적으로 또는 기업 내부적으로 봤을 때 현재는 과거와 달리 많은 부분에서 빠르게 변화하고 있다. 여기서 중요한 점은 이러한 현상을 경영진들이 하나의 새로운 패러다임130)paradigm으로 인식하고, 발전적으로 활용해 나갈 것인가 하는 점이다. 세상은 변화하고 있다. 누구나 흐름에 뒤처지면 경쟁에서 이길 수 없다. 내부고발도 이와 같은 맥락에서 파악하고 연구할 필요가 있다.

6) 내부신고제도131)의 성공을 위한 조건

사람이 하는 일은 목적을 달성하기 위해서는 그것을 촉진할 수 있는 동기부여, 제도적 장치 마련 등 적절한 환경 조성이 필요하다. 내부신고제도의 성공을 위한 조건은 어떤 것들이 있는지 살펴보면 다음과 같다.

① 건전한 비판을 수용하는 열린 문화

9·11132) 대참사 발생 수주 전 미국 연방수사국Federal Bureau of Investigation, FBI의 콜린

영활동의 수행을 위해 여러 개의 시스템 즉 생산, 판매, 인사, 회계, 자금, 원가, 고정자산 등의 운영 시스템을 갖고 있는데 ERP는 이처럼 전 부문에 걸쳐있는 경영자원을 하나의 체계로 통합 시스템을 재구축함으로써 생산성을 극대화하려는 대표적인 기업 리엔지니어링 기법이다. 과거의 경영지원을 위한 각 서브시스템은 해당 분야의 업무를 처리하고 정보를 가공하여 의사결정을 지원하기도 하지만, 별개의 시스템으로 운영되어 정보가 타 부문에 동시에 연결되지 않아 불편과 낭비를 초래하였다. 이러한 문제점을 해결하기 위해 ERP는 어느 한 부문에서 데이터를 입력하면 회사의 전 부문이 동시에 필요에 따라서 정보로 활용할 수 있게 하는 것이다.

130) 패러다임(paradigm)은 어떤 한 시대 사람들의 견해나 사고를 지배하고 있는 이론적 틀이나 개념의 집합체이다. 미국의 과학 사학자이자 철학자인 쿤(Thomas Kuhn)이 그의 저서 《과학혁명의 구조(The Structure of Scientific Revolution)》 (1962)에서 처음 제시한 개념이다. 패러다임은 '사례·예제·실례' 등을 뜻하는 그리스어(語)에서 유래한 것으로, 언어학에서 빌려온 개념이다. 즉, 으뜸꼴·표준 꼴을 뜻하는데, 이는 하나의 기본 동사에서 활용(活用)에 따라 파생형이 생기는 것과 마찬가지다. 이런 의미에서 쿤은 패러다임을 한 시대를 지배하는 과학적 인식·이론·관습·사고·관념·가치관 등이 결합한 총체적인 틀 또는 개념의 집합체로 정의하였다. 쿤에 따르면, 과학사의 특정한 시기에는 언제나 개인이 아니라 전체 과학자 집단에 의해 공식적으로 인정된 모범적인 틀이 있는데, 이 모범적인 틀이 패러다임이다. 그러나 이 패러다임은 전혀 새롭게 구성되는 것이 아니라 기존의 자연과학 위에서 혁명적으로 생성되고 쇠퇴하며, 다시 새로운 패러다임으로 대체된다. 쿤은 이러한 과정을 다음과 같이 설명한다.

131) 김기태(2002), "윤리경의 실천 포인트: 내부신고제도", LG주간경제, pp.31~35.

132) 미국 대폭발테러사건(9·11 테러)은 2001년 9월 11일 발생한 미국 뉴욕의 110층 세계무역센터(WTC) 쌍둥이 빌딩과 워싱턴의 국방부 건물에 대한 항공기 동시 다발 자살테러 사건이다. 2001년 9월 11일 오전 9시부터 오후 5시 20분 사이에 일어

로울리 요원은 9·11 테러 용의자 중 한 명에 대한 압수수색을 건의하였지만 무시되었다. 결국 수많은 생명과 재산을 한순간에 앗아간 대참사가 발생하였다. 콜린 로울리는 내부의 위계나 절차를 중시하는 경직된 관료적 조직 문화를 연방수사국의 가장 근본적인 문제로 지적했다.

이러한 현상은 우리나라의 공직사회도 예외는 아닐 것이다. 조직에 대한 건전하고 창조적인 비판이 무시되거나 오히려 조직 내부의 단결과 일치를 해치는 것으로 인식된다면, 우리 사회에서도 조직의 존재 자체를 위협할 정도의 사태가 발생하지 않으리라는 보장은 없다. 따라서 각 집단이나 사회는 조직 내 잘못된 행동들이 '여태까지도 별 문제가 없었으니까' 또는 '긁어 부스럼을 만들 필요가 있는가'라는 이유로 묵인되는 조직 문화에서 과감하게 탈피해야 한다.

내부신고제도가 활성화되지 못한 또 다른 이유는 내부신고자를 문제아, 충성심이 없는 사람, 반역자, 배신자로 여기는 기존의 사회 풍토이다. 그러나 엔론의 샤론 왓킨스, 월드컴의 신시아 쿠퍼, 미국 연방수사국의 콜린 로울리는 자신의 업무에 정통하고 조직에 대한 충성심이 남달랐던 것으로 알려졌다. 때늦은 조치이기는 하지만, 연방수사국의 최고 책임자인 뮬러는 내부신고자 로울리에게 감사편지를 보내고, 내부신고의 필요성을 강조하기도 했다. 그러나 이런 단편적인 행동으로는 크게 달라질 것이 없다. 내부신고 행동을 조직을 위한 충성스럽고 용감한 행동으로 정의하고 내부신고자를 조직

난 항공기 납치 동시 다발 자살테러로 인해 미국 뉴욕의 110층짜리 세계무역센터(WTC) 쌍둥이 빌딩이 무너지고, 워싱턴의 국방부 청사(펜타곤)가 공격을 받은 대참사를 말한다. 사건은 4대의 민간 항공기를 납치한 이슬람 테러단체에 의해 동시 다발적으로 이루어졌다. 세계 초강대국 미국은 순식간에 아수라장으로 바뀌었고, 세계 경제의 중심부이자 미국 경제의 상징인 뉴욕은 하루아침에 공포의 도가니로 변하고 말았다. 미국의 자존심이 일거에 무너진 것은 차치하고, 이 세기의 대폭발 테러로 인해 90여 개국 2,800~3,500여 명의 무고한 사람이 생명을 잃었다. 사건이 일어나자마자 CNN 방송망을 타고 시시각각으로 사건 실황이 세계에 생중계되면서 세계 역시 경악하였다.

세계경제도 이 동시 다발 테러 앞에서는 전혀 손을 쓰지 못했다. 국제금리가 단숨에 하락하고, 세계 증권시장이 흔들렸다. 미국은 사건 직후 일주일간 증권시장을 열지도 못하였으며, 미국을 오가는 모든 국제 항공선도 차단되었다. 미국인들은 이 사건을 일컬어 '제2의 진주만 공격'으로 부르기도 하지만, 미국 건국 이래 본토의 중심부가 외부의 공격을 받은 것은 이번이 처음이다. 이 사건으로 인한 피해는 4대의 항공기에 탑승한 승객 266명 전원 사망, 워싱턴 국방부 청사 사망 또는 실종 125명, 세계무역센터 사망 또는 실종 2,500~3,000명 등 정확하지는 않지만, 인명 피해만도 2,800~3,500명에 달한다. 경제적인 피해는 세계무역센터 건물 가치 11억 달러(1조 4,300억 원), 테러 응징을 위한 긴급지출 한 400억 달러(약 52조 원), 재난극복 연방 원조액 111억 달러(약 52조 원) 외에 각종 경제활동이나 재산상 피해를 더하면 화폐가치로 환산하기 어려울 정도이다.

납치당한 4대의 항공기에는 3~5명의 납치범이 탔을 것으로 추정되는데, 미국연방수사국(FBI)의 조사 결과 범인들은 사우디아라비아와 이집트 출신의 조종사들로 알려졌다. 미국은 사우디아라비아 출신의 국제 테러리스트인 오사마 빈 라덴(Osama bin Laden)과 그의 추종 조직인 알 카에다(Al-Qaeda)를 주요 용의자로 보고 있으며, 그 밖에 팔레스타인해방기구(PLO) 산하의 무장조직인 하마스(HAMAS), 이슬람원리주의 기구인 지하드, 레바논의 헤즈볼라 등 다른 이슬람 테러조직들도 관여했을 것으로 보고 있다. 항공기가 세계무역센터 남쪽 건물과 충돌한 직후인 09시 31분, 부시(George W. Bush) 미국 대통령은 이 테러사건을 '미국에 대한 명백한 테러 공격'으로 규정하고, 9월 12일 테러 개입자들에 대해 사전 경고 없이 보복힐 것을 천명하고, 이튿날 부시 대통령은 '이 테러를 21세기 첫 진쟁'으로 규정하였다. 9월 15일 빈 라덴이 숨어 있는 아프가니스탄에 대한 지상군 투입 결정을 내리는 한편, 아프가니스탄의 인접국인 파키스탄을 설득해 영공 개방 등의 약속을 받아내고, 작전명을 '무한 정의 작전'으로 명명한 뒤 보복전쟁에 들어갔다.

을 위한 협력자로 보는 문화를 형성해 나가야 정착될 수 있다.

② 내부신고 정보전달 경로 마련

내부고발을 활성화하기 위해서는 모든 구성원이 접근 가능한 의사소통 정보전달 경로channel를 마련해 줄 필요가 있다. 노 드롭 그룹의 공개 통화Open Line, 인터내셔널 페이퍼의 구조요청 전화Help Line 등의 긴급연락용 직통전화Hot Line 체계system가 대표적인 사례에 해당한다. 사내 홈페이지homepage를 통해 문제점을 접수하고 결과를 통보해주는 방식도 있다. 이러한 공개 정책은 확인되지 않은 문제를 공론화시킬 수 있는 장점과 제보자가 신분노출을 우려하여 제보를 꺼리게 하는 요인으로 작용할 수도 있다. 따라서 내부신고를 보다 활성화하기 위해서는 제안제도 활성화도 좋은 방법이 될 수 있으나 제보자의 신분이 보장되도록 제보 접수는 비공개로 하고, 그 처리결과에 대해서는 모든 구성원이 공유하는 방식이 바람직하다.

③ 익명성과 신분 보장 필수

내부신고제도를 도입하는 데 있어 가장 큰 걸림돌 중 하나는 신고자의 익명성[133]이 보장되지 않는다는 점이다. 미국은 이러한 문제점을 해결하기 위해 내부신고자 보호법을 마련했다. 1978년 미국 공무원제도개혁법Civil Service Reform에서 시작되었고, 현재 연방정부와 40여 개 주정부에서 자체적으로 내부신고자 보호법률을 제정하여 고발자 신분 보장에 최선을 다하고 있다. 이에 따라 수사기관에 사건을 이관할 때 신고자의 인적사항을 제외한 신고사실만을 전달한다. 워터게이트 사건의 내부신고자 신원이 오늘날까지 밝혀지지 않고 있는 이유도 여기에 있다.

그동안 국내외를 막론하고 내부신고자 자신에게 돌아오는 결과는 좋지 않은 사례가 많았다. 본인의 의사에 반하여 근무 환경이 좋지 못한 곳으로 배치 이동되거나 일자리를 잃게 되고, 그로 말미암은 경제적·정신적 피해도 컸던 것이 사실이다. 실제 호주의 한 내부신고자는 조국에서는 더는 일자리를 구하지 못하고, 결국 영국에 이민한 사례도 보고되고 있다. 따라서 내부신고제도를 보다 활성화하기 위해서는 신고자에 대한 신분을 보장할 수 있는 실질적인 대비책을 마련해야 한다.

---

133) 익명성(匿名性)은 어떤 행위를 한 사람이 누구인지 드러나지 않는 특성.

④ 신고에 대한 적절한 보상 필요

신고내용은 경우에 따라 집단이나 사회 조직에 엄청난 경제적 이득을 가져다줄 수도 있다. 실제 미국 정부 조직은 연간 수십억 달러의 경제적 효과를 얻는 것으로 알려져 있다. 자신의 행동이 조직에 기여한 점에 비하여 신고자 개인에게 돌아오는 보상금액이 현실적이지 못하면 불법적인 내용을 알아도 자신에게 돌아오는 불이익을 고려하여 신고하지 않을 가능성이 크다. 따라서 내부신고제도를 보다 활성화하기 위해서는 신고자가 제기한 문제를 해결함으로써 얻어지는 효과를 금전적으로 정확하게 산출해 내고, 그 금액의 일정 부분을 돌려주는 신고 장려책incentive 제도를 도입할 필요가 있다.

7) 윤리경영 구성원 모두의 의무

좋은 제도가 있어도 최고경영층지도자의 솔선수범과 실천 의지가 뒷받침되지 못하면 좋은 운영 결과를 내기 어렵다. 윤리경영도 제대로 정착하기 위해서는 최고경영층이 '신상필벌', '일벌백계', '솔선수범'의 원칙을 실천하면서 구성원 참여를 적극적으로 유도해야 한다. 아무리 최고경영층이 확고한 의지를 갖추고 제도를 도입한다고 하더라도 구성원의 적극적인 참여가 없이는 성공할 수 없다. 인간이 추구하는 모든 것은 구성원 모두의 공동 노력으로 만들어 가는 것이다. 그러므로 신고제도가 활성화되기 위해서는 최고경영층뿐 아니라 구성원 모두의 적극적인 참여와 노력이 수반되어야 한다. 윤리경영은 최고경영층이나 전담부서의 임무가 아니라 구성원 모두의 의무이다.

2. 부패행위 신고에 관한 법적 근거

현재 부패행위의 신고와 신변보호에 관한 주요 법적 근거는 1999년 8월 31일 제정된 특정범죄신고자등보호법과 2008년 2월 29일 제정된 '부패방지 및 국민권익위원회의 설치와 운영에 관한 법률' 두 가지이다. 이들 법률은 특정범죄에 관한 형사 절차에서 국민이 안심하고 자발적으로 협조할 수 있도록 그 범죄 신고자 등을 실질적으로 보호함으로써 범죄로부터 사회를 방위함에 이바지함을 목적으로 한다. 부패방지 및 국민권익위원회의 설치와 운영에 관한 법률에는 제55조(부패행위의 신고), 제56조(공직자의 부패행위 신고의무), 제62조(신분보장 등), 제64조(신변보호 등), 제68조(포상 및 보상) 등의 규정에 잘 명시되어 있다. 하지만 포상은 시행 행정기관이나 관련 분야에 따라 다르다.

가령 의약분업 제도의 조기 정착을 유도하고, 약사법 위반 행위의 근절을 위해 시행하고 있는 의약분업 위반 신고포상금제는 약사법 제90조(포상금) 규정에 따라 지급되고, 불법 다단계 신고포상금제 등을 시행하고 있는 공정거래위원회는 독점규제 및 공정거래에 관한 법률 제64조의2(포상금의 지급) 및 동법시행령 제64조의5(포상금의 지급) 제5항 및 제7항의 규정에 따라 공정거래법 위반행위신고자에 대한 포상금지급에 관한 규정에 따르도록 하고 있다.

3. 정부 시행 대표적인 신고포상금제

정부와 행정기관이 이미 시행했거나 현재 시행 중인 신고포상금제또는 신고보상금제는 다양하다. 신고포상금제 또는 신고보상금제는 도입 확대가 정당한 것인지 대표적인 것 두 가지만 예를 들어 살펴보면 다음과 같다.

1) 카파라치제 부작용 많아 여론에 밀려 폐지

카파라치carparazzi는 차car+파파라치134)paparazzi의 합성어로 교통위반 차량을 몰래 촬영해 보상금을 타내는 전문 신고자를 말한다. 정부와 행정기관, 지자체에서 신고포상금제를 늘리면서 여러 가지 유사용어들이 만들어지고 있다. 자파라치와 쓰파라치, 학파라치가 대표적이다. 자파라치는 불법 자동판매기를 신고 해서 보상금을 노리는 사람을 말하며, 쓰파라치는 쓰레기 불법투기를 사진으로 찍어서 고발하여 보상금을 노리는 사

---

134) 파파라치(paparazzi, 몰래제보꾼)는 유럽에서 개인의 사생활에 근접해서 특종 사진을 노리는 직업적 사진사이다. 단수는 파파라초이다. 그 이름은 이탈리아의 영화감독 페데리코 펠리니가 만든 《달콤한 생활》에 등장한 신문사의 사진기자(카메라맨)에서 유래하는데, 이탈리아어로 파리처럼 윙윙거리며 달려드는 벌레를 말한다. 이로부터 유럽에서는 예능인·부호·정치인 등 유명인들의 스캔들이나 프라이버시를 드러내는 사진을 노리는 질이 나쁜 사진사를 지칭하게 되었는데, 재클린 오나시스 등 많은 유명인이 밀회장면·나체사진 등으로 피해를 보았다. 1997년 8월 31일 애인과 함께 차에 탄 전 영국 왕세자비 다이애나가 파리 센강변 자동차 도로 중간의 터널에서 오토바이 등으로 뒤쫓아 오는 파파라치를 따돌리려다가 자동차 충돌로 죽은 사건이 일어나, 세계에 큰 충격을 던졌다. 이를 계기로 파파라치에 대한 비난이 빗발쳐 영국 신문불만처리위원회(PCC)는 5개 항으로 된 취재 및 보도 규제안을 발표하고, 오토바이로 따라붙거나 미행과 추적 등은 용납할 수 없으므로 이들로부터 사신을 입수한 편집인들은 엄격한 심얼을 받게 될 것이라고 말했다. PCC의 5개 주요 규제안은 ① 사진 입수 경위에 대한 편집인의 확인 의무, ② 취재 대상에 대한 기자들의 집단 봉쇄행위나 괴롭히는 행위 금지, ③ 미성년자에 대한 취재 대가 지급 금지, ④ 유명인사 자녀에 대한 기사화 금지규정 강화, ⑤ 사진 촬영 금지, 개인 재산 구역 규정 확대 등이다.

람들을 일컫는다. 쓰파라치의 주요 촬영 대상은 자동차 번호판으로 쓰레기 불법 투기 운전자의 신원 확인이 가능한 택시기사 등 신호대기 중에 담배꽁초를 버리는 차량 운전자 등이다. 학파라치는 학원 불법운영을 신고해서 보상금을 노리는 사람을 말하며 그러한 제도를 학파라치제라고 한다.

우리나라는 교통사고율이 다른 나라에 비해 상대적으로 높은 편이다. 이러한 교통안전문화의 문제는 도로여건, 운전자의 잘못된 운전 습관, 주차장소 부족 등 여러 가지 원인이 있다. 또한 '안 보면 안 지키는, 지키는 사람만 손해, 나 하나쯤이야' 하는 잘못된 생각이 습관으로 이어져 교통사고율을 증가시키는 원인으로 작용해 왔다. 도로 위에서 규정 속도를 위반하여 쌩쌩 달리는 차들은 잘못된 생각을 하는 사람들이 한둘이 아니라는 것을 입증해 준다. 이러한 문제점들을 보완하기 위한 보완책으로 정부가 생각해 낸 것이 신고보상금제도였다.

이 제도는 애초 직접적인 시민참여로 시민의식 변화를 유도해내기 위함이었다. 특히, 월드컵의 성공적 개최를 위해 우리나라 교통질서를 단기간 내에 선진국 수준으로 끌어올리기 위해 도입되었다. 따라서 본래 교통법규위반차량 신고보상금제의 취지는 시민신고 활성화로 도로교통법위반자는 언제, 어디서든 반드시 단속된다는 의식 확산으로 준법 운전문화 정착 및 교통사고 감소 효과를 기대하면서 실시하게 되었다. 하지만 세계인의 축제인 월드컵World Cup을 개최하기 위해 다분히 의도적으로 기획되었고, 카파라치의 등장으로 신고보상금제의 취지는 애초 목적과는 달리 국민 간의 불신만 팽배하게 하였다. 이렇게 카파라치는 경찰청의 왜곡된 교통법규위반 신고보상금제도 운용에 의해 생겨난 것이다.

1999년 8월 31일 특정범죄신고자등보호법이 제정되어 존재하고, 1960년대 이후 10여 가지의 신고포상금제가 운용되고 있었다. 그러나 일반인이 신고꾼으로 참여하는 정부기관의 신고보상금제는 김대중 정부 시절인 2001년 3월 10일 경찰청 예규인 '교통법규위반차량 신고보상금지급규칙' 중 주로 제4조와 9조135)에 근거하여 처음 시행되

---

135) '교통법규위반차량 신고보상금지급규칙' 제4조(신고방법) 신고자는 위반행위를 목격한 날로부터 15일 이내에 별지 제1호 서식에 의한 교통법규위반차량 신고서를 작성하여 위반행위가 이루어진 장소를 담당하는 경찰서에 제출(우편접수 포함)하여야 한다. 다만, 위반행위지가 고속도로인 경우에는 신고인의 주거지 관할 경찰서에 신고할 수 있다.
  ② 제1항의 규정에 의한 신고자는 위반차량의 번호가 명확하게 보이는 컬러사진 2매 이상(동영상이면 출력 사진 2매)을 제출하되, 다음 각 호의 요건을 충족하여야 한다.
    1. 신호위반은 차량 신호등 및 주행상황이 함께 촬영되어 위반행위를 명확하게 식별할 수 있을 것
    2. 중앙선침범은 주행차로의 상황을 알 수 있도록 촬영하여 위반행위를 명확하게 식별할 수 있을 것
    3. 고속도로 버스전용차로 통행위반은 전용차로선, 촬영 일자 및 시간이 사진 등에 표시되도록 할 것
    4. 고속도로 갓길통행위반은 갓길에서 주행 중임을 식별할 수 있을 것

었다. 예규136)例規는 관청이나 회사에서 내부의 사무에 관한 기준을 보이기 위하여 정한 규칙이다. 따라서 신고포상금제는 경찰청에서 내부 사무에 관한 기준으로 정한 규칙에 따라 시작된 것이라고 할 수 있다. 교통고발신고보상금제도는 시행 초기부터 바로 부작용과 문제점이 드러났다.

2001년 6월 4일 연합뉴스 보도에 의하면「교통법규 위반 장면을 사진으로 찍어 신고하면 1건당 3천 원을 주는 교통법규위반 신고보상금제가 2001년 3월 시행된 후 200건 이상을 신고한 '전문신고인'이 606명에 달하며, 이 가운데 혼자서 9천648건을 신고한 사람도 있는 것으로 파악됐다. 이무영李茂永 경찰청장이 2001년 6월 4일 교통안전대책 당정회의에 보고한 내용에 따르면 같은 장소에서 200건 이상의 신고가 접수된 지역도 전국적으로 720곳에 달했다. 이 같은 집중신고 지역은 주로 아파트 등 집단 주거지역에 몰려 있어 주민의 민원이 끊이지 않는 것으로 조사됐다. 이 청장은 이날 회의에서 신고보상제가 도입된 이후 하루 평균 1만 5천여 건씩, 모두 72만 3천353건의 법규위반 사례가 적발돼 경찰의 업무량이 폭발적으로 증가했다고 보고했다. 이에 따라 당정은 부작용 개선책으로 집중신고 대상인 좌회전 위반과 유턴 위반사례를 줄이기 위해 전국적으로 1천600여 개 장소에서 중앙선을 잘라 좌회전을 허용하거나 유턴 규제를 완화키로 했다. 또 아파트 등 집단 주거지역에서의 집중신고 방지를 위해 주민편의 위주로 시설을 고치는 한편 '사진촬영 신고 많은 곳'이라고 적힌 현수막과 안내 입간판을 약 600여 곳에 내걸어 법규준수를 유도하기로 했다. 이와 함께 촬영 후 15일 이내에 신고하게 되어 있는 교통법규 위반차량 신고보상금 지급규칙을 개정해 7일 이내로 단축하기로 했다. 이 청장은 "신고가 집중되는 장소로 알려진 곳은 위반자가 격감하게 돼 전문신고인들이 다른 상습위반 장소를 찾아내는 데 주력하게 될 것인 만큼 이러한 예상 장소를 경찰이 미리 점검, 시설보완과 개선조치 등을 하면 현재와 같이 한 사람

---

③ 신고서를 접수한 경찰서장은 별지 제2호 서식에 의한 교통법규위반차량 신고접수 확인서를 교부하고, 우편접수는 접수 확인서를 우편통지하여야 한다.

제9조(지급방법) 접수지 경찰서장은 위원회가 보상금을 지급하기로 의결한 사안에 대하여 1건당 3,000원의 신고보상금을 지급하되 신고자에게 직접 지급하는 것을 원칙으로 한다. 다만 신고자가 은행계좌로 송금을 원할 때 소요되는 경비는 신고자의 부담으로 한다. 지방경찰청장은 소속경찰서의 당원 신고보상금지급내용을 익월 5일까지 별지 제5호 서식에 따라 경찰청장에게 보고하여야 한다.

136) 예규(例規)는 상급행정청이 하급행정청에 대하여 그 감독권의 발동으로서 발하는 행정규칙의 한 형식. 예규에는 법규의 집행적 성질을 가지는 것과 실질적으로 법규의 보충적 성질을 가지는 것이 있다. 예규는 행정조직 내부 또는 기타 특별권력관계의 내부에서시민 효력을 가진다. 예규(시울특별시)에 위빈하는 법률행위도 효력이 있다는 대법원판례기 있다. 즉 예규는 호별세등급 15등급 이상 자만 신원보증인이 될 수 있는데, 신원보증인이 15등급 이하임에도 직원으로 채용하였을 때, 15등급 이상을 보증하게 하라는 취지에 불과하므로 그 신원보증계약은 당연히 무효라고는 할 수 없다는 것이다.

이 한 장소에서 무더기 신고하는 현상이 줄어들 것"이라고 설명했다.」

2002년 9월 16일 경찰청 보도 자료에 의하면 「교통고발신고보상금제를 시행한 이후, 2001년 교통사고 사망자가 2000년에 비해 2,139명(20.9%) 감소하는 등 안 보면 안 지키는 위반심리를 추방하여 교통사고를 줄이고 교통질서를 확립하는데 기여한 측면은 있다. 하지만 직업적인 전문신고인^{속칭} 카파라치의 출현과 위반 많은 특정지역에서의 무더기 집중신고 등 민원발생이 계속되는 실정으로 신고보상금 하향·신고기한 단축 등을 주요 내용으로 하는 신고보상금제도 개선방안을 마련하였다. 주요 내용은 첫째는 특정장소에서의 무더기 사진촬영 신고 때 한 사람이 촬영사실을 몰라 여러 차례 위반을 반복하는 폐해를 막고, 현실에 부합되지 아니한 교통안전시설을 신고 초기 단계에서 신속하게 보완하기 위하여 신고접수 기한을 종전 사진촬영 일로부터 7일 이내에서 5일 이내로 단축^{교통법규위반차량 신고보상금지급규칙 제4조}하고, 둘째는 기존 신고보상금 3천 원 중 보상금^{incentive}을 완전히 배제하여 교통고발 신고행위가 특정인에 의한 돈벌이 목적으로 전문 직업화하는 현상을 방지하면서 건전한 시민 신고제로 정착될 수 있게 1건당 3천 원이던 보상금액을 실비보전 수준인 2천 원으로 대폭 하향 조정^{동 규칙 제9조}하기로 하였다. 시행방법 및 시기는 경찰서에 접수하는 날짜기준이 아니라 교통법규 위반차량에 대한 사진촬영 일을 기준으로 사진촬영 일이 2002년 9월 19일 것부터 개정규칙을 적용하기로 했다.」 그러나 경찰청의 이러한 조치에도 솜씨가 좋은 카파라치는 한 달 소득이 3백만~4백만 원이나 됐으며, 1천만 원이 넘는 사람도 있었다.

2002년 8월까지 지급된 보상금이 112억 원에 달했으나 대부분은 전문 신고인인 '카파라치'의 손에 들어갔다. 잘못된 제도 운용으로 보상금만을 노린 전문 신고꾼이 양산되고, 국민 상호 간에 불신감이 조성되는 등 부작용이 많다는 비난 여론이 거셌다. 결국 국민 여론을 수렴한 박종희 의원 등의 노력으로 2002년 12월 초 국회가 예산안을 통과시키면서 경찰청이 요청한 신고보상금 예산 109억 원 중 104억 원을 삭감함에 따라 2003년부터 신고보상금제가 폐지되었다. 이에 따라 경찰청은 예규에 규정된 신고보상금제는 존속시키되 2003년에는 보상금을 지급하지 않기로 했다.

신고보상금제도 폐지에 대해 찬성하는 측은 '전문 신고꾼인 카파라치를 양산해 국민 상호 간의 불신감을 조성하고 미흡한 교통시설 개선 부담을 운전자에게 떠넘기는 등 부작용이 컸다'며 환영했다. 반면 반대하는 측은 '국민의 교통법규 준수 의식이 제고돼 교통사고 사망자를 줄이는 데 크게 기여했다. 예산 삭감은 비합리적 처사'라고 주장했다. 모든 제도에는 순기능과 더불어 역기능이 있을 수 있다. 제도의 순기능이 있더라도 역기능이 국민에게 더 큰 피해나 문제점을 안겨준다면, 그 제도는 없어지는 것이 바람직하다. '교통법규위반신고보상금제도'도 마찬가지이다. 하지만 신고보상금제도 시행 찬반 논란은 쉽게 가라앉지 않았다.

2003년 1월 보상금 지급 중단 이후 교통사고증가율이 다시 증가했다. '보상금'이라는 사탕을 준다니까 온갖 신고꾼이 나타나 돈을 주면 신고하고, 그렇지 않으면 나 몰라라 하거나 신고를 하지 않는 신고보상금제에 의존한 교통사고 예방의 한계를 그대로 보여주었다. 그런데 2008년 노무현 정부가 신고보상금제도를 다시 *끄집어냈다*.

2008년 7월 17일 정부는 국정과제로 선정된 교통사고 사상자 절반 줄이기를 효과적으로 추진하기 위한 종합시행계획2008~2012년을 수립하여 국가교통안전정책심의위원회위원장: 국무총리의 심의를 거쳐 확정하였다. 국정과제인 자동차 1만 대당 사망자 수를 3.1명2007년에서 1.3명2012년으로 5년 내 교통사고를 50% 줄인다는 것이 계획의 핵심 내용이었다. 당시 계획에는 교통사고를 획기적으로 줄여 우리나라 교통 안전도를 선진국 수준으로 제고하기 위해 2007년에 수립한 제6차 교통안전기본계획2007~2011년에 포함된 72개 과제 외에 사고감소 효과가 높은 24개의 과제를 새로이 발굴하여 반영하였다.

그중에는 2002년 12월 전격 폐지되었던 교통법규위반신고보상금제도 시행도 포함되어 있었다. 시민단체 주도 신고보상제를 부활, 지자체와 민간단체의 교통안전 활동을 유도하기 위해 경찰청이 지정한 교통사고 다발지역을 대상으로 엄선된 시민단체에서 교통법규 위반차량을 신고하는 방안으로 보완되어 다시 도입될 예정이라는 것이었다. 정부 발표가 있은 직후 박종희 의원은 '교통법규위반차량 신고문화 활성화 방안'은 '무늬만 바꾼 카파라치'라며 반기를 들고 나섰다. 상당수 언론도 박종희 의원의 시행반대 주장에 동조하면서 논란이 발생 결국 제대로 시행하지 못했다.

교통법규위반신고보상금제도가 시민신고 활성화로 언제든지 도로교통 법규 위반자가 단속될 수 있다는 인식을 확산시키고 일시적으로 교통사고 발생률을 줄이는데 상당한 역할을 한 것은 사실이다. 그러나 오래지 않아 교통법규위반신고보상금제를 폐지한 이유는 바람직한 신고정신보다는 그것을 악용하여 이득을 보려는 사람들이 생겨났고, 국민 서로 간의 감시형태가 바람직한 정책 방향이 아님을 인식했기 때문이다. 이렇게 우리는 이미 신고보상금제가 실효성을 거두기 어려운 것이라는 점과 부작용이 많고 바람직한 정책 방향이 아니라는 것을 알고 있다. 그럼에도 정부와 행정기관이 장려하는 것은 스스로 관리능력이 부족한 것을 신고보상금제로 보충 위장하려는 얄팍한 술책術策에 불과하다.

　정의正義는 올바른 도리이고, 도리道理는 사람이 마땅히 행하여야 할 바른길이며, 사회정의社會正義는 사회 일반의 통념으로 판단한 올바른 도리, 일반인의 통념으로 판단한 올바른 사회적 윤리, 법 앞에서의 평등이나 정당한 보수 따위와 같이 모든 개인이 한결같이 인간다운 생활을 누릴 수 있는 최소한의 조건을 보장하는 것을 기본으로 한다. 정의사회 구현은 정당성과 합리성이 전제되는 방법에 의하여 이루어져야 한다. 정부 스스로 남의 사생활을 엿보는 사람들을 양산되도록 하는 것은 사회정의를 실현하는 올바른 방법이 아니다.

2) 학파라치제 명분 어긋나고 실효성 의문

　학파라치제는 이명박 정부의 사교육비 절감대책의 하나로 2009년 7월에 도입되었다. 교과부는 제도 시행 직전 1명당 연간 누적 포상액을 250만 원으로 제한했다가 제도가 최대한 빨리 자리 잡게 하려고 상한액을 없앴다. 교과부의 한 관계자는 "서울 강남지역은 규모가 작아도 매출액이 고액인 경우가 많다. 전체 포상 규모가 줄고 있어 일단 추이를 지켜본 뒤 포상액 제한을 검토하겠다"고 밝히기도 했다.

　'의미 있는 사교육 대책인가, 아니면 아까운 세금만 날리는 졸속 방안인가.' 일명 학파라치제学院 不法教習 申告褒賞金制가 시행 2년을 맞았지만, 정착은커녕 제도 효율성 및 적절성을 둘러싼 논쟁은 여전하다. 특히 2011년 6월 국회를 통과한 학원법은 학파라치제를 합법적인 제도로 인정하고 있어 논란은 더욱 가열되는 양상이다. 이 제도의 필요성을 인정하는 쪽에서는 애초 의도한 대로 사교육비 경감을 가져왔다고 보고 있다. 지난 2년 동안 9,000여 건의 학원 불법행위에 포상금이 지급됐고, 이는 수요자 입장에서는 그만큼 사교육비를 줄이는 결과로 이어졌다는 논리다. 하지만 학파라치제를 있으나 마나 한 제도로 보는 쪽의 시각은 전혀 다르다. 한마디로 실효성이 없고, 도리어 사교육 시장의 내성만 키우고 있다는 진단이다.[137]

　사회적 논란 속에서도 교육과학기술부는 2011년 7월 10일 앞으로 '학파라치'들이

---

137) 한국일보 2011. 7. 25.

[표 2-1] 학파라치 신고건수 및 지급액

유형	신고건수	지급급액(100만원)	지급건수(신고대비)
학원 및 교습소 동록위반	27,940	2,110	4,219
수강료 초과징수	18,043	1,154	3,846
미신고 개인과외 교습자	2,930	118	598
교습시간 위반	288	17	57
계	49,201	3,399	8,720(17.7%)

출처: 교육과학기술부(2009년 7월~2011년 6월 기준)

주로 불법 개인 고액과외 교습 적발에 나서도록 독려할 계획이라고 밝혔다. 2009년 7월부터 학파라치제가 도입된 후 2011년 6월 말까지 2년 동안 4만 9,201건을 학파라치들이 신고했다. 교과부는 이 가운데 17.7%인 8,720건을 포상대상으로 결정해 33억 9,900만 원의 포상금을 지급했다.

포상금 지급건수를 신고항목별로 보면 [표 2-1]에서 보는 바와 같이 학원·교습소 등록위반이 4,219건[21억 1천만 원]으로 48.4%에 달해 가장 많았다. 다음이 수강료 초과징수 3,846건[11억 5,400만 원, 44.1%], 미신고 개인과외 교습 598건[1억 1,800만 원, 6.9%], 교습시간 위반 57건[1,700만 원, 0.7%] 순이었다. 포상건수는 8,720건이었지만 포상금을 수령한 학파라치 수는 총 1,232명이었다. 이들 중 5건 이상 포상금을 받은 사람은 29.6%인 365명이다. 교과부는 학파라치가 단속이 어려우면서도 사교육비 유발이 큰 불법 개인 고액과외를 적발하면 포상금을 늘려 지급하는 방안을 강구 중이라고 밝혔다.[138]

문제는 학생 '미행'과 학원 앞 '잠복'이 학파라치의 기본 생리生理라는 점이다. 교육의 영역에서 오히려 불신과 밀고 풍토를 조장[139]하는 비교육적 행태가 횡행하지 않을까 걱정된다. 그렇다고 단속 효과가 큰 것 같지도 않다. 만만한 중소학원만 겨냥하다 보니 대어大魚는 놔두고 피라미만 잡는다는 비아냥거림을 듣는다. 이런 학파라치를 보면서 학생들이 뭘 배울지 돌아볼 일이다. 애초 학파라치제 도입은 사교육비 절감 대책의 일환이었다.

그렇다면 학파라치제 도입으로 말미암아 사교육비 절감에 얼마만큼 도움이 되었는가 하는 점에 제도 운영의 초점을 맞추는 것이 옳다. 그런데 교과부는 그러한 점에 대해서는 전혀 언급하지 않고 마치 처음부터 고액과외나 학원 불법운영을 단속하는 방편

---

138) 포커스신문사 2011. 7. 11.

139) 중앙일보 2010. 1. 6.

으로 정책을 도입한 것으로 착각하는 것 같다. 교과부가 학파라치제를 도입한 이유를 망각했다는 말이다. 처음부터 사교육과 상관없이 학파라치제가 도입되었다면 학원 불법운영 단속이 목적이므로 성과를 발표하는 것이 합당하다. 하지만 사교육비 절감 대책의 하나로 시작되었다. 따라서 학파라치제는 명분에도 어긋나고 실효성에 의문이 제기될 수밖에 없다.

학파라치제가 순수한 고액과외나 학원 불법운영 단속을 목적으로 하였다면 '그동안 우후죽순처럼 늘어날 때 담당 공무원은 무슨 일을 하였는가? 또한 학파리치제가 끝나고 다시 불법영업이 기성을 부리면 그때마다 국민의 세금으로 신고꾼을 동원하여 실적을 유지할 것인가? 신고꾼이 공무원보다 더 실적을 잘 올리고 법을 유지하는 데 도움이 된다면 신고꾼 관리자 한두 명 외에 다른 공무원은 필요가 없게 된다. 무능한 공무원을 내치고 유능한 신고꾼을 공무원으로 대체해도 좋은가'라는 점에 대해 정부는 이해할 수 있는 답을 할 수 있어야 한다.

학파라치제 운용으로 지급한 포상금은 모두 국민이 낸 세금의 낭비다. 국민의 혈세를 낭비하게 한 제도를 입안하고 도입하도록 주장한 사람에 대해서는 책임을 물어야 하는 것이 마땅하다. 그런데 교과부가 나서서 학파라치들을 독려하겠다고 한다. 참으로 한심한 노릇이다. 자신들의 관리 역량, 업무 처리 능력, 지도력leadership 부족에 대해서는 일언반구도 없이 예산으로 신고꾼을 고용하고 그 대가는 국민에게 세금으로 전가하면 된다는 저급한 생각을 하고 있음이 틀림없다.

4. 정부 지자체 신고포상제도 남발

    국가와 지도자의 가장 중요한 책무 중 하나가 국민을 단결시키고, 그 단결된 힘으로 국가를 발전시켜 국민의 복리를 증진하고 권익을 신장하는 일이다. 손자병법에 의하면 '국민 각자의 마음이 하나의 신념으로 모이게 하는 것은 결코 강요나 위장된 방법으로 되는 것이 아니다. 또 한때의 방편에서 나오는 급조된 선정이나, 임시로 꾸며낸 교묘한 선전이나 조작된 여론으로 이루어지는 것도 아니다. 백성 한 사람 한 사람은 어리석은 것 같지만, 국민의 힘은 언제나 위대한 것이다. 이 현명한 국민의 마음이 지도자의 마음과 하나가 되고, 이 위대한 국민의 힘이 지도자를 중심으로 모이게 하려면 정치가 오랜 시간을 두고 만인의 공감을 받는 정당한 것이라야 한다'고 했다.

    맹자도 '천시가 지리만 못하고 지리가 인화만 못하다'天時不如地利 地利不如人和고 하여 인화의 중요성을 말하였다.[140] 뭉치면 살고 흩어지면 죽는다는 말은 모든 사회와 단체에 통용되는 진리이다. 그런데 지금 국민을 단결시켜야 할 정부와 행정기관이 자신의 능력개발보다는 국민을 동원하여 다른 국민의 사생활을 엿보는 것으로 수익을 챙기려는 사람들이 양성되게 만들고 있다. 서로 감시하게 하는 것은 국민의 단결을 해치는 일이다. 그런데 오늘날 한국 정부와 지자체가 나서서 그런 행동을 서슴지 않고 있다.

    정부와 지자체는 왜 신고포상금제도를 실시하는가? 스스로 관리 능력이 부족하기 때문이다. 관리를 잘하거나 관리할 능력이 충분하면 국민의 힘을 빌려 관리해야 할 이

---

140) 손무 저, 남면성 역(1982), "손자병법", 현암사, pp.19~20.

유가 없다. 따라서 신고포상금제도를 확대하는 정부와 지자체, 공공기관은 스스로 무능을 드러낸 것이다. 문제는 무능하면 일을 하기 위해 노력이라도 열심히 해야 한다. 그런데 열심히 노력하는 모습은 거의 보이지 않는다. 일과 시간에는 한가하게 시간을 축내다가 퇴근 시간 되면 퇴근하는 것은 마땅하다고 생각한다. 그러면서 권리는 모두 찾고 자신들의 복지를 늘리는 일에는 열심이다.

무능하여 자신이 해야 할 일을 다른 사람이 하면 미안하고 창피함을 느낄 줄 알아야 정상이다. 그런데 어찌 된 일인지 스스로 무능하다고 생각하지 않고 일을 잘하는 것으로 생각하므로 국민 세금부담으로 전가되어도 미안함도 창피함도 느끼지 않는다. 공공기관의 서비스는 별로 개선되는 것이 없는데 도대체 공무원은 무슨 일을 하는지 신고포상금제는 계속 늘어난다. 공무원 수도 계속 늘어난다.

법무부는 2011년 간첩·간천섭 신고 포상금을 최대 5배로 늘리고, 고용노동부는 국가기술자격증 불법 대여 신고포상금제 도입을 추진하고, 교과부는 학파라치의 신고 포상금을 늘려 고액과외와 학원 불법교습 단속을 적극적으로 추진하겠다고 밝혔다. 우리나라의 공무원 수는 2005년 말 91만 명에서 2006년 94만 명, 2009년 97만 명으로 꾸준히 증가했다. 행정안전부는 2010년 말 기준 국가와 지방 공무원 현원이 98만 7천 명으로 5년 만에 7만 2천 명, 7.9% 늘어났다고 밝혔다.[141] 정부 운영이 방만해지면 결국 국민 모두에게 불행이 찾아든다. 이것은 역사가 가르쳐 주는 교훈이다.

우리나라에서 신고포상제도가 처음 시행되기 시작한 것이 정확하게 언제부터인지는 알기 어렵다. 다만, 현재 운용되고 있는 것 중 가장 오래된 것은 1962년 국세청이 시행에 들어간 탈세정보를 신고하면 1억 원을 포상금으로 지급한다는 것이다. 그리고 1969년 보건복지부 부정의료업자 신고 50만 원, 1974년 농림부 부정축산물 신고 500만 원 등 김영삼 정부 시절까지는 대략 국민건강, 안보, 범죄 관련 분야에 10개 정도의 신고포상금 제도가 운영되었던 것으로 보인다.

이러한 것들은 전문 신고꾼이 양산되지도 않았고 국민적인 공감을 받았다. 그러나 김대중 정부 시절인 2001년 3월 경찰청이 예규인 '교통법규위반차량 신고보상금지급규칙'에 근거하여 시행한 신고보상금제는 법규준수를 통한 사고예방을 위해 경찰청이 행정목표 달성차원에서 도입했다. 경찰청에 의한 신고보상금제는 김대중 정부와 거의

---

141) MBN 2011. 7. 7.

동시에 막을 내렸다. 하지만 신고꾼을 양산하는 부작용을 만들어내고, 이후 노무현 정부의 다른 행정기관에서 대대적으로 신고포상금제도를 도입 시행하는 계기가 되었다.

신고포상금제는 시민의 공익적 참여를 확산시킨다는 면에서는 긍정적이지만, 공무원들이 해야 할 일을 시민에게 돈을 대가로 떠넘기는 셈이어서 무조건 바람직한 제도는 아니다. 따라서 꼭 필요한 부분에 최소한으로 운용해야 한다. 그러나 오늘날 우리나라 정부의 각 부처는 단속실적을 높일 수 있다는 점에만 눈이 멀어 신고포상금제도를 지나치게 남발하고 있다. 신고포상금제는 부처별로 훈령, 지침, 내규 등 행정규칙만 있으면 쉽게 만들 수 있다. 국회 예산정책처의 2006년 예산안 분석 자료에 따르면 경찰청과 노동부 등 9개 부처에서 12종 이상이 법령이 아닌 행정규칙으로 신고포상금제도를 뚝딱 만들었다. 내부 규칙으로 우선 신고포상금제도를 시범 실시한 뒤 성과가 있으면 제도로 확정해 예산을 타오는 식이다.

2005년부터 7개의 신고포상금제도를 신설한 노동부는 직업훈련, 고용안정사업, 실업급여, 보험급여, 장애인고용장려금, 체당금[142] 부정수급 등 부처의 핵심 업무를 대부분 시민의 신고에 기대고 있다. 현장에서 행정력을 발휘하기보다는 앉아서 신고를 받는 게 편하기 때문이다. 행정개혁시민연합 박수정 정책국장은 "실업급여나 체당금 부정수급 신고제는 정부가 직접 행정력을 발휘해야 하는 부분"이라고 지적했다.

신고포상금제 일부는 정치적인 측면에서 도입되기도 한다. 그러다 보니 부처 간 제도가 중복되는 것도 있다. 부정부패와 관련해서는 감사원과 국가청렴위원회^{국민권익위원회}가 각각 대동소이한 신고포상금제도를 운영하고 있다. 경기불황으로 일자리를 찾지 못한 시민이 신고를 주업으로 하는 '포상금 사냥꾼'으로 나서는 것은 오랫동안 지적된 문제지만, 이에 대한 정부의 대책은 거의 나오지 않았다.

---

142) 체당금 제도는 임금이 체납된 상태에서 회사가 도산한 경우 근로자들의 최소한 생활안정을 위해, 정부가 사업주를 대신해 임금채권보장기금을 통해 근로자에게 체불임금의 일부를 지급하는 돈이 '체당금'이다. 체당금 제도는 외환위기 이듬해인 1998년 7월에 처음 도입되었고 임금채권보장법에서 규정하고 있다. 재원은 산재보험 적용업체의 사업주로부터 근로자 임금의 0.03%를 걷어 마련한다. 정부가 지원한 체당금은 나중에 사업주로부터 돌려받게 된다.
■ 자격 기준
　근무하던 사업 또는 사업장이 산재보험의 당연 적용 사업장으로서, 6월 이상 사업을 행한 뒤 ▲파산법에 의한 파산의 선고 ▲화의법에 의한 화의개시의 결정 ▲회사정리법에 의한 정리절차개시의 결정 ▲노동부 장관의 '도산 등 사실인정'에 해당하여야 한다. '도산 등 사실인정'이란 파산 등 법정 파산절차에 이르지 않았어도 상시 사용하는 근로자 수가 300인 이하이고 사업이 폐지되었거나 폐지 과정에 있으며 임금 등을 지급할 능력이 없거나, 임금 등의 지급이 현저히 곤란할 경우, 퇴직 근로자가 신청하여 노동부 장관으로부터 사실상의 도산을 인정받는 것이다. 근로자는, 근무하던 사업 또는 사업장이 위에서 언급한 사유에 해당하는 날의 1년 전이 되는 날 이후 3년 이내에 퇴직해야 한다.
■ 체당금의 지급액
　체당금으로 지급되는 금액은 최종 3월분의 임금과 최종 3년분의 퇴직금 중 일정액을 지급하는 것으로 미지급 임금 등의 전액이 아니다. 또 나이에 따라 일정한 상한액이 정해져 있다.

2006년 2월 2일 국민일보 보도에 의하면 「노무현 정부 들어 신고포상금제가 무분별하게 늘어나고 있다. 신고포상금제는 법 경시주의에 경종을 울리고 시민의 적극적인 행정참여 및 고발정신을 높인다는 점에서 순기능이 있다. 실제로 2001년부터 2년 정도 시행됐던 교통법규위반 차량 신고보상금제는 교통사고를 줄이는 긍정적 효과를 냈다. 그러나 부작용도 만만찮았다. 사회적으로 감시·불신 풍조를 조장하는데다 일부 제도는 인권침해 논란이 일고 있고, 포상금을 노리는 직업적 '~파라치'를 양산하고 있다. 최고액이 무려 20억 원인 신고포상금도 있다. 돈만 되면 뭐든지 한다는 배금주의 확산도 문제점으로 제기된다. 특히 신고포상금제 급증에는 공직사회의 행정편의주의가 도사리고 있을 뿐 아니라 신문고시 위반 신고포상금 등 일부는 정치적 목적으로 도입됐다는 논란도 나온다. 2006년 2월 현재 24개 중앙부처와 중앙선관위가 운영 중인 신고포상제는 모두 57개이다. 건설교통부가 토지거래허가제위반 신고제 등 3개를 곧 운영할 예정이어서 조만간 60개를 넘게 된다. 여기에 책정된 2006년 예산만 65억 원이 넘는다. 전체 신고포상금제 가운데 절반 이상인 31개가 참여정부 들어 새로 만들어졌다. 2003년에는 국가인권위원회의 인권침해행위 신고보상금을 비롯한 2건, 2004년에는 감사원의 부정부패 신고포상금 등 4건이다. 2005년에는 폭발적으로 늘어나 무려 15개가 신설됐다. 2006년에도 국가청렴위원회의 부패행위신고자 포상금과 특허청의 위조 상품 신고포상제 등 9개가 새로 선보였거나 곧 시행될 예정이고, 소방방재청은 방화 사범 신고포상제 신설을 계획하고 있다. 신고를 늘리기 위해 포상금 최고액을 높이는 바람에 신고정신을 돈으로 바꾸고 있다는 지적도 있다. 국가청렴위원회는 2005년 부패행위 신고보상금 상한액을 2억 원에서 무려 10배인 20억 원으로 올려 '포상금 로또'라는 신조어를 만들었다. 이밖에 공정거래위원회의 부당공동행위 신고포상금은 10억 원, 중앙선관위의 선거법위반행위 신고포상금은 3억 원이다. 정부의 포상금제 남발은 민간 분야에까지 영향을 미치고 있다. 영화 포털 사이트 시네티즌과 법무법인 일송은 불법 파일을 유포한 누리꾼을 신고하면 보상해주는 영파라치^{영화+파파라치} 제도를 만들어 시행에 들어갔다」고 했다.

이제 파파라치의 변종 수십 개가 활개치는 곳이 한국 사회가 되었다. 식파라치^{불법·위해 식품 판매}, 쓰파라치^{쓰레기 무단 투기}, 봉파라치^{일회용 비닐봉지 사용}, 담파라치^{담배꽁초 무단 투기}, 노파라치^{노래방 불법 영업}, 성파라치^{성매매법 위반} 등 명칭[143]부터 여간 범상치 않다.

이명박 정부 들어 웬만한 정부기관과 지방자치단체 공공기관은 거의 신고포상금제도를 실시할 정도로 신고포상금제가 확산하고 포상금도 늘리고 있다. 포상금 확대는 서울시가 대표적인 사례이다. 2009년 4월 8일 머니투데이 보도에 의하면 「서울시가 양천구 공무원의 거액 횡령 사건을 계기로 '비리'와의 전쟁을 선포하고 나섰다. 시는 금품, 향응 수수 등 비리가 한 차례만 적발돼도 금액이나 지위에 관계없이 곧바로 해임하는 1진 아웃제one strike out institution를 시행한다고 2009년 4월 8일 밝혔다. 1진 아웃 대상은 ▲공금 횡령 ▲금품 향응 요구 ▲정기 상습적 수뢰 알선 ▲위법 부당 업무 처리 등 직무와 관련해 비리를 저지른 공무원이다. 이들 공무원은 퇴출 후에도 시 투자기관이나 출연기관 등의 취업이 영구히 제한된다. 위법 부당한 행정처분을 목적으로 뇌물을 제공한 경우 수수금액에 관계없이 즉시 고발하는 등 금품을 제공한 죄에 대해서도 강도 높게 책임을 물을 계획이다. 뇌물공여자가 대표이사일 때 최대 2년간 해당업체의 입찰참가를 제한했던 규정을 뇌물공여자가 임원으로 재직하는 회사로 범위를 확대하도록 관련 법령 개정도 건의할 방침이다. 최고 5,000만 원이던 공직자 비리 신고포상금은 국민권익위원회 기준에 맞춰 20억 원으로 상향, 부패근절을 실천하기로 했다. 내부 고발자에게는 승진과 성과점수 등 인사 특전도 부여할 예정」이라고 밝혔다.

부산시도 신고포상금[144]을 최고 1천만 원에서 10억 원으로 올렸다. 부산시의회는 부산시가 발주한 10억 원이 넘는 공사 가운데 부실 시공한 건설업자를 고발하는 경우 부실등급에 따라 포상금을 지급하는 조례를 확정하고 2009년 4월부터 시행하도록 했다. 이해동 건설교통위원장이 발의한 '건설공사 부실방지 조례안'은 부산시에 부실시공방지 신고센터 설치를 의무화하고, 10억 원 이상 부산시 발주공사 가운데, 준공 1년 이내 사업장에 한하며 부실 등급에 따라 포상금을 지급한다.[145] 부실 공사 고발자의 포상금 산정은 부실시공 방지위원회 심의를 거쳐 결정된다. 서울시교육청도 2010년 1월 28일 부정부패 신고자에게 1억 원의 포상금을 지급하겠다는 발표를 하였다.[146]

행정기관 스스로 공공연하게 신고포상금제도를 홍보한다. 공정거래위원회는 부당공동행위 포상금제, 부당지원행위 포상금제, 대규모 소매업 고시위반 신고포상금제, 신문 고시위반 신고포상금제 등 4가지의 신고포상금제도를 운영하고 있다.[147] 2010년 3월

---

143) 중앙일보 2010. 1. 6.

144) 이정주(2010년), "서울시 청렴실태 및 개선방안", 서울시, p.69

145) KBS 부산 2008. 12. 15.

146) 연합뉴스 2010. 1. 28.

147) 공정거래위원회 신고포상금제도

24일 정경뉴스 보도에 의하면 「2009년 10월부터 매달 평균 10여 건에 달하는 62건의 불법 다단계 신고와 제보가 접수됐으며, 이 가운데 18건에 대해 모두 7백50만 원의 포상금을 지급했다는 공정거래위원회는 2009년 8월 불법 다단계 신고포상금제도 도입 6개월째를 맞이하여 신고포상금제가 궤도에 진입했다는 판단 아래, 제도의 확대와 개선 방안 등을 검토할 예정」이라고 했다.

신고포상금제에 대한 부작용도 나타났다. 건강보험공단, 부당청구 신고포상제 악용 '골치'라는 데일리메디 보도에 의하면 「국민건강보험공단이 장기요양기관의 부당청구를 뿌리 뽑기 위해 내부고발자 포상금 지급제도를 운영하면서 공개된 편법, 불법 사례를 악용하는 일이 발생해 골머리를 앓고 있다. 건보공단은 노인장기요양보험제도 2주년이 임박한 시점에서 불법, 부당청구와의 전쟁을 선포하고 방문 서비스 제공 상황을 실시간으로 확인하는 시스템을 도입, 2010년 하반기부터 적용하기로 했다. 그러나 불법, 부당청구를 근절하기 위해 도입한 신고포상금제도가 악용되는 사례가 나타나고 있어 대책 마련이 시급한 것으로 보인다. 신고포상 사례가 공개되면서 이를 역이용하는 일이 적지 않게 발생하고 있기 때문이다. 2010년 4월 19일 건보공단에 따르면 수급 질서를 바로잡고 요양기관 및 요양보호사에 경각심을 일으키는 데는 긍정적인 효과가 있으나 사례 악용과 함께 다수의 요양보호사가 일부 알려진 사례로 전체의 행위로 호도될 수 있다는 지적이다. 공단 관계자는 "부당청구를 뿌리 뽑기 위해 사례를 공개하고, 내부고발자에 의한 신고를 활성화하는데 만전을 다하고 있지만, 부당청구 유형을 공개키로 한 공단에도 책임이 전가되고 있다"며 우려감을 표했다. 그동안 공단은 장기요양기관의 허위, 부정청구 행위에 대해 현지조사를 함으로써 부당금액 환수, 영업정지 및 기관폐쇄 등의 행정처분을 해 왔다. 그러나 서비스 증량, 증일 등 허위 부당청구 행위가 감소하지 않아 신고포상금제도를 활용하고 있다.」[148]

앞으로는 전문 신고꾼에 대한 정부의 태도가 약간 달라질 것으로 보인다. '부당한 증거수집' 전문 신고꾼에게는 포상금 안 준다는 조선일보 보도에 의하면 「봉파라치·쓰파라치·담파라치·세파라치…. 각각 일회용 비닐봉지를 공짜로 주거나 쓰레기·담배꽁초 무단 투기, 탈세 등 불법 행위를 신고해 포상금을 챙기는 '전문 신고꾼'인 이들이 앞으로는 '재미'를 보기 어려워졌다. '봉파라치'는 이탈리아말로 파리처럼 웽웽거리

---

148) 데일리메디 2010. 4. 20.

며 달려드는 벌레인 파파라치paparazzi와 봉지 등을 합성해 만든 조어다. 행정안전부는 2010년 3월 초 환경부 등 정부 부처와 지방자치단체에 "부당·위법한 방법으로 증거를 수집해 신고하면 포상금을 지급하지 않는 방안을 마련하라"는 내용의 '신고포상금 제도 개선' 공문을 보냈다. 전문 신고꾼들이 '함정 단속'을 벌이는 등 서민층에 손해를 끼치는 사례가 빈발하자 퇴치 방안을 내놓은 것이다. 현재 운영 중인 신고포상금은 2010년 4월부터 시행되는 '현금영수증 발급 거부 신고포상금'을 비롯해 총 58종류정부 운영 50종류, 지자체 운영 8종류나 된다. 2009년 한 해 중앙 부처에만 총 9,600여 건이 신고돼 51억 4,600만 원의 포상금이 지급됐다. 신고포상금제는 사회 기초질서와 준법정신 확립에 도움이 된다는 의견도 있지만, 그동안 전문 신고꾼들이 돈을 노리고 서민층 등을 상대로 '함정 단속'을 벌이는 경우도 많아 문제가 돼 왔다. 행안부 관계자는 "시골 구 멍가게에서 몇천 원어치 물건을 산 뒤 개당 50~100원 하는 일회용 봉지를 공짜로 얻어 이를 신고하는 악질 신고꾼들도 있다. 이런 경우엔 앞으로 포상금을 지급하지 말라는 것"이 라고 말했다. 일반인이 무단으로 들어갈 수 없는 도로 중앙선 지대에서 불법 유턴하는 차량을 찍 은 경우도 지급 금지 대상이라고 이 관계자는 말했다」149)고 한다. 그러나 부당한 증거 수집 여부를 일부러 가려내야 하는 문제가 있기 때문에 실효성은 의문이다.

　2010년 3월 23일 SBS 보도에 의하면 「불법 현장을 신고해 포상금을 타내는 전문 신고꾼들에 따른 부작용이 속출, 포상금으로 뭉칫돈이 빠져나가자 지자체들이 제도의 폐지까지 추진하고 있다. 일회용 봉투를 무상으로 지급하는 현장을 고발하는 사람, 이 른바 봉파라치가 찍은 화면이 공개되었다. 몰래카메라를 이용해 숨길 수 없는 증거를 속속들이 확보한다. 40대 여성이라고 밝힌 이 봉파라치는 전문 신고꾼답게 봉지값이 포함되지 않은 계산서와 날짜까지 꼼꼼히 담는다. 하지만 이 여성 봉파라치는 불행히 도 신고포상금 2만 원을 챙기지 못했다. 휴대전화 액정화면으로 남성의 얼굴이 비쳤기 때문이다. 신고포상금이 한 달 최대 50만 원으로 한정되자 다른 사람의 명의까지 빌리 다 적발된 사례도 있다. 울산광역시 북구청 관계자는 "이미 남구에 이름이 40건 올라 가 있고, 저희가 전국을 조회하다 보니까 이 사람이 다시 북구로 들어올 때 똑같은 이 름을 신고하면 지급이 안 되니까…"라고 말했다. 현재 시민의 자발적인 신고를 유도하 기 위해 관공서에서 만든 신고포상금제는 50여 종, 전문 신고꾼 1~2명에 의한 신고가

---

149) 조선일보 2010. 3. 26.

90%에 육박하고 있다. 영세상인은 "솔직히 10원짜리 장사인데, 아는 사람이라고 순수한 마음으로 공짜로 봉투 드리는데…" 신고포상금 제도에 대한 각종 부작용이 잇따르자, 일선 지자체마다 관련 조례안 폐지를 검토하고 있다. 전문적인 팀까지 꾸려 명의도용 등 오히려 불법을 저지르고 있다는 판단이다. 울산광역시 북구청 환경미화과 강상수 씨는 "전문 파파라치들이 2~3명 단위로 팀을 이뤄서 신고 포상금을 노리고 신고하는 등 법 취지에 어긋나는 부분이 있어 조례폐지를 검토하고 있는 실정"이라고 말했다. 영세 상인을 울려가며 돈벌이 수단으로 이용되던 신고포상금제가 폐지될지 주목된다」고 했다.

2006년 2월 당시 각종 포상금 부업 사이트 20여 개가 성업 중이었다. 유료회원제임에도 돈을 노리는 전문 신고꾼들이 몰려들었다. '파파라치' 전문학원에서는 인권침해 우려가 있는 몰래 카메라 이용하기, 등기부 등본 확인하기 등을 단기 속성 과정으로 가르치는 곳도 있었다. 그리고 2011년 8월 인터넷을 통해 네이버 한 곳에서만 학파라치를 검색해 보았다. 신고꾼을 양성하는 곳이 '학파라치 전문 미스 앤 미스터, 신고포상 학파라치 미스미즈, 신고포상금전문 포상메이트, 학파라치 포상금 포상코리아, 학파라치 학원관리의 원장 노하우' 등의 업체들이 나타난다. 신고포상금을 검색하면 또 다른 학원의 이름들이 나온다.

전국적으로 성업 중인 신고꾼을 양성하는 기업이나 학원을 통해 오늘도 수많은 신고꾼이 양성되고 있다. 문제는 불법은 완전하게 막을 방법이 없는데 언제까지 정부와 행정기관이 신고에 의존할 것인가 하는 점이다. 신고꾼에 의한 위법 관리는 행정기관의 업무 효율과는 상관없는 일이다. 그리고 신고꾼이 위법을 관리한다고 행정기관이 다른 부분에서 서비스를 제고하는 것도 아니다. 정부와 행정기관의 관리 부실은 묻어두고 신고포상금제에 의존하여 위법이나 부정부패를 방지하겠다는 것은 행정편의주의적인 발상이다. 이것은 국민이 원하는 것이 아니다. 국민의 요구는 행정기관과 공무원이 주어진 직무에 충실 하는 합법적이고 합리적인 방법에 의해 국민이 법을 잘 지키도록 계도하여 국가가 발전하도록 선도하라는 것이다.

5. 포상제 남발원인 관리부실 보충수단 이용

정부와 공공기관, 지방자치단체에서 신고포상제를 남발하는 원인은 여러 가지가 있다. 그중에서 가장 대표적인 이유는 자신의 관리 부실을 보충하는 수단으로 이용한다는 점이다. 이것을 확대해석 하면 직무 유기에 해당한다. 관리管理는 어떤 일을 맡아 관할 처리함을 말하는데 정책과 법을 집행하는 행정기관과 공무원의 업무는 내부 관리뿐만 아니라 국민에 대한 봉사도 포함되기 때문에 시설이나 물건의 보존·개량 따위의 일을 맡아 함, 사람을 지휘 감독함, 사람의 몸 따위를 보살핌의 의미도 포함된다고 볼수 있다. 직무職務는 직책이나 직업상 맡은 사무이다. 유기遺棄는 내다 버림을 뜻하지만, 법률용어로 사용될 때는 보호할 사람이 보호받을 사람을 돌보지 않는 일을 말한다. 직무유기죄職務遺棄罪는 공무원이 정당한 이유 없이 직무 수행을 거부하거나 직무를 유기함으로써 성립되는 죄이다.

행정기관과 공무원이 신고포상금제도를 활용하여 관리 부실을 보충하는 명분은 제한된 인력과 예산, 장비로 국민의 위법행위를 모두 단속하기 어렵다는 것이다. 그러나 공무원의 이런 주장에 대한 국민의 시선은 곱지 않다. 행정기관과 공무원은 스스로 자신들의 직무에 최선을 다한다고 생각하지만, 국민은 그렇지 않다고 생각하기 때문이다. 문제의 핵심은 신고포상금을 노린 전문 신고꾼이 그렇게 많은 위법 사실을 적발하는데 왜 공무원은 제대로 적발하지 못하느냐 하는 점이다. 신고꾼은 주로 개인이 활동한다. 따라서 행정기관에 인력과 예산, 장비가 제한되어 있다는 점을 인정한다고 하더라도 관리를 부실하게 하거나 소홀히 한다고 볼 수밖에 없다. 때로는 방치하는 것 같은 느낌이 들게 한다.

어떤 문제가 발생했을 때 언론을 통해 나타나는 많은 공무원과 행정기관의 대응 태도는 책임을 회피하기 위한 변명에 급급하다. 국민은 공무원의 무책임한 모습을 어렵지 않게 볼 수 있다. 창피해하거나 부끄러운 줄도 모르고 변명만 해댄다. 그래야 조금이라도 책임을 회피할 수 있다는 것을 알고 하는 의도적인 행동이다. 방치放置는 내버려 둠이고, 소홀疏忽은 예사롭게 여겨서 정성이나 조심이 부족함, 부실不實은 내용이 실속이 없거나 충실하지 못함이다. 책임責任은 어떤 일의 결과에 대하여 지는 의무나 부담 또는 그 결과로 받는 제재制裁, 회피回避는 책임을 지지 않고 꾀를 부림, 핑계는 다른 일을 방패막이로 내세움 또는 잘못된 일에 대해 다른 일의 탓으로 둘러대는 변명이다.

일의 올바른 순서는 현재 주어진 예산과 인력, 장비를 최대한 활용하여 효율적으로 열심히 일해야 한다. 그런 후 일의 양이 지나치게 많고 버그 우면 그때는 예산, 인력, 장비를 늘리거나 보충을 요구하는 것이 마땅하다. 하지만 무한대로 예산이나 인력, 장비를 늘릴 수 없다. 따라서 전수 조사와 검사, 상시단속이 어려운 경우 폐쇄 회로 텔레비전closed-circuit television, CCTV을 포함한 단속카메라 등의 새로운 장비와 단속 기술을 도입하고 주기적인 표본 단속이나 점검 시행, 새로운 법규에 대한 홍보와 계도를 하는 다각적인 노력을 병행해 나가야 한다. 그런데 현재 우리나라의 행정기관과 공무원에게서 이러한 모습을 찾아보기는 쉽지 않다. 표본조사, 적극적인 홍보 계도는 제대로 하지 않으면서 자신의 업무가 많다며 관리를 부실하고 소홀히 하면서 부족한 예산과 인력, 장비 타령만 한다.

포상금을 노린 전문 신고꾼이 단속할 수 있는 것을 행정기관과 담당 공무원이 하지 못하는 것은 그들의 실력이나 수준이 신고꾼보다 부족하다는 것으로 해석될 수 있다. 실력이 부족한 사람들은 책임을 묻거나 인사조치, 능력개발 유도, 재교육 등 다양한 노력을 통하여 실력을 향상해 나가야 한다. 그런데 평소에 이러한 노력은 제대로 하지 않고 문제가 터지면 솜방망이 처벌과 자리바꿈을 위한 인사이동으로 일관해 왔다. 국민이 불만을 느끼는 것은 공무원이 생산성 향상과 능력 제고를 통해 공공서비스의 품질을 향상하기 위해 최선을 다하지 않는다는 점이다. 그러면서 정당하지 않은 방법으로 신고포상금제도를 이용하여 국민이 위임한 권력과 국민이 낸 세금으로 국민을 감시하는 데 사용하며, 헌법에 보장된 법 앞에 평등과 민주주의 기본원리를 훼손하며 자신의 능력부족과 관리 부실을 보충한다는 것이다.

상부 기관이나 상사에게 잘 보이기 위한 형식적인 정책 보고서를 만든다고 밤을 밝히고, 국정감사 한다고 국회에 죽치고 앉았고, 행사에 공무원 동원하고, 지나치게 남발하는 공문서 작성, 정부 정책에 반대하는 시위대를 진압한다고 훈련하는 공무원만 잘 활용해도 신고포상금제 같은 것은 없애고도 남음이 있다. 정권안보와 비효율적인 업무 처리로 스스로 일을 만들고 또 그 일에 대한 해결책을 만드는 일을 하는 것이 우리나라 정부와 공무원이 일하는 방식인지는 모르겠다. 하지만 정도가 아닌 신고포상금의 폐해가 더 나타나기 전에 이쯤에서 그만두는 것이 바람직하다. 이미 그만둘 때가 지났다.

6. 외국 사례, 싱가포르 등 금전보상 없어

외국에서도 오래전부터 우리나라의 신고포상금제와 비슷한 제도를 운영해오고 있다. 그러나 포상금 지급 방식에서는 국가 간에 상당한 차이를 보인다. 2006년 2월 2일 국민일보 보도에 의하면 「미국은 서부개척시대부터 현상금 사냥꾼이 수배 범죄자들을 찾아 보상금을 받아왔다. 이는 오늘날 시민소송과 보상의 형태로 발전했다. 현재 미국 연방 정부의 ‘부정주장법’은 금융, 환경, 보건, 의료 등 다양한 분야 규제 위반에 대한 신고보상을 보장한다. 개인의 신고로 정부가 소송해 돈을 환수했을 때 신고자가 정부 환수금의 15%를 받도록 한다. 영국도 1999년 ‘공익제보보호법’을 만들었다. 이 법은 신고자가 적법한 제보행위로 불이익을 당했을 때 보상을 받도록 규정하고 있다. 반면 홍콩, 싱가포르, 말레이시아 등 아시아 국가는 부정부패 등에 대한 공익 신고자의 비밀은 지켜주지만 영·미 권역 국가들처럼 금전적 보상은 하지 않는다. 전문가들은 우리나라가 외국과는 달리 거의 모든 영역에서 신고만 하면 포상금을 지급하도록 하는 제도가 무분별하게 도입돼 문제라고 지적한다. 행정개혁시민연합 박수정 정책국장은 “포상금이 너무 많이 난립해 공무원들조차 제도를 모르는 경우가 많다. 포상금제가 어떤 효과를 거뒀는지에 대한 조사도 전혀 없다”고 비판했다. 중앙대 행정학과 박흥식 교수는 “신고포상금제는 참여정부의 내부공익신고 활성화 지침에 따라 가장 손쉬운 시민 참여수단으로 알려지며 우후죽순처럼 생겨났다. 그러나 비슷한 유형의 포상금이 난립해 혼란을 일으키지 않도록 정부 차원에서 제도적 정리와 규제가 필요하다”고 말했다.」

신고포상금제가 국민에게 피해는 없고 효과만 좋은 제도라면 시행을 반대할 이유는 없다. 우리나라의 신고포상금제 도입과 확대에는 법규를 집행하는 공권력 기관인 경찰청과 부정부패 문제를 해결해야 할 국민권익위원회구 국민청렴위원회가 결정적인 역할을 했다. 특히 두 기관은 부정부패 방지에 중요한 역할을 담당한다. 그런데 부정부패 방지의 흐름을 크게 왜곡시켜 놓았다. 가장 대표적인 신고포상금제 도입 목적은 국민의 불법 행위와 공무원의 부정부패 행위 방지이다. 그러나 불법과 부정부패 행위는 신고포상금제로 막는 데는 한계가 있다. 옳은 방법도 아니다. 그런데 이 두 부서에 대한 별다른 조치가 없자 다른 행정기관들이 경찰청과 국민권익위원회가 마련한 법률에 근거하거나 운영한 제도를 모방하여 무분별하게 신고포상금제도를 도입했다.

그럼 신고포상금제 도입 이후 불법 행위가 줄어들고 우리나라의 부패인식지수가 개선되었느냐 하는 점이다. 그런데 우리나라의 부패인식지수는 대대적인 신고포상금제가 시행된 이후 달라진 것이 거의 없다. 은밀한 불법 행위는 여전하다. 무엇을 위한 신고포상금제인지 알 수 없게 되었다. 문제를 해결하기 위해 도입한 것이 문제를 일으키는 것이 되어서는 안 된다. 그런데 지금 우려스러운 일들이 적지 않게 나타나고 있다. 국가 예산이 투입되는 곳은 당연히 정책평가가 이루어져야 한다. 지금부터라도 정책평가를 통해 더 합리적인 신고포상금제 개선방안을 찾아야 한다.

만약 신고포상금제를 꼭 시행해야 한다면 그것은 관리 역량 제고 등 먼저 온 힘을 기울이는 노력을 하고 난 후 인력과 장비가 부족하여 어쩔 수 없을 때 고려해야 할 일이다. 오늘날처럼 노력은 제대로 하지 않고 행정편의주의에 따라 신고포상금제도를 도입하는 것은 바람직하지 않다.

7. 신고포상제 남발 헌법 민주주의 반하는 행위

민주주의^{民主主義}는 주권이 국민에게 있으며, 국민에 의해 국민을 위하여 정치를 행하는 주의, 국민이 권력을 가지고 그 권력을 스스로 행사하는 제도 또는 그런 정치를 지향하는 사상이다. 기본적 인권, 자유권, 평등권, 다수결의 원리, 법치주의 등을 그 기본 원리로 한다.

오늘날 민주주의는 국가권력의 작용을 입법·행정·사법의 셋으로 나누어, 각각 별개의 기관에 이것을 분담시켜 상호 간 견제·균형을 유지함으로써 국가권력의 집중과 남용을 방지하려는 통치조직 원리로 하는 삼권분립^{三權分立}의 원리에 의해 운영된다. 따라서 법 집행은 국민이 하는 것이 아니라 국민으로부터 위임받은 행정, 즉 행정기관에 종사하는 공무원에 의하여 공개적인 방법으로 이루어져야 한다. 그런데 자신들이 해야 할 직무를 제대로 이행하지 않고 포상금을 주고 국민을 끌어들여 법질서를 유지하겠다는 생각부터 잘못된 발상이다.

민주주의의 대표적인 이념 중 하나가 자유이다. 그런데 감시받는 자유가 진정한 자유가 될 수 없다는 것은 모두가 아는 사실이다. 국민이 주권행사를 통해 권력을 위임한 정부, 정부로부터 권력을 위임받은 행정기관, 행정기관에서 공무를 집행하는 공무원이 국가를 수호하고 국민의 권익을 보호하기 위한 목적으로 사회질서유지와 확보를 위해 직접 위법한 국민을 단속하고 처벌하는 것과 국민이 자신들의 이익을 위해 다른 국민의 위법을 감시하고 신고하는 것은 개념이 전혀 다르다.

만일 자신을 포함한 다수 국민의 권익보호와 사회정의 실현을 위해 포상금을 받지 않고 행정기관이나 공권력 기관에 위법행위를 저지르는 사람을 단속해달라고 요청하는 것은 공익을 위한 것이므로 정당하다. 그러나 신고포상금을 받고 다른 국민의 위법한 행동을 신고하는 것은 자신을 비롯한 다수 국민의 권익보호와 사회정의 실현을 위한 목적이 아니라 자신의 이익을 위해 국민의 위법을 감시하는 행위이다. 국민이 공권력을 유지하도록 세금을 내는 것은 국가발전을 통해 국민의 복리를 증진하고 권익을 보호해달라는 것이지 자신을 감시해달라는 것이 아니다.

헌법 제10조 모든 국민은 인간으로서의 존엄과 가치를 가지며, 행복을 추구할 권리를 가진다. 국가는 개인이 가지는 불가침의 기본적 인권을 확인하고 이를 보장할 의무를 진다. 제11조 ① 모든 국민은 법 앞에 평등하다고 명시하고 있다. 신고포상제의 남발은 헌법과 민주주의 기본원리에 반하는 행위이다. 정부, 행정기관, 공무원, 신고포상금으로 이익을 얻는 사람들은 '법에 근거가 있고 위법이나 불법 행동을 하면 반드시 처벌받는다는 경각심을 고조시킬 수 있기 때문에 신고포상제를 시행하는 것이 정당하다'고 말할 것이다. 그러나 그 법규를 만든 주체가 정부로 행정편의주의적이고 권위주의적인 발상이 바탕이 되고 있다.

이런 비판에 대해 정부와 공무원 사회 일각에서는 외국의 사례를 들어 정당성이 있다고 변명할 가능성이 크다. 그러나 우리 실정에 합당한 창의적인 정책과 제도를 만들지 못하고 책임을 회피할 수 있는 명분을 만들기 위해 정당성과 합리성을 따져보지도 않고 외국 것을 베껴 정당성이 있는 것처럼 말한다면 그것은 더 큰 문제다. 한국 공무원의 무능함을 단적으로 드러내는 일이기 때문이다.

현실적으로 법규에 의한 많은 과잉규제가 이루어지고 있다. 법률의 종류가 너무 많다. 법을 모두 아는 사람도 없지만, 아는 것도 제대로 준수하기 어렵다. 국민이 모든 법을 알고 모두 지키는 사회는 이상 사회에 불과하다. 만일 그런 사회가 된다면 경찰이나 검찰, 국회와 법원, 정부의 기능이 전혀 필요 없어지거나 극히 제한된 기능만 남게 될 가능성이 크다. 역으로 모든 사람이 법을 모두 지킬 수 없으므로 국가 공권력과 행정이 필요한 것이다. 따라서 법을 지키도록 끊임없이 홍보 계도하고 때로는 처벌을 통해 경각심을 제고하는 방향으로 나아가는 관리가 필요하다.

국회가 2002년에 카파라치에게 제공할 신고포상금 예산을 모두 삭감한 이유를 정부는 되새겨볼 필요가 있다. 행정편의주의로 일을 진행하면 공공서비스에 대한 국민의

만족은 요원해질 수밖에 없다. 민주주의에서 국가의 모든 역할과 기능은 국가발전과
국민 복리증진, 권익보호와 신장에 맞추어져야 한다. 국민을 이간시키고 분열을 획책
하는 지도자는 너무 저급한 사람으로 지도자라고 하기 어렵다. 지도자의 자격이 없고
옆에 두어서는 안 될 축출해야 할 대상이다. 국가 발전의 원동력은 국민의 단결된 힘
에서 나온다.

국제사회와 부정부패

1. 미국 외부법 채택 국제사회 관심사로 등장

부패문제가 처음 국제사회의 관심사issue로 등장한 것은 그리 오래되지 않았다. 미국은 워터게이트 사건150)과 록히드 사건151)을 계기로 1977년 12월 19일 카터 대통령이 서명함으로써 외국에서 뇌물을 준 미국 기업을 처벌하는 '외국부패방지법'FCPA, Foreign Corrupt Practices Act이 만들어졌다.152)

미국이 세계 최초의 외국부패방지법을 만든 이유153)는 워터게이트 사건 수사 과정에서 400여 개의 미국 기업들이 외국에서 3억 달러 이상의 뇌물을 뿌렸다는 사실과 다나카 가쿠에이 전 일본 총리의 구속까지 야기한 록히드 스캔들이 비슷한 시기에 알려지며 여론이 들끓었다. '미국인들은 뇌물로 사업한다'는 인식을 불식시키자는 여론도 일어났다. 기업인들의 반발에도 '도덕 외교'를 표방하던 카터 행정부는 명분을 밀고 나

---

150) 워터게이트 사건(Watergate scandal)은 1972년부터 1975년까지 일어난 일련의 사건들을 지칭하는 말로서, 미국의 닉슨 행정부가 베트남전에 대한 반대 의사를 표명했던 민주당을 저지하려는 과정에서 일어난 권력 남용으로 말미암은 정치 추문이었다. 사건의 이름은 당시 민주당 선거운동 지휘 본부(Democratic National Committee Headquaters)가 있었던 워싱턴 D. C.의 워터게이트 호텔에서 유래한다. 처음 닉슨과 백악관 측은 '침입사건과 정권과는 관계가 없다'는 입장을 고수했으나, 1974년 8월, "스모킹 건"이라 불리는 테이프가 공개됨에 따라 마지막까지 남아 있던 측근들도 그를 떠나게 되었다. 닉슨은 미 하원 사법위원회에서 탄핵안이 가결된 지 4일 뒤인 1974년 8월 9일, 대통령직을 사퇴하였다. 이로써 그는 미 역사상 최초이자 유일한, 임기 중 사퇴한 대통령이 되었다.

151) 록히드 사건(Lockheed bribery scandals)은 1976년 미국의 록히드사가 1천만 달러나 되는 뇌물을 일본 정계에 뿌린 뇌물수수사건이다. 당시 뇌물을 받은 자들은 정치인, 고위 관리들이었으며, 현직수상이었던 다나카 가쿠에이도 5억 엔의 뇌물을 받은 사실이 드러나 구속되었다. 이 사건은 일본 국민에게 1955년 이후 38년간 집권한 일본 우파 정당인 자유민주당 정권에 대한 불신을 심어주었으며, 초등학교 졸업의 짧은 학력을 극복하고 수상이 되었다는 다나카 가쿠에이 신화에 대한 환상을 깨었다는 의미가 있다.

152) 김창룡(2006), "청렴한국 아름다운 미래", 한길사 pp.25~26.

153) 서울경제 2009. 12. 18.

가 법을 관철했다. 국제 '반부패라운드'도 여기서 비롯됐다. 그러나 미국 기업들은 이 법 때문에 미국 기업들만 뇌물을 쓸 수 없으므로 외국입찰에서 '미국 기업의 발목만 묶였다'는 불만을 제기했다.

이에 따라 미국 정부는 다른 나라들을 압박해 1997년 경제협력개발기구OECD, Organization for Economic Cooperation and Development의 반부패협약 체결을 유도해 부패 문제를 국제적 관심사issue로 만들었다. 이제 부패문제는 21세기 지구촌 시대의 최대 화두로 떠올랐다. 동서독의 통합과 소련의 붕괴로 시작된 냉전 시대의 종식은 이념전쟁에서 벗어나 경제전쟁 시대를 몰고 왔고, 부패로 말미암아 초래되는 경제위기는 이제 어느 특정국가나 기업만의 문제가 아니다. 각국이 법을 강화하는 추세여서 뇌물과 부패에 익숙한 기업과 국가가 설 땅이 점차 좁아지고 있다.

우리나라도 외국에서 공사를 따내거나 물건을 납품하기 위해 그 나라의 관리들에게 뇌물을 주면 국내법에 따라 처벌하도록 하는 '외국뇌물방지법'이 1999년 2월 15일부터 발효됐다. 외국뇌물방지법은 범세계적 차원에서 추진되고 있는 반부패라운드의 첫 번째 구체적인 조치로 외국에서 상거래 관행이 상대적으로 투명하지 못한 기업들에는 큰 부담이 될 것으로 보인다. 외국뇌물방지법은, 특히 뇌물을 주고 공사를 따거나 물건을 팔아 이득을 얻은 이익금이 5억 원을 넘을 경우, 이익금의 2배까지 벌금을 물리도록 하고 있어 사실상 외국에서 모든 주요 거래가 반부패라운드의 국제 감시 아래 놓이게 됐다.

2. 반부패는 세계적인 추세

이미 '반^反부패'는 세계적인 추세로 자리매김했으며, 부정부패와 국제경제를 묶으려는 경향이 점차 강해지고 있다. 미국은 부정부패를 자유무역을 방해하는 일종의 무역장벽으로 간주하겠다는 입장을 분명히 하고 있다. 따라서 이러한 측면에 비추어 볼 때 우리 사회의 윤리, 특히 공직사회의 윤리를 바로 세우는 것은 깨끗한 국제거래질서를 바탕으로 한 무한경쟁시대에 대처하는 가장 기본적인 처방이기도 하다.[154]

1994년 코오원탁회의^{Caux Round Table}에서 기업의 투명성과 윤리성을 요구하는 '기업윤리원칙'이 채택되었고, 비정부 조직인 국제투명성기구^{TI}에서는 1995년부터 매년 국가별 부패인식지수^{CPI}를 발표하고 있다. 세계무역기구^{WTO}에서 1996년에 체결된 '정부조달투명성협정'이 1997년 1월부터 발효되었다. 국제상공회의소^{ICC}에서는 1996년 3월 '국제상거래에서 뇌물수수방지 행동규칙'을 제정했으며, 세계은행에서는 1996년 600여 개에 달하는 반부패 계획^{program}을 지원하고 있다. 그뿐만 아니라 경제협력개발기구에서도 1997년에 '국제상거래에서 외국공무원에 대한 뇌물제공방지협약'을 제정하였다. 이로써 국제사회에서 본격적인 반부패라운드^{Anti-Corruption Round}가 형성되었다.

특히 2003년 12월 멕시코 메리다에서는 세계 140개국의 반부패대표자가 참가한 가운데 '유엔 반부패협약'^{UNCAC}에 서명함으로써 선진국뿐만 아니라 개도국과 제삼 세계를 아우르는 세계 차원의 반부패 국제협약이 제정되었다. 공공부패는 물론 민간부패의

---

154) 노정현(1996), "깨끗해야 떳떳하다", 미래미디어, p.17.

범죄화, 부패 사범의 형사·사법 공조와 부패자산의 몰수·반환 등 부패에 관한 모든 내용을 포괄하고 있는 '유엔 반부패협약'은 2005년 12월부터 정식으로 발효[155]되었다. 2008년 9월 말까지 140개국이 서명하고 125개국이 비준[156]했다. 우리나라는 2008년 2월 부패재산의 몰수 및 회복에 관한 특례법을 제정, UN '반부패협약'에 관한 국회 비준동의가 이루어졌고 2008년 4월 26일 발효되었다.

한편 2005년 9월 우리나라에서 개최된 아시아태평양경제협력체[APEC, Asia-Pacific Economic Cooperation] 반부패투명성 대책위원회[T/F, Task Force] 회의에 이어 아시아태평양경제협력체 회원국 지도자들의 '반부패 공동협력 정상선언'은 반부패에 대한 아태지역의 의지가 반영된 결과이다. 이처럼 반부패에 대한 관심[157]은 이제 국가 차원을 넘어 국제적인 관심사로 부상했다. 공직부패에서 시작하여 정부윤리와 기업부패, 나아가 국제표준화 기구[ISO, International Organization for Standardization]에서 기업의 '사회적 책임[Social Responsibility] 국제표준[ISO 26000[158]]' 제정으로까지 진전되고 있다.

1) 반부패라운드

반부패라운드[Anti-Corruption Round]는 국가 간의 무역에서 관행처럼 되어 있는 뇌물수수와 부패를 없애 국가 간에 공정한 무역질서를 확립하려는 다자 간 노력을 일컫는다. 부패척결을 위한 각국의 노력에도 부패 관행은 갈수록 국제적 문제가 되어 국가 간에 변칙게임을 확산시키고 눈에 보이지 않는 또 하나의 무역장벽으로 주목받고 있다. 반부패라운드를 주도하고 있는 미국은 1970년대 록히드 사건 등 미국 기업이 국제적 부패사건에 연루되면서 '외국부패방지법'을 제정하였다. 미국은 경제협력개발기구에서 1994년 '국제 상거래에서 뇌물에 관한 경제협력개발기구 이사회 권고'를 채택하였으며, 1996년 4월에는 '외국영업에서의 뇌물수수를 근절하기 위한 조세의 역할에 관한 이사회 권고'를 마련했다.

---

155) 김창룡(2006), "청렴한국 아름다운 미래", 한길사 pp.25~26.

156) 국민권익위원회(2008년), "공직자 청렴교육 표준강의 프로그램 중앙·지방 행정기관 과정", 국민권익위원회, p.24.

157) 김창룡(2006), "청렴한국 아름다운 미래", 한길사 pp.25~26.

158) ISO(International Organization for Standardization, 국제 표준화 기구) 26000의 핵심 주제는 '지배구조 개선'과 부패방지가 포함된 '공정한 조직운영' 등으로서 더 나은 사회를 만들기 위해 개선할 부분에 대한 지침이다.

2) 뇌물방지협약

뇌물방지협약賂物防止協約, Convention on Combating Bribery of Foreign Public Officials in International Business Transactions은 1997년 12월 경제협력개발기구의 각료급 회의에서 통과된 국제상거래상의 외국공무원에 대한 뇌물제공 방지를 위한 협약이다. 우리나라는 이 협약의 이행법률인 ‘국제상거래 뇌물방지법’을 1998년 12월 28일 제정, 공포하고 1999년 2월 15일부터 발효시켰다. 뇌물방지협약은 대부분의 경제협력개발기구 회원국들이 자국 공무원이 뇌물을 받는 것은 형사 처벌하는 데 반해 외국 공무원에게 뇌물을 주는 것은 처벌하지 않는 점을 시정하기 위해 만든 것이다. 따라서 외국 공무원에게 뇌물을 주는 것을 처벌하는데 초점이 맞춰져 있다.

협약의 핵심 골자는 국제상거래에서 외국의 공무원에게 사업상 부정한 이익을 취득하기 위하여 뇌물을 제공하거나, 그러한 의사표시 또는 약속행위에 대해 관련된 개인 및 기업을 반드시 형사 처벌해야 한다는 것이다. 여기서 뇌물을 주겠다고 제안하거나 약속하는 행위도 처벌대상임을 유의해야 한다. 이에 따라 협약 비준 일부터 한국 국민이 국제적인 계약 등 상거래에서 외국 공무원에게 뇌물을 제공하면 뇌물을 준 사람과 소속 법인은 뇌물공여죄로 형사 처벌되며, 뇌물은 물론 뇌물제공으로 얻은 이익까지 모두 몰수당하게 된다. 이에 따른 형량은 5년 이하의 징역이나 2,000만 원 이하의 벌금형이다.

외국공무원의 범위에는 입법, 사법, 행정기관의 법령상 공무원 신분을 갖고 있지 않더라도 공공기관, 공기업, 공적 국제기구에 종사하는 임직원은 물론이고 ‘외국정부로부터 공적 업무를 위임받아 수행하는 자’라면 민간인 전문가나, 민간연구소 직원도 포함한다. 협약 가입국이 아닌 여타 국가의 공무원에게 뇌물을 주는 행위도 처벌대상이 된다. 또한 정부는 외국 공무원에 대한 뇌물제공 행위를 신속하고 정확하게 수사, 기소할 수 있도록 해당국과 효과적인 사법 공조를 해야 할 의무도 지게 된다.

3) 자금세탁방지금융대책기구

자금세탁방지금융대책기구資金洗濯防止金融對策機構, Financial Action Task Force on Money Laundering 는 1989년 파리에서 열린 서방 선신 7개국 회의G7, Conference of Ministers and Governors of the

Group of Seven Countries 이후 자금세탁방지를 위한 국제협력 및 각국의 관련 제도 이행상황 평가 등을 목적으로 설립되었다. 현재 미국, 호주, 일본 등 경제협력개발기구OECD 30개 회원국 중 25개국과 홍콩, 싱가포르, 아르헨티나, 브라질 등 31개 국가가 가입해 있으며, 기관회원으로는 유럽위원회European Commission, 걸프협력위원회Gulf Co-operation Council 등 2개의 국제기구가 있다.

또한 아태지역자금세탁방지기구도 있다. 아태지역자금세탁방지기구Asia-Pacific Group on Money Laundering, APG는 1997년 2월 태국 방콕에서 열린 제4차 아시아태평양지역자금세탁방지기구 토론회symposium에서 아시아태평양 지역 국가 간 자금세탁방지를 위한 공식적인 국제기구로 출범했다. 사무국은 호주 시드니에 있으며, 제1차 연차총회가 1998년 3월 일본 동경에서 개최된 바 있다. 우리나라는 1998년 10월에 정식 회원국으로 가입하였다.

3. 부패관련 주요 지수 및 용어 이해

1) 국제투명성 기구

국제투명성기구國際透明性機構, Transparency International는 1993년 창립돼 세계에서 반부패운동을 주도하고 있는 비정부 조직NGO으로 독일 베를린에 본부를 두고 있으며, 홍콩, 파리, 요하네스버그 등 세계 각지에 지부가 있다. 우리나라에는 한국투명성기구가 국제투명성기구 한국지부 역할을 한다. 국제투명성기구는 국제사회에서 부패추방을 목표로 국제기구와 각국 정부에 대해 국제 부패방지법 제정을 촉구하는 한편 이를 위한 연구 및 정보수집 등의 활동을 하고 있다. 이 협회는 1995년부터 국가별 부패인식지수CPI를 발표하여 주목받고 있다.

각국의 부패 정도를 수치화해 국가별 순위를 매긴 이 보고서는 처음부터 국제사회에 엄청난 반향을 불러일으켰다. 독일 괴팅겐대와 공동으로 작성하고 있는 국제투명성협회의 부패인식지수는 국제경영개발원IMD이 매년 발표하고 있는 국가경쟁력보고서 갤럽의 설문조사 등 7개 자료를 토대로 작성된다. 신뢰도를 높이기 위해 7개 자료 중 최소한 4개 이상의 자료에 올라 있는 국가들만을 대상으로 한다. 또한 1999년부터는 주요 수출국 기업들이 수출대상인 신흥시장국의 고위공무원 등에게 뇌물을 줄 가능성이 어느 정도인가를 설문 조사해 작성한 뇌물공여지수BPI도 발표하고 있다.

2) 한국투명성기구

　한국투명성기구韓國透明性機構, Transparency International Korea는 정부와 정치, 기업, 시민사회
와 일상생활에서 부패 없는 세계를 건설하는 데 이바지할 목적으로 설립된 비영리 비
정부 조직으로 2000년 9월 30일 국제투명성기구의 한국본부로 인준 받았다. 조직은 이
사회회장, 감사, 자문위원회, 정책위원회, 사무총국으로 이루어져 있다. 본부는 중앙본부
역할을 하는 서울본부와 광주 · 부산 · 대구 등 3개 지역본부가 있다. 주요사업은 반부
패투명사회협약 운동, 시민 옴부즈만[159]ombudsman, 민원도우미 사업, 법제 · 정책의 개발과
연구 · 조사사업, 교육 · 홍보 · 문화사업, 국내외 관련 단체 · 기관 등과의 연대 사업,
기타 법인의 설립 목적을 실현하기 위한 각종 사업 등이다. 부패방지 사회운동, 반부패
법제와 정책 개발, 맑은 사회 만들기 한마당 운동, 반부패 국제연대 사업 등을 주로 펼
친다.

3) 국민권익위원회

　국민권익위원회國民權益委員會는 부패방지와 국민의 권리보호 및 구제를 위하여 과거 국
민고충처리위원회, 국가청렴위원회, 국무총리 행정심판위원회의 기능을 합쳐 2008년 2
월 29일 새롭게 탄생한 기관으로 '부패방지 및 국민권익위원회의 설치와 운영에 관한
법률'법률 제8878호에 근거하여 설치되었다. 국민권리구제업무와 국가청렴도 향상을 위한
활동, 행정과 관련한 쟁송업무를 한 기관에서 통합하여 국민의 권익 구제 창구를 일원
화하고 신속하고 충실한 통합업무처리One-stop Service 체제를 마련하였다. 국민권익위원
회의 기능은 고충 민원의 처리와 이와 관련된 불합리한 행정제도 개선, 공직사회 부패
예방 · 부패행위 규제를 통한 청렴한 공직 및 사회풍토 확립, 행정소송을 통하여 행정
청의 위법 · 부당한 처분으로부터 국민의 권리를 보호하는 것이다.

---

159) 옴부즈맨(스웨덴어: umbuðsmann)은 정부나 의회에 의해 임명된 관리로서, 시민에 의해 제기된 각종 민원을 수사하고 해결
　해주는 사람을 말한다. 기소권을 보유하는 예도 있으나, 미보유하는 것이 일반적이다. 근대에 들어 최초의 사용은 정부로부
　터 시민의 권리를 보호하기 위해 1809년에 생긴 스웨덴 의회 옴부즈맨이다. 옴부즈맨 제도는 여러 기능이 있을 수 있으나
　행정권의 확대 · 다양화 및 재량권의 증가에 따른 권리 보호의 불충분에 대하여 의회의 개입을 통한 행정 구제 제도의 결함
　을 보완함으로써 국민의 권리 보호의 기회를 확대하고자 하는 것이 주요한 기능이라 할 수 있다. 옴부즈맨은 고대 스웨덴어
　로 대리인(agent)을 의미하는 것으로 위헌이나 부정한 행정 활동에 대하여 비사법적인 수단으로 국민을 보호하는 제도이다.

4) 부패인식지수

국제투명성기구[TI]의 부패인식지수160)Corruption Perceptions Index, CPI는 공무원들과 정치인들 사이에 부패가 어느 정도 존재하는지 인식된 정도에 따라 이를 국가별로 순위를 매긴 것이다. 이 지수는 독립적이고, 저명한 기관들에 의해 수행된 전문가 조사 중에서 부패와 관련된 자료data에 따른 복합적 지수이다. 여기에는 조사대상 국가들에 거주하는 전문가들을 포함한 세계의 기업인들과 분석전문가analyst의 견해가 반영되어 있다.

5) 세계부패바로미터

세계부패바로미터Global Corruption Barometer, GCB는 사람들의 인식과 부패 경험에 대해 65개 나라 이상, 7만 세대 이상 조사한 대표적인 연구이다.

6) 뇌물공여지수

뇌물공여지수Bribe Payers Index, BPI는 외국에 뇌물을 줄 가능성에 따른 수출주도국들의 순위이다. 해당 나라에 있는 외국 회사 경영진의 경영습관에 초점을 맞춘 조사에 근거한다.

7) 세계부패보고서

세계부패보고서Global Corruption Report, GCR는 특정 부문이나, 통치 쟁점에 따른 부패를 조사한 주제 보고서이다. 보고서는 전문가와 현장 참가자들의 다양한 관점과 함께, 세계의 국제투명성기구[TI] 지부로부터 온 보고서와 사례 연구들을 보여준다. 세계부패보고서는 또한 최근의 부패 관련 조사결과를 그 주제와 연관을 지어 특화시킨다.

---

160) "2009년 부패인식지수(CPI 2009) 발표 자료", 한국투명성기구, p.13.

8) 국가반부패시스템평가

국가반부패시스템평가National Integrity System assessment, NIS는 좋은 통치와 국가의 청렴도를 가능하게 하는 주요제도의 강점과 약점에 대한, 광범위한 진단결과를 포함한 자국 내에 제공되는 일련의 연구이다. 국가반부패시스템평가는 진행 중인 상태로 발표된다.

9) 청렴계약제

청렴계약제[161]Integrity Pact, IP는 공공조달 과정에 참여한 모든 당사자가 계약을 통해 뇌물을 거부하고, 제삼자인 시민단체의 감시를 받는 제도이다. 국제투명성기구가 국제상공회의소와 아시아개발은행, 국제투명성기구 각국 본부 같은 국제조직의 도움을 받아 1990년대 중반에 개발했으며, 우리나라는 서울특별시가 2000년 6월 처음으로 계약의 투명성을 보장하고 부패 관행을 줄일 수 있는 환경을 조성하기 위해 국제투명성기구의 청렴계약제를 도입한 이후 여러 지자체에서 도입 운영 중이다.

10) 국민감사청구권

국민감사청구권國民監査請求權은 공공기관의 사무처리가 법령위반 또는 부패행위로 말미암아 공익을 현저히 해하는 경우 대통령령이 정하는 일정한 수 이상의 국민 연서로 감사원에 감사를 청구할 수 있는 권리부패방지 및 국민권익위원회의 설치와 운영에 관한 법률 제72조이다.

11) 규제개혁위원회

규제개혁위원회規制改革委員會, Regulatory Reform Committee는 정부의 규제정책을 심의·조정하고, 규제의 심사·정비 등에 관한 사항을 종합적으로 추진하기 위하여 설치된 기구이다. 주요 활동은 규제개혁의 기본방향과 규제제도의 연구·발전에 관한 사항, 규제의 신설·강화 등에 대한 심사 관련사항, 기존 규제의 등록·공표에 관한 사항, 규제

---

161) 반부패국민연대(2002), "반부패 지도 II", 사람생각, pp.111~112.

개선에 관한 의견수렴 및 처리에 관한 사항, 각급 행정기관의 규제개선 실태에 대한 점검 · 평가에 관한 사항 등을 종합적으로 심의 · 조정한다.

12) 뇌물죄

뇌물죄賂物罪는 뇌물을 주고받거나 알선하고 전달함으로써 성립하는 범죄이다. 뇌물죄의 성립에는 다음과 같은 특징이 있다. ① 대가성이 있어야 한다. ② 뇌물의 목적물은 형태의 있고 없고를 가리지 않기 때문에 향응의 제공이나 성교도 뇌물이 될 수 있다. ③ 뇌물을 요구하면 그 요구만으로도 범죄는 성립한다. ④ 당사자가 뇌물을 주고받을 것을 합의하면 그 대상물을 언제 주고받을 것인지가 정해지지 않아도 범죄는 성립한다. ⑤ 일정한 행위를 해 달라고 요구하는 청탁은 그 정당성 여부와는 상관없다. 뇌물을 주는 것은 증뢰죄가 되고 받는 것은 수뢰죄가 되는데 수뢰죄는 단순수뢰죄, 가중수뢰죄, 사후수뢰죄, 알선수뢰죄, 제삼자 뇌물공여죄, 알선수뢰 후 부정처사죄 등이 있다.

13) 도덕적 해이

도덕적 해이道德的 解弛, moral hazard는 대리인 관계에서 정보의 비대칭성 등으로 말미암아 대리인의 행위에 대한 위임자의 통제가 효과적이지 못할 경우, 대리인이 과업수행에 필요한 주의와 노력을 소홀히 하게 되는 현상을 말한다. 보험의 예를 보면, 어떤 사람이 화재보험에 가입함으로써 화재에 대한 경각심과 주의의무가 감소 화재 발생 가능성이 커지는 현상 등을 가리킨다. 도덕적 해이는 사회적 낭비를 가져온다.

14) 비자금

비자금秘資金, a slush fund은 기업이 사례금rebate, 중개수수료commission, 회계조작 등으로 생긴 부정한 돈을 세금추적이 불가능하도록 특별히 관리해 둔 자금이다. 무역이나 계약 등의 기업 활동 과정에서 관례로 발생하는 사례금, 중개수수료와 회계처리의 조작 등으로 생겨난 부정한 돈을 세금추적이 불가능하도록 특별관리 하는데, 이러한 자금을 통틀어 비자금이라 한다. 기업의 순재산 및 이익, 자산의 과소표시로 발생하는 비밀적립금은 현금이 발생하는 것이 아니라 장부상으로만 나타난다는 점에서 비자금과 차이가 있다.

15) 내부고발자와 내부공익신고

내부고발자whistle-blower는 기업이나 정부기관 내에 근무하는 내부자로서 조직의 불법이나 부정거래에 관한 정보를 신고하는 사람을 말한다. 내부공익신고Whistle blowing는 조직 구성원이거나 구성원이었던 사람이 사회 전체의 안전과 권익을 보호하고 국민의 알 권리를 보장하기 위해 조직의 불법 및 부당행위를 일반 사정기관이나 언론기관 또는 공익단체 등 조직 외부에 알리거나 문제를 제기하는 행위이다.

16) 부패행위 신고 포상금과 보상금

부패행위 신고 포상금腐敗行爲 申告 褒賞金은 '부패방지 및 국민권익위원회의 설치와 운영에 관한 법률'에 의한 신고로 말미암아 현저히 공공기관에 재산상 이익을 가져오거나 손실을 방지한 경우 또는 공익의 증진을 가져온 때에 부패행위 신고자에게 지급하는 돈을 말한다. 부패행위 신고 보상금腐敗行爲 申告 補償金은 '부패방지 및 국민권익위원회의 설치와 운영에 관한 법률'에 의한 신고로 말미암아 직접적인 공공기관 수입의 회복 등을 가져오거나 그에 관한 법률관계가 확정된 경우 부패행위 신고자의 신청이 있으면 수입회복 금액의 일정비율로 신고자에게 지급하는 금전이다.

4. 2010년 세계 각국의 부패인식지수

1) 세계 각국의 부패인식지수 동향

국제투명성기구Transparency International, TI는 2010년 10월 26일 2010년 국가별 부패인식지수Corruption Perceptions Index, CPI를 발표했다. 2010년 부패인식지수 발표에서는 처음으로 점수에 반영된 총 13개의 원천자료를 공개하였다. 각국의 부패인식지수를 살펴보면 2010년 조사에 포함된 나라는 178개국으로 3개국이 제외되고, 코소보가 추가되어 2009년보다 2개국이 적은 규모인데, 세계 평균 부패인식지수는 4.1점으로 2009년과 비슷하다. 각국별 부패인식지수와 순위는 [표 3-1]과 같다.

[표 3-1] 2010년 부패인식지수(CPI) 1~87위 국가

국가순위	국가/영토	2010 CPI	2009 CPI 점수	2009 CPI 순위	2008	국가순위	국가/영토	2010 CPI	2009 CPI 점수	2009 CPI 순위	2008
1	뉴질랜드	9.3	9.4	1	9.3	45	카보베르데	5.1	5.1	46	5.1
1	덴마크	9.3	9.3	2	9.3	46	리투아니아	5.0	4.9	52	4.6
1	싱가포르	9.3	9.2	3	9.2	46	마카오	5.0	5.3	43	5.4
4	스웨덴	9.2	9.2	3	9.3	48	바레인	4.9	5.1	46	5.4
4	핀란드▲	9.2	8.9	6	9.0	49	세이셸	4.8	4.8	54	4.7
6	캐나다	8.9	8.7	8	8.7	50	사우디아라비아▲	4.7	4.3	63	3.5
7	네덜란드	8.8	8.9	6	8.9	50	요르단	4.7	5.0	49	5.1
8	스위스	8.7	9.0	5	9.0	50	헝가리▼	4.7	5.1	46	5.1

순위	국가				
8	호주	8.7	8.7	8	8.7
10	노르웨이	8.6	8.6	11	7.9
11	룩셈부르크▲	8.5	8.2	12	8.3
11	아이슬란드	8.5	8.7	8	8.9
13	홍콩	8.4	8.2	12	8.1
14	아일랜드	8.0	8.0	14	7.7
15	독일	7.9	8.0	14	7.9
15	오스트리아	7.9	7.9	16	8.1
17	바베이도스▲	7.8	7.4	20	7.0
17	일본	7.8	7.7	17	7.3
19	카타르▲	7.7	7.0	22	6.5
20	영국	7.6	7.7	17	7.7
21	칠레▲	7.2	6.7	25	6.9
22	미국▼	7.1	7.5	19	7.3
22	벨기에	7.1	7.1	21	7.3
24	우루과이	6.9	6.7	25	6.9
25	프랑스	6.8	6.9	24	6.9
26	에스토니아	6.5	6.6	27	6.6
27	슬로베니아	6.4	6.6	27	6.7
28	사이프러스	6.3	6.6	27	6.4
28	아랍에미리트	6.3	6.5	30	5.9
30	스페인	6.1	6.1	32	6.5
30	이스라엘	6.1	6.1	32	6.0
32	포르투갈	6.0	5.8	35	6.1
33	대만	5.8	5.6	37	5.7
33	보츠와나	5.8	5.6	37	5.8
33	푸에르토리코	5.8	5.8	35	5.8
36	부탄▲	5.7	5.0	49	5.2
37	몰타▲	5.6	5.2	45	5.8
38	부루나이	5.5	5.5	39	신규
39	대한민국	5.4	5.5	39	5.6
39	모리셔스	5.4	5.4	42	5.5
40	오만	5.3	5.5	39	5.5
40	코스타리카	5.3	5.3	43	5.1
40	폴란드▲	5.3	5.0	49	4.6
44	도미니카▼	5.2	5.9	34	6.0

순위	국가				
53	체코	4.6	4.9	52	5.2
54	남아프리카공화국	4.5	4.7	55	4.9
54	쿠웨이트▲	4.5	4.1	66	4.3
56	나미비아	4.4	4.5	56	4.4
56	말레이시아	4.4	4.5	56	5.1
56	터키	4.4	4.4	61	4.5
59	라트비아	4.3	4.5	56	5.0
59	슬로바키아	4.3	4.5	56	5.0
59	튀니지	4.3	4.2	65	4.4
62	가나	4.1	3.9	69	3.9
62	마케도니아▲	4.1	3.8	71	3.6
62	사모아▼	4.1	4.5	56	4.4
62	크로아티아	4.1	4.1	66	4.4
66	르완다▲	4.0	3.3	89	3.0
67	이탈리아▼	3.9	4.3	63	4.8
68	그루지야	3.8	4.1	66	3.9
69	루마니아	3.7	3.8	71	3.8
69	몬테네그로	3.7	3.9	69	3.4
69	브라질	3.7	3.7	75	3.5
69	쿠바▼	3.7	4.4	61	4.3
73	바누아투▲	3.6	3.2	95	2
73	불가리아	3.6	3.8	71	3.6
73	엘살바도르	3.6	3.4	84	3.9
73	트리니다드토바고	3.6	3.6	79	3.6
73	파나마	3.6	3.4	84	3.4
78	그리스	3.5	3.8	71	4.6
78	레소토	3.5	3.3	89	3.2
78	세르비아	3.5	3.5	83	3.4
78	중국	3.5	3.6	79	3.6
78	콜롬비아	3.5	3.7	75	3.8
78	태국	3.5	3.4	84	3.5
78	페루	3.5	3.7	75	3.6
85	말라위	3.4	3.3	89	2.8
85	모로코	3.4	3.3	89	3
87	라이베리아	3.3	3.1	97	2.4
87	알바니아	3.3	3.2	95	3.4

주) ▼0.4점 이하 점수가 하락한 국가 ▲0.3점 이상 점수가 상승한 국가
출처: 국제투명성기구. "2010년 부패인식지수(CPI 2010) 발표 자료", 한국투명성기구

    2010년 1위는 9.3점을 얻은 뉴질랜드와 덴마크, 싱가포르가 공동으로 차지하였고, 뒤를 이어 스웨덴과 핀란드가 9.2점으로 공동 4위를 기록하였다. 이들 상위그룹 국가

들은 해마다 큰 변동 없이 9점대의 높은 점수를 유지하고 있는데 높은 투명성, 충실하고 엄정한 공권력으로 건강한 거버넌스[162]를 갖추고 있다. 반면 소말리아는 1.1점으로 2009년에 이어 최하위를 차지하였고, 뒤를 이어 아프가니스탄과 미얀마가 1.4점, 이라크가 1.5점으로 하위그룹을 차지하였다. 이들 국가는 전쟁과 독재에 시달리는 나라로, 정치적 안정성과 부패의 상관관계를 보여주고 있다.

2010년 부패인식지수에서 점수가 상승한 국가는 부탄, 칠레, 마케도니아, 에콰도르, 감비아, 아이티, 자메이카, 쿠웨이트, 카타르 등이다. 주목할 만한 국가는 부탄으로, 국민권익위원회로부터 반부패 기술을 전수받은 국가 중 하나이다. 2009년 우리나라와 함께 5.5점으로 공동 39위를 차지했던 부탄은 2010년 5.7점으로 36위로 상승하여 반부패 정책을 수출한다고 자랑했던 우리를 부끄럽게 하고 있다. 점수가 하락한 국가는 그리스, 니제르, 마다가스타르, 미국, 이탈리아, 체코, 헝가리 등이다. 이중 그리스는 2009년 국가재정 파탄으로 국제통화기금[IMF] 구제 금융을 받은 바 있어, 국가 재정 건전성과 부패의 상관관계를 보여준다.[163]

[표 3-2]에서 보는 바와 같이 경제협력개발기구[OECD] 30개국의 평균은 6.97이며, 한국은 2009년과 같은 22위를 차지하여 경제력에 비해 낮은 등급에 머물렀다. 아시아 지역에서는 싱가포르[9.3점]와 홍콩[8.4점]이 꾸준히 상위를 차지했으며, 일본은 7.8점으로 2009년의 상승세를 지속하였다. 우리나라와 비슷한 점수대에 있던 대만도 0.2점이 상승한 5.8점을 차지했는데, 대만은 정권의 꾸준한 반부패 정책 강화와 반부패사정기구 설립 발표 등이 반영된 것으로 보인다.

---

162) 거버넌스(governance)는 국가의 여러 업무를 관리하기 위해 정치·경제 및 행정적 권한(authority)을 행사하는 방식 즉 국정관리 체계를 의미한다. 국정관리 체계(國政管理體系), 공치(共治), 협치(協治) 등의 용어로 번역되어 사용되기도 한다. 넓은 의미에서의 거버넌스는 일반적인 국정관리 체계를 가리키는 용어이나, 다른 한편으로는 '네트워크식 국정관리 체계'만을 지칭하는 즉 뉴 거버넌스의 의미로 사용됨으로써 혼란이 초래된다. 넓은 의미의 거버넌스 즉 국정관리 체계의 주요 양식으로는 계층제(관료제 또는 전통적 형태의 정부조직), 시장, 네트워크(network) 등이 있다.
　　정부에 의한 일방적 통치를 의미하는 전통적 행정(government)과 대비되는 뉴 거버넌스의 개념은 공공문제의 해결을 위한 정부와 시민사회(civil society) 그리고 여러 공사조직과의 연결 네트워크를 강조하는 개념이다. 즉 뉴 거버넌스는 오늘날의 행정이 시장화·분권화·네트워크화·기업화·국제화를 지향함에 따라, 종래의 집권적 관료구조에 바탕을 둔 전통적 행정을 대체하는 개념(from government to governance)으로 사용된다. (뉴)거버넌스의 속성 개념으로는 민·관의 협력적 네트워크(network) 또는 자기 조직화 네트워크(self-organizing network), 민·관의 동반관계(partnership), 공공 서비스의 민·관 공동 생산(coproduction), 신공공관리(new public management) 기법이 도입 및 기업적 거버넌스(corporate governance), 최소국가(minimal state), 사회적 인공지능 체계(socio-cybernetic system) 등을 들 수 있다.

163) 국제투명성기구, "2010년 부패인식지수(CPI 2010) 발표 자료", 한국투명성기구

[표 3-2] 경제협력개발기구 국가 2010년 CPI 현황

전체 순위	OECD 순위	국가	2010 CPI	2009 CPI	전체 순위	OECD 순위	국가	2010 CPI	2009 CPI
1	1	뉴질랜드	9.3	9.4	20	16	영국	7.6	7.7
1	1	덴마크	9.3	9.3	22	17	미국	7.1	7.5
4	3	스웨덴	9.2	9.2	22	17	벨기에	7.1	7.1
4	3	핀란드	9.2	8.9	25	19	프랑스	6.8	6.9
6	5	캐나다	8.9	8.7	30	20	스페인	6.1	6.1
7	6	네덜란드	8.8	8.9	32	21	포르투갈	6.0	5.8
8	7	스위스	8.7	9.0	39	22	대한민국	5.4	5.5
8	7	호주	8.7	8.7	41	23	폴란드	5.3	5.0
10	9	노르웨이	8.6	8.6	50	24	헝가리	4.7	5.1
11	10	룩셈부르크	8.5	8.2	53	25	체코	4.6	4.9
11	10	아이슬란드	8.5	8.7	56	26	터키	4.4	4.4
14	12	아일랜드	8.0	8.0	59	27	슬로바키아	4.3	4.5
15	13	독일	7.9	8.0	67	28	이탈리아	3.9	4.3
15	13	오스트리아	7.9	7.9	78	29	그리스	3.5	3.8
17	15	일본	7.8	7.7	87	30	멕시코	3.1	3.3
OECD 국가 CPI 평균			6.97	7.04	세계 CPI 평균			4.01	4.00

출처: 국제투명성기구, "2010년 부패인식지수(CPI 2010) 발표 자료", 한국투명성기구

국제투명성기구는 2010년 부패인식지수 발표와 함께 '부패 불관용 원칙으로 지구의 위기를 극복하자Response to global crises must priorities zero tolerance for corruption'라는 논평을 발표하여, 부패가 금융시장의 불안정, 기후변화, 빈곤과 함께 세계가 가장 치열하게 극복해야 할 장애라고 주장하였다. 논평에 따르면, 2010년도 부패인식지수 결과 178개국의 3/4에 이르는 국가가 5점대 미만으로 부패문제가 여전히 심각함을 보여주었다.

이러한 결과에 대해 국제투명성기구 위겟 라벨Huguette Labelle 회장은 '세계가 거버넌스 강화를 위해 확고한 노력을 가해야 한다는 적신호'라며, '반부패, 투명성, 책임성에 대한 각국 정부의 공약은 부패로 말미암아 위기에 몰린 민중의 생존을 위해 이제 실천으로 답해야 한다'고 굿 거버넌스를 통해 각국 정부가 직면한 정책적 위기를 극복할 것을 권고하였다. 또한 유엔 반부패협약의 엄정하고 강력한 이행, 거버넌스 개선, 현존하는 반부패 관련 법제의 준수와 강화를 강조하였다. 특히 G20[164] 등 국제공조와 관련

---

164) G20(Group of 20)은 선진 7개국 정상회담(G7)과 유럽연합(EU) 의장국 그리고 신흥시장 12개국 등 세계 주요 20개국을 회원으로 하는 국제기구이다. 1999년 9월에 개최된 국제통화기금(IMF) 총회에서 G7과 신흥시장이 참여하는 기구를 만드는 데 합의하여 같은 해 12월 창설되었다. G는 영어 그룹(group)의 머리글자이고, 뒤의 숫자는 참가국 수를 가리킨다. 회원국은 미국·프랑스·영국·독일·일본·이탈리아·캐나다 등 G7에 속한 7개국과 유럽연합 의장국에 한국을 비롯한 아르헨티나·오스트레일리아·브라질·중국·인도·인도네시아·멕시코·러시아·사우디아라비아·남아프리카공화국·터키

하여 국제투명성기구는 '국제 정책의 개혁에서 부패문제는 반드시 거론되어야 할 국제적인 문제'이며, 'G20은 공공과 기업의 부정부패를 일소하기 위한 정부의 감독과 공공 투명성 강화 시책을 의무화할 것'을 요구하였다.[165]

2) 2010년 한국 관련 CPI 동향과 GCB 발표

(1) 한국의 부패인식지수 동향

국제투명성기구가 발표한 2010년도 국가별 부패인식지수Corruption Perceptions Index, CPI 에 따르면 우리나라는 10점 만점에 5.4점으로 178개국 중 39위에 머물렀다. 이는 우리 나라가 절대 부패에서 갓 벗어난 상태임을 나타내는 5점대에 머무르고 있음을 의미한 다. 6년 만에 처음으로 하락했던 2009년에 이어 또다시 0.1점 하락한 점수로서, 5점대 정체와 하락세가 고정되는 추세이다. 우리나라 반부패기관에서 반부패 기술을 전수해 준다며 자랑해왔던 부탄의 5.7점보다 낮은 점수이다. 그동안 우리나라는 16년간의 조사에서 4점대를 벗어나지 못하다가, 2005년 5점대로 진입한 후, 2008년에 이르러서야 겨우 5.6점으로 올라섰으나, 이제 5.4점으로 두 해 연속 0.1점씩 점수가 하락하였다.

2010년 부패인식지수 발표에서는 처음으로 점수에 반영된 원천자료를 공개하였는 데, 우리나라는 총 13개 자료 중 6개 기관의 9개 자료가 적용되었다. 특히 세계경제포럼 2010이 4.6점, 글로벌 인사이트 2010이 4.7점으로 점수 하락에 반영되었다. 이들 원천자료는 2009년 1월부터 2010년 9월까지 발표된 것들이다. [참고 - 한국 2010년 CPI 에 사용된 원천 자료: BTI베텔스만 기금 2009, EIUEconomist Intelligence Unit 2010, GIGlobal Insight 2010, IMDIMD International, Switzerland, World Competitiveness Center 2009, IMD 2010, PERCPolitical & Economic Risk Consultancy 2009, PERC 2010, WEF세계경제포럼 2009, WEF 2010)

우리나라의 점수 하락은 최근 2~3년간 나타난 우리 사회의 부패 불감 현상과 무관 하지 않다. 또한 이는 연일 터져 나온 교육 비리와 특권층 비리는 물론, 고위 공직자 자녀의 채용비리, 사정기관의 부패 추문scandal, 대통령의 사면권 남용 등이 우리 사회 전반의 부패 현실을 반영하고 있다. 더욱이 이명박 정부의 '친기업' 행보와 고위공직자

등 신흥시장 12개국을 더한 20개국이다. 유럽연합 의장국이 G7에 속할 때는 19개국이 된다.
165) 국제투명성기구, "2010년 부패인식지수(CPI 2010) 발표 자료", 한국투명성기구

들의 적격성 논쟁에서 보여준 윤리의식의 붕괴는 관행적 부패가 온존한 우리 사회에 '지능형' 부패가 창궐할 수 있다는 것을 보여주었다.

우리나라 공권력에 대한 불신은 이미 국제사회의 평가에서도 드러났다. 2010년 7월 국제투명성기구가 펴낸 '2010년도 경제협력개발기구^{OECD} 뇌물방지협약 이행보고서' 한국 편에서는 삼성 이건희 회장의 대통령 사면과 경영복귀, 검사 후원자^{sponsor} 사건 등 국내 부패환경의 악화를 우려했을 뿐 아니라, 이 사실을 두고 한국 검찰의 수사 능력과 의지에 대해 의구심을 표시하기까지 하였다. 이미 국제사회가 우리 공권력과 법치의 혼탁을 주목하고 있었고, 2010년의 점수 하락은 그러한 우려가 현실화된 것일 뿐이다.

가장 우려할 현상은 바로 법치주의의 실종이다. 인사청문회에서 드러난 고위 공무원의 탈법 행태는 빙산의 일각에 불과하다. 기업에서 용돈을 받는 공직자가 존재하고, 부패 사범에 대한 무분별한 사면이 계속되는 한, 법의 평등한 집행과 공정한 사회는 요원하다. 결국 훼손된 국민의 법 감정은 윤리 실종과 부패지수의 계속적인 추락으로 이어질 것이다. 부패예방을 위해 우리가 가야 할 길은 아직 멀다. 한국의 부패관리는 국제적인 국가경쟁력, 경제 통상규모 순위와 비교하면 부패인식지수에 나타나는 점수와 순위가 너무 낮다는 문제점이 있다. 연도별 변화추이는 [표 3-3]과 같다.

이명박 대통령은 여러 차례에 걸쳐 '공정한 사회'를 주창했다. 이렇게 한쪽에서는 공정사회를 외치면서 다른 쪽에서는 위법 사실이 드러난 비도덕적인 인사를 정무직공무원에 임명하는 정실인사를 계속하면 부정부패 개선은 어렵다. 공정한 사회는 국민 누구에게나 법치주의 원칙이 지켜질 때 이루어진다. 죄를 지은 자는 예외 없이 엄정한

[표 3-3] 한국의 부패인식지수 변화 추이(1995~2010)

연도	CPI 지수	순위	조사대상국	연도	CPI 지수	순위	조사대상국
1995	4.29	27위	41개국	2003	4.3	50위	133개국
1996	5.02	27위	54개국	2004	4.5	47위	146개국
1997	4.29	34위	52개국	2005	5.0	40위	159개국
1998	4.2	43위	85개국	2006	5.1	42위	163개국
1999	3.8	50위	99개국	2007	5.1	43위	180개국
2000	4.0	48위	101개국	2008	5.6	40위	180개국
2001	4.2	42위	91개국	2009	5.5	39위	180개국
2002	4.5	40위	102개국	2010	5.4	39위	178개국

출처: 국제투명성기구, "2010년 부패인식지수(CPI 2010)", 한국투명성기구

법의 심판을 받고, 열심히 일하는 보통사람도 성공할 수 있다는 믿음이 지켜질 때 공정한 사회가 가능하고 부패가 존속하지 못할 것이다. 정부는 지금이라도 바닥에 떨어진 법치주의의 원칙을 지켜 부패 없는 세상, 공정한 세상을 위해 나아가야 한다.

한국투명성기구는 이를 위해 첫째는 검찰, 감사원 등 사정기관은 실추된 권위를 회복하기 위하여 정치적 중립을 지키고 국민으로부터 위임받은 권한만을 행사해야 한다. 둘째는 대통령의 인사권이 부패한 고위공직자에 대한 면죄부로 작용하여서는 안 된다. 엄정한 인사 기준으로 공직 인사에 공정성을 확립해야 한다. 셋째는 고위공직자와 대기업 총수, 정치인에 대하여 더욱더 근본적인 윤리적 기준을 적용하고, 범법 행위에 대해서는 법의 엄정한 심판이 필요하다. 넷째는 유엔 반부패협약을 이행하여 '독립적' 반부패기관을 복원하여야 한다. 다섯째는 기업지배구조 개선 없는 홍보용 사회공헌 활동은 기업 부패를 감출 수 없는 미봉책일 뿐이다. 기업은 선진화된 기업윤리와 투명성 확보로 국제경쟁력을 갖추어야 한다고 주장했다.166)

(2) GCB 2010, 국민 54% 정부 반부패 노력 불신

국민 신뢰와 공정한 법질서 없이 투명사회는 요원하다. 그런데 국민의 54%가 정부의 반부패 노력에 대해 불신하고 있는 것으로 나타났다. 2010년 12월 9일 국제 반부패 시민사회단체인 국제투명성기구는 세계 86개국의 일반 시민 91,781명을 대상으로 조사한 2010년 세계부패바로미터Global Corruption Barometer, GCB를 발표하였다. 우리나라는 한국갤럽이 2010년 6월 11일부터 28일까지 전국에서 16세 이상의 성인 남녀 1,500명을 대면조사 방식으로 조사하여 이루어졌다국가별 오차범위: +/-2.18%~4.40%.

2010년 세계부패바로미터 결과에 따르면, 우리나라는 응답자들의 54%가 정부의 반부패 노력이 비효과적이라고 답해, 공정한 사회를 지향하는 정부의 노력을 무색하게 하고 있다. 이는 세계평균 50%보다 높다. 또한 지난 3년간 부패수준의 정도에 대한 조사에서도 32%가 부패가 증가했다고 답변하였다. 분야별 부패 정도에 관한 인식 정도에 대한 조사는 11개 분야에 대해 가장 청렴하면 1점, 가장 부패에 취약하면 5점으로 하여 조사한 결과, 정당과 의회가 4점으로 가장 부패한 것으로 조사되었다. 그다음으로는 경찰3.7점, 공무원과 사법부3.6점가 부패했다고 답변하였고, 비정부 조직NGO이 2.7점

---

166) 국제투명성기구, "2010년 부패인식지수(CPI 2010) 발표 자료", 한국투명성기구

으로 가장 청렴하다고 조사되었다.

　'반부패에서 가장 신뢰하는 분야'를 묻는 조사에서는 37.6%의 응답자들이 비정부 조직을 신뢰한다고 답했고, 15%는 아무도 신뢰하지 않는다고 대답하였다. 특이할 점은 기업은 5.9%이고, 국제통화기금IMF이나 세계은행과 같은 국제기구에 대한 답변도 5.2%에 그쳐 세계 금융위기 이후 기업과 국제금융기관에 대한 불신감이 높아졌음을 보여주었다. 지난 1년간 부패 경험에 대한 조사, 즉 뇌물을 주었다고 대답한 응답자들은 2%로 세계적으로 가장 청렴한 국가군에 속한다. 일반 국민이 생활상에서 접하는 소규모 뇌물에 대한 질문에서, 응답자들은 '사법기관7.7%>교육기관5.5%>관세4.4%>경찰3.2%>조세1.7%>등록인허가>공공서비스>의료기관'의 순으로 뇌물을 준 적이 있다고 답변하였다.

　부패 행동에 대한 조사도 이루어졌는데 65.7%가 '부패한 사태를 보게 되면 신고할 것이다'라고 응답하였고, '보통사람도 반부패 행동을 통해 사회를 변화시킬 수 있다'는 답변도 67.2%로 나타났다. 이 두 질문에 대한 세계평균은 70%로, 우리나라 평균보다 약간 밑도는 결과가 나왔다. 이러한 긍정적인 결과에 대해 국제투명성기구는 부패는 더 악화하고 있으나, 사람들은 이에 맞설 준비가 되어 있음을 알려준다. "많은 사람이 부패와 맞설 준비가 되어 있다는 사실은 희망적이다. 이러한 의지들은 반드시 집결되어야 한다"고 희망을 피력하였다.

　2010년 세계부패바로미터 결과를 세계적으로 볼 때 정부 반부패 노력에 대한 불신이 주목되었다. 이에 대해 국제투명성기구 위겟 라벨 회장은 "경제위기의 여파가 사람들의 부패에 관한 생각에 지속적으로 영향을 미치고 있다. 부패는 가난한 사람이 세금을 더 부담하게 되는 일종의 역진세이다. 이 불공정함은 반드시 다루어야 한다. 사회적으로 힘이 없고 가난한 이들은 착취에 가장 취약하다. 각국 정부는 기본 서비스에서 일어나는 부패 위험을 찾아내고, 국민을 지키기 위해 더 많은 일을 해야 한다. 공익제보자 보호체계의 개선과 정보 접근권의 확대는 매우 중요하다. 부패와의 싸움에 정부가 적극적으로 참여한다면, 공무원의 행동도 변화될 것이다. 그리고 이는 사람들로 하여금 제 목소리를 내고 더 청렴하고 투명한 세계를 위해 맞설 용기를 줄 것"이라고 주장하였다.

　한국투명성기구는 성명을 통해, "국민 혈세 낭비와 사회지도층의 도덕 불감증이 공정사회의 걸림돌"이라고 지적하고, "소규모 뇌물에 대한 통제에 집중하는 것보다는, 국민 혈세 낭비 등 대규모 부패를 근절하고, 사회지도층의 도덕 불감증과 위법이나 탈법 등에 대해 예외 없이 엄정하게 법을 집행할 것을 정부에 촉구"하였다.167)

5. 윤리경영과 실천 사례

1) 윤리경영

윤리경영moral management은 회사경영 및 기업 활동에서 '기업윤리'를 최우선 가치로 생각하여 투명하고 공정하며 합리적인 업무 수행을 추구하는 경영정신이다. 이익의 극대화가 기업의 목적이지만, 기업의 사회적 책임도 중요하다는 의식과 경영성과가 아무리 좋아도 기업윤리 의식에 대한 사회적 신뢰를 잃으면 결국 기업이 문을 닫을 수밖에 없다는 현실적인 요구에 바탕 한다.

국제적으로는 국제표준화기구ISO 산하 소비자정책위원회가 기업의 사회적 책임Corporate Social Responsibility에 관한 표준안 작업을 승인함으로써 윤리경영을 ISO 9000품질인증, ISO 14000환경보호 인증과 같은 범주에 포함하려 하고 있다. 이처럼 국제경제사회 외에서 '기업윤리'가 21세기에 기업들이 갖추어야 할 기업경쟁력으로 대두하여 윤리경영倫理經營의 필요성이 높아지고 있으며, 이에 따라 국내 기업들도 윤리경영 전담부서를 설치하는 등 윤리경영을 도입하고 있다.

사우스웨스트항공168)Southwest Airlines, 존슨 앤드 존슨Johnson & Johnson, 프록터 앤 갬블 Procter & Gamble은 포천Fortune지에서 선정하는 '가장 존경받는 기업', 경영자문 업체인 타

---

167) 국제투명성기구, "2010년 세계부패바로미터(GCB2010)", 한국투명성기구
168) 국가청렴위원회(2007), "기업 윤리경영 모델", 국가청렴위원회, p.3.

워스 페린^{Towers Perrin}에서 선정하는 '가장 일하고 싶은 직장' 등에 매년 상위권에 선정되는 세계적으로 인정받는 기업에서 눈여겨볼 점은 모두가 하나같이 '윤리경영의 전도사'라는 점이다. 물론 세계 유수의 선진기업들이 윤리경영을 적극적으로 받아들이게 된 것은 연이어 발생한 미국 엔론사와 월드컴사 등의 회계부정 사건^{scandal}이 '윤리경영'에 대한 필요성을 강조하는 계기가 되었다. 윤리경영의 성공사례뿐만 아니라 실패사례를 지켜보면서 세계적 기업은 더는 단기적 이윤만을 추구해서는 지속 가능한 성장을 추구할 수 없다는 인식을 공유하게 된 것이다.

2) 윤리경영의 국제규범화

개인 기업가에 의한 기업윤리의 중요성에 대한 인식은 오래전부터 있었다. 그러나 기업윤리가 국제적인 관심사로 부상하게 된 것은 록히드 뇌물사건, 즉 부정부패가 직접적인 계기가 되었다. 미국에서 1977년 '록히드 뇌물사건'을 계기로 '외국부패방지법'을 제정하고 시행에 들어간 이후 뇌물을 제공하는 외국기업들이 미국 기업들보다 유리해졌다는 역차별 문제가 제기됐다. 결국 미국은 자국만의 노력으로는 부패문제를 해결할 수 없다는 것을 인식하고 경제협력개발기구 등 국제기구를 통해 국제적인 반부패라운드[169] 추진에 들어갔다. 이에 따라 1994년 3코오(Caux)원탁회의에서 기업의 투명성과 윤리성을 요구하는 '기업윤리원칙[170]'이 채택됨으로써 기업의 윤리경영에 대한 국제적인 압력이 강화되기 시작했다.

1997년에는 경제협력개발기구에서 '국제상거래 뇌물방지 협약'을 체결하였으며, 2003년에는 국제연합^{UN}이 '반부패협약'을 체결하였고, 2009년 9월 G20 정상회담에서도 투명성 강화와 반부패를 위한 국제적 협력을 약속[171]하는 등 윤리경영이 국제규범화 됨에 따라 이제는 기업들이 윤리경영을 하지 않을 수 없게 되었다. 그 후 세계적인 다국적기업과 국내외 대기업들은 거의 모두 윤리경영을 선언했다. 하지만 형식적인 윤

---

169) 김창룡(2006), "청렴한국 아름다운 미래", 한길사 pp.25~26.

170) 코오원탁회의(Caux Round Table) '기업윤리원칙' 채택: 스위스의 Caux(코오)라는 마을에서 1986년에 프레더릭 필립 회장 등의 초청으로 첫 원탁회의를 가진 후 유럽, 미국, 일본에 사무국을 설치하고 매년 참여기업이 늘어나고 있다. 프루덴셜보험, 필립스, 캐논 등 세계 유수 대기업 총수들이 모여서 1994년에 국제적인 기업경영의 기본원칙을 채택 발표하였고 이후 각국 기업들의 기업윤리강령을 제정하는 데 표본이 되었다. 코오원탁회의의 기업윤리원칙은 국제적 기업의 행동표준을 제시하고, 기업의 윤리강령의 기본원칙을 제시하여 기업경영에서 윤리적 가치의 필요성을 확인한다. 전문, 일반원칙, 이해관계자(소비자, 직원, 소유주와 투자자, 공급자, 경쟁자, 지역사회) 원칙이 규정되어 있다.

171) 한국투명성기구, "2009년 부패인식지수(CPI 2009) 발표 자료", 한국투명성기구, p.6.

리경영 선언에 그치고 실천을 제대로 하지 않는 기업들도 적지 않다.

기업이 윤리경영을 제대로 전개하기 위해서는 투자와 인내, 노력이 필요하기 때문이다. 윤리위원회와 같은 전담 조직을 만들어야 하고, 윤리헌장 선포를 통한 전사적인 의식개혁 활동도 추진해야 한다. 또한 제대로 기업윤리를 실천하고 있는지 감시하기 위해서는 지속적인 모니터링[172]도 필요하다. 각종 제도와 시설을 도입하는 것 역시 큰 비용과 시간, 인력 등이 요구된다. 이러한 투자는 최고 경영자의 윤리경영에 대한 확고한 의지와 지속적인 관심 없이는 불가능하다. 그리고 부정부패를 통해 눈앞에 보이는 이익을 좇지 않고 실력을 키워 경쟁력을 높이는 데는 장기간의 인내가 요구된다.

3) 윤리경영의 모범적 실천사례

(1) 존슨 앤드 존슨

존슨 앤드 존슨Johnson & Johnson은 미국 뉴저지 주 뉴브런즈윅에 본사를 둔 의약품, 생활용품 제조 기업이다. 존슨 앤드 존슨의 지사 및 자회사는 세계 57개국에 걸쳐 250여 개에 달하며, 이들의 제품은 175개국 이상에서 판매되고 있다고 한다. 존슨 앤드 존슨의 대표적 상표brand로는 타이레놀을 비롯한 의약품과 뉴트로지나, 클린 & 클리어, 아큐브 등의 생활용품이 있다.

존슨 앤드 존슨의 타이레놀(Tylenol) 독극물 투여 사건은 윤리경영에서 경영자의 지도력leadership이 얼마나 중요한지를 보여준 대표적 사례이다. 1982년 시카고에서 누군가에 의해 의도적으로 독극물이 주입된 타이레놀을 복용 사망하는 사건이 발생했다. 존슨 앤드 존슨은 현장에 직원을 급파하고 이 사건을 모두 언론에 공개했다. 미국식품의약국FDA은 즉각 조사에 착수했고 시카고지역에 배포된 타이레놀을 회수할 것을 권고했다. 그런데 그 당시 최고 경영자Chief Executive Officer, CEO였던 짐 버크Jim Burke는 미국식품의약국의 권고를 넘어서 시카고지역뿐만 아니라 미국 전역에 배포된 약품 전량을 회수하는 결정을 내렸다.

이로 말미암아 존슨 앤드 존슨은 시장 점유율과 매출에 막대한 타격을 입었고 원래 수준을 회복하는 데 3년이라는 긴 시간이 걸렸다. 이 기간에 짐 버크는 회사의 윤리

---

172) 모니터링(monitoring)은 방송국이나 신문사 또는 기업체로부터 의뢰를 받고 방송 프로그램이나 신문 기사 또는 제품 따위에 대하여 의견을 제출하는 일이다.

강령에 반하는 주위의 압력을 받았지만, 꿋꿋이 원칙을 고수해나갔다. 그 결과 타이레놀은 이전보다 더 큰 신뢰를 받는 상표가 될 수 있었다. 그리고 이것이 오늘날 윤리경영의 대표적 기업으로 존슨 앤드 존슨을 만든 밑바탕이 되었다.

(2) 네슬레

윤리경영은 기업 이해 관계자들과의 관계에도 큰 영향을 미친다. 윤리적인 기업은 종업원, 고객, 지역사회, 주주들로부터 존경과 신뢰를 얻게 되는데 이것은 기업의 눈에 보이지 않는 자산이 된다. 세계적인 식품업체인 네슬레Nestle는 윤리와 투명성이 소비자의 신뢰를 얻는 가장 좋은 방법이라는 것을 일찌감치 깨달은 기업이다. 세계 최초로 분유를 개발, 판매하기 시작한 네슬레는 1960년대 개발도상국 시장에서 위생 관념 부족으로 아이들이 병에 걸리는 문제가 생기자 대규모 마케팅marketing, 매매 축소 정책을 펴고 의료 기관을 통해서만 분유를 공급하기로 했다. 이러한 결정은 식품회사 네슬레의 투명한 이미지를 소비자들에게 각인시키고 이후 강력한 상표 인지도Brand Power를 구축할 수 있는 계기가 되었다.

4) 세계금융위기와 윤리경영

세계금융위기는 2008년 9월 미국 리먼 브러더스 홀딩스Lehman Brothers Holdings, Inc.: 통칭 리먼 브러더스 파산을 계기로 촉발된 거대한 금융 위기 상황을 말한다. 그 시작은 서브프라임 모기지 사태가 발단이 됐다. 2007년에 발생한 서브프라임 모기지 사태subprime mortgage crisis, 비우량 주택담보대출는 미국의 상위Top 10에 드는 초대형 모기지론주택담보대출 대부업체가 파산하면서 시작된 미국만이 아닌 국제금융시장에 신용경색을 불러온 연쇄적인 경제위기를 말한다.

서브프라임 모기지론은 신용조건이 가장 낮은 사람들을 상대로 집 시세의 거의 100% 수준으로 대출을 해주는 대신 금리가 높은 미국의 대출 프로그램이다. 이 프로그램의 내용은 1977년에 법률이 통과됐지만, 한동안 이 방법을 쓰지 않다가 연방은행의 감시가 느슨해지고 수익률 또한 높았기 때문에 여러 금융기간이 너도나도 사용하면서 서브프라임 모기지 사태가 일어났다.

처음에는 잘 나갔다. 왜냐하면, 집값이 오를 것만 같았기 때문이다. 하지만 모기지 업체들이 신용이 없는 사람한테 대출을 해주었고 집값이 내려가 채무 불이행이 높아졌다. 이로 말미암아 5개의 대표 은행 중 3개가 망했다. 수익률이 높아서 국제증권 및 외환시장에 투자해 단기수익을 올리는 민간 투자기금인 헤지펀드hedge fund나 세계의 여러 금융업체가 막대한 금액을 투자했다. 그런데 미국의 집값이 하락하면서 서브프라임 모기지 대출자들이 대출금을 상환하지 못하게 되면서 문제가 발생했다.

결국 2007년 4월 미국 2위의 서브프라임 모기지 회사인 뉴센추리 파이낸셜이 파산 신청을 하였으나 부도 처리되었다. 이에 따라 여기에 투자했던 미국을 비롯한 세계의 헤지펀드, 은행, 보험사 등이 연쇄적으로 붕괴했다. 8월에는 미국 10위 모기지 회사이자 중간 등급의 신용등급자를 대상으로 하던 아메리칸 홈 모기지 인베스트먼트AHMI, America Home Mortgage Investment가 델라웨어주 윌밍턴 파산법원에 파산보호를 신청하였으나 받아들여지지 않아 부도가 나면서 위기론이 확산하였다. 이후 미국 정부는 시장 안정화를 위해 긴급 구제 금융을 투입하는 등 여러 가지 조치를 취했으나 잘못된 대응으로 사태는 악화 일로를 걸었다.

2008년 9월 15일 미국의 투자은행IB, investment bank 리먼 브러더스가 파산 신청을 했다. 미국 정부는 패니메이FannieMae와 프레디맥FreddieMac을 국유화하고 1주일 뒤에 리먼 브러더스를 파산시키기로 했다. 리먼 브러더스의 파산은 세계금융위기의 상징이 되었다. 현재 세계 경제는 1929년 대공황 이후 최대의 위기를 맞고 있다. 한동안 미국 국내 총생산gross domestic product, GDP이 4분기 이상 연속 마이너스 성장을 하는 등 대공황 이후 가장 긴 침체에 빠졌다. 또한 일본, 영국, 프랑스와 같은 선진국들의 경제 상황 또한 매우 나빠져 이 파급효과가 세계 각국에 미치고 있다.

세계금융위기의 원인을 종합하면 미국정부의 정책과 관리실패, 은행들의 도덕적 해이와 위험에 대한 방만한 관리, 부실한 회계감사, 원칙을 무시한 불법적 대출이 원인이 되었다. 이러한 원인은 은행이 윤리경영을 했었더라면 하는 아쉬움을 남긴다. 2009년 이후 남유럽 국가들의 잇따른 재정위기에 이어 2011년 8월 미국의 국가 신용등급 하락으로 각국의 주가가 폭락하는 등 세계 금융시장이 심하게 요동쳤다. 국제금융위기는 아직 끝나지 않았다. 지금도 너무나 많은 사람이 고통 받고 있다. 국제금융위기 발생과정에 부정부패가 어느 정도 개입되었는지 정확하게 알 수는 없다. 하지만 한두 개 금융회사도 아니고 수많은 세계적인 금융회사와 기업들이 무너지는 상황이 되었는데도 미국 정부의 위기관리체계가 제대로 작동하지 않았다는 것은 뭔가 석연찮은 점을 느끼게 하기에 충분하다.

6. 외국의 부패기업 · 지도자 사례

1) 기업

(1) 엔론

2001년 파산신청을 한 미국의 에너지회사인 엔론Enron Creditors Recovery Corporation은 1985년 휴스턴 내추럴 가스Houston Natural Gas와 인터노스InterNorth Corporation의 합병으로 탄생하였다. 설립 15년 만에 미국과 유럽 거래 에너지의 20%를 담당하는 거대 기업으로 성장했다. 엔론은 천연가스, 전기, 통신communication, 펄프 등에 관련된 제품 및 서비스를 중간 판매업체에 제공했다. 천연가스를 배관망pipeline으로 운송하고 전기를 발전 미국 북서부에 공급했다. 세계에 걸쳐 천연가스, 전기 등과 관련된 위험 관리 서비스 및 금융 서비스를 제공하며, 산업체나 상업시설 고객들에게 에너지 설비나 시설을 설치하고 운용했다. 한국에도 SK와 합작 SK엔론으로 도시가스 사업에 진출하기도 했다.

1990년대 후반에는 인터넷을 통하여 가스, 전기, 에너지를 매매하는 등 첨단사업에도 뛰어들었다. 포천지는 엔론을 1996년부터 2001년까지 6년 연속 '미국의 가장 혁신적인 회사'로 선정했다. 2000년 당시 회사의 총자산은 655억 300만 달러, 매출액은 1,007억 8,900만 달러로 추정되었다. 그러나 2001년 말에 회사가 수년간 차입에 의존한 무리한 신규 사업으로 말미암아 막대한 손실을 보았고, 이를 감추기 위해 분식회계를 해 왔음이 드러났다. 또한 중미, 남미, 아프리카에서 계약 과정에 뇌물수수, 정치적인 압력을 가했다는 좋지 않은 소문scandal이 돌면서 엔론의 주가는 90달러에서 30센트로 떨어졌다.

엔론은 2001년 12월 2일 파산신청을 했으며, 엔론의 재무를 담당하고 있던 회계법인 아서 앤더슨Arthur Andersen은 분할 매각되었다. 설립 15년 만에 미국과 유럽 거래 에너지의 20%를 담당하는 거대 기업으로 성장, 총자산 655억 300만 달러, 매출액 1,007억 8,900만 달러를 기록하며, 6년 연속 미국에서 가장 혁신적인 기업으로 꼽혔던 '에너지 기업' 엔론이 한순간 몰락했던 이유는 무엇일까?

창업 당시 엔론은 유능하고 총명한 인재들로 가득한 똑똑한 에너지 기업이었다. 미국 전역은 물론 남미에도 천연가스를 공급하며 세계 곳곳에 수많은 발전소를 세워 명실상부한 에너지 기업으로 명성을 쌓았다. 이후 엔론은 에너지 사업의 성공을 바탕으로 인터넷 중개 사업에 뛰어들었고 또 한 번의 대박 신화를 이어나간다. 엔론은 그렇게 자타가 공인하는 미국경제를 다스리는 제국으로 군림했다. 그러다 2001년 엔론은 돌연 몰락하고 만다.

닷컴 열풍이 식어가면서 엔론의 주가가 내리막길을 걷기 시작했고, 위기와 함께 엔론 내부에 숨겨져 있던 문제점들도 차츰 고개를 들기 시작한 것이다. 화려한 이력 뒤에 숨은 엔론의 초고속 성장은 탄탄한 재무구조와 뛰어난 기술력이 아닌 도덕적 해이, 장부조작, 막강한 로비력, 정치권력과의 유착이 바탕이 됐다. 엔론은 금융기관에서 빌린 자금을 장부 외 거래로 처리했고, 손실을 감추기 위해 회계장부를 조작했으며, 유령회사를 만들어 부실을 떠넘겼다.

당시 미국 최대 회계법인인 아더 앤더슨Arthur Andersen은 엔론의 비리를 눈감아주는 대가로 엄청난 돈을 챙겼다. 엔론의 분식회계는 엔론과 아더 앤더슨의 합작품이었다. 정치권 또한 엔론의 비리에 한몫했다. 에너지규제위원회는 엔론이 부실한 거래 내용을 감추기 위해 요청한 재무보고서 제출 의무를 없앴고, 엔론은 600만 달러가 넘는 정치자금을 그 대가로 지급했다. 특히 워싱턴 최고위 정치인들과의 끈끈한 관계는 엔론의 성공에 큰 힘을 실어주었다.

엔론이 파산한 지 20여 년이 흘렀다. 그러나 엔론은 아직도 기업비리의 대명사로 남아 있다. 엔론의 파산으로 수만 명의 엔론 직원들은 퇴직금 한 푼도 받지 못하고 거리로 내몰렸다. 거대 회계법인 아더 앤더슨은 무너졌고, 엔론에 막대한 자금을 빌려준 금융기간들은 연이어 문을 닫아야만 했다. 그러나 누구보다 엔론과 긴밀한 관계를 유지했던 정치권은 지금까지도 엔론과의 관계를 부정하고 있다. '엔론 스캔들'은 최고의 전성기와 최악의 몰락을 모두 맛본 엔론의 흥망성쇠를 기록했다. 그리고 세상에서 가장 잘난 놈들이 벌인 오만, 탐욕, 과대망상, 잘못된 야망, 극심한 이기주의가 세계 경제사를 어떻게 바꾸었는지, 그 추악한 모습을 그대로 보여주었다.173)

(2) 다임러

메르세데스벤츠로 유명한 세계적인 독일 자동차기업인 다임러독일어: Daimler Motoren Gesellschaft, DMG가 2010년 4월 1일 뇌물 제공에 대한 유죄를 인정하고 1억 8,500만 달러의 벌금을 내기로 미국연방법원과 합의했다. 다임러가 합의에서 수용한 조건은 굴욕적이었다. 다임러 본사 등에 대한 처벌을 유예받은 대신 9,360만 달러의 형사벌금을 내고 증권거래위원회에 9,140만 달러의 민사합의금을 내기로 했다. 또한 미국인인 루이스 프리 전 연방수사국장을 감독관으로 채용해 앞으로 3년간 반부패조처 이행 여부를 평가받기로 했다.

미국 법무부와 증권거래위원회 수사에 따르면, 다임러와 자회사들은 1998~2008년 러시아, 중국 등 세계 22개국 정부에 상용차 6,300대와 승용차 500대에 대한 19억 달러 규모의 계약을 따내는 과정에서 정부 관리들에게 5,600만 달러의 뇌물을 지급하고 적어도 9,000만 달러의 부당이익을 취했다는 것이다. '프리프레스닷컴'은 북한도 22개국 가운데 포함됐다고 전했다. 투르크메니스탄 고위관리에게는 사치스런 유럽 휴양여행과 방탄차, 생일선물 등이 제공됐고, 이라크에서는 10%의 수수료commission가 지급됐다. 다임러의 뇌물사건 수사는 당시 자회사였던 크라이슬러의 회계감사 데이비드 바제타가 2004년 독일 본사에서 회계감사회의 과정에서 '뇌물이 통상적 관례'라는 충격적인 얘기를 듣고 미국 법무부와 증권거래위원회에 제보하면서 시작됐다. 회사 내부기밀을 제보한 바제타는 해고됐다.

다임러는 1998년 크라이슬러Chrysler Corporation를 매입해 합병했다가 2008년 분리 매각했다. 독일 정부가 1999년 반부패조약을 가입 비준한 직후 다임러는 관련 내부윤리규칙을 만들었지만 이를 시행하지 않고, 뇌물지급을 위한 이른바 '제삼자 계좌' 200여 개

---

173) 이데일리 2010. 3. 23.

를 계속 관리해왔다. 수사가 시작된 2005년 이들 계좌의 거래를 일시 중단했을 뿐, 1977년까지 거슬러 올라가는 이런 관행은 2008년 1월까지 이어졌던 것으로 수사결과 밝혀졌다. 뇌물을 받은 사람 중에 미국 공무원은 포함되지 않은 것으로 알려졌지만, 미국의 외국부패방지법FCPA은 미국에서 활동하는 회사가 외국 계약을 위해 뇌물을 제공했거나 미국 은행과 외국 점포를 통해 뇌물을 송금한 경우 처벌이 가능하게 되어 있다.174)

(3) 도요타

1937년 설립된 일본을 대표하는 세계적인 자동차 제조회사인 도요타자동차Toyota Motor Corporation가 2010년 초 미국발發 대량 리콜recall사태로 총체적 위기에 휩싸이면서 도요타가 수십 년간 미국에서 쌓아온 막강한 로비능력이 오히려 화禍를 키웠다는 '이색異色 주장'이 나왔다. 미국 도로교통안전국NHTSA, National Highway Traffic Safety Administration이 도요타 가속페달 문제를 처음 조사한 것은 2004년 이전으로 거슬러 올라간다. 당시 도요타의 워싱턴 사무소 로비 담당들이 미국 관계 당국과의 '막후 조정' 작업을 너무 잘 처리했기 때문에 페달문제가 일찍 불거지지 않았다는 것이다. 이후 관련 사망사고가 이어지면서, 결국 1,000만대 리콜과 판매 중단사태로 확대되는 등 '호미로 막을 일을 가래로도 못 막는' 상황을 초래했다는 얘기다.

도요타 워싱턴 사무소의 로비인력은 이번 사건과 직접 관련된 안전·환경 규제 부문에만 도로교통안전국 간부 출신 미국인을 포함해 40명이 넘는다. 도요타는 지난 5년간 미국에서 공식 로비활동에만 2,500만 달러를 지출했는데, GM5,310만 달러·포드4,070만 달러에 이어 3번째이고, 수입차 업체 중에는 압도적 1위였다. 미국 내 로비활동을 잘 아는 한 변호사는 "도요타 로비팀은 가속페달 문제를 미리 파악했지만, 근본적인 해결을 하기보다는 조사만 막았다. 가속페달 문제가 본사에도 보고됐지만, 수뇌부에 정확히 전달되지 못했거나, 원가 절감에 치중한 경영진이 사안의 심각성을 놓쳤을 가능성이 있다"고 말한 것으로 알려졌다.175)

---

174) 한겨레 2010. 4. 2.

175) 조선일보 2010. 2. 16.

2) 외국 지도자

(1) 대표적으로 청렴한 외국 정치지도자

어느 나라 할 것 없이 정치지도자 중에는 국가발전과 국민의 복리증진 및 권익 신장을 위해 봉사하고 헌신한 훌륭한 분이 있는가 하면, [표 3-4]에서 보는 바와 같이 자신의 이기심을 충족시키기 위해 독재와 온갖 형태의 부정부패를 일삼다가 비참한 최후를 맞이하는 지도자도 있다. 그리고 자신은 열심히 국민을 위해서 노력했지만, 친인척이나 측근을 잘못 관리하여 망신을 당한 지도자도 적지 않다. 우리나라도 마찬가지이다. 대표적으로 청렴한 외국 정치지도자 몇 분을 소개하면 다음과 같다.

[표 3-4] 부정부패 혐의 각국 정상들의 처리상황

이름	국가	직위	혐의	선고내용
베티노 크락시	이탈리아	총리	특혜대가 수뢰	망명, 징역 18년 선고
아르날도 포를라니	이탈리아	총리	정치자금 수뢰	징역 28개월 선고
리처드 닉슨	미국	대통령	정적에 대한 불법적 정보활동 등 재선 공작을 위한 도청장치를 설치하려 한 일명 '워터게이트사건' (Watergate Case) 연루	사임
다나카 가쿠에이	일본	총리	록히드 사건 관련 청탁수뢰죄	총리 사임, 유죄판결 중 사망
피에르 베레고부아	프랑스	총리	뇌물성 채무	권총 자살
페르디난드 마르코스	필리핀	대통령	부정축재, 재산 국외도피	미국 도피 후 사망
모하메드 레자 팔레비	이란	총리	재산 국외도피 등	이집트 망명 후 사망
아나 스타시오 소모사	니카라과	대통령	부정축재	파라과이 망명 후 피살
카를로스 살리나스	멕시코	국왕	2,400만 달러 뇌물수수	미국 망명
후안 페론	아르헨티나	대통령	재산 국외도피	브라질 등 망명 후 재집권 중 병사
알프레도 스토로 에스네로	파라과이	대통령	부정축재	브라질 도피
장 클로드 뒤발리에	아이티	대통령	부정축재, 국외도피	프랑스 망명
이디 아민	우간다	대통령	부정축재, 재산 국외도피	유럽·중동 망명
하일레 마리암 멩기스투	에티오피아	대통령	부정축재 등	짐바브웨 망명
장 베델 보카사	중앙아프리카	황제	공금유용 등	사형선고 뒤 망명

출처: 김택(1999), "관료부패론", 학문사, p.55(중앙일보 1995. 10. 29.)

① 인도의 칼람 대통령

그는 저서 '영혼들을 인도하며'에서 "따로 바라는 게 있거나, 뭔가 업적을 남기려고 들거나, 마음이 권력에 가 있으면 이기심이 발동해 새로운 게 전혀 떠오르지 않는다"며 무욕이 창조적 공직 수행의 원동력이라고 강조했다. 인도 유력지인 '더 타임스 오브 인디아'는 대통령궁을 떠나는 대통령의 짐은 옷 가방 두 개와 책 꾸러미에 불과하다고 전하였다.

2007년 7월 퇴임한 칼람 대통령은 "5년 전 옷 가방 두 개를 들고 대통령궁에 들어왔고, 이제 그것을 들고 떠납니다"라며 대통령궁을 나섰다고 한다. 그리고 퇴임강연에서 "얼마 전에 한 유명인사가 제게 퇴임 선물로 펜 두 개를 선물했지만 되돌려 주었습니다. 우리 인도 전통을 기록한 마누법전에는 누군가에게 선물을 받으면 마음속에 있는 신성한 빛이 사라진다는 문구가 있습니다. 저는 그 문구를 믿고 있습니다"라고 말했다. 칼람 대통령은 퇴임을 앞두고 정부가 제공하는 최고급 빌라마저 사양하고 오래된 단칸방 집으로 돌아갔다고 한다.

② 싱가포르 리콴유 수상과 부모

한 기자가 싱가포르에 있는 국립극장에서 열리는 공연을 보러 갔다가 다섯 번째 줄에 앉은 노부부를 보았다. 알고 보니 그들은 당시 현직수상이었던 리콴유의 부모였다. 아들이 막강한 권력을 행사하고 있는 수상임에도 그들 부부는 일등석도 아닌 일반석에 앉아서 평범한 시민처럼 공연을 보고 있었다. 노부부는 기자의 질문에 "내 아들이 수상인 것과 극장 일등석이 무슨 상관이 있느냐"며 오히려 반문했다고 한다. 리콴유의 아버지는 오래전부터 시계점포를 생업으로 해왔고, 그는 아들이 수상을 하는 동안에도 그대로 시계점포를 운영하였다.

③ 독일 슈뢰더 총리와 동생

독일 총리 슈뢰더의 동생은 실업자, 하수구 배관공, 관광안내원 일을 전전했다. 하지만 그는 형의 도움은 일절 받지 않았다. 형 슈뢰더가 1998년 총리가 된 뒤에도 그의 생활에는 특별한 변화가 없었다. 그는 자신의 힘으로 일자리를 구했고 가족을 부양했다. 그의 부인은 "남편은 어려운 치지에 있어도 절대 형을 찾지 않는다"고 말했다. 물론 주변 사람들도 그가 총리의 동생이라 해서 특별히 무언가를 청탁하려 들지 않았다.176)

(2) 대통령 일가에 대한 관심과 친인척 비리

친인척에 의한 부정부패는 우리나라만의 문제는 아니다. [표 3-5]에서 보는 바와 같이 친인척 비리로 말미암아 망신을 당한 외국의 정상들도 적지 않다. 하지만 보편적으로 개인주의가 발달하고 법규와 제도가 잘 정비된 선진국에서는 친인척 비리가 많이 발생하지도 않는다. 발생한다고 하더라도 개인적인 부정부패로 간주하는 경향이 강하다. 정권이 바뀔 때마다 친인척 비리가 되풀이되는 일도 거의 없다. 그런데 우리나라의 대통령 친인척 비리는 전두환 대통령 이후 매번 대통령이 바뀔 때마다 나타나고 있다는 데 심각성이 있다.

현재의 이명박 대통령도 예외는 아니다. 박정희 대통령 시절에는 우리나라에도 친인척 비리가 발생하지 않았다. 따라서 대통령 친인척의 비리 발생 여부는 국민의 관심이나 제도의 문제가 아니라 대통령 자신의 청렴에 대한 모범, 확고한 척결의지와 실천, 참모의 역할, 친인척 자신들이 권력에 대해 잘못된 인식을 하지 않고 자력으로 자신의 삶을 영위하겠다는 의지에 의해 좌우되는 것으로 보인다.

대통령 일가에 대한 관심은 외국이나 우리나라나 크게 다를 것이 없다. 관심을 받거나 혹은 비난받거나 둘 중 하나인 경우가 많다. 이러한 현상은 피할 수 없는 운명적인 것으로 정계진출, 비리연루 등 일거수일투족이 뉴스거리다. 어떤 집안에서 한 나라의 대통령을 배출하면 가문의 영광이다. 그때부터 대통령의 형제나 자녀 등 친인척은 자신의 의지와 관계없이 보통사람이 아니라 특별한 사람이 되곤 한다. 대통령의 가족이라는 이유로 그들의 사회적 활동은 물론 일상적인 사생활도 대중의 관심거리가 되기에 충분하다. 조용히 살아도 세간의 이목이 쏠리는데 튀는 발언과 행동을 하면 화제를 좇는 언론으로선 대환영이다. 부모의 후광을 업고 정계에 진출하는 대통령의 자녀, 부패와 범죄에 연루된 대통령의 동생 등 몇몇 국가 대통령의 가족들이 세계의 뉴스거리가 되곤 한다.177)

---

176) 참여연대 행정감시센터 2009. 4. 24.

177) 경향신문 2009. 11. 3.

[표 3-5] 부패 정상들의 친인척 비리 사례

이름	국가	직위	비리 친인척	혐의
아나 스타시오 소모사	니카라과	대통령	부인, 자녀, 조카 등 일가족	200만 달러 부정축재, 족벌세습
장 클로드 뒤발리에	아이티	대통령	부인, 자녀 등 일가족	족벌세습, 부정축재, 8억 달러 국외도피
니콜라에 차우셰스쿠	루마니아	대통령	부인, 형제, 자녀, 친인척	족벌 정치, 부정축재
모하메드 레자 팔레비	이란	국왕	부인, 자녀, 친인척	부정축재, 100억 달러 국외도피
카를로스 살리나스	멕시코	대통령	부인, 자녀 등	2,400만 달러 뇌물수수
후안 페론	아르헨티나	대통령	부인	재산 국외도피
페르난두 콜로르데 멜로	브라질	대통령	동생, 부인	2,300만 달러 뇌물수수
마누엘 노리에가	파나마	대통령	부인	사치 행각, 절도, 재산 국외도피
레오니트 브레즈네프	소련	서기장	사위	104만 달러 뇌물수수, 권력남용
엔베르 호자	알바니아	서기장	부인	공금횡령
토도르 지프코프	불가리아	서기장	부인, 자녀	국가재산 횡령
실비오 베를루스코니	이탈리아	총리	동생	뇌물공여

출처: 김택(1999), "관료부패론", 학문사, p.54(중앙일보 1995. 10. 31.)

① 23세에 관료 진출 – 장 사르코지(니콜라 사르코지 프랑스 대통령의 아들)

프랑스에서는 2009년 10월 '사르코지 집안에 입양하기'라는 사회운동[campaign]이 벌어졌다. 니콜라 사르코지 프랑스 대통령의 아들인 장 사르코지[23]가 나이나 경륜에 걸맞지 않게 파격적인 관직을 맡을 것이라고 알려지자 나온 풍자 섞인 비판이었다. 10월 초 장 사르코지가 파리 외곽의 업무지구인 '라 데팡스' 개발을 관장하는 기구[EPAD] 책임자로 지명되면서 프랑스에서 족벌 정치 논란이 시작됐다.

라 데팡스 지역은 프랑스의 거대 기업인 토털을 비롯해 소시에테 제네럴 등 2,500여 개 기업 및 은행 등의 본부가 있는 상업 중심지로, EPAD의 의장은 이사회의 활동을 감독하는 중요한 자리다. 야당 등은 젊은 장 사르코지가 중요 관직을 차지하는 것은 아버지의 후광을 등에 업은 것이라며 비판 공세를 퍼부었다. 사르코지 대통령은 이에 대해 "족벌 정치 논란을 둘러싼 공세는 장이 아니라 나를 향한 것"이라고 반박했다.

장 사르코지도 "나는 정계 진출 뒤 줄곧 비판의 대상이 되고 있다. 그러나 나의 진로는 내가 개척하는 것"이라고 말했다. 하지만 장 사르코지는 비판 여론이 거세지자 10월 22일 'EPAD의 후임 의장직을 포기하기로 한다'고 전격 선언했다. 그는 이날 프랑스 2 방송과의 대담에서 "이번 결정을 아버지 사르코지와 의논했다. 이는 프랑스의 대통령이 아닌 나의 아버지와 상의한 것"이라고 밝혔다. '프린스 장'으로 불리는 장 사르코지는 2008년 자신의 고향이면서 아버지의 정치적 텃밭인 오드센의 도의회 의원에

당선돼 정계에 진출했으며, 2009년 당시 소르본대학 2년 차 법학도로, 이미 파리시의
원을 맡고 있었다.

② 어머니 선거구에서 선거를 통해 당당히 선출된 정치인 – 라젠드라 셰카와트(프라
   티바 파틸 인도 대통령의 아들)

인도의 첫 여성 대통령인 프라티바 파틸 인도 대통령74세의 아들 라젠드라 셰카와트
는 2009년 10월 13일 치러진 지방선거에서 마하라슈트 주 암라바티 지역 대표로 당선
됐다. 파틸 대통령은 인도 정치 명문가인 간디 가문의 대표적인 가신家臣이다. 그는
1990년 총선에서 고향인 암라바티 선거구 하원의원으로 당선된 바 있다. 마하라슈트라
주에서 선거 유세를 벌이던 셰카와트는 "나는 나의 부모님의 이름을 절대 이용하지 않
는다"고 말했다. 파틸 대통령 측은 아들의 선거에 대통령이 관여하지 않았다고 밝혔다.
하지만 암라바티 주에서 2차례 집권한 당시 주 대표인 서닐 데슈무크는 최대 정당인
국민회의파에서 대통령의 아들을 출마시키기 위해 자신을 공천하지 않은 것에 대해 불
만을 제기했다.

뉴욕타임스는 세계에서 가장 큰 민주적인 선거를 치러야 하는 인도에서 일부 가문들
이 정치를 장악, 이러한 족벌주의가 민주주의 정치제도를 좀먹고 있다고 지적했다. 국
민회의파는 당 지도자들이 후보 공천을 할 때 공개적으로 지명하지 않고 당수가 후보
를 지명하도록 하고 있어 당수의 친인척이 지명될 가능성이 크다. 만모한 싱 총리 내
각의 32명 중 최소 9명이 정치 가문의 후손들이다. 의회에 진출한 58명의 여성 가운데
31명은 그들의 남편, 형제, 시아버지 가운데 1명은 정계에 진출한 사람이라는 것이다.

③ 아프간 하미드 카르자이 대통령 형까지 연루된 특혜대출 복마전의 여파 – 중앙은
   행 총재 미국 도피

중앙은행인 아프가니스탄은행의 압둘 카디르 피트랏 총재는 2011년 5월 28일 영국
'파이낸셜타임스'와 인터뷰에서 "내 목숨이 아주 위험한 지경에 놓였다"며 자리에서
물러나고 미국에서 귀국하지 않겠다고 밝혔다. 열흘 전쯤 미국에 온 피트랏은 가족이
워싱턴에 살고 자신도 미국 영주권을 지녔다고 말했다. 그는 2011년 4월 27일 의회에
서 카불은행의 특혜대출에 대해 증언한 뒤 "긴급한 생명의 위협을 받았다"면서도 자세

한 내용은 밝히지 않았다.

현직 중앙은행장의 국외 도피로 이어진 특혜대출 사건은 2010년 2월 '워싱턴포스트' 기사로부터 비롯됐다. 아프간 최대 민영은행인 카불은행은 특혜대출의 소굴로, 하미드 카르자이 대통령의 형이나 사촌 등 친인척과 측근들이 이 은행 돈을 빌려 두바이에 수백만 달러짜리 빌라를 사들인 의혹이 있다는 내용이었다. 부패에 익숙한 아프간인들이었지만, 파장이 컸고 대규모 예금인출 사태까지 일어났다. 국제통화기금^{IMF}과 미국은 금융기관 투명성 부족을 이유로 금융지원을 축소하겠다고 밝히기도 했다.

조사가 진행될수록 특혜대출 규모는 눈덩이처럼 불어, 아프간 정부는 4억 6,700만 달러^{약 5,057억 원}의 돈이 정식 대출 서류나 담보 없이 대출됐다고 발표했다. 미국 국제개발처는 특혜대출 규모가 8억 5,000만 달러에 이른다고 추산했다. 아프가니스탄은행도 이 문제에 대한 조사와 감독에 참여했다. 하지만 은행을 사금고처럼 사용한 카불은행 대주주들은 만만한 사람들이 아니었다. 세계적 포커 선수로 카르자이 대통령의 대선자금을 대온 셰르칸 파누드가 지분 28%를 가졌고, 카르자이 대통령의 형 마무드 카르자이도 7%를 보유하고 있었다. 또 부통령의 형제 등 다른 유력자들도 지분을 보유했었거나 지금도 가지고 있는 것으로 알려졌다.

피트랏은 "대출자들이 돈을 갚도록 압력을 넣어달라고 10개월 전부터 수사당국에 요구했지만, 협조를 얻지 못했다. 유력자들은 처벌받지 않고 넘어갈 것 같다"고 말했다. 그는 의회 증언 때도 수사당국의 요구로 특혜대출을 받은 사람들의 실명을 거론하지 못했다고 덧붙였다. 또 특혜대출액 9억 달러 중 6,200만 달러만 회수된 상태라고 밝혔다. 그의 말대로라면 대주주들과 그 주변인들이 돈을 상환하지 않고 입을 씻을 가능성도 있다.

미국에 간 피트랏의 '입'은 추가폭로 여부에 따라 아프간 부패 추문^{scandal}의 '화약고'가 될 가능성도 있다. 이를 의식한 탓인지 카르자이 대통령 쪽은 피트랏도 문제가 있는 인물이라며 역공을 가했다. 대통령궁 대변인 와히드 오마르는 "피트랏도 카불은행의 비리에 책임이 있는 인사들 명단에 올라 있다. 그는 사임한 게 아니라 중앙은행 수뇌로서 책임을 다하지 못한 것으로 드러나자 도피한 것"이라고 말했다.[178]

---

178) 한겨레 2011. 6. 28.

(3) 독재와 부패가 부른 재스민 혁명과 중동사태

북아프리카 튀니지에서 '재스민 혁명179)'이 일어난 지 2011년 8월 17일로 만 6개월이 되었다. 튀니지에서 발원한 시민 혁명의 물결은 중동의 맹주국 이집트에서 호스니 무바라크 정권을 전복시켰고, 이어 중동과 북아프리카 지역의 거의 모든 국가에서 민주화 촉구 시위가 촉발되는데 동력을 제공했다. 그러나 튀니지와 이집트가 중동의 다른 나라에 비해 먼저 혁명을 이뤄내긴 했지만, 양국 국민은 독재 권력의 장기 집권으로 사회 곳곳에 부정부패가 만연하고 높은 실업률과 나날이 치솟는 물가가 개선되지 않는 등 여전히 더디기만 한 개혁 진행 속도에 불만을 드러내며 과도 정부를 불신하고 있다.

중동과 아프리카 전역을 휘몰아친 '재스민 혁명'의 후폭풍은 언젠가는 소멸할 것이다. 세월이 지나면 갈등과 혼란은 어떤 형태로든지 봉합된다. 그러나 그사이 국민이 치러야 할 부패의 대가는 너무 크다.

---

179) 튀니지 혁명(아랍어: الثورة التونسية)은 2010년부터 2011년에 걸쳐 튀니지에서 일어난 혁명이다. 튀니지의 나라꽃인 재스민에 빗대어, 재스민 혁명(Jasmine Revolution)으로도 불린다. 2010년 12월 17일, 튀니지의 수도 튀니스의 남쪽 300km에 지점 있는 중부 시디 부 지드(Sidi Bouzid)에서 실직 중이던 26세 남성 모하메드 부아지지(아랍어: محمد البوعزيزي)가 과일과 채소를 거리에서 판매하기 시작했는데, 판매 허가가 없다고 경찰관이 상품과 저울을 몰수하였으며 손찌검을 당하기까지 했다. 경찰의 부당함에 항의하기 위해 모하메드 청년은 이날 오전 11시 30분 지방청사 앞에서 휘발유를 둘러쓰고 불을 붙여 분신자살을 시도했다. 이후 그의 가족들과 지인들이 이에 항의하는 시위를 벌였고 부아지지의 사촌이 휴대전화로 촬영한 영상을 페이스북에 올리면서 세계로 확산하였다. 소요사태를 진정시키기 위해 2010년 12월 18일 벤 알리가 직접 병원을 방문하여, 부아지지를 위문하였지만 2011년 1월 5일 결국 사망하고 만다.
튀니지에서는 실업률이 공표되는 14%보다 높고, 청년층에 한정하면 25~30%라는 높은 수준에 이르러, 길거리에서 과일과 채소를 팔아 생계를 유지하는 실업자도 많았다. 이 문제가 불거지자, 2010년 12월 19일과 20일 시디 부 지드에서 실업 및 고물가에 항의하는 시위 발생했다. 대학 졸업 후에도 취업하지 못한 젊은이 중심으로 조직의 권리, 언론 자유화, 대통령 주변의 부패에 대한 처벌 등을 요구 전국 각지에서 파업과 시위를 일으키는 계기가 되었다. 민중들의 항의로 점차 시위가 전 연령층으로 확대하고 시위대와 정부 기관의 충돌로 사망자가 나오는 등의 사태로 발전되었다. 곧 높은 실업률에 항의하는 시위는 부패와 인권 침해가 지적된 벤 알리 정권의 23년간의 장기 체제 자체에 대해 항의를 하며, 급속히 발전하였다. 이슬람을 포함한 아브라함의 종교(기독교, 유대교, 이슬람)에서는 자살하는 것을 금지하거나 금기시한다. 이슬람 세계에서 미국과 이스라엘 등에 대한 자살 폭탄 테러 등을 제외하고는 자살하는 일은 매우 드물며, 이슬람 국가의 자살 비율은 국제적인 기준으로도 매우 낮은 경향을 보인다.
확대발단이 된 부아지지는 자살을 시도 후 병원에서 18일간 생존했지만, 현지 시각 2011년 1월 4일 오후 5시 30분에 사망했다. 다음 날인 2011년 1월 5일에 장례식이 이루어졌지만, 경찰은 행진을 저지하였다. 1월 7일에는 중부의 도시 타라로에서 군중이 경찰서 등 정부 청사와 은행에 불을 지르고, 1월 8일 밤부터 9일까지 카세린 같은 도시에서 높은 실업률에 항의하는 시위가 발생했다. 보안군이 발포함으로써 적어도 14명이 사망했고, 야당 측의 지도자가 발표한 바로는 25명이 사망했다. 1월 10일에는 카세린에서 방화와 경찰서에 습격이 일어나고 이를 진압하기 위해 경찰이 발포했기 때문에 시민 4명이 사망하였다. 11일 밤, 마침내 수도 튀니스로 폭동이 확대되어, 노동자와 거리의 시위참가자들이 차, 은행, 경찰서 등 정부 청사에 대한 방화와 상가에 대한 약탈을 했다. 경찰은 이 시위대를 해산하기 위해 위협사격을 하여 4명이 사망하였다. 또한 화염병과 최루탄이 오고 갔다. 내무부는 사망자는 23명이라고 발표했지만, 실제로는 이 시점에서 50명 이상이 사망했다는 주장이 있었다. 1월 14일 노조 총파업이 있었으며, 벤 알리는 국가비상사태를 선포하고 정부해산을 발표하였다. 그러나 이날 벤 알리가 사우디아라비아로 망명하였고, 약탈행위가 극성을 이루어 사회혼란이 최고조에 이르렀다.
혁명의 결과로 1987년부터 튀니지를 집권한 제인 엘아비디네 벤 알리 대통령이 23년 만에 대통령직을 사퇴하고, 사우디아라비아로 망명하였다. 재스민이 튀니지를 대표하는 꽃이기 때문에 재스민 혁명이란 이름이 언론에서 붙여졌다.(아랍어로는 '야스민'임) 또한 이 민주화 운동은 튀니지에 머무르지 않고, 이집트, 리비아 등 다른 아랍 국가에도 확대되어, 이집트의 호스니 무바라크 정권을 무너뜨렸으며, 각국에서 장기 독재 정권에 대한 국민의 불만과 결부되어, 수많은 정변과 정치 개혁을 일으켰다. 일련의 폭동은 정보 공유를 위해, 페이스북 등을 통한 인터넷에 의한 정보 교환이 힘을 발휘했고, 유튜브, 트위터, 위키리크스 등 인터넷 매체도 중요한 역할을 했다고 평가되고 있다.

① 여전히 진행 중인 튀니지의 봄

튀니지의 혁명은 중부 소도시의 대졸 노점상 모하메드 부아지지[26세]가 2010년 12월 17일 지방정부 청사 앞에서 분신자살한 사건에서 비롯됐다. 경찰 단속으로 청과물과 노점 장비를 모두 빼앗겨 생계가 막막해진 부아지지가 극단적 항의 표시로 선택한 분신자살은 튀니지 시위에 불을 붙여, 지네 엘 아비디네 벤 알리 대통령의 철권통치에 종지부를 찍었다. 1987년 무혈 쿠데타로 집권한 벤 알리 전 대통령은 결국 시민 혁명에 떼밀려 2011년 1월 14일 사우디아라비아로 망명길에 올랐고, 23년간 지속했던 정권도 무너지고 말았다.

튀니지의 민주화 시위는 당시 폭력 사태와 일부 약탈도 있었지만, 시민의 힘으로 대통령을 권좌에서 끌어낸 것이 아랍 국가에서 처음 있는 일이라는 점에서 큰 의미가 있다. 알리 전 대통령을 몰아낸 시민 혁명의 성공은 중동 지역에 민주화 시위를 확산시키는 기폭제가 됐고 중동 지역의 시위 사태는 각국의 독재와 왕정 체제를 위협했다. 그러나 대통령의 권한을 이양받은 과도 정부의 지휘 아래 튀니지에서는 여전히 내각 구성을 둘러싼 정치적 갈등이 이어지고 있다. 벤 알리 전 대통령이 사우디아라비아로 망명한 지 6개월이 넘었지만, 아직도 일자리와 임금인상, 개혁을 주장하는 목소리도 끊이지 않는다.

벤 알리 전 대통령도 튀니지 수사당국의 기소 내용을 전면 부인하고 있어 법정 공방도 일 것으로 보인다. 수사 당국은 무기, 마약 등의 불법적인 소지 혐의, 공공자금 유용 혐의 등으로 벤 알리와 그의 일가를 기소했으며, 현재 재판이 진행 중이다. 수니파가 절대다수를 차지한 튀니지에서 청년층을 중심으로 이슬람 원리주의의 발호에 대한 우려의 시각도 있다. 튀니지에서 처음으로 시행될 예정인 제헌의회 선거 과정도 순탄치 않을 전망이다. 튀니지 과도정부는 애초 2011년 7월 제헌의회 선거를 치르기로 했으나 선거 준비에 더 많은 시일이 필요하다는 선거관리위원회의 의견을 받아들여 10월로 연기했다. 튀니지는 10월 선거를 통해 제헌의회를 구성했으며, 새 헌법을 제정한 뒤 이 헌법에 따라 새 대통령 선거와 총선을 치를 예정이다.

② 무바라크 퇴진해도 이집트 정치 개혁은 미완

재스민 혁명의 영향을 받은 이집트 시민의 대규모 반정부 시위로 이집트에서는 2011년 2월 11일 '현대판 파라오'로 군림한 호스니 무바라크 대통령이 권좌에서 물러나는 사건이 발생했다. 벤 알리 대통령이 축출된 지 불과 10여 일 뒤인 2011년 1월 25일부터 인구 8천만의 이집트에서 사상 초유의 시민 혁명이 일어났고, 그로부터 18일 뒤 무바라크 대통령은 퇴진을 선언했다. 무바라크는 1981년 안와르 사다트 당시 대통령이 암살되자 부통령으로서 권력을 승계한 이후 30년간 비상계엄법에 의지해 이집트를 통치해 왔다.

이집트는 시위 사태 이후 카이로의 은행과 관광지 등이 다시 문을 열며 정상화를 향해 분주히 움직이고 있다. 무바라크가 하야한 직후 권력을 장악한 군부도 시위 정치범 108명을 석방하는 등 다양한 유화책을 내놓으며 민심 끌어안기에 집중해 왔다. 그러나 이집트군 최고위원회가 헌법 개정을 통해 새롭게 선출되는 대통령과 민간 정부에 권력을 이양하겠다고 거듭 천명했음에도, 시위대는 이를 믿지 못하고 과도기 권력을 쥔 군부에 개혁의 가속화를 촉구하는 대규모 집회를 최근에도 개최하고 있다. 과거 청산에 미온적인 과도정부에 대한 불만도 높다.

이집트 법원은 2011년 7월 4일 시위 진압과정에서 시민을 살해한 혐의로 기소된 경찰 10명을 보석으로 석방한 데 이어, 부정부패 혐의로 기소된 무라바크 정권 당시 각료 3명에게 무죄를 선고해 시위대의 엄청난 반발을 초래했다. 에삼 샤라프 과도정부 총리는 시위대를 달래고자 치안책임자인 만수르 엘 - 이사위 내무장관에게 시위대를 살해한 혐의를 받고 있는 경찰관 400여 명을 파면하라고 지시했다. 하지만 내무장관이 반발하면서 흐지부지된 상태다. 이집트 인권 단체들은 시민혁명 기간에 시위대에 실탄과 최루탄 등을 쏘며 폭력적으로 진압해 846명을 숨지게 한 보안군을 상대로 반드시 법적 조처를 하겠다고 밝혀 법적 공방도 예상된다.

무바라크 전 대통령과 그의 아들들은 시위 참가자 살상과 부정축재 혐의를 받고 있어 앞으로 그들이 어떤 처벌을 받게 될지는 재판 결과에 달렸다. 무바라크는 권좌에서 물러나고 나서 시나이 반도의 홍해 휴양지 샤름 엘 - 셰이크에 칩거하다가 2011년 4월부터 수사 당국의 조사를 받고 있으며, 그의 두 아들은 정치범 수용소로 유명한 카이로의 토라교도소에 수감되어 있다. 이집트는 개정 헌법에 따라 2011년 총선을 거쳐 연말에 대선을 치르고 2012년에 지방선거를 시행할 예정이다.[180]

---

180) 연합뉴스 2011. 7. 13.

Chapter 4

한국의 부정부패 무엇이 문제인가

1. 정치가와 공무원 권력에 대한 잘못된 인식

　부정부패 행위를 일삼게 하는 의식은 크게 보면 특권의식과 권력에 대한 잘못된 인식이 문제가 된다. 최고 권력을 가진 사람이나 그 주변 인물들은 대개 자신들이 선택받은 특별한 존재라고 여기는 특권의식이 나타난다. 특권特權은 특정인 또는 특정의 신분이나 계급에 속하는 사람에게 특별히 주어지는 우월한 지위나 권리, 의식意識은 역사적·사회적으로 규정되는 사상·감정·이론·견해 등을 일컫는 말이다. 그러므로 특권의식은 개인이나 집단이 자신들만 특별히 주어지는 우월한 지위나 권리를 가졌다고 생각하는 것으로 권력에 대한 잘못된 인식에서 형성된다. 그러나 이것은 자의적인 판단으로 전혀 근거가 없다.

　특권의식을 가진 사람들은 종종 자기들 마음대로 일을 처리해도 괜찮다는 생각을 하는 경향이 있다. 헌법은 법 앞에 평등하다는 것을 명시하고 있지만, 그것을 망각하고 행동하므로 특권의식이 부패행위를 하게 하는 원인으로 작용한다. 우리나라에서 특권의식을 갖게 하는 가장 대표적인 것은 어려운 시험인 고시에 합격했다는 생각, 경쟁을 통해 국민의 지지를 받고 선거에서 당선되었다는 생각, 좋은 배경, 국가 최고 권력자인 대통령에 의해 아무나 할 수 없는 국무총리나 장관 등 정무직공무원에 임명된 것 등이다. 고시에 합격하고 선거에서 당선하고 장관만 되면 목에 힘이 들어가고 다른 대우를 받고 싶어 한다.

　특권의식을 가진 행정 관료들은 선민의식[181]과 우월의식, 만능주의 등 엘리트주의[182]elitism에 빠진 것을 볼 수 있다. 인간은 심리적으로 자기만이 무엇을 독점하고 선택 기회를 가졌다고 생각할 때, 우월감을 갖고 자신이 가진 권력을 바탕으로 횡포를 부리거나 오만한 태도를 보이기 쉽다. 따라서 관 지배의 행정문화를 불식시켜야 한다. 그렇게 하기 위해서는 사회단체나 기업에도 빼어난 사람elite들이 고루 배치되도록 분산화[183]가 이루어질 필요가 있다.

정치가와 공무원의 권력에 대한 의식은 지극히 중요하다. 정치가와 공무원이 권력 획득을 '국민으로부터 위임받은 것인가 아니면 내가 잡거나 쟁취하는 것인가' 하는 두 가지 중 어느 쪽으로 생각하느냐에 따라 권력의 행사방식이 현저하게 달라진다. 권력이 국민으로부터 위임받는 것이라는 인식을 하는 사람들은 국민의 복리증진과 안녕을 위해 합리적이고 공정한 방법을 통한 질서유지와 자원 분배를 위해 노력한다. 국민의 아픈 곳을 어루만져주며, 살기 좋은 국가를 건설하기 위해 봉사하고 국민의 뜻에 따른다.

최선을 다해 노력하지만, 자신의 능력이 부족할 때는 스스로 물러날 줄도 알고, 차세대를 이끌어갈 좋은 지도자를 양성하는 일에도 총력을 기울인다. 국민이 제공했던 권력을 회수하려 할 때도 결코 저항하거나 집착하지 않는다. 소속된 정당과 추종 세력이 있어도 국민을 위한 일을 하는 에너지원으로 활용한다. 이들에게 있어서 지향하는 목표는 오로지 국가발전과 국민의 복리증진이므로 임기가 끝나면 스스로 원래의 자리인 국민 속으로 돌아가는 것을 당연한 일로 여긴다.

이에 반해 권력을 내가 잡은 것, 쟁취하거나 장악한 것으로 인식하는 사람들은 권력을 사유화하고 누리려 든다. 그들에게 있어 국민은 하나가 아니라 두 가지 분류로 구분된다. 나를 지지하는 추종세력을 형성하는 합리적인 국민과 나를 비판하거나 지지하지 않는 비합리적인 국민이 있다. 나를 지지하는 합리적인 국민의 세력 확장을 꾀하기 위해 자신의 추종세력을 소속된 정당과 행정기관의 주요보직에 집중적으로 기용하는 편중된 인사를 일삼는다. 가장 대표적인 것이 능력보다는 학연·지연·혈연에 얽매이는 정실인사의 대명사인 코드인사이다.

---

181) 선민의식(選民意識)은 한 사회에서 남달리 특별한 혜택(惠澤)을 받고 잘사는 소수의 사람이 가지는 우월감이다. 선민(選民)은 특정민족이나 집단이 신(神)이나 신적 존재에게 선택되어 다른 민족에 비해 우월한 지위를 가진다고 믿는 민족이다. 그러한 믿음을 선민의식 또는 선민사상이라고 한다. 기독교에서 이스라엘 사람들이 느끼는 종교적이고 민족적인 우월감. 곧 하나님이 세계의 모든 백성 가운데에서 유일신(唯一神)을 믿는 이스라엘 백성만을 선택하였다고 믿는 의식이다.

182) 엘리트주의(elitism)는 소수 엘리트가 사회나 국가를 지배하고 이끌어야 한다고 믿는 태도나 입장 또는 어떤 사람이 엘리트로서의 자부심이나 우월감을 가지는 태도를 말한다.

183) 김택(1999), "관료부패론", 학문사, p.152.

나를 지지하지 않는 비합리적인 국민에 대해서는 끊임없이 경계하고 견제하며 압박을 가한다. 이들에게 있어 어루만져 주어야 할 대상은 합리적인 국민뿐이다. 비합리적인 국민을 위해 일을 하는 것은 합리적인 국민으로 만들고 나의 권력을 유지하려는 방편에 불과하다. 자신의 세력 기반이 되는 국민과 이익단체들의 요구에 대해서는 순응하기 때문에 될 수 있으면 그들이 원하는 정책을 먼저 시행하려 든다. 심지어는 전체 국민에게 피해를 주는 불합리한 정책임을 알면서도 합리적인 국민은 이해해 줄 것으로 생각하거나 때로는 그들을 동원하고 앞세워 정당한 것으로 호도하기도 한다.

자신의 업적이 될 만한 내용에 대해서는 병적으로 집착하는 경향도 보인다. 그리고 그러한 잘못된 정책에 대한 책임은 지지 않으려 한다. 자신이 하는 것은 모두 정당하고 옳은 것이고 상대방이나 상대 정당이 하는 것은 모두 잘못된 것이나 문제가 있다는 이분법적인 사고를 갖는 경우가 많다. 따라서 여론 수렴을 잘하지 않고 국민 위에 군림하려 든다. 국가를 위해 일하는 올바른 지도자라면 현재의 정부를 도와주어야 한다. 그런데 퇴임 후에도 현직에 있는 것처럼 자신의 생각과 다르다며 공공연하게 정부 정책을 비판하거나 의견을 수시로 발표하여 국론을 분열시키고 국민을 대립하게 만든다.

권력에 강한 집착을 보이며, 어쩔 수 없는 상황이 되지 않으면 권력을 내놓지 않으려 한다. 그러면서 자신이 현재 정권으로부터 공격을 당할 때는 정부가 탄압한다고 주장하고 추종자들을 앞세워 반발적인 행동을 일삼는다. 국내에서 자신의 입지가 불리해지면 친분이 있는 외국의 학자나 지도자를 끌어들여 정부를 비판하는 견해 표명을 하게 유도해 나간다.

우리나라에 이처럼 대비되는 유형의 정치가만 존재하는 것은 아니다. 권력에 대한 이해와 인식에 따라 양자가 적절하게 혼합된 여러 부류의 정치가도 있다. 하지만 그 수가 적거나 결집력이 약해 자신들의 색채를 잘 드러내지 못하고 있다. 중요한 점은 정치가들이 국민이 위임했다고 생각하든 아니면 자신이 권력을 잡거나 쟁취했다고 생각하든 국가의 공권력은 항상 국민이 위임한 것이라는 사실이다. 국가의 권력 소유자는 국민이다. 좀 더 구체적으로 말하면 국민이 가진 주권이다.

국민이 선거를 통한 주권 행사로 대통령과 국회의원, 지방자치단체장으로 당선되었을 때, 그들에게 직위와 직무 같은 유형의 권력이 주어진다. 권력행사의 범위와 내용 등 구체적인 것은 법으로 명시하고 제도라는 체계를 만들어 시행하는 것이다. 상당수 임명직 공무원이나 비례대표 국회의원은 권력자나 상급자에게 아부하고 그들에게 잘 보이면 승진하고 임명되는 것으로 생각하는 경향이 있다. 하지만 결국 그들이 인식하는 최고의 권력자는 국민이 선출하기 때문에 다를 것이 없다.

한국의 정치가 혼탁하고 부정부패한 것은 여러 가지 원인이 있지만, 특히 대통령이나 국회의원, 장관 같은 정치가나 고위공무원이 권력을 국민이 위임한 것이 아니라 스스로 잡거나 쟁취한 것으로 인식하는 데에 그 원인이 있다. 또한 공권력과 행정기관이 갖는 규제와 분배 정책, 강제의 실행 같은 공공서비스 제공은 국가발전과 국민복리 증진을 위해 당연히 제공해야 할 서비스이다. 그런데 그것을 멋대로 판단하여 마음대로 조정하고 통제할 수 있는 것으로 착각하기 때문이다. 이런 생각을 하는 사람들에게 있어 권력은 자신이 가진 힘으로 인식된다. 여기서 한 단계 더 발전하면 권력 사유관념이 생긴다.

권력을 자신의 힘으로 인식하는 정치가와 공무원은 '내 말을 듣지 않으면 언제든지 불이익이 돌아가게 하거나 파산시킬 수 있다. 너희의 생명줄은 내가 쥐고 있다. 내 말을 잘 들으면 특혜가 돌아가지만, 안 들으면 대가를 치르게 할 수 있다'는 생각을 하고 이를 실행에 옮기는 경향이 강하다. 뇌물을 받기 원할 때는 노골적으로 자신이 그러한 권력을 갖고 있다는 점을 인식시키려고 일부러 트집을 잡거나, 시간을 끄는 등 다양한 방법을 동원하고 노력한다. 기업들도 이러한 점을 잘 알고 있으므로 부당한 요구인 줄 알면서도 참고 그들의 요구를 들어준다. 껄끄러운 관계를 피하거나 피해를 보지 않기 위해 뇌물과 촌지, 향응을 수시로 제공하는 접대를 통하여 비위를 맞춘다.

대개는 뇌물과 촌지를 주고 접대를 하면, 받는 사람도 그것에 상응하는 이익이 되는 조치를 해주거나 편리를 봐준다. 기업 자신도 그들을 방패막이로 활용할 수 있다는 것을 잘 안다. 유대관계를 유지하기 위해 지급하는 비용, 통행료와 급행료는 충분한 가치가 있다. 대부분의 기업은 부정부패 행위자를 고발해 후임자가 오더라도 별로 다를 것이 없다는 것을 경험적으로 알고 있다. 고발해 불편한 관계를 만들거나 괘씸죄에 걸리는 것보다는 좋은 게 좋다는 생각을 한다.

잘못이 없어도 귀찮게 구는 것이 싫고 공연하게 트집 잡는 것을 막기 위해 미리 약을 쳐둔다는 생각으로 알아서 굽히고 인사를 해둔다. 당장 도움이 되지 않아도 술도 사고 밥도 사고 선물도 주고 촌지도 건넨다. 그러면 지금은 부탁할 일이 없어도 다음에 부탁할 일이 생겨 아쉬운 부탁을 하면 면전에서 박절하게 거절하지는 않는다. 이러한 관계가 한 단계 더 발전하면 공생 관계가 형성된다. 정치가나 공무원은 기업에 유리한 정보를 제공하거나 압력을 행사하고 때로는 공사를 편법으로 배정하면서 국민은 안중眼中에도 없이 자신들만 잘 먹고 잘사는 부정부패의 끈끈한 유착관계가 만들어진다.

부정부패는 공직이 봉사하는 자리가 아니라 일신의 입신출세와 개인의 이익을 추구하는 것으로 생각하는 잘못된 인식과 오만이 본분을 망각하게 하고 정치가와 공무원들로 하여금 자신들에게 주어진 권력을 사리사욕을 탐하는 수단으로 전락하게 한 결과이다. 그러므로 공직자는 지식도 중요하지만, 도덕적이고 봉사하는 생활자세가 정착된 사람을 선발하도록 노력해야 하고 선발 후에도 봉사를 생활화하는 관리가 필요하다.

국가공무원법 제59조(친절·공정의 의무) 공무원은 국민 전체의 봉사자로서 친절하고 공정하게 직무를 수행하여야 한다고 봉사자로서의 역할이 명시되어 있다. 그러나 그것은 법조문일 뿐 실질적으로 우리나라 공무원의 공직 입문은 정년과 연금 등 보장된 안정성을 고려하여 선택되는 것으로 부정부패의 가능성은 언제나 상존한다. 정치가와 공무원이 권력을 국가와 국민에게 봉사하는 것이라는 인식을 하지 않는 한 부정부패는 영원히 지속할 수밖에 없다.

2. 부정부패 대통령이 문제다

1) 역대 대통령의 부정부패 척결의지 표명

(1) 취임사에 나타난 부정부패 척결 다짐

① 제1대 이승만 대통령

"새 나라를 건설하는 데는 새로운 헌법과 새로운 정부가 다 필요하지만 새 백성이 아니고서는 결코 될 수 없습니다. 부패한 백성으로 신성한 국가를 이루지 못하나니."

② 제4대 윤보선 대통령

"독재에 따라다니던 경제 부패는 아직도 그대로 남아 있어 이 소탕작업은 그 여정이 요원하고 험준한 데다… 행정부는 독재가 뿌리였던 반민주성과 부패독소를 조속히 제거하고 민주주의 원칙 밑에서 과감한 혁신행정을 수행해야 하겠습니다."

③ 제5대 박정희 대통령

"불의와 타협을 배격하며, 부정부패의 소인을 국민 스스로 절대 청산해야 하겠습니다."

④ 제12대 전두환 대통령

"정치적 탄압과 권력남용이 이 땅에서 다시는 반복되지 않도록 본인은 법으로 국정을 집행하고 법으로 정부를 이끌어나갈 것을 분명히 밝혀두는 바입니다."

⑤ 제13대 노태우 대통령

"사회정의 실현을 가로막고 갈등을 심화시키는 어떠한 형태의 특권이나 부정부패도 단호히 배격하겠습니다."

⑥ 제14대 김영삼 대통령

"우리 사회의 부정부패는 안으로 나라를 좀먹는 가장 무서운 적입니다. 부정부패의 척결에는 성역이 있을 수 없습니다."

⑦ 제15대 김대중 대통령

"무엇보다 정치개혁이 선행되어야 합니다.…그래야만 국정이 투명하게 되고 부정부패도 사라집니다. …민주주의와 시장경제가 조화를 이루면서 함께 발전하게 되면 … 부정부패는 일어날 수 없습니다."

⑧ 제16대 노무현 대통령

"경제의 지속적 성장을 위해서도 사회의 건강을 위해서도 부정부패를 없애야 합니다. 이를 위한 구조적 제도적 대안을 모색하겠습니다. 특히 사회 지도층의 **뼈를 깎는** 성찰을 요망합니다."184)

⑨ 제17대 이명박 대통령

"정치의 근본은 국민을 편안하게 하고 살맛이 나게 하는 데에 있습니다. 그런데 정치가 국민의 기대에 미치지 못하고 있습니다. 정치가 변하지 않고는 선진 일류국가를 만들 수가 없습니다. 국가의 발전 방향과 실천 대안을 만들어 제시해야 합니다. …소모적인 정치 관행과 과감하게 결별합시다. …국민의 뜻을 받들고 국민의 고통을 덜어주

---

184) 김영종(2001), "부패학", 숭실대학교 출판부, p.33.

는 생산적인 일을 챙겨 합시다. 공직자들은 더 성심껏 국민을 섬겨야 합니다. 대통령부터 열심히 하겠습니다.”[185]

이명박 대통령의 취임사에는 부정부패 척결에 대한 직접적인 언급은 나타나 있지 않고 정치의 역할 미흡 지적과 공무원이 국민을 섬기고 열심히 일해야 한다는 우회적인 표현으로 언급되어 있다.

(2) 대통령의 친인척 비리에 대한 언급

① 노태우 대통령

- 내가 당선되면 친인척이 이권에 개입하거나 정치에 나서는 일은 없도록 하겠다고 공약[186]

② 김영삼 대통령

- “대만의 장제스 총통은 며느리가 보석을 받았다는 얘기를 듣고 며느리에게 보석 상자를 선물했다. 며느리는 좋아했지만 열어보니 권총이 들어 있었다. 며느리는 그 총으로 자살했다.(?)” 김영삼 전 대통령은 당선 직후 가족들에게 이런 말을 했다고 한다. 대통령 친인척 비리 문제는 엄하게 다스리겠다는 의지를 피력한 것이다. [187]

- “내가 청와대에 들어가면 너희에게 괴상한 인간들, 소위 똥파리들이 접근할 것이다. 그들은 돈을 싸들고 와 알랑대면서 인사 부탁, 이권 청탁을 할 것이다. 그 돈은 독약이다. 누구를 막론하고 단돈 100원을 받거나 청탁에 관여하면 즉각 구속할 것이다. 똥파리들을 조심하거레이…” 대통령에 당선된 지 10일 뒤인 1992년 12월 29일 저녁 서울 동작구 상도동 집에서 아들, 딸, 사위, 조카 등 50여 명의 친인척을 불러 당선과 생일을 자축하는 자리에서 경고한 말이라고 한다. 그러나 등잔 밑이 어둡다고 했던가. 둘째아들 김현철은 이상한 인간들과 어울려 검은돈과 국정운영 등에 관여해 구속되고 국회청문회에 불려 나가는 등 YS^{김영삼 대통령}의 임기 말년을 불명예로 얼룩지게 했다.[188]

---

185) 경북동해뉴스 2008. 2. 25.

186) 참여연대 행정감시센터 2009. 4. 24.

187) 참여연대 행정감시센터 2009. 4. 24.

188) 매일신문 2008. 8. 18.

③ 김대중 대통령

- "우리 아이들은 과거 독재 시절 나 때문에 혹독한 시련을 겪어 부정과 비리에는 얼씬도 하지 않을 것입니다. 그런 점에서 국민은 걱정하지 않아도 될 것입니다." 김대중 대통령[DJ]이 취임 초인 1998년 3월 친인척들의 부정과 비리 방지책을 묻는 기자 질문에 대해 자신만만하게(?) 밝힌 말이다. 하지만 시간이 지나면서 요란한 소문 끝에 세 아들이 나란히 비리에 연루되고, 그 중 두 아들은 구속되어 국민을 심히 불쾌하게 했다.[189]

④ 노무현 대통령

- "과거에는 청탁하면 밑져야 본전이었다. 지금부터는 누구든지 이권이나 인사 청탁을 하다가 걸리면 '패가망신'한다는 것을 보여줘야 한다." 2002년 12월 26일 민주당 선거대책위원회 연수회에서

- "아무것도 모르는 시골노인[형 노건평 씨 지칭]에게 좋은 학교 나오시고 크게 성공한 분들이 가서 머리 조아리고 돈 주고 하는 일은 없었으면 좋겠다." 2004년 3월 11일 검찰이 고 남상국 전 대우건설 사장이 노건평 씨에게 연임 청탁 명목으로 3천만 원을 건넸다는 의혹에 대한 수사를 진행 중일 때

- "우리나라 대통령이 집권 후반기에 넘어가야 할 다섯 가지 고개가 있다. 그 다섯 번째 고개는 게이트[190]gate가 없어야 한다는 뜻이다. 게이트는 전혀 걱정하지 않아도 된다." 2006년 8월 21일 국무회의에서[191]

- "우리 집안에는 검은돈을 받을 만한 위인도 또 비리를 저지를 만한 인물도 없으니 여러분은 안심하셔도 괜찮을 것입니다." 노무현 대통령이 취임한 얼마 후 형님의 '인사개입'설(說)이 꼬리를 물자 고개를 저으며 자신 있게 한 말이다. 역시 그러한 엄계(嚴戒)는 얼마 못 가서 흔들렸다. 고향인 봉하마을에 사는 형님이 일약 '실력 있는 봉하대군'

---

189) 매일신문 2008. 8. 18.

190) 게이트(gate)는 정부나 기타 정치권력과 관련된 대형 비리 의혹사건 또는 부정·부도덕한 사건(scandal). 1972년 6월 발생한 미국의 워터게이트사건(Watergate Affair)에서 유래하였다. 당시 미국의 대통령 닉슨(Richard Milhous Nixon)은 재선을 위해 비밀공작 요원을 워싱턴의 워터게이트 빌딩에 있는 민주당 전국위원회 본부에 침투시켜 도청장치를 설치하려다 발각·체포되어 결국 하야하였는데, '게이트'라는 용어는 바로 이 워터게이트 빌딩에서 따온 것이다. 이후 정부 또는 정치권력과 관련되어 일어나는 대형 비리 의혹사건이나 스캔들 또는 그러한 불법행위 등을 말할 때 흔히 '무슨 무슨 게이트'라고 이름 붙여 부르면서 일반 접미사처럼 쓰이게 된 것이다. 한국에서도 1976년 박동선(朴東宣)이 미국 의회에 거액의 로비자금을 제공한 사실이 보도되면서 한·미 간의 외교마찰사건으로 비화한 박동선사건, 즉 '코리아게이트사건'을 비롯해 2000년 이후에도 이용호 게이트, 정현준 게이트, 진승현 게이트 등 게이트라는 이름의 여러 비리 의혹 사건이 일어났다.

191) 참여연대 행정감시센터 2009. 4. 24.

이라는 소문 속에 국세청 등에 인사 청탁을 한 혐의가 드러났다. 그 뒤 조카와 처남 등의 이런저런 관련 혐의설이 계속 잇달아 국민을 어리둥절케 했던 것이다.[192]

⑤ 이명박 대통령

- 2007년 12월 9일 쿠키뉴스와의 대담에서 이명박 한나라당 후보는 '대통령이 된다면'이라는 전제를 달면서 친인척과 측근 관리에 강한 자신감을 드러냈다. 「제도적으로도 관리해야 하지만, 그 이전에 나는 가족적 측면에서 완벽하게 해결할 수 있다. 우리 가족과 내 주위에 있는 형제들은 이권으로라도 돈을 챙겨야 하는 그런 게 전혀 없는 사람들이다. 아이들이 넷이나 돼도 선거운동본부camp에 전혀 들어와 있지 않다. 서울시장 4년과 최고 경영자chief executive officer, CEO를 20년 가까이하는 동안에도 친인척 때문에 이권 개입 등 문제가 생긴 일은 전혀 없었다. 대통령이 되면 가족들이 모여서 더 조심하자고 결의를 할 것이다. 비리를 저지르지 않을 만한 사람으로 측근을 기용해 보려고 한다. 능력은 있되 비리는 없는 공직자로서 위치를 지킬 수 있는 그런 부분을 중요시하려 한다. 측근 비리가 발생한다면 한번 비리를 저지르면 50배 벌과금 조항을 만들겠다. 제도적으로 강한 것을 해야 한다고 본다. 정상적인 사회, 선진국이 되면 그것을 완화하더라도 지금은 공직자 비리를 줄이기 위해서는 좀 과도한 법 체제가 필요하다. 한나라당 의원들도 많이 동의한다. 기업에 있을 때도 그렇고 인위적인 지역 간 분배 이런 생각은 하고 있지 않다. 능력위주로 생각하지만 한 지역이 너무 배제되는 것은 피해야 한다. 능력위주로 해 놓고 거기에 지역적으로 불균형이 있다면 잡아주는 것도 좋다. 그런 점에서는 과거에도 그랬고 철저하다. 내 주위에도 보면 호남 사람이 많다」 고 말했다.

- "불법 자금을 받지 않는 대통령이 될 것임을 다시 한 번 약속[193]한다. 친인척 비리에 대해서는 추호도 용납하지 않을 것이고, 상시 감시체제를 강화할 것이다. 공직사회 부정에 단호히 대처할 것이다. '권력형 비리'와 '토착 비리' 근절을 위한 방안을 더 적극적으로 모색할 것이다." 이명박 대통령이 2009년 8·15 경축사에서 정치 선진화와 관련해 가장 먼저 제시한 목표는 '깨끗한 정치'이다. 이 화두를 꺼내며 이 대통령은

---

192) 매일신문 2008. 8. 18.
193) 중앙일보 2009. 8. 17.

"저는 대선을 치르면서 역사상 처음으로 불법 대선자금의 고리를 끊었다"고 강조했다. 그런 뒤 ▶불법 정치자금 ▶친인척 비리 등 역대 대통령들이 연루됐던 비리들과의 단절을 약속했다.

- 이명박 대통령은 2010년 3월 2일 청와대 회의[194]에서 "집권 3년 차에 접어든 만큼 청탁이나 이권 개입 같은 문제가 발생하지 않도록 해야 한다. 문제가 생기면 모두가 공동 책임을 져야 한다"고 말했다. 대통령은 이후에도 이런 다그침을 거듭하고 있다고 한다. 시의時宜에 맞는 지적이다. 청와대 민정수석실은 2010년 3월 5일 법무부, 검찰, 경찰, 감사원 등 사정司正기관 실무책임자들과 회의를 하고 대통령 지시 이행 방안에 대해 협의했다고 한다.

(3) 역대 대통령의 친인척과 측근 관리 노력

우리나라 대통령과 친인척 비리문제는 전두환 전 대통령 시절부터 시작하여 현재까지 반복되고 있다. 역대 대통령들은 모두 하나같이 취임사에서 부정부패에 강력하게 대응하겠다는 천명[195]을 하고 취임 초기 부정부패 척결을 통한 개혁을 추진했다. 임기 중반에 접어들면 '청탁이나 이권 개입 같은 문제가 발생하지 않도록 해야 한다. 문제가 생기면 모두가 공동 책임을 져야 한다'는 다짐을 되풀이했다. 수시로 암행 감찰 활동도 벌였지만, 권력형 부정부패 사건gate을 틀어막는 데 실패하고 말았다.

부정부패는 정권의 권력 누수 현상을 앞당기고, 임기 말에 이르러서는 대통령 아들·형님·동생·처남·동서·친사촌·처사촌·처삼촌 등의 친인척 그리고 끝내는 대통령의 오른팔·왼팔로 불리던 최측근들이 줄줄이 교도소로 향하는 일이 주기적으로 되풀이됐다. 그 결과 대통령의 친인척과 측근 관리는 우리나라 부정부패 관리의 중요한 화두가 되었다. 권력 주변에는 유혹의 불나방이 끊임없이 날아들게 마련이고, 특히 대통령 일가가 목표가 되는 경우가 많았다.

대통령은 주변 비리에 대해 매우 가혹한 '정서적 연좌제'가 적용되는 자리로 때로는 친인척 문제로 말미암아 정권의 공적과 과오가 달리 평가받기도 한다. 이러한 사실을

---

194) 조선일보 2010. 3. 8.
195) 조선일보 2010. 3. 8.

잘 알고 있는 우리나라의 역대 대통령은 모두 제각기 친인척과 측근이 비리에 연루되는 것을 막기 위해 나름대로 열심히 노력했다. 하지만 그 결과는 각기 달랐다. 2008년 9월 12일 일요신문이 보도한 '역대 대통령 친인척 관리 비교 해부'라는 기사에 의하면 역대 대통령의 친인척과 측근 비리관리 노력이 잘 나타나 있다.

◆ 박정희 전 대통령은, 특히 친인척 관리에 철저했다고 한다. 당시 종친들의 청와대 출입을 통제해 친가 쪽에서는 장조카인 박재홍 씨만 겨우 청와대 출입이 가능했는데, 이 역시도 종친들이 어떻게 지내는지 소식을 듣기 위해서였다고 한다. 박정희 전 대통령에게는 누이가 두 명 있었는데 박 전 대통령을 '업어 키운' 바로 위 누나인 박재희 씨의 집에 청탁하는 사람들이 몰려든다는 소식을 들은 박 전 대통령은 경찰을 배치하고 일거수일투족을 감시했다. 실제로 청탁 보고가 올라오면 박 대통령은 친필 경고 서한을 보냈다고 한다.

김정렴 전 비서실장은 "박 대통령은 친인척 중에 누가 이권에 개입한 것이 드러나면 청와대 출입을 금지하도록 했다. 내가 근무하는 동안 출입금지를 당한 친인척이 3~4명 정도였던 것으로 기억한다"고 밝혔다. 하지만 육영수 여사의 처가 쪽에 대해서는 관대했다. 장모 이경령 씨는 말년을 청와대에서 보냈고 처조카들도 자유롭게 청와대 출입이 가능했다고 한다. 박 전 대통령은 처가 인사들의 정관계 진출에도 '너그러운' 편이었다.

◆ 전두환 전 대통령도 집권 초기에는 친인척 관리를 엄중히 하겠다는 각오를 보였다. 하지만 대인관계를 맺을 때 능력보다는 인정과 의리를 중요하게 생각하는 인사유형 때문인지 결국 '혈연'을 뿌리치지 못했다. 전두환 전 대통령은 역대 대통령 중 최대의 친인척 비리사건을 겪은 인물로 거론된다. 대표적인 것이 대통령의 처삼촌 이규광 씨가 연루된 이른바 '장영자·이철희 부부 어음 사기사건'이다.

'건국 이래 최대 규모의 금융사기 사건'으로 불리는 이 사건은 장영자 씨가 남편 이철희 씨와 함께 무담보대출의 허점을 이용해 사기행각을 벌여 총 6,404억 원의 자금을 만든 사건이었다. 큰형 전기환 씨 역시 동생이 정권을 잡은 뒤 상경해 권력의 단맛을 즐기기 시작했는데, 결국은 정권이 끝난 뒤 노량진 농수산물시장 강탈사건으로 감옥에 가게 된다. 이 밖에도 동생, 사촌, 조카, 처남 등 일일이 세기도 어려운 친인척들이 각종 인사 청탁과 탈세혐의, 공금횡령 등으로 줄줄이 비리사건의 주역으로 등장하는 추문을 남기기도 했다.

◆ 노태우 전 대통령은 전 정권의 잘못을 지켜보며 친인척 관리에 나섰다. 그러나

이 역시 한계가 있었다. 우선 노태우 전 대통령은 당시 정가에 '청와대 가족회의'라는 얘기가 나돌 정도로 친인척을 가까이했다. 부인 김옥숙 여사의 고종사촌 동생인 박철언 씨와 동서인 금진호 씨는 당시 정권에서 각각 장관과 국회의원을 지내기도 했다. 특히 박씨는 다음 정권인 문민정부에서 이른바 사행성 오락기slot machine 사건으로 '권력의 후유증'을 톡톡히 겪어야 했다.

◆ 김영삼 전 대통령 또한 아들 현철 씨를 신뢰한 나머지 물밑 활동을 묵인하다가 엄청난 후폭풍을 겪었다.

◆ 김대중 전 대통령은 세 아들이 모두 비리에 연루된 이른바 '홍삼 트리오' 사건으로 친인척 관리에 오점을 남겼다. 김대중 전 대통령DJ은 취임 전 텔레비전TV으로 중계된 '국민과의 대화'를 통해 친인척 관리 방안에 대해 직접 언급한 바도 있다. 김대중 전 대통령은 당시 "친인척 관리는 과거나 지금이나 경계해야 할 문제로 지금까지 대통령 주변에서 이런 문제들이 발생했기 때문에 국민이 걱정하는 것을 잘 알고 있다. 나는 지난 선거에서 친인척 문제를 방지하기 위해 대통령친인척부당행위금지법 등 3금법안을 내놓았다"고 강조했다.

이렇게 친인척 관리를 위한 법안까지 마련했던 김대중 전 대통령 시절에는 어떤 식으로 친인척 관리가 이루어졌을까. 당시 청와대는 김 전 대통령의 친가는 8촌까지, 외가 쪽은 4촌까지 200여 명을 특별 관리했고, 먼 일가친척까지 포함해 총 700여 명을 관리대상에 넣었다. 김 전 대통령은 대통령의 친인척과 공직자의 비리 관련 수사를 맡았던 '사직동팀'을 폐지하고 공식적으로 청와대 내에서 직접 이 업무를 담당하도록 지시하기도 했다. 정권 초기에 김 전 대통령은 친인척들에게 언행에 특별히 신경 써달라고 직접 당부하곤 했다. 김홍일·홍업·홍걸 씨 세 아들 부부를 호텔로 불러 가족예배를 하며 대통령 아들의 처신에 대한 엄명을 내리기도 했다고 한다.

그 덕분인지 김대중 정부 시절 중반을 넘어서까지 세간을 떠들썩하게 할 정도의 대형비리 사건은 터지지 않았다. 하지만 대통령의 처조카인 이형택 씨가 예금보험공사 전무를 맡았던 것처럼 친인척이 중요한 직책에 오르는 사례가 적지 않았다. 당시 김홍일 의원과 가까운 사이였던 민정수석실 김 아무개 국장이 친인척 관리를 담당하기도 하는 등 '허술한 점'이 엿보이기도 했다. 게다가 김대중 대통령 부부의 아들과 친인척에 대한 지나친 믿음이 주변의 간언을 막는 결정적인 걸림돌이 되고 말았다.

◆ 노무현 전 대통령의 참여정부 시절엔 친인척 관리가 비교적 철저히 이루어진 편

이다. 노무현 전 대통령은 취임 직후부터 친가의 8촌, 외가의 6촌에 사돈과 종친회까지 포함된 900여 명에 이르는 친인척들을 대상으로 상시 관리체제를 운영했다. 당시 만들어진 자료는 친인척이 나열된 지도만 2권 분량에 호적 등 관련 서류만 철제 장^{cabinet} 한 개를 채웠다는 후문이다. 이러한 철저한 관리 때문에 일부 친척들은 '역차별을 받는 것 아니냐'는 불만을 터뜨리기도 했다고 한다. 노 전 대통령은 과거 김영삼 전 대통령의 아들 김현철 씨 문제나 김대중 전 대통령의 아들들 문제 등 이전 정권의 사례를 누구보다 잘 알고 있었기 때문에 취임 전부터 친인척 관리에 남다른 의지를 보였다.

2003년 3월에는 민정수석실 산하에 기존 팀과는 별도로 고위공직자와 대통령 친인척의 비리를 수집하는 '특별감찰반'까지 설치했을 정도였다. 하지만 이렇게 열심히 관리했으나 참여정부 시절에도 친인척 관련 비리가 없어지지 않았다. 친형인 노건평 씨가 장관 청탁 로비를 받았다는 의혹을 받았는가 하면 노건평 씨의 처남인 민경찬 씨가 거액의 투자신탁의 신탁 재산^{fund}을 조성하는 과정에서 논란이 있었다. 노 전 대통령은 이와 같은 친인척 비리 사건이 터질 때마다 불같이 화를 냈다고 한다.

형 노건평 씨가 남상국 대우건설 사장으로부터 돈을 받고 '유임'을 부탁했을 때 노 대통령은 공식 기자회견에서 이 문제를 거론해 남 사장이 그 충격으로 자살하는 일까지 벌어졌다. 또 민경찬 씨 사건 당시엔 민정수석실에 전화를 걸어 큰소리로 화를 내기도 했다. 노건평 씨 사건이 터진 이후에는 노건평 씨 집 주변에 24시간 경비를 두고 감찰을 벌이는가 하면 친조카 노지원 씨의 우전시스텍 주식 부당배정 의혹사건이 터졌을 때는 구설에 휘말릴 것을 우려해 반환시키도록 했다.

◆ 이명박 대통령 역시 친인척 관리에 많은 노력을 기울였다. 부인 김윤옥 여사의 사촌 언니 김옥희 씨의 공천로비의혹 사건이 터진 데 이어 사위인 조현범 한국타이어 부사장의 미공개 정보이용 주식거래 의혹, 사돈인 조석래 효성그룹 회장의 비자금 조성 의혹 등 잇단 친인척 관련 비리 의혹으로 난감한 상황에 부닥치기도 했다. 청와대가 2009년 9월 인사에서 2~3명 정도 친인척 담당 직원을 늘리기로 한 이유도 일련의 사건으로 말미암아 친인척에 대한 체계적인 관리의 필요성을 절감했기 때문이다.

그럼에도 측근들의 비리를 막는 데는 한계를 노출했다. 2010년 12월 7일 알선수재 혐의로 천신일 회장이 구속[196]된 데 이어 2011년 5월 31일 대검찰청 중앙수사부는 부

---

196) 연합뉴스 2010. 12. 7.

산저축은행으로부터 금융감독원의 검사 강도와 제재 수준을 낮춰달라는 등의 청탁과 함께 자신과 친형 앞으로 모두 1억 7천만 원을 받은 혐의특정경제범죄가중처벌법상 알선수재로 긴급체포한 대통령 측근인 은진수50세 전 감사원 감사위원을 구속했다.197) 부정부패를 방지해야 할 감사원의 감사위원까지 부정행위에 가담하는 어처구니없는 일이 벌어졌다. 이명박 대통령은, 특히 고소영으로 불리는 고려대학교, 소망교회, 영남 인사를 많이 했기 때문에 앞으로 얼마나 더 많은 부정부패 행위가 드러날지 알 수 없다.

청와대의 집중 관리에도 정권마다 친인척 비리가 끊이지 않는 이유는 무엇일까. 혹시 역대 정권의 친인척 관리 행태를 뜯어보면 그 해답에 다가갈 수 있지 않을까. 청와대에서 대통령 친인척 관리를 담당하는 '친인척 전담관리팀'은 민정수석실에 속해 있다. 하지만 수백 명이 넘는 친인척 관리 업무를 이곳에서 전담하기란 사실상 어렵다. 이러한 관리의 한계 때문에 국정원과거 안기부 등에서 비공개적으로 친인척 관련 정보를 수집해 내사를 벌이는 등 역대 대통령 중에서는 친인척 관리에 남다른 노력을 기울였던 경우가 많았다. 그러나 대부분 실효를 거두지 못했다. 어김없이 임기 중이나 퇴임 이후에까지 친인척 관련 비리로 대통령이 난감한 상황에 부닥쳤던 사례가 적지 않았다.

많은 전직 대통령이 친인척과 측근 비리로 오명을 썼지만, 박정희 대통령의 친인척과 측근관리는 대단히 모범적이었다. 이는 정치지도자 자신의 모범과 실천의지, 참모들의 관리 능력, 친인척과 측근의 태도와 노력에 따라 결과가 달라질 수 있으며 부정부패 예방도 가능하다는 것을 의미한다. 일각에서는 제도가 문제인 것처럼 말하는 사람도 있다. 그러나 관리가 잘되고 친인척과 측근이 부정부패를 하지 않으면 제도는 필요 없다. 박정희 대통령 당시에는 현재와 같은 조밀한 관리가 이루어지지 않았다는 점이 이를 입증해 준다. 따라서 제도 개선보다는 더욱 강화된 대통령과 관리를 담당하는 참모, 당사자인 친인척과 측근의 공동 노력이 요구된다.

(4) 원칙 부재 온정주의에 의한 사면 남용

드러난 부정과 부패는 그것이 누구든 관계없이 강력하게 처벌하는 선례를 통해 부패는 반드시 벌을 받는다는 인식이 확산하여야 악순환을 끊을 수 있다. 그런데 우리나라는 아무리 전직 대통령과 친인척이 죄를 범하더라도 시간이 흐르면 국민통합이라는 명

---

197) 연합뉴스 2011. 5. 31.

분으로 이들을 사면복권 시켜주어 왔다. 역대정부 대통령 측근과 친인척, 재벌사면 관련 내용을 살펴보면 그 실상이 잘 드러난다. 대통령과 정부의 부정부패 척결 의지에 의구심을 갖게 하는 부분이다.

노태우 전 대통령의 1991년 전두환 전 대통령 동생 전경환 씨에 대한 특별감형, 김영삼 전 대통령의 1997년 전두환, 노태우 두 전직 대통령의 비자금 사건에 연루된 이건희, 김우중 등 7인의 재벌 총수 특별사면, 김대중 전 대통령의 장학로 전 청와대 부속실장과 한보 비리의 핵심으로 지목된 권노갑 전 국회의원 사면, 노무현 전 대통령의 2005년 16대 대선 당시 불법선거자금 사건에 관련된 정대철 등 13명의 정치인 사면복권, 김대중 전 대통령 두 아들 사면이 대표적인 사례에 속한다.[198]

이명박 정부 들어서도 2008년 8월 15일 정몽구 현대차그룹 회장, 최태원 SK그룹 회장 등 34만 명 광복절 특별사면·복권[199], 2007년 10월 29일 김용철 변호사와 천주교 정의구현사제단의 '삼성그룹 50억 원 비자금' 폭로로 서울중앙지법에서 징역 3년 집행유예 5년, 벌금 1,100억 원을 선고받은 이건희 회장 2009년 12월 29일 동계올림픽 유치를 위한 단독 특별사면을 하는 등 역대 대통령에 의한 사면은 계속되고 있다.[200] 이처럼 부패 및 선거 자금 관련 비리에 연루된 측근, 친인척, 재벌들이 형집행정지 또는 가석방의 형식으로 풀려나고, 얼마 후 사면되는 것이 반복됐다.

권력을 농단하여 권력형 비리를 주도한 이들이 사면되는 것은 그 자체로서 권력형 비리에 해당하는 것이다. 비리사건 이후 김대중 전 대통령 아들 김홍업은 국회의원으로 당선되기도 하였고, 김현철 역시 국회의원 출마까지 준비하는 등 오히려 자신들이 피해자인 것처럼 생각하는 경향까지 생겨나고 있다. 그러나 일들을 바라보는 국민의 시선은 곱지 않다. 국민은 권력형 부패사건에 대해 공정한 처리보다는 정치적으로 처리되었다고 평가하고 있다. 특히 집권세력이 개입된 권력형 부패사건은 정당하게 처벌되지 않는다는 국민적 의혹 역시 상존한다.[201]

사면은 대통령의 고유권한 중 한 가지이다. 우리 헌법 제79조 ① 대통령은 법률이 정하는 바에 의하여 사면·감형 또는 복권을 명할 수 있다고 명시하고 있다. 따라서

---

198) 참여연대 행정감시센터 2009. 4. 24.
199) 연합뉴스 2009. 12. 29.
200) 디지털타임스 2010. 3. 24.
201) 참여연대 행정감시센터 2009. 4. 24.

대통령이 사면권을 행사하는 것은 문제가 되지 않는다. 하지만 사면으로 말미암아 대통령 친인척과 측근의 부정부패를 조장助長하는 결과가 초래되는 것은 분명히 문제가 있다. 대통령 친인척과 측근의 부정부패 문제를 해결하고 경각심을 고취하기 위해 그들이 비리와 연루되었을 때는 엄격하게 법규를 적용해 사면에서 제외하는 것이 마땅하다. 그런데도 원칙 부재로 정치적 판단이나 온정주의에 치우친 대통령의 지나친 관용이 법치주의를 훼손하는 것이 아닌가 하는 논란과 우려를 자아내고 있다.

(5) 공약 실천의지 미흡

역대 정권의 대통령들도 하나같이 강력한 부정부패 척결의지를 표명했지만, 앞세운 말에 비해 실천의지는 지극히 부실하고 미흡했다. 2009년 4월 23일 참여연대와 흥사단 투명사회운동본부가 주최한 '권력형 부패, 막을 길은 없는가? – 박연차 사건을 통해본 권력형 부패사건의 문제점과 개선방안' 토론회에서 발표한 이지문 전국민주공무원노동조합 정책연구원의 토론문은 이러한 문제점을 잘 지적하고 있다.

'권력형 부패사건의 문제점과 개선 방향'은 새로운 토론 주제가 아니다. 만일 이 토론회가 기사화된다면 "최근 전직 대통령 일가의 비리혐의 등으로 정국이 혼란스러운 가운데 23일 참여연대에서 참여연대와 흥사단 투명사회운동본부 주최로 권력형 부패 사건의 문제점과 개선 방향 토론회가 열렸다"고 날 것이다. 7년 전 2002년 5월 7일 자 기사 중에 이런 것이 있다. "최근 대통령 아들의 비리혐의 등으로 정국이 혼란스러운 가운데 7일 국회의원회관에서 한나라당 주최로 권력형 비리 관련 국민토론회가 열렸다." 2002년 5월이니까 김대중 대통령 아들들이 비리에 연루되어 구속될 때였다.

토론자가 말하고 싶은 것은, 이 주제에 대한 제도적 대안은 벌써 다 나와 있다는 것이다. 어떤 사건이 발생하고 이어서 오늘과 같은 문제점과 개선 방향 토론회에 참석하면서 생각하는 것은, 우리가 대안이 없어서 이런 문제가 발생하는 것이 아니라는 점이다. 대통령의 제왕적 권력이 여전히 위력을 발휘하고 있기 때문에 대통령에게 모든 것이 집중된 권력체계를 구조적으로 개편해야 한다. 권력을 감시하고 견제하는 체계가 결여되어 있어 대통령 친인척을 포함한 고위공직자의 비리사건을 다루기 위한 고위공직자비리조사처공직부패수사처, 특별검사제를 설치해야 한다.

공직자윤리법, 정치자금법 등 고위공직자 부패관련 조항을 현실화하고 불법 정치자금 수수 관행을 개선해야 한다. 이 밖에도 2002년 김대중 대통령 아들들의 비리문제가 쟁점issue화되었을 때, 민주당은 친인척관리특별법을 제정하여 대통령과 일정 촌수 이내 인사들은 별도 부서가 특별히 관리하도록 하겠다고 밝힌 바 있다. 2002년 대선 당시 한나라당 이회창 후보는 집권하면 부패방지위원회현 국민권익위원회 산하에 친인척 특별감시기구를 두고 야당에 위원장을 맡기겠다고 공약한 바 있다. 또한 직계 존비속의 재산 등록 공개 의무화, 대통령 친인척의 신규공직임명 금지를 공약했다. 당시 민주당 대선 후보 노무현 역시 주변 및 고위공직자 등의 부패방지를 위한 고위공직자비리조사처를 신설하고 특검제의 한시적 상설화, 대통령 친인척 재산공개법 제정 방침을 공약한 바 있다. 그러나 그때뿐이다.

노무현 전 대통령의 공약公約: 국민에게 실행할 것을 약속함 또는 그 약속도 공약空約: 헛된 약속을 함 또는 그 약속이 되었을 뿐이었다. 이명박 대통령과 한나라당 역시 공약으로 내걸었던 권력형 비리를 척결하고 권력형 비리수사를 위한 '특별검사 상설화법' 입법 추진을 아직도 추진하지 않고 있다. 다만, 2008년 처사촌 언니 공천 게이트가 발생한 이후 친인척 담당 직원을 3명에서 6명으로 늘린 것이 전부다. 지금 필요한 것은 친인척 비리가 터져 나올 때마다 제기되었던 대안들을 면밀히 검토하여 제도화하는 것202)이라고 주장했다.

부정부패 척결은 제도 개선, 말이나 공약으로 해결되는 것이 아니다. 가장 중요한 것은 실질적인 행동이다. 그런데 우리나라 역대 대통령들은 행동보다 말을 앞세웠다. 대통령 친인척에 의한 부정부패가 여전히 근절되지 않고 있는 이유가 여기에 있다. 행동을 부실하게 하면서 아무리 방법만 많이 논해보아야 해결될 것은 아무것도 없다.

(6) 대통령과 불법 정치자금

국민권익위원회가 2008년 11월 19일 개최한 국가경쟁력 제고를 위한 '반부패 · 청렴 정책 방향' 심포지엄에서 유종성 미국 캘리포니아대학교 샌디에이고캠퍼스 환태평양 연구국제관계대학원 조교수가 발표한 "한국은 부패통제에 성공하고 있는가?"라는 글에는 한국 역대 대통령의 불법 정치자금에 관한 내용이 잘 나타나 있다.

전직 대통령인 전두환과 광주민주화운동 이후 야당의 분열로 1987년 대선에서 승리했던 노태우는 후에 부패행위로 유죄를 선고받았다. 전직 대통령인 노무현과 2002년

---

202) 참여연대 행정감시센터 2009. 4. 24.

주된 보수정당 후보였던 이회창은 정치자금 때문에 검찰에 의해 조사를 받아야 했으며, 그들의 많은 측근 조력자들이 유죄를 선고받았다. 민주정부라 일컬어지는 대통령 김영삼과 여야 정권 교체를 이루어낸 김대중은 직접적으로 조사를 받지는 않았지만, 두 대통령의 아들과 측근 조력자들 역시 뇌물과 불법 정치자금 문제로 유죄를 선고받았다. 이러한 많은 조사를 통해, 그들의 정치자금에 대해 많은 것들이 밝혀졌다.

전두환과 노태우는 개인적으로 수천억 원의 비자금을 형성하기는 하였지만, 그들이 만든 여당을 위해 많은 돈을 썼다. 전두환은 여당을 만들기 위해 300억 원을 썼으며, 당의 유지를 위해 매년 200억 원씩 총 7년간 1,400억 원을 썼다고 말했다. 그는 또한 1987년 대선에서 노태우를 당선시키기 위해 2,000억 원을 썼다고 알려졌으며, 1981년과 1984년 총선의 승리를 위해 각각 1,000억 원을 쓴 것으로 알려졌다. 노태우 역시 여당의 유지를 위해 매년 300억 원을 쓰고, 1992년 대선에서 2,000억 원, 1992년 총선 및 1991년 지방선거 등에서 3,000억 원을 쓴 것으로 알려졌다. 두 전직 대통령은 단지 그들 자신만을 위해 착복한 것이 아니라 정치인들을 부패하게 하였다.

전두환 정권하에서 권위주의 선거는 비용이 많이 들었다. 비평가들은 1981년 3월 총선에서 여당이 3,000억 원을 썼다고 비난했다. 여당 후보들은 돈, 선물, 음식대접 그리고 여행을 보내주는 방법 등으로 유권자들을 매수하고 지지를 확보했다. 많은 여당 후보들은 유권자들에게 돈이 든 흰 봉투를 비밀리에 나누어주었으며, 새로운 회원에게 10만 원을 주는 방법으로 여당의 당원들을 모집했다. 1987년 민주화 이후인 1987년과 1992년 대선, 1988년과 1992년 총선은 전두환 정권의 선거보다는 깨끗했다고 일반적으로 평가된다. 그러나 엄청난 선거 자금을 모금해 사용하고 다양한 표 매수 관습은 계속되었다.

김영삼, 김대중 그리고 노무현 대통령은 재임 기간에 개인적으로 비자금을 모았다고 알려지지는 않았다. 그러나 그들 역시 불법정치자금의 문제에서 벗어나기는 어렵다. 1992년 대선에서 김영삼은 한보그룹의 회장인 정태수로부터 600억 원의 불법 정치자금을 받은 것이 밝혀졌다. 또한 그의 선거운동본부에서 재벌로부터 수백억 원의 비자금을 모았다는 소문이 있다. 또한 노태우로부터 막대한 자금을 받았다고 알려졌다. 김대중은 노태우로부터 20억 원을 받았다고 시인했다.

[표 4-1]에서 보는 바와 같이 선관위의 조사에 의하면 1997년과 2002년 대선은 이전의 대선보다 훨씬 깨끗했다고 평가된다. 그러나 검찰은 몇 달간의 조사를 통해 2002년

[표 4-1] 대선에서의 불법정치자금

연도	주요 후보자	조사에 의해 밝혀진 불법정치자금
1992	김영삼 김대중	한보 600억 원, 노태우(1,400억 원?) 5대 기업 39억 원, 노태우 20억 원
1997	김대중 이회창	삼성 (100억 원 미만) 삼성 100억 원
2002	노무현 이회창	삼성 30억 원 등 총액 119억 9천만 원 삼성 340억 원, 엘지 150억 원, 현대 100억 원 등 총액 823억 2천만 원
2007	이명박 정동영	—

출처: 유종성(2008), "한국은 부패통제에 성공하고 있는가?", 국민권익위원회, p.44(선거관리위원회)

대선에서 보수정당 후보인 이회창의 선거캠프가 820억 원의 불법정치자금을 받았으며, 노무현 선거캠프는 120억 원을 받았다는 것을 밝혀냈다. 4대 재벌이 100억 이상씩을 이회창 캠프에 보냈다.^{삼성 340억, 엘지 150억, 현대자동차 100억, SK 100억} 또한 삼성은 노무현 캠프에도 30억을 보냈다. 1997년 대선에 관해서는 포괄적인 자료가 없지만, 삼성은 1997년 대선에서도 이회창 캠프에 100억 원을 보냈음이 밝혀졌다. 또한 삼성은 1997년 김대중 후보에게도 이회창 후보에게 보낸 것보다는 적겠지만, 역시 밝혀지지 않은 금액을 보냈다.

1987년의 민주화가 즉각적으로 부패를 줄이지는 못하였다. 민주적으로 당선된 노태우의 비자금은 그의 권위주의적인 전임자의 비자금보다 적지 않았다. 재벌의 관습적인 선거대책본부 불법정치자금 공급은 2002년 대선까지 계속되었다. 그러나 불법정치자금의 규모는 2002년에 다소의 증가가 있었지만, 1997년부터 점진적으로 줄어든 것으로 보인다. 이명박 대통령은 그의 민간 경력에서부터 2007년 대선까지 어떠한 불법적인 자금도 받지 않았다고 선언했다. 그것은 주요정당의 대선 후보가 재벌로부터 불법정치자금을 받지 않은 최초의 사례^{case}이다. 반면에 불법정치자금의 총액은 점진적으로 증가해왔다. 그러나 특정 재벌그룹의 후원은 법적인 제한 때문에 일정 수준에서 정체되고 있다.

민간 영역에서의 강화된 청렴도뿐 아니라 부패사건과 정치자금모금에 대한 반복적이고 강도 높은 조사는 재벌이 대규모 정치자금을 공급하거나 정치인에게 불법적인 자금을 주는 것을 더욱 어렵게 만들었음이 틀림없다. 이러한 측면에서 삼성이 2002년 대선 때까지 불법정치자금을 공급하고 있었다는 사실은 놀랍다. 그러나 한국인들 대부분이 의심하고 있기는 하지만, 2007년 대선에서 삼성을 비롯한 어떤 재벌도 불법정치자금을 제공했다는 증거가 없다는 것에 주목할 필요가 있다. 만약 그러한 관행이 여전히 계속될 것이라고 하더라도 지금껏 감소해온 것만은 사실인 것으로 보인다.203) 그러나 이는 드러난 부패행위를 기준으로 한 것이라는 사실이다. 앞으로 어떤 내용이 새로 드러날지 알 수 없다.

2011년 8월 노태우 전 대통령의 회고록이 발간되면서 그동안 베일에 가려 있던 대통령 선거 자금 실체의 일부가 드러났다. 노태우 전 대통령은 회고록에서 금진호 전 상공부 장관과 이원조 전 국회의원을 1992년 대선 당시 김영삼 후보에게 소개해주고 이들을 통해 2,000억 원을, 그 뒤 대선 막바지에 김 후보 쪽의 지원 요청에 따라 직접 1,000억 원을 추가로 지원했다고 밝혔다. 김 전 대통령 차남 김현철 씨 등 상도동 인사들은 회고록 출간 후 김영삼 전 대통령이 노태우 전 대통령으로부터 3,000억 원을 받은 적이 없다며 노 전 대통령을 원색 비난했다. 와이에스YS 쪽이 강력히 부인하고 나서자 노태우 전 대통령 최측근이 당시 대선자금 지원과 관련해 김 후보와 나눈 대화의 녹음테이프를 갖고 있다고 폭로했다.

1987년 이후 5차례의 대선을 치르는 동안 검찰 수사를 통해, 관련자의 증언으로 그 일각이 드러난 적은 있지만, 전직 대통령이 직접 대선자금에 대해 밝힌 것은 2011년 8월 9일 발간된 노태우 전 대통령의 회고록이 처음이다. 하지만 노 전 대통령의 '고백' 역시 역사적 진실을 100% 반영한 것은 아니라는 지적이 정치권에서 제기됐다.

직선제가 부활한 1987년 대선 때 후보들은 대규모 군중집회를 통한 세 과시에 주력했고 여기에 막대한 돈이 들어갔다. 노태우 전 대통령은 회고록에서 "전두환 당시 대통령이 지원한 1,400억 원, 당에서 모은 500억 원 등 총 2,000억 원을 썼다"고 밝혔다. 이는 현재 가치로 환산하면 경제 규모 기준으로 2조 원, 화폐 구매력 기준으로는 5,500억 원에 해당한다. 하지만 당시 정치권에서는 "노 후보가 적어도 1조 원을 썼을 것"이란 얘기들이 나돌았었다. 노 당선자 측은 선관위에 선거비용으로 130억 원을 신고했다.

1992년 대선 때 당시 김영삼 민자당 후보 진영에 있었던 김종필 씨는 "와이에스YS의 대선자금 규모를 알면 국민이 기겁할 것"이라고 말한 바 있다. 노 전 대통령은 회고록에서 "김영삼 후보에게 3,000억 원을 지원했다"고 밝혔지만 김 전 대통령 측이 독자적으로 모금한 '+α'가 더 있었을 것이라는 게 정치권의 정설이다. 당시 야당은 "YS 대선

---

203) 유종성(2008), "한국은 부패통제에 성공하고 있는가?", 국민권익위원회, pp.40~44.

자금은 1조 원"이라고 주장했다. 하지만 김영삼 당선자 측은 선관위에 284억 원을 신고했다.

외환위기 와중에 치러진 1997년 대선 때도 상당한 액수의 선거 자금이 쓰였다. DJP_{김대중·김종필} 연합의 자민련 측 선대본부장을 지낸 강창희 전 의원은 2009년 출간한 책에서 "'차떼기'는 1997년부터 있었다. 대선을 열흘 앞두고 선거 지원 유세비용 등으로 총 80억 원의 현금이 차떼기 방법으로 자민련으로 건네졌다"고 했다. 자민련에 이 정도 돈이 돌아갔다면 김대중 후보 측에선 더 큰돈을 썼을 것이라고 당시 정치권 인사들은 말했다. 1997년 대선 때 이회창 후보 쪽은 국세청을 통해 기업들에 압력을 가해 166억 원을 거뒀던 사실이 훗날 '세풍사건' 수사에서 드러났다.

2002년 대선 때 한나라당은 기업들로부터 823억 원을 받았다고 검찰은 수사를 통해 밝혔다. 그러나 최병렬 전 한나라당 대표는 자서전에서 "검찰 관련 인사로부터 '검찰에서 드러나지 않은 것들도 숱하게 있다'는 얘기를 듣고 불법 자금이 더 있을 수도 있다는 생각에 허탈했다"고 했다. 노무현 전 대통령은 2002년 대선 때 "내가 쓴 불법 자금이 한나라당의 10분의 1이 넘으면 대통령직을 걸고 은퇴할 용의도 있다"고 했으나 실제로 10분의 1을 초과하는 113억 원이 불법 자금이라고 검찰은 밝혔다.

대선자금과는 별도로 당선 축하금이나 통치자금은 그동안 잘 드러나지 않았다. 전두환·노태우 전 대통령이 재임할 때 조성했다는 수천억 원대 비자금이 1995년 검찰 수사에서 드러난 게 거의 유일하다. 이런 가운데 정치권 인사들은 "2007년 17대 대선부터는 대선자금이 법정 선거비용을 크게 벗어나진 않았다"고 했다. 군중 동원보다는 텔레비전 토론이나 광고가 선거전의 중심이 됐고 2002년 대선자금 수사의 영향도 컸다는 것이다. 2007년 대선 때 이명박 대통령은 373억 원, 정동영 후보는 399억 원을 각각 썼다고 신고했다.[204]

김대중 전 대통령은 1997년 대선 당시 긴급기자회견을 통해 노태우 전 대통령으로부터 '20억 플러스 알파'의 비자금을 받았다고 고백[205]한 일이 있는데다 전두환 전 대통령도 회고록을 준비하고 있는 것으로 알려져 앞으로 얼마나 더 많은 부정부패 실체가 드러날지 귀추가 주목된다.

---

204) 한겨레 2011. 8. 11.
205) 뉴시스 2011. 8. 11.

2) 반복되는 오욕의 역사 대통령 친인척 측근 비리

(1) 전두환 대통령

전두환 전 대통령은 본인이 재벌 등에게서 돈을 받아 수천억 원대의 비자금을 조성 2,205억 원의 추징 선고를 받았다.[206] 동생과 형, 사촌 형, 사촌 동생 등이 모두 구속돼 가장 많은 친인척이 비리에 연루됐다는 오명을 썼다. 형인 전기환 씨는 1988년 8월 서울 노량진 수산시장 이권 사업에 개입하여 구속됐고, 동생 전경환 씨도 같은 해 새마을운동중앙본부 회장 시절 공금 70억여 원을 횡령한 혐의로 구속됐다. 전경환 씨는 사기 혐의로 수배된 상태에서 도피 중 2008년 4월 불구속 기소되기도 했다. 또 처남 이창석 씨와 사촌 형 전순환 씨, 사촌 동생 전우환 씨 역시 청탁성 금품수수와 뇌물 혐의로 구속됐다.[207]

(2) 노태우 대통령

노태우 전 대통령 역시 본인이 재벌 등에게서 돈을 받아 수천억 원대의 비자금을 조성 2,628억 원의 추징 선고를 받았다.[208] 고종사촌 처남인 '6공 황태자' 박철언 전 정무장관이 사행성 오락기slot machine 사건으로 구속됐다. 딸 노소영 씨는 외화 밀반출 혐의로 1994년과 1995년 2차례에 걸쳐 검찰 조사를 받았다. 또한 노 전 대통령의 동서 금진호 전 상공부 장관은 비자금 조성 혐의로 재판을 받기도 했다.[209]

(3) 김영삼 대통령

김영삼 전 대통령은 아들 현철 씨가 한보 특혜 비리에 개입, 기업인 6명으로부터 66억 원을 받은 사실이 드러나 1997년 5월 구속됐다. 현철 씨는 아버지의 대통령 재임 중 구속된 첫 사례이다. 또한 2004년 17대 총선 당시 조동만 전 한솔 부회장으로부터 정치자금 20억 원을 받은 혐의가 드러나기도 했다.[210] 처남 손성훈은 덕산그룹으로부

---

206) 경향신문 2009. 4. 8.

207) 파이낸셜뉴스 2009. 4. 9.

208) 경향신문 2009. 4. 8.

209) 파이낸셜뉴스 2009. 4. 9.

210) 파이낸셜뉴스 2009. 4. 9.

터 조선대 운영권 청탁을 받고 1억 9천만 원을 받아 구속됐다.[211]

(4) 김대중 대통령

① 친인척 비리

김대중 전 대통령은 세 아들 가운데 2명이 구속됐다. 셋째아들 김홍걸 씨는 2002년 최규선 게이트와 관련 체육복표 사업자 선정 로비 명목으로 36억여 원을 받아 구속됐고, 둘째아들 김홍업 씨는 2003년 이권 청탁 명목 25억 원과 정치자금 22억 원을 받은 혐의로 구속되기도 했다. 장남 김홍일 씨 역시 이용호·진승현 게이트에 연루됐다.[212] 2003년 6월 20일 '나라종금사건 검찰 수사발표'라는 조선일보 보도에 의하면 '김홍일 의원 1억 5,000만 원 수수. 그러나 건강 상태가 구속을 감당하기 어렵다고 보고 불구속 기소 됐다.'[213]

② 측근 비리

권노갑 전 민주당 고문, 박지원 전 대통령실 실장, 임동원 전 국정원장 등 여러 명이 있다. 그러나 측근은 그 기준이 명확하지 않기 때문에 대표적인 몇 사람만 언급해 둔다. 한 가지 확실한 점은 김대중 대통령의 참모 역할을 한 사람들이 부정부패에 유난히 많이 연루되었다는 것만은 확실하다. 역대 정권 가운데 김대중 대통령 재임 시절 가장 많은 게이트가 터졌다.

(5) 노무현 대통령

① 친인척 비리

부패정치와의 단절, '도덕성'을 기치로 집권에 성공한 노무현 전 대통령도 친인척 비리를 떨쳐내지는 못했다.[214] 노무현 전 대통령은 형인 노건평 씨가 세종증권^{현 NH증권} 인수 과정에서 금품을 수수한 혐의로 구속된 데 이어 박연차 태광실업 회장으로부터 부인 권 여사가 돈을 받았다고 시인했다.[215] 또한 조카사위 연철호 씨가 박연차 회장

---

211) 경향신문 2009. 4. 8.
212) 파이낸셜뉴스 2009. 4. 9.
213) 조선일보 2003. 6. 20.
214) 경향신문 2009. 4. 8.

으로부터 500만 달러 수수 혐의를 받아 수상 대상이 되었다.216)

② 측근 비리

대선자금과 측근 비리 사건217)에 연루됐던 안희정, 여택수, 최도술 씨를 비롯하여 다수의 박연차 게이트에 연루된 자들이 있다. 대선자금 수사에서 드러난 것처럼 측근들이 비리에 연루되어 구속되고 자신의 당선을 위한 선거에 참모들이 받은 돈이 상당부분 사용되었다. 그런데 그 선거를 통해 당선되었으면서도 책임지는 모습을 보이지 않은 노무현 전 대통령을 청렴하다거나 도덕적이라고 보는 것은 문제가 있다.

(6) 이명박 대통령

① 친인척 비리

이명박 대통령도 친인척 비리가 불거져 곤욕을 치렀다. 영부인의 사촌 언니인 김옥희 씨가 2008년 4월 9일 치러진 제18대 국회의원을 뽑는 총선218) 전 한나라당의 공천에 개입을 기도한 것이 드러났다. 김씨는 서울시버스사업조합이사장인 김종원 씨에게 비례공천을 받게 해 준다며 30억 3천만 원을 받았다가 불발되자 23억 원을 돌려줬다. 또 윤·한 모 씨 등 2명에게 공기업의 감사를 시켜주겠다며 각각 5천만 원씩을 받은 불법혐의가 검찰수사 결과 밝혀졌다.219) 김옥희 씨의 공천 로비 의혹 사건이 터진 데 이어 사위인 조현범 한국타이어 부사장의 미공개 정보이용 주식거래 의혹, 사돈인 조석래 효성그룹 회장의 비자금 조성 의혹 등 잇단 친인척 관련 비리 의혹이 제기됐다.220)

② 측근 비리

박연차 게이트에 연루된 이명박 대통령의 최측근 천신일 세중나모여행 회장, 추부길 전 비서관221), 부산저축은행으로부터 금융감독원의 검사 강도와 제재 수준을 낮춰달라

---

215) 파이낸셜뉴스 2009. 4. 9.

216) 경향신문 2009. 4. 8.

217) 업코리아 2005. 8. 12.

218) 총선거(總選擧)는 총선이라고도 하며 국가 단위에서 유권자의 대부분 혹은 모두가 투표권을 갖는 선거를 일컫는 말이다. 따라서 국회의원 선거는 총선이나 예비 선거나 지방선거는 총선에서 제외된다. 총선거라는 개념은 영국 하원 선거에서 유래했다고 한다.

219) 매일신문 2008. 8. 18.

220) 일요신문 2008. 9. 12.

는 등의 청탁과 함께 자신과 친형 앞으로 모두 1억 7,000만 원을 받았다는 혐의를 받고 구속된 은진수 전 감사원 감사위원도 있다.[222]

이명박 대통령은 재임 중인데다 대통령의 친인척과 측근비리가 일반적으로 퇴임 후 본격적으로 드러나는 점을 고려할 때, 향후 어떤 결과가 나올지 아직 예측하기 어렵다. 취임 첫해인 2008년 추석명절에는 이명박 대통령의 주변 인물들 집 앞에 사정기관 요원들이 배치됐고, 요원들은 방문객들을 돌려보내고 선물을 반송 조치하기도 했다. 대통령 친인척과 측근들에 대한 로비를 원천봉쇄하기 위해서다. 특별관리 대상[223]은 모두 2,700여 명으로 대통령 부부의 직계존비속은 물론 12촌 이내의 친족과 초·중·고·대학 동창들도 포함됐다. 청와대 민정수석실과 국정원, 경찰이 이들의 동향을 예의주시하고 있다고 한다.

이명박MB 대통령은 집권 3년 차를 맞아 2010년 3월 9일 '비리와의 전쟁'을 선포했다.[224] 취임 초부터 법질서 확립을 '대한민국 선진화'의 선결과제로 주장해온 데서 한 걸음 더 나아가 토착비리, 교육비리, 권력형 비리 등 '3대 비리' 근절에 대한 의지를 재확인하는 등 반복적으로 부정부패 척결을 강조했다.

3) 친인척 측근 비리 발생원인

(1) 수신 부족

정치지도자의 입장에서 부정부패의 관리 대상은 크게 나누어 지도자 자신, 친인척을 포함한 측근 참모, 정무직공무원을 포함을 전체공무원 등 세 가지 부류가 있다. 부정부패를 관리하는 책임자인 대통령이나 지방자치단체장은 당연히 스스로 부정부패 하지 않는 모범을 보여야 한다. 그리고 친인척과 측근 참모들을 잘 관리하는 것이 아주 중요하다. 이들이 부정부패에 연루되지 않아야 일반 공무원에 대한 부정부패 척결을 추진할 때 결연한 의지가 통용되고 경각심을 일깨워줄 수 있다. 사정기관을 통한 적극적인 단속과 적발 추진이 가능해진다.

---

221) YTN 2010. 2. 6.

222) 아주경제 2011. 5. 31.

223) MBC 2008. 12. 7.

224) 교포신문 2010. 3. 14.

만일 그렇지 못하고 자신이 부패행위를 하거나 친인척과 측근 중에서 부정부패가 자주 드러나면, 부패한 사람이 부패하지 않은 공무원과 국민에게 엄포를 놓고 다른 부패한 사람을 나무라는 것이 되기 때문에 정당성과 진정성을 의심받게 된다. 정당성과 진정성을 의심받으면 관리책임에 대한 반발이 일어나기 마련이다. 정치는 혼자서 하는 것이 아니다. 따라서 이러한 상황을 만들어내지 않기 위해서는 대통령 자신은 물론 친인척과 측근들이 모두 나름대로 자신의 입장에서 수신해야 한다.

남과 사귀면서 세상을 살아가는 처세處世의 기본이 수신제가 치국평천하225)修身齊家治國平天下라는 것은 이미 알고 있는 사실이다. 수신修身은 마음과 행실을 바르게 하도록 심신을 닦는 일이고, 제가齊家는 집안을 바로 다스리는 것이다. 현대인에게 있어 수신의 핵심은 절제이다. 자신부터 시작하여 법을 위반하지 않기 위해 욕망을 절제하는 삶을 살아야 한다. 그런 다음에 집안을 바로 다스려 정돈하여 가지런히 하는 정제整齊를 한 후에 나라를 다스리는 일에 나서야 한다. 그런데 오늘날 우리나라 정치가들은 수신을 제대로 하지 않고 권력에 대한 탐욕으로 스스로 편법적이고 불법적인 행동을 일삼는 사람이 적지 않다. 집안과 측근도 제대로 정제하지 못하고 있다. 그러므로 온갖 부정부패가 권력을 획득하기 위한 준비과정인 공천과 선거에서 시작되고 당선된 후에는 계파에 대한 보은인사나 코드인사를 통해 합리적인 인사를 무력화시켜 부정부패를 만연하게 한다.

(2) 이율배반적인 행동

역대 대통령 취임사에 나타난 부정부패 추방의지 표명과 실제 친인척을 포함한 측근의 부정부패가 보여주듯이, 그동안 상당수 한국의 대통령은 공공연하게 이율배반적인 행동을 해왔다. 이율배반二律背反은 서로 모순되는 두 개의 명제가 동등한 권리로서 주장되는 일이다. 부정부패가 나쁘다는 것은 한국의 모든 대통령이 알고 있었다. 부정부패 행위를 하지 않으려고 나름대로 노력도 했다. 친인척과 측근들에게도 취임 초기 대부분 부정부패를 경계하도록 주의를 환기했다. 하지만 그것이 제대로 존중받지 못했고 이행되지 않았다.

부정부패 척결 의지를 실현하려면 최우선적으로 스스로 법규를 철저하게 지켜 모범을 보이고 청렴을 실천하며 측근들을 단속하는 것으로부터 시작해야 한다. 그런데 한

---

225) 수신제가 치국평천하(修身齊家治國平天下)는 심신(心身)을 닦고 집안을 정제(整齊)한 다음 나라를 다스리고 천하(天下)를 평정(平定)함.

국의 대통령은 대통령이 되기 전에 대부분 법을 어기고 스스로 모범을 보이지 않았다. 현실 속에서 정치를 하고 당선되는 데 필요한 자금 모금을 위해 대부분 자신이 직접 법을 어기거나 친인척 또는 참모가 법을 어겼다. 대통령이 되어서는 국가 통치자로서 부정부패를 방치할 수 없어 부정부패 척결을 강조하는 모순된 생각과 행동을 했다. 결국 스스로 청렴하지 않고 법규를 준수하지 못한 전력은 친인척과 측근의 부정부패에 안이하게 대응하게 하였다. 통치하는 과정에서도 한쪽에서는 공정을 외치면서 다른 쪽에서는 공정하지 않은 행동을 하는 이율배반적인 행동을 지속했다.

1998년 4월 김대중 대통령은 법무부의 최초 업무보고를 받는 자리에서 "과거 검찰은 권력의 지배를 받고 권력의 목적을 위해 일했습니다. … 검찰이 바로 서야 나라가 바로 섭니다. 여러분께 약속하건대 이 정권은 절대로 지연과 학연을 따지지 않고 여러분에게 권력을 위해 일해 달라고 하지 않겠습니다. 여러분에게 처음으로 국민의 신뢰와 존경을 받을 기회가 왔다는 것을 알고 열심히 일해 주기 바랍니다"라고 일성을 밝힌 바 있다. 또한 김대중 전 대통령은 법과 질서 확립226)의 선봉에 검찰이 바로 서야 한다는 점을 누차 강조했다. 그러나 검찰 총수들의 행태는 법의 공정성과 권력의 중립성과는 여전히 거리가 멀었다.

검찰의 축이 영남에서 호남으로 이동했고, 검찰권 행사에서 인간미가 풍기기도 했으나 엄격해야 할 공과 사의 구별이 무딘 것이 탈이었다. 검찰 총수 부인의 옷 로비 의혹 사건227), 공안검사의 조폐공사 파업유도 의혹, 서경원 전 의원 간첩사건 진실 은폐 의혹이 불거지면서 사정의 중추기관이요, 수사의 주재자인 검찰의 신뢰가 뿌리부터 다시 흔들리기 시작했다. 그 밖에도 한빛은행 불법대출사건·동방금고 불법대출사건 같은

---

226) 월간중앙 2009년 8월호

227) 옷 로비 의혹 사건은 신동아그룹 최순영 회장의 부인 이형자가 남편의 구명을 위해 고위층 인사의 부인에게 고가의 옷 로비를 한 사건이다. 옷 로비 사건이 드러난 것은, 1999년 5월 당시 김태정 검찰총장 부인 연정희가 외화밀반출 혐의를 받고 있던 신동아그룹 최순영 회장의 부인 이형자로부터 1998년 말 고급 옷을 받았다는 소문이 보도되면서부터였다. 언론에 그런 사실을 제보한 것은 당사자인 이형자 자신으로 밝혀졌다. 언론보도가 있은 사흘 후인 28일 연정희가 이형자를 명예훼손 혐의로 검찰에 고소하였다. 고소사건을 수사한 검찰은 6월 2일 이 사건이 이형자의 '실패한 로비'라고 수사결과를 발표하였다. 그러나 수사 과정에서 검찰이 연정희를 지나치게 두둔함으로써 옷 로비에 대한 의혹을 증폭시키는 결과를 가져왔다. 옷 로비 사건에 관련된 사람들은 이형자, 연정희, 라스포사 사장 정일순, 강인덕 전 통일부 장관의 부인 배정숙 등 상류층 부인들이어서 더욱더 관심을 끌었다.
　국회는 사건의 진상을 밝히기 위하여 청문회를 개최하였으나, 국회 청문회에서도 관련 여인들의 거짓말로 이어져 특별검사제가 도입되었다. 그리고 1999년 10월 8일 최병모 변호사가 옷 로비 사건을 조사하기 위한 특별검사로 임명되었다. 그리고 특별검사팀은 연정희가 가질 마음으로 호피무늬 반코트를 받았으며, 신동아그룹 로비스트 박시언에게 수사기밀을 알린 위법행위를 한 사실을 밝혀냈다. 또한 검찰과 사직동팀이 그를 보호하기 위하여 사건을 축소·은폐하려고 했다는 사실도 알아냈다. 1999년 12월 20일 특별검사팀은 옷 로비 사건이 '이형자가 남편의 구명을 위해 고위층 부인들에게 시도한 실패한 로비'라고 공식 발표하고 그 임무를 끝마쳤다. 그러나 1999년 12월 30일 대검찰청은 옷 로비 사건 진상을 이형자의 자작극으로 촉발된 '실체 없는 로비'로 최종 결론짓고 수사를 종결하였다. 이것은 특별검사팀이 내린 결론을 정면으로 뒤집은 것이어서 또다시 논란을 불러일으켰다.

대형 금융비리는 검찰 총수를 지낸 선배 변호사의 전화 변론을 받고 검찰 간부들의 판단착오로 의혹이 묻혔다. 뒤에 문제가 불거지자 재수사에 착수하는 등 검찰의 위상과 명예가 말이 아닌 지경까지 실추됐다.

(3) 특권의식과 권력에 대한 잘못된 인식

권력의 근원은 국민에게 있다. 국민이 주권 행사인 선거를 통해 지도자를 선출하여 권력을 위임하고 스스로 책임과 의무를 다하며 통치를 받는 일을 자원한다. 국민이 지도자에게 권력을 위임하는 것은 국가발전을 선도하고 국민의 복리증진과 권익의 보호 및 신장을 통해 모두가 잘사는 세상을 만들어 달라는 기대와 요구이다. 따라서 권력은 지도자가 국가와 국민을 위해 지도력을 발휘하고 봉사해달라는 것이지 개인이나 가족이 권력을 향유하라고 준 것이 아니다.

국민이 권력 위임을 통해 부여한 직책과 그에 수반되는 직무를 수행할 수 있는 권한은 당선자 개인의 것이다. 측근 참모는 정해진 법규에 의해 각자 소임을 맡았을 때, 그 주어진 직무와 본분에 충실하도록 개인에게 권력이 위임된다. 그런데 우리나라 정치가와 친인척, 심지어는 측근들까지도 지도자가 선거에서 당선되면 국민이 위임한 권력이 공동의 것으로 착각하는 이상한 현상이 매번 생겨난다. 가족은 법과 규칙이 정한 대로 업무와 역할을 수행하고 경호를 받으면 되고 법규에서 규정하는 예우 대상이 아니거나 임명되지 않은 친인척이나 측근들은 당연히 각자의 삶을 살아가야 한다. 그런데 특이하게도 우리나라에는 권력을 가진 사람과 친분이 있으면 그것을 특권이라고 생각하는 잘못된 의식이 존재한다.

그것은 대통령 친인척이나 참모, 일반 국민 중에도 그러한 생각을 하는 경향이 있다. 즉 권력층과 친분이 있는 사람은 스스로 특권을 가진 것으로 생각하고 다른 사람들도 그렇게 인식한다는 점이 문제다. 이로 말미암아 특권의식을 내세워 개인의 이익을 꾀하려는 무리가 항상 존재해 왔다. 이것이 대통령 친인척과 측근 비리의 실체이고 친인척과 측근을 빙자한 사기사건의 원인이다. 결국 권력에 대한 대통령 친인척과 측근의 잘못된 인식이 만들어낸 병폐다. 친인척과 측근 스스로 부패행위를 하지 않으면 문제가 될 것이 전혀 없는데도 항상 그런 사람들이 있기 때문에 견제와 감시가 필요하고 부성부패가 끊이지 않는 것이다.

(4) 권력획득 과정 친인척과 측근의 희생

대통령의 측근과 친인척이 비리에 연루되고 부정부패를 일삼으면 애써 획득한 정권을 유지하고 재창출하는데 타격을 입는다는 것은 누구나 안다. 그런데도 왜 역대 대통령들은 친인척과 측근 비리를 매정하게 차단하지 못했을까? 감시해야 할 친인척과 측근이 많아 현실적으로 그들을 모두 제대로 관리하는 데는 분명히 한계가 있었던 것은 사실이다. 그렇지만 어떤 희생과 대가를 치르더라도 반드시 막겠다는 생각을 하고 의지를 실천했더라면 막을 수 있었을 것이다. 물론 아무리 열심히 노력해도 한두 사람에게서 문제가 터질 수는 있다. 그러나 연례행사가 되어 정권이 송두리째 욕을 먹고 매도당하는 일은 발생하지 않았을 것이 확실하다.

박정희 대통령의 친인척과 측근 관리가 이를 충분히 입증한다. 이는 다르게 생각하면 친인척과 측근의 비리를 차단할 능력이 있는데도 방치했다는 것으로 생각할 수도 있다. 하지만 역대 모든 대통령은 친인척과 측근의 부정부패 행위를 막기 위해 나름대로 열심히 노력하였고 의지도 천명했다. 그런데 그것이 존중되지도 않았고 제대로 받아들여지지도 않았다. 대통령 자신도 그러한 상황을 대부분 보고를 받아 알았다. 잘못을 나무라고 관리 직원을 늘리고 화를 내는 때도 있었지만, 대통령은 더는 친인척과 가족을 옥죄지는 않았다.

그 이유가 뭘까? 친인척과 측근으로부터 자신의 의중이 존중되지 않고 부정부패 행위를 저지르면, 그 부담은 고스란히 대통령 자신에게 돌아오기 마련이다. 그런데 왜 그러한 부담을 감수하면서까지 부정부패를 막기 위해 더 강력한 노력을 하지 않은 것일까? 그 이유는 친인척과 자신을 추종하는 측근들이 정권을 획득하는 과정에서 고통과 희생을 감내했는데 그들에게 골고루 수혜가 돌아가도록 스스로 책임을 다하지 못했다는 대통령의 자기 책임의식 또는 죄의식 때문이었다.

국가 통치와 자신의 업적을 위해서는 친인척의 부정부패 방지가 절대적으로 필요하다. 따라서 그동안 자신에게 도움을 준 친인척과 측근들이 비리에 연루되어 피해를 보는 일이 없도록 주위를 환기하고 경각심을 고취하기 위해 말과 행동으로 실질적인 조치를 취했다. 하지만 그로 말미암아 오히려 그분들이 또 다른 고통과 부담을 안고 역차별을 당하지 않을까 하는 우려도 작용했다. 그 결과 종종 친인척이나 측근 비리가 보고되더라도 본인이 안 했다면 그냥 넘어가는 일이 많았다.

그 이유는 그들에 대한 미안한 마음이 저변에 깔려있었기 때문이다. 따라서 부정부패에 연루되지 않도록 조치를 취하기는 하지만, 그 강도가 금방 약해지고 결사적인 노력이 이어지지 않는 경우가 많았다. 이런 대통령의 행동 이면에는 친인척과 측근이 스스로 현명한 행동과 판단을 하며 살아가기 바라는 기대와 그렇게 할 것으로 생각하는 믿음이 병존한다. 대통령의 이런 고뇌를 아는지 모르는지 예외 없이 그 기대를 가장 가까운 사람들이 저버렸다. 대통령은 화가 낫지만, 스스로 그것을 감수하며 혼자 속으로 삭여야 했다.

그 대표적인 사례 중 하나가 김대중 정부 당시 김은성 국가정보원 2차장의 비리보고 사례이다. 2002년 4월 14일 동아일보에서 보도한 "친인척 비리 DJ김대중에 보고하나"라는 기사에 그 실상이 잘 나타나 있다. 「김대중金大中 대통령의 친인척들이 연루된 비리 의혹이 잇따르고 있는데도 여권의 구체적인 대책이 전무해 김 대통령의 친인척 관리가 총체적으로 실패했다는 지적이 나오고 있다. 특히 2001년 김은성金銀星 국가정보원 2차장이 김 대통령의 삼남 김홍걸弘傑 씨의 비리관련 소문을 청와대에 보고했다가 질책당한 사실까지 밝혀져 친인척 비리 '사전 예방'을 위한 감시체계가 아예 작동하지 않고 있음이 드러났다. 이같이 어처구니없는 허점은 "섭섭할 정도로 철저히 친인척을 관리하겠다"는 김 대통령의 다짐에도 사실상 친인척 문제가 '성역'이었다는 점에서 원인을 찾을 수 있다는 지적이 여권 내에서 제기되고 있다. 김 대통령은 언론보도 등을 통해 아들들의 의혹이 제기될 때마다 직접 아들들을 찾아 진위를 추궁했다는 후문이다. 그러나 "별문제가 없다더라"는 김 대통령의 언급이 직간접적으로 전해지면서 거꾸로 정보기관의 진언을 가로막는 장벽이 됐다는 게 정보 관계자들의 지적이다. 여기에다 정보기관의 중심축line에 특정지역 출신 인사들이 집중적으로 포진해 있는 바람에 정보기관 간의 '견제와 균형' 원리가 작동하지 못하고, '순화되고 걸러진' 정보만이 청와대에 전달되는 경향이 있다는 점도 친인척 관리 허점의 주원인 중 하나로 꼽힌다」고 지적하고 있다.

아마 김은성 차장이 보고했을 때 대책을 세우고 제대로 관리를 했으면, 김대중 대통령은 두 아들이 구속되고 세 아들이 모두 부정부패 사건에 연루되어 국민 앞에 사과하는 아픔을 겪지 않고 자신의 업적에도 큰 타격을 받지 않았을지도 모른다.

(5) 관리담당관의 잘못된 인선

무슨 일이든 사람이 하는 일은 담당자가 어떤 노력을 하느냐에 따라 결과가 달라진다. 따라서 모든 일은 적임자를 선발해 맡겨야 하는데 누구를 선임할 것인가 하는 인사가 대단히 중요하다. 대통령의 친인척과 측근비리가 끊이지 않는 것은 부정부패 행위를 일삼는 당사자도 문제가 있지만, 그들을 관리하는 관리자의 인선이 잘못된 것이 큰 원인 중 한 가지이다.

많은 노력에도 대한민국 대통령이 가족과 친인척 그리고 측근 비리에 속수무책이 될 수밖에 없었던 이유228)로 작용해온 관리자의 잘못된 인선과 관련된 문제를 짚어보면 다음과 같다. 첫째는 청와대·검찰·경찰 등 사정기관의 최고위층이나 핵심 자리를 부적임자不適任者에게 맡긴 것이다. 역대 대통령들은 학연·지연·혈연으로 자기 또는 자기 가족과 가까운 사람을 사정 책임자로 임명했다. 그래야 믿을 수 있고 대통령에게 바른 보고를 하고 기밀도 새나가지 않는다는 이유에서다. 그러나 그 결과는 정반대로 나타났다. 사정 책임자들이 대통령의 가족, 친인척, 측근과 가까우므로 오히려 그들의 비리를 축소하거나 감추는 권력자의 방탄복 구실을 하고, 그 자리를 이용해 권력층과 친분을 쌓아 출세의 징검다리로 삼으려 들곤 했다. 둘째는 어쩌다 친인척 관련 보고가 대통령에게 전달된다 해도 과거 대통령들은 비리非理 혐의가 있는 가족, 친인척과 측근에게 '네가 그랬냐'고 물었다가 '아니다'라는 대답을 들으면 오히려 사정 책임자에게 '떠도는 소문만 듣고 엉터리 보고를 했다'고 질책하곤 했다. 셋째는 사정 관련자들이 가족, 친인척, 측근들에게 불리한 보고를 한 사실은 예외 없이 본인들에게 새나갔다. 이들의 압력 때문에 조만간에 사정 책임자가 교체되고 말았다. 후임 사정 책임자들이 대통령 가족, 친인척, 측근 비리는 절대로 보고하지 않는 것을 불문율不文律로 삼는 게 당연했다. 넷째는 그 결과 대통령은 정부 안에서는 물론이고 국민 가운데서도 자기 가족, 친인척, 측근 비리를 가장 나중에 아는 '벌거벗은 임금님'이 돼 버려 대통령이 실상을 알게 됐을 때는 사태가 이미 돌이키기 어려운 지경에 이르고 난 뒤였다. 대통령이 진정으로 권력형 비리를 차단하고 싶다면 이런 과거의 실패를 먼저 돌아보고 그 실패 위에서 새로운 방안을 찾아야 한다.

---

228) 조선일보 2010. 3. 8.

(6) 동료의식에 의한 연민과 보호본능 작용

친인척과 측근 비리 근절을 위해서는 모든 공공기관에 어떠한 대소의 부정^{不正}한 청탁과 압력이 들어올 때, 이를 즉각 국민에게 공개하고 청와대에 보고하는 체계^{system}를 운영해야 한다. 그리고 공개 또는 신고하지 않은 공직자를 당연히 파면하고, 관련된 친인척은 가차 없이 엄벌^{嚴罰}해야 마땅하다. 권력자 측근도 예외 없이 공개 엄벌해야 한다.229) 그런데 이것이 이루어지지 않고 있다.

대통령 친인척과 측근의 비리는 청와대 민정수석실에서 관리하므로 문제가 발생하면 담당 직무를 관장하는 대통령 측근 참모가 가장 빨리 인지한다. 그런데 비리혐의 파악은 담당 참모로 하여금 곤혹스러운 상황으로 몰고 간다. 내사를 안 할 수도 없고 수사를 하는 과정에서 외부에 드러나면 자신이 상관인 대통령을 곤경에 빠뜨리는 일이 되는데다 비리 당사자가 대부분 자신의 동료이다. 상관인 대통령에 대한 충성심과 동료에 대한 연민, 정권 안보에 대한 보호 본능이 작용하여 외부에서 문제가 제기되기 전까지는 결사적으로 보완을 유지하며 내부에서 무마하기 위해 노력할 수밖에 없다.

2008년 12월 6일 보도된 쿠기뉴스 '반복되는 오욕의 역사, 대통령 친인척 비리'라는 기사에 이러한 일면이 잘 나타나 있다. 「친인척 비리의 철저한 배제를 다짐했던 참여정부도 결국 형님에게 발목이 잡혔다. 역대 정권들은 출범 초 예외 없이 '다시는 대통령 친인척 비리가 없도록 하겠다'고 공언해왔다. 그러나 친인척 비리는 계속됐다. 친인척 비리 척결 의지를 뛰어넘는 '특별한 구조'가 있기 때문이다. 참여정부 시절 근무했던 한 비서관은 2008년 12월 5일 "정권 초에는 대통령 친인척들로부터 청탁전화가 오면 우리끼리 '미친놈'이라고 욕했다. 그러나 시간이 지나면 힘들어진다"고 말했다. 노건평 씨 사건도 참여정부 임기 중반인 2005년부터 시작됐다. 대우건설 남상국 전 사장이 자살한 지 1년이 지난 시점이었다. 역대 청와대는 민정수석실과 국정원, 경찰을 중심으로 하는 다양한 친인척 감시활동을 벌였다. 이만섭 전 국회의장은 라디오에 출연해 "조금 이상하다 싶으면 24시간 감시하고 심지어 미행도 시켜야 하며, 경우에 따라 연금도 시켜야 한다. 철두철미하게 감시하고, 혐의가 있으면 아주 무자비하게 내리쳐야 한다"고 말했다. 그러나 현실은 대부분 '친인척들의 변명 듣기'에 그친다. 전 정권 민정수석실 관계자는 "제대로 조사하려면 유도신문도 하고 대질신문도 하고 윽박지르

---

229) 매일신문 2008. 8. 18.

고 해야 한다. 그런데 대통령 친인척, 그중에서도 가까운 친인척들을 가혹하게 다루기 쉽지 않다"고 말했다. 특히 친인척이 대통령과 친하거나 정권창출에 공이 있을 경우는 더욱 그렇다. 김영삼 전 대통령의 차남 현철 씨나 김대중 전 대통령의 차남 김홍업 씨가 그런 경우였다. 애초에 인사에서 신세를 졌기 때문에 청탁을 거절하기 어려운 구조가 형성돼 있었다. 노건평 씨 역시 노 전 대통령의 친형으로, 노 전 대통령이 야인시절부터 집안을 꾸려왔다. 무시하기 쉽지 않은 존재감이다. 특히 관료들이 친인척들의 청탁에 약하다는 게 역대 청와대 관계자들의 전언이다. "승진을 위해서가 아니라 만일에 대비, 밉보이지 않기 위해서 웬만한 청탁은 좋게 해결하자는 인식이 강하다"고 한다.」

청와대와 참모들의 이러한 폐쇄적이고 편협한 시각에 의한 잘못된 대응은 오히려 더 큰 부정부패가 발생하는 환경을 조성해 국민이 대통령의 친인척과 측근에 의한 부정부패를 걱정하게 하였다. 따라서 앞으로 친인척과 측근에 의한 비리를 차단하기 위해서는 과감하게 공개적이고 합리적이며 적극적인 대응으로 전환해야 한다. 부정부패는 폐쇄적이고 은밀한 곳을 좋아한다.

(7) 원칙 부재와 지나친 관용

대통령 자신과 그 측근, 그리고 친인척들이 비리를 범하면 가차 없는 처벌을 해야 그들의 부정부패를 막을 수 있다. 고위직, 권력층일수록 더욱 엄격한 처벌을 받아야 한다는 인식이 우리 사회에 자리 잡아야 한다. 그리고 노무현 전 대통령이 재임 중에 강조하였던 "청탁한 사람은 패가망신한다"는 명제가 허언이 아니라 실제 권력 핵심부에서 실천되어야 할 것이다. 대통령 측근이나 친인척에게 청탁한 사람은 공개할 수 있도록 함으로써 그러한 청탁 자체를 꿈꿀 수 없게 만들 필요도 있다. 그런데 생각과 현실은 너무 동떨어져 있는 경우가 많다.

2009년 4월 하위직 공무원의 보조금 억대 횡령 사건이 이어지자 행정안전부에서는 100만 원 미만이라 하더라도 직무와 관련하여 금품이나 향응을 수수하고 위법 부당한 처분을 하면 모두 중징계 의결 요구대상으로 하고, 100만 원 이상이면 위법 부당한 처분 여부에 관계없이 중징계 의결을 요구하기로 했다. 또한 2007년 1월 대법원 판결에서는 1만 원을 받은 교통경찰관의 해임이 정당하다는 판결이 확정된 바 있다. 그러나 고위직 공직자나 대통령 측근과 친인척 등은 많은 돈을 받아도 대가성이 없으면, 떡값이라는 명목으로 처벌되지 않았다. 처벌받더라도 사면과 복권이 늘 그들 앞에 기다리고 있었다.

부정부패를 예방하기 위해서는 제도화와 함께 분명한 원칙이 전제되어야 한다. 그것은 바로 대통령과 친인척 비리에 대한 무관용Zero Tolerance 원칙이다. 김대중 정부 시절 현직 대통령의 임기가 1년밖에 안 남은 시점에서 사정기관들은 새로운 정권이 출범하면 자신들의 존재감을 보여줄 필요성 때문에 대통령 아들들이 일거에 구속되었다는 권력기관 음모론까지 끄집어내어 비리에 대해 애써 눈감으려고 하기도 했다. 우리 사회에 만연한 '일관성 없는 온정주의'가 문제이다.[230]

(8) 너무 많은 관리대상 한계와 허점 노출

오늘날 우리나라의 친인척과 측근비리 관리의 가장 큰 문제점은 친인척은 대가족제도 영향으로 그 범위가 너무 넓어 관리 대상이 지나치게 많고, 측근은 구분이 불명확하다는 점이다. 범위가 넓고 관리대상이 많으면 많을수록 제한된 관리인원으로 관리하는 데는 허점이 발생할 수밖에 없다. 측근은 구분 기준이 부재하므로 대통령의 친인척에 대해 살펴보면 다음과 같다.

민법 제779조(가족의 범위) ① 배우자, 직계혈족과 형제자매, 직계혈족의 배우자, 배우자의 직계혈족과 배우자의 형제자매^{생계를 같이 할 때에 한함}는 가족으로 한다. 직계혈족直系血族은 직계의 관계에 있는 존속과 비속의 혈족이다. 제777조(친족[231]의 범위) 친족관계로 말미암은 법률상 효력은 이 법 또는 다른 법률에 특별한 규정이 없는 한 8촌 이내의 혈족, 4촌 이내의 인척, 배우자에 해당하는 자에 미친다. 제767조(친족의 정의) 배우자, 혈족과 인척을 친족으로 한다. 제768조(혈족의 정의) 자기의 직계존속[232]과 직

---

230) 참여연대 행정감시센터 2009. 4. 24.

231) 친족(親族)은 혼인과 혈연을 기초로 하여 상호 간에 관계를 맺는 사람이다. 법률용어로서는 '친족'이라고 하지만, 일반적으로는 '친척'이라고 한다. 법률상으로 친족의 범위는 ① 8촌 이내의 혈족, ② 4촌 이내의 인척, ③ 배우자로 되어 있다(민법 777조). 법률상 인정되는 친족관계에 대하여서는 친족이란 신분에 의하여 부양관계, 상속관계 등 여러 가지 법률상의 권리와 의무를 가지게 된다.

232) 직계존속(直系尊屬)은 조상으로부터 직계로 내려와 자기에 이르는 사이의 혈족. 부모, 조부모 등을 이른다. 직계 · 방계(直系 · 傍系) 친족관계를 혈통연결의 형태에 따라 구분한 것 가운데 하나. 직계는 조부모 · 부모(직계존속), 자 · 손(직계비속)과 같이 위로부터 아래로 수직 연결되는 것을 말하고, 방계는 형제자매 · 종형제자매와 그의 자(子)와 같이 공동의 시조에 의하여 연결된 것을 말한다. 직계 · 방계 관계에 있는 자를 직계친(直系親) · 방계친(傍系親)이라고 한다. 직계는 친자(親子)라는 가장 기본적인 친족관계 및 그 연장이기 때문에 형제자매와 그 연장인 방계에 비하여 법률이 훨씬 강하게 적용된다. 즉 촌수의 여하를 묻지 않고 동성동본 혼인을 금하는 것(민법 809) 및 서로 부양의 의무를 인정한 것(974) 등이 그 예이다. 그리고 인척에 관하여도 직계(예: 저의 부모)와 방계(예: 저의 형제자매)를 구별할 수 있다. 따라서 식계 · 방계라는 구분은 혈족과 인척에 모두 해당한다. 한편 친족관계를 구분하는 방법은 직계 · 방계 이외에도 남계(男系) · 여계(女系), 부계(父系) · 모계(母系), 존속(尊屬) · 비속(卑屬) 등을 들 수 있다. 존속 · 비속 (尊屬 · 卑屬) 자기 또는 자기와 같은 세대에 있는 자를 표준

계비속을 직계혈족이라 하고 자기의 형제자매와 형제자매의 직계비속, 직계존속의 형제자매와 그 형제자매의 직계비속을 방계혈족이라 한다. 제769조(인척233)의 계원) 혈족의 배우자, 배우자의 혈족, 배우자 혈족의 배우자를 인척으로 한다고 규정하고 있다.

대통령의 친인척 수가 얼마나 많은지는 2010년 3월 10일 폴리뉴스가 보도한 '청靑 민정수석실, 대통령 친인척 관리 강화'라는 기사에 잘 나타나 있다. 「청와대 민정수석실이 대통령 친인척들에 대한 비리 방지를 위해 재분류한 대통령 친인척은 친족 8촌 이내와 외가 쪽 6촌 이내, 처가 쪽 6촌 이내까지 무려 1,400명가량 되며, 민정수석실은 평소 친인척 인사들을 수시로 상황 관리」하는 것으로 알려졌다.

측근을 포함하면 청와대 민정수석실이 관리해야 할 특별관리 대상은 모두 2,700여 명이며, 이 가운데는 대통령 부부의 직계존비속은 물론 12촌 이내의 친족과 초 · 중 · 고 · 대학 동창들도 포함된다. 청와대 민정수석실과 국정원, 경찰이 이들의 동향을 예의주시234)하고 있다고 한다. 특히 민정수석실은 비리에 취약한 위치에 있거나 평소 동향에 의구심을 가질 수 있는 대상자들을 추린 뒤 밀착 감시하며, 이들을 다시 A, B, C등급으로 분류하고 비리 정황이 포착되면 즉각 대면조사에 들어간다. 그러나 과거 사례를 보면 민정수석실이 나름대로 노력을 해도 제도의 한계와 허점은 드러난다.

김대중 전 대통령 재임 기간인 2002년 4월 14일 동아일보 보도에 의하면 「2002년 2월 초 청와대는 김 대통령의 처남 이형택李亨澤 씨가 보물선 사업에 연루된 것을 계기로 그동안 친인척 관리를 담당해온 민원비서관실을 폐지하고 그 업무를 민정비서관실로 통합했다. 종전에 민원비서관과 행정관 2명이 8촌 이내의 친족과 4촌 이내의 외족235)과 처족236) 등 1,200여 명의 관리를 담당했던 문제점을 개선, 민정비서관실에서 여론 흐름까지 파악해 이들을 종합 관리하겠다는 취지였다. 그러나 민정비서관실의 인원 10명으로 여론 동향 파악 등 고유의 업무까지 함께 수행해야 하므로 그 한계는 여

으로 하여 세대를 구분한 것. 부모와 그 계열 이상의 혈족을 존속이라 하고, 자손 및 그들과 같은 항렬의 혈족을 비속(卑屬)이라 한다.

233) 인척(姻戚)은 어떤 사람과 그 사람의 혈족(血族)의 배우자, 배우자의 혈족, 배우자의 혈족의 배우자 사이의 신분관계(민법 769조)이다. 예컨대 혈족인 형제자매와 삼촌 · 고모 등의 배우자인 형수 · 계수 · 매부(妹夫) · 숙모 · 고모부 등과, 배우자의 혈족인 장인 · 장모 · 처남 · 처제 등, 그리고 배우자의 혈족의 배우자인 처남이나 처제 등의 배우자를 말한다. 민법은 배우자 · 혈족과 인척을 친족(親族)으로 규정하고 있으나(767조), 인척이 모두 친족인 것은 아니고 8촌 이내의 혈족, 4촌 이내의 인척, 배우자만을 친족으로 한정하고 있다(777조).

234) MBC 2008. 12. 7.

235) 외족(外族)은 어머니 쪽의 일가.

236) 처족(妻族)은 아내의 친족.

전할 수밖에 없었다는 지적이 많다. 이에 앞서 청와대가 2000년 10월 옷 로비 의혹 사건 직후 사직동팀^{경찰청 조사과}을 해체한 것도 친인척 관리 감시기능이 제대로 작동하지 못한 원인 중 하나로 분석된다. 민정비서실의 한 관계자는 "최근 불거진 사안은 이미 오래전부터 예고되고 진행돼 온 것들이다. 친인척 관리는 무엇보다 사전 예방이 중요한데도 관리체계 부재에 정보 보고체계^{line} 감시기능 미흡으로 '뒤처리'에만 급급한 상황"이라고 말하기도 했다.」

역대 정권들은 집권 후반기에 들어서면서 가장 골치 아픈 문제가 바로 친인척 비리였다. 사소한 비리 연루에도 대통령이 입는 타격은 엄청났다. 친인척과 측근의 범위를 넓혀 놓고 대통령 친인척과 측근 비리가 반복된다고 호들갑을 떨어서는 해결방안이 묘연할 수밖에 없다. 물론 관리를 하는 사람들이 문제 발생 가능성이 큰 사람을 분류해 점관리 기법에 따라 중점적으로 관리하는 방법이 있기는 하다. 그러나 여기에도 한계는 있다.

제한된 인력으로는 효율적으로 감시하고 부정부패 행위를 막는 데는 어려움이 따른다. 따라서 청와대 스스로 친인척의 범위를 축소 설정하고 측근은 지명하는 방법으로 100명 이하가 되도록 하여 관리대상 친인척을 줄일 필요가 있다. 관리대상자는 당사자의 동의를 받아 그 명단을 모든 사정기관에 통보하는 등 국민에게 공개해 관리하는 방법으로 방향 전환을 모색해야 한다. 현재와 같이 친인척이 너무 광범위하고 측근의 구분이 불명확하며 수가 많은 상태에서 폐쇄적이고 비공개적으로 관리하는 방법으로는 비리에 연루되는 것을 막기 어렵다.

(9) 사회의 후진성과 구조적인 문제

부패행위는 대개 정책과 제도 사이에 모순이 발생하거나 청탁을 통하여 법규를 넘어 개인의 이익을 실현하려는 후진적인 생각을 하는 국민이 있기 때문에 존재한다. 대통령을 비롯한 행정기관의 수장이 인사, 공사 발주, 납품, 검사 등에서 규정과 원칙이 통용되게 일을 공개적으로 처리하면 청탁은 설 자리가 없어진다. 그런데 방법을 알면서도 실천하지 않는다. 승진하려는 공무원과 국민이 연줄을 찾고 부정부패가 만연할 수밖에 없는 이유가 여기에 있다.

① 국민의 권력에 대한 왜곡된 인식

대통령 친인척과 측근의 부정부패 이면에는 국민의 권력에 대한 잘못된 인식, 본인의 착각, 주위의 유혹이 존재한다. 우리 사회에 잔존하는 후진성으로 말미암아 아직도 권력자인 대통령과 친분이 있고 개인적인 연계가 가능함을 남에게 과시함으로써 자신의 대외적인 입지를 높이는 데 활용하는 사람과 그것을 인정하는 사람들이 적지 않다. 그러므로 대통령이 자신과 함께 식사하거나 악수하고, 함께 사진 한 장 찍어 주는 것을 큰 영광으로 받아들인다. 특히 사진은 친소관계가 있다는 상징적 의미와 효과가 있는 것으로 이해하는 경향이 강하다. 이러한 경향은 우리나라처럼 권위주의적 문화를 지닌 나라에서 두드러진다.

대통령 친인척과 측근의 부정부패는 이러한 잘못된 사회인식과 연관되어 있다. 권력權力은 남을 지배하고 복종시키는 힘, 특히 국가나 정부가 국민에게 행사하는 강제력을 말한다. 하지만 개인이 갖는 권력은 여러 가지 형태로 나타나고 권력에 대한 정의도 다양하다. 웨버M. Weber는 권력237)이란 '사회적인 상호 관계성을 유지하는 범위에서 어떤 행위자actor가 외부의 저항에도 자신의 의지를 실천할 수 있거나 어떤 지위의 기반 위에서 가능성 있는 무엇인가를 행사할 수 있는 능력'이라고 정의했다.

골드M. Gold는 권력을 '한 사람이 다른 사람에게 어떤 방향으로 행동하도록 할 수 있는 잠재적 능력이다.'잠재성 아보트Abbot와 카라쉐오Caracheo는 '권력은 사회적 상호작용에서 남을 좌우할 수 있는 가장 일반적이고 가장 포괄적인 말이다.'포괄성 미첼Mitchell과 스파디Spady는 '권력이란 관계이며, 한 사람이 다른 사람의 행동에 영향을 미치거나 행동을 수정하게 하거나 혹은 어떤 방향으로 행동을 취하도록 할 수 있는 능력이다.'관계성과역동성 베니스와 나누스Benis & Nanus는 '권력은 활동을 위한 에너지이며, 사람들이 일을 하려 할 때 그러한 의도는 협력을 통해 실행될 수 있다'라고 하였다시너지성. 이러한 일련의 정의를 종합하면 권력은 어떤 대상자에게 영향을 미칠 수 있는 어떤 행위자의 능력238)을 의미한다. 그런데 권력은 본인이 직접 행사하지 않더라도 권력을 가진 것으로 인식하는 사람으로 하여금 스스로 행동을 조심하거나 통제하여 조절하게 하기도 한다.

대통령 친인척과 측근 비리는 친인척과 측근이라는 사실을 당사자인 본인, 청탁자, 공공기관을 포함한 사회 일반이 전반적으로 권력으로 규정하는 권력에 대한 잘못된 인

---

237) 신중식 외, "교육지도성 및 인간관계론", 한국교육행정학회, 2003년, pp.44~50.

238) 신중식 외, "교육지도성 및 인간관계론", 한국교육행정학회, 2003년, p.44.

식에서 출발한다. 일반인들의 지나친 관심과 주변에서 제공하는 편익, 작은 부탁이나 도움을 청할 때 자신의 행동이 받아들여지고 통용되는 주위의 반응을 본인이 권력을 가진 것으로 착각하게 한다. 여기에 청탁에 수반되는 이익에 유혹되고 청탁자들도 권력을 가진 것으로 생각하여 청탁하기 위해 접근하고 공권력과 공공기관, 공무원, 기업 역시 대통령의 친인척이나 측근이라는 점을 권력으로 인식하기 때문에 비리에 연루되는 것이다.

유력인사들을 팔고 다니는 사기꾼이 친분을 과시[239]하기 위해 명함을 워낙 자주 꺼내 보였기 때문에 전직 대통령 친인척과 실세들의 명함은 까맣게 변해있는 때도 있었다는 '검정명함' 일화는 우리 사회의 권력에 대한 왜곡된 인식을 잘 드러내 준다. 선진국에서는 대통령 친인척과 측근에 대한 관심이 높아도 비리가 거의 발생하지 않는다. 그런데 우리나라는 부패순환구조가 매번 대통령이 바뀔 때마다 반복해서 나타나는 것은 권력에 대한 잘못된 인식과 과거 그러한 행동이 적발된 사례를 통하여 성사된 경우가 많고 또 청탁하더라도 통용될 수 있을 것이라는 기대를 하는데다 친인척이나 측근들도 걸리지 않으면 된다는 안이한 인식이 자리하기 때문이다.

사회 후진성이 대통령 친인척과 측근의 비리로 지적되는 이유도 정당성과 합리성을 벗어난 사회 전반의 권력에 대한 잘못된 인식이 문제를 일으키고 그것이 통하기 때문인데 사회가 선진화되면 이런 잘못된 인식이 통용되지 않는다. 선진국에는 대통령 친인척과 측근 비리라는 개념이 없는 것이 이를 잘 말해 준다. 대통령의 친인척[240]은 공직을 가진 사람이 아니다. 그럼에도 대통령이 가진 막강한 권력과 권한이 친인척에게 이심전심으로 전달되어 호가호위[241]狐假虎威하며 힘을 발휘하는 것이 문제다.

친인척 비리는 사회 후진성을 상징한다.[242] 하지만 역대 친인척 비리를 살펴보면, 다양한 노력으로 비리 범위가 축소되는 경향이 나타나고 있다. 전두환 전 대통령 시절에는 친형제 외에도 사촌 형, 처남, 처삼촌까지 이권에 개입했다가 구속됐다. 그러나 이제는 먼 친인척의 '약발'은 상당히 떨어졌다는 게 일반적인 분석이다. 이명박 대통령 부인의 사촌 언니 김옥희 씨의 실패한 로비가 대표적인 사례다. 그럼에도 여전히 친인

---

239) 국민일보 2008. 12. 6.

240) 자유기업원 2008. 12. 5.

241) 호가호위(狐假虎威)는 높은 사람의 권세를 빌려 행세하다.

242) 국민일보 2008. 12. 6.

척 관련 구설이 끊이지 않는 것은 공사 구분이 엄격하지 못한 사회적 분위기 때문이다. 정권 말기마다 친인척 비리가 터져 나오면서, 한때 한나라당 내부에서 '대통령 친인척 재산공개법' 제정 논의도 있었으나 흐지부지됐다.

청와대 민정수석실의 친인척 관리 역시 정권마다 강화됐지만, 큰 소용이 없었다. 명지대 행정학과 박천오 교수는 "선진국에서는 친인척 비리라는 개념 자체가 없다. 친인척 비리라는 것 자체가 비공식적인 권력구조가 존재하고, 알아서 통하는 이권이 가능한 사회적 수준을 보여주는 증거"라고 말했다. 결국 친인척 비리는 대통령의 의지도 중요하지만 고위공직자들의 의식, 사회적 합의 수준 등이 전반적으로 개선되지 않으면 근절하기 어려운 상황이다.

대통령학 전문가인 영산대 행정학과 배정훈 교수는 "정상적인 체계보다는 센 사람을 통하면 규칙rule을 뛰어넘을 수 있다는 관행과 의식이 문제다. 케네디 전 미국 대통령이 동생인 로버트 케네디를 법무부 장관에 임명해도 큰 거부반응이 없었던 미국 사회의 체계가 정상"이라고 말했다. 어느 시대를 막론하고 권력을 가진 자 주변에는 항상 각가지 이권[243]을 노리고 접선하려는 민원인들이 있기 마련이다. 공직자가 부패의 유혹에 넘어가지 않기 위해서는 높은 윤리의식과 상당한 용기가 필요하다.

② 금권선거와 이중적 사고

우리 사회 일각에는 전두환 전 대통령과 노태우 전 대통령의 정치자금 문제에 대해 어떠한 일이 있어도 관용을 해서는 안 되고 끝까지 모두 환수해야 한다는 생각을 하는 사람들이 적지 않은 것 같다. 그러나 따지고 보면 그분들이 받은 돈은 당시 모호한 정치자금법과 국민이 그렇게 만든 것이다. 그분들에게 추징된 돈이 모두 개인이 착복하기 위한 목적으로 사용된 것이 아니라 정권 유지 및 재창출을 위한 측근관리와 선거를 통하여 국민에게 배포되었다. 1987년 대선에서 노태우 전 대통령이 대전역에서 유세를 벌이면서 청중을 동원하기 위해 금품을 살포한 것처럼 다른 후보들도 크게 다를 것이 없었다.

1987년과 1992년 대통령선거 당시 후보로 나선 김대중 전 대통령의 여의도 유세, 김영삼 전 대통령의 부산 수영만 유세 등 대규모 군중을 동원한 선거운동을 펼친 김대중 ·

---

243) 전수일(2008), "이명박 정부의 반부패 정책 검토와 과제", 한국투명성기구, p.21.

김영삼 전 대통령도 불법 찬조와 정치자금을 비정상적인 방법으로 거둬들인 금액이 상당할 것이라는 점은 대한민국 국민 누구나가 공감하는 일이다. 선거에서의 책임은 본인이 직접 잘못한 부분만 해당하는 것이 아니다. 양 김씨는 스스로 자신은 떳떳하게 정치자금을 운용했다고 주장할지 몰라도 그동안 수많은 참모가 부정부패에 연루된 것은 양 김씨의 선거와 무관하지 않으며, 유세과정에서 돈을 받거나 행사지원 물품 찬조 등을 받았다는 유권자들이 적지 않다.

우리나라 선거에서 유권자가 선거과정에서 금품을 받는 것은 어제오늘 일이 아니다. 2010년 6월 2일 치러진 지방선거에서도 금권선거는 여전했다. 매년 선거철만 되면 돈을 준 후보자와 후보자 참모, 선거운동원 그리고 이들로부터 돈을 받은 사람들이 구속되는 일이 반복되고 있다. 국민의 의식 속에는 후보자들이 주는 돈을 받거나 그들이 하는 접대 및 행사찬조가 당연하거나 별로 문제가 되지 않는 것으로 인식하는 경향이 남아 있다. 그러면서도 자신이 받은 금품이나 양 김씨의 정치자금은 문제 삼지 않으면서 전두환·노태우 두 전 전직 대통령의 정치자금 환수에만 목소리를 높이는 것은 전형적으로 이중적 사고를 보이는 것이다. 이런 행태를 가지고 있는 이상 부정부패 문제는 개선되기 어렵다.

③ 제도와 법률 정비의 미흡

2004년 3월 12일과 2005년 8월 4일 두 차례 개정을 통하여 공직선거법 제122조의 2(선거비용의 보전 등) ① 선거구선거관리위원회는 다음 각 호의 규정에 따라 후보자대통령선거의 정당추천후보자와 비례대표국회의원선거 및 비례대표지방의회 의원선거에 있어서는 후보자를 추천한 정당을 말한다. 이하 이 조에서 같다가 이 법의 규정에 따라 선거운동을 위하여 지출한 선거비용[정치자금법 제40조(회계보고)의 규정에 따라 제출한 회계보고서에 보고된 선거비용으로서 정당하게 지출한 것으로 인정되는 선거비용을 말한다]을 제122조(선거비용제한액의 공고)의 규정에 따라 공고한 비용의 범위 안에서 대통령선거 및 국회의원선거에는 국가의 부담으로, 지방자치단체의 의회의원과 장의 선거에는 당해 지방자치단체의 부담으로 선거일 후 보전한다1. 대통령선거, 지역구국회의원선거, 지역구지방의회 의원선거 및 지방자치단체의 장 선거 가. 후보자가 당선되거나 사망한 경우 또는 후보자의 득표수가 유효투표 총수의 100분의 15 이상이면 후보자가 지출한 선거비용의 전액고 명시되어 있다.

이렇게 선거제도의 보완을 통해 대통령 선거를 비롯한 여러 선거에 국비가 지원되는 길이 열린 후, 특히 대통령 선거에서 과거보다 금권선거가 많이 줄어들었다. 하지만 아직도 선거비용 보전이 안 되는 교육 분야와 기초자치단체 단위의 상당수 선거, 선거비용 보전이 되는 국회의원 선거 등 각종 선거철만 되면 매번 금권선거사범이 적발된다. 지방분권을 시행하면서 제도적인 보완책을 제대로 만들지 못하고 너무 성급하게 지방자치제도를 시행한 것이 여러 가지 원인 중 하나다.

공직자가 거액의 돈을 받고도 대가성을 부인함으로써 법망을 피해 가는 이상한 길244)이 열려 있고, 비리에 연루된 사람도 다시 공직에 오를 수 있는 한 권력형 비리와 부패의 뿌리는 뽑히지 않는다. 반면에 식사 한 끼 값 정도의 선물을 받아도 처벌한다는 등 비현실적 조항 또한 법을 사문화시키는 구실이 된다. 형식적으로 법이 있어도 국민의 법의식이나 정의감이 뒷받침되지 않고는 효과가 없다. 부패의 깊은 뿌리를 뽑아내기 위해서는 법치의 강화와 열심히 일하는 사람이 더 잘사는 정의로운 사회질서의 구축을 위해 입법부와 사법부가 서둘러야 할 일이 많다.

④ 막연한 의심과 근거 없는 소문 확산

우리 사회에는 아직도 대통령 친인척을 청와대의 직통창구로 인식하는 경향이 남아 있어 주변 사람들이 가만히 놔두질 않는 것이 현실이다. 2008년 12월 6일 자 쿠키뉴스 '반복되는 오욕의 역사, 대통령 친인척 비리'라는 기사에는 이러한 일면이 잘 나타나 있다. 「문민정부 시절 청와대 관계자는 "대통령 친인척은 괴롭다. 집에만 있어도 전국을 돌아다니고, 수많은 이권에 개입했다는 얘기가 나온다"고 말했다. 또한 이상득 전 국회부의장은 "안 믿겠지만, 이명박 대통령의 서울시장 시절과 대통령 당선 이후 단 한 차례도 청탁이나 민원을 한 적이 없다"고 했다. 권력기관들의 음모론적 시각도 있다. 국민의 정부 시절 청와대 인사는 "현직 대통령 임기가 1년 정도 남으면 사정기관 내부적으로 각종 첩보를 축적하기 시작한다. 새로운 정권이 출범하면 자신들의 존재감을 보여줄 필요성이 있기 때문"이라고 말했다. 이러한 첩보와 정보들이 새 정권의 '전 정권 청산 의지'와 맞물리면 대형 친인척 비리가 터지게 되는 구조가 될 수 있다」고 지적했다.

의심은 소문을 만들어 낸다. 소문所聞은 전하여 들리는 말로 근거가 있는 것도 있고

---

244) 동아일보 2009. 4. 20.

근거가 없는 것도 있다. 하지만 소문이 소문으로 끝나지 않고 일을 만들어 내기도 한다. 사람들이 근거가 없는 말을 자꾸 들어 근거가 있는 사실인 것처럼 믿으면 문제가 발생한다. 권력자와 친분을 가장해 사기 치는 사람에게 당하는 이유가 여기에 있다. 사람들이 정상적인 방법으로 처리될 수 없는 일에 대해 대통령의 친인척이나 측근을 통하면 규칙을 뛰어넘을 수 있다는 생각을 하기 시작하면 대통령 친인척과 측근의 부정부패는 더욱 만연할 수밖에 없다.

4) 이명박 대통령 부정부패 막을 수 없다

대통령이 부정부패를 막을 수 없다는 것은 단순하게 이명박 정부에만 해당하는 것이 아니다. 계파 정치를 하고 정실인사나 코드인사를 하며 법규나 원칙을 넘어 인사의 전횡을 일삼는 정권은 모두 마찬가지이다. 전임 김영삼·김대중·노무현 정부 모두 부패를 막지 못했다.

(1) 부정부패에 대한 개념이 부족하다

이명박 대통령의 부정부패에 대한 개념이 어떠한지는 2009년 1월 발간된 국민권익위원회 청렴한국, 녹색성장Clean-Korea, Green-Growth '2009년도 반부패·청렴 정책 추진지침' 반부패정책 관련 대통령 말씀 요지에 잘 나타나 있다. 「▲개인 간 신뢰, 법질서의 준수, 정부의 투명성 등이 현재 경제협력개발기구OECD 최저수준임. 지키기 어려운 법령은 고치고, 정부부터 투명성을 높여나가겠음. 향후 비리와 부정에 대해서는 관용을 베풀지 않을 것임.광복 63년 및 대한민국 건국 60년 경축사 중 ▲기업과 공직분야에서 지나간 부정과 비리들은 용서할 수 있지만, 취임 이후의 어떤 비리, 부정부패도 용서받을 수 없을 것임.브라질 상파울루 동포간담회 2008. 11. ▲선진 일류국가의 요건은 경제성장, 법치주의와 도덕·윤리의 가치제고임. 고위공직자의 부패와 권력형 비리척결은 국민의 법치주의 인식에 큰 영향을 줌.권익위 연두업무보고 2008. 12. ▲부패와 비리는 단호히 처리하고 공직사회 등 사회 모든 분야의 부정과 비리를 제거하겠음. 법치를 바로 세워 선진 일류국가의 기반을 다질 것임. 학교 교육에서 정직과 신뢰, 투명성과 공정성을 가르치는 인성교육을 강화할 것임.신년 국정연설 2009. 1.」 등이 소개되었다.245)

국가에는 법이 있고 공소시효에 따라 위법한 부정과 비리가 처리되어야 한다. 법치를 강조하고 학교에서 공정성을 가르치게 하려면 정실인사를 통해 법을 어기고도 처벌을 받지 않은 비도덕적인 사람을 정부 각료에 임명하면 안 된다. 부정부패 척결에 대한 대통령의 의지가 엿보이는 부분은 있지만, 말과 행동이 다르면 정당성과 합리성이 훼손되고 도전을 받는다.

2010년 3월 9일 이명박 대통령은 토착비리, 교육비리, 권력형 비리 등 3대 비리를 발본색원하겠다고 선언했다. 쿠키뉴스 보도에 의하면 「이명박 대통령은 청와대 국무회의를 주재한 자리에서 "집권 3년 차에 토착비리[246]와 교육비리, 권력형 비리 등 3가지 비리에 대해 엄격히 대처해 나갈 것이다. 한두 번에 그칠 일이 아니다. 일단 1차로 연말까지 각종 비리를 발본색원할 것"이라고 말했다고 김은혜 청와대 대변인이 전했다. 이 대통령은 또 "집권 3년 차에는 도덕적 해이가 만연할 수 있지만, 모두 초심으로 돌아가 새로운 각오와 부단한 개혁의지로 임해 달라. 매너리즘[247]mannerism에 빠져서는 안 된다"고 강조했다. 김 대변인은 "토착비리 척결은 지역 민·관·언 유착으로 선거 등을 통해 공직에 진출하고 이후 다시 비리를 저지르는 구조적 악순환의 고리를 끊겠다는 취지"라고 설명했다. 이 대통령은 교육 비리와 관련, "교육 비리도 제도를 바꿔야 하며 비리 척결 차원에서 끝나서는 안 된다. 제도적 개선이 선결되는 근본적이고 근원적 방식으로 접근해야 한다"」고 말했다.

대통령이 국민 앞에서 3가지 비리의 발본색원 및 교육개혁을 천명했다는 것 자체가 이미 관리 실패와 부정부패에 대한 개념이 부족하다는 것을 증명한다. 대통령의 발본색원에 대한 의지 천명은 경각심을 고취하는 등 나름대로 의미가 있다. 하지만 부정부패는 발본색원할 수 없는데다 개혁은 기존 제도의 운용 과정에서 사회 환경 변화에 공무원들이 제대로 대응하지 못했을 때 필요한 것이다. 무슨 제도든지 모두 처음에는 좋은 것으로 생각하여 도입한다. 운용자가 관리를 잘하면 별로 좋지 않은 제도 아래에서도 문제가 발생하지 않지만 좋은 제도도 관리를 제대로 하지 않으면 문제를 불러일으킨다.

---

245) "2009년도 반부패·청렴정책 추진지침", 국민권익위원회, p.7.

246) 토착비리는 주로 기초자치단체에서 공무원 - 기업체 - 현지 검찰·경찰 - 지방언론 간의 결탁으로 이뤄지는 비리들을 가리킨다.

247) 매너리즘(mannerism)은 버릇처럼 되풀이되어 독창성과 신선미를 잃는 일, 예술 창작이나 발상 면에서 독창성을 잃고 평범한 경향으로 흘러 표현수단의 고정과 상식성으로 인하여 예술의 신선미와 생기를 잃는 일을 뜻한다. 일정한 기법이나 형식 따위가 습관적으로 되풀이되어 독창성과 신선한 맛을 잃어버리는 것을 말한다. 오늘날에는 현상유지 경향이나 자세를 가리켜 흔히 매너리즘에 빠졌다고도 말한다.

새로운 제도 역시 지금은 좋은 것이나 바람직한 것으로 생각하여 도입하지만, 관리자들인 공무원이 이것을 잘 운용하지 못하고 사회 환경 변화를 적절하게 수렴하여 손질해 나가지 않으면 언젠가는 애물이 되기 마련이다. 뚜렷한 사회 변화에 따라 제도변화가 이루어질 때에는 부정부패라는 말이 결부되지도 않지만, 국민이 그 필요성을 인정하므로 제도를 바꾸는 일을 당연한 것으로 받아들인다.

발본색원拔本塞源은 폐단의 근원을 아주 뽑아서 없애 버림, 척결剔抉은 살을 도려내고 뼈를 발라냄 또는 모순 · 결함 등을 찾아내어 깨끗이 없애는 것이다. 그런데 부정부패는 그 근원이 완벽한 제도를 만들 수 없는 인간의 불완전성과 인간의 욕망 절제 실패, 즉 탐욕에 있다. 누구도 완벽한 제도를 만들 수 없고 인간의 마음은 순간순간 바뀐다. 여기에 부정부패 행위 역시 고정된 것이 아니다. 연관된 법규, 제도, 조직체계, 담당 공무원, 국민의 인식 등 전반적인 내용이 끊임없이 변화한다. 그러므로 발본색원이나 척결로는 해결하기 어렵다. 변화된 상황에 맞추어 끈질긴 노력과 관리가 필요하다.

이명박 대통령은 부정부패에 대한 개념이 부족한데다 공무원들이 제대로 일을 하도록 하는 관리에 실패했다. 그러면서 그 실체를 잘 알 수 없는 드러나지 않은 부정부패를 일소하고 싶은 마음만 앞서 허둥대는 모습만 보였다. 필요성을 인식하고 기간까지 명시하며 부정부패를 발본색원하겠다고 천명했다. 정작 중요한 예방을 위한 교육과 계도는 등한히 하면서 공권력을 동원하고 제도 개혁으로 문제를 해결하려는 잘못된 접근을 했다. 당연히 부정부패를 제대로 막을 수 없다.

부정부패를 두고 선진국이 될 수 없다면 부정부패가 무엇인지 제대로 연구하고 올바른 해결책을 찾아내야 한다. 여론이 비등하니까 무엇을 할 것처럼 국민 앞에서 천명하고 사정기관을 동원하여 단속을 강화하면서 공포 분위기를 조성해 개혁한다는 명분 아래 미봉책을 내놓는 것으로 부정부패는 발본색원되지 않는다. 오히려 단속하면 할수록 쏟아져 나오는 부정부패에 질리고 스스로 부패한 정권이라는 오명을 쓰게 될 뿐이다.

(2) 계파정치

계파系派는 하나의 조직을 이루는 작은 조직이다. 국회에서 다수의석을 차지하고 있으며 대통령을 배출한 집권 여당인 한나라당 내에 존재하는 가장 큰 파벌이 친이명박 계열이라는 것은 모두가 아는 사실이다. 이는 대통령이 현실정치의 상당 부분을 계파에 의존하고 있다는 것을 의미한다. 계파정치의 가장 큰 폐해는 국가의 이익보다는 개인이나 계파의 이익과 당리당략黨利黨略을 우선하고 계파에 소속되어 있는 사람이나 이들이 추천하는 인사를 임명하는 정실인사를 통해 패거리 정치를 만들어 낸다는 점이다. 지역주의도 계파에 의해 만들어지고 불합리한 공천과 금권선거로 이어지는데 결정적인 역할을 하는 것이 계파정치이다.

대통령이 아무리 '합리적인 인사를 한다. 공천에 개입하지 않는다'고 하여도 계파를 거느리고 있는 이상 직접 하지 않으면 옆에 있는 참모들이 관여하기 때문에 코드인사와 불합리한 공천에서 벗어날 수 없다. 금권선거를 가장 잘 막을 수 있는 것이 계파의 수장이다. 그런데 한쪽에서는 부정부패 척결을 외치지만 다른 쪽에서는 부정부패가 발생할 수밖에 없는 행동을 하면 적발되는 만큼 새로운 부패가 생겨나므로 크게 달라질 것이 없다. 만일 대통령이 진정으로 부정부패를 척결할 의지가 있다면 계파정치를 청산하는 일에 앞장서야 한다. 그런데 그런 모습은 보이지 않는다.

자신의 정치기반인 계파를 잘못 손대면 기반 상실로 자칫 정치적인 위기로 이어질 수 있다는 것을 누구보다 잘 알기 때문이다. 결국 부정부패 척결과 정치발전을 위해서는 계파를 청산하는 것이 필요하다는 점에 공감하면서도 실천으로 옮길 수 없는 진퇴양난에 처한다. 그러나 대통령이 계파정치를 청산하지 못하는 것은 용기가 부족하기 때문이다. 계파정치를 청산해도 대통령 위신威信에 문제가 생기지 않고 권력의 힘이 줄어들지 않는다. 미국이나 영국, 프랑스 같은 나라들을 보면 알 수 있다.

(3) 코드인사

코드인사란 정치·이념 성향이나 사고 체계 따위가 똑같은 사람을 관리나 직원으로 임명하는 일 또는 그런 인사를 말한다. 코드인사는 평등이라는 민주주의 이념과 법치주의라는 민주주의 기본원리에 반하는 것으로 반드시 없어져야 한다. 정당성과 합리성을 벗어난 코드code인사를 지속하면 합리적인 국가 인사와 관리체계가 도전받게 된다. 정부에 대한 불신이 고조되고 학연·지연·혈연 등 연고주의가 횡행하여 사사로운 정이나 관계에 이끌리어 인사를 하는 정실인사로 이어져 부정부패가 만연할 가능성이 크다.

헌법에 보장된 법 앞에서 평등은 물론 공정한 경쟁도 이루어질 수 없으므로 코드인사가 사회 전반으로 확대되면 국가 존립까지 도전받을 수 있다. 그런데 이명박 정부의 인사는 코드인사 색채가 너무 강하게 나타난다. 자신의 출신 모교인 고려대학교와 자신이 다니던 소망교회 지인들에 대한 발탁인사를 너무 노골적으로 했다.

2010년 3월 10일 "나, 고대 나온 남자야"라는 한겨레신문 기사에 의하면 「이명박 정부 들어 고대 선후배 관계가 갈수록 자리를 노린 계산속으로만 흐르는 것 같아 씁쓸하다. 정권 초기 이 대통령 친구 천신일 고대교우회장이 서초동의 고대 출신 검사들을 한자리에 모았단다. "어려운 일 있으면 얘기하라"는 덕담도 빠뜨리지 않았는데, 그게 예사말로 들리지 않아 참석자들의 표정이 묘했단다. 다들 "줄 한번 타 봐"라는 유혹을 느꼈을 법하다. 물론 그 대가는 충성이다. 최근 문화방송 사태는 그런 '주고받기'의 결정판으로 보인다. 엄기영 사장을 쫓아낸 김우룡 방문진 이사장도 고대 출신이고, 빈자리를 꿰차고 들어온 김재철 신임 사장도 고대 출신이다. 이 대통령의 뜻이 반영되었을 터이니 '고대의, 고대에 의한, 고대를 위한' 삼위일체가 완성된 셈이다. 구경꾼들까지 야단법석이다. 고대 문과대 교우회가 그 와중에 김우룡 이사장에게 '자랑스러운 문과대인상'을 준 것이다. "방송 발전에 앞장섬으로써… 자유·정의·진리의 고대 교시를 온 누리에 떨침으로써… 고대의 명예를 드높이셨다"는 게 이유다. 초등학교 졸업식 노래 3절은 "앞에서 끌어주고 뒤에서 밀며~"로 시작한다. 고대만큼 이 노래의 정신을 잘 구현하는 곳이 어디 있으랴 싶다」고 꼬집었다.

또한 2010년 3월 14일 '국무차장 혼자 15개 정부 대책 위원회^{TF, task force} 맡을 만큼 사람이 없나'라는 조선일보 보도에 의하면 「박영준 총리실 국무차장^{차관급}이 최근 '교육비리 근절 및 제도개선 기획단' 단장에 임명됐다. 박 차장이 2009년 1월 취임 후 맡게 된 정부 내 대책위원회만 15개에 이른다고 한다. 그중에는 '4대강 살리기 사업, 고용 및 사회안전망 대책, 위해 물질관리, 신종플루 대책, 주요 국책사업 건설공사 안전관리, 외국인 환자 유치 지원, 성매매방지 대책추진 점검단, 여수세계박람회 실무위원회 등이 포함돼 있다. 관가에선 박 차장을 '왕王차관'이라 부른다. 대통령 친형인 이상득 의원 보좌관 출신으로 대통령의 신임이 각별하다는 것이다. 박 차장은 일에 대한 열의도 강하고 업무 처리 능력도 뛰어나다는 평가를 받고 있다. 그러나 그가 맡고 있는 10개가 넘는 대책위원회와 자원외교·공적개발원조 같은 업무는 하나하나가 전문지식을 갖춘 정부 고위인사가 전적으로 매달려도 부처 간 이견을 조정하고 올바른 해법을 내놓기 어려운 분야다. 정부에 장관급 29명, 차관급 90여 명이 있는데도 굳이 박 차장 혼자 이렇게 많은 분야를 떠맡아야 할 다른 이유라도 있는 것인가. 박 차장의 업무 능력과는 별개로 한 사람에게 모든 일이 집중되는 현상은 정상적이지 않고, 정부 업무의 효율성이란 측면에서 바람직하지도 않다」고 지적했다.

오늘날 우리 사회에서 청탁하려는 사람과 부정부패 행위자의 결탁은 친구, 집안, 동기 동창, 권력을 가진 자 상호, 종친회 등 믿을 수 있고 가까운 사람들에게서 주로 일어난다. 그들만의 상부상조는 보안이 유지된다는 믿음을 갖기 때문이다. 추천을 통한 직위 획득은 바로 수입증가와 사회적 지위 상승으로 이어진다. 동창이라고 누구나 탐내는 자리를 공짜로 천거해주는 사람이 몇이나 될까?

대통령의 가장 중요한 배경이 출신 모교인 고려대학교라는 것은 잘 알려져 있다. 퇴임 후 측근 비리나 친인척 비리로 시달리지 않으려면 정실인사가 아닌 합리적이고 공개적인 인사를 해야 한다. 국민 모두 특정한 분야에 특정한 학교 출신이 노른자위 자리를 독식하는 현상을 바라지 않는다. 그리고 무엇보다도 유명학교로 이름이 나 있는 고려대학교 출신자라면 자신의 능력으로 좋은 자리를 차지할 수 있을 터인데 왜 대통령이 편중된 코드인사를 한다는 말을 듣는지 모르겠다.

(4) 지도력 부족

대통령이 발휘해야 할 지도력의 핵심은 국민의 역량을 이끌어내는 창조적 지도력으로 국민과 소통하며 국민의 공감을 얻어내고 국민이 원하는 일을 국민과 함께 노력하여 좋은 성과를 만들어 내는 것이다. 이를 위해서는 국민이 스스로 움직이게 하여야 한다. 그런데 이명박 대통령은 여러 차례 스스로 소통문제를 지적한 바 있다. 소통되지 않는 상태에서 좋은 지도력이 발휘될 수 없는 것은 당연한 일이다. 소통이 문제가 되는 일차적인 원인과 책임은 그렇게 느끼는 당사자에게 있다. 대개는 상대의 의사와 입장을 무시하고 일방적으로 행동하는 데서 문제가 발생한다. 인간관계는 상대와의 조화를 통해 유지발전 된다. 공무원도 국민이기 때문에 국민과 소통이 되지 않는다는 것은 지휘와 명령체계에 문제가 발생할 가능성이 크다는 것을 의미한다.

지휘와 명령체계에 문제가 발생하면 공무원들은 재량권을 발휘하기 마련이다. 재량권 발휘는 부정부패의 가능성을 높인다. 그나마 다른 한편으로 대통령이 만연한 부정부패에 대응하기 위해 부정부패 척결에 대한 의지를 보이고 있어 다행이긴 하다. 하지만 기존에 행위가 이루어진 부정부패 행위를 적발하는 것은 미봉책에 불과하다. 이제까지 수많은 부정부패 행위자들이 적발되고 처벌을 받았지만, 여전히 부정부패가 만연해 있다. 따라서 지도력 발휘를 통해 잠재적인 부패행위를 무력화시킬 관리 역량 제고와 예방교육이 필요하다. 그런데 이에 대한 별다른 대책이 나오지 않고 있다. 앞으로 어느 정도 부정부패를 개선할 수 있을지 의문이다.

(5) 문제해결능력 미흡

지도자가 관리를 잘하고 문제해결능력이 뛰어나면 부패행위를 하는 공무원이 발붙일 곳이 없어진다. 하지만 관리를 제대로 못 하고 문제해결능력이 부족하면 부패행위를 일삼는 공무원은 늘어나기 마련이다. 그런데 이명박 정부 들어 추진하는 정책들이 곳곳에서 갈등과 대립 대상이 되고 있다. 문제해결능력이 없는 것은 아니지만, 부족하다는 것을 의미한다. 한편에서는 문제를 해결하며 국가발전을 주도하고 다른 한편에서는 능력 부족으로 문제를 발생시키고 있다.

(6) 유능한 참모 부족

대통령이 추진하는 정책이 번번이 국민적 반발에 부딪히는 것은 모두 유능한 참모가 부족한 것이 문제이다. 때로는 문제를 파헤치고 해결책을 마련하는 데 반대 논리가 도움이 되기도 한다. 대통령에게 유능하고 청렴한 참모가 많으면 반대로 무능하고 부정부패한 참모가 발붙일 곳은 그만큼 줄어든다. 그러나 반대가 되면 문제가 발생한다. 그 대표적인 사례가 박연차 게이트를 통해 드러난 노무현 정부 청와대 참모들의 연루와 구속이다. 따라서 대통령이 부정부패를 척결하기 위해서는 무엇보다도 참모들의 역할이 중요하고 그들이 모범을 보여야 한다. 그런데 이명박 정부 집권 이후에도 이미 여러 명의 청와대 직원과 참모가 문제가 되는 행동을 해 그만두었다.

2009년 3월 30일 MBN 보도에 의하면 「추부길 전 홍보기획비서관이 박연차 태광실업 회장으로부터 억대의 돈을 받은 혐의로 구속된 데 이어, 이번에는 A모 행정관이 성매매 혐의로 경찰에 적발됐다. 박연차 리스트로 전 정권의 도덕성이 크게 훼손된 상태에서, 자칫 그 불똥이 현 정부로 튈 것을 우려했다. 청와대는 이에 따라 "이런 사건들이 재발하지 않도록 직원들에 대한 내부감찰을 대폭 강화하고 윤리기준도 엄격하게 적용하겠다"는 입장」을 밝혔다.

대통령이 가장 믿을 수 있고 유능하다고 임명한 사람들이 국가와 국민을 위해 봉사하는 것이 아니라 그들이 다른 엉뚱한 짓을 하지 않는지 감찰을 강화한다는 것 자체가 이미 뭔가 잘못되었다. 그럼에도 여전히 대통령 주변에서 부정부패 행위가 발생한다면 측근 참모에 의해 일어날 가능성이 크다. 인사, 정책, 예산 분배와 관련된 업무를 맡고 있는데다 대통령 퇴임 후 자신들도 모두 그만두어야 하므로 미래 노후나 정치가로 잔류하기 위한 정치자금 확보가 필요하기 때문이다.

참모들의 부정부패는 여러 가지가 있을 수 있다. 그동안의 부정부패 행위는 주로 금품을 직접 받는 방법이 사용되고 적발이 이루어졌다. 그러나 부정부패 방법이 더욱 교묘해지고 있는 점을 고려하면, 이제는 간접적인 금전과 물품거래를 하면서 공공연하게 뒷돈을 챙기는 방법이 사용될 가능성이 크다. 적발되어도 충분히 변명을 만들어 낼 수 있는 좋은 방법이다. 가장 대표적인 것이 남편은 대통령 참모로 정상적으로 업무를 수행하면서 뒤를 봐주고 아내와 친인척이 하는 사업, 특히 미술, 도자기, 골동품, 고서화 등 예술품을 거래하는 일을 시키는 것이다. 시가가 수시로 변하고 감정가도 사람에 따라 다른 경우가 많으므로 거래를 통하여 얼마든지 뒷돈을 챙길 수 있다.

뇌물로 주거나 받아 적발되어도 '나는 가격을 모른다. 그냥 친분이 있어 주기에 호의를 거절할 수 없어서 받았다. 대가성이 없다'고 잡아떼기에 안성맞춤이다. 등잔 밑이 어두운 법이다. 지금 대통령 주변 참모 중에도 부인이나 가족 친인척이 유사한 사업을 하는 사람이 있다. 유능한 참모는 국가와 국민, 대통령을 위한 일에 능력을 발휘하는 사람이지 자기 몫까지 동시에 챙기는 사람이 아니다.

(7) 여당의 정부에 대한 견제 미흡

국회에서 다수의석을 차지하고 있는 여당은 대통령과 행정부를 견제할 수 있는 가장 강력한 세력이다. 민주주의 기본원리인 삼권분립을 지향하는 이유도 입법부와 행정부, 사법부가 상호 견제를 통해 합목적적이고 균형 있는 국가발전을 추구하는 데 있다. 국회는 법률제정, 탄핵소추권 활용, 정부 예산심의를 통해 부정부패를 가장 효율적으로 통제하고 '정부 스스로 부정부패를 해결하지 않으면 안 된다'는 인식을 확실하게 심어줄 수 있다. 그런데 우리나라 여당은 국회에 부여된 행정부의 감시와 견제 역할을 팽개치고 정부의 거수기 역할을 자임하면서 부정부패를 방치하고 있다.

(8) 여당의 불합리한 공천 금권선거 방치

정치권에서 부정부패가 발생하는 가장 대표적인 원인은 불합리한 공천과 금권선거이다. 부정부패를 저지른 정치인을 배출한 정당은 매번 후보자에 대한 검증檢證의 한계를 핑계 댄다. 하지만 검증의 한계보다는 계파정치에 의해 스스로 검증을 포기하고 계파의 이익을 반영하는 비민주적이고 불합리한 공천을 지속하고 있다. 그리고 자기 정당에서 공천한 후보자가 금권선거를 일삼는다는 것을 가장 정확하게 알고 있는 기관이 정당이다. 그러나 자기 당 출신이 더 많이 당선되었으면 하는 기대 때문에 금권선거를 적극적으로 예방하기 위한 노력을 하지 않는다.

출마 후보자에게 돈을 받고 공천을 해주거나 금권선거를 하는 것은 그 자체가 부정부패 행위이기도 하다. 더 큰 문제는 당선 후 권력을 획득하면 코드인사나 청탁에 의한 정실인사, 뇌물을 받고 인허가를 하는 등 자신이 투입한 돈을 다시 복구하려 한다는 점이다. 이렇게 또 다른 부정부패 행위로 이어져 정치 분야 부정부패가 행정 분야 부정부패로 전환 확산하는 부패의 연결고리 역할을 하는 원인으로 작용하므로 반드시 척결해야 한다. 그런데 2010년 6월 2일 치러진 지방선거에서도 후보자를 공천하고 선거운동을 전개하는 과정에서 여당인 한나라당이 곳곳에서 공천 내분을 겪는 등 불합리한 공천이 여전히 계속되었다. 또한 상당수 선거운동원이나 후보자가 금권선거 혐의로 적발된 점으로 미루어 볼 때 금권선거를 제대로 관리하고 있다고 보기 어렵다.

(9) 무리한 선거공약

무리한 선거공약이 부정부패의 원인으로 작용한 것은 과거 정부에도 여러 차례 있었다. 현 정부도 마찬가지다. 한 가지 사례를 들어보면 이명박 정부가 내건 무리한 사교육비 절감 대책의 하나로 대폭 강화된 방과 후 수업과 관련된 부패행위가 여러 곳에서 드러났다.

2008년 12월 방과 후 수업과 관련해 금품을 주고받은 전현직 초등학교장 등이 무더기로 적발됐다. 전주지검 군산지청은 2008년 12월 23일 방과 후 수업권을 따내려는 업체로부터 거액의 뇌물을 받은 혐의뇌물수수 등로 전前 충북 교육위원회 의장 고 모62세 씨와 전직 초등학교장 이 모61세 씨 등 3명을 구속 기소하고 최 모62세 씨 등 전현직 초등학교장 6명을 같은 혐의로 불구속 기소했다. 검찰은 또 허위 세금계산서를 이용해 수

십억 원대의 비자금을 조성, 교육공무원을 대상으로 로비를 벌인 혐의特定經濟犯罪加重處罰法上 횡령 등로 교육전문업체인 W사의 본부장 윤 모40세 씨 등 9명을 구속 기소했다248)

2011년 8월에는 수업이 끝난 뒤 이뤄지는 방과 후 학교 운영 업체로 선정해 주는 대가로 수천만 원씩을 받은 서울 시내 초등학교 교장들이 무더기 적발됐다. 서울중앙 지검 특수 3부는 방과 후 컴퓨터 교실 선정 대가로 돈을 받은 혐의로 서울 시내 초등학교 전현직 교장 16명을 적발해 사망한 1명을 제외한 15명, 돈을 건넨 혐의 등으로 대교와 에듀박스 관계자 12명, 업체로부터 학교 소개 대가로 2천만 원을 받은 혐의로 장학관 1명을 기소했다. 검찰에 따르면 업체들은 2006년부터 컴퓨터 교실 실내장식interior 공사 대금을 과다 계상해 돌려받는 방식으로 자금을 조성해, 학교 교장들에게 로비 자금으로 건넸다. 보통 교장들에게는 1~2천만 원 정도가 건네졌으며, 대교가 교장 8명에게 1억 2천500만 원, 에듀박스가 8명에게 1억 5천만 원을 준 것으로 드러났다. 검찰은 대교나 에듀박스 측이 공사대금을 부풀린 사실을 감추기 위해 회사 측이 적극적으로 개입해 가짜 세금 계산서를 발급해줬다고 설명했다. 249)

선거공약은 주민 여론 수렴 등 그 동기가 바람직한 의도에서 출발하는 것들이 적지 않다. 하지만 동기가 바람직하다고 공약의 불합리한 이행과정과 나쁜 결과가 정당화되지는 않는다. 무리한 선거공약을 이행하려고 하면 부정부패가 아니라도 반드시 국민의 저항에 부딪히는 등 문제가 발생한다.

(10) 역대 정부 중 가장 비도덕적인 정권

이명박 대통령은 선거기간 중인 대통령 후보 시절 자신이 위장전입을 했다고 자인했지만, 어떤 책임도 지지 않았다. 그리고 대통령에 당선된 후 위장전입을 비롯한 여러 가지 위법 사실이 있거나 의혹을 받은 사람들을 공공연하게 국무총리와 장관 등 정무직공무원에 임명했다. 이명박 정부에서는 정무직공무원 후보로 청와대에서 추천한 사람 중 4+1병역기피, 위장전입, 세금탈루, 부동산투기+논문표절 의혹을 받은 사람이 한둘이 아니다. 이들 중에는 위법 사실이 드러나 중도에 낙마한 사람도 있고 임명된 사람도 있다. 의도적으로 법을 위반하는 사람들은 도덕적으로 문제가 있는 사람이다. 그런데 더 나쁜 것은

---

248) 연합뉴스 2008. 12. 23.

249) KBS 2011. 8. 11.

그런 사람들을 고위공무원으로 임명하는 대통령과 정부다.

한번 위법을 저지른 사람을 정무직공무원에 임명하면 다음에는 더 많은 위법을 한 사람이 정무직공무원에 도전한다. 이런 일이 반복되면 불법행위를 하는 사람들의 도전이 일반화된다. 이명박 정부가 그렇다. 위법한 행동을 했음에도 책임을 지지 않는 것을 대수롭지 않게 생각하는 것은 법치주의와 민주주의를 위협하는 대단히 위험한 행동이다. 대수롭지 않은 법과 대수로운 법이 따로 있는 것이 아니다. 모두 필요가 있기 때문에 만들었다. 국민은 필요한 점을 알고 인정하므로 불편과 손해를 감수하고 지키며, 국가는 국민에게 지킬 것을 강요하는 것이다. 그런데 위법한 행동을 대수롭지 않게 생각하여 자신에게 도움이 되면 위법을 해도 숨기면 되고 공소시효만 지나면 책임지지 않아도 괜찮다는 생각을 하게 하면 부정부패는 더욱 기승을 부리기 마련이다.

처음에는 위장전입이 주로 문제가 되었지만, 이제는 병역기피, 위장전입, 세금누락, 부동산투기, 논문표절 의혹까지 동시에 받는 사람들이 정무직공무원이 되기 위해 나선다. 이명박 정부는 역대 정권 중 가장 저급하다. 아니 저급하다는 말도 아깝다. 지도력 leadership에 대한 개념이 없는 것 같다. 권력으로 자신들의 이기심을 채우기에 급급하다. 너무 추하다. 어디에서 저렇게 하나같이 문제투성이인 저질적인 사람들만 골라 정무직 공무원에 임명하는지 모르겠다 싶을 정도다. 실정으로 여론이 악화하고 국민의 분노가 커지는 것은 당연하다. 2011년 9월 15일 오후 전국적으로 발생한 사상 초유의 정전 사태 이면에는 이명박 정부의 잘못된 인사 문제가 있었다. 그리고 신재민 전 차관에게 로비 한 사실을 밝힌 SLS그룹 이국철 회장의 폭로는 이명박 정부 비리가 앞으로 본격적으로 드러나는 신호탄이 될 가능성이 커 귀추가 주목된다.

(11) 사회 전반 이기주의 만연

언제부터인가 우리 사회에는 정부 정책을 믿고 법을 지키면 손해라는 인식이 국민의 마음속에 자리하기 시작했다. 정책에 일관성이 부족하고 정권이 바뀔 때마다 변화를 추구한 것이 만들어 낸 피해의식이 주원인이다. 또한 법률의 종류가 너무 많고 내용이 복잡해 법을 모두 지키기 곤란한데다 질서와 법규를 지키지 않고 편법이나 불법적인 방법으로 다른 사람들보다 손쉽게 돈을 벌거나 승진하고도 책임을 지지 않는 것을 주위에서 적지 않게 보아왔기 때문일 것이다. 이렇게 사회 전반에 만연한 이기주의는 나의 이익과 내 아이에게 도움이 된다면 무슨 짓이든지 할 수 있다는 의식을 만들면서 도덕과 질서, 법규는 계속 도전받고 있다. 2010년 서울시 자사고^{자율형} ^{사립고등학교} 신입생 부정입학 취소는 우리 사회에 만연해 있는 이기주의의 단면을 잘 보여 준다.

5) 전문가가 바라본 친인척 측근 관리와 해법

(1) 친인척 측근 비리관리 실패 원인

역대 정권마다 대통령 주변을 특별관리 했음에도 친인척 비리가 계속되는 이유는 무엇일까? 첫 번째는 친인척의 입김이 통할 수 있는 후진적인 사회구조문제이다. 대통령에게 권력이 집중돼 있는데다 공과 사의 구분이 엄격하지 않은 문화 때문에 측근들에게 줄 대기가 성행하는 것이다. 임동욱 한국대통령학연구소 부소장은 "1차 집단에 굉장히 의존을 많이 한다. 학연이나 지연, 혈연이 정책 결정이라든지 어떤 의사결정에서 중요한 역할을 한다는 것"이라고 말한다. 두 번째는 비리수법도 점점 지능화되고 있다. 제5공화국 때는 공금횡령으로 꼬리가 많이 잡혔지만, 이제는 인수합병, 지분참여, 주가조작 등을 통해 감시의 눈을 피하고 있다. 세 번째는 처벌이 약하다는 것도 문제다. 처벌 당시만 요란할 뿐, 정치적 변수로 슬그머니 사면해 주는 일이 반복되면서 불감증이 커지고 있다. 취임 초기 엄격한 측근관리가 후반으로 갈수록 약화하는 것도 비리를 키우는 원인으로 지적된다. 이범관 한나라당 의원^{전 청와대} ^{민정비서관}은 "정권 초기에는 나름대로 긴장을 해서 서로 조심을 하는데 좀 시간이 흐르면 우리끼리 뭐 이것이 큰 문제가 되겠느냐, 이걸 뭐 꼭 까발릴 필요가 있겠느냐"는 분위기가 조성된다고 한다.[250] 이 외에 학자 등 전문가와 여야 의원은 친인척 비리가 근절되지 않는 네 번째 이유로 집권자의 의지 부족, 다섯 번째는 정치문화, 여섯 번째는 국민 정서를 꼽는다. 김철수 명지대 석좌교수는 2008년 11월 27일 "부자, 형제간에 서로 의지하려는 가족주의가 있는 한 친인척 비리는 없어지지 않을 것"이라고 분석했다. "박정희 전 대통령은 청와대에 친인척 담당 비서관을 두고 대상자를 엄격히 관리했다. 그러나 그다음 정권부터는 그러지 못했다. 힘이 센 친인척에게 밉보이면 대통령의 눈 밖에 날 수 있다고 여긴 역대 친인척 담당 청와대 직원들이 이들을 특별 관리하지 않았다. 오히려 눈치를 보는

---

250) MBC 2008. 12. 7.

등 심부름하는 수준에 그쳤다"고 지적했다. 이장희 한국외대 교수는 "친인척을 통해 불법적인 로비를 시도하려는 인사들이 있고, 이런 유혹에서 쉽게 못 벗어나는 게 안타깝다"고 했다. 김수한 전 국회의장은 "권력을 이용하려는 국민의식구조도 문제지만, 절대 권력은 절대 부패를 낳기 마련이다. 대통령중심제에서는 친인척 비리 척결에 한계가 있다"고 강조했다. 민주당 김부겸 의원도 "대통령 한 사람에게 권력이 과도하게 집중되는 한 친인척 비리는 사라지지 않을 것이다. 개인 도덕성 차원을 넘어 제도적으로 접근할 필요가 있다"고 말했다. 일곱 번째는 대통령 친인척 비리 감시기구인 청와대 민정수석팀의 기능이 미흡하다는 지적도 제기됐다. 민정수석실에는 '친인척 관리팀'이 별도로 구성돼 있다. 참여정부 당시 민정수석실은 "노 전 대통령의 형 노건평 씨를 1분 1초 단위로 감시하겠다"고 공언했으며 경찰 출신 전담 직원까지 붙여 별도 관리했다. 2006년에는 '사정라인을 가동해 대통령 친인척 20촌까지 포함, 900명을 관리하고 있다'고 강조한 바 있다. 그러나 노건평 씨는 2008년 말 세종캐피탈 인수와 관련, 30억 원을 받은 혐의로 구속됐다. 민정수석실이 공언했던 노건평 씨에 대한 감시가 제대로 이뤄지지 않았다는 방증이다. 여덟 번째는 현직 대통령 친인척 연루 사건에서 수사기관의 '칼'이 무뎌지는 게 아니냐는 지적도 일고 있다. 재직 중 형사소추를 당하지 않는 대통령에 대한 면책특권이 친인척들에게까지 확장되는 게 아니냐는 비판이 그것이다. 가령 전두환 전 대통령의 동생 전경환 씨와 형 전기환 씨는 정권이 바뀐 지난 1988년 검찰에 의해 구속됐고 김대중 전 대통령의 차남 김홍업 씨도 노무현 정권 시절이던 2003년 5월 구속됐다. 노태우 전 대통령의 딸 노소영 씨 역시 아버지 퇴임 뒤인 1994년에야 외화밀반출 혐의로 조사를 받았다. 이에 대해 이헌 변호사는 "제왕적 대통령제 아래에서 재임 중 대통령 친인척을 조사한다는 것은 수사기관으로서도 상당한 부담이 따를 수밖에 없을 것"이라고 말했다. 아홉 번째는 '대통령 중심제'의 문제도 지적된다. 현재와 같은 '제왕적 대통령제' 하에서는 대통령 주변에 사익을 추구하려는 무리가 몰리게 마련이라는 것이다. 특히 '청탁하면 패가망신시키겠다'고 공언했던 노무현 전 대통령마저 부인이 박연차 태광실업 회장으로부터 돈을 받았다고 공개적으로 밝힌 데 이어 본인 역시 수사 대상으로 부상하면서 단순히 의지의 문제가 아니라 제도 자체의 변화가 수반돼야 하는 게 아니냐는 것이다. 고려대 박경신 교수는 "수천 명에 대한 인사권을 쥐고 있는 대통령이기 때문에 항상 주변에는 이런저런 목적을 가진 사람들이 나타나게 마련"이라고 주장했다. 경제정의실천시민연합 고계현 정책실장은 "삼권분립이라는 대원칙은 한국에서는 무용지물이다. 대통령이 법무부 장관과 검찰총장에 대한 임명권을 갖고 있어 임기 중 검찰 수사를 받는 경우는 거의 없다. 따라서 사실상 견제를 받지 않는 권력이 되고 있다"고 지적했다.[251] 열 번째는 권력자의 도덕적 모형model이 없어서일 것이라는 주장도 있다. 권력자 주변엔 '권력 의지'만 넘칠 뿐, 도덕 의지를 함의하는 '선의지'를 찾아보기 어려운 것이 현실이다.[252] 열한 번째는 최고 권력의 주변이 이렇듯 부패의 늪에 빠지는 이유는 정상배와 모리배의 농간 때문이다. 최고 권력자, 특히 선출된 최고 권력자는 도덕성에 기반을 둔 권위를 지향할 수밖에 없다. 그리고 최고 권력자의 면전에 뇌물을 바치는 정신 나간 사람은 없을 것이다. 하지만 최고 권력자가 부패의 유혹에 영혼의 문을 굳게 걸어 닫아도, 정상배와 모리배는 집요하게 열쇠 구멍을 찾아 스며들게 마련이다. 그들은 그늘의 권력을 찾아 기어코 권력의 문을 열어젖힐 열쇠로 활용하고야 만다. 대통령의 친인척들이 권력의 저점에서 예외 없이 희생(?)당하는 것도 이 때문[253]이라고 분석한다.

(2) 친인척 측근 비리관리 해법

전문가들이 대통령 친인척과 측근의 부정부패를 막기 위해 제시하는 해법에는 여러 가지가 있다. 첫 번째는 재발하는 권력형 비리를 척결하기 위해서는 우선 드러난 비리에 대해 엄격하고 바른 수사와 처벌, 두 번째는 장기적으로 국민의식 개선이 따라야 한다고 입을 모았다. 세 번째는 정치자금 양성화, 네 번째는 사회 투명성 개선을 위한 공익 제보자 보호방안이 필요하다는 지적도 제기된다.[254] 다섯 번째는 청와대에 친인척 전담 비서관 신설, 여섯 번째는 권력구조 개편, 일곱 번째는 친인척 재산 공개 등을 개선책으로 제시했다.

국제투명성기구 한국본부 강성구 사무총장은 "드러난 부정과 부패는 강력하게 처벌하는 선례를 남기는 것이 중요하다. 불법은 반드시 벌을 받는다는 인식이 확산해야 부정과 부패의 악순환을 끊을 수 있다"고 말했다. 국민이 부정과 부패를 바라보는 인식 개선 역시 중요한 요점point으로 지적된다. 적발된 부정에 대해 '재수가 없어 걸렸다. 그

---

251) 파이낸셜뉴스 2009. 4. 12.

252) 자유기업원 2008. 12. 5.

253) 경인일보 2008. 12. 3.

254) 파이낸셜뉴스 2009. 4. 13.

사람만 문제이겠느냐'며 부정한 일을 저지른 인사를 오히려 동정하는 일부 그릇된 시 각이 큰 틀에서는 역대 대통령 퇴임 후가 아름답지 못한 배경이라는 지적이다.

경제정의실천시민연합 고계현 정책실장은 "국민의 부패 민감도가 낮다면 이를 토대로 집권한 권력자들 역시 그럴 수밖에 없다. 도덕성과 청렴성이 사회적 가치로 대접받을 때 근본적인 비리 척결이 가능할 것"이라고 설명했다.255) 대통령이 아무리 친인척 관리를 철저히 한다 해도, 그들을 가두지 않는 이상 정상배와 모리배의 접근을 원천봉쇄하기란 쉽지 않다. 그러니 친인척 관리에 신경 쓸 일이 아니라 사회의 투명도를 높이는 것이 권력형 비리를 예방하는 첩경이라는 것이다.256) 또한 고려대 박경신 교수는 "대통령의 권한을 일부 축소하는 방향으로 개헌을 추진하는 것도 비리 해결에 도움이 될 것"이라고 말한다.257)

연세대 사회학과 김호기 교수는 반복되는 권력형 비리를 막기 위해서는 정치자금 후원 활성화가 필요하다고 주장했다. 현실적으로 정치하기 위해서는 돈이 들 수밖에 없고 이 같은 현실을 외면한 채 정치인들에게 '돈을 받지 마라'고 요구만 하는 것은 너무 가혹한 것이 아니냐는 지적이다. 김 교수는 "현실 세계에서 정치하기 위해서는 돈이 필요한 부분이 분명히 있다. 미국처럼 정치자금 양성화 및 후원체계를 활성화하면 음성적 뒷거래를 막는 데 도움이 될 것"이라고 주장했다. 아울러 고위층 비리 특성상 내부자 제보가 아니면 외부로 잘 알려지지 않는 만큼 이들의 행위가 사회적으로 포용 돼야 사회 투명성이 높아질 수 있다는 지적이다.

경찰대 표창원 교수는 "감사원 주사로 일하던 현 모 씨는 공익제보로 말미암아 12년간 학습지 판매원 등을 전전했다. 이 밖에 수많은 공익제보자가 '조직 내 부적응자'로 매도되는 사회 분위기는 고위층 비리가 잘 드러나지 않게 하는 배경이 된다"고 밝혔다.258) 김철수 명지대 석좌교수는 "청와대에 친인척 비리 전담 비서관을 두고 대통령이 단호한 의지로 철저히 관리해야 한다"고 주장했고, 김수한 전 국회의장과 민주당 김부겸 의원은 현행 대통령제를 내각제나 이원집정제로 바꿔야 한다고 말했다. 한나라당 장윤석 의원은 "권력을 이용하려는 유혹을 떨쳐 버릴 수 있는 대통령 친인척의 윤

---

255) 파이낸셜뉴스 2009. 4. 13.

256) 경인일보 2008. 12. 3.

257) 파이낸셜뉴스 2009. 4. 12.

258) 파이낸셜뉴스 2009. 4. 13.

리의식 강화가 시급하다"고 주장했고, 양승함 연세대 교수는 "대통령 친인척도 재산공개를 하는 등 책임감과 사명감을 갖도록 해야 한다"고 말했다.

6) 해결방안

(1) 대통령 모범과 강한 의지실천

우리나라 역대 대통령의 친인척이나 측근들이 모두 비리에 연루된 것은 아니다. 박정희, 최규하 두 분의 대통령은 자신 또는 친인척, 측근들이 거의 비리와 무관하고 큰 구설수가 없었다. 최규하 전 대통령은 재임 기간이 짧았기 때문에 그렇다고 할 수 있지만, 박정희 대통령은 1963년 12월에서 1979년 10월 26일까지 장기간의 재임에도 친인척과 측근 관리의 표상이 될 정도로 관리를 잘했다.

박정희 전 대통령이 최고회의 의장 시절 고향인 구미의 상모리를 찾았을 때, 70대의 큰형님인 동희東熙 옹이 "누가 와서 그러는데 ○○사업을 하면 돈을 벌 수 있다고 하더구먼. 나도 이제 농사짓기보다 사업을 해볼까 생각하고 있네…" 라는 말을 건넸다고 한다. 이 말을 들은 박정희 의장은 똥파리들이 순박한 형님을 꾀었다고 보고, 지역 경찰서장에게 상모리에 초소를 세워 몰지각한 인간이 친인척親姻戚에 접근하는 것을 철저히 막고 전국의 모든 친인척을 엄정 관리하게 했다. 이런 감독은 눈을 감을 때까지 계속했다259)고 한다. 그리고 재임 중 자녀와 친인척이 부패행위와 연루되어 사회적 논란이 된 일은 나타나지 않았다.

박정희, 최규하 두 분 전직 대통령의 친인척과 측근이 비리에 크게 연루되지 않은 가장 큰 이유는 대통령 자신이 평소 검소하고 청렴한 생활을 통해 모범을 보이고 강한 의지를 실천했기 때문이다. 그런데 제5공화국 이후 우리나라 대통령들은 스스로 모범을 보이지 못하고, 자신이 직접 비리에 연루되거나 친인척과 측근의 희생을 통해 권력을 획득했다. 이러한 원죄는 강한 의지 천명, 관리체제 정비, 엄격한 관리를 강조하는 정도에 그치고 강력한 실천이 뒤따르지 못하게 하는 원인으로 작용했다. 여기에 친인척이나 측근들도 대통령의 의사 존중보다는 자신들의 이익 챙기기에 급급함으로써 줄줄이 오명을 뒤집어썼다. 따라서 대통령 친인척과 측근의 부정부패를 막기 위해서는

---

259) 매일신문 2008. 8. 18.

무엇보다 대통령 자신의 청렴하고 검소한 생활을 통한 모범이 가장 중요하다.

(2) 권력에 대한 잘못된 인식 청산

대통령 친인척과 측근 비리는 친인척과 측근 스스로 올바른 권력관념을 갖는 것이 가장 바람직한 해결방법이다. 오늘날 대통령 친인척과 측근 비리가 사회적인 관심사가 되고 강력한 견제를 받게 된 이유는 이제까지 권력에 대한 잘못된 인식을 한 사람들이 많았고 그들이 저지른 비리가 원인을 제공했다. 국민이 위임한 권력은 국가 발전, 국민 복리증진과 권익 신장을 통해 다 함께 잘 사는 세상을 만들어 달라는 간절한 기대와 요구가 담긴 것이다. 지도자인 대통령에게 주어진 것이지 가족이나 친인척, 측근이 공유할 수 있는 것이 아니다.

대령과 친분이 있고 가깝다고 해서 그것이 권력이 될 수는 없다. 다른 사람이 베푸는 예우나 친절을 권력으로 착각해서는 안 된다. 권력은 자신의 정당한 노력을 통하여 스스로 창출하고 행사하는 것이다. 내가 가진 권력이 힘을 발휘하고 널리 통용되기 위해서는 다른 사람들과 사회로부터 그 정당성과 합리성을 인정받아야 한다. 대통령 친인척이나 대통령과 친분이 있다는 것을 내세워 권력을 갖지 않은 개인이 권력을 가진 것처럼 행세하며 잘못을 저지르는 사람들에게 공권력은 법규를 엄격하게 적용하여 책임을 물어야 한다.

자신에게 주어진 직무를 충실히 수행하지 않는 것도 일종의 직무 유기이다. 국가와 국민이 공무원에게 권력을 부여한 것은 그에 합당한 일을 해달라는 것이다. 사정기관에 종사하는 공무원은 대통령을 포함한 친인척과 측근 등 그 누구라도 부정부패 행위를 일삼으면 반드시 적발되고 책임지게 된다는 인식을 심어주어야 한다. 이렇게 법을 엄격하게 집행되고 모든 국민이 권력에 대한 잘못된 인식을 청산하면 대통령 친인척과 측근의 비리도 사라질 수밖에 없다.

(3) 적절한 관리담당자 선임, 사정기관 책임 완수

부정부패가 발생하는 것은 근본적으로 당사자의 수신 부족에 의해 절제가 제대로 이루어지지 못하고 유혹에 빠지는 것이 원인이다. 하지만 그 발생 정도는 관리담당자와 사정기관이 책임을 완수하느냐 하지 못하느냐에 의해 크게 달라진다. 관리담당자들이 일차적으로 대통령 친인척과 측근에 대한 관리에 최선을 다하면 그만큼 부정부패는 줄어들기 마련이다. 사정기관이 권력을 통하여 청탁해도 정상적인 체계와 방법으로 해결되지 않는 문제를 해결할 수 없다는 생각을 국민이 갖도록 철저하게 관리해야 한다.

누구든 부패행위를 하면 반드시 적발되고 대가를 치러야 한다는 인식을 심어주면 청탁자와 부패행위자 모두 부패행위를 삼가할 것은 당연하다. 그런데 우리나라 대통령의 친인척과 측근에 의한 부정부패 행위는 관리담당자와 사정기관의 부실한 관리로 적발되지 않고 넘어가는 것이 더 많다는 인식이 국민 의식 속에 존재하고 있다. 이 때문에 청탁자에 의한 끊임없는 청탁 시도로 대통령의 친인척과 측근에 의한 부정부패가 반복되고 있다. 이러한 관리 실패 이면에는 부적절하거나 불합리한 인사가 도사리고 있다.

법규와 원칙을 지키기 위해 자신의 불이익을 감수할 수 있는 사람들을 관리담당자와 사정기관 책임자로 임용하는 것은 당연하다. 그런데 그동안 우리나라는 불합리한 인사를 통하여 친인척이나 측근 자신 또는 그들이 추천하는 사람으로 채워졌다. 외부 추천자들은 눈치를 보고 승진 통로로 이용하려고 하면서 일을 제대로 하지 않았다. 이렇게 관리가 원천적으로 실패할 수밖에 없는 원인을 안고 있었다. 따라서 대통령 친인척과 측근 비리를 예방하기 위해서는 합리적인 인사를 통해 반드시 법규를 엄격하게 적용하고 운용할 수 있는 관리능력을 갖춘 사람을 임명하지 않으면 안 된다.

(4) "원망하지 마라"는 뜻 새겨 이젠 악순환 끊자

대통령이 바로 서야 나라가 바로 선다. 대통령의 실패는 언제든지 나라의 실패로 이어질 수 있는 위험성을 내포하고 있다. 국민은 퇴임 후 자신이나 친인척, 측근들이 비리로 구속될까 불안에 떨지 않고 웃으면서 물러나는 대통령을 보고 싶어 한다. 물러나서도 국가 지도자로서, 봉사자로서 존경받는 대통령이 양산되는 나라가 되게 하려면260) 이제는 불행한 전직 대통령의 악순환을 끊어야 할 때가 되었다. 우리나라는 전직 대통령 중 단 한 명도 퇴임 후 평탄한 노후를 보내지 못했다.

이승만 초대 대통령은 4 · 19 혁명으로 하야해 외국에서 삶을 마감하는 비운을 겪었고, 박정희 대통령은 독재정권이라는 오명과 함께 저격당하는 비극을 맞았다. 전두환 · 노태우 대통령은 퇴임 이후 끊임없는 비자금 의혹에 시달렸고, 김영삼 대통령은 외환위

---

260) 뉴스리더 2009. 4. 27.

기와 정치자금 문제, 김대중 대통령은 남북 정상회담 성사를 위해 돈을 준 것 등 여러 가지 사유로 논란의 대상이 되었다. 도덕성을 최우선 가치로 내세웠던 노무현 전 대통령도 측근들과 친인척의 비리 연루로 자유롭지 못했다. 특히 노무현 전 대통령은 우리에게 적지 않은 과제와 교훈을 남겨 놓고 떠났다. "누구도 원망하지 마라. 운명이다"라며 유서에도 남겼듯이 노 전 대통령의 운명을 계기로 부정부패의 악순환을 끊고 갈등과 분열을 넘어 상생의 정치를 할 때가 되었다.

이제 대권을 꿈꾸는 사람들은 전직 대통령의 실패를 되풀이하지 않고 부패행위 방지를 위해서는 혈연관계를 끊겠다는 각오가 필요하게 되었다. 하지만 대통령의 친인척과 측근의 부정부패는 그들만의 책임이 아니다. 정치는 혼자 하는 것이 아니라 국민과 지도자가 힘을 합쳐 하는 일이고 대통령도 국민의 한 사람이다. 대통령뿐만 아니라 대통령의 가족과 친인척, 측근들도 대통령 못지않은 도덕성과 희생정신을 가져야 한다는 것을 깨달을 때가 되었다. 국민도 권력에 대한 잘못된 인식을 청산하고 청탁이 통하지 않는 사회를 만들기 위해 노력하고, 정부도 '한국병을 치유하기 위한 근본 대책을 세워야 한다.261) 그래야만 전직 대통령의 자살이라는 불행한 일이 대한민국 역사를 새롭게 출발시키는 계기로 승화昇化될 수 있을 것이다.

7) 지자체장의 부정부패 실태와 원인

(1) 부정부패 실태

우리나라에 지방자치제도가 시작된 후 적지 않은 세월이 흘렀다. 지방자치제도는 여러 가지 '명과 암'을 만들어 냈다. 지방자치 덕분에 주민 복지가 눈에 띄게 좋아졌다. 한 곳에서 모든 민원 업무를 처리할 수 있는 행정 서비스가 도입되고 행정 관청의 문턱도 낮아졌다. 주민 참여도가 높아지고 자치단체장의 임기 보장으로 일관된 정책 추진과 지역 특성을 살리는 행정도 가능해졌다. 그러나 지방자치의 어두운 그림자도 있다.

수천억 원짜리 청사 건물 건축, 8억 원짜리 해시계 설치 등 전시행정 논란이 끊이지 않는다. 그런가 하면 빚에 허덕이는 지자체도 수두룩하다. 심지어 공무원 월급을 주기 위해 지방채를 발행해야 하는 곳도 적지 않다.262) 살림살이는 빠듯해도 씀씀이는 헤퍼

---

261) 아시아경제 2009. 5. 25.

졌다. 전국 광역과 기초자치단체의 빚은 최근 4년 동안 12%인 2조 천억 원이 늘어 2010년 3월 현재 20조 원에 육박하고 있다. 자치단체의 복지비 지출 증가가 재정 여건을 어렵게 하는 요인이 되기도 한다. 하지만 살림살이에 걸맞지 않은 무리한 사업 추진과 헤픈 씀씀이가 자치단체의 재정난을 가중시키는 더 큰 요인이다.263)

단체장 비리와 부패, 고질적인 토착 비리는 지방자치에 대한 회의감마저 안겨 준다. 주민 피해로 이어지는 자치단체장 비리는 계속 증가해 왔다. 기소된 자치단체장은 민선 1기에 245명 중 9%인 23명이었는데, 민선 2기엔 248명 중 24%인 59명, 3기엔 248명 중 31%인 78명으로 늘었다. 지난 2006년 7월 시작된 민선 4기 자치단체장은 2010년 3월 24일 현재 246명 중 47.1%인 116명이나 기소돼, 민선 1기와 비교해 무려 5배가 넘는다. 민선 4기만 보면 선거법과 정치자금법 위반이 60%로 가장 많고, 나머지 40%가 뇌물수수 같은 직무관련 비리였다.

민선 5기에도 단체장의 비리와 부패는 계속 이어지고 있다. 이미 남원시장, 순창군수, 서울 양천구청장, 울릉군수, 충주시장, 함양군수, 칠곡군수, 부산 동구청장 등 8명이 선거법 위반 혐의 등으로 당선이 무효 되어 공석이 되었다. 이외에도 광역의원 7명과 기초의원 12명 등도 당선이 무효 되어 2011년 10월 26일 재보선을 통해 새로 선출해야 할 지자체장과 지방의원은 총 27명으로 늘어났다.264)

선거에 여전히 많은 돈이 들어가고, 당선 후에는 이 돈을 벌충하기 위해 이권에 개입하게 되는 악순환이 반복됐다. 연세대학교 행정학과 이종수 교수는 "정당공천과 고비용의 선거구조에 이차적인 부패의 원인이 있다"고 지적한다. 게다가 인허가 권한을 둘러싼 단체장 재량권이 확대된 것도 비리의 소지를 키웠다. 전문가들은 감사실을 지금처럼 단체장 아래에 두지 말고 지방의회로 옮기거나 개방형 구조로 만들어야 부정부패를 줄일 수 있다고 말한다.

(2) 지자체 부정부패 원인

이승만 정부와 장면 정부 시절에도 지방자치제도가 있었다. 그러나 우리나라에 본격적인 지방자치제도가 시행된 것은 1995년부터라고 할 수 있다. 1987년 제13대 대통령

---

262) KBS 2010. 3. 23.

263) KBS 2010. 3. 24.

264) 한국일보 2011. 7. 28.

선거에서 노태우 후보는 선거공약으로 지방자치 시행을 내세웠다. 제6공화국 출범 후인 1989년 4당민정당·평민당·민주당·공화당 합의에 따라 시·도에서부터 군郡에 이르기까지 지방의회와 자치단체장을 선거하기로 했다.

1989년 마련된 지방자치법에 따라 1991년 기초의회선거와 광역의회선거가 있었다. 그러나 3당 합당민정당·민주당·공화당의 통합 이후 여권은 경제안정을 내세워 1989년에 마련된 지방자치법 일부를 개정하고 자치단체장선거는 1995년으로 미루는 의안을 국회에 상정하여 통과시켰다. 따라서 6공화국의 지방자치는 지방의회만 있고 자치단체는 구성되지 못한 형태로 출발했다.

전면적인 지방자치는 문민정부가 출범한 후에 시행된 1995년 6월 27일 4대 지방선거기초의회, 광역의회, 기초단체장, 광역단체장에 의하여 비로소 시작되었다. 그러나 권력분산의 측면에서 볼 때 한국의 지방자치는 완전하지 못하다. 남북 분단의 특수한 상황으로 말미암아 지방으로 이전되는 권력은 행정권에 한정되어 있기 때문에 미국이나 기타 선진국의 지방자치처럼 경찰권 등 물리력을 가진 권력기구를 분산하는 과제는 여전히 남아 있다.

지방자치제도 실시 이후 많은 것이 달라졌다. 긍정적인 변화도 있었지만, 앞으로 고쳐나가야 할 부정적인 면도 적지 않게 나타났다. 지방자치제 시행 이후 긍정적인 변화는 주민참여 정책개발과 프로그램이 확대된 것이 대표적이다. 중앙 논리에 묻히거나 우선순위에서 밀리던 지역 현안들이 지자체의 적극적인 공론화 노력을 통해 해결의 길이 열린 것도 많다. 각 지방의 특색에 맞는 작물이나 특산물을 적극 개발, 지역민 소득 증대에 기여하기도 했다. 특히 사라져가는 지역문화와 문화재 발굴 육성 역시 지방자치제도 실시 이후 달라진 면이라 할 수 있다.

이에 반해 지방자치제를 하면서 변한 것이라고는 관공서 청사 새로 짓고, 개발이다 뭐다 해서 지역 땅 부자들 배를 불려 준 것 말고 달라진 게 뭐가 있느냐는 비판의 목소리도 있다. 지방자치제도 출범 이후 각급 지자체들이 경쟁적으로 관공서를 새로 지었던 것은 사실이다. 지금 웬만한 시·군·구 관공서조차 대리석 외벽이나 유리벽이 아닌 곳이 없을 정도다. 물론 지역민들과 민원인들의 편의를 위한 일이었을 것으로 믿는다. 그렇지만 수천억 원을 들여 무리하게 청사를 신축하고 지자체장의 집무실을 필요 이상으로 넓고 휘황찬란하게 꾸민 건 구설에 오를 만하다.

지역 토호들익 득세와 지역 관료주익의 강화 역시 문제다. 지방의회가 지역토호들의 이권개입을 위한 장이 되고 있다거나 심지어는 공무원과 결탁하여 각종 이권과 특혜를 누리고 있다는 얘기는 어제오늘 나온 게 아니다. 지방의회를 장악한 것은 물론 온갖 감투를 독차지하다시피 한 지역유지들과 공무원 간의 짬짜미가 오히려 지역민들의 삶의 질 향상에 역행하고 있다는 게 중론이다.

　일선 행정을 책임지고 있는 지방자치단체장의 부패265)는 그칠 줄 모른다. 그러나 이를 바로잡을 수 있는 풀뿌리의 힘은 너무 약하다. 지방자치단체장들이 부정한 지방행정을 일삼음에 따라 자치예산의 횡령과 배임, 낭비가 증가하고 있다. 그 부담은 고스란히 주민의 몫이다. 또한 자치단체장들이 연이어 낙마함에 따라, 재선거가 끊이지 않는다. 재선거의 투표율은 극히 저조하고, 그만큼 유권자의 표심이 왜곡되는 등 지방자치의 피로감이 쌓이고 있다. 지방자치단체장의 부패는 지방자치단체장이 재선이나 부의 증식 등 유무형의 사적 이익을 추구하기 위하여 그 독점적 지위나 재량권을 이용하는 행위를 함으로써 건전하고 공정한 공직수행에 반하는 행위다.

　지방자치단체장의 부패는 자치민주주의에 대한 기대와 가능성을 저하할 뿐 아니라 직무수행과 관련된 주민의 신뢰도 훼손한다. 자치단체장의 정치부패는 행정 관료의 행정부패와 복합적으로 나타난다. 단체장을 중심으로 위계화된 지역 유대관계network가 부패를 조장할 가능성이 크다. 이러한 수직적 지역 유대관계는 특정 호혜성과 특정 신뢰를 발생시키는 대신 그와 관련된 부패를 유발한다. 지방자치단체장의 비리는 선거비리, 뇌물, 공금유용과 낭비, 기타 부정행위로 분류할 수 있다. 이 중에서 지방자치단체장의 부패는 뇌물수수, 횡령, 배임, 공금유용 등으로 다양하며, 뇌물수수가 가장 대표적이다.

　지방자치단체 공무원들의 기강과 도덕적 해이 또한 토착비리의 큰 뿌리다. 지방공무원들에 대한 타 지자체 간 인사교류는 1995년 민선 지자체 출범 이후 거의 중단됐다. 민선 단체장이 인사권을 행사하면서 특별한 사유가 아니고는 타 지자체 전출이 쉽지 않았다. 그러다 보니 한 지자체에서 수십 년 근무하는 공무원들이 많아졌다. 이른바 물 좋다는 보직을 맡으려면 단체장과 유착하는 경우가 많고, 이런 직책에 오래 머물다 보면 이권단체나 업체와 결탁하는 사례가 적지 않았다. 비리 소지를 차단하려면 공정한 순환인사가 좋은 방법이다. 그러나 좁은 바닥에서 직무와 인간관계가 얽히고설켜 인사를 제대로 하기가 쉽지 않고 비리를 단칼에 끊기도 어려운 게 현실이다.

---

265) 김장민(2010), "지방자치단체장 부패 근절 방안", 새세상연구소, pp.10~11.

지방자치단체장의 부정부패가 유난히 많은 것은 제도정비와 준비가 미흡한 상태에서 대통령과 정부에 집중된 권력을 분산시키기 위해 지방자치제도를 강행한 것, 정당의 비민주화에 따른 계파 정치와 불합리한 공천, 금권선거, 내부 견제장치 미흡과 재량권 확대, 주민 견제 미흡, 권력에 대한 잘못된 인식, 당선과 승진 집착과 탐욕, 이기주의, 수신 부족 등이 주요 원인이다. 특히 계파 이익을 반영한 정당의 밀실 공천이나 담합 공천에 편승하여 연줄을 통해 돈을 주거나 지역구관리를 자임하는 등 충성 맹세를 하면 공천을 받을 수 있고 금권선거를 통하면 당선될 수 있다는 정치가와 정치지망생들의 그릇된 인식이 부정부패를 양산하고 있다.

(3) 재보궐선거 막대한 사회적 비용 낭비 초래

2002년 8월 8일부터 2007년 12월 19일까지 5년간 공직사퇴, 당선무효, 피선거권 상실, 사망 등의 이유로 재보궐선거가 총 460회^{선거구 기준} 치러졌고, 이들 선거관리비용으로만 약 1,248억 원의 국민 세금을 쓴 것으로 나타났다. 이 금액은 지방선거와 대통령선거가 치러진 2006년과 2007년에 선거관리위원회가 정당에 지급한 보조금보다 많으며, 제17대 대통령선거 관리비용 1,300여억 원과 맞먹는 규모이다.

투명사회협약실천협의회는 민선공직자들의 당선무효, 공직사퇴 등의 이유로 치러지는 재보궐선거[266]의 규모를 알아보고 개선안을 검토하기 위해 중앙선거관리위원회에 2002년 지방선거 이후 재보선 관련 정보공개를 청구하여 그 결과를 공개한 바 있다. 이 자료에 의하면 재보선 원인은 85%가 민선공직자의 사직과 선거법 위반 등으로 말미암은 당선무효, 정치자금법 위반 등으로 인한 피선거권 상실이 그 이유였다. 유형별로는 국회의원과 기초의원 당선무효가 제일 많았고, 광역의원과 기초단체장의 사직비율도 높았다. 사망, 행정구역 신설 등 부득이한 원인을 제외한 전체 선거구 대비 재보선 비율은 평균 8.5%였고, 기초단체장은 4개 지역 중 1개 지역에서 재보선이 치러졌다. 약 980억 원의 세금이 지방선거 재보선 비용으로 쓰여, 2007년 지방재정자립도 53.6%를 0.1% 정도 낮춘 효과를 냈다.

재보선 횟수로는 경기도, 선거비용은 경상남도가 가장 많았다. 인구대비 선거비용

---

266) 재보궐선거(再補闕選擧)는 대통령이나 국회의원 또는 기초·광역단체장 등의 빈자리가 생겼을 때 이를 메우기 위해 실시하는 선거이다. 재선거는 선거에서 낭선된 후 낭선인이 임기 개시 선 사망하였거나 불법선거 행위 등으로 낭선 부효 저문을 받게 되면 치러진다. 보궐선거는 선거에 의해 선출된 의원 등이 임기 중 사퇴, 사망, 실형 선고 등으로 인해 그 직위를 잃어 공석 상태가 되는 경우가 있는데, 이를 궐위(闕位)라고 한다. 보궐 선거는 궐위를 메우기 위해 치러진다.

부담은 제주도, 경상남도, 전라남도 순으로 높았다. 전국 평균 1인당 1,550원이 민선공직자의 타 선거를 위한 사직이나 부정부패로 낭비된 셈이다. 선거일별로는 2002년 8월부터 2007년까지 총 13번동시선거 1회 포함 시행되었고, 2004년 6월 5일이 104회로 가장 많았다. 사직으로 말미암은 재보선이 2004년 6월에서 10월에 집중되었던 점으로 볼 때, 2004년 4월 총선에 출마하기 위해 공직자들이 대거 사퇴한 것으로 해석된다. 당선무효로 인한 재보선은 2002년 지방선거 이후 2006년 지방선거 시기까지 119회였다. 2006년 지방선거 이후에도 90회로 줄어들지 않았다.

언론을 통해 드러난 선거 직후 수사 대상이 된 당선자중간 집계는 2004년 5월 29일 17대 총선 당선자 84명을 입건, 일차적으로 10명을 기소하고 당선무효에 영향을 미친 배우자나 선거사무장 등 12명에 대해서도 수사를 벌였다.[267] 검찰은 2004년 4월 15일에 시행된 17대 총선이 치러진 뒤 2,520명을 입건하고 322명을 구속됐다.

대검 공안부는 2008년 4월 9일 치러진 18대 총선 사범 수사 결과 2008년 4월 27일까지 금품 살포, 불법선전 등 선거법 위반 혐의로 1,144명을 입건해 이 중 117명을 기소하고 31명을 불기소 처분했다고 밝혔다. 유형별로는 총 입건자 1,144명 중 금품 살포 278명24.3%, 거짓말 221명19.3%, 불법선전 153명13.4% 순으로 집계됐다. 당선자가 입건된 사건은 거짓말 선거사범 비중이 가장 높아 입건된 71명 중 41명57.8%이었다. 이어 금품 살포 14명19.7%, 불법선전 3명4.2% 순으로 나타났다. 후보자가 입건된 사건도 입건된 134명 중 70명52.2%이 거짓말 사범으로 가장 높았으며, 이어 금품 살포 26명19.4%, 불법선전 11명8.2% 순인 것으로 밝혀졌다.[268]

2006년 5월 31일 치러진 제4회 전국동시 지방선거 때는 당선자 533명이 입건됐으며, 371명이 기소돼 88명이 당선무효 판결을 받았다. 전체 입건자는 3천130명구속 213명에 달했다. 총 2,307개 선거구에서 3,991명을 선출한 2010년 6월 2일 지방선거에서 선거 당일까지 입건된 전국의 선거사범은 총 1천667명구속 66명이며, 원인은 물품·향응 제공 등 돈 선거가 596명35.7%으로 가장 많고, 후보자 비방 등 거짓말 선거 247명14.8%, 불법선전 153명9.1% 등의 순이었다. 공직선거법 263조, 264조에 의거 선거범죄로 당선자가 벌금 100만 원 이상의 형을 선고받거나 선거사무장·회계책임자·배우자·직계존비속이 벌금 300만 원 이상의 형을 받으면 당선 무효가 된다.[269]

---

267) YTN 2004. 5. 29.

268) 파이낸셜뉴스 2008. 4. 28.

과거보다 선거사범으로 적발된 사람의 수는 상당이 많이 줄었다. 그러나 여전히 매번 선거철이 되면 많은 수의 선거사범이 적발되고 있다. 당선자의 당선 무효와 취임후 당선 무효 또는 부정부패에 의한 구속은 단순하게 자신의 부정부패 행위로 말미암은 피해로 끝나는 것이 아니다. 보궐선거에 따른 국비와 지방비 선거비용 낭비, 행정서비스 공급 차질, 국민의 생업지장에 따른 생산 감소는 엄청나다. 이 모두가 불법행위와 부정부패가 원인이 되어 발생하는 것이다.

---

269) 연합뉴스 2010. 6. 3.

3. 공교육 부실

1) 경제교육 미흡

우리나라 경제교육이 얼마나 잘못되었는지는 거의 매일같이 터져 나오는 부정부패 사건이 잘 말해 주고 있다. 그런데 부정부패 행위를 일삼는 정치가와 고위공직자, 공무원과 결탁하여 뇌물을 주고 접대를 통해 부정한 방법으로 자신의 편익을 얻으려고 하는 의식을 가진 국민이 우리 사회 저변에 널리 확산하여 있다. 문화방송MBC의 '불만제로'270)와 한국방송공사KBS의 '소비자고발'271)은 이러한 상황을 잘 증명해 준다. 저급한 수준의 생산 품질 관리와 저질 제품의 눈속임을 통한 폭리는 남의 일이 아니라 바로 우리 이웃에서 일어나는 일들이다. 그런데 방송국에서는 잘도 찾아내고 문제를 지적하는데 식품의약품안전청을 비롯한 일선 행정기관들은 실태 파악도 제대로 하지 못하고 변명으로 일관한다.

현재 우리 사회에는 땀 흘려 노력한 대가로 이익을 얻기보다는 사익을 위해 권력을

---

270) 불만제로: 대한민국의 지상파 방송인 문화방송에서 매주 수요일 저녁 6시 50분에 방송하는 시사교양 텔레비전 프로그램이다. '21세기 소비자들을 위한 권리 대장전'이라는 표어를 걸고 방송하는 소비자 불만을 해결하는 프로그램이다. 방송을 통해 상품과 서비스를 감시하고 고발하는 역할을 한다. 수도권과 포항 이외 지방에서는 방송되지 않았지만 2008년 5월 개편으로 전국으로 방송되었다.

271) 소비자고발(消費者告發): 한국방송공사에서 방송되고 있는 소비자고발 프로그램으로, '소비자가 웃는 그날까지 최선을 다하겠다'는 주제로 방송되고 있다. 2008년 가을개편 전까지의 프로그램명은 《이영돈 PD의 소비자고발》 이었으나 이후부터는 '소비자고발'로 변경되었다.

남용하는 사람이 적지 않다. 권력을 남용하는 공무원, 편익을 제공한 대가로 뇌물을 받는 고위공직자 그리고 그들에게 청탁하기 위해 뇌물을 바치고 접대를 통하여 승진을 꾀하는 하위 공직자, 뒷돈을 주고 공사를 수주하여 큰 이익을 챙기려는 기업가, 납품 대가로 협력업체로부터 뇌물과 접대를 받는 기업 임직원, 원산지 속이는 것을 방치하거나 눈감아 주고 뒷돈을 받는 검사원, 원산지를 속이고 부당이득을 챙기는 상인 등이 그들이다. 이러한 병폐는 잘못된 관행이나 관습 등을 통해 재화를 획득하려는 개인의 탐욕과 부실한 경제교육에서 비롯되었다.

경제經濟는 인간 생활의 유지·발전에 필요한 재화를 획득·이용하는 과정의 일체 활동이다. 교육 과정에서 철저한 경제교육을 통하여 법규의 허용 범위 안에서 땀을 흘리고 노력하여 쌓은 실력으로 당당하게 돈을 버는 교육을 해야 한다. 그런데 여러 가지 거시적인 내용은 많이 가르치면서 정작 중요한 법규를 지키고 자신이 땀을 흘리며 노력하여 돈을 벌어야 한다는 것은 제대로 가르치지 않고 있다. 그러므로 승진을 위해 뇌물과 향응을 제공하고 진학을 위해 뒷돈을 주고 서류 조작이나 대필을 하는 사람들도 적지 않다. 돈을 버는 데 도움이 된다면 편법이나 불법적인 일도 마다하지 않는다.

이미 우리 사회에 이러한 편법과 불법적인 일들이 널리 퍼져 관행화되어 있다. '어느 직위에 임명되고 승진하는데 얼마를 갖다 바쳐야 한다.' 공사를 수주하거나 하청받기 위해서는 '누구에게 청탁하거나 어떤 방법으로 무엇을 뇌물로 제공해야 한다'는 말을 어렵지 않게 들을 수 있다. 소위 말해 '아는 사람은 모두 안다'는 것이 우리의 현실이다. 그런데 이러한 잘못을 바로잡아야 할 공권력 기관에서는 귀를 막고 있는지, 아니면 자신들도 같이 그렇게 하므로 대수롭지 않게 생각하고 내버려 두는지 정권이 바뀌어도 별로 개선되는 느낌이 들지 않는다.

2) 사회화 교육 부실

사회화社會化는 개인이 집단의 성원으로서 생활하도록 기성세대에 동화함 또는 그 과정을 말한다. 우리의 일상에서 사회화는 자신이 소속된 집단 속에서 법이나 규칙을 익히고 그것을 지키며 삶을 영위해 나간다. 주요한 내용은 지식 습득을 위한 교육과 공부, 공동생활 양식 습득, 관습, 윤리, 규칙, 법규 등 제반 규칙을 이해하고 지기며 살이

가는 것을 습관화하는 것이다. 대표적인 사회화 기관은 가정, 학교, 군대와 직장 같은 집단, 사회, 행정기관, 정부 등이 있다. 여기서 옳은 것과 옳지 않은 것, 해야 할 것과 해서는 안 되는 것 등을 구분하는 기준을 제시하고 학습을 통하여 습득하도록 하거나 체험을 통하여 익히도록 한다.

부정부패는 겉으로 드러난 형태에 불과하므로 그 자체는 일소一掃의 대상일 뿐 근원은 다른 곳에 있다. 그 근원을 거슬러 올라가면 인간이 가진 본성인 욕망과 불완전성에 이른다. 개인이 가진 욕망은 생존을 위해 타고난 본능으로 그것은 모든 사람이 가지고 있는 보편적인 속성으로 정상적이다. 그러나 여러 사람이 모여 사는 사회에서 개인이 욕망을 충족하려는 행동을 방치하면 다툼이 생기고 혼란 상태에 빠진다. 인간은 이러한 문제를 해결하고 부족한 재화를 인간들끼리 충돌을 피하면서 분배되게 하려고 국가를 만들고 법과 규칙을 제정했다. 그리고 이해관계 조정과 질서유지를 위해 공권력을 통해 법과 규칙을 지키도록 강제한다.

인간은 본능적으로 행동하려는 성향이 있다. 본능은 법규로 제거할 수 있는 것이 아니다. 그러므로 강압적인 힘에 의한 통제로는 부정부패를 막는 데 한계가 있다. 반복교육은 부정부패를 막을 수 있는 가장 좋은 방법이다. 교육을 통해 왜 법과 규칙을 포함한 사회질서를 지키고 도덕적이야 하는지, 어떻게 하면 그것을 올바로 지키는 것이고 어떤 행동이 나쁜 것인지, 구분할 수 있도록 가르쳐 주고 경각심을 가지도록 깨우쳐 주지 않으면 욕망에 충실한 행동을 하려고 한다.

건전한 민주시민 양성은 오늘날 민주주의 국가의 중요한 교육 목표 중 하나다. 이를 달성하기 위해서는 당연히 교육을 담당하는 교육자는 스스로 질서를 잘 지키고 도덕적인 사람이어야 한다. 비도덕적인 사람이 교육하게 되면 가르침을 받는 아이들도 학습효과에 의해 사회질서를 중요하게 생각하지 않고 다른 사람들에게 피해를 주는 비도덕적인 사람으로 성장하는 원인 제공자 역할을 할 수 있다. 이는 민주시민을 양성해야 하는 교육의 목표에 역행하는 일이다. 그런데 오늘날 우리 교육은 상당 부분 그러한 역할을 하고 있다. 그 가장 대표적인 사례가 촌지 수수와 불법 학교발전기금 모금이다.

촌지 수수를 예로 들어보자. 촌지272)는 학부모나 학생들의 눈에 '보이는 부패'에 해당한다. 촌지를 주지 않거나 주지 못한 쪽에 실제적이건 심리적이건 불이익을 준다. 공

---

272) 김거성(2009), "교육 분야의 공공성과 도덕적 해이", p.3.

여자 측에서는 촌지를 통해 불이익의 가능성을 억제하고 실제적이건 심리적이건 간에 이익의 가능성을 극대화하려 한다. 이런 조건 속에서 촌지는 전형적인 '죄수의 딜레마273)'prisoner's dilemma로 발전하게 될 우려가 있다. 모든 학부모가 촌지를 주지 않고 모든 교사가 촌지 받는 것을 거부한다면 쉽게 해결된다. 그런데 '내 자녀만 피해를 보지 않을까' 하는 고민을 하다가 어쩔 수 없이 또는 적극적으로 공여자가 되게 하는 것이 우리의 현실이다.

유년기와 청소년기의 교육 과정에서 이처럼 학교에서 '촌지'가 오간다는 사실을 알게 되었을 때 마음에 상처를 입은 아이들은 장성해서도 쉽게 고칠 수 없는 부패에 대한 수용적 자세로 이어지기 쉽다. '뇌물'이 실제로든 심리적으로든 간에 우리 삶에 영향을 미친다는 것을 체험함으로써 더 적극적인 부패가담자가 되기 위한 준비를 하게 된다는 점을 간과해서는 안 된다. 즉 촌지는 학부모뿐만 아니라 학생들에게 부패의 유지 또는 확대 재생산을 불러오는 나쁜 '역할모델'274)Role Model이 될 수도 있다.

국민권익위원회 청렴 선진국 실현을 위한 2010년도 반부패·청렴 정책 추진지침 자료에 따르면 우리 사회의 전반적인 부패수준에 대해 일반 국민성인남녀의 '부패했다'는 응답비율은 56.6%였으나 청소년들은 76.8%가 "우리 사회가 부패했다"고 응답, 일반 국민보다 더 부정적으로 인식하고 있는 것으로 나타났다. 한국투명성기구가 2009년 10

---

273) 죄수의 딜레마(prisoner's dilemma, PD)는 게임 이론의 유명한 사례로, 2명이 참가하는 비제로섬 게임의 일종이다. 이 사례는 협력을 통해 서로 이익이 되는 상황이 아닌 더욱 불리한 상황을 선택하는 문제가 발생하는 것을 보여주고 있다.
　상황은 다음과 같다. 두 명의 사건 용의자가 체포되어 서로 다른 취조실에서 격리되어 심문을 받으며 서로 간의 의사소통은 불가능하다. 이들에게 자백 여부에 따라 다음의 선택이 가능하다. 둘 중 하나가 배신하여 죄를 자백하면 자백한 사람은 즉시 풀어주고 나머지 한 명이 10년을 복역해야 한다. 둘 다 서로 배신하여 죄를 자백하면 둘 다 5년을 복역한다. 둘 다 죄를 자백하지 않으면 둘 다 6개월을 복역한다. 죄수 A 선택: 죄수 B가 침묵할 것으로 생각하는 경우 자백을 하는 것이 유리하다. 죄수 B가 자백할 것으로 되는 경우 자백이 유리하다. 따라서 죄수 A는 죄수 B가 어떤 선택을 하든지 자백을 선택한다. 죄수 B 선택: 죄수 A와 같은 상황이므로, 마찬가지로 죄수 A가 어떤 선택을 하든지 자백이 유리하다. 균형: 죄수 A, B는 모두 자백을 선택하고 각각 5년씩 복역한다.
　이 게임의 죄수는 상대방의 결과는 고려하지 않고 자신의 이익만을 최대화한다는 가정에 따라 움직이게 된다. 이때 언제나 협동(침묵)보다 배신(자백)을 통해 더 많은 이익을 얻으므로 모든 참가자가 배신(자백)을 택하는 상태가 된다. 참가자로서는 상대방의 선택에 상관없이 자백하는 쪽이 언제나 이익이므로 합리적인 참가자라면 자백을 택한다. 결국 결과는 둘 다 5년을 복역하는 것이고, 이는 둘 다 자백하지 않고 6개월을 복역하는 것보다 나쁜 결과가 된다.
　신자유주의, 특히 신자유제도주의론자들은 이 죄수의 딜레마를 이용해 여러 경우의 국제 관계에서 나타나는 문제들을 이론적으로 정형화하려 노력해왔다. 특히 이 죄수의 딜레마를 이용한 해석은, 특히 비합리적으로 보이는 문제들이 어째서 합리적으로 설명될 수 있느냐에 초점을 맞춰왔다. 예를 들어, 왜 개별 국가들이 세계적인 환경을 해치고, 자원을 남획하며, 분쟁지역에 무기를 판매하는가에 대한 설명의 준거로 활용됐다. 상위 정부가 없는 개별국가간의 국제체제에서 상대 국가의 전략이 항상 협동적으로 나올 것으로 기대할 수 없으므로 개별국가들은 각자 자신의 이익을 추구하게 된다. 신자유 제도주의자들은 이 결과 국가들은 협동의 필요성을 절감하게 되고, 협동에 대한 확신을 얻을 수 있게 하려고 개별국가에 우선하는 국제 협약의 등장을 필요이 필요하게 될 것으로 전망하고 있다.

274) 역할 모델(Role Model)은 자신이 본받고 싶은 인물 또는 닮고 싶은 인물상을 의미한다. 이는 어느 한 사람의 삶이나 가치가 다른 사람에게 본보기가 된다는 말이다. 때로는 의도적으로 누군가를 주목하기도 하지만 많은 경우에는 자신이 의도하지 않았지만, 주변의 인물이나 자기에게 영향을 주는 누군가를 닮아가는 것을 보게 된다. 그러므로 자신의 역할모델을 누구로 할 것인가의 문제는 자신의 진로나 인생의 좌표를 결정하는데 대단히 중요하고 의미 있는 일이다. 사람들이 닮고 싶어 하는 각자의 역할모델이 다르겠지만, 세상에는 닮아서 좋을 모델도 있고 오히려 주목하지 말아야 할 그런 삶도 있다.

월 청소년 반부패 인식조사 결과 '정직하게 사는 것보다 부자가 되는 것이 더 중요하다'는 질문에 20.0%가 그렇다, '내게 힘든 문제가 생겼을 때, 뇌물로 문제를 해결할 수 있다면 기꺼이 뇌물을 쓰겠다'는 질문에 18.8% 그렇다고 응답했다.275) 아이들은 부정부패를 직접 경험하기 어려운데도 이런 대답이 나오는 것은 잘못된 부정부패 교육과 사회적 학습의 결과에서 연유한다.

3) 부패문화 오히려 학교에서 만든다

(1) 우리 교단에 사부는 드물고 교원만 가득하다

교육 분야의 부정부패가 심각한 수준이라는 것은 모두가 아는 사실이다. 그러나 부정부패를 제대로 이해하기 위해서는 먼저 교육현장에서 어떤 사람들이 우리 아이들을 가르치고 있는지 살펴볼 필요가 있다.

교육敎育은 가르치어 기름, 지식과 기술 따위를 가르치어 개인의 능력을 신장시키고 바람직한 인간성을 갖추도록 지도하는 것이다. 그 교육의 장場에 따라서 가정교육 · 학교 교육 · 사회교육 등으로 구분한다. 교사敎師는 학술 · 기예를 가르치는 스승, 초등학교 · 중학교 · 고등학교 및 특수학교에서 소정의 자격을 가지고, 학생을 가르치는 사람이다. 선생先生은 '교사'의 존칭이고, 스승은 자기를 가르쳐 주는 사람, 사부師父는 스승과 아버지 또는 아버지처럼 우러러 존경하는 스승으로 '스승'의 존칭을 뜻한다. 교수敎授는 대학에서 전문적인 학문 · 기예를 가르치고 연구하는 사람이며, 교원敎員은 각급 학교에서 학생을 가르치는 사람을 통틀어 이르는 말이고, 교육가敎育家는 교육에 종사하는 사람으로 교육자와 같은 뜻이다.

이것을 단계 별로 정리하면 초등학교에서 고등학교까지는 교원 – 교사 – 선생님 – 스승님 – 사부님, 대학이나 대학교는 교원 – 교수 – 교수님 – 스승님 – 사부님로 정리할 수 있다. 좋은 교육이 이루어지기 위해서는 가르치는 사람인 교원보다는 아버지처럼 우러러 존경하는 스승인 사부님이 많은 것이 좋다. 그런데 오늘날 한국 사회의 학교에는 사부님은 거의 없고 스승님도 드물다. 안정적인 직장과 수입을 쫓아 온 교원과 교사들로 가득하다.

---

275) "청렴 선진국 실현을 위한 2010년도 반부패 · 청렴정책 추진지침", 국민권익위원회, p.8.

사명감과 올바른 신념이나 교육철학의 실천보다 권리 주장을 앞세우고, 아이들을 특정한 방향으로 의식화하거나 심하게 때리고, 언어폭력을 아무렇지도 않게 사용하고, 학부모에게 뒷돈을 받아 챙기는 사람들이 존경의 대상이 될 수는 없다. 단어의 끝에 첨부되는 '님'은 존칭으로 존경의 의미를 내포한다. 오늘날 우리 아이들에게서 스승님이나 사부님이라는 말을 듣기는 쉽지 않다. 대부분 선생님이나 교수님이라는 용어를 주로 사용한다. 그런데도 우리나라 교육이 발전하는 것은 예산효과와 도덕적이고 절제된 삶을 통하여 아이들에게 지혜를 가르쳐 주시는 소수의 사부님과 스승님들이 있기 때문이다. 우리 사회의 부정부패를 어느 정도 줄일 수 있느냐 하는 것은 교원과 교사로 통칭할 수 있는 사람들이 존경받는 사람인 스승님으로 거듭날 수 있도록 관리체계를 어떻게 만들어 나가느냐 달려 있다고 해도 과언이 아니다.

(2) 도덕적이지 않는 사람이 아이들을 가르친다

부정부패를 막는 방법은 기본적으로 교육, 관리, 처벌의 세 가지 방법이 있다. 처벌은 사후적 조치로 이미 누군가가 피해를 보고 난 다음에 이루어지는 조치이다. 또한 경우에 따라 심각한 후유증을 수반할 수 있다. 관리를 통한 견제는 업무 효율을 저하할 가능성이 있다. 교육은 스스로 부정부패의 폐해를 이해하고 알 수 있도록 깨우쳐 주는 방법이므로 가장 바람직하다. 따라서 부정부패 방지는 교육에서 시작되어야 한다. 올바른 교육을 받은 사람은 나의 이익을 위하여 다른 사람에게 피해를 주는 비도덕적인 행위를 하지 않는다.

도덕道德은 인륜의 대도大道, 인간으로서 마땅히 지켜야 할 도리 및 그에 따른 행위를 말하고, 도덕성道德性은 도덕적인 품성, 칸트의 윤리학에서는 도덕률에 대한 존경심을 가지고 의무적으로 이루어진 행위가 가진 가치라고 규정한다. 윤리倫理는 사람이 마땅히 행하거나 지켜야 할 도리로 실제의 도덕적 규범이 되는 원리이다. 규범規範은 마땅히 따르고 지켜야 할 본보기, 사유思惟·의지意志·감정 등이 일정한 이상·목적 등을 이루기 위해 마땅히 따라야 할 법칙과 원리를 말한다. 교사는 학술과 기예를 주로 가르치지만, 오늘날 공교육 목적은 학교에서 단체생활과 교육훈련을 병행하는 사회화를 통해 민주시민과 국가 사회발전에 필요한 인재를 양성하는 데 있다. 따라서 학교는 단순하게 학문의 방법이나 이론, 학문과 예술 또는 기술만을 가르치는 곳이 아니다.

사회화社會化는 개인이 집단의 성원으로서 생활하도록 기성세대에 동화함 또는 그 과정을 말한다. 여기서 말하는 기성세대에 대한 동화는 법과 질서, 규범 속에서 삶을 영위하는 것으로 도덕적이고 윤리적인 생활을 하라고 요구한다. 그리고 도덕은 다른 사람에게 피해를 주지 않는 행동이 그 핵심이다. 아이들에게 교육하는 사람은 당연해 윤리적으로 문제가 없으며 사회질서와 규범을 잘 지키는 도덕적인 사람이어야 한다. 그런데 오늘날 우리나라의 교육현장인 학교는 하루가 멀다고 불법 찬조금과 촌지 문제로 시끄럽다.

사회를 보는 안목이 생긴 아이들은 학교에서 부모를 호출하면 촌지와 찬조금 문제라는 것을 알기 때문에 부모가 학교 오는 것을 싫어한다. 촌지와 찬조금 문제가 사회적 관심사가 된 지 이미 오래되었는데도 교육정책 당국과 정치가들은 겨우 여론을 환기하는 정도의 부정부패 척결 노력으로 그친다. 그 결과 다른 사람들에게 피해를 주는 비윤리적이고 비도덕적인 사람들이 우리 아이를 가르치게 하고 있다.

교육 당국, 교원단체, 교사들도 이제는 '좋은 교사가 많이 있고 그들의 노력으로 교육이 발전한다'는 식의 변명은 하지 말아야 한다. 모든 아이는 가정에서 소중하며 국가의 미래를 이끌어나갈 꿈나무이다. 그런데 그중에 누구도 비윤리적이고 비도덕적인 교원에게 교육을 받아야 할 이유가 없다. 항상 부정부패 행위를 일삼는 사람은 소수라며 문제를 감추기만 하는 사람들로 말미암아 이제는 우리 아이들이 비도덕적인 교원에 의해 학습되는 잘못을 방치해서는 안 된다.

그동안 많은 노력에도 우리나라의 부정부패가 줄어들지 않는 것은 교육과정에서 이미 비도덕적인 사람들이 아이들을 교육하고 있는 것이 큰 원인 중 하나다. 부정부패는 교육에서 예방하지 못하면 다른 수단으로는 한계가 있다. 교육 일선에서 모범을 보이면서 부정부패의 내용을 구분하고 왜 그런 것을 하지 말아야 하는지 아이들에게 가르쳐주면 그러한 교육을 받은 아이들은 사회에 나가서도 질서를 지키고 도덕적인 삶을 산다. 이렇게 사회에 공급되는 도덕적인 사람이 증가하면 상대적으로 부정부패는 그만큼 줄어들기 마련이다.

(3) 패거리 문화, 비민주시민 대학이 양산한다

지성인知性人은 사고하고 이해하고 판단하는 능력을 지닌 사람을 말한다. 오늘날 우리나라 부정부패 문제의 핵심 원인 중 하나가 패거리 정치와 코드인사이다. 학연·지연·혈연 등 몇몇 뜻이 맞고 친분이 있는 사람들이 끼리끼리 모여 요직을 독식하고 밀실에서 인사를 전횡하는 것이다. 이 폐해의 근원이 지성인이 모였다는 대학에서 양산되고 있다. 그 대표적인 것이 대리출석, 도서관 자리 잡아주기, 커닝cunning: 시험의 부정행위, 영어로는 cheating이다, 학생의 제출물report 베끼기, 착상idea 도용과 논문 표절, 연구비 착복이나 유용, 교수채용 비리, 파벌조성에서 출발한다.

대학을 다녀본 사람들에게 이러한 일들은 한때의 추억으로 자리하고 있다. 그러나 이제는 이런 저급한 문화가 방치되어서는 안 된다. 이것들은 모두 합리성, 정당성, 공정성을 헤치는 것으로 항상 다른 사람들에게 피해를 유발한다. 땀 흘려 노력하지 않고 다른 사람의 제출물을 베끼고 시험에서 부정행위를 한 사람이 좋은 성적을 얻어 장학금을 받고, 학교에 가고 싶으면 가고 일이 있으면 가지 않는 사람이 다른 사람을 통하여 대리출석 하면, 규칙은 무용지물이 되고 편법을 통한 이익의 향유가 일반화된다.

나도 사용하지 않으면서 다른 필요한 사람이 사용하지 못하도록 오래 자리를 비우는 것도 문제지만, 친분이 있는 같은 과의 선후배 또는 동아리 선후배의 자리를 잡아주면 정작 공부하고 싶어 일찍 나온 사람들의 노력은 허사가 된다. 당연히 정당한 노력을 하는 사람이 그 노력의 대가를 취할 수 없다. 즉, 공부하고 싶은 사람이 공부도 못하고 밖에서 떠돌아야 하는 피해를 본다. 이런 일이 반복되면 피해의식이 쌓여 자신도 그러한 행동을 하려 한다. 다른 사람의 실험 자료를 받거나 착상을 도용한 사람과 표절한 사람, 대필 논문으로 석사 학위와 박사 학위를 획득하고 그렇게 양산된 실력이 없는 사람들이 교수나 연구원으로 임용되고 있는 것이 우리의 현실이다.

연줄이나 청탁을 통한 부당한 방법으로 임용된 교수들은 석사와 박사교육과정 재학 중에 자신의 연구실에 연구원으로 종사하는 사람들에게 마땅히 지급해야 할 임금을 지급하지 않거나 아주 적은 액수만 지급한다. 이것이 논란이 되어 단속이 심해지니까 개인 통장으로 넣어주고 뒤에서는 다시 돈을 거둬들이는 어처구니없는 일이 발생하고 있다. 이런 일들이 모여서 만들어낸 폐해가 우리 국민에게 법과 질서를 지키면 손해만 본다는 것이다. 사회에서도 이런 현상은 이어진다.

일련의 왜곡된 현상의 방치로 오늘날 우리나라의 상당수 국민은 법규를 포함한 사회질서를 잘 지키면 융통성이 없는 고지식한 사람으로 매도하고 익눈박이 인간 취급을 하며 조롱을 하기까지 한다. 그리고 사회적 약자가 가해를 당하는 것을 보고 나섰다가 피해를 본 사람들에게 국가는 법이 있어도 제대로 보상을 해주지 않는다. 국민의식 속에 스스로 법규를 지키면 손해를 본다는 인식이 자리하는 것은 모두 그만한 이유가 있다. 그러므로 부조리하고 불합리한 일이 눈앞에서 벌어져도 자신이 피해를 보지 않기 위해 개입하는 것을 꺼린다. 아부하거나 청탁 등의 편법으로 실력이 부족한 사람이 승진하고 돈 있고 배경 있는 사람은 처벌도 제대로 받지 않고 교묘한 방법으로 빠져나간다. 뇌물과 향응 제공, 절세를 하더라도 돈만 벌면 호의호식할 수 있다는 생각이 팽배하게 하였다.

민주시민을 양성하기 위해 초등학교에서 고등학교까지 공들여 쌓아온 기초 질서와 준법정신에 대한 교육이 이처럼 대학에서 모두 허물어져 비민주적인 사람을 양성하는 체제로 전환된다. 고등학교 과정까지는 도덕이나 윤리 교과서라도 있지만, 대학에서는 해당 학과가 아니면 그런 과목도 없고 교수들도 인성지도를 거의 하지 않는다. 기초 질서와 준법정신이 여러 부분에서 통용되지 않는 현상이 나타난다.

사회와 국가의 이익이 아닌 개인과 집단의 이익을 앞세우고 입신출세를 위해서는 처벌만 피해 갈 수 있다면 언제든지 편법과 불법을 넘나들며 자신의 탐욕을 향유하는 이기적인 인간이 양산되고 있다. 그러한 인간 군상들이 지향하는 것이 고시와 의사자격 시험 등을 통한 상류사회 편입이다. 나이가 들면 사회지도층이나 정치지도자로 나선다. 그 결과가 만들어 낸 것이 절차는 무시하고 억지를 앞세워 대화와 타협은 실종되게 했으며, 계파정치와 코드인사로 부정부패가 만연하게 하였다. 그 정점에 오늘날 한국 정치가 있다.

지금 상당수 대학이 대리출석, 도서관 자리 잡아주기, 시험 부정행위, 학생 제출물 베끼기, 착상 도용과 논문 표절 방지, 교수채용과 연구비 관련 비리 척결에 나서고 있다. 하지만 현재의 노력으로는 미흡하다. 대학들이 이러한 일들을 아직 심각한 문제로 제대로 인식하지 못하고 있기 때문이다. 혹자는 별로 대수롭지 않은 일로 호들갑을 뜬다고 생각할 수도 있다. 그러나 중요한 것은 우리가 이러한 것들을 방치하는 한 앞으로도 논물 표절로 말미암은 국제적인 망신, 대학 총장 선임 논란, 정무직공무원 인사를 위한 청문회에서 도덕성 문제의 논란을 벌여야 한다는 점이다.

이뿐이 아니다. 도덕적이지 않은 사람들이 아이들을 가르치고 공직에 나가 정치가가 되고 승진하는 일이 보편화 되면 부정부패는 만연하고 법치는 도전을 받기 마련이다. 정부와 행정기관은 기초 질서를 지키게 하려고 매년 수백만 명의 국민에게 과태료를 부과하고 인사 때마다 잡음이 일어날 수밖에 없다. 인성교육을 방치하고 있는 대학은 입학사정관제도 운운하며 봉사점수를 거론할 것이 아니라 고등학교까지 힘든 교육을 받아온 건전한 민주시민 양성 노력을 대학 스스로 허물지 말아야 한다.

4) 교과부의 잘못된 인식과 관리감독 소홀

교육과학기술부는 원천적으로 부정부패에 대해 잘못된 인식을 하고 있을 뿐만 아니라 관리감독 소홀은 물론 뒷북행정을 일삼고 있다. 그 구체적인 증거가 2010년 3월 발간된 '교육비리 근절을 위한 제도개선 추진 시안road map'에 잘 나타나 있다. 추진배경을 보면 신정부 출범 이후 우리 교육의 자율성 확대와 학교현장 지원체제 정착을 위해 꾸준히 노력해 왔으나 그동안의 잘못된 관행과 비리를 시정하지 못하여 국민 신뢰에 손상을 입었다. 특히 '교육비리'는 다른 분야의 비리보다도 훨씬 큰 사회적 충격을 야기하고 국가경쟁력을 약화시키는 요인으로 작용했다는 것이다.

1991년 지방교육자치 실시 후 중앙정부의 권한이 시·도교육청으로 대폭 이양되어 권한이 교육감과 학교장에게 집중되었으나 중앙정부로부터 이양된 권한의 분산과 권한남용을 방지할 수 있는 제도적 장치 마련은 미흡하여 구조적인 비리발생이 지속하여 왔다. 국민권익위원회의 기관유형별 평가결과 2008~2009년 시·도교육청의 청렴도가 최하위였다. 2010년 초에 시행된 설문조사에서도 교원의 70% 이상이 제도적 원인에 의한 교원 인사 관련 비리가 심각한 상황으로 인식하고 있는 것으로 나타났다.

설문조사 결과 한국교총조선일보, 2010. 1. 29. 매우 심각한 상황78.9%, 전교조한국일보, 2010. 3. 12. 장학사 비리 전국에 만연71%하고 있다. 비리 실태는 교원 인사 교육전문직, 교장·교감 임용 관련 평정기준 조작 및 금품수수, 교원임용·전보 관련 인사 청탁, 공사·납품 각종 시설 공사와 물품을 계약할 때 사례비rebate 제공, 각종 특별활동행사 수학여행, 현장학습, 방과 후 학교 업체 및 강사 선정관련 금품수수, 학교급식, 입시, 기타 납품업체 금품수수, 입시비리, 운동부 운영 등이었다.

비리근절을 위한 우선 조치사항은 ▲종합감사 일시 연기 및 취약분야 집중 감사를 시행한다. ▲취약분야 대상 공직기강 집중 감찰 시행으로 일선 교육현장의 구조적·관행적 비리 방지를 위해 전문직 임용 등 교원 인사 분야, 시설공사 계약, 단위학교의 수

익자부담 경비방과 후 학교, 수학여행, 급식경비 등를 집중적으로 감사한다. ▲교육과학기술부
'감사관'을 현직 '부장검사'로 채용한다. ▲교육비리 근절 대책 교육공무원 인사제도를
선진화하여 초빙형 교장공모제, 수석교사제 확대 등을 추진한다[276]는 것이 개략적인
내용이다.

가장 먼저 부정부패 예방은 교육이 그 핵심이다. 아무리 힘들고 어려워도 교육으로
풀어야 한다. 그런데 교육을 책임지고 있는 교과부가 현직 검사를 채용하여 부패를 관
리한다는 것 자체가 개념이 부족하다는 것을 입증한다. 잘못된 행동이다. 부정부패가
어떤 악영향을 끼치는지와 세부적인 부정부패 사례를 나열하고 대책을 제시하면서
1991년 지방자치교육 실시 이후 교과부의 권한이 시·도교육청으로 이양된 것을 부정
부패를 키운 원인으로 지적하는 점도 마찬가지다. 부정부패 사례를 그렇게 잘 파악하
고 있다면 권한이양이 원인이 되었다는 말은 왜 하며 그동안은 무엇을 했는가? 관리를
책임져야 할 교과부의 부정부패에 대한 개념과 인식이 이러니 교육기관의 부정부패 행
위가 만연하는 것은 당연하다.

---

276) "교육비리 근절을 위한 제도개선 추진 로드맵 (시안)", 교육과학기술부, pp.1~11.

4. 정부 인사 법규 제대로 안 지킨다

1) 불합리한 인사 청탁 부패 부추긴다

공무원의 최대 관심사는 인사이다. 관심이 많아서 그런지 매번 인사 때마다 불만이 터져 나오고 잡음이 일어난다. 여기에는 여러 가지 이유가 있지만, 가장 대표적인 것은 평가기준의 불완전성과 불합리한 인사이다. 즉 평가 기준의 불완전성으로 말미암아 상황의 변화에 따른 개인의 잠재역량을 객관적인 능력으로 시현해내기 어렵고, 인사정책의 평가기준도 개인의 총체적인 역량을 반영하는 데 한계가 있다. 그리고 오늘날 정부와 행정기관의 인사는 기본적으로 평가기준에 의한 인사이다. 인성과 대인관계, 업무 처리능력을 중시한다. 이 평가기준에 따라 인사를 하면 된다. 이것이 인사를 가장 잘하는 방법이다. 그런데 우리나라의 인사는 평가기준이 있는데도 그 기준을 제대로 따르지 않는다. 인사 결정권자가 지나치게 자기 의사를 반영하여 불합리한 인사를 공공연하게 한다. 그 대표적인 사례가 코드인사이고 그 결과 나타난 폐단이 청탁이다.

승진하려면 권력을 가진 사람이나 그들과 친분이 있는 주위 인사들의 힘을 빌려야 하는 것이 당연한 일이고 또 그렇게 해야 승진할 수 있다는 생각을 하는 사람들이 적지 않다. 심지어는 법을 가장 공정하게 집행해야 할 경찰청장에게까지 공공연하게 청탁하는 상황이 되었다. 승진에는 일정한 경로가 존재하고, 그 경로에 따라 고속승진을 하기 위해서는 학연·지연·혈연 같은 소위 말하는 연줄이나 배경을 갖고 있어야 한다는 생각이 널리 확산하여 있다. 권력을 가진 사람들은 이러한 심리를 적절하게 활용하여 자신들의 탐욕을 채우기에 바쁘다.

상황이 이렇다 보니 평가기준은 요식행위에 지나지 않고 실제로는 제도의 불완전성을 이용하여 상사인 자신에게 충성하고 자기의 위치를 더욱 공고히 하는 데 도움이 되는 사람들로 채운다. 위에 줄을 대고 주위에서 끌어주어 승진했다고 생각하는 사람들은 그들에게 보은하기 위한 또 다른 불합리한 인사를 일삼는다. 자신들이 줄을 대는 과정에서 제공한 금품을 자신이 확보한 권력을 통해 만회를 시도한다. 이처럼 사사로운 개인의 인정과 감정에 이끌려 인사를 하는 정실인사가 부정부패의 연결고리로 작용한다.

청탁과 연줄, 배경이 작용하는 인사는 헌법이 보장하는 모두가 법 앞에 평등하다는 것을 훼손하는 요소로 부정부패의 시발이 된다. 정실인사는 땀 흘려 일한 사람들의 노력 결과가 제대로 피어나지 못하게 공정한 경쟁을 할 기회를 앗아간다. 능력이 있는 사람은 승진하지 못하고, 능력 부족으로 청탁을 통해 승진한 사람이 상관이 될 수 있게 한다. 그렇게 승진한 사람은 능력이 있는 부하가 승진하지 못하도록 능력 발휘를 견제하는 왜곡된 권력구조를 만든다. 오늘날 우리나라 대통령과 정부는 스스로 인사 법규대로 인사를 하지 않아 이런 부정부패의 폐단을 만들어 내는 원인자 역할을 하고 있다.

만약 그동안 정부가 능력을 합리적으로 평가하고 능력에 따라 인사를 해 왔더라면, 공무원들이 승진을 위해 연줄을 찾아 청탁할 필요도 없고 청탁을 해도 소용이 없다는 생각을 하게 되었을 것이다. 매번 새로운 정권이 들어설 때마다 '우리는 반드시 공정한 인사를 하겠다'고 말했다. 그러나 그것은 허울뿐이었다. 야당에서 지역 편중인사를 문제 삼으면서 한편으로는 자기들 지지기반지역 인사 기용을 공공연하게 요구하고, 여성들은 고위공직자의 여성비율이 낮은 것을 지적하며 더 많이 승진시킬 것을 종용했다. 탕평인사와 정실인사가 판을 치다 보니 정작 능력 있는 사람, 법규를 지키며 공정한 경쟁을 통해 올바르게 살려고 성실하게 노력하는 사람들은 항상 뒷전으로 밀렸다. 이제까지 실제로 능력대로 승진인사가 되었다고 믿는 공무원은 그렇게 많지 않다. 국민도 여전히 코드인사가 이루어지고 있다는 사실을 알고 있다.

정무직공무원[277] 인사에서 계속 논란이 되는 것이 도덕성 문제로 불법을 저지르고

---

277) 정무직공무원(政務職公務員)은 선거에 의하여 취임하거나 임명에 국회의 동의가 있어야 하는 특수 경력직 공무원. 감사원장, 국회 사무총장, 국무 위원, 각 부처의 차관 따위가 있다.

도 처벌을 받지 않은 사람을 임명하는 일이다. 이러한 선례는 국민에게 부정부패 행위를 해도 고위공무원으로 임명될 수 있다는 생각을 가지게 하고, 그런 사람들의 승진을 위한 도전과 노력이 앞으로 계속되게 할 위험이 있다. 그런데도 대통령은 그러한 사람을 임명한다. 특히 이명박 정부에서 국무총리, 법무부 장관을 비롯한 장관, 검찰총장, 대법관까지도 숱한 의혹이 있거나 문제가 있는 사람을 임명했다. 그러면서 '능력 있는 사람'이라고 생각한다. 그 정도 법을 어기지 않는 사람은 없다'는 말을 해 왔다. 참으로 위험한 발상이다. 법을 집행해야 할 위치에 있는 대통령, 청와대 비서실, 정부기관이 범법자를 처벌하지도 않고 오히려 그러한 사람을 임명하여 도덕적인 공무원과 국민을 통제하며 통치하고 있다. 말도 안 되는 일인데 이것이 우리의 현실이라는 것이 국민을 안타깝게 한다.

오늘날 공무원에게 요구되는 능력이란 법과 규칙을 지키면서 도덕성을 겸비하고 국가발전과 국민의 단합된 힘을 이끌어 낼 수 있는 창조적 지도력을 발휘하는 것이다. 도덕성에 문제가 있고 위법을 저지른 사람을 능력자라는 말로 포장하여 임명을 강행하는 것은 사실은 정실인사의 대명사인 코드인사와 보은인사를 하고 싶은 속내를 숨기려는 허튼수작에 불과하다. 인사과정에 모든 국가 권력기관으로부터 자료를 공급받을 수 있는 청와대 비서실이 결함이 있는 인물을 국민 여론 악화의 부담을 무릅 쓰고 대통령에게 추천하고 대통령은 임명을 강행하는 이유는 능력은 뒷전이고 믿을 수 있는 자기 사람을 임명해 세력을 불려야 한다는 생각을 하기 때문이다.

지금이라도 합리적이고 공개적인 인사정책으로 전환하여 능력을 우선하면 도덕적이고 위법한 행동을 하는 사람이 고위공무원에 임명될 이유가 없다. 그 첫 번째 조치가 계파 구성원에 의한 추천 폐지와 폐쇄적인 인사를 공개적으로 전환하는 일이다. 우리는 이미 이러한 해결책을 모두 알고 있다. 단지 내가 정권을 잡았을 때는 그것을 하고 싶지 않을 뿐이다. 그 결과 우리나라 공무원 사회에 능력보다는 수단 좋은 사람들이 득세하고 있다. 그들 중 상당수는 승진을 위해서는 뇌물을 주던, 연줄을 대던 수단과 방법을 가리지 않고 올라가기만 하면 된다는 생각이 팽배하다. 그리고 이랬든 저랬든 올라간 사람이 능력 있는 사람이라고 생각한다.

권력을 가진 사람이 인사를 마음대로 하면서 아무리 부정부패를 척결하겠다고 외친다고 해서 해결될 것은 아무것도 없다. 한쪽에서는 이미 발생한 부정부패가 저발되지만, 스스로 새로운 부정부패가 생기고 자라는 밑거름 역할을 하기 때문이다. 정부가 진정으로 부정부패를 예방할 의지가 있으면 인사부터 법과 규정대로 해야 한다. 법규를 준수하지 않고 규정과 실행을 다르게 운영하거나 자기 합리화에 이용하는 인사를 지속하는 탐욕을 부리면서 합법과 불법을 넘나드는 한 부정부패는 결코 막을 수 없다.

2) 인사이동과 처벌로 공무원 부패 막을 수 없다

감사원이 2009년 3월 10일 전라남도 22개 시·군과 서울시 강남·노원구 등 31개 기초자치단체를 대상으로 '복지급여 집행실태'를 점검했다. 그 결과 해남군 7급 공무원이 기초생활보장 수급자에게 지급해야 할 생계급여와 주거급여 10억 원을 횡령한 사실을 적발했으며, 충청남도 아산시 모사업소 지출보조 업무를 담당하는 기능직 8급 직원이 공금 6,200만 원을 횡령하여 아파트 분양대금으로 사용한 사실을 적발 검찰에 수사를 요청한 바 있다. 또한 서울시가 2009년 1월부터 25개 자치구를 대상으로 기초생활보장 수급자 급여지급 전면 실태조사를 한 결과 양천구청 소속 기능직 8급 공무원이 26억 4,400만 원을 횡령한 사실이 드러났다.

정부와 지방자치단체는 이렇게 전국에서 사회 소외계층에게 지원되는 사회복지 지원금을 공무원이 부풀리거나 사망자를 기초수급자로 둔갑시켜 횡령한 사건이 잇따라 발생하자, 사회복지 공무원 보직 전환 및 순환 근무 등 사회복지 지원금과 관련하여 대대적으로 감사를 시행하고 대책 강구에 들어갔다. 2009년 3월 20일 행정안전부는 사회복지 지원금 횡령 비리를 확인, 예방하기 위해 현 소속 부서에서 2년 이상 근무한 담당 공무원을 대상으로 다른 부서 또는 읍, 면, 동으로 전환 배치하라고 각 지자체에 권고했다고 밝혔다.

행정안전부 조사 결과, 당시 전국의 사회복지 담당 공무원은 1만 114명으로, 이 가운데 한 곳에서 2년 이상 근무한 직원이 30.4%[3천77명]로 집계돼 지방자치단체에서 적발된 사회복지 담당 공무원들의 횡령비리를 확인, 예방하기 위한 대책으로 대규모 전보인사가 추진됐다.[278] 그리고 2009년 12월 30일 행정안전부는 이명박 대통령에게 새해 업무계획을 보고하면서 2010년 상반기 중 지방공무원 2,000명을 기초단체 간 또는 광역－기초단체 간 의무적으로 순환교류 하겠다고 밝혔다. 교류대상 보직은 감사·인사·

---

278) 조은뉴스 2010. 3. 27.

건축·세무·회계·법무 등 권한이 크고 비리 발생 가능성이 큰 분야였다.[279] 사회복지 공무원에 이어 지방공무원의 순환교류 추진은 2009년 초부터 전국 지방자치단체의 사회복지업무를 담당하고 있는 공무원에 의한 횡령사건이 잇달아 터지자 행정안전부가 내놓은 대책이었다.

송석휘 서울시립대 도시행정학과 교수는 참여연대 행정감시센터에 기고한 '공무원들의 횡령비리, 물갈이 인사만이 능사인가?'라는 글을 통해 행자부 대응방식의 문제점을 다음과 같이 지적한다. 「횡령비리의 대처방법으로 빈번하게 이용되는 대규모 물갈이 인사는 공직 인사의 또 다른 진퇴양난dilemma을 안고 있다. 우선, 물갈이 공직 인사의 목적에 대한 진퇴양난이다. 질 높고 효과적인 사회복지서비스 전달이 중요한지 아니면 부패방지가 목적인지에 대한 공직 인사의 목적이 불분명하다. 우리나라 공직 인사의 대표적인 병폐 중 하나는 공무원들이 1년이나 2년을 주기로 전보가 빈번하게 이루어지면서 업무의 전문성이나 연속성을 담보할 수 없도록 제도화되어 있다. 이러한 문제점은 최근 대전 중구청의 한 주민센터를 방문한 행정안전부 장관이 담당 직원의 업무 전문성에 대한 질책에서도 여실히 드러나고 있다. 또한 대규모 물갈이 인사는 자칫하면 기존의 지원금 제도system마저도 위험에 빠뜨릴 수 있다. 특히 사회복지 서비스의 특성으로 말미암아 해당 지역에 적합한 서비스가 이루어져야 함에도 대규모 물갈이 인사로 살아 있는 서비스 전달보다는 기계적인 서비스 전달에 그칠 공산이 크기 때문이다. 이 밖에 빈번한 대규모 물갈이 인사는 부패를 배양하는 또 다른 토양이 될 수 있다. 해당 지역에 대한 정보부족은 해당 지역의 이해관계자들에 의해 사회복지서비스 전달이 왜곡될 수 있기 때문이다. 공직비리 대처방법으로 대규모 물갈이 인사가 반복적으로 이루어져 왔음에도 공직비리가 그치지 않고 있다는 사실은 공직비리 대처에 대해 새로운 접근을 해야 한다. 이를 위해서는 우선, 투명하고 세부적인 정보공개가 필요하다. 사회복지 지원금과 관련된 구체적인 내용과 예산집행 세부내용을 반기별로 해당 자치단체의 웹 사이트[280]web site나 지역 언론에 공개하여야 한다. 또한 지원금 업무와 관련하여 이원화된 체계를 구축하여야 한다. 지원금 집행은 해당 지방자치단체에서 수

---

279) 서울신문 2009. 12. 31.

280) 웹 사이트(web site)는 웹서버에 정보를 저장해 놓은 집합체이다. 인터넷에서 사용자들이 정보가 필요할 때 언제든지 그것을 제공할 수 있도록 웹서버에 정보를 저장해 놓은 집합체를 말한다. 인터넷에 들어가는 관문으로 간략히 사이트(site)라고 고 하며, 흔히 홈페이지 주소로 되어 있다. 주제별로 원하는 사이트 목록들을 나열한 사이트들이 많은데, 이를 인터넷 포털 사이트(portal site)라고 한다. 포털사이트들은 정보검색 서비스나 커뮤니티와 같이 사용자가 정기적으로 이용할 수 있는 서비스를 제공함으로써, 고정 방문객을 확보하여 인터넷 비즈니스로 연결된다.

행하되, 지원금 집행내용에 대한 점검업무는 지역사회나 지역단체가 수행하도록 사회복지 지원금 관련 업무를 이원화할 필요가 있다. 공무원들의 비리문제를 대규모 물갈이방식으로 풀기보다는 책임성을 높일 수 있는 방향에서 접근할 필요도 있다. 책임성을 높이기 위해 해당 업무에 대한 담당공무원의 최소 근무기간을 5년 이상으로 제도화하여 업무에 대한 전문성과 현장성을 높이고 담당업무에 대한 근무기간을 늘려 업무에 대한 책임감을 실질적으로 제고할 수 있도록 기존의 순환보직제도를 근본적으로 손질해야 할 시점」281)이라고 주장했다.

순환보직은 부정부패를 견제하는 의미가 있다. 그러나 교류와 순환보직을 통해 부정부패를 줄이기 위해서는 후임자가 전임자의 잘못을 고발告發하는 풍토가 조성되어 있어야 한다. 그런데 우리나라 공무원 사회에서는 후임자가 선임자의 잘잘못을 거론하는 것은 사실상 금기사항으로 되어 있다. 여기에 실제 잘못을 파악해 문제를 인식하면 당연히 전임자에게 사실관계를 확인할 수밖에 없는 것도 문제다. 확인 과정에서 무마책을 마련하거나 껄끄러운 관계를 피하려고 문제가 있는 것을 알면서도 고발하지 않는다.

추후 감사에서 드러나 문책을 하더라도 전임자가 한 일로 나는 몰랐다고 발뺌을 하고 자신의 업무는 감사가 아니라고 주장하면 아무런 조치를 취할 수 없다. 이런 풍토 속에서 인사 교류와 순환은 부정부패를 예방하겠다는 행자부의 의도가 단순하게 빗나가는 것으로 끝나는 것이 아니라 오히려 기존에 발생한 부패를 은폐하고 책임을 면하게 해주는 기회로 작용할 수도 있다. 이미 공무원은 3년에 한 번 정도 순환보직을 하고 있으므로 별도의 대대적인 순환보직을 통해 부정부패를 방지하려고 하는 것은 올바른 방법으로 보기 어렵다.

행자부가 지방자치단체에 대대적인 인사 요구를 통해 부정부패를 차단하겠다는 조치에 대해 국민이 그 저의를 의심하는 것은 기존의 부정부패를 덮어 감독책임을 회피하고 부정부패를 저지른 공무원에게도 면책의 기회가 제공되기 때문이다. 손바닥으로 하늘을 가릴 수는 없다. 그런데도 행자부 내에는 손바닥으로 하늘을 가리기라도 할 것처럼 줄줄이 터져 나오는 부정부패를 가리기 위해 대대적인 인사라는 안을 낸 사람이 있었다.

정상적인 생각을 하는 장관이라면 그자를 훈계하고 꾸중을 내려야 마땅했었다. 그런

---

281) 참여연대 시민감시센터 2009. 3. 27.

데 장관이 그 안을 채택하고 정부 내에서도 그런 조치에 대해 말이 없는 것을 보면 대통령의 인사안목과 관리능력이 의심스럽게 느껴진다. 부정부패에 올바르게 대처하는 방법은 의심스러운 곳은 꼼꼼하게 모두 확인하고 예방교육을 하는 등 제대로 대책을 세우는 것이다. 어물쩍하게 그 순간만 넘기는 인사가 아니다. 미봉책은 항상 다음에 유사한 문제를 일으키기 때문에 사회적 발전기회를 잃게 하고 비슷한 일로 훗날 다시 고민하게 한다.

3) 실천 미흡, 대책을 위한 대책만 양산한다

국민권익위원회에서 만든 2009년 '공무원 행동강령 업무편람'에 공무원의 공무 수행 과정에 참고해야 할 행동지침[282]과 징계 내용 등이 자세하게 나와 있다. 그리고 2010년 1월 발간된 고위공직자용 '공직자 행동강령의 이해'에 행동강령의 중요성이 부패의 사전예방을 위한 수단, 공직자들이 갈등 상황에서 준수해야 할 행위기준 및 판단기준[283]을 제시하여 준수하게 함으로써 부패행위를 사전에 예방한다고 명시하여 공무원이 어떤 행동을 해야 하는지 잘 정리되어 있다. 이 내용을 참고하여 관리하고 행동하면 부정부패가 일어날 이유가 없을 것 같다. 이렇게 우리나라에는 부정부패를 예방하고 척결할 수 있는 법과 제도는 충분한 것이 아니라 넘쳐난다. 해마다 비슷한 내용의 새로운 대책이 나온다. 그런데 문제는 실천을 제대로 하지 않는다는 것이다.

공직비리 근절대책 추진을 위한 행정안전부 2010년도 업무보고 자료 내용을 살펴보면 이러한 일면이 잘 나타나 있다. 「부패 고리 차단, 비리예방시스템 개선, 외부통제 강화가 추진된다. 먼저 부패 고리 차단을 위해 비리공직자의 공직 배제 기준을 강화하여 공금횡령 비리자벌금 300만 원 이상도 신규임용 제한 및 당연히 퇴직 대상에 포함하고 계약해지 의무화, 입찰 자격을 제한하는 등 비리·부정당 업체 계약관련 제재를 강화한다. 장기근무에 따른 비리 개연성 차단 등을 위해 자치단체 간 공무원 순환교류를 의무화하고 토착비리, 선거관련 부정행위 등에 대한 특별감찰을 강화한다는 방침이다. 비리예방체계 개선을 위해 감사직 개방임용 확대, 감사실적 외부공개 등 내부감사기구 투명성 확대, 재산심사 중점을 '신고 누락' 확인에서 '재산 형성 과정' 검증으로 전환,

---

282) "공무원 행동강령 업무편람"(2009), 국민권익위원회
283) "공직자 행동강령의 이해"(2010), 국민권익위원회, p.2.

인허가 계약 등 전산 감시로 실시간 비리감시체계 구축, 재정·회계체계에 비리유형 시나리오 연계, 비리가능성 사전감지, 자치단체 예산, 회계정보 및 모든 계약과정 공개·공표, 퇴직공직자 취업실태 점검, 2010년 1월부터 주민등록시스템 연계, 시간외근무 사전승인제도 6월부터 임의취업자 과태료부과제도 도입, 시간외근무수당·부양가족수당 부당수령을 방지할 계획이다. 외부통제도 강화하여 청렴도 미흡 자치단체 특별감사 시행, 기초자치단체에 대한 시·도 종합감사기능 강화, 감사자료 추출 및 분석, 비리적발에 자료분석자동화프로그램ACL 활용, 감사분야 및 감사 참여기관 확대로 감사 사각지대 해소 및 내실화, 사회단체 중심의 자치단체 비리 감시활동 지원, 공직비리 신고포상금제 도입, 부당한 지시나 압력, 직무관련 부정행위, 금품비리 등에 대한 내부고발자에 대한 보호조치 및 포상금지급제도를 도입하기로 했다」[284]고 나와 있다.

어디서 들은 것은 모두 가져와 나열해 놓은 것 같다. 한마디로 너무 많은 대책이 남발되고 있는 것이다. 이 가운데 얼마나 실행될지는 의문이다. 정부에서 만든 제도가 전혀 실천되지 않는 것은 아니다. 그러나 고기잡이용 그물과 같은 역할을 하는 제도를 만들어 두고, 아무 곳에나 그물을 치고 거두어들여 잡힌 고기를 처분하는 것은 어부 마음대로 하겠다는 식의 형식적인 관리로 실효를 거둘 수 없다. 관리자와 지도자의 마음에 따라 움직이고 대책만 마련하는 형식적인 행위보다는 확실하게 실천할 수 있는 한 가지가 더 중요하다. 실천이 따르지 않는 제도와 대책은 아무리 많아도 소용이 없다. 오히려 권위만 훼손시킬 뿐이다.

4) 좋은 제도 부패 막아주지 않는다

많은 부패방지 전문가들은 좋은 제도가 부패를 막아 줄 것으로 생각하는 경향이 있다. 하지만 제도는 제도일 뿐이다. 좋은 제도가 부패를 방지하는 데 도움은 되지만, 제도 자체가 부패를 막아주지는 않는다. 부패를 막는 것은 사람, 더 구체적으로 말하면 지도자를 포함한 관리자이다. 부실한 제도가 부정부패의 원인이 될 수 있기 때문에 역으로 좋은 제도가 부패를 막아 줄 수 있다고 생각하기 쉽다. 그러나 이때의 역은 성립하지 않는다.

---

284) 행정안전부(2009), "활기찬 지역경제와 선진정부 실현을 위한 2010년 핵심 정책과제", 행정안전부, pp.33~34.

부실한 제도는 허점이 있다는 것을 의미하고 그 허점이 부패행위를 하고자 하는 사람이 이용하므로 부정부패의 원인이 된다. 반대로 좋은 제도는 부패를 막아 줄 것 같다. 그리고 심지어는 전문가라고 알려진 사람 중에도 그렇게 생각하는 사람이 있는 것 같다. 하지만 그렇지 않다. 좋은 제도가 부패를 막을 수 있다는 논리가 성립하려면 좋은 법을 만들면 사람들이 법을 어기지 말아야 한다. 그런데 세상에 사람이 어기지 않는 법은 존재하지 않거나 입법 가치가 없다.

좋은 제도라는 것은 그 필요성을 모두가 공감하고 효율이 높은 제도를 말한다. 우리는 좋은 제도를 만들기 위해 열심히 노력은 해야 한다. 하지만 좋은 제도 자체가 스스로 작동하는 것이 아니라 사람에 의해 운용된다. 주체가 사람이라는 말이다. 좋은 장비를 갖고 일을 하면 생산성이나 효율이 높아지는 것은 당연하다. 그러나 좋은 장비도 사용하는 방법을 모르거나 사용하지 않고 두면 소용이 없다. 그래서 부정부패 예방에 교육과 관리, 관리자가 중요하다고 하는 것이다.

예를 한번 들어보자. 기업에서 좋은 올가미를 만들었다. 그 올가미가 노루와 토끼를 골라서 잡아 줄 수 있는가? 아니다. 노루를 잡는 데는 큰 올가미가 필요하고 토끼를 잡는 데는 작은 올가미가 필요하다. 지나다니는 길이 다르므로 설치장소도 달라야 한다. 즉 사람이 올가미를 설치하고 산짐승이 잡혔는지 수시로 확인해서 잡히지 않으면 더욱 교묘하게 다른 곳에 설치해야 한다. 그리고 한 개가 아니고 여러 개의 올가미를 만들고 설치해두면 산짐승을 많이 잡을 것으로 생각할 수도 있다. 그러나 그 결과는 한계가 있다. 기대와 가능성은 무한대로 커지지 않는다. 과유불급過猶不及이 그냥 생긴 말이 아니다. 짐승은 별로 없는데 너무 많은 올가미를 설치하면 보호종을 사냥하게 되거나 사람을 다치게 할 수도 있다.

아무래도 좋은 제도는 허점이 적기 때문에 좋은 제도를 만들면 부패행위를 하려고 하는 사람이 위협적으로 느낄 수는 있다. 하지만 제도를 운용하는 것은 사람이다. 좋은 제도가 효력을 발휘하는 것은 부패관리자가 그것을 잘 활용할 때이다. 잘 활용하지 않으면 무용지물이다. 부패행위자들은 처음에는 좋은 제도를 의식하면 두려워하고 조심한다. 그러나 한두 번 부정부패 행위를 하는데 관리자에게 걸리지 않으면 다음부터는 두려움의 대상으로 생각하지 않는다. 부정부패를 막는 데 제도의 좋고 좋지 않음이 영향을 줄 수는 있지만, 그 결과는 담당자의 노력과 의지, 관심에 따라 좌우된다. 아무리 좋은 제도도 완벽하게 만들 수는 없다.

부패예방을 위해 정부가 운용 중인 법과 제도를 살펴보면, 세계에서 좋다는 것은 모두 모아놓은 것 같다. 그런데 부패인식지수를 보면 영 시원치 않다. 서울시도 마찬가지이다. 서울시[285]는 이미 2006년 이전에 시민감사관제도 도입, 세계 최초 민원처리 공개제도open system 도입, 청렴계약제 시행, 청정clean 신고소 개설, 부패가 발생했을 때 연대책임제도 시행, 2006년도 건설공사 청렴 이행체계 구축 등의 노력을 했다. 하지만 2006년 국민권익위원회 청렴도 발표 결과 전국 광역자치단체 중 15위를 기록했다. 2007년부터 본격적인 청렴 시책 추진에 들어갔다. 도약을 위한 강력한 의지표명으로 부패와의 전쟁도 선포했다. 금품과 향응을 받았을 때는 무조건 직위해제 등 여러 가지 추가 보완책도 마련했다.

그 결과 2008년 국민권익위원회 청렴도 발표 전국 광역자치단체 중 1위를 차지함으로써 그동안의 노력 결과가 나타나는 것 같았다. 2009년도에도 1위를 차지하기 위해 비리신고보상금을 5천만 원에서 20억 원으로 대폭 확대하는 등 또다시 여러 가지 추가 대책을 마련했다. 그러나 2009년 국민권익위원회 청렴도 발표 결과 전국 광역자치단체 중 9위를 차지 충격을 주었다. 자치구, 투자출연기관 등과 함께하는 제도 공유 미흡, 이의 제기 수월성 항목 취약, 업무처리 기준 절차의 공개성 미흡 등 한계를 드러내고 말았다는 자체 분석이 나왔다.

정부도 그렇지만 서울시도 좋은 제도가 부정부패를 막아주는 것이 아니라는 사실을 간과한 때문이다. 그리고 처벌위주의 정책은 실효를 거두기 어려운데도 정부와 서울시는 처벌 일색의 정책만 양산했다. 서울시 공무원들은 겉으로는 몸조심하려고 애를 쓰겠지만, 마음속에는 서울시장에 대한 불신으로 가득 차 있을 가능성이 크다. 누구든 자신을 규제하고 처벌하려는 사람은 좋아하지 않는다. 통제와 억압이 일시적으로 성과를 내는 데 도움이 될 수는 있다. 그러나 일을 잘하는 사람은 통제와 억압보다는 반복적으로 교육하고 원인 제거를 통해 구성원이 자각하고 자율적으로 움직이도록 한다.

5) 국가인권위원회 파행인사

헌법에는 모든 국민은 법 앞에 평등하다고 명시되어 있다. 그런데 평등을 실천하고

---

285) 서울시(2010년), "시민대토론회 부패제로 청렴서울로 가는 길!", 서울시, pp.7~11.

선도해야 할 정부기관이 희한한 방법으로 제 식구 감싸기를 하면서 형평성을 무시한 것으로 드러났다. 2009년 3월 10일 동아일보에 보도된 '국가인권위 파행인사 논란… 특채－별정－계약직이 54%'라는 기사 내용을 소개하면 다음과 같다.

▲사례 1. 2004년 충남 논산시는 지방공무원[10급] 특별채용 공고를 내면서 응시 자격을 '공고일 현재 국가·지자체 또는 공공기관에서 계속해서 2년 이상 근무한 경력자'로 못 박았다. 이에 대해 국가인권위원회는 "다수 국민이 응시 기회를 박탈당해 헌법에 보장된 직업선택의 자유와 평등권을 침해당했다"며 시정을 권고했다. ▲사례 2. 2006년 1월 국가인권위원회는 내부의 별정·계약직 공무원 27명만을 대상으로 응시 자격을 제한한 특별채용 시험을 치렀다. 외부 공고도 없이 치러진 이 시험에서 2명만 탈락하고 25명이 합격해 신분과 정년이 보장되는 일반직 공무원으로 전환됐다.

한 중앙부처 공무원은 "다른 부처의 특채에는 '직업 선택의 자유와 평등권을 침해하는 일이 없도록 하라'고 권고하던 인권위가 '제 식구'에게는 특혜를 주는 '이중성'을 드러냈다"고 지적했다. 2009년 3월 9일 행정안전부와 감사원 등이 발표한 바로는 그동안 인권위는 자율성을 앞세워 채용과 조직 운용에서 정부의 지침과 규정, 감사 지적 사항 등을 어긴 것으로 나타났다. 2006년 1월의 대규모 특채가 대표적인 사례다. 별정·계약직 공무원을 일반직 공무원으로 특채할 때는 어떤 '우선권'도 인정하면 안 된다는 인사 규정을 어긴 것이기 때문이다. 또 이 같은 별정·계약직의 대규모 일반직 전환은 다른 부처에서는 드문 일이다.

인권위는 2006년에 모두 28명을 일반직으로 전환했다. 이는 그해 중앙부처 전체 일반직 전환[162명] 규모의 17.2%에 해당한다. 인권위가 2006년 이후 2009년 2월까지 모두 32명을 일반직으로 전환하는 동안 행정안전부의 일반직 전환은 7명에 그쳤다. 행정안전부 당국자는 "2005년 12월 각 부처가 특채를 자율적으로 실시하도록 공무원시험령이 개정되자 인권위는 바로 대규모 특채를 했다"고 말했다. 인권위는 2006년 4월에도 외부 공고나 경쟁 채용 절차 없이 3급[국장급] 별정직 직원을 2급 별정직으로 재임용하기도 했다.

6) 기준과 원칙 부재 정권 따라 자의적 판단

오늘날 법과 원칙에 대해 우리나라는 정치가, 정부, 행정기관, 공무원, 국민이 닮은 꼴로 잘못을 저지르는 일들이 심심찮게 나타난다. 그런데 결과에서는 전혀 다른 대가를 치른다. 정치가는 비난을 받거나 물러나는 것으로, 정부와 행정기관은 대부분 아무런 책임을 지지 않거나 기관장 경고 또는 시정 권고 공문을 받는 정도이다. 변상하거나 보상을 해주게 되더라도 과실이 있는 공무원 개인의 돈이 아닌 국민 세금으로 충당하는 일이 많다.

물론 공무원은 경고, 주의, 급료 차압 등 실책에 상응하는 책임이나 인사를 통한 보직변경, 해임이나 파면 조치가 취해질 수도 있다. 그러나 국민이 법을 어기면 범칙금이나 벌금을 물어야 하고 구속되기도 한다. 법을 어겨도 공권력에 적발되지 않으면 그냥 넘어간다. 그러다 보니 법과 원칙을 경시하는 풍조가 생겨났다. 즉 기존 사회질서의 공정성에 대한 불신과 부정이 비리와 범죄에 관대한 사회심리의 원천[286]이 되고 있다.

자기는 평생 죽도록 일해도 가난의 대물림에서 벗어날 수 없는데 남들은 몇억 원을 받고도 대가 없는 것이라면 그냥 넘어가고, 운 좋게 한 번의 주가조작이나 부동산 투기, 직권을 남용한 사기로 벼락부자가 되는 모습을 보아온 사람들은 자기도 힘 있는 자리에 있을 때 이권 좀 챙긴다고 그게 죄가 되랴 반문할 수 있다. 이렇게 압축성장의 뒤안길에서 빚어지는 사회질서의 급격한 변혁은 구성원 대다수에게 자기는 선의의 피해자라는 의식을 심어주고 불법적 방법으로 보상 방안을 마련하는 데 대해 도덕적으로 죄책감을 느끼지 않게 한다. 그러한 도덕적 불감증이 우리 사회 전반에 만연해 있다.

그 결과 법은 언제든지 바뀔 수 있다고 생각하기 때문에 우선 내가 하고자 하는 일을 하는 데 편법을 아무렇지도 않게 활용하고 때로는 불법까지 사용한다. 그리고 권력을 잡으면 자신들에게 유리한 법을 제정하고 기준을 마음대로 바꾸어 운용하려 한다. 이것을 제어해야 할 공무원은 정권에 아부하기 바쁘다. 책임감도 찾아보기 쉽지 않다. 영국의 총리 윈스턴 처칠은 "관료는 미래를 예측할 수 있는 능력을 갖추어야 하며, 시간이 흐른 후에도 자신이 행한 정책에 대해 설명할 수 있어야 한다"고 말했다. 우리의 고위공무원 중에 이런 사람이 몇이나 될지 의문이다.

---

286) 동아일보 2009. 4. 20.

조선일보의 보도 내용을 한번 살펴보자. 민주화운동보상심의위원회가 김대중·노무현 대통령 시절 지급한 보상금 중 상당 부분이 '쌀 수입 반대' 등 민주화 운동과 직접적 관련이 없는 시위를 한 사람들에게 지원됐다는 비판이 제기됐다. 또 민주화 유공자 양산으로 지출이 늘어나자 일제강점기 강제징용 희생자들의 보상금으로 책정됐던 돈 중 229억 원을 전용해 보상금으로 사용한 것으로 나타났다. 이런 사실은 민주화운동보상심의위원회가 국회에 제출한 자료에서 드러났다.

한나라당 원유철^{경기 평택갑} 의원은 2009년 7월 14일 "1994년 전남대 앞에서 쌀 수입개방 반대집회에 나갔다가 전경에게 부상당한 A씨에게 보상금과 치료비 등 총 1억 7,364만 원이 지급됐다. 이런 잣대라면 한·미 자유무역협정287)^{FTA} 반대 시위자도 민주화 운동 유공자로 쳐줘야 한다는 말이냐"고 했다. 원 의원이 보상심의위원회로부터 제출받은 자료에 따르면 '1994년 쌀 수입개방 반대, 신공안탄압분쇄 시위'에 참가한 B씨에게도 총 1억 1,018만 원이 지급됐고, 그해 2월 '우루과이 라운드 국회비준 저지 시위' 중 다친 C씨에게도 4,976만 원이 지급됐다. 이 밖에도 보상금을 지급한 사유 중에는 '학생회 활동 중 전립선암 발생 사망'^{보상금 1억 712만 원}, '위장취업 중 안전사고로 사망'^{1억 1,136만 원} 등도 있었다.

정권에 따라 잣대도 달랐다. 1997년 '김영삼 권위주의정권 대선자금 비리공개 요구' 시위에 참가했다 다친 사람에게는 약 2억 원의 보상금이 지급됐지만, 김대중 정권 비리 관련 시위자에게 보상금이 지급된 경우는 없었다. 또 '3당 합당 반대' 시위를 하다 다친 사람들에게는 최고 1억 원의 보상금이 주어졌지만, '김대중·김종필^{DJP} 연합' 반대 시위로 보상을 받은 사람은 없었다. 민주화 운동인지 확정할 수 없어 보류된 비율

---

287) 자유무역협정(自由貿易協定, free trade agreement)는 국가 간 상품의 자유로운 이동을 위해 모든 무역 장벽을 제거시키는 협정이다. 영문 머리글자를 따서 FTA로 약칭한다. 특정 국가 간의 상호 무역증진을 위해 물자나 서비스 이동을 자유화시키는 협정으로, 나라와 나라 사이의 제반 무역장벽을 완화하거나 철폐하여 무역자유화를 실현하기 위한 양국 간 또는 지역 사이에 체결하는 특혜무역협정이다. 그러나 자유무역협정은 그동안 대개 유럽연합(EU)이나 북미자유무역협정(NAFTA) 등과 같이 인접국가나 일정한 지역을 중심으로 이루어졌기 때문에 흔히 지역무역협정(RTA: regional trade agreement)이라고도 부른다. 세계무역기구(WTO) 체제에서는 크게 두 가지 형태가 있는데, 하나는 모든 회원국이 자국의 고유한 관세와 수출입제도를 완전히 철폐하고 역내의 단일관세 및 수출입제도를 공동으로 유지하는 방식으로, 유럽연합이 대표적인 예이다. 다른 하나는 회원국이 역내의 단일관세 및 수출입제도를 공동으로 유지하지 않고 자국의 고유관세 및 수출입제도를 그대로 유지하면서 무역장벽을 완화하는 방식으로, 북미자유무역협정이 대표적인 예이다.
WTO가 모든 회원국에 최혜국대우를 보장해 주는 다자주의를 원칙으로 하는 세계무역체제지만, FTA는 양자주의 및 지역주의적인 특혜무역체제로, 회원국에만 무관세나 낮은 관세를 적용한다. 시장이 크게 확대되어 비교우위에 있는 상품의 수출과 투자가 촉진되고, 동시에 무역창출 효과를 거둘 수 있다는 장점이 있으나, 협정대상국보다 경쟁력이 낮은 산업은 문을 닫아야 하는 상황이 발생할 수도 있다는 점이 단점으로 지적된다. 2002년 현재 WTO 회원국 가운데 거의 모든 국가가 1개 이상의 FTA를 체결하고 있으며, 효력을 유지하고 있는 협정만도 148개에 달했다. 한국은 1998년 11월 대외경제조정위원회에서 FTA 체결을 추진하기 시작하여 한국 최초의 한-칠레 FTA가 2004년 4월 1일부터 발효되었다. 그 뒤 한-싱가포르 FTA는 2006년 3월 2일에, 한-유럽자유무역연합(EFTA) FTA는 2006년 9월 1일에 발효되었다. 2007년 6월 발효된 한-ASEAN(동남아시아국가연합) FTA 상품무역협정은 2008년 11월 캄보디아 등 9개국에 대한 발효가 완료되었다.

도 2000년엔 2.8%에 불과했지만, 이명박 정부 들어서는 43%로 급증했다.

그동안 민주화운동보상심의위원회는 시위진압 과정에서 전투경찰 7명이 숨진 동의대 사건, 대법원에서 유죄를 확정한 '남한사회주의노동자동맹^{사노맹} 사건'도 민주화 운동으로 인정한 일 등으로 논란이 됐었다. 민주화 유공자가 이처럼 양산돼 줘야 할 돈이 많아지자 2008년에는 '태평양전쟁 전후 국외 강제동원 희생자 지원 운영보상금'으로 책정된 돈 중 229억 원을 빼내 보상금으로 사용한 것으로 나타났다. 원 의원은 "일제하 강제동원 희생자들은 나이가 최소 80세에 이르는 고령으로 하루라도 빨리 보상금을 지원받아야 할 분들이다. 퍼주기식 민주화 유공자 양산은 당장 중단돼야 한다[288]"고 말했다.

2010년 1월 25일 감사원이 국가 유공자로 등록된 전·현직 공무원 5,113명 중 3,074명을 감사한 결과 32.3%인 993명이 엉터리 심사로 유공자 인정을 받아 국가의 예우^{禮遇}와 예산 지원을 받고 있었던 것으로 나타났다. 경상북도 6급 공무원은 부서 회식 후 2차로 술을 마시다 넘어져 다치고는 회식 뒤 남은 일을 처리하기 위해 바로 사무실로 돌아오다 다친 것처럼 속여 공무상 요양비 497만 원을 일시금으로 받고 퇴직 후인 2008년 3월부터 매월 장해^{障害}연금 63만 원에다 자녀 교육비 800만 원을 받아냈다.

경기도 남양주시 7급 공무원은 산불 감시 근무 중 무료함을 달래려고 근처 공동묘지에서 동료와 축구를 하다 무릎을 다쳤으면서도 유공자 인정을 받았다. 서울 구로구청 6급 공무원은 친구 집에 가다 당한 교통사고를 외부행사 지원을 마치고 구청으로 돌아오다 사고를 당한 것처럼 속여 자녀교육비 등 명목으로 4,624만 원을 받았다. 한 중학교 교사는 승용차로 출근하다 제한속도가 시속 30㎞인 도로를 115㎞로 달리다 사고를 내고도 유공자가 됐다. 본인의 중대한 과실로 사고가 난 일에는 유공자가 될 수 없다.

엉터리 보훈^{報勳} 심사는 이번이 처음이 아니다. 2007년 국가보훈처 차장이 허리 디스크를 공무 중에 생긴 것처럼 가짜 서류를 만들어 대학생 두 자녀의 학자금 전액을 지원받았다. 이를 계기로 국가유공자로 등록된 보훈처 소속 공무원 92명을 특별 감사해 보니 29명이 각종 속임수로 유공자가 된 사실이 드러났다. 보훈처는 그 뒤 상임위원 5명과 30명의 비상임위원으로 구성된 보훈심사위원회 위원 가운데 의사·변호사·대학교수 같은 외부 전문가 중에서 위촉^{委囑}하는 비상임위원을 50명으로 늘리고, 심사 실

---

288) 조선일보 2009. 7. 16.

무 인력을 22명에서 37명으로 증원해 서류 심사 대신 현장 조사를 우선하겠다고 했다. 그러나 거짓말 잘하는 공무원들이 국가유공자로 둔갑하는 보훈심사는 달라진 게 없다.

말로는 외부 전문가들을 크게 늘렸다고 하나 실제 심사는 전현직 4급 이상 공무원인 상임위원들이 좌지우지左之右之하고 있다. 보훈 심사 과정의 회의록을 공개해 사후事後평가를 받게 하거나 전원 외부 인사로 구성된 위원회가 최종 심사를 맡게 하는 것도 생각해봐야 한다. 속임수로 유공자가 된 공무원이 지원받은 돈의 환수율還收率이 절반에도 못 미쳐서는 허위로라도 국가 유공자만 되면 된다는 풍토를 고칠 수 없다. 국민 세금인 보훈 예산을 도둑고양이들의 밥으로 내버려둬선 안 된다.289)

정치적 중립을 유지하게 되어 있는 교사가 특정한 정당에 후원금으로 돈 몇만 원 낸 것이 무슨 징계사유가 되느냐고 반문하는 어처구니없는 일이 발생하는 것도 모두 잘못된 법과 원칙에 대한 관념 때문이다. 돈 2만 원이 중요한 것이 아니라 한번 공무원의 정치적 중립이 훼손되기 시작하면 심각한 문제가 발생할 수 있다. 정치가들도 권력을 획득했다고 멋대로 기준을 만들거나 운용해서는 안 된다. 법 집행에 형평이 없고 일을 진행하는데 기준과 원칙이 없으면 부정부패가 만연해 국가는 혼란에 빠지고 국민이 모두 피해자로 전락한다.

---

289) 조선일보 2010. 1. 25.

5. 국민권익위원회 제대로 일한다고 보기 어렵다

1) 부패 제대로 대응하지 못하고 있다

(1) 엉뚱한 교재와 자료 청렴 개념이 부족하다

① 청렴 교재와 조선왕조실록에 나타난 황희 행태

부정부패 방지를 위한 교육과 국민권익위원회의 홍보가 황희를 표상으로 삼고 있기 때문에 오늘날 한국의 공직사회에는 한쪽에서는 괜찮은 행동을 하면서 다른 쪽에서는 비리를 저지르는 수많은 황희 같은 인물들이 배출되고 있다. 자신의 이익과 출세를 위해서는 무슨 일도 마다하지 않고 부정부패를 일삼아 나라가 혼란하게 한다. 많은 한국의 부정부패 행위자들이 황희의 행동과 태도를 고스란히 빼닮았다. 기회가 있을 때마다 자신에게 이익이 되는 일을 일삼으며 실력보다는 수단과 방법을 가리지 않고 끊임없이 입신출세를 위해 승진을 추구하며 획득한 권력을 누리려 한다.

뒷돈을 받기 위해 각종 이권에 개입하여 압력을 행사하고 탄핵을 당해 파면을 당하지만, 솜방망이 처벌 등 논란 속에 그 직위를 유지하거나 여론의 비판이 고조되면 하부기관으로 자리를 옮기기도 한다. 자신이 힘 있는 자리에 있을 때는 다른 사람의 잘못을 탄핵하거나 죄를 묻는다. 자식이 아버지를 닮아 부정부패하고 아버지가 자식의 배경이 되어 자식을 사면해달라는 의사를 표시하는 몰염치한 행동도 서슴지 않는다.

자신도 수신이 되어 있지 않고 제가도 못하면서 윗사람에게 잘 보이고 권력을 차지하는 술수에 능해 고속승진하고 최고의 관직까지 누린다.

교육은 부정부패 예방을 위해 가장 중요한 부분이다. 그런데 우리나라의 부정부패에 대한 교육이 잘못되는 시작이 바로 황희를 청백리로 소개한다는 점이다. 이것은 어제 오늘 이야기가 아니다. 이미 40여 년 전 초등학교에 다닌 사람까지 황희가 청백리라고 교육을 받았다. 그런데 지금 이 나라 부정부패의 제일선에 서 있는 국민권익위원회는 이보다 한술 더 떠 황희를 미화하고 있다. 이것은 부정부패 교육이 형편없이 겉돌고 있다는 것을 의미한다.

2005년 6월 한국투명성기구 부산본부가 청소년을 대상으로 실시한 여론조사에서 '10억 원을 번다면 감옥에서 10년을 살아도 부패를 선택하겠다'고 응답한 수가 15.2%에 달했다. 이 같은 결과는 그만큼 많은 청소년이 정서적으로 부패를 쉽게 받아들이고 있다는 것을 잘 보여주는 사례다. 수백 명의 수험생이 인생이 걸린 수능시험에서 위험을 무릅 쓰고 부정을 저지른 까닭을 짐작하게 해준다.[290]

오늘날 우리나라는 국가에서 썩어 문드러진 냄새가 진동하는 황희를 청백리의 표상으로 삼아 초등학생들의 교육 교재 사례로 게재하여 아이들 교육용으로 가르친다. 이런 교육을 받은 사람들이 배운 내용을 바탕으로 미화하고 우상화한 황희 관련 내용을 많은 사람이 열심히 인용하고 퍼 나르면서 끊임없이 황희가 청백리인 것처럼 조작하고 있다. 그러나 이제는 황희의 실체가 벗겨져야 할 때가 되었다. 2009년에 발간된 국민권익위원회 청렴 교재 학생용 청렴 교육 매뉴얼manual, 안내서 개발 연구 초등학생4~6학년 공공을 위한 배려 부문에 황희 정승에 대한 이야기가 나온다. 또한 교사 지도서에 같은 내용이 나온다. 『101가지 감동적인 이야기』(편집부 2003년, 서울: 지경사)에서 인용한 '초가집에 사는 정승'이라는 예문을 살펴보자.

「임금님은 허름한 어느 초가집 앞에 서서 고개를 갸우뚱거렸습니다. 이토록 초라한 집에 영의정이 산다는 사실을 믿을 수 없었지요. "근데 어찌 이리 조용한가? 개 짖는 소리도 들리지 않는구나." 임금님의 목소리를 듣고 집 안에 있던 정승이 버선발로 다급히 뛰어나왔습니다. 잠시 뒤 임금님이 방으로 들어가 보았는데, 방 안에는 부드러운 방석 대신 껄끄러운 멍석이 깔려 있었습니다. 정승이 어쩔 줄을 몰라 하자, 임금님은

---

290) 김창룡(2006), "청렴한국 아름다운 미래", 한길사, p.20.

인자하게 웃었습니다. "그래도 이 멍석이 등 긁기에는 아주 좋겠소. 허허. 그런데 정승이 개를 싫어해서 개를 키우지 않는다고 하던데, 정말 그렇소?" 그러자 정승은 대답했습니다. "저의 집은 도둑이 가져갈 물건도 없거니와, 그보다 개에게 먹일 밥으로 굶주려 죽어가는 백성을 서너 명은 더 살리나이다." "오, 정승이 임금인 나를 부끄럽게 하는구려. 그런데 저 천장에는 웬 구멍이오? 비가 오면 뚝뚝 떨어질 텐데, 불편하지 않소?" "빗방울을 큰 그릇에 받고 있다가 보면, 가난한 백성이 떠올라 그들을 위해 해야 할 좋은 생각이 더 많이 나기 때문입니다." 임금님은 신하를 시켜 정승이 좀 더 편하게 살 수 있도록 좋은 집과 먹을 것을 내리라고 했습니다. 하지만 아무런 소용이 없었습니다. "정승이 가난하게 사는 것은 자신의 재산으로 어려운 이웃과 못사는 친척들을 도와주기 때문이라 하옵니다. 좋은 집과 먹을 것을 주면 또 그것으로 더 많은 사람을 도와줄 뿐, 가난하게 살기는 마찬가지일 것이옵니다." "오호, 과연 정승은 명재상이로고!" 이 정승이 바로 황희 정승이며, 임금님은 바로 세종대왕이랍니다. 황희 정승은 늘 검소한 생활을 하며 가난한 백성을 위해 일했습니다. 황희 정승에게 깊은 감명을 받은 세종대왕은 그를 늘 곁에 두고 어질고 바른 정치를 펴나갔습니다.」

위 이야기와 관련된 질문을 하고 자유롭게 대답하도록 한다.

- 황희 정승에게 어떤 일이 벌어졌나요? 임금님이 상으로 좋은 집과 먹을 것을 주었는데, 황희 정승이 어려운 이웃과 가난한 친척에게 나누어 주었다.

- 왜 황희 정승은 임금에게 받은 것을 어렵고 가난한 사람들에게 주었을까요?

정승은 공적인 일을 하는 사람으로 다른 사람들의 어려움을 살펴, 자신의 것을 나눌 줄 알아야 하기 때문이다.[291]

인용된 윗글 내용은 사가에서 이루어진 대화로 모두 지어낸 것으로 말 그대로 이야기일 뿐이다. 정사에 기록된 내용이 아니다. 미화의 단계를 넘어서면 우상화가 된다. 왜 이렇게 황희에 대한 미화가 우상화의 단계까지 갔는지는 이해가 잘 안 된다. 옛날 이야기는 주로 구체적인 근거보다는 상당 부분 특정한 사람이 지어내고 구전되는 특징이 있다. 소문도 그렇지만 구전도 소문처럼 사람들에게 전해지면서 급격하게 사실이 왜곡되고 부풀려지는 경향이 있다. 우리가 정확한 사실의 역사 또는 그 기록인 정사正史를 중요시하는 이유도 사실에 근거하기 때문이다. 이야기를 지어내는 것은 자유다. 그

---

291) 문용린 외(2009), "학생용 청렴교육 매뉴얼 개발 연구초등학교 고학년용(4~6학년) 교사지도서", 국민권익위원회, pp.141~142.

러나 과오가 많은 사람을 미화하는 것은 곤란하다.

지경사 편집부 직원들이 구체적으로 어떤 역사적 자료에 근거하여 이와 같은 글을 지었는지는 알 수 없다. 하지만 우리나라 최고의 대학교인 서울대학교 교수 그것도 교육부 장관을 지낸 사람이 이 글을 인용하고 국민권익위원회는 이 내용이 실린 책을 초등학교 교육교재로 사용하도록 하고 있다. 하지만 정사正史인 조선왕조실록에는 황희가 한때 어려운 백성을 위해 노력한 흔적 정도는 있지만, 청렴하게 살았다는 기록은 잘 나타나 있지 않다. 무엇보다 위에 인용된 글은 표현이나 전개 내용 자체에 허점이 여러 곳에 보인다.

첩292)을 거느리고 살면서 자식까지 두고 종을 부리고 사는 사람이 지붕에 구멍이나 집안에 빗물이 새도록 고치지 않고 산다는 것 자체가 허무맹랑하다. 사실을 왜곡하는 것은 그 인물을 오히려 욕되게 하는 것이다. 사람은 완벽하지 않기 때문에 허물이 있을 수 있다. 우리는 공적과 과오를 모두 놓고 공정하게 평가할 줄 알아야 한다. 위의 글이 실린 청렴 교재 자료 자체에서도 '공정'의 중요성을 강조하고 있다. 논리 모순을 저지르고 있는 셈이다.

초등학교용 청렴 교재의 주제는 치우치지 않는 공정, 내 몫을 다하는 책임, 함께 지키는 약속, 욕심을 버리는 절제, 진실을 위한 정직, 공공을 위한 배려 등 여섯 가지였다. 내용은 저학년과 고학년이 다르게 정리되어 있다. 인간이 사회생활을 하는데 여기에 제시된 여섯 가지 가치는 상당한 중요성을 가진다. 하지만 이러한 내용은 인성교육 내용으로 알맞은 것으로 국민권익위원회의 청렴 교육 교재보다는 교과부에서 인성교재로 만들었으면 더 좋을 뻔했다. 부정부패는 법규 위반과 재화에 대한 이익 추구 문제이다. 물론 약속에는 개인 간의 약속과 사회적 약속이 있고, 사회적 약속에 법규가 포함된다. 그러나 아이들에게 이렇게 어렵게 설명해서는 이해하기 쉽지 않다.

국가청렴위원회 홍보협력단에서 2007년 5월에 제작하여 광주시교육청에 제공한 '청렴 교육의 새 시대를 연다'라는 자료에 보면 부정부패가 무엇인지에 대한 언급은 보이지 않는다. 우리나라의 부정부패 교육이 겉돌고 있다는 것을 의미한다. 부정부패 교육은 부정부패가 무엇인지, 준법정신의 함양을 위해 왜 법을 지켜야 하는지, 법을 지키지 않으면 처벌을 받는다는 것을 정확하게 인식시키는 것이 중요하다. 당연히 경제교육으로 돈을 어떻게 벌고 쓰는 것인지에 대해도 가르쳐야 한다. 부정부패를 일삼은 황희를

---

292) 첩(妾)은 본처 외에 데리고 사는 여자.

청백리로 교육하도록 하고 그렇게 교육을 받은 아이들이 성장하여 사실은 황희가 부정부패한 사람이었다는 것을 알게 되면 가치 혼란이 발생한다.

의식화 교육의 가장 큰 폐해는 처음부터 의도적으로 잘못된 정보나 지식을 제공하여 왜곡된 사고를 갖게 하는 것이다. 교과부와 국민권익위원회에 의한 부정부패 교육은 의식화 교육에 해당한다. 그런데 그 내용에 왜곡된 사례를 실어 잘못된 교육이 이루어지게 하는 것은 모두를 위해 바람직하지 않다. 만약 아이들이 성장하여 부정부패를 일삼으면서도 승진하여 관직이 높아지면 그것이 문제가 되지 않는다는 인식을 하게 하면 부정부패 예방에 역행하는 것이다. 교육이 오히려 부정부패를 정당화하거나 합리화시키는 혼란을 초래할 가능성을 배제하기 어렵다. 실제 그렇게 생각하는 사람은 많지 않겠지만, 분명한 점은 부정부패를 일삼은 사람을 부정부패 방지교재에서 미화하여 교육하는 것은 합당한 일이 아니다. 이런 측면에서 보면 국민권익위원회는 부패에 대한 개념이 제대로 정립되어 있는지 의문이다.

정부의 공식적인 부정부패 전담 관리기관인 국민권익위원회 청렴교육센터 역사 속 청렴이야기에 황희를 미화하는 내용을 5편으로 나누어 게재하고 있다. 그 내용을 살펴보면 상당 부분 국민권익위원회 내부에서 만든 것으로 보인다. 이것은 아마 공무원을 바보로 알거나 아니면 청렴에 대한 개념이 없어 무엇을 교육해야 할지 잘 모르기 때문이 아닌가 생각된다. 2008년 12월 17일에 등록된 국민권익위원회 청렴교육센터 자료실 역사 속 청렴이야기 '황희가 없으면 백성이 어떻게 되겠느냐?'는 제목으로 ①~⑤의 내용이 구성되어 있다.

황희 정승 ①의 내용을 살펴보면 「태평성대太平聖代는 말 그대로 어진 임금이 잘 다스리어 태평한 시기를 말한다. 이 말은 종종 본래 뜻을 넘어 우리가 지향하는 유토피아적 이상향을 가리키곤 한다. 우리 역사상 가장 태평성대 했던 시기는 언제였을까? 역사학자를 비롯한 많은 사람이 조선 전기, 세종이 다스리던 시기를 꼽는 데 주저함이 없다. 세종 시기는 왕권과 신하의 권력이 조화를 이루며 토지제도, 지방 수령제도, 군사체계 등 백성이 평화롭게 살 수 있는 각종 제도가 정비되었기 때문이다. 이러한 태평성대는 성군 세종대왕과 명재상 황희 정승이 힘을 합쳐 만들었다고 해도 과언이 아니다. 후대 사람이 세종을 세종대왕으로, 황희를 황희 정승으로 높여 부르는 것도 바로 이런 이유에서다. 세종은 영명한 혜안으로 황희 정승을 수상으로 발탁하여 장장 23년이라는 긴 세월 동안 국정을 총괄케 하였고, 황희 정승은 성군 세종을 만남으로써 자신의 모든 역량을 발휘하여 국가를 편안하게 다스리는 데 중추적인 역할을 하였다. 자유로를 시원스레 달리면 파주시 문산읍 사목리에 자리 잡은 반구정伴鷗亭에 이른다. 반구정은 황희 정승이 관직에서 물러난 뒤 임진강의 물줄기와 흰 갈매기를 벗 삼아 거닐었던 정자다. 야트막한 언덕 소나무 숲에 자리 잡은 정자에 오르면 임진강 물줄기가 유장하게 흐른다. 반구정 시원한 정자 마루에 앉아 있노라면 그 옛날 이곳에서 백발을 휘날리며 흘러가는 임진강을 바라보는 황희 정승의 모습이 절로 그려진다. 흐리고 탁한 강줄기를 바라보며 그는 무엇을 생각했을까. 남북으로 갈라진 오늘의 우리 현실과 달리 그는 조선의 백성을 걱정하며 사직의 앞날을 염려했으리라. 조선왕조 500여 년에 걸쳐 가장 어질고 슬기로운 재상으로 손꼽히는 황희 정승은 고려 말 개성에서 태어나 어린 나이에 과거에 급제한 고려의 신하였다. 1392년 고려가 망하고 조선이 개국하자 황희는 벼슬을 버리고 고려의 충신 임선미 등 71명과 함께 고려 태조 왕건의 묘가 있는 개성 송악산 두문동에 은거했다. 그런데 황희는 왜 지조를 버리고 조선왕조의 신하가 되었을까. 황희도 처음에는 두문동에 들어가 일생을 마칠 뜻을 두었다. 태조가 원년에 경부經傅에 밝고 조행操行이 단정한 선비를 선발할 때 그를 여러 번 불렀으나 응하지 않다가 두문동 제현諸賢들이 '황희가 나가지 않으면 백성이 어떻게 되겠느냐'고 권했다.

이 글은 황희의 절친한 벗인 정건천293)이 자신의 문집에 남긴 기록이다. 황희는 세종 13년에 영의정에 오른 이후 19년간 그 직에 있는 등 장장 23년이라는 긴 세월 동안 국정을 총괄하는 수상으로서 세종대왕의 덕정德政을 도와 태평성대를 이룩하는 데에 중추적 역할을 하였다. 세종은 나라를 다스리던 후반에 들어서는 한글을 창제하는 등 문화 창달에 전념하고 거의 모든 정사를 영의정 황희에게 맡겼다. 그러므로 조정 신료와 백성은 영의정 황희에게 나라의 대소사를 모두 의뢰하였으며, 세월이 흐를수록 그의 일관된 바른 정치와 탁월한 능력 그리고 국량局量이 큰 인품이 더욱 돋보였다. 황희 정승은 23년간 장기집권하면서 신信을 바탕으로 한 일관된 정책을 펴서 백성이 정부를 믿고 따르게 하였다. 또 임금이나 몰지각한 벼슬아치의 독단을 제도적으로 막고 나라의 근본인 백성이 안정된 생활을 영위할 수 있도록 '경제속육전'이라는 정통 법전을 편찬하여 법치를 더욱 강화했다. 밖으로는 육진을 개척하여 국토를 두만강까지 확장함

---

293) 성건전: 우리나라 역대 수요 인물이나 과거 행적이 기록된 조선왕조실록, 한국민속문화대백과, 한국역대인물종합정보시스템, 두문동칠십이현(杜門洞七十二賢) 등에 정건천이라는 인물에 대한 기록은 나타나지 않는다. 정건천이 남긴 문집에 황희와 관련된 기록이 있다고 인용하고 있으나, 그 진실성 여부와 사료적 가치는 판단하기 어렵다.

과 동시에 철통같이 변경을 수비하였고 연안 방어망을 구축하여 왜구가 감히 한 발짝도 들어오지 못하게 하였다」고 소개되어 있다.

이 글을 읽어보면 세종대왕의 업적이 마치 황희가 보좌를 잘하여 이룩한 것처럼 보인다. 외적의 침입을 막은 것도 황희의 공적인 것처럼 되어 있다. 참으로 가관이다. 세종대왕시대를 비롯하여 조선 초기에는 많은 역사적 인물이 배출된 시기라는 것은 잘 알려진 사실이다. 군주에 의해 국가가 경영되던 시기에 일개 참모의 공을 위대한 왕으

[표 4-2] 조선왕조실록에 나타난 황희의 행태

	연도	제목
1	태조 12권, 6년(1397 정축 / 명 홍무(洪武) 30년) 11월 29일(정축) 1번째 기사	선공감 정난의 기복 문제 때문에 장무 습유 황희에게 일을 보지 말게 하다
2	태조 14권, 7년(1398 무인 / 명 홍무(洪武) 31년) 7월 5일(무인) 1번째 기사	순릉과 경안백 능실의 화려함을 사사로이 비난한 전시를 귀양 보내고 박수기·황희 등을 폄직시키다
3	정종 2권, 1년(1399 기묘 / 명 건문(建文) 1년) 9월 10일(정축) 8번째 기사	문하부 낭사를 폄직하여 모두 좌천시키다. 박석명 등을 지방관으로 새로 임명하다
4	태종 29권, 15년(1415 을미 / 명 영락(永樂) 13년) 6월 19일(갑신) 2번째 기사	노비 판결 사건으로 황희와 심온을 파직하고 전 칠원 감무 장수를 율에 의해 논죄하다
5	태종 31권, 16년(1416 병신 / 명 영락(永樂) 14년) 6월 22일(임오) 3번째 기사	심온·황희를 간사한 소인이라고 폄하한 글을 하윤이 올리니 하윤에게 실망의 뜻을 두다
6	태종 32권, 16년(1416 병신 / 명 영락(永樂) 14년) 12월 25일(임오) 3번째 기사	사헌부에서 김승주·황희·윤향·이사검의 죄를 청하다
7	태종 35권, 18년(1418 무술 / 명 영락(永樂) 16년) 5월 12일(신유) 1번째 기사	대간·형조에서 황희를 국문하도록 청하다
8	태종 35권, 18년(1418 무술 / 명 영락(永樂) 16년) 5월 21일(경오) 6번째 기사	형조·대간에서 김한로·황희의 죄를 청하다
9	태종 35권, 18년(1418 무술 / 명 영락(永樂) 16년) 5월 28일(정축) 2번째 기사	황희를 남원부에 안치하다
10	세종 15권, 4년(1422 임인 / 명 영락(永樂) 20년) 2월 22일(기유) 2번째 기사	사간원 지사간 허성이 황희를 처벌할 것을 상소하다
11	세종 16권, 4년(1422 임인 / 명 영락(永樂) 20년) 4월 16일(임인) 3번째 기사	사헌부에서 역적과 불충 죄인을 처벌할 것을 상소하다
12	세종 23권, 6년(1424 갑진 / 명 영락(永樂) 22년) 2월 5일(신해) 3번째 기사	허위 회계 기록을 한 도내 수령들을 처벌할 것을 강원도 감사 황희가 청하다
13	세종 36권, 9년(1427 정미 / 명 선덕(宣德) 2년) 6월 17일(갑술) 3번째 기사	서달이 신창의 아전을 죽인 사건에 연루된 황희·맹사성·서선을 의금부에 가두다
14	세종 36권, 9년(1427 정미 / 명 선덕(宣德) 2년) 6월 18일(을해) 2번째 기사	황희와 맹사성을 보석하라 명하다
15	세종 36권, 9년(1427 정미 / 명 선덕(宣德) 2년) 6월 21일(무인) 3번째 기사	황희·맹사성을 파직하고 서선의 직첩을 회수하는 등의 명을 내리다
16	세종 37권, 9년(1427 정미 / 명 선덕(宣德) 2년) 7월 15일(신축) 2번째 기사	서달의 형벌 경감에 대한 겸대사헌 이맹균의 상소
17	세종 39권, 10년(1428 무신 / 명 선덕(善德) 3년) 1월 28일(신해) 4번째 기사	박유가 황희에게 청각을 올린 죄로 그의 관직을 파면시키다

18	세종 40권, 10년(1428 무신 / 명 선덕(善德) 3년) 6월 14일(을미) 2번째 기사	김효정 등이 조질을 엄히 다스리라고 하니 뒤에 간성으로 귀양 보내고 현직을 파면하다
19	세종 40권, 10년(1428 무신 / 명 선덕(善德) 3년) 6월 14일(을미) 3번째 기사	황희가 말과 술대접을 받고 박용을 비호했다는 누명을 받자 이를 조사해주길 청하다
20	세종 40권, 10년(1428 무신 / 명 선덕(善德) 3년) 6월 15일(병신) 1번째 기사	박용의 아내 복덕을 의금부에 수금하여 국문하라고 명하다
21	세종 40권, 10년(1428 무신 / 명 선덕(善德) 3년) 6월 25일(병오) 1번째 기사	황희가 박용 등의 문제로 사직을 아뢰었으나 윤허하지 않자 굳이 사퇴하다
22	세종 44권, 11년(1429 기유 / 명 선덕(宣德) 4년) 6월 19일(갑오) 1번째 기사	창성의 탐욕스러움을 탓하다
23	세종 50권, 12년(1430 경술 / 명 선덕(宣德) 5년) 10월 13일(경진) 7번째 기사	이조에 명을 내려 박호문 등을 국문케 하라고 하다
24	세종 50권, 12년(1430 경술 / 명 선덕(宣德) 5년) 11월 14일(신해) 4번째 기사	의금부에서 태석균 등의 장형을 건의하다
25	세종 50권, 12년(1430 경술 / 명 선덕(宣德) 5년) 11월 21일(무오) 2번째 기사	사헌부에서 황희의 치죄를 상소했으나 듣지 않다
26	세종 50권, 12년(1430 경술 / 명 선덕(宣德) 5년) 11월 24일(신유) 3번째 기사	사헌부에서 황희의 파면 추방을 건의하니 관직을 파면하다
27	세종 52권, 13년(1431 신해 / 명 선덕(宣德) 6년) 4월 21일(을묘) 3번째 기사	박도를 직권남용을 이유로 벌하다
28	세종 53권, 13년(1431 신해 / 명 선덕(宣德) 6년) 9월 8일(기사) 1번째 기사	김중곤이 황희의 파면을 상소하였으나 윤허하지 않다
29	세종 53권, 13년(1431 신해 / 명 선덕(宣德) 6년) 9월 12일(계유) 2번째 기사	채윤이 황희의 파면을 청하였으나 윤허하지 않다
30	세종 54권, 13년(1431 신해 / 명 선덕(宣德) 6년) 10월 1일(임진) 6번째 기사	변상을 추핵하고 고문하다
31	세종 91권, 22년(1440 경신 / 명 정통(正統) 5년) 10월 12일(신사) 4번째 기사	황희의 아들 황중생의 절도에 대해 국문하다
32	세종 91권, 22년(1440 경신 / 명 정통(正統) 5년) 11월 1일(경자) 3번째 기사	의금부 제조에서 황보신에 대해 고문할 것을 아뢰다
33	세종 91권, 22년(1440 경신 / 명 정통(正統) 5년) 12월 20일(기축) 3번째 기사	황희의 아들 황보신을 처벌하다
34	세종 93권, 23년(1441 신유 / 명 정통(正統) 6년) 8월 20일(갑신) 2번째 기사	황보신의 속공 과전을 황희의 과전으로 바꾸어 주다
35	세종 93권, 23년(1441 신유 / 명 정통(正統) 6년) 8월 23일(정해) 1번째 기사	황희가 황치신과 과전을 바꾼 것이 불가하다는 우헌납 민인의 상소문
36	문종 6권, 1년(1451 신미 / 명 경태(景泰) 2년) 2월 2일(신미) 7번째 기사	황희가 아들 황보신의 직첩을 돌려줄 것을 상언하다
37	문종 12권, 2년(1452 임신 / 명 경태(景泰) 3년) 2월 8일(임신) 1번째 기사	영의정부사 황희의 졸기
38	문종 12권, 2년(1452 임신 / 명 경태(景泰) 3년) 2월 12일(병자) 3번째 기사	황희에게 사제하는 교서
39	단종 2권, 즉위년(1452 임신 / 명 경태(景泰) 3년) 7월 4일(을미) 3번째 기사	《세종실록》을 편찬하면서 이호문이 기록한 황희의 일에 대해 의논하다

출처: http://sillok.history.go.kr/inspection/inspection.jsp?mTree=0&tabid=k&id=k(조선왕조실록: 제목에 황희가 나오지 않는 것은 내용에 관련이 있음.)

로 추앙받는 군주의 공과 대등하게 그리는 것은 지나친 편견이나 무식함 아니면 개인적인 추종자에 대한 공적 부풀리기라고 생각할 수밖에 없다. 우리가 세종대왕의 가장 위대한 업적으로 꼽는 한글 창제나 과학·기술적 성과가 과연 황희와 얼마나 상관이 있는가를 굳이 논할 필요가 없다.

황희가 어떤 사람이었는가 하는 것은 [표 4-2]에서 보는 바와 같이 조선왕조실록에 적나라하게 잘 나타나 있다. 물론 조선시대의 주요 문헌에 황희가 상당한 활동을 하고 청백리로 여러 곳에 등재된 것은 사실이다. 그러나 문헌비고^{文獻備考}나 성씨대관^{姓氏大觀} 같은 문헌들이 정사인 조선왕조실록과 같을 수 없고 정사^{正史}가 아니다. 만약 문헌비고와 성씨대관의 저자가 당시에 조선왕조실록을 모두 열람할 수 있었다면 황희를 청백리로 선정하지 않았을 것이 틀림없다. 그런데 국민권익위원회에서는 오늘날 인터넷을 통해 조선왕조실록을 언제든지 열람할 수 있다.

일부 문헌에서 '청백리로 기록하고 있다'고 해서 모두 청백리는 아니다. 오늘날도 과오가 있거나 문제가 있는 행동을 해 의혹을 받는 사람들이 다른 공적으로 상을 받거나 미화되어 모범이 되는 사례는 적지 않다. 국민권익위원회에서 조선왕조실록에 나타나 있는 황희와 그 일가에 대한 자료들을 한 번이라도 읽어 보았다면 스스로 부끄러움을 느껴야 마땅하다. 국민권익위원회가 부패방지를 위한 제대로 된 개념을 가지고 있다면 황희가 아니라 이현보 선생 같은 분을 적극적으로 홍보해야 옳다.

선정을 베풀어 백성이 나서 간곡하게 유임을 요청하고, 왕으로부터 표리294)^{表裏}를 하사받은 이현보295) 선생 같은 분을 두고 표리부동^{表裏不同}하고 수신과 제가도 제대로 못한 황희를 청백리로 소개한다는 것은 청렴과 청백리에 대한 개념이 무엇인지 모른다는 것을 말해준다. 물론 국민권익 블로그 <진짜 청백리는 누구??>에 '때때옷의 선비 이현보'가 국민권익위원회 블로그기자단 2기 권수미 기자에 의해 소개되어 있기는 하다. 하지만 황희에 대해서는 두 가지가 소개되어 있다. 그런데 여기에 소개된 사람 중에는

---

294) 표리(表裏)는 임금이 신하에게 내리거나 신하가 임금에게 바치던 옷의 겉감과 안찝을 말한다. 물체의 겉과 속 또는 안과 밖을 통틀어 이르는 말 또는 겉으로 드러나는 언행과 속으로 가지는 생각을 통틀어 이르는 말을 뜻하기도 한다. 표리부동(表裏不同)은 마음이 음흉하고 불량하여 겉과 속이 다름을 뜻한다.

295) 이현보(李賢輔, 1467~1555): 조선 중기의 문신, 본관 영천(永川), 호 농암(聾巖), 시호 효절(孝節)이다. 1498년(연산군 4) 식년문과에 병과로 급제, 교서관의 벼슬과 검열(檢閱)을 거쳐 1504년 정언(正言)으로 있을 때 서연관(書筵官)의 비행을 공박하여 안동으로 귀양 갔다. 1506년 중종반정 후 지평(持平)에 복직, 밀양·안동의 부사, 충주목사를 지냈다. 1523년(중종 18) 성주목사 때 선정(善政)을 베풀어 왕으로부터 표리(表裏)를 하사받았고 병조참지·동부승지·부제학·경상도관찰사를 지냈다. 1542년 호조참판, 이듬해 상호군이 되고 자헌대부에 올랐다. 1554년 중추부지사가 되었다. 10장으로 전해지던 어부가(漁父歌)를 5장으로 고쳐 지은 것이 ≪청구영언(靑丘永言)≫에 전하며, 예안(禮安)의 분강서원(汾江書院)에 배향되었다. 저서에 ≪농암집≫이 있다.

논란의 소지가 있는 분들도 적지 않아 진짜 청백리와 공무원의 표상으로 누구를 삼아야 하는지 생각해보도록 하는 점도 있지만, 오히려 혼란스럽게 만드는 측면도 없지 않다.

국민권익위원회 청렴교육센터 역사 속 청렴이야기에는 몇 분이 소개되어 있는데 그 중에 또 한 분 주세붕 선생이 있다. 주세붕 선생은 백성을 편하게 다스린 목민관으로 선정을 베풀고 교육에 힘썼다. 욕심이 없고 삼십여 년이나 벼슬하여 지위가 2품직까지 올랐으나 의복은 가난한 선비나 다름없고 식사에 두 가지 고기반찬을 하지 않았다. 앉음에는 방석이 없고 마구간에는 좋은 말이 없었다. 셋집에서 거처하며 봉급으로 생활의 만족감을 느껴 먹고 입은 나머지는 모두 친족을 구제하며 손님을 접대하는 데 썼다. '내가 이렇게 사는 것이 마땅하다'라고 하더니 돌아가신 뒤 집에는 한 섬의 쌀도 저장이 없었다. 장례비용이 없어 나라에서 하사한 것과 동료의 도움으로 장례를 치렀다고 한다.

존경할만한 분임에는 틀림없는 것 같다. 그러나 주세붕 선생 같은 분을 청백리의 표상으로 삼는 것은 문제가 있다. 정부의 정책의도에는 합당한지 모르겠지만, 일반 공무원들이 따르기 어려운 분이다. 조선시대에도 그랬지만, 오늘날 한국 사회에서는 아무리 많이 뇌물을 받아먹어도 발각되지 않으면 청백리가 될 수 있다. 그러다 보니 발달한 것은 상황을 잘 모면하는 임기응변 기술이다. 수뢰사건에 걸린 사람치고 증거가 드러나기 전에 돈을 받았다고 말하는 사람은 없다.

남을 속여 넘기면 그걸 부끄럽게 생각하는 게 아니라 아주 잘한 일로 생각하는 경향까지 나타난다. 하지만 세상사람 모두를 속일 수는 있어도 자신의 양심까지 속일 수는 없다. 오늘날 정부에서 추구해야 할 청렴은 가족의 무한대 희생이 요구되는 극빈, 다른 사람을 위한 일방적인 봉사, 무조건 검소가 아니라 법규를 지키면서 수익을 취하고 국가와 국민을 위해 봉사하는 삶을 살게 하는 것이다. 현대사회에서 능력자는 자신의 역량으로 국가와 국민을 위해 봉사하면서 자신도 풍요로운 생활을 하는 절제되고 진화된 청렴을 추구할 필요가 있다.

청렴淸廉은 성품과 행실이 고결하고 탐욕이 없음, 고결高潔은 성품이 고상하고 순결함, 청백리淸白吏는 청백한 관리 또는 의정부·육조·경조京兆의 정종正從 이품 이상의 당상관과 사헌부·사간원의 수직首職들이 추천하여 뽑던 청렴한 벼슬아치를 말한다. 그리고 청탁請託은 청하여 부탁함 또는 그 부탁이다. 탐욕에 가득한 항회는 자신이 비리를 저질렀고, 그 자식도 비리에 연루되어 문책을 요구하는 내용이 기록된 것만 조선왕조실록

에 수십 회가 넘는다. 이런 기록을 보면 오히려 세종대왕이 왜 그렇게 유독 황희를 감
싸고돌았는지 의심스럽기까지 할 정도이다. 오늘날 한국의 공직사회에 나타나는 현상
이 꼭 황희와 같은 유형의 사람들을 대거 배출되고 있다. 그런 측면에서 보면 국민권
익위원회와 교과부의 부패관리가 가장 적절하게 이루어지고 있는 측면이 있다. 그 대
신 국민은 힘겨워하고 지도자인 대통령은 올바르지 못한 관리자를 임명한 자업자득으
로 비판의 대상이 될 수밖에 없다.

　　인재집忍齋集, 해동명신록海東名臣錄 등에 의하면 이현보 선생은 영천 · 밀양 · 안동 · 성
주 군수를 지내셨는데 가는 곳마다 인재를 기르는 것을 급선무로 삼았다. 또 뒤에 경
주부윤이 되자 치적296)이 더욱 나타났다. 그는 세상의 영달을 즐기지 않아 명예에 뜻
이 없고 겸손한 것을 아름답게 여겼다. 벼슬이 우찬성에 이르렀다. 또한 효도와 우애가
매우 독실하여 부모를 위해서 외직을 빌어 봉양하기를 지극히 했으며 효절이라는 시호
를 내렸다고 기록되어 있다. 이는 조선왕조실록에 나타나 있는 이현보 선생의 모습, 어
부가를 비롯한 직접 지은 여러 수의 시조에 비친 심성과 거의 같은 내용으로 수신과
제가, 치국에도 손색이 없다. 당파싸움에 연루된 기록도 보이지 않는다.

　　그는 소신 있는 신하이자 백성을 소중히 여긴 목민관牧民官이었으며, 살가운 효성을
보인 아들이요, 벼슬과 출세에 매달리지 않은 자유인이었다. 유교의 나라 조선을 이끈
선비로 맑은 인품, 학식과 교양 외에도 권력 앞의 당당함과 몸에 밴 도덕성, 출세나 벼
슬에 대한 초연함을 지녀 오늘날까지도 많은 사람의 존경을 받는다. '어부가漁父歌'로 잘
알려진 농암聾巖 이현보李賢輔는 문인文人이기 이전에 한 사람의 훌륭한 선비였다. 완벽한
사람은 없지만, 가히 시대와 국가를 초월한 공직자의 표상이 될 만한 분이다.

　　대한민국이 진정으로 부정부패를 막고 국가 기강을 바로 세워 정부가 국민으로부터
사랑받기를 원한다면 국민과 국가, 다른 공직자들로부터 생시와 사후에 동시에 존경의
대상이 되는 이현보 선생 같은 분을 청백리의 표상으로 삼아야 한다. 그러면 대한민국
의 공직사회에도 이현보 선생과 같은 인물들이 많이 배출될 것이 틀림없다. 인간 사회
에서 사회적 학습은 중요하다.

② 독도 문제 잉태시킨 황희가 주장한 공도정책
　　정건천의 주장처럼 감히 왜구가 한 발짝도 들어오지 못하도록 황희가 그렇게 했는지

---

296) 이서행(1990), "청백리 정신과 공직윤리", 인간사랑, p.304.

[표 4-3] 고려시대의 울릉도와 독도 관리

연대	출전	기록 내용
1018년	고려사 권4, 세가4 (현종 9년 11월 병인 조목),	우산국(于山國)이 동북 여진(女眞: 두만강 하류 지금의 연해주와 북간도)의 침입을 받아 농업을 폐하므로 이원구(李元龜)를 보내어 농기구를 내려 주었다.
1019년	고려사 권4, 세가4 (현종 10년 7월 기묘 조목)	기묘(己卯)에 우산국의 민호(民戶)로서 이전에 여진에 잡혀갔다가 도망쳐온 자를 모두 고향으로 돌아가게 하였다.
1022년	고려사 권4, 세가4 (현종 13년 7월 병자 조목)	도병마사(都兵馬使)가 주(奏)하기를, "우산국 백성으로 여진의 노략질을 피하여 도망하여온 자는 예주에 두고 관(官)에서 양식을 나누어 주도록 하여 아주 편호(編戶)하소서." 하니 이를 받아들였다.
1032년	고려사 권5, 세가5 (덕종 1년 11월 병자 조목)	우릉(羽陵) 성주(城主)가 그 아들 부어잉다랑(夫於仍多郞)을 보내 토산물을 바쳤다.
1141년	고려사 권17, 세가17 (인종 19년 7월 기해 조목)	명주도 감창사 이양실(李陽實)이 사람을 보내어 울릉도에 들어가 과핵과 목엽이 이상한 것을 취해 오게 하여 바쳤다.
1273년	고려사 권27, 세가27 (원종 14년 2월 계축 조목)	첨서추밀원사 허공(許珙)을 울릉도 작목사로 삼아서 이추와 함께 가게 하였다.
1379년	고려사 권134, 열전47 (신우 5년 7월 조목)	왜(倭)가 무릉도(武陵島)에 들어와 보름이나 머물다 돌아갔다.

출처: 김병렬 외(2005), "독도자료집Ⅰ", 동북아의 평화를 위한 바른역사정립기획단, p.25.

독도 문제를 예를 들어 살펴보면 다음과 같다. 울릉도와 독도는 삼국사기 권4, 신라본기4, 지증마립간 13년 6월 조목에 의하면 우산국^{울릉도와 그 부속도서}이 512년 6월 여름 귀복^{歸復}하여, 매년 토산물을 공물로 바치기로 하였다고 기록하고 있다. 이렇게 신라에 복속된 이후 [표 4-3]에서 보는 바와 같이 고려 조정에 의한 주민과 영토보전 노력으로 계속 우산국의 영역이 통치되고 있었다[297]는 사실을 확인할 수 있다. 그러나 조선시대로 넘어오면서 울릉도와 독도에 사람이 살지 못하도록 하는 공도정책으로 관리정책이 바뀌었다.

우리가 일반적으로 말하는 울릉도의 공도정책[298]은 조선 태종이 시행한 쇄환정책^{刷還政策}을 쇄출정책^{刷出政策} 또는 공도정책^{空島政策}이라 하는 데서 유래한 것이다. 조선의 공도정책은 조정에서 공식적으로 쇄환정책을 확정한 태종 17년^{1417년} 2월 8일에 시작되고 1881년 5월 일본사람들의 울릉도 잠입 벌목에 대한 강원감사 임한수의 수토 내용 보고, 1882년 6월 조정에서 파견한 검찰사^{檢察使} 이규원^{李奎遠}의 현지 탐사 보고, 1882년 8월 20일 영의정 홍순목^{洪淳穆}의 울릉도 개척 건의가 채택되어 8월 말 도장^{島長} 전석규^{全錫奎}가 임명되기까지 465년 동안 지속하였다.[299]

---

297) 김병렬 외(2005), "독도자료집Ⅰ", 동북아의 평화를 위한 바른역사정립기획단, p.25.
298) 김명기(2007), "독도강의", 책과 사람들, p.59.
299) 이진호(2011), "독도 영유권 분쟁 과거 현재 그리고 미래", 한국학술정보, p.90.

태종이 공도정책을 결정하는 과정을 살펴보면 다음과 같다. 태종이 울릉도 주민이 왜구의 침략위험 아래에 있는 것을 걱정하던 중에 울릉도 거주민을 육지로 이주시키자는 강원도 감사의 건의를 받아들여 1403년太宗 3년에 거주민을 육지로 이주시켰다300)는 기록이 있다太宗實錄, 太宗 3년 8월 병진조. 그리고 태종 12년1412년에는 울릉도 사람 백가물白加勿 등 12인이 강원도 고성 어라진於羅津에 배를 타고 들어왔는데, 자기들은 원래 울릉도에서 태어나 성장했으며, 현재 울릉도에는 조선인 11호 60명이 거주하고 있다고 보고301)하였다. 조선 조정은 백가물 등이 울릉도로 도망하여 돌아가지 못하도록 하고 통주, 고성, 간성杆城 등지에 나누어 살게 하였다.

이런 일이 잇달아 발생하자 1416년 음력 9월 태종이 울릉도민에 대한 대책을 신하들에게 물었다. 이때 강원도 관찰사를 지낸 호조참판 박습朴習이 울릉도 사정을 잘 아는 전 삼척만호前三陟萬戶 김인우金麟雨를 천거했다. 태종이 전 삼척만호前三陟萬戶 김인우金麟雨의 의견을 물었다. 김인우는 울릉도는 바다 가운데 멀리 떨어져 있는 섬이므로 사람들이 서로 통하지 못하고 군역을 피하여 도망해 간 자가 많이 있으며, 울릉도에 주민이 거주하게 되면 왜인의 노략질이 있게 되고, 이는 왜인이 강원도까지 침입할 것이라고 했다.

김인우의 의견을 들은 태종은 김인우金麟雨를 무릉등처접무사武陵等處接撫使로 임명하여 울릉도에 파견하여 울릉도 주민과 두목을 설득하여 데려오도록 그에게 명했다. 태종 17년1417년 2월 5일 울릉도에서 귀환한 김인우金麟雨는 주민을 조사한 결과 울릉도에 15가구 86명이 거주하고 있으며, 그 중 3명만 데리고 나왔다. 그리고 사흘 뒤인 2월 8일 대신 회의에서 쇄환문제가 논의됐다. 회의에서 울릉도 주민에게 곡식과 농기구를 지원해 주어 편히 안주할 수 있도록 하여야 한다는 의견과 이들을 쇄환하여야 한다는 의견이 대립하였다. 태종은 유독 공조판서 황희黃喜만 쇄환302)해야 한다고 하였으나 그의 의견을 따라 쇄환정책을 확정했다. 이것이 조선에서 공도정책을 취하게 된 배경이다.

그날의 회의 내용을 조선왕조실록에는 「태종 33권, 17년1417 정유/명 영락永樂 15년 2월 8일을축 1번째 기사, '여러 신하들과 우산·무릉도 주민의 쇄출 문제를 논의하다.' 우의정 한상경韓尙敬, 육조六曹·대간臺諫에 명하여, 우산于山·무릉도武陵島의 주민居民을 쇄출刷出하는 것에 대한 편의 여부를 의논케 하니, 모두가 말하기를, "무릉武陵의 주민은 쇄출하

---

300) 김병렬(2001), "독도논쟁", 다다미디어, p.108.

301) 신용하(2005), "한국과 일본의 독도영유권 논쟁", 한양대학교 출판부, pp.55~60.

302) 김명기(2007), "독도강의", 책과 사람들, pp.59~60.

지 말고, 오곡五穀과 농기農器를 주어 그 생업을 안정케 하소서. 인하여 주수主帥를 보내어 그들을 위무慰撫하고 또 토공土貢을 정함이 좋을 것입니다.” 하였으나, 공조 판서 황희黃喜만이 유독 불가하다 하며, “안치安置시키지 말고 빨리 쇄출하게 하소서.” 하니, 임금이, “쇄출하는 계책이 옳다. 저 사람들은 일찍이 요역搖役을 피하여 편안히 살아왔다. 만약 토공土貢을 정하고 주수主帥를 둔다면 저들은 반드시 싫어할 것이니, 그들을 오래 머물러 있게 할 수 없다. 김인우金麟雨를 그대로 안무사按撫使로 삼아 도로 우산于山 · 무릉武陵 등지에 들어가 그곳 주민을 거느리고 육지로 나오게 함이 마땅하다.” 하고, 인하여 옷衣 · 갓笠과 목화木靴를 내려 주고, 또 우산 사람 3명에게도 각기 옷 1습襲씩 내려 주었다. 강원도도관찰사江原道都觀察使에게 명하여 병선兵船 2척隻을 주게 하고, 도내의 수군만호水軍萬戶와 천호千戶 중 유능한 자를 선간選揀하여 김인우와 같이 가도록 하였다」고 기록하고 있다.

세종대왕도 부왕 태종의 울릉도 공도정책을 답습303)하여 실행했다. 울릉도에 몰래 또 들어간 주민 28명이 있다는 보고를 받자 1425년 8월세종 7년 김인우를 우산무릉등처안무사于山武陵等處按撫使로 다시 울릉도로 파견 역役을 피해 간 남녀 20인을 수색하여 잡아 데리고 왔다. 그리고 1438년세종 20년에는 남회南會와 조민曺敏을 무릉도순심경차관武陵島巡審敬差官으로 임명 파견304)하여 66명을 수색하여 본토로 송환했으며, 이들은 본국 모배죄謀背罪로 처벌되었다. 이로써 울릉도에 사람이 살지 않도록 한 조선의 공도정책은 태종대에 시작되어 세종대에 와서 정착되는 단계로 접어든다.

세금 부과를 피해 섬으로 도망하거나, 왜구倭寇에 의한 피해로부터 보호될 수 없다는 이유로 울릉도 도항을 금지하고 섬에 살고 있는 사람을 본토로 연행한 공도정책에 대해 한국 측은 행정 관서에 의한 정기적인 순시가 계속되었던 까닭에 영유권 방기放棄는 아니었다고 주장305)하고 있으며, 일본 측도 이에 직접 이론을 주창主唱하지 않고 있다. 그렇지만 울릉도의 공도화는 독도의 인식을 막연하게 아는 것으로 그치게 한 것은 사실이다. 공도정책은 독도를 관제문헌官製文獻에 제 각각으로 나타나게 한 원인이 되었으며, 17세기 들어 일본인이 울릉도에 들어와 마음대로 어업을 하는 원인으로 작용하였다.

조선왕조가 울릉도와 그 주변해역을 제대로 돌보지 못할 뿐만 아니라 울릉도에 대한 공도정책을 계속 취하고 있음을 기회로 쓰시마對馬島의 최고행정관인 한슈藩主는 아예 울

---

303) 신용하(2005), “한국과 일본의 독도영유권 논쟁” 한양대학교 출판부, pp.55~60.

304) 김명기(2007), “독도강의”, 책과 사람들, p.61.

305) 임영정 역(2003), “독도 영유권의 일본 측 주장을 반박한 일본인 논문집” 경인문화사, pp.62~63.

릉도를 빼앗을 계획을 세웠다. 그래서 광해군 6년이던 1614년 조선 동래부東萊府에 서계306)書契를 보내 자신이 도쿠가와의 "분부"로 이소다케시마磯竹島: 당시 일본 사람들은 울릉도를 기죽도 또는 죽도라고 불렀음를 탐견探見하려고 하는데 큰 바람을 만날까 두려우니 길 안내를 내어달라고 요청했다. 조선정부는 이를 거절했다. 그러나 이듬해인 1615년에 일본 사람들이 동래부를 찾아와 다케시마竹島, 울릉도를 탐험하고자 하니 허락해달라고 요청했다. 이번에도 동래부는 정부의 방침에 따라 거절307)했다.

한편, 1618년 돗토리번 요나고호우키노쿠니 요나고烏取藩伯耆盧朴國米子의 주민인 오야 진키치大谷甚吉, 무라카와 이치베村川市兵衛가 돗토리번주藩主를 통해 바쿠후幕府로부터 바다를 건너 울릉도에 들어가도 좋다는 울릉도당시의 '다케시마'도해면허竹島渡海免許를 받았다. 그 이후 양가는 80여 년에 걸쳐 봄에 수척數隻의 수십 인의 선단船團을 조직하여 울릉도로 건너가 1~2개월 채취 활동을 한 후 순풍을 기다려 돌아오는 방식으로 매년 한번 울릉도에 도항해 전복 채취, 강치 포획, 대나무 등의 삼림 벌채에 종사했다. 그런데 오야 진키치, 무라카와 이치베 양가의 독도 조업은 1693년 집단적으로 경상도 방면에서 울릉도에 출어한 조선 어민 안용복安龍福 등과 투쟁을 불러일으켰다.

안용복이 울릉도와 독도가 조선 영토라고 주장하면서 일본인을 쫓아내고 1693년과 1696년 두 차례에 걸쳐 추격하여 일본에 건너가 조선정부의 관명을 자칭하며 외교교섭을 하는 우여곡절을 겪은 후 일본과 한국의 외교현안에 올려져 1696년에 이르러 에도 막부江戶幕府는 울릉도가 조선 영토라는 것을 확인하여 일본인의 도항을 금지308)하는 조치를 하였다. 에도 막부가 조선과의 마찰을 피하려고 울릉도를 조선 영토로 인정, 그 후 울릉도에 대한 영유권 주장이 제기되지 않고 있다는 것은 그나마 다행스러운 일이다.

일본 측은 울릉도가 조선 조정의 '공도정책空島政策'으로 465년간 무인화해 있는 사이에 오야 진키치大谷甚吉 등이 울릉도를 '발견', 그곳에서 벌목에 종사하고 독도에서 어로 활동을 한 것을 중시한다. 가와카미와 같은 '실효적 경영론자'들은 수백 년 동안 비어 있던 울릉도로 본토의 한국인들이 직접 나가서 개발에 손을 댄다는 것은 불가능했으므로 더 멀리 떨어진 독도로 나가는 일은 더더욱 어려웠다는 주장이다.

결국 조선의 공도정책은 관리들이 가끔 순찰하고 동해지역 어민들이 고기잡이를 했

---

306) 서계(書契)는 조선과 일본 사이 또는 조선과 야인(野人) 사이의 외교문서이다. 그것은 때때로 신임장이나 입국허가증으로 쓰였다.

307) 김학준(2003년), "독도는 우리 땅", 도서출판 해맞이, pp.77~78.

308) 임영정 역(2003), "독도 영유권의 일본 측 주장을 반박한 일본인 논문집", 경인문화사, pp.68~69.

다고 하더라도 일본인들이 울릉도까지 자유로이 출입하고 어업을 할 수 있도록 하는 빌미를 제공했기 때문에 일본이 독도를 주인이 없는 땅, 즉 무주지로 인식하도록 한 근거가 되었다는 사실을 부인하기는 어렵다. 그리고 독도에 대해 명확하고 뚜렷한 지명 사용 정비가 이루어지지 않아 우산도, 삼봉도, 가지도 등 여러 지명을 사용함으로써 그 위치와 정확성에 대한 해석상의 논란을 불러일으키는 요인이 되었으며, 오늘날까지 논란이 이어지고 있다. 이렇게 독도 문제가 발생하게 된 이면에는 황희의 주장을 받아들인 태종의 공도정책이 원인이 되었다는 것은 확실하다.

황희가 철통같이 변경을 수비하였고 연안 방어망을 구축하여 왜구가 감히 한 발짝도 들어오지 못하게 하였다는 정건천의 문집 내용이 얼마나 허황한 것인지 새삼 거론할 필요가 없다. 우리는 황희의 허구성에 대해 분명하게 알아야 한다. 그래야 '황희처럼 잘못된 정책을 주장하여 대대로 국가의 우환이 되도록 한 사람을 청렴한 인물의 표상이나 명재상으로 보는 것이 정당한가' 하는 점에 대해 의문을 제기할 수 있다. 그러면 교과부와 국민권익위원회의가 얼마나 말도 안 되는 부정부패 교육과 홍보를 하고 있는가 하는 점도 알게 될 것이다.

(2) 권익위 업무처리, 자만이 서려 있다

① 이해하기 어려운 행태

우리나라의 공무원과 공공기관들도 문제가 많다. 방송을 위한 취재가 시작되자 여론을 의식해 민원을 해결하겠다고 태도가 돌변하는 모습을 보면 한심스러움을 느끼게 한다. 그러나 KBS '시청자칼럼 우리 사는 세상'에서 2010년 4월 30일 방송된 '고물상 이전비 보상309)해 주세요'와 같은 내용을 보면 국민권익위원회에 자만이 서려 있는 것이 느껴진다. 때로는 오만하기까지 한 모습을 보이는 일도 없지 않다. 자만自慢은 자신이나 자신과 관계가 있는 것을 스스로 뽐내며 자랑하여 거만하게 굶이고, 오만傲慢은 잘난 체하여 방자함이라는 뜻이다.

행정기관이나 공공기관의 민원 처리결과에 불만을 품은 사람들이 같은 내용을 다시 국민권익위원회에 민원으로 제기하더라도 국민권익위원회 종사자들은 지극히 신중하게 업무를 처리하여야 한다. 민원인들이 국민이 지켜보는 앞에서 국민권익위원회에서

---

309) KBS 2010. 4. 30.

자신들의 민원이 정당하다고 했는데 행정기관과 공공기관에서 왜 보상이나 배상을 해주지 않느냐고 하소연하는 모습을 보는 것은 참으로 딱하다. 담당자들은 바른 일 정당한 판단은 방송이나 국민권익위원회가 아니라 대통령의 지시나 검찰수사에도 소신을 지킬 수 있도록 일을 해야 한다.

국민권익위원회는 하나의 국가기관일 뿐이고 국민권익위원회에 근무하는 사람들이 다른 기관에 종사하는 공무원보다 특별한 능력을 갖췄다고 보기도 어렵다. 특권을 갖는 상위기관이나 행정심판을 담당하는 기관이 아니다. 그런데 자신들이 마치 상위기관이고 공무원의 판단은 합당하지 않고 자신들의 주장이 합당하기 때문에 해당 행정기관은 자신들의 권고를 무조건 받아들여 업무를 처리해야 한다는 입장을 보이는 것은 자만이 가득한 행동이다. 국민의 권익은 보호되어야 하지만, 분명한 것은 국민권익위원회가 수사권을 가진 검찰도 법률 위반을 최종적으로 판단하는 법원도 아니라는 점이다. 그리고 법조문이나 판례 등에 근거한 판단은 여러 가지가 나올 수 있다.

법의 적용에 여러 가지 해석이 가능하다는 것은 상식이다. 만일 확실하게 국민권익위원회의 판단이 옳고 공무원이 일을 잘 못했다면 그 책임을 물어 담당자들에 대한 징계를 요청해야 한다. 그리고 행정기관이나 공공기관, 공기업도 국민권익위원회가 권고한다고 무조건 그것을 빌미로 삼아 국민의 세금이 특정인에게 돌아가도록 해서는 안 된다. 분명한 소신이 있어야 한다. 누가 보더라도 언제나 옳은 것은 옳은 것이어야 한다. 잘못된 것을 우겨 민원인에게 피해를 주어서도 안 되지만, 국민권익위원회에서 요구한다고 무조건 수용해서도 안 된다. 또한 국민권익위원회도 우리 생각이 옳다며 권고이행을 강요해서는 안 된다. 일선 행정기관에서 국민권익위원회의 권고이행에 대한 수용과 이행에 대한 판단은 국민권익위원회의 몫이 아니라 행정기관의 몫이라는 점을 분명하게 인식해야 한다. 그러므로 국민권익위원회는 자신들의 주장을 행정기관에 강요해서는 안 된다.

부패방지 및 국민권익위원회의 설치와 운영에 관한 법률 제1조(목적) 이 법은 국민권익위원회를 설치하여 고충 민원의 처리와 이에 관련된 불합리한 행정제도를 개선하고, 부패의 발생을 예방하며 부패행위를 효율적으로 규제함으로써 국민의 기본적 권익을 보호하고 행정의 적정성을 확보하며 청렴한 공직 및 사회풍토의 확립에 이바지함을 그 목적으로 한다고 규정하고 있다. 그런데 정도를 넘은 행동이 곳곳에서 드러난다. 전임 이재오 위원장의 재임 중 행적을 살펴보면 쉽게 이해할 수 있다.

머니투데이 보도에 따르면 「2009년 10월 19일 국회에서 열린 국민권익위원회 국정 감사에서 야당 의원들은 물론 한나라당 의원들까지 가세해 이재오 위원장을 몰아붙였다. 야당 의원들만 공세를 편 게 아니었다. 이진복 한나라당 의원은 "권익위가 내부적인 일은 제대로 못 하면서 다른데 잘하느니 못하느니 하고 있는 것 아닙니까"라는 지적에 대해, 이재오 권익위원장은 "지적한 내용을 잘 명심해 그런 우려가 없도록 하겠습니다"라고 대답했다. 여야 의원들의 추궁은 이 위원장의 광폭행보에 집중됐다. 홍영표 민주당 의원은 "이 위원장이 경인운하 건설현장을 방문해 '국책사업이니 사명감을 갖고 일해 달라'고 발언한 것은 문제가 있다"고 말했다. 또한 민주당 박선숙 의원은 이 위원장이 부정부패 척결을 위해 감사원, 검찰, 국세청 등 5개 사정기관 연석회의를 추진하겠다고 밝힌 것과 관련, 월권행위라고 지적했다.」

연합뉴스 보도에 의하면 「이재오 권익위원장이 2010년 4월 2일 서해에서 발생한 천안호 침몰사고와 관련해 백령도를 방문, 실종자 가족들을 만나고 조난 작업을 벌이고 있는 UDT해군 특수전 부대 및 SSU해군 해난구조대 대원들을 격려했다. 이 위원장은 이날 오전 인천에서 헬기를 타고 독도함에 내려 고무보트를 통해 광양함에 승선, 실종자 가족들을 만나 "이번 사고가 단순한 조난사고가 아니라는데 대통령도 공감하고 있다"면서 위로했다. 특히 그는 실종자 가족들로부터 민원사항을 경청한 뒤 "만약 희생자가 발생하면 최고의 예우를 해주는 방안을 검토하겠다"고 밝혔다. 이 위원장의 이날 백령도 행行은 3월 30일부터 권익위 내 신문고와 국민제안창구, 110 전화상담실call centre 등으로부터 천안함 참사와 관련한 민원이 262건이 접수, 직접 현장방문을 통해 지원방안을 모색하기 위한 것이라고 권익위 측은 설명했다. 앞서 그는 3월 28일 경기도 평택 해군 2함대 사령부를 찾은 자리에서 실종자 가족들의 신속한 구조작업 부탁을 받고 민간인 구조대의 수색 구조 참여를 독려하는 자막을 올려줄 것을 방송사 측에 요청하기도 했다.」

2010년 5월 14일 아시아경제 보도에 의하면, '골프 자제령'이 내려졌던 천안함 사고 애도 기간에 대학 및 교육 자치단체, 중앙행정기관 등 기관 차량이 골프장에 출입한 것으로 드러났다. 「이재오 위원장은 5월 13일 세종로 정부중앙청사에서 교육과학기술부 직원을 대상으로 한 청렴 특강에서 "교육기관 차가 골프를 쳤는지 안 쳤는지 모르고 본인들은 부인할 수 있겠지만, 우리는 차량 번호까지 다 적어 놨다. 왜 그 시간 그 날짜에 골프장 앞에 그 차를 세워 놓느냐. 점심 먹으러 골프장에 가냐. 약속을 거기서 하냐. 부패 안 한 사람이 훨씬 많지만, 교육공무원 몇 사람이 이렇게 하니까 마치 교육

공무원 전체가 부패한 것처럼 국민이 생각하게 된다. 40만 교육 공무원 중 1년에 비리나 부패로 옷 벗거나 잡혀가거나 그만두는 사람이 400명이 안 될 터인데 어느덧 교육계가 전부 비리의 집단처럼 돼 있다. 우리가 청산해야 할 부패를 청산하지 못하고 당연히 여기는 것"이라고 지적했다. 이 위원장이 천안함 애도 기간에 골프장 앞에 세워져 있었다고 밝힌 차량의 소속기관은 대학 및 교육 자치단체 10곳, 국회 5곳, 법원 2곳, 중앙행정기관 4곳, 지방자치단체 6곳, 공직 유관단체 3곳 등이다. 학교 및 교육관련 기관 차량은 S대 소속 2대, S교육대, K대, 또 다른 K대, S고교이상 국·공립, S여대, H대, 또한 다른 H대이상 사립, S교육청 차량 각 1대씩인 것으로 알려졌다.」

국가에는 각각의 업무를 담당하는 기관이 존재한다. 국민권익위원회 홈페이지에는 위원회가 하는 일을 스스로 명시하고 있다. 그런데 당시 교육 비리를 비롯한 부정부패 문제로 온 나라가 떠들썩할 때 고유 업무에 대해서는 이렇다 할 대책은 내놓지 않았다. 그러면서 과연 천안함 사태에 국민권익위원장이 헬기를 타고 현장에 가야 할 만큼 긴급한 사안인지, 군인들을 격려하고 유가족들에게 최고의 예우를 해주도록 하겠다는 것이 국민권익위원회에서 해야 할 일인지 의문스럽다.

정부에서 자제령을 내리면 아무도 골프를 치지 말아야 하는 문제도 그렇다. 그 기간과 대상은 정확하게 명시했는가? 자제령을 어기는 것이 부정부패하고 무슨 상관이 있는가? 골프장 출입 차량번호를 기록해 관리해서 무엇을 어떻게 하겠다는 것인지 이해하기 어렵다. 국민권익위원회가 마치 청와대 민정수석실이나 국가정보원쯤으로 착각하고 있는 것 같은 모습을 보였다. 정치를 하려거든 차라리 정치나 제대로 하든지 아니면 국민권익위원회의 수장이 되었으면 그 노릇이라도 제대로 하기 위해 노력해 한다. 정도를 벗어난 기행으로 이목을 집중시키는 일은 제대로 노력하는 것이 아니다.

언제부터 부정부패를 연구했는지, 제대로 부정부패를 막을 방도는 알고 있는지 의문이었다. 국민권익위원장 된다고 국민을 막 훈계하려 해서는 안 된다. 그런데 하루가 다르게 터져 나오는 부정부패에 대한 대책은 거의 보이지 않고, 전국을 주름잡고 다니면서 강연하는 모습을 보였다. 국민권익위원회의 수장을 맡았으면서 정치인의 행세를 하려고 하니 이런 이상한 현상과 행동이 빚어진 것이다. 부패방지를 책임져야 할 국민권익위원회 위원장이 걸핏하면 고위공직자비리수사처 신설 같은 정치적인 발언과 행보를 일삼는데 대통령은 부정부패 척결과 개혁을 강조했다. 어찌 역할이 전도된 것 같은 생각이 들 수밖에 없었다. 대통령은 왜 이런 인사를 했는지 무엇을 개혁하겠다는 것인지 부정부패를 척결할 의지는 있는 것인지 이해가 잘 안 될 정도였다. 결국 취임 9개월 만인 2010년 6월 30일 이재오 국민권익위원회 위원장은 2010년 7월 28일 시행되는 서울 은평을 국회의원 재선거에 출마하기 위해 사의를 표명했다.[310]

② 국민권익위원회 구성원은 청렴한가

이재오 전 위원장은 2010년 선거에서 국회의원에 당선되었지만, 잇달아 의혹에 휘말리며 구설에 올랐다. 의혹疑惑은 의심하여 수상히 여김 또는 그 생각이다. 무죄추정 원칙이 적용되므로 의혹에 대한 위법 사실이 확인되지 않으면 범법자는 아니다. 그러나 의혹에 대해 모두가 납득할 수 있는 해명이 이루어지지 못하면 도덕적인 사람으로 보기는 어렵다. 비도덕적인 사람이 국민권익위원회에 수장이나 직원이 되는 것은 문제가 있다.

대우조선해양은 국제통화기금IMF에 구제 금융을 요청하는 경제위기로 대우그룹이 유동성 위기에 빠지면서 2000년 산업은행과 자산관리공사Korea Asset Management Corporation, KAMCO를 통해 약 1조 977억 원의 공적자금이 투입된 회사다. 지난 10년간 산업은행이 31.26% 지분을 가진 대주주로 사실상 공기업 형태로 운영됐다. 대우조선해양은 이명박 정부 들어 한나라당 출신의 낙하산 인사가 쏟아졌다. 이재오 전 국민권익위원장의 측근 3명이 2008년 9월 상임경영고문으로 임명됐다. 또 현재 5명의 사외이사 중 3명이 뉴라이트 정책위원장 출신 등 친親정부 성향이다.

남상태 사장이 2006년 2월 사장으로 임명된 직후 영입한 건축가 이창하 씨를 대주주로 해서 만든 손자회사인 디에스온의 전현직 이사 중에서도 이명박 대통령 대선캠프 출신이 2명이나 된다. 이런 사실은 최근 정치권에서 제기되고 있는 남상태 사장의 연임 로비 의혹을 더 짙게 만드는 정황이다. 연임의 대가 내지는 연임을 위한 로비 수단으로 한나라당이나 이 대통령 측근 인사들을 대거 임원으로 임명한 게 아니냐는 것이었다.[311]

유명환 전 외교통상부 장관이 딸의 특채 파문 끝에 사임한 가운데 이번에는 이재오 특임장관의 아들과 사위의 '수상한 채용 과정'이 의혹을 부르고 있다. 이 장관의 아들은 2009년 7월부터 대학생 신분으로 한화 S&C에서 인턴intern으로 근무를 하던 도중

---

310) KBS 2010. 6. 30.

311) 프레시안 2010. 7. 12.

한화에 입사지원서를 제출해 그해 9월 합격 통보를 받았다. 하지만 그는 같은 해 9월 18일 실시된 인적성 검사에 응하지 않았다. 같은 시기 발표된 현대자동차의 정기공채 공고가 영향을 미친 것으로 보인다. 입사가 확실시되는 한화 S&C 대신 현대자동차를 선택한 셈이다. 실제 이 장관의 아들은 서울 소재 D대학을 졸업한 뒤 2010년 1월 현대자동차에 입사했다.

이 같은 과정의 문제점을 지적하고 나선 재미 블로그 안치용 씨는 자신의 홈페이지를 통해 "한화 입사가 사실상 확정된 상태에서 합격 여부가 불투명한 현대자동차에 입사서류를 낸 것이다. 이미 합격한 직장을 포기한 것은 현대자동차에 합격할 수 있는 확신이 있었기 때문이 아니냐"고 의혹을 제기했다. 안씨는 "지원만 하면 합격이라는 특별 보장책이 없다면 보통사람은 쉽사리 택하기 어려운 카드였다. 지금 같은 취업대란 시기에 이 정도의 배짱을 부릴 수 있는 것은 특임장관의 아들 정도는 돼야 가능할 것"이라고 꼬집기도 했다.

공교롭게도 이재오 장관은 2010년 9월 초 청년 실업 문제와 관련한 발언으로 구설에 오른 바 있다. 이 장관은 한 언론과 대담interview에서 "대학생들은 졸업 뒤 중소기업에서 1~2년 일하게 한 뒤 대기업 입사 자격을 줘야 한다. 재수생들을 공장이나 농촌에서 일하게 해야 한다"는 등의 발언을 쏟아냈다가 곤욕을 치렀다. 하지만 정작 자신의 아들은 대학을 졸업하기 전부터 유수의 대기업들을 '골라 가며' 취업한 것이다. 이 장관의 아들이 최근까지도 언론을 통해 '대학생'이라고 보도되고 있는 것도 석연치 않은 대목이다. 이 장관의 부인 추 모 씨를 대담한 9월 13일 자 '주간조선'은 "둘째 사위는 삼성전자에 근무하고 있고, 외아들은 현재 대학생"이라고 보도했다. 단순한 오보인지, 추씨의 발언에 의한 것이지는 불분명하지만, 후자라면 추씨는 이미 2010년 초 대학을 졸업하고 현대자동차에 근무하고 있는 아들을 '대학생'이라고 소개한 것이다.

이 장관의 사위가 삼성전자에 근무하게 된 경위를 두고도 논란이 일어났다. 그는 2004년부터 2008년 9월까지 세 곳의 직장을 거쳐 같은 해 12월 삼성전자에 경력직으로 채용됐다. 안씨는 "이 회사 중 한 곳은 자본금 5,000만 원에 직원 12명, 또 다른 한 곳은 자본금 1억 원에 직원 7명의 회사였고 처음 직장은 폐업한 상태다. 그가 삼성전자에서 꼭 필요한 사원이었을 수도 있다. 하지만 직원 10명 안팎의 직장에서 일한 경력이 세계적 기업인 삼성전자에서 원하는 경력과 과연 일치하는지는 모르겠다. 공정한 사회까지는 아니더라도 건전한 상식의 잣대를 들이밀 때 과연 떳떳하다고 말할 수 있을지 궁금하다. 특히 권력의 이인자, 특임 총리라는 말이 나도는 이재오 장관과 관련된 일이기에 더욱 그렇다”고 꼬집었다.

특임장관 후보 인사청문회 과정에서는 이 장관의 조카들을 둘러싼 의혹도 제기된 바 있다. 당시 민주당 조영택 의원은 “이재오 내정자는 15대~18대 국회에서 조카 3명을 의원 보좌관으로 채용했으며, 이들 중 2명은 현재 각각 청와대 행정관과 한국콘텐츠진흥원 차장으로 근무하고 있다. 친인척을 보좌관으로 쓰는 것은 준 횡령죄”라고 주장했다. 이처럼 아들과 사위, 조카들과 관련돼 제기된 의혹을 이재오 장관 측은 강하게 부인했다.312)

천주교정의구현전국사제단대표 전종훈 신부은 2008년 3월 5일 이명박 정부 내에 삼성으로부터 정기적으로 금품을 받은 인사로 이종찬 민정수석 비서와 김성호 국정원장 내정자를 꼽았다. 사제단은 또 황영기 전 우리은행장도 삼성의 관리대상이었다고 주장했다. 사제단은 이날 4시 서울 수락산 성당에서 기자회견을 열고 “이종찬 민정수석과 김성호 국가정보원장 내정자가 삼성그룹으로부터 금품을 받았다. 김 내정자는 평소에 정기적으로 금품을 수수했으며, 삼성그룹 법무팀장이었던 김용철 변호사가 직접 금품을 전달했다”고 말했다. 그러나 이들 3명은 “전혀 사실무근이며, 터무니없는 모함”이라고 부인한 것으로 전해졌다.313)

서울동부지법 형사 11부부장판사 설범식는 만취한 부하 직원을 호텔로 데려가 성폭행한 혐의로 구속기소된 권익위 고위간부 박 모55 씨에 대해 징역 2년 6개월을 선고했다. 재판부는 “만취상태의 부하직원을 성폭행하고 그냥 두고 나온 점 등 죄질이 좋지 않다”며 양형 이유를 밝혔다. 박씨는 2011년 5월 3일 오후 9시 40분쯤 부하직원 A씨와 술을 마신 뒤 만취한 A씨를 서울 강동구의 한 모텔로 데려가 강제로 성폭행해 강간치상 혐의로 구속기소됐다.314) 비도덕적인 사람이 도덕적인 사람인 것처럼 가장해 행동하고 도덕적인 국민을 통제 계도하는 것은 심각한 문제다. 그런데 우리나라 대통령과 정부는 이런 심각성을 제대로 이해하지 못하고 있다.

---

312) 프레시안 2010. 9. 16.
313) 경향신문 2008. 3. 5.
314) 노컷뉴스 2011. 7. 22.

(3) 주요 기관별 청렴도 측정 결과와 문제점

① 청렴도 측정 개요

청렴도淸濂度 측정測定은 국민민원인의 입장에서 '공무원이 부패행위를 하지 않고 객관적이고 공정하게 업무를 처리한 정도를 평가' 한 것이다. 청렴도는 다시 공무원의 부패행위와 관련된 체감청렴도, 부패를 유발하는 요인과 관련된 잠재청렴도의 두 가지 측면으로 구체화한다. 청렴도 평가청렴지수의 근거315)는 부패방지법이다. 측정 배경은 '측정할 수 없으면, 관리도 불가능하다'는 영국의 저명한 물리학자 켈빈 경Lord Kelvin의 말을 들고 있다. 문제에 직면하였을 때, 현재 상황과 목표를 정확하게 진단하여야 성공적인 해결이 가능하다는 의미이다.

부패 역시 우리가 해결하여야 할 하나의 사회현상이자 문제이므로, 효과적인 반부패 정책 추진을 위해서는 부패가 만연한 분야와 그 수준에 대한 정확한 진단이 필요하다. 청렴도 측정 및 평가는 공공기관별로 부패 취약분야를 진단·개선하기 위한 것으로 행정서비스를 접한 민원인의 경험을 과학적으로 조사하는 것이다. 측정모형의 신뢰성 제고를 위해 학계, 연구소, 시민단체 등 전문가 의견을 폭넓게 수렴하고 있다고 한다.

청렴도 측정대상이 되는 업무는 우월적인 결정이나 처분 등으로 부패발생 가능성이 있는 업무이므로 기관별 청렴도 점수는 주요 대민업무의 청렴도를 나타내는 것이 된다. 기관별 조사 표본은 특정성향이 있는 표본의 영향력을 최소화하기 위해 체계적인 방식으로 추출하고 통계학적 필요 규모 이상으로 조사 표본을 확대하고 있다. 측정결과는 효율적인 비교분석을 위해 6개 기관유형으로 구분하여 '전년대비 개선도' 중심으로 공개316)한다.

청렴도 측정이 이루어지기 전에도 국제투명성기구TI의 부패인식지수CPI를 비롯하여 여러 가지 다양한 부패진단 체계가 개발·운영되고 있었다. 하지만 기존의 부패진단체계는 불특정 다수를 대상으로 부패수준에 대한 인식위주의 조사방식으로 운영되어, 부패 취약분야에 대한 정확한 진단과 객관성 및 신뢰성 향상에 한계를 보임으로써 실무적인 정책 활용도가 낮다는 단점이 드러났다. 이에 따라 1999년 '반부패특별위원회'는 기존의 부패진단체계의 한계를 보완할 수 있는 새로운 부패진단체계로 '청렴도 측정'

---

315) 국민권익위원회, "2009 국민권익백서", 국민권익위원회, pp.275~278.

316) 국가기록원 나라기록 2006. 12. 1.

을 개발, 3회의 시험측정을 통해 운영체계를 확정, 정부부패방지위원회→국가청렴위원회→국민권익위원회는 2002년 이후 매년 1회 정기적인 청렴도 측정을 하고 있다.

2002년부터 시행된 청렴도 측정은 공공기관의 대민·대기관 업무를 경험한 국민민원인/공직자이 고객의 입장에서 경험·인식한 공공기관의 청렴 수준을 평가하는 외부대민·대기관 청렴도로 2002년 71개 기관348개 업무을 시작317)으로 2004년 313개 기관1개 업무, 2006년 325개 기관1,330개 업무, 2008년 377개 기관1,329개 업무 등 측정대상 기관을 확대해왔다. 2002년 이후 청렴도 측정을 하면서 공공기관의 청렴성에 대한 국민의 기대수준이 높아지고 사회적·정책적 환경의 변화에 따라 기존의 청렴도 측정결과와 국민의 인식 간에 괴리가 발생하는 등 모형개선의 필요성이 대두하였다.

이에 따라 2006년에 공공기관 소속직원이 내부고객 입장에서 소속기관의 인사·예산 등 내부업무의 청렴도를 측정하는 내부청렴도 모형을 개발하여 2007년부터 외부청렴도 측정과 함께 내부청렴도 측정에 들어갔다. 2008년에는 청렴도 측정 시작 이후 변화된 환경과 국민의 반부패 기대수준을 반영, 기존의 청렴도 측정모형을 개선하여 부패측면과 아울러 기관의 투명성, 공직자의 책임성 측면까지 청렴도 측정대상에 포함하였고 부패개념을 금품향응에서 편의 제공까지 확대하였으며, 외부청렴도와 내부청렴도를 종합한 종합청렴도를 산출하는 등 새로운 정책 환경에 더 적합하도록 조정했다.

2009년에는 민원인 설문조사의 청렴도 산정방식에 대한 보완 필요성이 제기되어 부패공직자 적발·처벌 현황을 점수화하는 방안을 마련하고, 내부청렴도 측정항목 중 중복된 설문항목을 조정하는 등 청렴도 측정의 타당성을 확보하기 위하여 지속적인 모형개선을 추진하였다.

② 우리나라 주요 기관의 청렴도

청렴도318)는 추상적인 개념으로 사람들의 시각에 따라 다양하게 정의될 수 있다. 하지만 청렴도 측정은 철저하게 행정서비스를 받는 고객의 입장에서 실시되어야 하며 청렴도 또한 고객의 입장에서 정의되어야 한다. 이러한 입장에서 청렴도를 정의해 보면 외부청렴도는 행정서비스의 고객인 국민이 공공기관으로부터 서비스를 받는 과정에서 '공직자가 금품 수수와 향응을 받는 것 같은 부패행위를 하지 않고, 투명하고 책임 있

---

317) 국민권익위원회, "2009 국민권익백서", 국민권익위원회, pp.275~278.
318) 국민권익위원회, "2009 국민권익백서", 국민권익위원회, pp.275~278.

게 업무를 처리한 정도'를 국민민원인/공직자의 입장에서 평가하는 것으로 정의하고 있으며, 내부청렴도는 '소속직원이 내부고객의 입장에서 해당 기관의 청렴도를 평가한 것'으로 정의할 수 있다.

2009년 외부청렴도와 내부청렴도를 모두 측정한 160개 공공기관의 종합청렴도는 10점 만점에 8.51점으로 2008년의 8.20점보다 0.31점 상승한 것으로 나타났다. 474개 공공기관의 외부청렴도는 8.61점으로 0.44점 상승했지만, 164개 공공기관의 내부청렴도는 8.14점으로 0.13점 하락하였다. 종합청렴도를 처음 산출한 2008년에는 내부청렴도가 외부청렴도보다 높았으나, 2009년도에는 외부청렴도가 더 높게 나타났다. 전체기관에서 종합청렴도는 상승하였으며, 공직 유관단체의 종합청렴도가 8.86점으로 가장 높은 수준으로 나타났다.

시·도교육청의 종합청렴도는 8.05점으로 가장 낮은 수준이나, 개선도는 0.36점으로 가장 높았다. 474개 공공기관의 1,573개 대민·대기관 업무의 청렴도는 10점 만점에 8.61점으로 전년보다 0.44점 상승하였다. 외부청렴도를 구성하는 부패지수, 투명성지수, 책임성지수 모두 상승하였으며, 특히 부패지수9.20점는 전년보다 0.74점 상승하여 큰 폭의 개선도를 보였다. 업무처리 기준 및 절차 등의 투명성지수는 2008년과 마찬가지로 가장 낮았다.

164개 공공기관을 대상으로 측정한 내부청렴도는 10점 만점에 8.14점으로 전년보다 0.13점 하락한 것으로 나타났다. 조직문화와 부패방지제도의 정착 정도를 보는 청렴문화지수는 8.40점으로 전년보다 0.33점 상승했지만, 업무청렴지수는 7.95점으로 0.47점 하락하였다. 기관유형별로는 기초자치단체가 7.85점으로 가장 낮게 나타났으며, 공직 유관단체가 8.86점으로 가장 높은 수준으로 나타났다. 시·도교육청을 제외한 모든 기관유형에서 내부청렴도가 전년보다 하락했으며, 중앙행정기관의 하락폭-0.55점이 가장 크게 나타났다. 우리나라 국가 주요기관의 2009년도 청렴도는 [표 4-4], [표 4-5], [표 4-6]과 같다.

[표 4-4] 39개 중앙행정기관 2009년 청렴도

구분	기관명	종합청렴도	외부청렴도	내부청렴도
총괄조정	국무총리실	8.70	8.62	8.84
	법제처	9.13	9.23	8.96
	기획재정부	8.57	8.58	8.55
	행정안전부	8.46	8.79	7.86
	여성부	9.26	9.23	9.33
조성지원	방송통신위원회	8.54	8.74	8.17
	국가보훈처	8.67	8.76	8.51
	교육과학기술부	8.33	8.57	7.87
	외교통상부	8.87	9.31	8.06
	통일부	7.89	8.48	6.82
	국방부	8.98	9.04	8.86
	문화체육관광부	8.48	9.00	7.52
	농림수산식품부	8.23	8.74	7.29
	지식경제부	8.53	8.68	8.25
	보건복지가족부	7.83	8.71	6.22
	국토해양부	8.43	8.73	7.89
	조달청	8.80	8.73	8.91
	통계청	8.50	9.27	7.09
	방위사업청	8.34	8.28	8.45
	소방방재청	8.61	9.36	7.25
	문화재청	8.82	8.85	8.77
	농촌진흥청	8.93	8.93	8.93
	산림청	8.80	9.07	8.29
	중소기업청	8.44	8.99	7.42
	기상청	8.73	9.24	7.78
	행정중심복합도시건설청	9.43	9.37	9.53
단속규제	공정거래위원회	8.85	8.63	9.26
	금융위원회	9.14	9.17	9.09
	법무부	8.37	8.55	8.04
	환경부	8.76	8.82	8.64
	노동부	8.11	8.49	7.41
	국세청	9.20	8.86	9.82
	관세청	9.04	9.12	8.90
	대검찰청	7.88	8.10	7.48
	병무청	8.97	8.74	9.38
	경찰청	7.48	8.22	6.12
	특허청	8.24	8.22	8.27
	식품의약품안전청	8.50	8.60	8.32
	해양경찰청	8.72	9.14	7.96

출처: 국민권익위원회, "2009 국민권익백서", 국민권익위원회, p.777.

[표 4-5] 16개 광역자치단체 2009년 청렴도

기관명	종합청렴도	외부청렴도	내부청렴도
서울특별시	8.60	9.18	7.54
부산광역시	8.28	8.72	7.46
대구광역시	9.05	8.93	9.27
인천광역시	8.34	8.86	7.37
광주광역시	9.41	9.26	9.67
대전광역시	8.63	8.84	8.24
울산광역시	8.10	8.41	7.53
경기도	8.56	9.21	7.37
강원도	8.70	9.07	8.03
충청북도	9.21	9.01	9.59
충청남도	8.38	8.92	7.38
전라북도	8.72	9.24	7.77
전라남도	8.98	9.12	8.71
경상북도	8.32	9.03	7.02
경상남도	8.09	8.34	7.62
제주도	8.84	9.12	8.34

출처: 국민권익위원회, "2009 국민권익백서", 국민권익위원회, p.778.

[표 4-6] 16개 지방교육청 2009년 청렴도

기관명	종합청렴도	외부청렴도	내부청렴도
서울교육청	7.41	6.91	8.34
부산교육청	7.19	6.88	7.76
대구교육청	7.08	6.94	7.34
인천교육청	7.56	7.12	8.37
광주교육청	8.23	8.20	8.28
대전교육청	8.69	8.66	8.73
울산교육청	8.16	8.48	7.58
경기교육청	7.89	7.36	8.87
강원교육청	8.20	7.87	8.81
충북교육청	8.40	8.10	8.97
충남교육청	8.40	8.50	8.23
전북교육청	8.12	8.80	6.87
전남교육청	7.43	7.93	6.51
경북교육청	8.58	8.69	8.39
경남교육청	8.63	8.13	9.55
제주교육청	8.80	8.45	9.44

출처: 국민권익위원회, "2009 국민권익백서", 국민권익위원회, p.779.

③ 국민권익위원회 청렴도 측정의 문제점

종합청렴도는 10점 만점으로 한다. 그런데 2009년 국민권익위원회에서 측정한 우리나라 공공기관의 종합청렴도 평균이 8.51점이었다. 국가별 부패인식지수는 대략 7점이 넘으면 선진국으로 본다. 우리나라의 2009년도 부패인식지수는 5.5점으로 세계 180개국 중 39위를 기록했다. 2010년에는 5.4점으로 178개국 중 39위를 차지했다. 국민권익위원회에서는 목표관리 청렴도를 몇 점으로 설정하고 있는지 모르겠다. 9점을 넘는 기관도 적지 않다. 부패인식지수와 청렴도는 다르다. 그러나 평가기관과 항목이 다르다고 하더라도 국민의 체감 인식수준은 비슷하게 나타나야 한다. 국민 인식과 동떨어진 평가는 문제가 있다. 청렴도를 부패인식지수와 비교하면 이미 우리의 부패관리 수준이 최고 수준으로 한계에 도달하고 거의 부패가 발생하지 않는다는 것을 의미한다. 그런데 실상이 그런가?

부패가 얼마나 심하면 대통령이 직접 나서 부정부패 척결을 천명하면서 한 가지도 아니고 여러 가지 분야의 개혁을 추진하겠다고 밝혔다. 왜 이런 일이 생기는가? 그것은 청렴도 평가기관인 국민권익위원회가 부패에 대해 아직 잘 모르고 목표관리 개념이 제대로 설정이 안 되어 있는데다 외국에서 개발된 것을 베껴 시행하면서 치밀하고 꼼꼼하게 측정을 하지 않기 때문이다. 현실을 반영할 수 없는 측정은 의미가 없다. 지나치게 그 지수가 높게 나오면 그것은 자료로서의 가치가 크게 떨어진다. 국민권익위원회는 이러한 사실을 아는지 모르겠다.

2010년 초 동시 다발로 부정부패가 쏟아져 나왔는데도 청렴도 평가에서 8 이상이 수두룩하게 나왔다. '공직 유관단체(2) - 준정부기관' 중에 한국가스안전공사는 9.26점을 받아 청렴도가 매우 우수한 것으로 나타나 있다. 과연 국민권익위원회 조사대로 그렇게 청렴한지 대한민국 가스안전대상 시상 업체 선정 관련 사항, 한국가스안전공사 본사 직원이 출장 간 지역본부의 접대, 직원회식, 검사원의 점심, 명절 때 한국가스안전공사 직원들의 움직임을 자세히 조사해보고 이런 결과가 나온다면 수긍할 수 있을 것이다. 그런데 국민권익위원회는 그런 조사를 해본 적이 있을까에 대해 의문이다.

문제점이 무엇인지 제대로 인식하지 못하면 현실이야 어떻든 청렴도 측정 노름을 자기들 방식대로 계속할 것이다. 그런데도 이재오 전 위원장은 2010년 5월 23일 KTV 정책진단에 출연하여 고위공무원에 대한 청렴도 측정을 하면 당장 부패인식지수가 5.5에서 7 이상으로 올라가 선진국 수준이 될 것이라고 말했다. 아마 처음에 국가기관에 대한 청렴도를 측정하면 부패가 크게 개선될 것으로 기대했지만 별로 개선된 것이 없다는 사실을 모르는 모양이었다. 그런데 이에 그치지 않고 한 걸음 더 나아가 고위 공무원 개인에 대한 청렴도 측정을 국민권익위원회에서 추진하겠다고 했다.

국민권익위원회에서 발간한 '청렴 선진국 실현을 위한 2010년도 반부패 · 청렴 정책 추진지침'을 보면 「개인별 청렴도 평가를 위해 고위공직자 개인별 청렴도 평가 모형 개발 및 상반기 평가를 한다. 이를 위해 전문가 및 관계기관 의견수렴을 통해 평가항목 등 구체적 평가방안 및 결과발표 · 활용 방안을 마련하기 위해 3월 3개 기관에 대한 시험평가 실시 후 모형확정, 4월 '고위공직자 청렴도 평가 실시계획'을 통보한다. 인허가 · 지도단속 등 부패 취약업무 담당공무원에 대한 개인별 청렴도 평가 모형 개발 및 보급을 위해 기관별 특성을 반영하여 자율적인 평가 실시를 유도하고, 부패 취약업무를 대상으로 2010년 3월 담당공무원 개인별 평가 기본계획을 수립한다」[319]고 구체적인 일정까지 밝혔다.

개인에 대한 청렴도를 지수로 나타내는 것은 인간의 심리변화를 지수를 통해 확인할 수 있다는 것을 의미한다. 세상에 인간의 심리변화를 제대로 파악할 방법은 아직 없다. 추정하는 정도다. 그런데 정작 부정부패 행위를 일삼은 사람은 증거가 없어 못 잡는데 멀쩡한 공무원을 이상한 지수로 엮어 무엇을 어떻게 하겠다는 것인지 이해하기 어렵다. 부패관리는 정책 남발, 청렴도 측정, 국제기구나 협약 가입, 외국 유사기관과 교류하는 일로 해결되는 것이 아니다. 우리 국민이 만족하지 못하는 부패관리가 이루어지고 실질적인 효과를 발휘하지 못하는 제도를 몇몇 다른 나라 공무원이 배우겠다고 내방하는 것을 국민권익위원장이 마치 자랑스러운 일이라도 되는 것처럼 말했다.

도대체 누가 누구에게 무엇을 가르치려고 하는지 참으로 한심스럽다. 2011년 부산 저축은행 사태와 같이 매년 대형 비리사건이 연례행사처럼 터지는 우리나라 부정부패도 제대로 관리하지 못하면서 말이다. 부탄은 국민권익위원회로부터 반부패 기술을 전수받은 국가 중 하나이다. 2009년 우리나라와 함께 5.5점으로 공동 39위를 차지했던 부탄은 2010년 5.7점에 36위로 상승하여 반부패 정책을 수출한다고 자랑했던 우리를 부끄럽게 하고 있다.[320] 그런데 이재오 전 위원장은 부정부패를 얼마만큼 연구했는지 모르겠지만, 정책방송에 출연 진행자, 언론인, 교수들을 들러리로 세워 그들의 문제 제

---

319) "청렴 선진국 실현을 위한 2010년도 반부패 · 청렴정책 추진지침", 국민권익위원회, p.22.

320) 한국투명성기구, "2010년 부패인식지수(CPI) 발표 자료"

기와 질문에 마치 부패문제를 거의 다 안다는 식으로 일방적으로 대답하며 애써 아는 체하는 모습이 안쓰럽게 느껴지기까지 했다. 그런데 웃기는 일이 또 벌어지고 있다.

2011년 1월 3일 임명된 김영란 위원장도 취임한 지 두 달도 채 안 된 2월 22일 수원에 있는 지방행정연수원에서 3~6급 지방직 공무원 260여 명을 대상으로 한 '부패로부터 자유로운 사회를 위하여'라는 주제의 윤리특강을 통해 "부패는 바이러스와 같아 그대로 방치하면 급속도로 확산하여 사회통합과 정책추진에 큰 걸림돌이 되는 만큼 공직자들이 철저히 경계해야 한다"고 역설[321]하는 등 열심히 특강을 하러 다닌다. 그리고 그 결과를 꼬박꼬박 국민권익위원회 홈페이지 위원회 뉴스에 게시하여 홍보하고 있다. 뭔가 잘못되어도 한참 잘못되었다.

전직 판사나 법조인이 대수가 아니다. 부정부패를 강의하려고 하면 충분한 식견이 있어야 한다. 공부도 하고 연구도 해야 한다. 그런데 부정부패와 관련하며 논문이나 저서를 내놓았다는 말은 듣지 못했다. 그런데 무엇을 얼마나 안다고 부패를 바이러스에 비유하는지 모르겠다. 아마도 자리만 차지하면 직위를 인정하여 연사로 초청하고 상식 정도의 말을 해도 뉴스거리가 되다 보니 자신이 많아 안다고 생각하는 모양이다. 아니면 인류의 영원한 골칫거리를 사법고시에 합격한 좋은 머리로 한 달 조금 넘는 기간에 두루 섭렵했는지도 모르겠다. 부끄러움을 안다면 이런 일은 할 수가 없다. 적어도 6개월 이상 최소 1년 정도는 업무도 파악하고 공부하고 연구해서 청중들에게 부끄럽지 않을 정도의 지식으로 그들 앞에 서야 마땅하다.

물론 위원장에 취임했고, 예방교육을 해야 할 의무가 있는데다 요청을 하니 특강을 했을 것이다. 그렇다고 하더라도 제대로 된 지식인이라면 본 내용은 전문가들에게 할애할 줄 알아야 한다. 사람은 만능이 아니다. 부패문제의 핵심은 행동이고 부패관리도 말이 아니라 행동으로 해야 한다. 알아도 실천하지 않으면 모든 것은 수포로 돌아간다. 진정 부패관리를 제대로 하려면 이제 허세는 걷어치우고 국민이 만족하는 부패관리 결과를 내보여야 한다.

④ 국민권익위원회 자체 정책 평가

정책 수행을 통해 국가 주요 행정기관에 대한 청렴도를 평가하고 있는 국민권익위원

---

321) 국민권익위원회, 위원회 뉴스.

회가 스스로 수행하는 정책에 대해 어떻게 평가하고 있는지 궁금하지 않을 수 없다. 2009년 1월 국민권익위원회에서 작성된 주요정책 부분에 대한 '2008년도 자체평가 결과 보고서'에 의하면 스스로 일을 잘하고 있다는 것인지 아닌지 종잡기 어렵다.

평가결과 개요에는 2008년도 7개 성과목표, 30개 관리과제의 자체평가 결과, 우수 4개[13.3%], 다소 우수 8개[26.7%], 보통 12개[40.0%], 다소 미흡 4개[13.3%], 미흡 과제 2개[6.7%]로 나타났다고 되어 있다. 그런데 전체 73개 성과지표에 대한 목표달성도 분석 결과, 성과지표의 목표치에 대한 평균 달성률은 99.97%로 71개 지표의 목표치는 충실히 달성하였으나, 일반국민대상 부패인식도, 부패영향평가 개선 권고율 2개 지표의 목표치는 달성하지 못했다. 목표 미달성 지표 중 성과목표 미달성 지표에 대한 주요 원인을 분석한 결과, '일반국민대상 부패인식도'의 경우 각종 부패사건 발생에 따른 일반 국민의 정부신뢰 수준이 다소 낮아졌으며, '부패영향평가 개선권고율'의 경우 부패영향평가에 대한 부처의 인식 제고로 불합리한 법규가 점차 감소하고 있기 때문으로 분석했다.[322]

2008년 성과목표와 관리과제가 전체 73개 성과지표에 대한 목표달성도에 포함되는 것인지 정확하게 알 수는 없지만, 포함되었다면 평균 달성률이 너무 높고, 포함되지 않았다고 하더라도 전체 성과지표 73개 가운데 목표치에 대한 평균 달성률은 99.97%로 71개 지표의 목표치가 충실히 달성되었다는 것은 문제가 있다. 일부러 100% 달성을 만들지 않기 위한 보고용으로 정리했던지, 내부적으로 일을 아주 잘하고 있다는 것이거나 아니면 목표치가 너무 낮게 책정되었다는 것을 의미한다. 목표가 달성되고 일을 잘하는 것이라면 당연히 사회적인 부패문제가 발생하지 말아야 한다. 그런데 우리 사회는 이후 발생한 공정택 서울시 교육감 인사비리와 부산저축은행 사태 등 대규모 부패사건이 터지고 대통령이 직접 나서 부정부패와 전쟁을 선포하는 등 개혁을 천명하고 사정기관이 여전히 부정부패 척결에 집중하고 있다.

이는 목표를 너무 낮게 책정하고 너무 후한 평가점수를 주는 형식적인 일을 하고 있다고 볼 수밖에 없다. 그리고 성과목표 미달성 지표에 대한 주요 원인을 분석한 결과 '부패영향평가 개선권고율'이 목표에 미달한 것은 부패영향평가에 대한 부처의 인식 제고로 불합리한 법규가 점차 감소하고 있기 때문으로 분석했다는 말은 앞뒤가 맞지 않다. 국민권익위원회 내부에서 분석한 것처럼 부패영향 평가에 대한 부처의 인식 제

---

322) 국민권익위원회(2009년), "2008년도 자체평가 결과보고서(주요정책 부분)", 국민권익위원회, p.3.

고로 불합리한 법규가 점차 감소하고 있다면 부패영향평가 개선권고율이 높아져 목표 달성이 이루어져야 한다. 그렇지 않다면 부처에서 아는 것이 많아져 국민권익위원회가 요구한 개선권고가 합당하지 않은 것으로 받아들였다는 해석이 가능해진다.

왜 이런 평가와 원인 분석이 이루어졌을까? 그것은 국민의 공감보다는 국민권익위원회 그들만의 일하는 방식에 의한 일을 하기 때문이다. 현실과 맞지 않거나 오류가 있는 분석 보고서를 공개하는 것은 자신들의 문제를 인지하지 못한 결과로 스스로 일을 잘하고 있다는 점을 내보이기 위한 자만에서 나온 행동으로 국민을 무시하는 처사다. 자기중심주의 사고 속에 갇혀 있어 무엇이 잘못되고 어디에 문제가 있는 것인지 제대로 인식하지 못할 때 나오는 행동이기 때문이다.

2) 권한 조정 소속 옮긴다고 달라질 것 없다

(1) 공직자비리수사처 신설 실효성 의문

① 이해관계 충돌 문제와 특별검사제

일반적으로 형사법상의 범죄를 저질렀을 때에 그에 대한 조사 및 기소의 책임은 행정부에 주어져 있다. 즉 행정부는 법집행기관으로서 사회의 안녕과 질서, 공공의 이익을 위하여 범죄로 규정된 행위들을 조사하고 기소하여 일정한 제재를 받도록 함으로써, 그 권한을 완수하는 것이다.

문제는 대통령을 포함하여 법집행 책임이 있는 행정부 내에 재직하는 사람들이 일정한 범죄를 저질렀을 때, 그 행위에 대한 조사와 기소가 얼마만큼 공정하고 정직하게 이루어질 수 있는가이다. 법집행 책임이 있는 행정부가 행정부 내, 특히 직접 법집행을 담당하는 법무부와 검찰 등의 고위공무원과 관련이 있는 범죄를 조사한다는 것은 외형상 자신의 사건을 자신이 담당하는 모습을 띠게 되는 것이다. 이때 조사 당사자와 조사 대상인 자들은 상호 간에 이해관계가 대립하게 되고, 이에 따라 조사의 객관성과 공정성에 의심을 야기하게 된다.

조사대상이 되는 사건이 정치적으로 집권세력의 입지에 영향을 미칠 수 있는 사건일 때 그 조사의 신뢰성은 더욱 취약해질 수밖에 없다. 이것은 행정부의 조사행위 자체가 이해관계의 충돌로 말미암아 신뢰성을 보장할 수 없는 외양을 갖게 되기 때문이다. 미국의 특별검사제323)는 바로 이러한 이해관계의 충돌 및 그로부터 야기될 수 있는 불공정성의 외양을 피하려고 마련324)된 것이다. 미국에서 특별검사법이 성립되어 특별검사제도가 법제화된 것은 1977년 5월 카터Carter 대통령이 특별검사입법에 찬성한다고 공표하고 정부윤리법안 S. 555가 6월 27일 상원에서 투표로 의결되고 하원을 통과하여 대통령이 서명함으로써 법으로 확정325)되었다.

우리나라에서는 1999년 9월 '한국조폐공사 노동조합 파업 유도 및 전 검찰총장 부인에 대한 옷 로비 의혹사건 진상규명을 위한 특별검사 등의 임명에 관한 법률' 제정으로 특검제가 도입되었다. 이후 2001년 11월 이용호 금융비리 사건과 2003년 2월 대북 송금 의혹 규명을 위해 '남북정상회담 관련 대북 비밀송금 의혹사건' 등에 특별검사제가 실시 된 바 있다. 삼성 비자금 의혹 관련 특별검사는 2007년 11월 23일 국회에서 통과된 삼성그룹의 불법비자금 의혹을 수사하기 위한 '삼성 비자금 의혹관련 특별검사의 임명 등에 관한 법률'에 의하여 실시되게 되었다. 그러나 몇 차례에 걸쳐 실시된 우리나라의 특별검사제는 제한된 기간과 정치적 영향 등으로 제기된 의혹을 푸는 데 한계를 드러내 국민의 기대에 부응하는 수사수준을 보여주지는 못했다.

법률326)은 모호하기 쉽고, 다른 국가기관보다 행정부의 정치적 이해관계에 더 관련되는 선택적인 해석의 여지가 적지 않다. 특히 형사법 집행에서 조사 및 기소 재량은

---

323) 특별검사제(特別檢事制, Independent Counsel)는 고위 공직자의 비리나 위법 혐의가 발견되었을 때 수사와 기소를 행정부로부터 독립된 변호사로 하여금 담당하게 하는 제도이다. 이는 검사가 기소해야 할 사람을 기소하지 않았을 때 이를 통제하는 한국의 재정신청제도(裁定申請制度)나 일본의 검찰심사회와도 다른 것이다.

　기원은 1868년부터 8년간 대통령으로 재임한 미국의 U. S. 그랜트가 대통령 개인 비서의 탈세혐의를 수사하기 위하여 특별검사를 임명한 것이 처음이다. 1920년에는 대통령 W. 하딩이 내무부 관리들이 연방정부 소유 와이오밍주의 유전 개발권을 민간업자에게 넘겨주고 그 대가로 뇌물을 받은 추문을 수사하기 위하여 특별검사가 임명되었다. 검사가 국가공무원인 한국과는 달리 미국은 행정부가 고용하는 변호사가 검사라는 관념이 강했기 때문에 특별검사제가 법적 뒷받침 없이 자연스럽게 운용될 수 있었다. 이 제도가 본격적으로 도입된 것은 1972년 닉슨 행정부의 워터게이트사건에서이다. 대통령 닉슨은 워터게이트 도청사건에 대한 성역 없는 수사를 약속하며 최고의 법학자로 명망을 얻고 있던 하버드대학교의 A. 콕스를 특별검사로 임명하였다. 그는 사건 해결의 열쇠를 쥐고 있는 백악관회의 녹음테이프를 제출하도록 집요하게 요구하였다. 궁지에 몰린 닉슨은 콕스를 해임해버렸다. 이는 법무장관이 임명하는 특별검사의 한계를 드러내 준 사건이었다. 이를 계기로 미국의회는 1978년 특별검사제도의 운영에 관한 규정이 포함된 정부윤리법을 통과시키고 특별검사는 법원이 지명하도록 하였으며, 공식용어도 독립변호사(Independent Counsel)로 정하였다.

　이 제도가 일시적으로 후퇴하였던 것은 레이건 행정부의 이란－콘트라사건 수사였다. 특별검사 L. 월시가 7년간 3,500만 달러를 써가며 수사를 벌였으나, 무차별 수사에 불만을 품은 공화당 의원들이 특별검사의 수사 범위, 기간, 수사비용에 대하여 일정한 제약이 필요하다며 법 개정을 요구하였다. 이에 따라 1992년 12월 특별검사 관련법은 일시 폐지되고 법무장관이 특별검사를 임명하는 관행이 되살아났다. 그러나 1994년 7월 클린턴 행정부는 자신의 관련된 화이트워터 사건을 공정하게 수사해야 한다는 여론의 압력 때문에 특별검사제 관련된 법을 부활시키지 않을 수 없었다. 특별검사로 이름을 떨친 사람은 콕스 외에 그의 후임으로 임명되어 닉슨을 물러나게 한 L. 자워스키, 클린턴의 화이트워터 사건을 맡은 K. 스타이다. 현재 미국은 특별검사제도는 한시법이었던 관계로 폐지된 셈이다.

324) 이헌환(2000), "특별검사제", 박영사, pp.8~9.

325) 이헌환(2000), "특별검사제", 박영사, pp.87~88.

326) 이헌환(2000), "특별검사제", 박영사, p.5.

적극적 및 소극적인 양 측면의 가능성을 동시에 가지고 있다. 즉 적극적인 측면은 혐의사실에 대해 적극적으로 조사하고 소환하며 체포하고 기소하는 것이고, 소극적인 측면은 혐의사실에 대해 소극적으로 조사하지 아니하고 소환하지 아니하며, 체포하지 아니하고 기소하지 아니하는 것이다. 형사법 집행에서 행정부에 부여된 이러한 조사 및 기소 재량은 때로는 정치적 반대자로 하여금 그 재량의 행사에서 불법적인 정치적 고려를 하는 것으로 받아들이게끔 한다.

책임 있는 정부는 형사법 집행에서 국민의 신뢰를 확보하여야 한다. 국민은 정부의 견해로 자신의 견해를 대신할 수 있을 만큼 정부를 신뢰할 수 있을 때, 정부의 법집행에 대하여 충분히 수긍할 수 있다. 형사법 집행의 과정에서 축소·은폐·조작 등의 의혹이 남게 된다면, 당장 비난은 피할 수 있을지 몰라도 그로부터 발생하는 정부에 대한 불신은, 곧 정부 자체를 위험에 빠뜨릴 뿐만 아니라 국가 자체의 위기도 불러올 수 있다.

검찰은 '권력'과 '권위'의 상징이라고 말한다. 그런데 이런 검찰의 권력과 권위가 누구에게나 공평하고 정확하게 법을 집행하는 모습으로서의 권위가 아니라 권력을 가진 자에게는 관대하고 힘없는 사람에게만 가혹한 권위처럼 여겨져 온 것이 사실이다. 다시 말해 본래의 의무가 엄정한 집행이라고 할 때 그동안 검찰의 모습은 많은 국민에게 신뢰를 받기보다는 권력자의 편에 서 있는 것 같은 인상을 주었다. 특히 권력형 부패에 대해 단호한 법 집행327)을 해야 하는 순간에 제대로 대처하지 못한 검찰의 모습은 국민에게 불신을 사는 원인이 되었다.

② 계좌추적권 논란과 공수처 설치 포석 의혹

부패조사에 필요한 자료를 열람할 수 있게 하는 정보요구권이 계좌추적권으로 인식되고 그것이 공직비리수사처 신설을 위한 포석이라는 관측을 낳는 것은 모두 국민권익위원회가 자체의 무능력함을 법규와 제도 탓으로 돌리고 설치 목적에 벗어난 행위를 하는 데서 비롯되고 있는 것으로 보인다. 2009년 10월 23일 노컷뉴스 보도에 의하면 「권익위의 해묵은 숙제는 부패문제 조사를 위해 수사권까지는 어렵지만, 조사권을 가져야 하겠다는 것과 총리 산하기관인 권익위를 대통령 직속으로 격상시키는 것」이라고 한다.

또한 파이낸셜뉴스 보도에 의하면 「이재오 국민권익위원회 위원장이 2009년 11월

---

327) 김창룡(2006), "청렴한국 아름다운 미래", 한길사, p.67.

26일 '계좌추적권' 추진 논란과 관련, "계좌추적권이 아니라 부패조사에 필요한 자료를 열람할 수 있게 하는 정보요구권"이라며 해명에 나섰다. 하지만 야당뿐 아니라 여당도 불만을 표시해 입법추진 과정에서 난항이 예상된다. 이날 지역현장 민원상담제도인 '이동신문고' 행사차원에서 전남 담양군청을 찾은 이 위원장은 "개정안의 취지는 범죄가 있다는 신고가 들어온 사람에 대해 열람할 수 있는 자료를 요구할 수 있는 권리를 갖겠다는 것이다. 계좌추적권 운운하는 것은 이 사안을 정치문제로 삼으려는 의도적인 왜곡"이라고 주장했다. 이와 관련, 이내희 대변인은 "수사기관이 영장을 발부해 관련자들의 계좌를 적극적으로 조사하는 계좌추적과 달리 금융거래 정보요구권은 고위직 부패행위 신고에 국한된 내용을 확인하기 위해 특정 금융거래정보를 요구하는 지극히 제한적 개념"이라고 확대해석을 경계했다. 하지만 안상수 한나라당 원내대표는 이날 최고위원회의에서 "정부의 중요 정책은 당과 사전협의를 할 필요성이 있다. 국민권익위원회의 계좌추적권 도입 추진과 같은 중요한 대책에 대해 정부와 청와대는 한나라당과 사전 정책조율을 거쳐 발표하도록 하는 것이 좋다"며 사전 조율 없는 정부의 일방적인 발표에 불만을 표시했다. 권익위는 2009년 11월 24일 고위공직자 부패행위 신고내용 사실 확인을 위한 금융거래 정보요구권을 신설하는 내용의 '부패방지 및 국민권익위원회 설치 및 운영에 관한 법률' 개정안을 입법 예고해 계좌추적권 등을 확보해 공직비리 수사처를 만들려는 것 아니냐는 관측을 낳았다.」328)고 분석했다.

국민권익위원회의 설치 목적은 '불합리한 행정제도를 개선하고, 부패의 발생을 예방하며 부패행위를 효율적으로 규제'하는 것이다. 이러한 목적을 달성하는데 왜 부패문제 조사를 위한 정보요구권, 수사권이나 조사권이 필요할까? 그것은 더 많은 권력을 가져야 일을 더 잘할 수 있다는 잘못된 발상 때문이다. 국가권력을 하나로 하면 될 것을 분화하는 이유는 독단과 전횡의 폐해를 막기 위한 것이다. 국민권익위원회가 원하는 권력을 주어도 부패행위를 근절할 수 없지만, 만약 공직자비리수사처를 새로 만들더라도 국민권익위원회 산하에 둘 필요도 없다. 현시점에서 가장 중요한 것은 현재 맡은 일을 최선을 다하여 제대로 하는 것이 최우선이다. 정보요구권도 마찬가지이다. 이것을 굳이 법으로 만들지 않더라도 경찰이나 검찰인력을 파견받아 상주시켜 활용하면 된다. 그런데 왜 굳이 스스로 정보요구권을 가져야 하겠다고 하는가? 그것은 권력에

---

328) 파이낸셜뉴스 2009. 11. 27.

대한 욕심이고, 힘 있는 권력기관이 되고 싶은 속내를 드러낸 것에 지나지 않는다.

③ 스폰서 검사 파문 공수처 신설 주장 다시 제기

대형 부패사건이 터지고 수사결과가 용두사미로 끝날 때마다 제기되는 문제가 강력한 반부패정책기구 설치이다. 국민권익위원회에 독립적인 수사권과 금융거래조사권 등을 보유해야만 효과적인 수사와 사정을 전개할 수 있다. 아울러 기소권까지 부여하는 것도 검토되어야 한다는 주장이 제기되기도 한다. 싱가포르는 1960년 '부패방지법'을 제정하여 대통령이 부패사건 수사과장을 임명하여 부패사건은 영장 없이도 구속할 수 있는 제도[329]를 운영하고 있다.

그동안 우리나라에서도 여러 차례 고위공직자비리수사처나 공직자비리수사처 신설에 대한 주장이 제기되어 왔으나, 이제까지 모두 논의로 끝나고 실행되지 않았다. 고위공직자비리수사처 신설은 2004년 5월 24일 노무현 대통령이 부패방지위원회 업무보고에서 고위공직자비리조사처를 산하에 설치할 것을 지시[330]하면서 본격화되었다. 2004년 11월 정부는 공수처 설치를 위한 세부적인 내용이 담긴 '공직부패수사처의 설치에 관한 법률안'을 마련하여 국회에 제출했으나, 17대 국회 임기만료로 폐기되었다.[331] 이처럼 공직자비리수사처는 노무현 전 대통령의 강한 의지에도 성사시키지 못했다.

국민권익위원회의 반부패 연석회의나 조사권 부여는 검찰과 항상 충돌이 벌어졌던 사안들이다. 국민권익위원회의 전신은 참여정부 때 부패방지위원회와 국가청렴위원회인데, 당시에도 공직자비리수사처 신설을 두고 검찰과 한바탕 붙었다. 공직자비리수사는 비리검사 등 법조인을 표적으로 하므로 검찰에게는 눈엣가시였다. 결국, 검찰이 무마시켜 비리수사처 신설은 없던 일이 됐다. 그런데 이명박 정부에서 왕 실세인 이재오전 위원장이 부임하면서 다시 수면으로 떠올랐다.

2009년 10월 23일 노컷뉴스 보도에 의하면「김준규 검찰총장은 국정감사에서 권익위의 움직임에 대해 분명한 반대 입장을 표시했다. 김 총장은 "이재오 위원장이 공직자비리수사처와 비슷한 기구를 만들 필요가 있다고 밝혔는데 어떻게 보느냐"는 질문에 대해, "새 조직을 만들어 어렵게 가느니 저희 조직을 통해 해나가는 것이 낫다"고

---

329) 배세영(2005), "부패의 경제학", 대경, pp.41~44.

330) MBN 2004. 5. 25.

331) 한국투명성기구.

말했다. 반부패 연대회의에 대해서도 김 총장은 "권익위로부터 제안을 통보받은 바 없다"고 불편한 기색을 숨기지 않았다.」 그런데 이른바 스폰서 검사 파문과 관련해 한동안 잠잠하던 공직자비리수사처를 만들어야 한다는 의견이 다시 나왔다.

2010년 5월 10일 SBS 보도에 의하면 「한나라당 정몽준 대표는 이명박 대통령의 검·경 개혁 촉구는 국민적 요구를 반영한 지적이라고 말했습니다. 정 대표는 검사 향응 수수 의혹에 대해 야당 측이 주장하는 특별검사 도입을 고려해야 한다고 밝혔습니다. 더 나아가 공직자비리수사처 신설을 검토할 필요도 있다고 말했습니다. 정몽준 한나라당 대표는 "공수처라고도 하고, 고비처라고도 하는데요. 고비처의 설립문제에 대해서도 우리 한나라당은 신중하게 검토할 필요가 있습니다"라고 말했다. 이재오 국민권익위원장도 고질적인 공무원 비리 근절을 위해 별도의 사정기관이 필요하다고 말해 이른바 공수처 신설에 동조했습니다. 친이계인 정두언, 진수희 의원 등은 다음 주 '공수처 신설' 법안을 국회에 제출하겠다고 밝혔습니다. 공수처에 기소권을 부여해 검찰의 기소 독점주의를 깨는 내용이 포함될 것이라고 설명했습니다. 이미 공수처 법안을 제출해놓은 민주당을 포함한 야권은 일단 환영하면서도 여당 측의 진정성을 지켜보겠다고 밝혔습니다. 우상호 민주당 대변인은 "앞으로 민주당은 한나라당이 내는 개선안과 법안을 지켜보면서 이에 대하여 입장을 다음에 발표해나가도록 하겠습니다"라고 말했다. 검찰은 내심 불쾌해하면서도 전전긍긍하는 분위기입니다. 검찰 관계자는 모든 개혁방안을 검토 중이지만, 검찰 기능과 중복되는 공수처 도입은 받아들이기 어렵지 않겠느냐고 말했습니다. 청와대도 대통령의 검찰 개혁 강조가 공수처 신설을 뜻하는 것은 아니라며 선을 그었습니다. 그러나 여권의 한 관계자는 "공수처 신설까지는 아니더라도 특검을 상설화하는 방안에 대해서는 법무부와 검찰에서도 논의가 진행 중인 것으로 알고 있다"고 말해, 상설 특별검사는 검찰 개혁차원에서 적극적으로 검토되고 있다는 뜻을 내비쳤습니다.」

야당이 크게 반대를 하지 않는 상황에서는 대통령과 정부·여당이 공직자비리수사처를 신설해야 하겠다고 작정을 하면 만드는 것은 금방 할 수 있다. 하지만 중요한 것은 오늘날 발생하는 부정부패가 사정기관이 부족해서 발생하는 것도 아니고 법이나 제도에 문제가 있어서 발생하는 것만도 아니다. 새로운 정부기구가 만들어지더라도 얼마만 한 기대효과를 달성할 수 있을지는 의문이다. 정부에서 국민권익위원회에 흡수 통합된 부패방지위원회를 처음 만들 때, 부정부패를 거의 막을 수 있을 것으로 생각하고 기대하는 사람들이 적지 않았다. 하지만 2010년 당시 국민권익위원회 이재오 위원장은 부패는 크게 개선하지 못했으면서, 권력 확대가 마치 부패를 해결해 주는 것처럼 공직자비리수사처 신설에 동조하고 자신들에게 정보요구권을 달라고 했다.

특별검사제를 만든 것 자체가 상당 부분 이해관계의 충돌을 회피하기 위한 것이었다. 그런데 특별검사제를 도입해 운영해 보아도 여러 가지 문제점과 한계성이 노출되었다. 그래서 이번에는 고위공직자의 부패 수사를 전담하는 수사처를 신설하자는 것이다. 이는 궁극적으로 검찰이 국민으로부터 신뢰를 받지 못한 데서 논의가 출발하고 있다. 하지만 고위직비리수사처를 신설한다고 하더라도 국민의 전폭적인 신뢰를 담보할 수 없고, 정부 내 조직이기 때문에 이해관계의 충돌도 피할 수 없다. 검찰이 수사를 독점하면서 국민의 신뢰를 얻지 못한 점을 경쟁을 통해 보완할 필요가 있다는 측면에서 고려의 대상이 될 수는 있다. 하지만 두 기구를 동시에 유지하면 불필요한 경쟁이나 혼란이 야기될 수 있는 등 기대하는 바의 목적을 달성하기는 쉽지 않을 것으로 보인다.

정치가나 고위공직자가 연루된 대형 비리 사건이 터질 때마다 고위직비리수사처 신설 문제가 거론됐다. 그 이면에는 정치보복성 표적수사, 공안사정, 야당탄압을 위한 수사는 중지되어야 한다는 주장이 항상 단서조항으로 따라붙었다. 2011년 6월 여야 의원 6명이 기소된 '전국청원경찰친목협의회^{청목회} 입법로비' 사건 수사 등과 관련 국회 사법제도개혁특별위원회 검찰관계법 소위원회에서 대검찰청 중앙수사부의 직접 수사기능을 폐지하기로 전격 합의하고[332] 특별수사청 또는 고위공직자비리수사처^{고비처} 신설을 논의했으나 검찰의 반대로 무산되었다. 하지만 검찰의 공정성이 신뢰를 받지 못하기 때문에 그것을 보완하기 위해 고위직 비리를 전담해서 담당하는 수사처를 신설하자는 것이다. 검찰이 미덥지 못하면 현행제도에서 운영되고 있는 특별검사제도를 통해 수사하면 된다. 그리고 그동안 국민적 관심대상이 되는 사건에 대해서는 몇 차례 특별검사제도를 통한 수사가 이루어졌다.

수사결과가 국민적 의혹을 명명백백하게 밝혀내 모두 해소할 수 있도록 해 준 것은 아니었지만, 나름대로 성과가 있었던 것은 사실이다. 이렇게 특별검사제도의 존재 사실을 알고 있으면서도 고위직비리수사처를 신설하자고 하는 이유는 무엇인가? 옥상옥으로 중첩된 업무를 하는 기관을 만들어 정부의 몸집 불리기만 하자는 것인가? 그것

---

332) 동아일보 2011. 6. 6.

은 아니다. 특별검사제도는 해당 사건을 수사하기 위해 구성되는 임시조직으로 소속감이 약하고, 방대한 조사량에 비해 수사기간 연장이 가능하기는 하지만 국회에 의해 제한되는 등의 제약으로 말미암아 효율적인 수사를 진행하기가 어렵다는 인식, 감사원의 감사로 비리를 밝혀내는 데 한계점이 있다는 인식이 바탕이 되고 있다.

감사원과 검찰은 못 믿겠고 특별검사제도는 제약이 많아 효율적인 수사를 하기 어렵다고 하면서, 고위직비리수사처를 만들면 그것은 정치적으로 중립을 보장받을 수 있고 성역 없는 수사가 가능할 것인가를 생각해 보아야 한다. 고위직비리수사처를 만들어야 한다고 주장하는 사람들은 마치 그러한 일이 가능할 것처럼 말하지만, 그것은 어렵다. 입법, 사법, 행정부를 중심으로 한 삼권분립을 기반으로 한 정부체계 내에서 어떠한 조직을 만들든 완전한 독립은 있을 수 없다. 단지 전담조직을 만들어 그 업무를 하게 되면 어느 정도의 효과는 나타나겠지만 법률의 손질, 기존 조직으로 존재하는 특별검사제도 및 검찰의 업무와 관리영역에 대한 조정이 불가피하고 검찰이나 특별검사가 해야 할 것을 영역분리를 통해 고위직비리수사처에 업무를 전담시키면 기존에 검찰이나 특별검사보다 어느 정도의 효율적인 수사실적을 내놓을 수 있을지도 의문이다.

부정부패가 유발하는 사회적 비용의 피해를 고려하면 하나의 기관을 새로 만드는 것으로 비리를 크게 줄일 수 있다면, 당연히 그렇게 해야 할 것이다. 그러나 오늘날 우리에게 필요한 것은 새로운 기관이나 조직의 문제가 아니다. 감사원이나 검찰, 특별검사제도 등 기존에 존재하고 있는 기관의 문제점을 보완하고 제 기능을 충분히 발휘하도록 하는 일을 선행해야 한다. 그래도 대응이 쉽지 않을 때는 정부 차원에서 국가기관의 조직 재편성을 통해 고위직비리수사처를 신설하는 것도 하나의 방안이 될 수 있다. 현재 비리를 수사하고 감사할 기관이 없어서 부정부패가 만연하는 것이 아니다.

이제까지 드러난 부정부패는 감사원과 검찰의 치열한 노력의 결과이다. 이런 노력에도 국민으로부터 이들 기관이 의혹의 대상이 되는 것은, 정권에 휘둘려 공정성이 끊임없이 시비대상이 되고 있는 데다 내부 비리에 의한 도덕성 문제 때문이지, 단순하게 일을 잘하고 못하는 것의 문제가 아니다. 분명한 점은 공직자비리수사처 신설로 부정부패를 뿌리 뽑을 수는 없다. 하지만 기소권이 독점화되어 있는 검찰의 신뢰 제고, 수사권 경쟁체제 도입을 통한 발전을 위해서는 공직자비리수사처가 아닌 대통령실, 정당과 국회의원, 검찰, 경찰, 감사원 등을 대상으로 하는 공권력비리수사처 설치는 검토해 볼 필요가 있다.

(2) 대통령 직속기구 추진

부정부패 전담기구인 국민권익위원회도 부패 방지를 위해 나름대로 노력을 한다. 그럼에도 부패인식지수가 크게 개선되지 않는 것은 스스로 능력의 한계를 드러냈다고 할 수 있다. 한계에 봉착했을 때 모든 인간이 할 수 있는 기본적인 대처방법은 그 한계를 극복하기 위해 실력을 향상하고 더 열심히 노력하는 일이다. 외부의 힘에 의존하면 한계는 일시적으로 극복할 수 있다. 하지만 외부의 힘이 지원되지 않을 때는 다시 원점으로 돌아가기 때문이다. 그런데 국민권익위원회는 자신의 한계를 극복하기 위해 얼마만큼 노력하는지 알 수는 없지만, 분명한 것은 외부의 힘에 의존하여 한계를 극복하는 데 지나치게 집착하는 것이 아닌가 하는 의구심을 갖게 한다.

머니투데이 보도에 의하면 「2009년 10월 19일 국회에서 열린 국민권익위원회 국정감사에 이재오 위원장은 권익위 위상 강화와 활동 계획에 대해 큰 목소리를 냈다. 이 위원장은 권익위 부패방지 활동과 관련, "공직사회를 깨끗하게 하려면 권력이 높을수록 부패와 비리를 척결하도록 하는 정부의 의지가 필요하다고 본다"고 강조했다. 공성진 한나라당 의원 등은 이에 "권익위를 대통령 직속으로 격상시켜야 한다. 공직자 퇴임 뒤 부패방지, 재산 관리 등을 행정안전부가 담당하는데 향후 행안부나 권익위로 일원화시킬 필요가 있다. 이 위원장이 노력해 달라"고 주문하기도 했다.」

2009년 11월 27일 파이낸셜뉴스 보도에 의하면 「이재오 위원장은 또 권익위를 국무총리에서 대통령 소속으로 바꿔 지위를 격상하려는 것 아니냐는 질문에 "2008년 국민고충처리위원회와 국가청렴위원회, 국무총리 행정심판위원회를 통합해 국민권익위가 출범하면서 국무총리 소속으로 변경됐지만 지난 정권까지 고충처리위와 청렴위는 대통령 소속이었다. 원래대로 돌려놓으려는 것"이라고 말했다.」

국민권익위원회를 국무총리 소속으로 두면 일을 제대로 못 하고 대통령 소속으로 두면 일을 잘할 수 있다는 생각은 근본적으로 잘못된 것이다. 모든 일을 실세니 비실세니 하는 형식이나 권력의 힘에 의존하는 것이 아니라 스스로 노력을 통하여 합리성과 정당성, 즉 논리와 이치에 맞고 옳은 것을 쫓아 처리하는 실력에 의존해야 한다. 민주주의 국가에서는 실력이 있으면 그에 상응하는 존중을 받는다. 그래도 부족한 무엇이 있다면 그때는 소속을 옮겨보는 것도 괜찮다.

6. 잘못된 국민의식

1) 왜곡된 법 감정 확산

오늘날 한국 사회에 일각에서는 '법 모두 지키고 사는 사람 아무도 없다. 세상 법대로만 되는 것 아니다. 법 몰라서 안 지키는 것 아니다. 법보다 주먹이 가깝다. 정부와 정치가들이 자기들 편할 대로 법을 만든다. 법 있으나 마나 하다. 법 모두 지키면 아무 일도 못한다. 법을 만드는 사람이 더 안 지킨다. 탈세하는 것이 아니고 절세하는 것이다. 아이들에게 도움만 된다면 무슨 일이든 한다'는 말들이 버젓이 통용되고 있다. 대부분 한 번쯤 들어 보았을만한 말들이다. 개인의 법에 대한 피해의식에서부터 국회와 정부 입법에 대한 불만까지 다양하다. 왜곡된 법 감정이 확산하면 법을 지키지 않으려고 하는 사람들이 그만큼 늘어난다. 이러한 경향이 확대되면 사회는 부정부패가 만연하기 마련이다. 그런데 국민의 왜곡된 법 감정은 모두 정부와 정치가가 그렇게 만든 것이다.

2) 자신이 추구하는 가치에 치중한 감정적 대응

우리 사회에 나타나는 가장 심각한 문제 중 한 가지가 자신이 추구하는 이해와 가치에 매몰되어 순간적으로 감정적인 대응을 하는 사람들이 많다는 점이다. 분명히 옳은 일을 하는 사람에 대해서도 자신의 이해에 따라 반응을 보이는 일이 적지 않게 나타난다. 심지어는 옳은 일, 정당한 비판을 한다는 것을 알면서도 자신의 이익에 반하거나 자신의 추종자가 비난의 대상이 될 때는 오히려 옳은 발언으로 비판하는 사람에 대해 역공격을 일삼거나 비아냥거린다. 특히 자신이 추종하는 사람이 정치인을 비롯한 유명인일 경우 그런 행동이 더욱 강하게 나타나는 경향이 있다.

노무현 전 대통령 일가의 뇌물 수수혐의 수사와 한명숙 전 국무총리의 뇌물 수수혐의 수사에 대한 반대집회가 대표적인 사례이다. 노무현 대통령 일가의 뇌물수수와 관련333) 검찰이 수사할 때인 2009년 4월 30일 노무현 전 대통령의 검찰 소환에 앞서 "봉하마을 주민은 '공정성을 잃은 검찰. 노무현 죽이기 이제 그만 해라. 지역 살리기 위해 노력한 노 대통령 더는 욕되게 하지 마라' 등이 적힌 현수막을 들고 노 전 대통령 사저 앞까지 왕복해서 거리행진을 하며 "노무현 사랑해요"라고 외치기도 했다. 봉하마을 주민뿐만 아니라 일부에서는 '죽은 권력'에 대한 검찰의 음모라고 생각하는 이들 역시 적지 않았다.

2009년 12월 15일에는 야당과 친노무현 인사, 시민단체 등 범민주진영이 서울 명동에서 시민 3천여 명이 참석하는 집회를 하고 한명숙 전 총리에 대한 검찰수사를 규탄했다. 참석자들은 이명박 정권이 한 전 총리에 대한 '표적수사'를 통해 '정치공작'을 하고 있다고 성토했다. 민주당 정세균 대표는 "한 전 총리에 대한 표적수사는 검찰과 언론이 야당을 죽이고자 하는 야합 수사"라고 말했다. 참석자들은 촛불을 하나씩 들고서 "정치공작 분쇄하자" 등의 구호를 외쳤으며, 검찰과 언론을 비판하는 내용이 담긴 현수막placard을 찢는 행위performance를 했다.334)

'한명숙 정치공작 분쇄' 공동대책위원장인 이해찬 전 총리는 "한 전 총리가 한 푼도 받지 않았다는 것을 확신한다. 정치공작을 분쇄하고 민주주의를 지켜 파쇼335)fascio를 막아내자"고 말했으며, 친노무현 인사인 국민참여당의 유시민 전 보건복지부 장관은

---

333) 참여연대 행정감시센터 2009. 4. 24.

334) 불교방송 2009. 12. 15.

335) 파쇼(fascio)는 이탈리아의 파시즘 운동 또는 파시즘적인 운동·경향(傾向)·지배 체제(體制) 따위를 가리키는 말이다. 파시즘(fascism)은 1919년 이탈리아 B.무솔리니가 주장·조직한 국수주의적이고 권위주의적·반공적인 정치적 주의·운동이다. 파시즘이란 이탈리아어인 파쇼(fascio)에서 나온 말이다. 원래 이 말은 묶음(束)이라는 뜻이었으나, 결속·단결의 뜻으로 전용(轉用)되었다. 파시즘이 대두하게 되는 일반적이고도 더욱 광범위한 배경은 18세기 말부터 누적되어 온 사회적 불안과 제1차 세계대전 후의 만성적 공황 및 전승국·패전국을 막론한 정치적·사회적 불안에서 초래된 각종의 혁명적 기운에서 찾아볼 수 있다. 따라서 근대사회 위기의 양상은 모두 파시즘의 배경이 된다. 즉, 파시즘이 발생하게 되는 배경은 ① 국제적 대립과 전쟁위기의 격화 ② 대량적 실업과 공황 ③ 국내정치의 불안정 ④ 기존 정당·의회 및 정부의 부패·무능·비능률 등 병리현상(病理現象)의 만연 ⑤ 각종 사회조직의 강화에서 오는 자율적인 균형 회복능력의 상실 ⑥ 정지적·사회적 집단 간의 충돌 격화 등을 들 수 있다. 이와 같은 위기 요인의 격화에 의해 정치체제의 안정과 균형이 파괴되고, 게다가 기존 정치세력이 사태를 효과적으로 수습할 능력을 상실할 경우, 무정부적 진공상태를 메우기 위하여 파시즘이 등장한다.

"수구언론과 정치검찰이 두려워하도록 진보개혁세력이 총 단결해야 한다. 2012년 대통령 선거에서 이명박·한나라당 정권을 심판하자"고 주장했다. 이들은 "정치검찰의 불법적인 조작수사에 맞서 법치 확립과 검찰개혁을 위한 운동에 적극적으로 나서겠다"는 내용의 결의문을 채택했다.[336]

한명숙 전 총리가 뇌물을 수수했는지 하지 않았는지 본인 외에는 아무도 정확히 모른다. 우리나라는 민주주의 국가이고 법치국가이다. 자신을 변론해줄 변호사도 있고 구제제도도 있다. 부정부패 행위에 대한 뇌물수수혐의가 있으면 수사를 받고 죄가 있으면 대가를 치르면 된다. 죄가 없으면 풀려날 것이다. 무고한 사람에게 죄를 뒤집어씌우려고 한 사람에게 책임을 묻고 공격하는 것은 괜찮다. 그러한 사람을 공격한다고 뭐라 할 사람은 없다. 그리고 죄가 없는데 혐의를 뒤집어써서 피해를 본 부분이 있으면 법에 따라 피해 보상을 청구하면 된다. 그런데도 수사 자체를 비난하거나 '구속을 하지 마라'고 하는 것은 잘못된 행동이다.

누구든 정상적인 검찰의 수사를 무리한 것으로 몰아세워서는 안 된다. 그리고 공적을 부각하려는 행동을 시도하거나 다른 사람도 파헤치면 그만한 죄 없는 사람 없다는 억지 논리를 가져다 붙여 문제가 되지 않는다는 식으로 항변하려고 드는 것도 합당하지 않다. 이러한 행동은 정치지도자의 부정부패를 오히려 방조하는 일이 될 수도 있다. 대개 비극의 시작은 사소한 일에서 시작되지만, 사회 전체가 치러야 할 대가는 엄청나게 크다.

3) 권력 통하면 규칙 넘을 수 있다는 의식 상존

청탁請託은 청하여 부탁함 또는 그 부탁을 말한다. 청탁은 반드시 뇌물 제공이나 접대, 그에 상응하는 물품이나 노무 제공으로 이어진다. 청탁의 목적은 내 힘이나 정상적인 방법으로는 해결할 수 없는 문제 해결을 기본 전제筌蹄로 한다. 청탁을 받는 사람이 법규 내에서 자신의 능력으로 도움을 줄 수 있을 때는 별로 문제가 되지 않지만, 현실 속에서는 그렇지 않은 경우가 많다. 권력은 국민으로부터 위임받은 직책과 그 직책에 따른 직무를 수행하기 위해 주어지는 권한이다.

국가발전과 국민의 복리증진, 권익보호와 신장을 위해 사용해야 한다. 누구든 자신

의 능력을 벗어난 청탁은 받지 않는 것이 당연한 일이다. 그런데 자신이 권력을 가졌다고 생각하는 사람들은 뇌물과 접대의 유혹에 넘어가 법과 규칙, 절차를 어기는 일인 줄 알면서 부정부패를 저지른다. 한번 부정부패 행위나 편법적인 행동을 했는데도 적발되어 처벌받지 않으면 유사한 행동을 쉽게 되풀이한다. 따라서 부정부패는 단순하게 공무원만의 문제가 아니다.

공무원을 포함한 국민의 의식 속에 권력을 가진 사람을 이용하면 법과 규칙을 뛰어넘어 자신이 추구하고자 하는 일을 성취할 수 있다는 생각과 그러한 관행이 상존하는 한 국민의 권력자에 대한 청탁은 지속할 것이기 때문에 권력형 부정부패는 막기 어렵다. 그런데 오늘날 우리 국민의식 속에는 권력을 통하면 규칙을 넘을 수 있다는 생각이 상존한다. 그동안 권력자의 권력남용이 만들어낸 사회적 병폐다.

4) 법규보다 인간관계 중시하는 풍조 여전

사회 속에서 인간의 삶은 나의 이익과 발전, 사회의 이익과 발전이 조화되어야 하므로 법규를 준수해야 한다. 정상적인 사회체계 속에서 법과 규칙을 엄격하게 지키는 사람이 많아야 하는 것은 당연한 일이다. 그럼에도 우리 사회에는 법과 규칙을 잘 지키는 사람을 마치 외눈을 가진 사람들만 사는 세상에 찾아온 두 눈을 가진 사람인 것처럼 이상한 사람 취급을 하는 경향이 존재한다. 왜곡된 다수가 정상적인 사람을 비정상적인 사람으로 전도顚倒하여 자신들의 가치에 동조하게 하려고 압력을 가하는 행동, 즉 외눈박이 압박을 가하는 일을 서슴지 않는다.

외눈박이 압박을 가하는 사람이 항상 유사한 행동만 하면 사람들은 그들을 쉽게 구분하고 대응할 수 있다. 그런데 때로는 자신이 가진 외눈이 비정상적이고 두 눈을 가진 것이 정상이라는 것을 알고 두 눈을 가진 사람들과 같이 행동한다. 단지 외눈을 가진 사람처럼 행동하는 것이 더 편리하고 도움이 된다는 그릇된 인식이 저변에 깔려 있기 때문이다. 합법과 불법을 편리에 따라 넘나들며 이익이나 필요에 따라 자기 기준과 관점을 바꿔가며 행동한다.

이런 사람들은 자기 이익에 따라 언제든지 자신이 한 말도 뒤집고 반대 논리를 갖다붙인다. 외눈박이 입빅이 만들어낸 가장 대표적인 말이 '모난 돌이 정 맞는다'는 것이다. 대개 잘못된 행동이나 불합리한 행동을 하는 사람들이 자기 방어를 위한 경고나 주위 환기용으로 정상적인 사고를 하는 사람을 압박하기 위해 널리 사용하는 말로, 왜곡된 인간관계 중시 풍조가 만들어낸 저급한 용어의 나열이다. 그런데 사람들은 전체적인 분위기 속에서 자신이 따돌림을 받거나 특정인과 관계가 악화하여 갈등을 빚는 것을 회피하려고 불의를 보고도 쉽게 바로잡기 위해 노력하지 못한다. 그 결과는 사회적인 사건 발생 등 모두가 피해를 보는 단계가 되면 감정과 여론 폭발로 이어진다.

문제는 커지기 전에 해결하는 것이 좋고 세상은 순리대로 흐르는 것이 바람직하다. 좋은 인간관계는 서로 잘못을 바로잡아 줄 수 있어야 한다. 그래야 더 큰 잘못을 저지르는 것을 막을 수 있다. 사람 사는 세상에는 사회정의가 통용되어야 모두가 피해자로 전락하는 것을 막을 수 있다.

5) 인간존중 사상과 생존행위에 대한 관용

우리나라의 인간존중 사상은 그 뿌리가 아주 깊다. 널리 인간 세계를 이롭게 함을 뜻하는 홍익인간弘益人間이 단군의 건국이념이다. 사람이 곧 한울이라는 천도교의 기본 사상인 인내천人乃天에도 잘 나타나 있다. 불교와 기독교, 천주교 같은 각종 종교도 인간존중을 추구한다. 이러한 인간존중 사상은 '죄는 미워하여도 사람을 미워해서는 안 된다'는 것으로 발전하고, 웬만한 나쁜 짓을 하여도 '다 먹고 살려고 한 일인데 밥그릇까지 빼앗아서는 안 된다'는 생존행위에 대한 관용의식을 만들어 냈다. 여기에 사람은 누구나 어려움을 당할 수 있기 때문에 '어려운 사람을 보면 도와주어야 한다'는 동정심과 관용이 합쳐져 오랜 세월을 두고 관습적으로 자리한 것이 우리나라의 온정주의이다.

그렇다고 우리 사회에 온정주의만 있는 것은 아니다. 합리적인 인식을 하는 사람이 존재하고 정의사회 구현을 위한 용기 있는 행동을 하는 사람도 공존한다. 그 결과가 만들어 낸 것이 한쪽에서는 자신들의 생존과 이익을 위해 부정부패 행위를 하고 그들을 동정하며 온정주의로 대하는 사람이 존재하는 반면, 다른 한쪽에서는 정의사회 구현을 위해 정당성과 합리성을 벗어난 행위를 한 사람들을 견제하고 제거하려는 줄기찬 노력이 이루어지고 있다. 견제가 존재하는 사회는 살아 있는 사회이다. 인간존중 사상과 온정주의, 생존행위에 대한 관용은 사람들이 살아가는 데 필요한 요소이다. 그러나 그것이 모두에게 해가 되는 행위에 대해 적용되는 것은 곤란하다.

7. 사회 구조적 문제

우리나라에서 부패를 자주 발생하게 한 사회 구조적 문제점은 크게 세 가지로 요약할 수 있다. 첫째는 과거 개발연대에 정부 주도 성장정책의 부산물로서 각종 인허가제도, 정책금융, 세제혜택 등의 제도들이 관료의 높은 재량권, 모호한 행정 기준 및 규정과 결합하여 부패를 생산했다. 비효율적인 행정규제 및 절차, 재량권 남용이 아직도 많이 남아 있다. 둘째는 고비용 정치구조와 정경유착이다. 막대한 정치자금이 있어야 하는 고비용 정치구조 아래에서 정치권의 영향력 행사로 말미암은 음성적 정·관·경유착 비리 생산, 사회에 만연된 비규범과 윤리관 미확립에 따른 부패 분위기, 연고주의 풍조가 일반화된 문화적 배경 아래에서 이권개입 및 청탁 풍조가 부패의 온상 구실을 하고 있고, 부패통제를 어렵게 한다.337) 셋째는 경제가 성장하면서 사람들은 돈이 갖는 편리함을 인식하기 시작했고 사회구조는 이미 무엇을 하든 돈을 쓰지 않고는 아무것도 하기 어려운 환경이 조성되어 적정한 생활비가 확보되지 않으면 큰 불편과 어려움을 겪을 수밖에 없는 구조가 되었다. 하지만 하위직 공무원들은 넉넉하지 않게 책정된 급료와 승진의 어려움 등 현실적인 문제에 부딪히고 있다. 이중취업 제한도 받는다. 국가공무원법 제64조(영리 업무 및 겸직 금지) ① 공무원은 공무 외에 영리를 목적으로 하는 업무에 종사하지 못하며 소속 기관장의 허가 없이 다른 직무를 겸할 수 없다고 규정하여 영리 업무를 강력하게 규제하고 있다.

---

337) 반부패국민연대(2001), "반부패 지도 I", 사람생각, pp.392~393.

행정조직이 갖는 특성상 업무 영역과 내용 구분이 뚜렷하여 열심히 일하기도 쉽지 않다. 열심히 일한다고 하여도 기대하는 만큼의 성과에 대한 보상이 이루어지지 않는다. 이로 말미암아 한국의 공무원들은 항상 부정부패 행위의 유혹을 받는 것이 현실이다. 이런 환경 속에서 정년이 보장되기 때문에 자신에게 부담되거나 불리하게 작용하는 일은 가급적이면 하지 않고 피하려는 경향으로 나타난 것이 복지부동338)이나 무사안일주의339)이다. 즉 현장방문이 필요한 일도 소액 청구가 쉽지 않은 교통비를 자비로 들이고 업체 관계자와 점심 한 끼를 먹어도 부패행위로 오해를 받을 수 있다. 그러므로 사무실에 앉아서 전화로 확인하거나 보고를 받고 업체 관계자를 불러 업무를 처리하는 방식으로 일을 한다.

국가와 지방의 행정기관은 공무원에게 효율성을 강조하고 봉사와 헌신을 요구하지만 많은 공무원이 자발적이고 적극적인 봉사와 헌신에 나서지 않고 비효율적으로 일하는 것은 자신이 하는 일에 대한 성과보상이 기대치에 미치지 못하는데다 불합리한 인사와 상급자들의 부정부패, 무리한 요구 및 횡포가 가장 큰 원인이다. 따라서 이제는 정부와 지자체는 실업자 대책도 되지 못하는 공무원 수 늘리기는 그만두는 것이 바람직하다. 조직 내에서 실력을 발휘하고 성과가 보상되는 체계를 만들어 그 성과를 통해 일자리를 늘리고 공무원 스스로 경제적인 압박을 벗어날 수 있도록 하는 방안을 강구해야 한다. 그렇지 않으면 상당수 공무원은 항상 불만에 차있고 부정부패의 기회만 노리게 될 것이 틀림없다.

---

338) 복지부동(伏地不動)은 땅에 엎드려 움직이지 아니한다는 뜻으로, 주어진 일이나 업무를 처리하는 데 몸을 사림을 비유적으로 이르는 말.

339) 무사안일주의(無事安逸主義)는 아무런 일 없이 편안함만을 누리려는 태도나 사고방식.

8. 국민 안 바뀌면 부패 청산 안 된다

세계 어느 나라 할 것 없이 정부 정책에 만족하는 시민을 찾아보기는 어렵다. 정부에 대해 부정적인 시각을 가진 국민은 부패한 정부, 관료적 정부라고 생각한다. 하지만 긍정적인 시각을 가진 국민은 효율적인 정부, 정의로운 정부, 국민의 뜻에 호응하는 정부로 인식하여 신뢰를 보낸다.

부패는 경제나 정치 등 사회 발전에 따라 초기에는 늘어나다가 어느 단계를 넘어서면 그때부터는 급격히 줄어든다. 사회가 발전하고 민주화하면 할수록 민의가 반영된 정치·행정체계가 정착되어 자연스럽게 비합리적인 요소들을 제거해 나가기 때문이다. 또한 경제 발전에 따라 여유가 생기면 국민이 삶의 질 향상을 위한 권익 신장에 적극적으로 나서고 공공서비스가 제고되어 사회 전반에 자율적이고 합리적인 사고와 관행이 자리 잡는다. 이렇게 민주화와 경제발전이라는 두 요소가 공직자 윤리 제고에 대한 낙관적인 전망을 가능하게 해주는 것은 사실이다. 그러나 사회발전을 위해 가장 중요한 것은 국민과 정부의 노력이다. 국민 개개인의 역할과 참여가 이루어지고 정부의 적절한 노력이 뒤따를 때 가능하다. 윤리적인 정치·행정체제의 구축과 합리적인 경제거래 관행의 정착은 누가 만들어주는 것이 아니라 정부와 국민이 합심해서 만들어가야 한다. 지속적인 노력이 뒷받침되지 않으면 이미 이루어 놓은 수준의 합리성과 윤리성마저 유지하기도 어렵다.

오늘날 우리나라의 비효율적인 정치구조는 정치가들이 민의를 적극적으로 수렴하고 철학, 신념, 가치관, 정책으로 평가받는 것이 아니라 학연·지연·혈연 등의 연대를 통하여 사람을 모으고 밀실에 앉아 뜻이 맞는 사람끼리 파벌을 조성해 계파를 만들고 영향력을 확대해나가는 전근대적 방식에서 벗어나지 못했기 때문이다. 민주주의 사회에서 정치와 행정은 국민의 요구에 따라 움직이게 되어 있다. 대통령과 국회를 포함한 정부를 움직이는데 주도적인 역할을 하는 선출직 공무원들은 국민으로부터 지지를 받지 못하면 그 직책을 부여받을 수 없다. 국민의 기대와 바람, 요구가 정치지도자의 가장 큰 추동력이고, 주권을 행사하는 유권자의 지지표는 정치지도자를 심판하는 가장 효율적인 수단이다.

국민도 스스로 부정과 부패를 통하여 자신들의 이기심을 실현하려는 태도를 버려야 한다. 공정한 경쟁을 통한 상호발전이 아닌 부정한 수단에 의해 편안하게 획득한 경쟁력은 진정한 의미의 경쟁력일 수 없다. 우리가 흔히 말하는 창구형 부조리의 대명사인 급행료도 받는 쪽만 존재하는 것이 아니다. 합리적이고 도덕적인 시민문화가 결핍되면 관료제의 병폐와 역기능을 통제하지 못하고 오히려 행정 관료들에게 뇌물을 제공하고 그 대가를 바라는 분위기를 조성하여 행정부패는 더욱 확장할 수밖에 없다. 부패를 효과적으로 해결하기 위해서는 먼저 우리를 둘러싼 좋지 않은 환경과 잘못된 인식 자체를 변화시키는 것이 급선무다.

그 변화는 사회구성원 스스로 감시자가 되어 우리 주변에서 부패의 가능성을 없애는 노력에서부터 출발해야 한다. 그 첫 번째 행동은 국민 스스로 권력을 통하면 정상적인 사회체계와 절차를 넘어서 자신의 이익 실현과 목적을 달성할 수 있다는 생각을 버리고 뇌물이나 접대를 이용한 청탁을 하지 않는 것이다. 다시 말해 우리 스스로 청렴을 실천하고 감시자가 되어 내가 속한 조직과 내 주변의 사소한 부패부터 차단하는 것이 바로 우리 사회 전반의 부패를 척결하는 출발점이다. 한꺼번에 사회 전반에 얽혀 있는 부정부패를 완전히 해결하려고 하기보다는 깨끗한 사회가 될 때까지 끊임없이 전진해가야 한다. 그렇게 계속해서 전진하면 청렴한 한국은 그리 멀지 않은 우리 모두의 미래가 될 것이다

9. 공권력 권위 추락

1) 부실한 내부관리 부도덕성 노출 불신 자초

(1) 경찰

오늘날 우리 사회에는 엄정하게 법을 집행해야 할 경찰관이 오히려 더 부패하다고 생각될 정도로 뇌물을 받고 성폭행 사건으로 온 나라가 떠들썩한데도 성폭행을 해 구속되는 등 여러 가지 일들이 벌어지고 있다. 경찰의 부정부패는 어제오늘 일도 아니고 새삼스러울 것도 없다. 언론에서 '하루가 멀다' 하고 경찰이 연루된 사건이나 부정부패 내용이 보도된다. 인터넷에서 경찰의 부정부패를 검색해보면 와르르 쏟아져 나올 정도다. 종류와 수법도 가지가지다. 결국 대통령이 개혁을 공식 선언하기에 이르렀다.

조선일보 보도에 의하면 「대법원 3부주심 신영철 대법관는 2010년 4월 29일 박연차 전 태광실업 회장에게서 청탁과 함께 미화 2만 달러를 받은 혐의로 기소된 이택순 전 경찰청장에게 징역 1년에 집행유예 2년, 추징금 2천433만 원을 선고한 원심을 확정했다. 이 전 청장은 경찰청장 재직 시절인 2007년 7월 박 전 회장으로부터 회사 직원 등에게 문제가 생기면 잘 봐달라는 청탁과 함께 미화 2만 달러를 받은 혐의특정범죄가중처벌법상 뇌물로 2009년 6월 불구속 기소됐다. 1심과 항소심은 "이 전 청장이 돈을 받은 사실이 인정되고, 모든 수사에 관여할 수 있는 경찰청장이 경찰 수사를 받은 석이 있는 박 선

회장으로부터 돈을 받았으므로 직무 관련성도 인정된다"고 판단했다.」340)

2010년 3월 19일 아시아투데이 보도에 의하면 「기가 막히는 일이 벌어졌다. 김길태가 부산 여중생 이 모 양을 성폭행하고 살해해 온 나라가 분노하고 있는 가운데 서울에서 현직 경찰관이 여고생을 성폭행하는 어처구니없는 일이 생겼다. 국민은 그저 어안이 벙벙할 뿐이다. 경찰에 따르면 나 모 경장은 2010년 3월 16일 새벽 인터넷 채팅으로 만난 여고생 B양을 동대문의 한 호텔에서 성폭행했다. 이 경찰관은 B양에게 30만 원을 주기로 하고 경찰관이 해서는 안 될 일을 했다. 나 경장은 2009년까지 성매매를 단속하는 업무를 했다고 한다. 더 한심한 것은 나 경장이 B양에게 자신이 경찰관이라고 밝혔다는 것이다. 경찰관이라는 것을 밝힌 것도 얼굴이 뜨거울 텐데 성관계를 갖지 않으면 성매매를 하려 한 혐의로 처벌하겠다고 협박까지 했다고 한다. 참으로 뻔뻔한 행동이다. 경찰관이 어린 여고생과 인터넷 채팅341)을 하고, 돈을 준다고 호텔로 유인하고, 성폭행했다는 것은 생각할 수도 없는 일이다. 일반인들도 이런 야비한 행동을 해서는 절대로 안 되지만 경찰관은 더욱 안 되는 일이다. 지금이 어느 때인가? 부산에서 김길태가 여중생을 성폭행하고, 살해했다가 붙들려 현장검증을 하고 있는 기간이 아닌가? 텔레비전TV만 켜면 사건을 숨기려는 김길태, 진실을 밝히려는 경찰과의 실랑이가 계속되고 있지 않은가? 지금 경찰은 수사하느라 신경이 날카롭고 국민은 분노가 치솟고 있다. 대통령도 우려를 표명했다. 이런 상황에서 현직 경찰관이 여고생을 성폭행했다는 것은 국민의 분노를 사기에 충분하다. 어떤 이유로도 변명할 수가 없다. 이번일은 대통령이나 장관, 경찰청장의 지시사항이 일선 경찰에까지 제대로 먹히지 않고 있다는 증거일 것이다. 부산의 여중생 납치 살해 사건에도 일부 경찰관들이 긴장하지 않고 있다는 것을 보여주는 사례이다. 모든 경찰이 다 잘못하는 것은 아니다. 대부분 사회의 안녕과 질서를 위해 열심히 일하고 있다. 그런 가운데 극소수가 경찰 전체를 욕 먹이고 있다. 경찰 개개인은 자신의 행동이 사회질서에 반하는 것은 아닌지, 경찰에 누를 끼치는 일은 없는지 늘 스스로 점검할 필요가 있다.」

2010년 4월 26일 YTN 보도에 의하면 「경찰의 기강 해이가 도를 넘고 있습니다. 최근 경찰관의 성폭행 사건이 잇따라 터진 데 이어 이번에는 서장급 고위경찰관이 성폭

---

340) 조선일보 2010. 4. 29.

341) 채팅(chatting)은 온라인상에서 컴퓨터로 하는 대화를 말한다. 말을 주고받듯이 글자판으로 메시지를 입력하는 방법으로 네트워크상에서 실시간(real time)으로 하는 대화이다. 인터넷 채팅사이트에서 원하는 종류의 대화방을 선택한 후 그 방에 들어온 사람들과 동시에 함께 서로의 의견을 교환할 수 있다.

행을 저지르려 했다는 의혹이 제기돼 감찰 조사를 받고 있습니다. 제주지방경찰청 소속 A 총경은 2010년 3월 22일, 제주 시내 유흥가에 있는 주점에서 제주지방검찰청 소속 공무원과 대기업 간부 등 3명과 함께 술을 마셨습니다. 술자리가 무르익자 A 총경은 음식을 나르던 여종업원을 추행하다 성폭행까지 하려 한 것으로 알려졌습니다. 종업원이 결사적으로 저항해 성폭행은 미수에 그쳤지만, 이 종업원의 팔과 다리는 심하게 멍이 들었습니다. A 총경은 이후 피해 여성과 합의를 봐 형사 입건되지는 않았습니다. 하지만 최근 특별 감찰에 나선 경찰청 감사관실이 첩보를 입수하고 조사에 착수했습니다. A 총경은 감찰 조사에서 술을 많이 마셔 정확하게 기억이 나지는 않는다면서도 일부 혐의는 시인한 것으로 알려졌습니다. 감찰팀은 성폭행 미수 혐의가 확인되면 A 총경을 징계할 방침입니다. 3월 16일 강력계 형사의 미성년자 성폭행과 4월 4일 지구대 경찰관의 10대 장애아 성폭행에 이어 또다시 터져 나온 고위경찰관의 성폭행 미수 사건이다. 말로만 공직 기강 확립을 외치고 있는 것이 요즘 경찰의 모습」이라고 꼬집었다.

경찰이 '공정사회' 실현을 위해 칼을 뽑았다. 경찰청은 2010년 10월 28일 "2010년 상반기 3대^{토착 · 교육 · 권력} 비리 단속 결과를 근거로 한층 강화된 공직비리 특별 단속에 들어갔다"고 밝혔다. 공직사회의 고질적인 뇌물 관행을 근절하기 위해 금품수수 공무원을 적발하는 경찰관에게 부여하는 배점을 두 배로 높여 최고점을 주기로 했다. 또 고위직을 집중적으로 사정하기 위해 자치단체장, 광역의원 등의 비리혐의를 적발한 때에도 특별승진 대상이 되도록 명문화했다.[342] 일을 열심히 하겠다고 하는 것은 가상하다. 그런데 왠지 경찰이 공직사회의 비리에 대해 특별단속을 하겠다는 말이 공허하게 들린다. 자기 내부의 비리도 제대로 단속하지 못하기 때문이다.

조현오 경찰청장은 2011년 1월 12일 '함바 게이트[343]'와 관련해 총경 이상 경찰 간부 553명 전원을 대상으로 브로커^{broker, 중개인} 유상봉 씨[65]와 만난 적이 있는지 자진신고를 받은 결과 41명이 유 씨와 접촉한 사실이 있다고 신고했다고 밝혔다. 이들 가운데 강희락 전 경찰청장의 요청으로 유 씨와 접촉한 총경 이상 경찰 간부는 25명가량인 것

---

342) 서울신문 2010. 10. 29.

343) 함바 게이트(함바집 로비 의혹 사건)는 브로커 유상봉 씨가 전국에 걸쳐 건설현장 식당(함바집) 운영권 획득을 위해 로비를 한 사건으로, 특히 강희락 전 경찰청장을 비롯한 경찰청 간부들이 대거 연루되어 사회적인 관심사가 되었다. 단순한 금품 비리 차원을 넘어 고위공무원, 지방자치단체장, 공기업, 국회의원 등 정관계로 확산하고 있다. 더욱이 강희락 전 경찰청장이 함바집 브로커 유 모 씨로부터 억대의 금품을 받은 데 이어 자신에 대한 수사를 막기 위해 유씨에게 국외 도피를 권유했다는 정황이 포착돼 충격을 주고 있다.

으로 알려졌다. 이 밖에 1명은 김병철 울산경찰청장, 5명가량은 이길범 전 해양경찰청장과 박기륜 전 경기경찰청 2차장 등의 지시를 받고 유 씨를 만난 것으로 보인다. 나머지는 개인적으로 유씨와 알고 지냈던 사람들이다.[344]

현행 체계상 경찰은 검찰의 수사지휘를 받기 때문에 어느 정도 견제가 되고 있는데도 이렇다. 이는 외부 견제보다는 내부관리가 더 중요하다는 것을 시사한다. 그런데 자기 내부관리도 제대로 못 하는 경찰이 마치 권한이 부족해서 일을 제대로 못 했다는 듯이 부단히 독자적인 수사권을 확보하기 위해 노력해 왔다. 그 결과 '형사소송법 제196조(사법경찰관리) ③ 사법경찰관리는 검사의 지휘가 있는 때에는 이에 따라야 한다. 검사의 지휘에 관한 구체적 사항은 대통령령으로 정한다'는 내용 등이 포함된 수정된 수사권 조정안을 담은 형사소송법 개정안이 2011년 6월 30일 국회 본회의 표결에서 통과[345]됨으로써 종래와 비교하면 진일보된 성과를 이루어냈다. 그러나 중요한 점은 경찰이 국민의 신뢰를 받고 일을 잘해서 이번 법 개정이 이루어진 것만은 아니라는 사실이다. 경찰이 자기관리를 더욱 철저하게 하여 국민의 신뢰를 얻도록 분발해야 할 이유가 여기에 있다.

(2) 검찰

검사의 비위와 비리를 일일이 들추는 것은 이제 의미가 없어졌다. 2010년 4월 20일 보도된 MBC PD수첩 '검사와 스폰서'는 오늘날 한국 검찰의 도덕성을 적나라하게 보여주고 있다. 서울경제 보도에 의하면 「MBC 'PD수첩' 보도로 촉발된 검사들의 향응·성 접대 의혹 파장이 일파만파로 번지고 있다. 대검찰청과 부산지검 웹 사이트는 2010년 4월 21일 성난 네티즌[346]의 비난성 댓글이 쇄도, 접속이 일시 중단되거나 지연되는 사태를 빚었다. 참여연대 등 일부 시민단체는 이날 대검찰청과 서울중앙지검으로 몰려

---

344) 동아일보 2011. 1. 13.

345) 뉴시스 2011. 7. 11.

346) 네티즌(netizen)은 정보 통신망이 제공하는 새로운 공간에서 활동하는 사람을 지칭하는 합성어이다. 시민을 뜻하는 시티즌(citizen)과 통신망을 뜻하는 네트워크(network)의 합성어이다. 네티즌을 기술주의 관점에서 보면 인터넷을 포함한 통신망을 컴퓨터의 집합체이며 정보의 수신과 발신의 툴로 보는 입장으로 실용주의적 이해 관심을 보여준다. 이에 반하여 공동체적(사회적) 관점에서는 통신망을 사용하는 사람들 간에 만들어지는 사회관계를 주목하여, 통신망은 함께 만들어가는 공동의 협동 과정이자 서로 다른 마음과 생각이 만나 새로운 아이디어와 생각을 낳는 창조적인 움직임으로 보는 것이다. 통신망 사용자들의 특성과 활동에 주목하면서 네티즌이란 신조어를 처음으로 소개한 하우번(Hauben)은 네티즌은 단순히 통신망을 사용하는 사람이라는 양적 개념이 아니라, 통신망 문화를 만들고 통신망 공동체를 꾸려나가는 의미의 함축적인 개념이라고 설명하였다.

가 "과거처럼 흐지부지 덮으려 하면 붕괴할 것"이라며 검찰 비리 의혹에 대한 철저한 규명을 요구했고 문제의 부산지검 앞에서는 1인 시위가 벌어지기도 했다. 참여연대는 스폰서sponsor, 후원자 사건 연루 전현직 검사 57명을 조만간 고발키로 했다. 대검찰청의 '국민의 소리' 게시판은 검찰의 도덕성을 질타하는 성토의 장이 됐다」347)고 전했다.

2010년 4월 27일 한국일보가 보도한 '검찰, 특권의식 버려야 산다'는 기사에는 검찰이 안고 있는 문제점을 잘 지적하고 있다. 검찰만큼 논쟁issue의 중심에 자주 서는 국가기관도 드물다. 정치·사회적 파장이 큰 사건의 수사와 처리를 맡다 보니 자주 논쟁의 대상이 된다. 하지만 힘의 오남용 경력으로 권력의 시녀, 정치 검찰이라는 비판에서 벗어나 있지 않다. 그럼에도 검찰에서 실낱같은 희망을 보는 것은 강직하고 청렴한 검사들 때문이다.

그들은 내우외환으로부터 조직의 건강성을 지켜온 존재다. 그들의 사명감이 없었다면 검찰은 회복 불능의 만신창이가 됐을지 모른다. 그러나 그들조차 알아채지 못하는 사이, 검찰 조직은 조금씩 병들어 가고 있었다. 병원균은 다름 아닌 검찰 자신이다. 오랫동안 조직 전체를 관통해온 검찰만의 문화, 검사만의 의식이 검찰을 중증 환자로 만들었다. 국민은 그 뿌리 깊은 병세를 볼 때마다 심각성을 걱정했고 언론은 경고음을 울렸다. 하지만 검찰은 전통·관습·관행의 우산 밑으로 숨었다.

돌이켜 보면, 언론에 검찰의 위기가 언급되지 않았던 해는 거의 없다. 의정부1997년·대전1999년 법조 비리, 엑스파일2005년, 윤상림 게이트2006년, 삼성 떡값 리스트2007년 사건 때마다 검찰은 고개를 숙였다. 그런데 이번에 또 스폰서 검사 파문이 터졌다. 옷 로비 의혹, 이용호 게이트 등을 거치며 검찰 수뇌부가 치욕스럽게 물러났는데도 천성관 전 검찰총장 후보자는 또다시 공직자로서의 잘못된 처신과 주변 관리로 낙마했다. 국민 편에 서서 정도를 걸어야 할 때에 정치적 판단과 결정으로 스스로 책임을 회피한 적도 여러 번이고, 국민이 부여한 권한의 오남용으로 국민을 힘들게 하고 피해를 준 일도 많다.

이런 일이 반복되는 것은 검찰이 진정으로 조직에 닥친 위기를 위기로 받아들이지 않았기 때문이다. 당장 위기에 고개는 숙여도 그때뿐이었다. 작은 구멍이 댐dam을 무너뜨리는 법인데도 위기의 누적이 초래할 결과를 감지하지 못한 채 순간만 모면하려 했다. 위기의 쓰나미tsunami, 지진 해일=지진 해파, seismic sea wave가 지나가면 교훈의 흔적도 사라

---

347) 서울경제 2010. 4. 22.

졌다. 조직 보호 본능이 다시 작동했고, 검찰은 도로 예전의 검찰이 됐다. 분위기 쇄신성 인사가 예정되면 학연·지연을 찾고 권력과 선을 대는 일이 다시 노골화했다.

검사는 많고 자리는 적다 보니 상호 비방과 모략은 더 심해졌다. 인사 후에는 대대적 사정 수사나 한건주의 수사로 국면 타개를 위한 물타기를 시도했다. 그 사이 위기의 본질은 실종되고 검찰의 '위기 망각증'은 고질병이 되고 말았다. 출세를 위한 '조직 내 정치'는 훈훈한 미풍양속으로 그려졌다. 상사의 심중을 헤아리고 후배들을 챙겨야 했다. 그 매개가 공무원 월급으로는 턱도 없는 폭탄주 술자리였고, 스폰서는 틈을 놓치지 않았다. 후원자 접대를 받다 적발된 검사는 재수 없는 경우로 분류됐다.

숱한 법조 비리를 목격하고도 후원자의 유혹에서 벗어나지 못한 이번 파문이 그 증거다. 선배들은 초년병 시절 겪은 대로 후원자를 불러서라도 후배들과 술자리를 가져야 귀감이 되고 상하 유대가 생긴다고 생각했을 것이다. 후배들은 일탈을 허용하지 않는 경직된 조직 문화 탓에 끝까지 술자리에 버티고 앉아 있었는지 모른다. 모두가 조직의 잘못된 전통과 문화의 포로가 돼버린 나머지 문제를 문제로 인식하지 못하는 상태로 전락한 것이다.

법 집행자로서 공권력의 상징인 검찰은 기소독점주의348)에 따라 기소독점권을 갖는데다 기소편의주의349)까지 주어져 있다. 형사소송법 제196조(사법경찰관리) ① 수사관, 경무관, 총경, 경정, 경감, 경위는 사법경찰관으로서 모든 수사에 관하여 검사의 지휘를 받는다. ② 사법경찰관은 범죄의 혐의가 있다고 인식하는 때에는 범인, 범죄사실과 증거에 관하여 수사를 개시·진행하여야 한다. 제246조(국가소추주의) 공소는 검사가 제기하여 수행한다. 제247조(기소편의주의) 검사는 형법 제51조의 사항을 참작하여 공소를 제기하지 아니할 수 있다고 규정하고 있다. 따라서 많은 권한을 가진 만큼 검찰은 다른 국가기관보다 더욱 엄격한 도덕성과 조직 내부관리가 요구되는데도 현실은 그렇지 않다. 2011년 6월 국회에서 검·경 간의 수사권 조정과 연관된 형사소송법 개정을 두고 논란이 빚어진 것도 검찰에 대한 국민의 실망이 상당 부분 반영된 것이라는

---

348) 기소독점주의(起訴獨占主義)는 공소를 제기할 수 있는 권한을 검사만이 가진다고 하는 주의이다. 한국의 형사소송법도 이 주의를 채택하고 있다(형사소송법 246조). 이 주의는 원래 유럽 대륙법계(大陸法系)의 전통을 이어받은 것이다. 보통 어떠한 형태로 사인소추(私人訴追)와 같은 예외를 인정하는 입법례(立法例)가 있으나, 한국은 가장 순수한 형태로서 이를 받아들이고 있으므로 기소·불기소의 기준이 명확히 객관화된다는 점이 장점이다. 특히 기소편의주의(起訴便宜主義)가 병용되고 있는(247조) 점에서 기소유예의 기준의 획일화라는 바탕 위에서 중요한 기능을 다하고 있다. 반면, 관료주의적인 색채로 인해 불기소처분이 독단적으로 행해질 염려가 있는 것이 단점이므로, 법은 검사의 부당한 불기소처분에 대하여 불복(不服)이 있는 고소인·고발인의 항고권을 인정하고 있다(검찰청법 10조).

349) 기소편의주의(起訴便宜主義)는 형사 소송법상 공소 제기에 대하여 검사의 재량을 허락하고 불기소를 인정하는 제도.

점을 분명히 알아둘 필요가 있다.

(3) 부실한 내부관리 솜방망이 처벌 불신 자초

경찰과 검찰의 부정부패와 비리, 저급한 스폰서sponsor: 행사·자선사업 등에 기부금을 내어 돕는 사람, 후원자 문화 이면에는 권력에 대한 잘못된 인식에 의한 특권의식, 부실한 내부관리, 솜방망이 처벌이 내재해 있다.

2010년 4월 24일 서울신문이 보도한 '비위 드러나도 주의·감봉 등 흐지부지'라는 기사는 이러한 일면을 잘 보여준다. 「"그래? 옷 벗으면 그만이지." 검찰의 '후원자 문화' 배경에는 솜방망이 징계가 자리 잡고 있다. 비위 사실이 드러나도 검사는 직무와의 관련성을 강하게 부인한다. 결과는 주의·감봉 등 경징계로 끝난다. 그러나 이 또한 걱정할 바가 안 된다. 웬만한 사람은 직장 문을 나서는 순간 벼랑 끝에 서지만, 검문檢門을 나선 검사는 변호사로 평생 먹을 돈을 단기간에 모을 수 있다. 든든한 전관예우 관행이 버티고 있어서다. 상명하복의 조직문화에 길든 검찰의 제 식구 감싸기도 악습 차단의 장애물이다. 서울대 조국 교수는 "만약 지금 드러난 스폰서 사건이 검사가 아닌 행정부 공무원, 예를 들어 경찰공무원이 했다면 검찰이 어떻게 할까 궁금하다"고 말했다. 국회 법제사법위원회 소속 민주당 이춘석 의원이 법무부로부터 제출받은 자료에 따르면 2004년부터 2009년까지 검사 98명이 금품 수수, 음주운전, 직무태만 등으로 적발돼 징계나 경고 등의 처분을 받았다. 이 가운데 향응·금품수수 등 스폰서 의혹으로 적발된 검사는 8명이다. 하지만 해임이나 의원면직 등으로 물러난 경우는 2명에 불과하다. 민유태 전 전주지검장은 2009년 9월 박연차 전 태광실업 회장에게서 5,000달러를 받은 사실이 드러나 감봉 3개월의 징계를 받았지만, 곧바로 사표를 냈다. 민 전 지검장은 바로 변호사 등록을 했다. 대한변협 관계자는 "이러니 문제가 생겨도 검사들 사이에 '옷 벗고 변호사 하면 그만'이라는 인식이 팽배한 것"이라고 말했다. 스폰서 문제로 해임된 검사는 김민재 전 부산고검 검사가 유일하다. 김 전 검사는 2005년 여주지청장 시절 한 건설업체 대표에게서 법인카드를 건네받아 3년여간 9,700여만 원을 사용했다가 적발돼 해임 처분을 받았다. 하지만 검찰은 김 전 검사가 거액을 수수한 사실을 확인하고도 뇌물수수 혐의를 적용하지 않아 '제 식구 감싸기'란 논란이 일었다. 검찰은 당시 "직무 관련성이 인정되지 않았다"고 해명했다. 김 전 검사는 법무부의 해임조치에 불복해 "지청장 재직 때 법인카드로 각종 회식과 모임, 손님 접대 등 필요한 비용으로 사용했다. 검사로서의 체면이나 위신을 손상하지 않았다"고 행정소송을 제기했지만, 1심과 2심은 '해임은 정당하다'고 판결」했다.

변호사법상 검사에게 파면이나 해임 처분이 내려지면 변호사 등록을 할 수 없다.[350] 경징계를 받았을 때도 대한변호사협회의 등록 심사를 거쳐야 하지만 대부분 구제된다. 특히 검사는 다른 공무원과 달리 신분보장이 되기 때문에 탄핵이나 금고 이상의 형을 선고받지 않으면 파면되지도 않는다. 본인 의사에 따라 사직하는 의원면직 규정이 솜방망이 징계의 원인이 되고 있다. 사태의 진상을 밝히기 전에 사표가 수리되면 비위사실 자체가 규명되지 못한다.

규정상 비위와 관련해 형사사건으로 기소 중이거나 중징계 의결이 예상되면 의원면직 처리를 제한하게 돼 있지만, 과거 법조비리 사건 때마다 이 규정은 지켜지지 않았다. 그 결과 2004~2009년 비위검사 7명이 의원면직으로 옷을 벗었지만, 모두 변호사로 개업했다. 이렇게 솜방망이 처벌을 하고 검찰의 이미지를 고려해 우선 무마하는 데 급급해 내부관리를 제대로 하지 않는다. 검찰은 스스로 자정할 기회가 여러 번 주어졌지만 한 번도 제대로 대책을 세우지 못하고 매번 흐지부지하게 넘어가고 말았다. 검사들이 스폰서로부터 술, 골프 접대와 촌지를 받는 관행은 오랜 고질병[351]이다.

2010년 4월 21일 MBC에서 보도한 검사와 스폰서, 그 '어두운 고리'라는 기사에 의하면 「잊을만하면 불거지는 검사와 스폰서의 검은 고리이다. 가장 최근 일로는 2009년 6월 유력한 선배, 동기들을 제치고 예상 밖에 검찰총장 후보자로 발탁된 천성관 서울 중앙지검장이 있다. 검찰조직 일신 차원에서 단행한 발탁인사라고 하지만, 그의 발목을 잡은 것은 다름 아닌 돈 거래, 바로 스폰서 문제였다. 천성관 후보자는 28억 원짜리 아파트를 살 때 사업가 박 모 씨로부터 15억 5천만 원을 빌린 것과 관련해 인사청문회에서 집중적인 추궁을 당했다. 사업가 박씨와 부부동반 외국 골프여행을 함께 다녀왔고 면세점에서 고급핸드백도 나란히 구매할 정도로 가까운 사이였다는 폭로가 결정타가 돼 결국 내정 23일 만에 자진해서 사퇴하고 말았다. 이전에도 검사와 스폰서의 유착 의혹은 계속 제기돼 왔다. 1999년에는 현직 판·검사와 검찰, 법원 직원, 경찰관 등 무려 300여 명이 대전지검 부장검사 출신 변호사 이 모 씨에게 금품과 향응을 받아 검

---

350) 경향신문 2010. 4. 25.

351) 조선일보 2010. 4. 21.

사장급 2명을 포함한 검사 6명이 옷을 벗은 대전 법조비리 사건이 터졌다. 2000년대 들어서는 대기업들도 검사 출신 변호사들을 영입해 본격적으로 검찰을 관리하기 시작했는데 삼성의 법무팀장을 지낸 김용철 변호사가 폭로한 이른바 '떡값 검사 리스트'는 큰 파문을 일으켰다. 또 2008년에는 노무현 전 대통령 측근 박연차 전 태광실업 회장이 검사들에게 돈을 건넨 사실이 드러나는 등 검사와 스폰서 문제는 끊임없이 불거져 왔다. 술자리에서 쌓은 친분을 이용한 청탁문화가 엄정한 법집행을 해야 할 검찰조직에 여전히 질긴 뿌리를 내리고 있지 않나 하는 우려가 쉽게 가시지 않는 이유이다.」

좋지 않은 방법인 줄 알면서도 관행이었기에 사전에 대책을 세우기 어려웠다면 문제가 터졌을 때는 분명히 대책을 세워야 한다. 그런데 검찰은 여러 번 문제가 터졌는데도 그때마다 별다른 대책을 세우지 않았다. 그 결과 국민이 분노하게 하였다. 경찰과 검찰 등 공권력에 대한 신뢰 추락으로 불신이 확산하면 법질서가 도전되고 부정부패를 방지하는 일은 더욱 어려워진다.

공권력이 부정부패를 일삼으면 반드시 적발된다는 인식을 심어주지 못하고 있는 상태에서 경찰과 검찰 내부에서 잇따라 비리에 연루된 사실이 드러나는 것은 모두를 위해 바람직하지 않다. 오늘날 우리나라 경찰과 검찰에 대한 국민의 신뢰가 이렇게 떨어진 데는 경찰과 검찰 내부의 부실한 관리가 주원인이다. 하지만 이러한 현실이 되도록 방치하고 그동안 경찰과 검찰을 정권안보에 이용하며 이해관계에 따라 다른 행태를 보여 온 정치권도 책임을 피하기는 어렵다.

2) 실력부족 책임회피 신뢰성 추락

검찰은 그동안 수많은 사건을 파헤치며 주어진 역할을 다하기 위해 노력해 왔다. 그러나 2010년 들어 잇따른 법원의 무죄선고는 검찰의 실력이 부족하다는 것을 드러나게 하고 신뢰성을 추락시키는 한 원인으로 작용하고 있다. 특히 법원이 한명숙 전 총리에게 무죄 선고를 한 것이 이를 잘 입증해 준다.

2010년 4월 9일 한국경제 보도에 의하면 「법원이 곽영욱 전 대한통운 사장으로부터 미화 5만 달러를 받은 혐의로 기소된 한명숙 전 총리에게 무죄를 선고했다. 서울중앙지법 형사합의27부김형두 부장판사는 9일 한 선 총리에 대한 선고공판에서 "한 전 총리에게 뇌물을 줬다는 곽 전 사장의 진술이 유일한 직접증거인데 신빙성이 없다"며 무죄 판결을 내렸다. 재판부는 "곽 전 사장은 돈을 주었는지 여부와 액수에 대해 말을 수차례 바꿨다. 사람됨에서도 곽 전 사장은 위기가 있으면 벗어나기 위해 그에 맞춰 진술을 쉽게 하는 것으로 보여 진술을 믿기 어렵다"고 밝혔다. 한 전 총리는 앞서 2006년 12월 20일 국무총리 공관에서 곽 전 사장으로부터 '대한석탄공사 사장에 임명되게 해 달라'는 취지로 5만 달러를 받은 혐의特定犯罪加重處罰 등에 관한 法律上 賄物收受로 2009년 12월 기소돼 지난 2일 검찰로부터 징역 5년과 추징금 5만 달러를 구형받았다.」한명숙 전 총리의 뇌물 수수 혐의에 대한 법원의 무죄 선고에서 중요한 점은 검찰이 법원으로부터 이미 1심 판결 전에 공소장 변경 권고를 받았다는 사실이다.

노컷뉴스 보도에 의하면 「서울중앙지법 형사합의27부 심리로 2010년 3월 18일 열린 한 전 총리의 6차 공판에서 재판부는 곽영욱 전 대한통운 사장의 진술이 바뀌어 한 전 총리에 대한 공소사실이 특정되지 않았다는 취지로 검찰에 공소장 변경을 권고했다. 이날 공판에서 검찰에 공소장 변경을 먼저 요청한 것은 변호인 측」352)이라고 한다. 이에 따라 3월 26일 검찰이 공소장 변경신청을 했다.353) 공소장 변경은 전례가 없는 것은 아니지만, 변호인 측의 지적과 법원의 권고에 의해 변경되는 일은 흔치 않은 일이라고 한다. 스스로 공소장을 변경하지 않고 타의에 의해 변경한 것은 기소하는데 수사 내용과 실력이 미흡하다는 것을 의미하는 것이라고 해석하기에 충분하다.

기소起訴는 검사가 특정한 형사 사건에 대하여 법원에 심판을 요구하는 일로 무죄로 판결되면 대부분 국가는 국민의 권익을 침해한 것이 된다. 만약 범죄 사실이 있는데도 밝혀내지 못해 무죄 판결을 받았다고 하더라도 이는 검찰의 실력이 부족하다는 증거이므로 마찬가지이다. 그러나 그동안 무죄 판결을 받은 내용에 대해 담당검사와 검찰청은 얼마나 책임을 졌는지 스스로 한번 반성해 볼 일이다. 국민의 검찰에 대한 신뢰가 추락하는 것은 근거가 없이 막연한 오해에 의해서 비롯되는 것이 아니다. 고위공직자 비리수사처 신설이나 수사권 분산 논란을 잠재우고 국민으로부터 신뢰받는 검찰이 되기 위해서는 실력을 쌓는 데 진력하고 결과에 대해 스스로 책임을 다해야 한다.

---

352) 노컷뉴스 2010. 3. 19.

353) 한국경제 2010. 4. 9.

3) 형평성 논란 공신력 훼손

검찰이 가장 듣고 싶지 않은 말이 아마도 '표적수사와 권력의 시녀'라는 말일 것이다. 그런데 이제는 여기에 덧붙여 비리검찰이라는 오명까지 쓰게 되었다. 특히 검찰은 공권력의 상징으로 엄정한 정치적 중립이 요구된다. 그런데 국민 중에는 검찰이 중립적이고 공평하게 수사를 한다고 생각하는 사람은 그렇게 많지 않다.

2009년 4월 27일 뉴스리더 보도에 의하면 「대통령 취임－비리－퇴임 후 구속이 마치 무슨 방정식처럼 돼 버렸다. 한국을 지탱해야 할 검찰의 현주소다. 검찰은 대통령이 현직에 있을 때에는 대통령이나 측근 비리에 대해서는 손댈 엄두도 못 낸다. 그러다가 정권이 바뀌면 광속으로 전직 대통령과 측근들을 손보기 시작한다. 이제는 야인이 된 전직 대통령 그리고 여당에서 야당으로 전락한 세력들은 '표적수사다. 보복성 수사다'라며 억울함과 서러움을 표출한다. 하지만 이들의 주장 또한 국민에게 설득력을 얻기 어렵다. 그들도 정권을 쥐었을 때 검찰 위에 군림하며 더러운 배를 채웠기 때문이다. 그래서 그들은 검찰을 '권력의 시녀'라고 욕할 자격이 없다. 왜 우리는 이 같은 비극의 고리를 끊지 못하는 것일까. 검찰이 바로 서지 못하게 만들었기 때문이다. 서울 서초구 서초동 대검찰청 청사 2층에는 '검찰이 바로 서야 나라가 바로 선다'는 글을 담은 액자가 걸려 있다고 한다. 김대중 전 대통령이 취임 초기 "성역 없는 수사로 범죄를 척결해 올바른 나라를 세워달라"는 국민의 뜻을 휘호로 남긴 글이다. 김 전 대통령은 재임 시절 누구보다 검찰의 문제점을 정확히 지적하면서 검찰 개혁의 중요성을 역설했다. 그는 취임 두 달 후인 1998년 4월 법무부와 검찰 간부들에게 이렇게 강조했다. "검찰이 얼마나 중요한지는 말로 다 표현할 수 없다. 검찰이 바로 서야 나라가 바로 선다. 이건 진짜 하고 싶은 말이다. 일본 검찰이 다나카 총리를 구속한 사례를 보라. 지금까지 검찰은 권력의 지배를 받아 왔다. 앞으로 검찰은 법의 엄정중립을 반드시 실현해야 한다"고 말했다.」 그러나 김대중 정부도 편중된 인사에서 벗어나지는 못했다.

검찰 내부는 물론 정치권과 국민 모두 검찰의 정치적 중립이 중요한 줄 안다. 그런데 왜 안 되는가? 검찰을 정권안보에 이용하려는 정치권력 때문인가? 아니다. 권력이 인사를 통해 아부하는 사람들을 승진시킬 수는 있다. 하지만 법으로 신분을 보장받는 검찰이 편파수사를 한다거나 권력의 시녀 노릇을 한다는 말을 듣는 것은 법집행의 정당성과 합리성에 문제가 있었고 내부관리를 통한 견제체계가 제대로 작동하지 않은 것이 원인이다. 검찰청법 제37조(신분보장) 검사는 탄핵이나 금고 이상의 형을 선고받은 경우를 제외하고는 파면되지 아니하며, 징계처분이나 적격심사에 의하지 아니하고는 해임 · 면직 · 정직 · 감봉 · 견책 또는 퇴직의 처분을 받지 아니한다고 규정하고 있다.

검찰 스스로 표현하듯이 1%의 정치검사와 정치사건이 99%의 다른 사건에서 검찰의 공정성을 의심받게 하고 있다. 그러나 검찰에 대한 불신의 현실은 검찰 스스로 명예를 회복할 수많은 기회를 짐짓 외면하여 온 자업자득이다. 문제가 된 사람들이 1%의 정치검사이라고 할지라도 99%의 선량한 검사는 그 1%의 검사를 강력하게 견제해야 하는데 결국 99%가 1%에 대한 견제에 실패하기 때문에 같이 매도당하는 것이다. 헌법에서 보장하고 있는 법 앞에서의 평등에 근거해 수사를 진행하면 표적수사나 권력의 시녀라는 말이 나올 수 없다.

오늘날 검찰에 대한 개혁논의를 만들어 낸 것은 정당성과 합리성을 쫓지 않고 시류에 따르는 수사로 형평성 논란이 발생하고 공신력을 훼손한 검찰조직과 검찰관 스스로 쌓아온 누적된 불신의 결과이다. 이제부터라도 형평성 논란을 잠재우고 공신력을 회복하여 국민으로부터 신뢰받는 검찰이 되기 위해서는 법규에 따라 정당하고 합리적으로 수사하는 관행을 만들고, 정도를 벗어난 검찰관을 내부에서 강력하게 견제하는 체계를 구축해야 한다.

4) 검찰 개혁보다 정치 개혁이 먼저다

검사 스폰서 의혹 제기 후 청와대는 한동안 검찰 개혁을 위한 구체적인 움직임을 보였다. KBS 보도에 의하면 「정부가 검찰과 경찰의 개혁 문제를 다루기 위한 범정부 대책위원회task force를 구성하고, 검 · 경 개혁 방안 논의에 본격 착수했다. 검 · 경 개혁 범정부 대책위원회는 총리실 산하에 구성되며 법무부 장관과 행정안전부 장관 청와대 민정수석 등이 참여한다. 이와 관련해 청와대 관계자는 상설 특검제와 공직자비리수사처 등 검찰의 기소독점주의를 완화할 수 있는 모든 방안을 탁자 위에 올려놓고 논의할 것이라고 말했다. 이명박 대통령은 2010년 5월 11일 국무회의에서 검찰과 경찰을 국민이 불신하고 있는 것은 사실이라며 검 · 경이 스스로 개혁 방안을 준비 중인 것으로 알고 있지만, 이와는 별개로 제도적 해결책을 검토하라고 지시했다」354)고 한다.

　연합뉴스 보도에 의하면 「청와대가 ‘검사 스폰서 의혹’을 계기로 검찰의 기소독점주의를 완화하는 여러 방안의 도입을 추진하면서 상설 특별검사제가 유력한 대안의 하나로 떠오르고 있다. 상설 특검제는 기존 특검제와 수사 방식과 대상 등에서 큰 차이를 보인다. 기존 특검제는 검찰 수사의 공정성이 확보되기 어렵다고 판단한 특정 사건이 발생했을 때 특검법을 제정해 일정 기간 특별검사의 지휘 아래 수사하는 게 특징이다. 이처럼 개별 사안마다 가동되는 특검은 정략적 고려에 의해 무분별하게 남발될 우려가 있고, 여야의 의석수 분포에 따라 특검법이 가결되기도, 부결되기도 한다는 점에서 정략적 운용 가능성이 문제로 지적됐다. 또 검찰이 특검을 의식해 저인망식 수사를 벌여 정작 특검이 출범해도 새로운 사실을 규명하는 데는 한계를 보일 때가 잦았으며 그로 말미암아 예산 낭비, 과잉 수사라는 지적을 받기도 했다. 상설 특검제는 사무처 등 사무기구를 상설해 놓고 운용하다가 법에 정한 요건을 충족하는 상황이 생겼을 때 특검을 가동한다는 점이 기존의 개별 특검과 다르다. 상설 특검은 공직 부패에 더 효과적으로 대처할 수 있는 수단이자 검찰에 집중된 수사권과 기소권을 견제할 수 있는 제도적 장치라는 점에서 주목받고 있다. 이명박 대통령은 취임 전에 ‘특별검사 상설화’를 공약으로 제시한 바 있으며, 과거 한나라당과 노회찬 전 의원 등은 상설특검법을 발의하기도 했다. 당시 상설특검법안에는 ‘대통령과 그 배우자 및 8촌 이내 친족과 인척, 대통령 비서실 1급 이상 공무원, 국무총리, 국회의원, 법관, 검사와 관련된 사건’을 상설 특검의 수사 대상으로 규정했다. 법안은 또 국회 상임위원회나 국정조사위원회가 고발 또는 조사를 요구한 사건으로서, 국회가 본회의에서 결의한 사건에 국한해 특검을 하도록 했다. 그러나 이 같은 법안은 국회 심의 과정을 넘지 못하고 결국 폐기됐다. 검찰 안팎에서는 상설 특검이 검찰권 견제에 효과적이라는 의견이 나오지만, 한편으로는 기존 법질서와 상충하고 장기적으로는 비효율적이라는 의견도 적지 않다. 부장검사 출신의 한 변호사는 2010년 5월 11일 “헌법상 강제수사를 할 수 있는 영장청구권은 검사에게 부여돼 있다. 상설 특검이건 고위공직자비리수사처건 검찰 대안기구를 논의하려면 결국 헌법 등 기존 법과 상충하는 부분을 기술적으로 어떻게 해결할 수 있는지가 관건”이라고 말했다. 재경 지검의 한 부장검사는 “특별검사나 공수처가 검사를 일

---

354) KBS 2010. 5. 11.

부 지원받아 수사하면서 결국 검사를 지휘하는 구조가 된다면 기존 검찰 조직과 다를 바 없는 불필요한 조직이라는 비판을 받을 수 있다"고 지적했다. 이 대통령의 강력한 주문을 계기로 검찰개혁 논의가 탄력을 받으면서 정치권과 법조계 주변에서는 그야말로 백화제방식의 개혁안들이 쏟아지고 있다. 일본의 검찰심사회나 미국의 연방대배심제처럼 검찰의 기소 과정에 일반인이 참여하거나 복수의 검사들이 기소 여부를 결정하는 '공소심사위원회'를 도입하는 방안, 기존 '수사심의위원회'를 확대하는 방안 등이 거론된다. 검찰이 공익의 대변자로서 범죄자를 형사법정에 세우는 '공소 제기' 방식을 보완해 독일이나 프랑스, 대만, 미국의 일부 지역처럼 피해자 또는 개인이 범죄자를 소추할 수 있는 '사인 소추'私訴 제도를 도입하자는 주장도 제기된다. 하지만 이는 형사소송법의 근간을 손질해야 한다는 점에서 쉽지 않은 문제라는 주장이 많다. 반면 지극히 개인적인 분쟁이나 명예훼손 등 일부 사건은 사소355)를 허용하는 것도 고려할 만하다는 의견도 있다. 부장검사 출신의 한 변호사는 "검찰이 모든 권한을 쥘 필요는 없다. 버릴 것은 버리는 것도 한 방법"이라면서도 "사소가 허용되는 국가에서도 사실상 실익이 없다는 지적이 많은 만큼 국가 경제적으로 낭비를 초래할 우려가 있다"고 말했다.」356)

그동안 여러 가지 부정부패와 비리에서 드러났듯이 검찰과 경찰에 대한 개혁은 어느 정도 그 필요성이 인정된다. 하지만 그 개혁의 핵심은 정치권력으로부터 어떻게 독립성을 보장할 것인가 하는 점이다. 나머지 문제는 법무부나 검찰 내부 관리강화로 대응할 수 있다. 정치권력이 검찰과 경찰을 정권 안보에 이용하지 않고 정치적 중립성을 지켜주어야 한다. 그런데 그동안 우리나라의 정치권력은 정권안보나 정적제거에 경찰과 검찰을 공공연하게 이용해 왔다.

정치권력이 자신의 이해에 따라 이렇게 불합리한 행동을 지속하는 한 경찰과 검찰의 내부 기강을 바로 세우는 것은 어렵다. 별도의 기구를 만드는 것은 언제든지 할 수 있지만, 그것이 부정부패 방지를 담보하지는 않는다. 이미 우리는 몇 차례 특검제를 시행했다. 그러나 정치적 이해관계 갈등 등으로 기대한 만큼의 실효를 거두지 못했다. 수사실력은 제도에 의해 만들어지는 것이 아니다. 이제 다시 상설 특검제를 도입하는 등 새로운 기구 하나 더 만든다고 뭐가 달라지겠는가?

---

355) 사소(私訴)는 공소(公訴) 절차에 부대(附帶)하여 피고인에 대하여 하는 민사상 청구 소송. 범죄 행위에 의하여 입은 손해의 배상 또는 장물(贓物)의 반환 등을 요구하기 위한 것으로, 현행법에는 없는 제도임.

356) 연합뉴스 2010. 5. 11.

　진정으로 검찰을 개혁하고 싶으면 정치 개혁부터 먼저 해야 한다. 정치권력과 대통령이 검찰을 바라보는 눈이 건전해야 한다. 최우선적으로 자신의 이해나 공권력을 정권안보에 이용하겠다는 잘못된 인식부터 버리고 자신을 정제한 후 검찰과 경찰을 바로 세우는 것이 순서다. 어미 게처럼 '자신은 옆으로 걸으면서 경찰과 검찰에 바로 걸어라'고 한다고 해서 해결될 일이 아니다. 일에는 순서가 있다. 제대로 일할 수 있는 환경을 조성해주지 않으면서 옥상 옥만 만드는 일은 제대로 일을 하는 것이 아니다.

10. 폐쇄적인 행정과 잘못된 부정부패 해결접근

1) 권위주의적이고 폐쇄적인 행정

지금은 많이 개선되었다고 하지만 그동안 한국의 행정기관과 공무원은 다분히 권주위주의적이고 폐쇄적이었다. 권위주의權威主義는 권력이나 위력으로 남을 억누르거나 권위에 맹목적으로 복종하려고 하는 사고방식이나 행동 양식이다. 행정절차는 복잡하고 처리결과를 예측하기 어려웠다. 비현실적인 규제가 많고 중복해서 감독하거나 인허가, 검사 등의 기준이 지나치게 까다로워 과도한 시간과 비용이 들었다. 공무원이 재량권을 발휘할 수 있는 요소들도 적지 않았다. 국민은 문제가 발생해도 이의를 제기하기가 쉽지 않고 이해가 되지 않아도 제대로 설명해주지 않는 등 고객 만족은 뒷전이었던 때도 있었다.

이렇게 행정기관의 폐쇄적이고 권위주의적인 분위기와 법령에 의한 과잉·중복규제는 부패 발생 요인으로 작용해 왔다. 권위주의와 폐쇄성은 행정기관 상호 간에도 작용하여 부정부패를 관리하는 기관들이 각각 독립적으로 운용됨으로써 상호 교류가 부족했다. 당연히 업무 공조가 제대로 이루어지지 않아 효율적인 부정부패 통제가 이루어지지 못했다. 부정부패를 총괄적으로 관리하고 통제할 수 있는 관제탑 역할은 부재하며 여전히 폐쇄적인 행정 관행이 많이 남아 있다. 국민은 아직도 행정기관이 권위주의를 확 벗어 던졌다고 생각하지 않는다. 권위주의적이고 폐쇄적인 행정 관행이 남아 있는 한 부정부패의 척결과 고객 만족은 요원하다.

2) 부정부패 발본색원, 척결 아닌 관리 대상

부정부패를 발본색원이나 척결의 대상으로 인식하는 공직자는 부정부패에 대한 개념이 부족하고 관리에 실패한 사람이다. 발본색원拔本塞源은 폐단의 근원을 아주 뽑아서 없애 버림, 척결剔抉은 살을 도려내고 뼈를 발라냄 또는 모순·결함 등을 찾아내어 깨끗이 없애는 것을 말한다. 일반적으로 부정부패를 발본색원한다거나 척결한다는 말로 많이 사용된다. 그러나 부정부패는 발본색원이나 척결로는 해결되지 않는다.

한 번의 발본색원이나 척결로 부정부패를 일소할 수 있다면 부정부패가 사회 아니 세계적인 관심사가 될 이유가 없다. 발본색원이나 척결을 천명하는 것은 스스로 부정부패의 관리에 실패했음을 인정하고 지금부터라도 관리를 열심히 하겠다는 의지를 표명하는 것으로 정치적인 구호에 불과하다. 국민 앞에서 참모, 사정기관 담당자 등에게 불호령을 내리며 공직자들에게 경각심을 고취해 주는 일시적인 효과는 있지만, 그것은 그렇게 오래가지 않는다. 대부분 부정부패에 대한 개념이 부족한 지도자들이 취하는 행동이다. 그리고 올바른 부정부패 관리방법도 아니다. 부정부패 척결이나 발본색원 표명 다음에는 어김없이 개혁이라는 용어가 따라붙는다.

개혁改革은 새롭게 뜯어고침 또는 합법적 절차를 밟아 정치상·사회상의 묵은 체제를 고쳐 새 체제로 바꾸는 것을 말한다. 구시대의 잘못된 제도가 대부분 개혁의 대상이다. 개혁한다고 크게 달라질 것은 없다. 현재 부정부패 행위가 드러나 개혁의 대상이 된 제도도 도입될 때는 좋은 것으로 생각하였다. 전임자까지는 별다른 문제가 없었던 것이 정권이 바뀌었다 하여 문제가 된다는 것 자체가 이미 문제를 안고 있다. 사회 환경 변화에 따라 재정비가 필요한 때도 없지는 않지만, 대부분 제도는 사회 환경이 바뀌면 그때그때 손질해야 한다. 그러므로 오히려 그러한 조치를 제때 취하지 못하고 처음 취지를 제대로 살리지 못한 관리 부실이 문제이다.

부정부패가 발본색원이나 척결로는 문제 해결이 어려운 것은 고정된 것이 아니기 때문이다. 법규나 제도도 때로는 바뀌지만, 그보다 더 자주 바뀌는 것이 관리하고 운영하는 사람이다. 사람이 문제다. 제도가 좋건 좋지 않건 같은 직위에서 직무를 수행하는 사람 중에 부정부패 행위를 일삼는 사람과 그렇지 않은 사람이 반드시 있다. 즉 법규나 제도의 문제가 아니라 사람의 문제라는 말이다. 사람이 마음에 안 들면 인사를 통해 순환시킬 수는 있다. 하지만 법으로 공무원의 임기를 보장하고 있는 이상 내칠 수는 없는 일이다. 이쪽에서 저쪽 자리로 보직을 변경한다고 부정부패가 막아지는 것은 아니다. 그러므로 부정부패는 발본색원이나 척결의 대상이 아니라 관리 대상이 될 수밖에 없다.

사람에 대한 관리가 부정부패 대응에서 승패를 좌우한다. 국가가 존재하는 한 공무원은 존재하고 누군가는 직무를 수행하기 마련이다. 법규와 예산, 조직체계, 담당자, 국민의 성향 등 사회의 제반 환경이 변화하는 속에서 부패를 효율적으로 관리하기 위해서는 철저한 사전 예방교육, 공무원 상호 간의 적절한 견제, 구조적 문제 해결, 합리적인 법규 제정, 부정부패에 대한 끈질기고 철저한 추적과 엄격한 처벌이 지속적으로 이루어져야 한다. 부정부패는 그 근원이 완벽한 제도를 만들 수 없는 인간의 불완전성과 욕망 절제의 실패인 탐욕에 있다. 인간의 마음은 순간순간 바뀐다. 따라서 부정부패 방지를 위해 할 수 있는 일은 철저한 관리와 지속적인 노력밖에 없다.

끊임없는 관리 노력 없이는 부정부패는 한순간 자취를 감추었는가 싶다가도 조금만 관리를 소홀히 하면 어느 순간 독버섯처럼 확 퍼져 나간다. 인간의 삶은 항상 만들어가는 과정이고 과거보다는 현재와 미래가 더 중요하다. 그러므로 내가 권력을 잡고 있는 동안 부정부패가 자취를 감추도록 하는 것도 중요하지만, 미래에도 그것을 보장할 수 있는 체계를 만드는 것은 더 중요하다. 공권력을 동원하고 담당 공무원에게 책임을 물으면 일시적인 성과를 내는 것은 가능하다. 그러나 그것은 미봉책에 불과하다. 부정부패를 제대로 관리하기 위해서는 근원적인 문제 해결을 시도하고 접근해야 한다.

3) 처벌, 제도개혁으로 부패방지 달성되지 않는다

(1) 잘못된 부정부패 해결 접근

우리나라의 부정부패 억제정책은 주로 부정행위 공무원의 처벌, 행정제도의 개선예산, 인사, 조직, 권한배분, 보수, 통제, 절차 등, 입법조치를 통한 처벌규정 강화, 사회정화를 하는 방법이 많이 사용됐다. 1975년 서정쇄신운동, 1980년 사회정화운동, 1981년 공직자윤리법을 제정하여 공직자의 재산등록, 선물신고, 퇴직공직자 취업제한 등을 규정하였다. 1993년에는 재산을 등록하는 데 그치지 않고 공개하도록 하는 등 정부는 공직자 부정부패 방지 및 공직기강 확립을 위하여 계속 노력을 기울여왔지만 기대 수준에는 못 미치고 있다.

그럼에도 여전히 우리 사회의 부패문제를 해결하는 가장 효과적인 방법이 무엇인가 하고 질문을 하면 강도 높은 사정, 즉 부패 행위에 대한 적발과 처벌을 강화하여 모든 부패 연루자를 엄벌하면 해결될 것이라는 견해가 지배적이다. 정부 또한 적발과 처벌에 치중하는 부정부패 관리를 하고 있다. 가장 짧은 시간에 가시적인 적발 효과를 보는 방법이기 때문이다. 하지만 우리가 상기해야 할 사실357)은 지난 64년여 동안 정권마다 출범 초기에 '서정쇄신'이니 '정의사회 구현', '윗물 맑기 운동' 또는 '부패척결' 등의 구호를 내걸었다.

그 구현 방법으로 제시했던 것이 바로 대규모 사정과 엄격한 처벌이라는 처방이었다. 그렇지만 시간이 지나면 초기의 기세는 슬그머니 사라져 용두사미 격이 되어 버렸다. 오히려 정권의 핵심 세력이 부패의 중심이 되는 현상이 반복하여 나타났다. 또한 대부분 정권의 핵심적 부패는 은폐되고 극소수 '재수 없는'(?) 공직자들만 처벌을 받아왔다는 점에서 부패 통제 전략의 허구성을 찾을 수 있다. 이러한 관리 행태를 비판하는 세력도 정치권력이 직간접적으로 관련된 부패 사안들에 대해서만 관심을 두고 이를 공격할 뿐이다.

실질적 효력을 발휘할 제도화나 사회문화문제 등에 대해서는 거의 무관심하거나 오히려 반대하는 때도 적지 않았다. 따라서 부패가 '부패와의 결전', '부패척결' 등의 표현에 엿보이는 바와 같이 일시적인 적발과 처벌이라는 대증요법358)이나 사정기관의 정상적 기능만으로 해결된다고 기대하는 것은 큰 무리라고 할 수 있다. 사후 적발과 처벌만으로는 해결되지 않는다. 사전적 예방의 중요성을 간과해서는 안 된다. 역대 정권의 부패 관련 기구나 법제를 살펴보면 [표 4-7]과 같다.

그동안 수많은 사람이 처벌되었지만, 부패행위는 끊이지 않는다. 제도에 문제가 있을 때도 부정부패가 생겨날 수 있다. 개혁改革은 새롭게 뜯어고침 또는 합법적 절차를 밟아 정치상·사회상의 묵은 체제를 고쳐 새 체제로 바꾸는 것을 뜻하므로 상황에 따라 부정부패를 막는 데 제도개혁이 필요한 때도 있다. 그러나 제도개혁을 통하여 부정부패를 방지하는 것은 기본적으로 잘못된 제도에 의해 발생하는 부정부패 방지에 국한된다. 물론 인간은 환경변화에 따라 행동양식이 변화하므로 고쳐진 제도로 말미암아 기대 이상의 부정부패 개선 효과가 나타날 수도 있다. 그러나 제도는 인간이 갖는 불

---

357) 한국투명성기구 · 대한주택공사(2007), "청렴교육교재", 서울, pp.125~126.
358) 대증요법(對症療法)은 병의 근원과는 관계없이 겉으로 나타난 증상에 따라 적절히 치료하는 법.

[표 4-7] 역대 정부의 주요 반부패 대책과 조직

대통령	기간(년)	내용
이승만	1948~1960	감찰위원회(1948) → 감찰원
박정희	1963~1979	감사원(1963) 대통령 직속 행정개혁조사위원회(1964) 공직부패 특별조사반
전두환	1980~1987	사회정화위원회(1980)
노태우	1988~1992	공직 및 사회지도층비리 특별수사부(1991) 정부 합동 특별감사반
김영삼	1993~1997	부정부패 사범 특별수사본부(1993) 부정부패대책위원회
김대중	1998~2002	반부패 특별수사본부(1999) 반부패특별위원회(부패방지위원회의 전신) 부패방지위원회(2002)
노무현	2003~2007	국가청렴위원회(2005)
이명박	2008~	국민권익위원회(2008년 2월 29일): 과거 국민고충처리위원회와 국가청렴위원회, 국무총리 행정심판위원회 등의 기능을 합쳐 새롭게 탄생

출처: 한국투명성기구 · 대한주택공사(2007), "청렴 교육교재", 서울, pp.125~126.

완전성에 의해 아무리 잘 만들어도 일정부분 허점이 존재한다.

때로는 제도에서 문제가 노출되더라도 그 제도가 갖는 더 큰 장점 때문에 개혁하기 곤란하거나 개혁을 하더라도 기존제도의 틀을 크게 벗어나지 못하고 형식적인 개혁이 이루어지는 일도 적지 않다. 이것이 제도 개혁이 갖는 부정부패 방지의 한계성이다. 따라서 부정부패는 제도개혁으로 달성되지는 않는다. 그 이유는 같은 제도라 하더라도 부정부패를 하느냐 하지 않느냐 하는 것은 제도를 운영하는 사람인 공무원의 행동에 따라 다르게 나타나기 때문이다. 아무리 부정부패 행위를 막으려고 하여도 모든 위험을 감수하고 결사적으로 부정부패 행위를 하려고 하면 적발해 처벌하는 외에 대책이 없다.

적발이 강화되는 만큼 그 방법도 교묘해지므로 적발은 더욱 어려워진다. 그러므로 부정부패 방지 달성 여부나 성과는 공무원 자신의 노력, 관리담당 부서에서 개별 공무원의 준법정신과 부정부패의 문제점에 대해 얼마만큼 잘 일깨워주고 효율적으로 견제하느냐 하는 데 달렸다. 효율적으로 부정부패에 대응하기 위해서는 부패유발 환경을 개선하거나 원인을 예방하는 요법이 반드시 병행359)되어야 한다. 일벌백계360)一罰百戒 같은 본보기식 처벌을 통해 경각심을 울려주는 것으로는 한계가 있다.

---

359) 한국투명성기구 · 대한주택공사(2007), "청렴교육교재", 서울, pp.125~126.

360) 일벌백계(一罰百戒)는 한 사람이나 한 가지 죄과를 엄하게 벌줌으로써 여러 사람을 경계함.

(2) 솜방망이 처벌

부정부패 행위를 적발하는 데는 많은 시간과 인력, 예산, 노력이 소요되고 불편한 인간관계가 조성되는 껄끄러운 일이 발생할 수 있는 힘겨운 일이다. 그럼에도 부정부패를 척결하기 위해 노력하고 적발에 나서는 것은 부정부패를 그대로 두고는 국가의 핵심적인 역할인 국민 권익을 보호할 수 없다는 데 있다. 적발된 부정부패 행위가 당사자는 물론 다른 사람들에게 경각심을 고취해 예방 효과를 발휘하기 위해서는 엄격한 처벌이 이루어져야 한다. 그런데 2009년 7월 국민권익위원회 자료에 의하면 [표 4-8]에서 보는 바와 같이 교육 분야 공무원의 최근 3년간 금품수수 등 부패관련 사건 중 소청심사를 통해 감경된 비율은 무려 39%였다.

[표 4-8] 금품 · 향응 수수관련 징계처분 현황

(단위: 건)

구분 (징계양정기준)		합계	주의 · 경고	견책	감봉	정직	해임	파면
교육 분야 공무원	**전체**	180	50	39	30	35	10	16
	10~100만 원 미만 (견책↔파면)	92	44	33	8	5	2	–
	100~300만 원 (감봉↔파면)	36	3	3	16	13	1	–
	300만 원 이상 (정직↔파면)	52	3	3	6	17	7	16
국가 공무원	**전체**	237	28	33	47	32	18	79
	100만 원 미만 (견책↔파면)	78	20	20	27	9	2	–
	100~300만 원 (감봉↔파면)	61	7	8	16	20	6	4
	300만 원 이상 (정직↔파면)	98	1	5	4	3	10	75
지방 공무원	**전체**	376	38	78	74	54	25	107
	100만 원 미만 (견책↔파면)	112	26	54	24	6	1	1
	100~300만 원 (감봉↔파면)	95	4	21	36	21	8	5
	300만 원 이상 (정직↔파면)	169	8	3	14	27	16	101

주) 1. 위 표는 국민권익위원회 e-clean 시스템에 입력 관리 중인 최근 3년간(2006~2008) 10만 원 이상 금품 · 향응 수수관련 징계처분 자료 분석결과임(2009. 7).
   2. 교육 분야 공무원은 교원, 교과부 및 시 · 도교육청 소속의 국가 · 지방공무원까지 포함.
출처: 국민권익위원회 국민권익 블로그.

소청은 공무원법에서 징계 처분이나 휴직·면직·직위 해제 따위의 불이익 처분을 받은 사람이 그 처분에 따르지 않고 취소나 변경 따위를 청구하는 일이고, 감경은 본래 정해진 형벌보다 가벼운 형벌에 처함이다. 최근 들어 깨끗한 공직분위기 조성으로 청렴 문화를 선도해야 할 교육계가 부패관련 비리에 대한 온정주의적 처벌 관행으로 부패재발 방지에 한계를 느끼고 있다. 또한 소청심사[361] 제도를 통해서도 상당 부분 징계감경 처분이 되고 있어 솜방망이 처벌이라는 비판이 각계에서 제기되고 있다. 부패행위에 대한 징계제도의 실효성 확보를 통해 교육계의 투명성을 획기적으로 향상할 필요가 있다. 그런 이유로 국민권익위원회에서는 교육공무원이 금품수수 같은 부패행위로 처벌받을 때 이런저런 방법으로 징계를 낮추지 못하도록 추진하고 있다.

비리가 생겼을 때는 반드시 정해진 규정에 따라 징계를 해야 한다. 그런데 징계양정 기준을 지키지 않고 감경처분 된 비율은 교육공무원은 180건 중 62건[34.4%]으로 높고, 지방공무원은 376건 중 76건[20.2%], 국가공무원은 237건 중 45건[18.9%]으로 가장 낮은 수준이었다. 징계 등 처분수위도 다르게 나타났다. 교육공무원은 180건 중 50건[27.7%], 국가공무원은 237건 중 28건[11.8%], 지방공무원 376건 중 38건[10.1%]에 비해 주의·경고 처분 비율이 높고, 파면·해임 등의 순으로 수준이 낮았다. 파면·해임 등 처분 비율도 교육공무원은 180건 중 26건[14.4%], 지방공무원은 376건 중 132건[35.1%], 국가공무원은 237건 중 97건[40.9%]으로 나타났다.[362]

공무원의 솜방망이 처벌은 법과 규칙을 대수롭지 않게 생각하게 하는 위험성을 내포하고 있다. 부정부패 행위자를 적발하고도 솜방망이 처벌을 하는 것은 공무원 스스로 제 식구 감싸기를 하는 것으로 정부에 진정 부정부패를 척결할 의지가 있는 것인지 의심하게 한다. 국민이 법을 경시하기 시작하면 부정부패는 만연한다. 서울시교육청의 비리사례에서 보듯이 정부 스스로 솜방망이 처벌을 하면 대형 부정부패가 언제든지 다시 발생할 수 있게 하는 원인으로 작용할 가능성이 있다. 국민 상호 간 연관율이 지극히 높은 상태에서 온정주의에 의존하여 일하면 아무도 처벌할 수 있는 사람은 없다. 부정부패는 엄격하게 법규를 적용해 처벌하고 적극적으로 대처해 나가지 않으면 국민의 권익은 침해당하고 책임을 모두 함께 떠안아야 하는 피해를 본다.

---

361) 소청심사는 행정심판제도의 일종으로 공무원이 징계처분, 기타 신분상 그 의사에 반하는 불리한 처분이나 부작위에 대하여 이의를 제기할 경우 이를 심사하는 제도로 위법 부당한 인사상 불이익 처분에 대한 구제라는 사법 보완적 기능을 통하여 직접적으로 공무원 의 신분보장과 직업 공무원제도의 확립, 간접적으로는 행정의 자기통제효과를 도모하고 있습니다.

362) 국민권익위원회 국민권익 블로그.

4) 잘못된 능력보상 체계

그동안 우리나라 공무원의 수가 증가하는 데 가장 크게 기여한 사람은 정치인이고 그다음은 공무원 집단이다. 정치인들이 유권자의 표와 업적을 의식하여 채용을 늘렸다. 또한 최선을 다하지 않으면서 업무량이 많다고 징징대는 공무원의 엄살도 주효했다. 경제성장과 인구증가 등 수요증가에 따른 공무원 수 증가는 자연스러운 현상이다. 그러나 이것도 사무자동화나 업무조정을 통한 재배치 방법으로 상당 부분 상쇄할 수 있다. 과거에는 모두 수작업으로 이루어지던 것들이 오늘날에는 컴퓨터를 비롯한 사무자동화기기에 의해 이루어지고 규제 완화, 인구이동 영향으로 행정기관의 기능과 역할도 많이 달라졌다.

무엇보다도 동사무소나 면사무소의 역할이 현저하게 줄어들었다. 기초자치단체와 광역지자체 그리고 정부 중심의 4단계로 구성된 행정체계를 3단계로 줄어야 한다는 목소리도 점점 커지고 있다. 그리고 그렇게 한다고 문제가 될 것도 없다. 그런데도 동사무소나 면사무소에는 여전히 많은 공무원이 근무하고 있고, 도나 광역시는 계속해서 공기업 같은 하부기관을 늘린다. 단순하게 면사무소나 동사무소 근무자의 많고 적음이나 하부기관을 늘린다는 것이 문제가 아니다. 국민의 편익증진을 위해 해야 할 일이 많으면 업무량을 반영하여 더 많은 공무원을 보충하는 것은 당연한 일이다. 문제는 공무원 업무량과 생산 효율, 국민 만족의 상관관계이다.

공무원 한 사람이 담당해야 할 업무를 표준화하여 인구가 많고 업무가 많은 곳은 충원하거나 다른 한가한 부서의 직원을 재배치하고, 인구와 업무량이 적은 곳은 사무자동화와 통합관리를 통해 공무원 수를 감축해야 한다. 같은 일을 하더라도 일을 효율적으로 많이 하는 사람은 그렇지 않은 사람보다 높은 급료를 받을 수 있는 체계 전환도 필요하다. 관리 위치에 있는 고위공무원을 비롯한 모든 공무원은 형식이 아니라 실질적으로 고객이 만족하는 공공서비스 제공 체계를 만들어야 한다. 그래야 복지부동이라는 말 자체가 사라질 수 있다.

복지부동이라는 말은 관리자들이 그 역할을 제대로 하지 않았기 때문에 생긴 것이다. 따라서 무능한 관리자는 그 직무를 박탈하고 재교육 등을 통해 제대로 일하는 사람으로 능력을 제고시켜야 한다. 그래야 모든 공무원이 열심히 일할 것이다. 공무원이 열심히 일해 국가가 발전하고 국민의 복리가 증진되면 공무원에게 더 많은 보수를 제공하는 선순환 구조가 만들어질 수 있다. 시간만 축내고 자리를 보전하며 일을 게을리하는 사람과 열심히 땀 흘리며 많은 일을 하는 사람에게 같은 월급을 주면 생산성과 효율은 떨어지고 무사안일과 복지부동이 만연하고 열심히 일하지 않을 것은 당연하다.

이제는 바뀌어야 한다. 그러나 형식적인 변화는 국민도 신물을 내지만 공무원들도 좋아하지 않는다. 공무원들에게 실질적인 수입 증가가 이루어지고 생산성과 효율도 향상할 수 있도록 정부와 모든 행정기관이 수요에 따라 공무원을 자율적으로 배치하고 업무량을 조정하는 방안을 강구해야 한다. 공무원도 자신들에게 유리한 것만 받아들이려 해서는 안 된다. 공무원 개인의 의사와 상관없이 업무량이 줄어들거나 일정량 이하일 경우 타부서 전출, 통합업무, 농어촌지역 같은 경우 소방서 등 다른 기관과 공동 업무를 수행할 수 있는 규정을 만들 필요가 있다. 세상 변화가 공무원에게 구조조정이라는 태풍으로 닥쳐오기 전에 공무원 사회 내부에서 유연성을 확보하고 완충작용을 할 수 있는 여지를 만들어 두는 것이 정치지도자, 정부와 행정기관, 공무원 모두를 위해 바람직할 것이다.

Chapter 5

부정부패 방지 접근

1. 부패에 대한 인식 달라져야 변화 가능하다

이제 부패문제는 나라 안에 국한된 문제가 아니다. 오늘날은 국내와 세계 동시 경쟁 시대이다. 그러다 보니 각 나라의 청렴도는 국가 경제에 상당한 영향을 미친다. 부패는 공정성을 잃게 하고 경쟁력을 약화시켜, 결국 국가신인도가 낮아질 수밖에 없도록 작용한다. 국가신인도[363]가 낮으면 외국자본의 유치가 어려워진다. 그뿐만 아니라 이미 들어와 있는 외국자본도 바깥으로 빠져나가 나라 경제 전체가 타격을 받을 수도 있다. 이미 우리는 외환위기를 통해 그런 위기상황을 경험했다.

이렇듯 부패는 이제 도덕적인 문제이거나 정치권 등 특정 분야에만 국한된 문제가 아니다. 부패로 말미암아 나라 전체가 지급해야 하는 경제적 비용을 생각할 때 부패는 국가 경제에 막대한 영향을 미치고 나아가 국민의 생존을 위협하는 독소가 되고 있다.[364] 모든 성과는 행동의 변화를 요구한다. 부패에 대한 인식변화 없이 행동변화를 이끌어 낼 수 없다. 우리는 이제 부패문제는 국가경쟁력은 물론 국민생존과 직결되는 중대한 문제라는 사실을 분명하게 인식해야 한다.

---

363) 국가신인도(國家信認度)는 한 나라가 대외적으로 채무를 이행할 능력이 어느 정도인지를 나타낸 수준을 말한다.

364) 김창룡(2006), "청렴한국 아름다운 미래", 한길사, p.20.

2. 적발·처벌·제도개혁 위주 부패관리 탈피해야

　오늘날 우리나라의 부정부패 관리를 총체적으로 진단하면 나름대로 노력은 하는데 이해가 부족하고 어정쩡한 관리로 대규모 부정부패 행위가 드러나고 투명도는 크게 개선되지 않는 상태에 머물러 있다. 부패전문가로 자부하는 사람들이 없지는 않지만 대부분 대학교수나 행정기관의 부정부패 관리자들로 부패에 대한 개념적 지식이 부족하다. 그리고 부패문제를 제대로 해결하고 관리할만한 역량을 갖춘 전문 인력은 거의 없다. 그러다 보니 부패방지 수장은 대부분 법조계와 정치권의 낙하산 인사로 채워진다. 발생하는 부정부패도 자체 내부의 관리에 의한 적발보다는 민원인의 정보제공, 내외부 감사, 경찰과 검찰의 수사에 의해 드러나는 경우가 많다.

　적발은 많이 되지만 예방을 위한 교육과 체계적인 확인 점검, 조직 내의 구조적인 문제 해결과 분위기 조성 등 부정부패를 종합적으로 관리하는 기능이 미흡해 단순하게 감사업무로 갈음하는 등 역할이 제각기 분산되어 적발위주의 부정부패 관리가 주로 이루어져 왔다. 적발위주의 부정부패 관리는 항상 문제가 터진 후 감사실과 사정기관이 동원되고 드러난 부정부패 행위에 대해 대책을 세우는 땜질식 처방에 불과하다. 부정부패를 강력하게 단속하면 그동안 묻혀 있던 부패행위가 와르르 들어나 대단한 실적을 올린 것처럼 보인다. 하지만 실제로는 관리 부실이 누적되어 내부에서 방치되어 온 부정부패들이 감사실과 사정기관이라는 외부 기관에 의해 그 모습을 드러내는 것에 불과하다.

적발을 통한 처벌도 부정부패를 하면 대가를 치러야 한다는 경각심을 심어주기 때문에 나름대로 가치는 있다. 하지만 적발과 처벌 위주의 부정부패 관리로는 선진국 수준의 부패인식지수를 확보하기 어렵다. 부실한 관리에 대한 책임을 묻지 않는 것도 우리나라 부정부패 관리의 가장 큰 문제점 중 하나다. 모두에게 피해가 가지 않도록 사전에 예방할 수 있는 것을 부실한 관리로 내버려뒀는데도 그에 대한 책임을 묻지 않기 때문에 관리기술이 발전하지 않는다.

내부 관리기술의 후진성은 자체 내에서 부정부패 문제를 해결하지 못하는 원인으로 작용해 왔다. 결국 외부에서 드러난 부정부패 행위는 여론이 악화하고 지도자가 나서는 등 외부에서 개선해야 한다는 거센 요구와 압력에 직면한다. 외부 압력에 못 이겨 문제가 된 부분에 대해 보완에 나서기는 하지만 근본적으로 부정부패에 대한 개념과 안목이 부족해 전체적인 부정부패 관리차원이 아니라 개별 문제 해결로 접근한다. 그 결과 이곳을 보완하면 저곳에서 문제가 터지는 상황이 지속하여 왔다. 이렇게 나름대로 노력은 하는데 부정부패를 대대적으로 적발하는 기간이 끝나면 벌써 관리가 부실한 틈을 타 그동안 움츠리고 있던 사람들에 의해 새로운 부정부패 행위가 시작된다.

개선된 제도가 새로 시행되더라도 인간이 갖는 불완전성으로 말미암아 새로운 제도도 항상 나름대로 허점이 있기 마련이다. 그러므로 부정부패 행위를 하고자 하는 사람들에게 별다른 걸림돌이 되지 않는다. 이것이 사정과 제도 개혁을 통한 부정부패의 한계이다. 잘못된 제도는 분명히 부정부패의 원인이 될 수 있으므로 고쳐야 한다. 그러나 부정부패는 제도 그 자체의 잘잘못에 의한 문제보다는 운용자의 태도에 의해 그 결과가 달라진다. 아무리 좋은 제도도 부정부패를 하겠다고 마음을 먹고 어떤 대가를 치르더라도 부정부패를 실행하면 막을 수 있는 방도는 없다.

적발해 처벌할 수는 있지만, 그것은 누군가가 손해를 입은 후의 일이다. 좋지 않은 제도도 운용자들이 운용의 묘를 살리고 문제를 보완하면 부정부패의 원인이 되지 않는다. 그래서 관리자가 필요한 것이다. 부패행위는 일단 발생하면 부패행위자 자신을 포함하여 반드시 누군가는 손해를 입는다. 지도자와 행정기관은 대외적인 이미지가 나빠지고 그들을 적발하기 위해 또 다른 낭비를 해야 하며 적발하는 과정에서 직원 상호 간 불신과 불편한 관계가 조성되어 단결을 저해하는 부담을 감수해야 한다. 국민은 물론 부패행위자 자신도 치벌을 받는 등 모두 피해지로 만든다.

별도로 부패행위를 적발하기 위해 투입되는 인력과 장비, 예산, 노력을 발전적인 곳에 쓴다면 모두에게 도움이 된다. 결국 발전할 수 있는 것을 발전하지 못하게 하고 비용은 낭비되는 것이므로 이중의 낭비를 가져온다. 사후 적발을 통한 처벌보다는 사전 예방을 위한 관리기술 향상이 중요하고 교육에 역점을 두고 심혈을 기울여야 하는 이유가 여기에 있다. 부정부패 관리의 상책은 교육이고, 중책은 관리를 통한 방지이며, 하책이 적발 후 처벌과 개혁이다. 그동안 우리나라의 부정부패 관리는 하책을 중심으로 이루어져 왔다. 그러나 이제는 대형 부정부패 사건의 발생, 대통령의 척결의지 표명, 사정기관과 감사기관의 적발과 처벌 그리고 제도개혁으로 끝나는 저급한 관리방식에서 벗어나야 한다.

어정쩡한 관리는 오히려 부정부패가 계속 발생할 수 있는 여지를 만들어 준다. 차라리 부정부패가 만연하면 개혁이라도 할 수 있다. 하지만 어정쩡하게 잘못된 관리는 분명히 문제가 있다는 것을 인지하고 개선을 시도하지만 막상 마음을 먹고 손을 대보려고 덤벼들면 길과 방향을 잃게 한다. 목표에 도달하지 못한 채 스스로 지쳐 허물어지고 흐지부지 끝나게 한다. 이것이 우리나라 부패척결을 어렵게 하는 이유로 그 이면에는 어정쩡한 관리가 있다. 하지만 중책의 관리와 상책의 교육으로 관리의 중심을 옮기고 장기적으로 접근하면 부정부패는 충분히 관리할 수 있다.

3. 방지체계 바로 세워야 부패 막을 수 있다

부패방지가 복잡하고 어려운 것 같아도 관리만 잘하면 충분히 통제할 수 있다. 관리 내용은 사전 예방활동, 현장관리 활동, 사후 처벌 세 가지로 간단하다. 실무 차원의 관리에서 중점을 두어야 할 순서와 비중은 사전 예방활동, 현장관리 활동, 사후 처벌이다. 그런데 그동안 우리나라는 사후 적발과 처벌, 제도 개혁 위주의 부패통제 전략으로 일관해 왔다.[365] 이러한 전략은 경각심을 울려주고 환경개선을 통해 사전에 부패행위 접근을 어렵게 함으로써 줄이는데 어느 정도 도움이 된다. 그러나 부패를 유발하는 원인을 제거하는 데는 한계가 있다.

사전 예방활동의 핵심은 학교 교육과 청렴한 사람을 공무원으로 선발하는 일로부터 시작된다. 그런데 우리나라는 학교의 부정부패 교육, 청렴한 공무원을 선발하는 것 두 가지 모두 제대로 되지 않고 있다. 부정부패 예방을 위해 학교 교육에서 무엇을 가르쳐야 할지도 잘 몰라 피상적으로 언급하는 정도로 그친다. 공무원 임용에서도 필기시험을 통과한 수험생 중에서 특별한 경우가 아니면 면접에서 잘 탈락시키지 않는다. 진정으로 국가와 국민 사회를 위해 헌신하고 봉사할 수 있는 마음을 가진 청렴한 사람을 선발하기보다는 지식평가가 우선이 되고 있는 것이 현실이다.

부정부패 관리의 중점은 모두가 손해를 입지 않도록 하는 사전 예방활동이 가장 중요하다. 그다음이 현장에서 부정부패 행위를 하지 못하도록 막는 관리이다. 선발과정

---

365) 반부패국민연대(2002), "반부패 지도Ⅱ", 사람생각, p.17.

에서 다소 문제가 있는 사람이 임용되더라도 관리를 통하여 교육하고 적절하게 견제하면 많은 부패행위를 방지할 수 있다. 그런데 처음부터 문제가 있는 사람을 임용하고 관리를 제대로 하면 부패행위는 늘어날 수밖에 없다. 따라서 관리의 견제 벽을 뚫고 부정부패 행위를 한 사람들에 대해서는 엄격하게 사후 처벌을 해야 한다. 부정부패가 만연한 국가는 사전 예방활동, 현장관리 활동, 사후 처벌 등 세 가지 모두에서 실패하고, 투명사회가 이루어진 국가는 이 가운데 적어도 한 가지는 반드시 성공하는 경우가 많다.

부정부패 관리에서 아주 중요한 점은 그 어느 국가도 사전 예방, 관리, 사후 처벌을 통해 부정부패를 모두 방지하거나 모든 부패행위자를 색출해 낼 수 없다는 것이다. 따라서 부정부패는 '모두 잡겠다. 완전하게 막겠다'는 극단적인 방법으로는 결코 해결할 수 없다. 인간의 삶은 만들어가는 과정이고 누구나 본능으로 회귀하려는 특성이 있다. 그러므로 부정부패도 지속적인 노력으로 일정한 수준이 되도록 뚜렷한 목표를 세우고 반복교육을 통해 경각심을 고취하는 등 철저하게 관리해 나가는 방법밖에 없다. 특히 대형 부정부패 사건을 파헤친 것을 무슨 대단한 일을 한 것 같이 생각하는 행태로는 기본적인 목표 달성도 어렵다.

끈질기게 추적하고 원인을 파악해 제거해 나가지 않으면 어느 사이 독버섯처럼 자라나 우리 모두를 위협한다. 그러므로 정치가에게 필요한 자세는 사정기관을 향한 일갈一喝이 아니라 청렴의 모범을 보이며 인내심을 갖고 부정부패를 척결하겠다는 굳센 의지를 실천하는 것이다. 부정부패를 제대로 관리하려면 반드시 사전 예방활동에 역점力點을 두고 현장에서의 관리활동에 중점重點을 두어야 하며 사후 처벌은 규정대로만 실행하면 된다. 이 체계를 바로 세우지 않고서는 부정부패를 제대로 막을 수 없다. 이제까지 해 온 것처럼 사후 적발과 처벌에 역점을 두는 관리와 솜방망이 처벌, 형식적인 사전 예방활동을 하고 교육을 소홀히 하는 방법으로는 부정부패를 막을 수 없다.

1) 사전 예방활동

예방은 피해자와 후유증을 남기지 않기 때문에 가장 좋은 부정부패 관리방법이다. 부정부패 행위를 방지할 수 있는 대표적인 사전 예방방법은 교육이다. 교육에는 성장

단계에 있는 아이들을 대상으로 하는 학교 교육, 성인이 된 후 사회인을 대상으로 하는 직무교육이 있다. 직무교육에 부정부패 교육뿐만 아니라 친절교육이나 고객만족교육, 나눔을 실천하는 인성교육을 병행하면 더욱 효과적이다. 그리고 처벌을 통해 대가를 치르는 과정에서 실시하는 교화도 있다. 교화敎化는 가르쳐 이끌어 착한 사람이 되게 하는 것을 말한다. 교화는 재범 방지가 목적이기 때문에 그 효과가 가장 낮다.

사전 예방에서 가장 중요하고 효과적인 것은 성장단계에서 부정부패에 대한 정확한 지식과 이해를 제공해 나쁜 것이라는 인식을 심어주는 일이다. 다음은 성인이 된 후 직무교육을 통하여 윤리규범 준수, 처벌규정 및 사례교육을 통하여 부정부패 행위를 막는 방법이다. 임용할 때 국가와 사회에 봉사하고 헌신할 수 있는 윤리적이고 도덕적인 사람을 선발하고, 선발 후에는 철저한 부정부패 방지교육을 통해 본인은 물론 타인의 부정부패 행위도 견제할 수 있도록 하는 노력이 필요하다. 인간은 망각의 동물이므로 일정한 시간이 지난 후 재교육을 통해 부정부패에 대한 경각심을 다시 깨우쳐 주는 반복교육을 해나가야 한다. 오늘날 우리나라에서는 학교와 교육 당국이 부정부패한데다 직무교육에서는 윤리규범 준수와 처벌규정 및 사례에 대한 부정부패 교육이 형식적으로 이루어지는 경향이 있다.

2) 현장관리 활동

관리는 부정부패를 직접적으로 맡아 처리하는 것을 말한다. 관리에는 직무교육을 통한 부정부패 교육, 부패 원인으로 작용할 수 있는 환경 개선, 법률이나 제도적으로 나타날 수 있는 모순이나 문제점을 개선하는 작업, 사정기관을 통한 적발이 핵심적인 역할이다. 그런데 이러한 역할을 담당하는 부서가 각각 분리되어 있고 부정부패를 종합적으로 통제할 수 있는 기능이 부족하다. 대개 감사기관이 부정부패를 관리하고 단속하는 곳으로 인식한다.

정부를 중심으로 규제개혁을 위한 일몰제시행 등의 노력이 이루어지고 내외부 감사기관 등을 통해 끊임없이 부정부패 행위자를 적발하지만, 부정부패는 제대로 개선되지 않고 있다. 부정부패의 관리가 제대로 되기 위해서는 조직규모가 큰 곳은 전담부서 운용, 규모가 작은 곳은 별도의 부서를 만들지 않더라도 진답자 지정과 그가 소속된 부서장이 부패방지 책임자를 겸임하여 부패를 통제하게 할 필요가 있다. 전담하여 기획하는 곳이 없고 관리와 예산이 분산되어 있으면 책임을 물을 곳이 없어진다. 이런 상태에서는 효율적인 관리를 기대하기 어렵다.

3) 사후 처벌

사후 처벌은 부정부패를 저지른 사람을 찾아내어 벌을 주는 것이다. 법규를 어기고 부정부패 행위를 하면 처벌의 대가를 치른다는 것을 여러 사람에게 보여줌으로써 스스로 절제하도록 하여 경각심을 고조시키는 효과가 있다. 그러나 사후 처벌은 이미 누군가가 손해를 입은 후에 가해지는 처벌인데다 당사자의 가정 내 위치와 역할에 따라 이차적으로 가족에게 피해가 미칠 수 있다. 이 때문에 많은 기관에서 부정부패 혐의를 적발하고도 솜방망이 처벌로 법규의 엄격함을 제대로 보여주지 못하고 있는 실정이다.

4. 점관리 기법 적용하면 대응 어렵지 않다

　부정부패 행위는 은밀하게 이루어지는 속성이 있어 겉으로 잘 드러나지 않으므로 공무원 중 어느 정도가 부정부패 행위를 하는지 알 수 없다. 그러나 잠재적 가능성은 모두 가지고 있다. 정부는 국민권익위원회, 감사원, 검찰을 비롯한 사정기관이나 행정기관의 감사 관련 부서 등을 통해 제한된 인력으로 열심히 노력하고 있다. 하지만 부정부패 행위를 적발하고 예방하는 데는 현실적으로 상당한 어려움이 따르는 것이 사실이다. 그렇다고 효율적인 대응이나 관리가 그렇게 어려운 것만은 아니다. 관련업무 담당자들의 의지와 역량 그리고 노력으로 크게 달라질 수 있다.

　세계 각국의 부패인식지수에 차이가 나는 이유는 법, 제도, 정책, 지도자의 의지, 구성원의 교육수준, 행정조직과 업무체계, 관리기술, 예산, 부패관리 담당자들의 노력 등 제반 환경요소가 다르기 때문이다. 한 나라 안에서도 행정기관 별로 청렴도에서 상당한 차이가 나는 것도 마찬가지이다. 하지만 부패행위가 많이 발생하는 곳을 분석, 집중적으로 관리하는 점point관리 기법과 부패 발생 빈도가 낮은 곳은 단위 행정기관 전체의 부패관리 목표 달성을 위한 종합관리방법으로 접근하는 비점non-point관리 기법을 적용하면 효율적으로 부정부패에 대응할 수 있다.

　점관리 기법에서 집중적으로 관리해야 할 대상은 국제투명성기구에서 매년 발표하는 부패인식지수CPI 보고서에도 그 내용이 이미 상당 부분 드러나 있기 때문에 이것을 기초자료로 활용하는 방법이 있다. 또한 해당 행정기관의 업무 특성과 국내에서 발생한 부정부패 사례를 분석하여 부정부패 행위가 많이 일어나는 업무분야를 가려내 관리하는 방법도 있다. 이렇게 파악되고 분석된 자료를 바탕으로 제도 개선과 예방교육, 업무처리 내용에 대한 모니터링monitoring, 관찰, 수시 현장점검, 감사, 부정부패 행위자 적발, 엄격한 처벌로 대응해 나가면 된다.

국내에서 부정부패가 가장 만연한 대표적인 분야인 건설, 제약, 검사, 자재 납품, 공사발주 분야는 감독기관이 불규칙적으로 현장점검을 통해 제대로 직무를 하고 있는지 점검하는 것으로도 부정부패 행위를 크게 줄일 수 있다. 하지만 오늘날 대부분의 우리나라 감사체계는 감사자와 피감사자가 같은 기관이나 회사에 종사한다. 부서만 감사실에 소속된 사람들이 자체감사를 하는데다 그들은 기관장의 인사와 업무통제를 받기 때문에 형식적인 감사에 그치는 일이 많다. 부정부패 행위가 드러나도 내부 무마를 위해 노력하게 된다.

부패 예방과 척결 실무는 담당자에 의해서 이루어지고 성과도 이들의 노력에 따라 좌우된다. 따라서 부패 개선을 위해서는 부패관리 담당자의 남다른 의지와 노력, 인내와 끈기가 필요하다. 아무리 지도자가 강한 의지를 내비치고 실적을 종용하여도 담당자가 움직이지 않으면 좋은 성과는 기대하기 어렵다.

5. 교육 없는 부정부패 방지 없다

부정부패가 무엇인지 어떻게 하는 것이 부정부패 행위에 해당하는지 구분할 수 있는 지식을 제공하는 것이 부패방지 교육이다. 인간은 기본적으로 모두 욕망이 있고 자신이 일한 대가를 통하여 삶을 영위한다. 그런데 자신이 취한 대가가 법을 위반해 얻은 것이거나 다른 특정인에게 편익을 제공한 것이 부패행위라는 것을 구분할 수 있어야 그것을 예방하는 일도 가능하다. 주의를 환기할 수도 있으며, 잘못을 저질렀을 때 책임을 묻더라도 처벌에 수긍하게 된다. 본인이 무엇을 잘못했는지 이해하지 못하는 상태에서 처벌만 하는 것은 반발을 불러일으키기 때문에 개인은 물론 법을 집행하고 관리하는 행정기관, 나아가서는 국가적으로도 엄청난 손실로 작용한다.

갈등은 국민의 단결을 저해하고 내용에 따라서는 국가발전의 직접적인 걸림돌이 될 수도 있다. 교육은 이러한 폐해를 예방할 수 있는 가장 좋은 방법이다. 부정부패 교육에는 여러 가지 종류가 있다. 성장 과정에서 이루어지는 학교 교육, 공무원으로 임용된 후 시행되는 직무교육, 선거에 출마하는 후보자나 그들을 도우는 사람을 대상으로 하는 중앙선거관리위원회의 안내 및 홍보교육, 부정부패 관리업무를 전담하는 국민권익위원회에 의한 부패예방 교육, 감사원 관계자나 대학교수 등 외부기관이나 담당자에 의한 부정기적인 부정부패 방지교육 등 다양하다.

우리나라는 교육 횟수보다 전반적인 부정부패 교육내용이 미흡한 편이다. 그중에서도, 특히 중앙선거관리위원회에 의한 선거출마자와 선거운동원에 대한 부정선거 교육이 가장 미흡하다. 매번 선거철만 되면 부정선거나 금권선거 등 선거법 위반 사범이 대거 구속되는 것이 이를 입증한다. 중앙선거관리위원회는 선거 전 반드시 후보자와 등록 선거원은 의무적으로 부정선거에 대한 교육을 받도록 하고 선거 후 본격적인 직무를 시작하기 전에 대통령 후보자를 비롯한 모든 당선자는 일정한 시간 동안 의무적으로 부정부패 교육을 받도록 법규에 명시할 필요가 있다. 그래야 정치권의 부정부패가 행정의 부정부패로 전이되는 것을 방지할 수 있다.

6. 관리능력 부정부패 발생 정도 비례한다

발본색원拔本塞源은 폐단의 근원을 아주 뽑아서 없애 버리는 것이고, 척결剔抉은 모순·결함 등을 찾아내어 깨끗이 없애는 것을 말한다. 부정부패는 근원을 뽑아서 없애 버리거나 한 번에 깨끗이 없앨 수 있는 것이 아니다. 발본색원과 척결은 부정부패 행위가 있었음에도 드러나지 않은 것을 처리하기 위해 정치지도자가 부정부패 해소 의지를 천명하는 정치적 구호로 사용하는 것은 가능하다. 하지만 그 근원이 인간의 불완전성과 욕망 절제 실패에 있고 사회 환경은 끊임없이 변화하므로 사회변화에 맞추어 끈질기게 관리하지 않으면 안 된다. 부패는 관리가 잘될 때는 어느 순간 자취를 감추었다가 관리가 부실해지면 바로 그 실체를 드러낸다.

과거에 부정부패가 일소된 듯 보였어도 현재 부정부패가 만연하면 과거의 실적은 큰 의미가 없다. 인간 삶에서 항상 중요한 것은 현실의 상황이다. 현실에서 좋은 결과를 만들어내고 유지하는 비결은 평상시에 능력을 키우고 지속적인 노력을 통해 향상된 실력으로 높은 부패인식지수 상태를 유지해 나가는 방법이다. 합리적인 부정부패 관리방법은 제도의 모순을 찾아 개선하고 예방교육을 하고 준법정신이 강한 사람을 선발해 상호 견제하게 해야 한다. 반복적인 직무교육을 하면서 철저하고 끈질기게 추적하여 부정부패를 적발하고 엄격하게 처벌하는 행동을 지속적으로 벌여나가는 것이다.

7. 권력생산과정 부정부패의 못자리

부정부패의 발원은 정치권력이다. 권력은 법과 제도에 의해 만들어진 것으로 그 자체가 부정부패한 것은 아니다. 권력을 차지하는 정치가의 가치관과 행동 태도에 따라 국가와 국민을 위해 일하는 좋은 권력과 부정부패한 좋지 않은 권력으로 나누어진다. 현대 민주주의에서 일차적인 정치권력은 국민투표에 의해 위임되고, 위임받은 권력으로 통치행위를 하면서 인사와 재위임을 통해 하부의 이차권력이 만들어진다. 우리나라는 그동안 일차권력과 이차권력의 생산과정이 모두 부정부패의 못자리 역할을 해 왔다.

못자리는 묘판苗板이라고도 하는데 볍씨를 뿌려 모를 기르는 논이다. 여기서 모를 길러 일정한 크기가 되면 본 논에 이양한다. 권력생산과정이 부정부패의 못자리라는 것은 권력생산과정에서 만들어진 부정부패가 당선 후 또는 승진 후 본격적인 부정부패의 바탕이 된다는 것을 의미한다. 권력생산과정에 포함된 계파에 의한 불합리한 공천과 금권선거는 당선 후 자신이 공천이나 선거과정에서 투입한 돈을 만회하고 다음 공천과 선거를 위해 뇌물수수 등의 부정부패 행위를 하게 한다. 그동안 수많은 국회의원과 지방자치단체장이 당선 후 정실인사, 납품을 포함한 공사의 발주와 수주, 준공검사, 불합리한 인허가 개입을 통해 사회적인 물의를 일으켰다.

모든 좋지 않은 일은 그 근원과 발원을 제거하는 것이 가장 효율적인 대응방법이다. 공천과 금권선거도 마찬가지다. 우리가 정당의 민주화에 주목하는 이유가 여기에 있다. 정당 내부의 민주화를 통해 계파를 혁파하고 능력이 있는 사람이 공천되도록 하는 합리적인 공천체제 구축과 선거과정에서 금품을 살포하여 득표하는 것, 인사행정을 통한 승진과정에서 뇌물을 제공하고 청탁하는 것을 방지하지 못하면 원천적으로 부정부패 척결이 어렵다.

자재납품을 포함한 공사업체 선정, 공사 진행 과정에서 부실공사를 눈감아 주는 것, 부실시공을 알면서도 뇌물을 받고 준공검사를 해주는 공사 분야는 과거부터 현재까지 부정부패가 끊이지 않는 가장 대표적인 곳이다. 이외에 경찰의 업소 유착, 세무조사 과정에서 세금을 감액해주고 받는 뇌물수수, 인허가, 각종 검사, 불법 단속 등 부정부패가 문제가 되는 곳이 많지만, 최우선 관리 대상은 권력생산과정이다.

이 부분에 대한 개선 없이는 부정부패를 제대로 관리하기 어렵다. 대통령이나 국회의원, 지방자치단체장과 의원들이 돈을 쓰지 않는 선거를 통하여 당선되면 부정부패를 해야 할 이유가 그만큼 줄어든다. 스스로 청렴하여 모범이 되면 국민의 지지도가 증가하기 때문에 더욱 강력한 힘으로 자유롭게 부정부패를 척결할 수 있으므로 공정한 사회 건설을 앞당길 수 있다. 그런데 우리나라 정치가들은 돈을 너무 밝히고 권력을 탐욕 하여 향유하려고 한다.

오늘날 많은 정치인이나 정치인 후보자가 심심하면 출판기념회 등을 통해 공공연하게 비공식 정치자금을 걷는다. 현역 기초자치단체장이나 광역·기초자치단체 의원 또는 장차 정계 진출을 꿈꾸는 사람들이 국회의원 후원회 회원으로 가입, 매달 수천만 원의 회비를 걷어 국회의원을 접대하고 용돈이나 활동비 명목으로 제공하며 표밭관리까지 담당한다. 이런 과정을 통해 국회의원으로부터 추천을 받아 당선된 신진정치인은 당선 후 곧바로 자신이 쓴 돈을 만회하고 추가로 소요되는 자금 확보를 위해 각종 부정부패 행위를 일삼는다. 대통령 밑에는 정무직공무원, 공공기관이나 공기업 임원 등 한자리하려는 사람들로 득실거린다. 이렇게 권력생산과정이 못자리가 되고 있다는 것을 가장 잘 아는 사람이 대통령이고 국회의원, 자치단체장 등 정치인이다. 그러니 그들이 부르짖는 부정부패 척결 구호가 국민의 눈에 쇼처럼 보이고 공무원에게 잘 먹혀들지 않을 수밖에 없다.

8. 준법정신 약하면 항상 부패 창궐할 수 있다

　　부패행위는 법을 어기고 권력을 남용하여 자신이 이익을 취하거나 특정인에게 편익이 돌아가도록 하는 것이다. 따라서 법규를 지키는 준법정신이 강한지 약한지가 중요한 변수로 작용한다. 공무원의 준법정신도 중요하지만, 국민이나 기업이 공무원에게 뇌물제공과 접대 등을 통하여 부정부패를 유혹할 수 있으므로 국민의 준법정신이 약하면 언제든지 부정부패가 창궐할 수 있다. 준법정신은 교육을 통한 사회화 과정에서 주로 형성되기 때문에 부정부패 행위를 방지하기 위해서는 성장 과정에서 진행하는 학교교육이 지극히 중요하다. 정부와 지방자치단체 등 행정기관도 준법정신이 강한 사람을 선발하고 선발 후 부정부패에 대한 예방교육과 재직 기간에 재교육을 통해 준법정신을 고양해 나가야 한다.

9. 솜방망이 처벌 모든 노력
허사로 만든다

인간 행동의 기본적인 방식은 투입된 노력에 비해 산출량이 많은 효율적인 것을 지향한다. 부정부패 행위도 예외는 아니다. 누구나 예상되는 위험도에 비해 이익이 크다는 판단이 서면 부정부패 행위를 저지를 가능성이 있다. 법을 어기고 부패행위를 저질렀는데도 솜방망이 처벌을 하고 제 식구 감싸기를 지속하며 사면을 통해 관용을 베풀면 부패행위는 근절하기 어렵다. 처벌이 부패방지 효과를 발휘하도록 하기 위해서는 처벌내용을 부정부패 행위 내용이나 크기에 따라 달리하고 엄격하게 적용해야 한다.

우리나라 공무원 사회에는 온정주의가 저변에 깔려있다. 웬만한 잘못을 해서는 생존의 바탕이 되는 공무원직을 그만두게 하는 파면 같은 중징계를 통해 생존권을 빼앗는다는 것은 너무 심한 처사라는 생각을 하는 사람들이 많다. 물론 사람이 살아가는 데는 온정이 필요하다. 온정溫情은 따뜻한 인정이고, 인정人情은 남을 동정하는 마음씨이다. 어려운 처지에 있는 사람을 동정하는 마음이 줄어들고 빈부의 격차가 심해지면 가진 자와 못 가진 자의 대립으로 사회에는 여러 가지 문제들이 나타난다. 따라서 다 같이 잘사는 세상을 만들기 위해서는 분명히 온정이 있어야 한다. 하지만 온정이 다수의 국민에게 피해를 유발하는 공무원의 부정부패 행위 처벌까지 적용되는 것은 합당하지 않다.

온정을 부패행위의 관용으로 이용하면 법질서가 도전받을 수밖에 없다. 법은 강제를 통해 혼란된 사회에 질서를 확립하고 모든 사람의 권익을 보호하는 것이 주된 목적이다. 부패행위 적발은 법을 어긴 것에 대해 처벌을 통하여 모두가 손해를 입지 않도록 방지하자는 것이다. 그런데 온정을 적용하여 처벌이 제대로 이루어지지 못하게 하는 것은 법을 어기는 것에 대해 관용을 베풀자는 것과 같다. 법을 어기는 것이 용인되는 사회가 되면 사람들은 강제로 부여되는 의무와 책임은 다하지 않고 질서도 지키지 않으려고 할 것이기 때문에 공권력은 무력해져 사회는 혼란에 빠지고 국민의 권익은 보호받기 어려워진다.

누구나 권익이 침해당하기 싫으면 온정을 베풀어야 할 곳과 베풀지 말아야 할 곳을 구분하고 법과 원칙을 지키기 위해 노력해야 한다. 그동안 많은 부정부패 방지 노력에도 여전히 비리가 끊이지 않는 것은, 부정부패 행위자의 처벌과정에 온정이 작용하여 법규가 엄격하게 시행되지 못하고 솜방망이 처벌로 경각심을 갖도록 하는 역할을 제대로 하지 못하도록 한 것이 중요한 이유 중 한 가지이다. 우리 사회에 여전히 개인의 잘못에 대해 처벌할 때 동정하고 온정을 베풀기를 바라는 사람이 적지 않은 것은 동정심과 대가족제도의 영향이다. 그러나 개인의 마음과 공익을 위한 법규의 집행은 구분해야 한다.

부정부패를 예방하고 부정부패 행위자를 적발하는 데는 막대한 시간, 경비, 인력이 낭비되고 부패관리자들의 힘겨운 노력과 인내가 필요하다. 벌은 지나쳐서도 안 되지만 그렇다고 너무 가벼워도 안 된다. 누구에게도 불필요한 관용이나 예외가 적용되어서는 안 된다. 처음부터 지킬 수 있는 법을 만들고 그것을 모두가 준수해야 한다. 그렇지 못하면 모두가 피해를 본다. 타인의 불행도 사회 속에서는 어떤 형태로든 나와 연관되어 영향을 미친다. 그러므로 불필요한 피해자를 양산하는 법을 만들어서는 안 되고, 불합리한 법은 빨리 고쳐야 한다.

10. 지도자의 모범·의지·관심만큼 중요한 것 없다

정치지도자의 모든 정책 추진 승패는 국민의 공감도가 중요한 변수로 작용한다. 국민의 지지도가 높으면 힘이 실리므로 일의 진행은 수월해지지만, 국민의 지지도가 낮으면 반대와 저항에 부딪혀 일을 진행하기가 쉽지 않다. 부정부패 척결 또한 마찬가지이다. 국민이 강력하게 지지하면 사정기관과 행정기관의 내부 감사실을 동원하여 전방위에서 척결에 나설 수 있다. 하지만 정치보복으로 인식되거나 측근들의 부정부패 행위가 만연하면 그 정당성과 합리성, 진정성을 의심받기 때문에 기대하는 성과를 거두기 어렵다.

그동안 한국의 대통령들이 상당한 부정부패 척결 의지를 천명闡明했음에도 불구하고 부정부패 척결에 실패하고 퇴임 후 부정부패 사건에 연루되어 치욕을 당한 것은 모두 제대로 모범을 보이지 않은 데다 그 의지가 약하고 관심이 부족했기 때문이다. 지도자의 언행은 곧바로 업무로 실행되는 특성이 있다. 따라서 부정부패에 대한 발본색원이나 척결 의지를 표명하는 것만으로도 상당한 경각심을 불러일으킨다. 실제 관계기관의 업무실행을 통해 적발에 들어가면 목적한 바의 효과를 달성할 수도 있다. 그러나 지도자가 스스로 모범을 보이지 못하고 의지가 약하면 부정부패를 척결해야 할 업무를 수행하는 기관과 담당자들이 느끼는 명령이나 지시의 준엄함은 반감된다.

부정부패의 예방과 적발은 행정기관 담당자의 노력과 의지에 의해 결정된다. 대통령과 지방자치단체장 등 정치지도자의 강한 의지가 느껴지면 부정부패 담당자들의 의지와 행동도 동시에 자극되어 적극적인 행동을 유발한다. 그러나 의지가 강하게 느껴지지 않으면 담당자의 관리방법이나 행동에는 큰 변화가 없다. 담당자가 소극적으로 대응하면 결과는 뻔하다. 그러므로 정치지도자의 부정부패 척결은 스스로 모범을 보이고 강력한 의지를 갖추고 지속적인 관심을 통하여 일선 행정기관 부정부패 담당자의 행동을 자극할 수 있어야 실질적인 효과를 발휘할 수 있다.

평상시 부정부패 업무수행기관의 노력에도 드러나지 않던 것들이 대통령이 부정부패 척결이나 발본색원 의지를 천명하고 실무자들의 노력이 수반되면 묻혀 있던 많은 새로운 부정부패 행위가 드러난다. 그러나 대통령의 관심이 다른 곳으로 옮겨가면 흐지부지하게 끝나고 일상으로 돌아간다. 이런 모습을 보면 지도자의 관심이 얼마나 중요한가 하는 점을 잘 느끼게 한다.

11. 내부감사에 의한 부패행위 적발 한계 있다

상당수 전문가가 감사실을 지금처럼 단체장 아래에 두지 말고 지방의회로 옮기거나 개방형 구조로 만들어야 부정부패를 줄일 수 있다고 주장하는 이유는 단체장의 인사 영향과 업무통제를 받기 때문이다. 중앙정부는 감사원이 별도의 독립된 기관으로 운영되므로 문제가 덜하다. 하지만 중앙행정기관의 내부감사부서와 지방자치단체의 자체 감사실은 조직 수장 아래에 있어 그들의 영향을 벗어날 수 없다. 특히 선출직 지자체장의 부정부패 행위를 내부감사실에서 감사를 진행하는 경우 부패행위자인 단체장에게 보고하고 통제를 받는 모순이 발생한다. 그러므로 단체장과 고위층의 부정부패 행위에 대한 감사는 중도에 포기되기 일쑤다. 이런 여건은 오히려 단체장의 부정부패 행위를 방조하게 될 수 있다.

감사실의 수장인 감사실장이 조직의 수장인 기관장에 의해 선임되는데다 다른 부서의 부서장보다 직위가 높은 것도 아니다. 정기 감사를 통한 부정부패 점검은 가능하지만, 부정기 감사는 뚜렷한 물증이 확보되기 전에는 시행하기 쉽지 않다. 물증이 확보되더라도 기관장이나 직급이 높은 타부서장의 업무내용에 대해 자유롭게 감사를 수행하기가 용이하지 않다. 직급이 낮은 감사실 직원이 기관장이나 상급자인 타부서장이 직권을 남용하거나 재량권을 발휘하고 내부직원과 공모한 부정부패 행위를 파헤치는 것은 지극히 어려운 일이다.

만약 자체 내부감사를 통해 부정부패 혐의를 적발하더라도 감사 후 드러난 비리가 크지 않고 인사이동에 의해 감사대상이 된 상급자의 부하직원으로 배치되는 경우 껄끄러운 관계를 피하기 어려운 현실적인 문제도 있다. 이런 구조적인 문제로 말미암아 기관장이 포함된 부정부패 행위는 대부분 내부감사보다는 사정기관이나 외부감사에 의해 그 실체가 드러난다. 최근 몇 년 사이 정부 산하기관이 개방형 감사관 채용에 나서는 것을 가끔 볼 수 있다. 그러나 무조건 개방형으로 외부에서 감사수장을 영업하는 것도 능사는 아니다. 중요한 것은 의지와 실력, 실천이 수반되는 사람을 임용하지 못하면 내부에서 임용하는 것과 별로 다를 것이 없다.

12. 우회적인 노력

1) 자원봉사와 나눔의 실천

봉사와 자원봉사는 다르다. 봉사奉仕는 국가 사회 또는 남을 위해 헌신적으로 일하는 것을 말하고, 자원봉사는 온정과 선의에 의해 자발적으로 사회적 약자 보호활동, 재난을 당한 사람 지원, 국가 및 사회 발전을 위한 공공의 이익 실현과 사회 공동의 역경 극복을 위해 개인이나 단체의 일원으로 참여하여 일정한 시간 동안 자신이 가진 무상용역을 공개적이고 의도적으로 제공하는 것이다. 그러나 특정한 개인이 어떤 행동을 했을 때 그것이 봉사인지 자원봉사인지 구분하기 위해서는 행위의 대상과 대상이 되는 사람들의 상태, 의도와 공개 여부, 기간과 내용에 따라 때로는 봉사가 되기도 하고 자원봉사로 분류될 수도 있다.

자원봉사는 같은 일을 하더라도 반드시 선의이고 무상으로 용역을 제공해야 하며, 일정한 기간의 지속성을 요구한다. 사회봉사단체에 회원으로 가입하여 그 단체에서 주관하는 활동에 자율적으로 참여하여 공개적인 활동을 벌인 것은 그것이 몇 시간에 불과하더라도 자원봉사활동에 속하며, 봉사활동과정에서 생존과 활동을 위해 최소한의 의식주와 활동비용을 받더라도 그것은 무상용역에 의한 자원봉사이다. 또한 봉사단체에 소속되지 않더라도 직접 무상용여이 필요한 곳에서 공공이 이이 실현이나 재난극복 현장에 참여하여 활동하는 것도 자원봉사에 해당한다.

선의에 의해 일을 하더라도 반대급부를 받을 목적으로 제공하는 유료용역은 국가나 사회 또는 남을 위해 헌신적으로 일할 때만 봉사가 된다. 같은 일을 하더라도 남에게 해를 끼치려는 나쁜 마음인 악의惡意로 제공되는 유료용역은 봉사가 아니다. 대표적인 유료봉사자는 봉사단체를 조직하고 그 일원으로 급료를 받고 활동하는 사람과 공무원이 있다. 국가는 공무원에게 공공서비스 제공을 통해 봉사하라고 요구하지만 모든 공무원이 국가와 국민을 위해 봉사하는 것은 아니다. 공무원 중에는 부정부패 행위를 일삼는 사람들도 적지 않다.

비공개적으로 한두 번 사회적 약자나 어려운 사람들에게 개인적으로 대가를 받지 않고 일을 해주거나 도움을 제공하는 것은 온정을 베푸는 행동으로 배려와 나눔을 실천하는 착하고 어진 행실인 선행善行을 한 것으로 넓은 의미의 봉사에 포함될 수 있지만, 자원봉사는 아니다. 또한 사회적 약자가 아닌 사람에게 무상용역을 일정한 기간 제공하는 것도 개인적인 차원에서 봉사는 될 수 있지만, 자원봉사는 아니다. 재화의 제공이 어려운 사람을 돕는데 중요한 요소가 되지만 봉사의 기본개념은 일에 있기 때문에 이것은 구호, 나눔의 실천, 선행, 베풂을 실행한 것으로 봉사와는 다른 것이다.

사람이 살아가는 데는 재화의 제공이나 봉사도 반드시 필요하고 중요하다. 그러나 우리 사회에 진정으로 필요한 것은 이유와 조건 없이 신성한 노동 나눔 실천을 통해 어려운 사람을 돕고 공동의 발전과 역경을 이겨내도록 하는 자원봉사이다. 우리가 아이들에게 가르쳐야 할 것은 자기희생의 개념이 강한 자원봉사이다. 세상이 돌아가는 것은 누군가는 어렵고 힘들고 더러운 일을 감내하고 배려와 나눔을 실천하는 자원봉사가 있기 때문이다. 그렇지 않으면 노약자들은 곤경에 처할 수밖에 없다. 자원봉사와 나눔, 배려가 줄어들면 사회는 각박해지고 여러 가지 문제가 나타난다. 자원봉사와 나눔, 배려를 실천하는 마음은 자신이 가진 것을 나누고자 하는 이타주의로 욕망 절제에 실패하여 욕심을 채우기 위해 부정부패 행위를 하는 마음인 이기주의와 반대되는 마음이다. 그러므로 자원봉사와 나눔의 실천은 부정부패를 줄이는 데 도움이 된다.

2) 고객 만족 개념 도입

고객 만족의 핵심은 친절이다. 고객 만족은 친절로 시작하여 친절로 완성된다. 국가

공무원법 제59조(친절·공정의 의무) 공무원은 국민 전체의 봉사자로서 친절하고 공정하게 직무를 수행하여야 한다고 명시하고 있다. 어떤 경우든 불친절의 이유는 변명일 수밖에 없다. 그럼에도 대한민국에는 여전히 불친절한 공무원이 적지 않다.

"왜 저한테 그러세요? 규정이 원래 그래요, 그것도 모르셨어요"라는 말은 국민을 짜증이 나게 하는 공무원의 대표적인 사례에 속한다. 고충 민원을 처리하는 국민권익위원회가 2009년 8월 6일 펴낸 공무원의 민원 처리 안내서인 '고객감동 매뉴얼'은 무관심, 무시, 냉담, 어린애 취급, 로보트화, 규정 제일, 발뺌을 국민을 가장 화나게 하는 공무원의 7가지 태도로 꼽았다. 즉 ▲나와 상관없다는 태도 ▲고객의 요구를 무시하거나 회피하는 태도 ▲차갑고 퉁명스러운 태도 ▲고객을 어린애처럼 다루는 태도 ▲기계적인 인사나 응대 ▲규정만 따지기 ▲발뺌하며 업무 떠넘기기를 접할 때 민원인은 언짢아지거나 불쾌해진다는 것이다. 이에 따라 안내서^{guide book}는 공무원들에게 '일단은 들어봐야 한다'고 충고한다. 인내심을 갖고 민원인의 말을 끝까지 경청하는 것보다 명약이 없다는 설명이다.

경청이 일을 풀어나가는 데 도움은 될 수 있지만, 경청만으로는 고객이 감동하지 않는다. 고객을 만족하게 하고 한 걸음 더 나아가 감동을 주기 위해서는 친절과 편익을 제공해야 한다. 친절^{親切}은 매우 정답고 고분고분함 또는 그런 태도이고, 편익^{便益}은 편리하고 유익함이다. 인간은 누구나 친절하고 편익을 제공하면 감사해 하고 좋아한다. 친절한 공무원은 고객인 국민이 이해하기 쉽게 설명하고 한 번에 일을 처리할 수 있도록 방법을 안내한다. 하지만 불친절한 공무원은 설명하지 않고 국민이 알아서 해오는 서류를 받아들고 한 번에 하나씩 문제를 지적하며 보완해오도록 하면서 여러 번 방문하고 서류를 수정하게 한다. 그리고 그렇게 하는 것을 당연한 일로 생각한다.

이런 사람에게는 권위주의만 있고 고객 만족 개념은 없다. 당연히 국민의 행정기관에 대한 불만과 불신은 고조된다. 민원서비스는 국민이 정부의 시책을 가장 빠르고 직접적으로 느끼는 수단366)이다. 민원서비스가 잘못되면 아무리 정부에서 좋은 정책을 추진한다고 해도 국민이 불만스러워 하며, 민원서비스가 잘되면 금방 공무원들이 일을 잘하고 있다고 칭찬한다. 일반적으로 공무원들이 업무를 처리하는 기준은 관련 법령의 규정에 의한다. 특히 민원업무367)는 관련 법령의 규정에 따라 민원인이 신청한 사항에

---

366) 행정자치부 총무과(1999), "늦었지만 이제부터라도", 행정자치부, p.22.

367) 행정자치부 총무과(1999), "늦었지만 이제부터라도", 행정자치부, pp.20~21.

대하여 수용하거나 거부처분을 하게 되며, 자기 마음대로 처리하였을 때 법적 책임이 따를 수 있다. 그러나 법령은 실제 일어날 수 있는 모든 가능성을 예측하여 상세하고 구체적으로 규정할 수는 없다. 따라서 민원업무는 법령에 근거가 없는 것이 많다.

설사 법령에 규정이 있다 하더라도 구체성이 결여되어 적용하기 곤란한 경우도 적지 않다. 이런 때에는 먼저 과거에 이와 유사한 선례가 있었는지 관계 서류철을 찾아보고, 있으면 그에 따라 민원을 처리하게 한다. 그러나 선례가 없다면 법령이나 선례가 없다는 이유로 일단 거절부터 하고 본다. 그래야만 나중에 잘못된 처리로 말미암아 발생할지도 모르는 책임에서 벗어날 수 있기 때문이다. 법령이나 규정이 없는 민원[368]이라도 기업 활동이나 국민 생활의 편익을 증진하는 것이라면 적극적으로 검토하여 처리해주어야 한다. 이를 위해서는 감사를 할 때 법령이나 선례가 없는 민원 처리사항에 대해서는 신중하게 접근할 필요가 있다.

무조건 규정에 없는 일을 했다고 지적하여 불이익을 줄 것이 아니라 그러한 민원처리로 말미암아 기업 활동이나 국민 생활의 편익을 증진했다면, 이를 우수사례로 선정하여 해당 공무원을 포상하고 내용을 전파하는 등 적극적으로 민원인의 처지에서 민원을 처리할 수 있는 분위기를 조성해 주는 것이 무엇보다 중요하다. 시대변화에 맞추어 정부나 공공기관도 변화해야 하며 일반 국민을 고객으로 대우하는 고객 지향적인 조직[369]으로 전환해야 한다. 정부나 공공기관은 국민에게 봉사하기 위해 존재하는 것이므로 고객인 국민의 욕구를 충족시켜 주는 것은 마땅하다.

오늘날 일반적인 정부나 공공기관은 선거에 의해 당선된 선출직 관리들에게 책임을 지운다. 그러나 그들이 실정을 해 엄청난 예산을 낭비하더라도 개인의 재산으로는 변제할 수 없다. 다음 선거에서 낙선하는 것이 고작이다. 그럼에도 선출직 관리들은 이익집단의 요구에 지속적으로 유혹과 압력을 받고 있기 때문에 합리적인 예산 사용보다는 어디에 예산을 쓸 것인가 하는 점에 더 많은 관심이 있다. 이런 행동들은 대개 예산을 낭비하고 부정부패와 연관되는 일이 많다. 임명직 관리자나 공무원들도 예산을 집행할 엄청난 권한이 있으나 실질적인 책임을 지는 것은 거의 없다. 이것이 국민의 가장 큰 불만이다.

고객 만족의 핵심은 편익을 제공하는 것이다. 편익便益은 편리하고 유익함, 편리便利는

---

368) 행정자치부 총무과(1999), "늦었지만 이제부터라도", 행정자치부, p.23.

369) 이순철(1998), "정보화시대의 정부개혁 10가지 성공비결", 삼성경제연구소, pp.186~187.

편하고 쉬움, 유익有益은 이롭거나 이익이 있음, 도움이 되는 데가 있음, 친절親切은 매우 정답고 고분고분함 또는 그런 태도를 뜻한다. 고객 만족은 대단한 것이 아니다. 국민을 위하는 마음과 친절만으로도 충분하다. 국민을 위하고 친절한 행동을 하는데 그렇게 큰 비용이 드는 것이 아니다. 고객 만족을 실천하면 잘못된 집행으로 예산이 낭비되는 것도 크게 줄일 수 있고 부정부패 예방에도 도움이 된다.

3) 효율 경쟁 성과보상 개념 도입

(1) 경쟁체제 도입

정부나 공공기관의 서비스370)는 주로 독점적으로 이루어진다. 이러한 독점적 서비스 제공에 경쟁을 도입하면 더 좋은 성과, 비용절감, 더욱 양질의 서비스를 제공할 수 있다. 어떤 사람들은 독점적으로 서비스를 제공하는 것이 자산의 중복투자를 제거함으로써 효율적이라고 주장하기도 하지만 실제 상황은 반드시 그렇지는 않다. 중복투자가 발생하더라도 서비스 공급자들은 경쟁에 직면했을 때 비용을 감소하고, 변화하는 요구에 신속하게 반응하고 대응하며, 고객이 만족하게 하려고 열심히 노력한다. 이미 시장에서 경쟁체제가 효율적이라는 것이 충분히 입증되었다. 따라서 정부나 공공기관도 경쟁체제 도입을 정책적으로 고려할 필요가 있다.

경쟁의 장점은 같은 비용으로 효율을 높일 수 있다는 점이다. 경쟁은 정부나 공공기관이 고객인 국민의 요구에 더 잘 반응하도록 한다. 그러나 공개입찰과 같이 경쟁체제를 도입하더라도 관리를 소홀히 하고 성과를 올리기 위해 노력하지 않는다면 경쟁의 장점은 기대하기 어렵다. 경쟁에는 같은 업무를 수행하는 기관이나 담당자, 납품이나 공사발주에 참여하는 업체와 같이 추진 기관이나 업체를 다수로 하여 상호 경쟁하게 하는 방법과 같은 조직 내에서 구성원 상호 간 실적을 경쟁하게 하는 방법 등 여러 가지가 있다. 업무 특성을 반영하여 어떤 방법을 선택하든 경쟁체제를 도입하고 일한 실적에 따라 성과를 보상하도록 체제를 정비해야 한다. 일을 잘하고 많은 일을 하는 사람은 당연히 많은 보수報酬를 받아야 하고 승진에 반영되도록 하는 것은 마땅하다.

---

370) 이순철(1998), "정보화시대의 정부개혁 10가지 성공비결", 삼성경제연구소, pp.154~159.

(2) 성과보상 도입

　　모든 인간은 자신이 갖춘 능력으로 가장 효율적인 방법으로 욕망을 실현하려고 한다. 효율效率은 기계가 한 일의 양과 그에 공급된 에너지의 비, 들인 노력勞力과 얻은 결과와의 비율로 기본적인 개념은 일의 투입량에 대한 산출량의 비율로 표시된다. 일반적으로 투입하는 일의 양에 비해 생산량이 많을수록 효율도 높아진다. 높은 효율을 유지하는 사람들에게 더 많은 급료와 보수를 줘야 한다. 아무리 열심히 해도 힘만 더 들고 일의 양은 늘어나는데 같은 급료를 받으면 아무도 열심히 일하지 않으려고 하기 마련이다. 그런데 오늘날 우리나라 공무원제도가 그렇다. 열심히 일해도 급료도 많이 주지 않고 열심히 일할 수 있는 구조도 아니다.

　　문제는 공무원 중에 더 많은 수입이 필요한 사람들과 열심히 일하고 싶은 사람이 많다는 점이다. 그런데도 우리나라 행정기관 조직 내에 그런 환경이 조성되어 있지 않다. 법으로 이중취업을 금지하기 때문에 필요한 수입원을 만들 수도 없다. 이런 규제와 환경은 공무원으로 하여금 불만을 품게 하고 부정부패를 일삼을 기회를 노리게 만든다. 사무용품을 산 것처럼 거짓 서류를 꾸며 억대의 예산을 빼돌린 홍성군청 비리와 공무원 초과근무수당 부정수령행위처럼 수입을 올릴 기회가 있고 개인 부담이나 지출을 줄이는 데 도움이 된다면 쉽게 그런 행동을 하려고 한다.

　　교도소, 군부대, 일부 지자체에서 공무원들이 밤늦게까지 근무한 것처럼 허위로 퇴근기록을 남기고 시간 외 근무수당을 부당신청하고 있다는 의혹이 제기되자, 2009년 3월 20일 행정안전부는 각 지방자치단체에 시간 외 근무 운영 실태를 일제 점검하고 수당 부당수령자 명단을 별도 관리해 승진이나 성과상여금 지급 등에 반영하고, 부당수령 정도가 심한 경우에는 징계 처분하도록 각 지자체에 요청했다. 그리고 사무실 밖에 나갔다가 심야에 복귀하거나 사적 용무를 보는 등 거짓 또는 부정한 방법으로 시간 외 근무수당을 신청할 때 지자체에 이와 관련된 직원들의 교육을 강화할 계획[371]이라고 밝혔다.

　　쌀 소득 보전 직접지불금 수령 때에도 공무원이 대거 연루되어 한바탕 소동이 일어났다. 이러한 일련의 비리를 차단하기 위해서는 단편적인 땜질식 처방이나 대응으로는 해결이 어렵다. 근본적으로 급여체계를 개선해 열심히 일한 사람이 더 많은 급료와 수

---

371) 세계일보 2009. 3. 20.

입을 얻을 수 있는 성과보상 방안을 도입해야 한다. 기업처럼 좋은 기안이나 제안을 하여 예산을 절약하고 효율적인 업무처리가 되는 경우 해당 공무원에게 절감된 예산이나 수익 일부를 가져갈 수 있도록 길을 열어 주는 것도 좋은 방법이다.

공무원이 착상^{idea)} 경쟁에 나서 자신 속에 내재하는 새로운 생각이나 능력을 이끌어 내는 창조적 지도력을 발휘하면 한국의 발전 속도는 지금보다 훨씬 빨리질 것이 틀림없다. 하지만 그동안 운용해 온 것과 같은 형식적인 제안제도로는 곤란하다. 실질적으로 포상과 보상을 하는 제안제도를 운영해야 국가발전에 도움도 되고 공무원 수입 증가에도 도움이 될 수 있다. 포상하는데 예산이 많이 들면 인사에 반영하면 된다. 어느 기관이나 인사를 단행하지 않는 해는 없다.

4) 급료 현실화와 수요관리형 탄력적 인력 운영

오늘날 우리나라의 공무원은 지나치게 그 숫자가 많다. 사무자동화와 결제 과정의 단축 등을 통해 그 숫자를 줄일 필요가 있다. 인원이 줄어드는 만큼 남는 예산은 공무원의 급료 현실화에 투입하는 방향으로 전환해야 한다. 그런데 정부는 역으로 매년 공무원 수를 늘리고 있다. 그러다 보니 일부 지자체는 공무원 월급도 부족하다. 민주노동당 이정희 의원이 국회 예산정책처에 의뢰해 제출받은 '2011년도 지자체 인건비 부족예산 현황'에 따르면 부산 중구 등 26개 기초자치단체가 2011년 예산 편성에서 인건비를 부족하게 편성했다. 부족한 인건비 규모만 총 954억 원에 이른다. 인건비는 정규직원의 봉급^{기본급)}, 연가보상비, 정근수당, 가계지원비, 연금부담금 등과 일용인부 퇴직금 등 비정규직의 보수를 포함하는 개념이다.[372]

어떤 곳은 지나치게 업무가 많고 또 어떤 곳은 지나칠 정도로 업무량이 적은 등 업무량에 차이가 크다. 공무원의 수는 전체적으로 수요에 대응하는 체계로 관리하여야 한다. 너무 많아도 안 되지만 너무 적어도 안 된다. 업무가 적은 곳은 통폐합하여 한 사람이 두 가지 업무를 동시에 처리하도록 하고 업무량이 많은 곳은 인원을 늘려야 한다. 그리고 같은 기관 내에서도 특정 시간에 업무량이 집중적으로 밀리는 경우 업무량이 적은 부서 직원이 업무량이 많은 부서 직원의 업무를 지원하는 공조체계를 구축하

---

372) 주간경향 923호(2011. 5. 3.)

여야 한다. 이러한 일을 하기 위해서는 근거가 필요한데 그것이 업무평가이다. 정확한 업무평가가 이루어져야 일을 잘하는지 잘못하는지 인력이 많은지 적은지 알 수 있고 급료 현실화와 수요관리형으로 인력을 탄력적으로 운용하는 일도 가능해진다. 우리나라에서도 업무평가를 하고 있기는 하다.

국무총리실이 마련한 '2010년도 정부업무평가 시행계획안'에 보면 「2010년 정부업무평가 기본방향에는 평가를 통한 국정운영의 책임성 확보로 경제 활력 제고 및 선진화 개혁 가속화를 지원하고, 친서민 중도실용 정책기조를 뒷받침, 사후적이라는 평가의 본질적인 한계를 극복하고 주요 현안 과제에 대해 선제로 적극적으로 대응함으로써 국정 통할 및 정책개선에 기여한다」373)라고 되어 있다. 문제는 업무를 평가했으면 잘한 기관은 보상이나 포상을 하고 못한 사람에 대해서는 관리책임을 물어 교육 등 구체적인 인사 조치를 해야 한다. 그런데 우리나라의 업무평가는 형식적인 단계를 벗어나지 못하고 있다. 여당이나 대통령이 일자리 창출을 위해 채용을 늘리라고 하면 업무량에 상관없이 인력이 남아돌아도 행정기관들은 밉보이지 않기 위해 인턴이라도 채용한다.

일을 제대로 못 하면 월급을 올려주지 않고 관리를 제대로 못 했으면 승진하기 어렵게 만들어야 한다. 그런데 연줄이 있으면 일을 못하거나 관리를 잘못한 것이 아니라 부정부패한 사람이 승진하기도 한다. 급료 현실화와 수요관리형 탄력적 인력 운영을 위해서는 업무평가와 관리 결과에 따른 잘잘못을 반영하는 조치가 수반되어야 실질적인 효력을 발휘할 수 있다. 청렴도가 낮게 평가된 기관이나 부정부패 행위가 빈발하는 행정기관장에 대해 그저 순환보직으로 마무리하면 부정부패는 개선되지 않는다.

5) 기술개발 통한 기업의 합리적 경쟁력 제고

사회적 관심사가 되는 대형 부정부패 사건은 모두 기업과 정치인이 연계되어 있다. 기업이 정치권에 뇌물을 제공하는 것은 나눔의 목적이 아니라 더 많은 이익을 얻는 데 있다. 정치가의 요구에 의해 뇌물을 제공하기도 하지만, 대부분 기업이 알아서 뇌물을 제공하고 제공할 기회를 만든다. 기업의 이러한 행동은 자금 경색이나 불법행위를 했을 때 법적 제재와 처벌을 권력을 이용해 면하거나 공사 수주, 신규사업 진출, 손쉬운

---

373) "2010년도 정부업무평가 시행계획(안)", 국무총리실, p.1.

인허가 획득, 기존 사업부문에 다른 업체의 진입 제한, 독점적 구도와 가격 유지 등 다양한 용도로 활용한다. 기업의 뇌물공여와 공무원이 뒤를 봐주는 행동은 공존의 틀을 만들고 유지 발전해 나간다. 이러한 관계는 때로는 기업가에게 정계에 진출할 기회를 제공하기도 한다.

기업의 이러한 행동 기저에는 합리적인 경쟁력 확보와 유지에 대한 불안과 우려가 깔려 있다. 정상적인 경쟁의 방법에 의해서는 경쟁업체보다 우위를 점하고 더 많은 이윤을 발생시키기 어렵다는 우려가 존재한다. 정치가들도 금권선거와 언제 닥칠지 모르는 퇴임을 대비해 항상 돈이 필요한데다 권력을 가지고 있기 때문에 기업과 서로 이해관계가 잘 맞아떨어진다. 이에 따라 유착하기 위해 접근 행동을 하고 기회를 만들기 위해 각각 노력한다. 하지만 기업의 입장에서는 정치권의 영향력이 시장을 왜곡시키지 않고 독자적인 경쟁력을 확보하면 굳이 정치가에게 뇌물을 주어가면서 공사를 수주하거나 생존을 위한 방어 배경을 만들 필요가 없다.

결국 정경유착에 의한 부정부패의 질긴 사슬을 끊고 기업과 연관된 부패행위를 예방하는 방법은 두 가지이다. 첫째는 정치가의 재량권 남용에 의한 영향력이 시장을 왜곡시키지 못하게 하면서 기업을 대상으로 한 정치자금 모금을 규제하고 기업의 뇌물제공에 대해 사회적인 압력을 강화해야 한다. 둘째는 기술 개발을 통해 기업의 합리적인 경쟁력이 높아질 수 있도록 정부가 독자적인 기술개발과 확보를 지원하고 유도하는 작업이 필요하다.

6) 봉사하는 유능한 공무원 양성

부정부패를 예방하는 가장 좋은 방법은 청렴하면서 문제해결능력을 갖춘 유능한 사람을 임용하고 양성하는 것이다. 그런데 오늘날 우리나라의 공무원 임용제도는 시험에 의존하여 능력을 평가하는 것에 지나치게 집중하여 청렴한 사람과 창의적인 문제해결능력을 갖춘 사람을 제대로 선발하지 못하는 측면이 있다. 세상의 모든 일은 사람이 한다. 행정기관의 종사자는 공무원이다. 봉사를 통한 국가발전과 국민의 복리증진에 기여 할 수 있는 지도력과 문제해결능력을 갖춘 유능한 공무원을 육성해야 부정부패 문제도 해결할 수 있다.

많은 부정부패는 권력에 대한 잘못된 인식, 수신 부족, 이기주의 등 공무원 자신의 자질과 연관된 것에서 발생한다. 장식용으로 액자 속에 갇힌 구호가 아니라 실질적으로 공정하고 합리적인 인사를 통해 국가와 국민을 위해 진정으로 봉사하는 사람을 공무원으로 임용하고 육성해야 한다. 공무원 조직 내에서 발생하는 모든 일은 공무원에 의해 해결될 수밖에 없다. 해결능력이 있는 유능한 공무원을 양성하면 문제는 대부분 해결된다.

7) 좋은 법을 만들기 위한 노력

오늘날의 법규는 국민적 관심사가 되는 사건과 사고 등 사회문제를 해결하고 방지하기 위해 지나치게 포괄적인 내용으로 구성되는 경향이 강하게 나타난다. 여기에 상당수 정치가와 공무원은 새로운 법을 만들고 그것에 의존해 일하려 하고, 그렇게 하는 것을 당연한 것으로 생각하는 법규만능주의를 추구한다. 법규만능주의는 국민의 자유로운 활동을 제약하는 규제로 작용하고 국민으로 하여금 법규를 모두 지키기 어렵게 만든다. 국민이 잘 지키지 않는 법규는 가치가 훼손되고 규제 완화에 대한 요구를 만들어 낸다. 즉 국회와 정부는 과잉된 법을 만들고 국민은 법을 잘 안 지키면서 규제 완화를 요구하는 악순환이 되풀이되고 있다.

인간은 누구나 삶을 자유롭게 영위할 수 있는 일정한 활동영역이 보장되어야 한다. 그런데 법규가 남발되고 과잉규제가 이루어져 사람들이 자신의 생존을 위한 활동을 하는 과정에서 법규를 어기지 않고는 활동을 할 수 없다는 인식을 하게 되면 부정부패는 만연할 수밖에 없다. 모두가 법을 어기고 자신도 법을 어기면 공무원이 법을 어기고 이익을 탐하는 것을 비난하기 어렵다. 사회 전반에 부정부패를 척결해야 한다는 생각이 통용되기 위해서는 준법정신이 확립되어야 한다. 내가 법규를 지켜야만 법규를 어긴 다른 사람에 대한 비난의 정당성이 확보되는 것이다. 따라서 국민이 지킬 수 있는 좋은 법을 만들기 위한 노력이 이루어져야 한다. 그런데 우리 국회는 대충대충 법을 만드는 것이 너무 많이 눈에 뜨인다. 새로 만들어지는 법도 적지 않지만 매년 엄청난 숫자의 문구 수정이 이루어지는 것이 이를 입증한다.

13. 부정부패 방지 위해 가르쳐야 할 14가지

　법과 규칙을 지키는 준법정신, 다른 사람에게 손해를 끼치지 않고 올바른 삶을 사는 도덕성, 땀 흘려 일한 정당한 노동으로 수익을 획득하는 돈에 대한 올바른 경제교육, 다 함께 잘 사는 세상을 만들기 위한 사회적 약자와 타인에 대한 나눔과 배려 그리고 자원봉사, 부정부패가 사회에 미치는 악영향, 고객 만족의 중요성, 실력에 의존하는 올바른 경쟁의식, 치우치지 않는 공정, 내 몫을 다하는 책임, 함께 지키는 약속, 욕심을 조정하는 절제, 진실을 위한 정직 등 총 14가지이다.

　부정부패 행위는 법규를 위반하여 욕망을 실현하거나 특정인에게 편익이 돌아가도록 하는 것이다. 그러므로 부정부패 방지를 위한 가장 바람직한 방법은 준법정신을 함양하는 일이다. 준법정신遵法精神은 법률이나 규칙을 잘 지키는 정신이다. 준법정신이 약하면 부정부패를 일삼을 가능성은 증가한다. 부정부패가 사회에 미치는 악영향은 법을 어기는 데서 발생하는 혼란과 폐해로 말미암아 국민이 모두 손해를 입는다는 것이다. 국민에게 골고루 돌아가야 할 재화를 중간에서 공무원이 가로챔으로써 피해를 주기도 하지만, 골고루 분배되거나 순리적으로 마땅히 그것이 돌아가야 할 사람에게 돌아가지 않도록 분배를 왜곡시킨다. 이러한 행위는 때로는 개인의 성장 기회를 마음대로 박탈하고 특정인에게 제공함으로써 사회에 대한 불만과 불신을 일으키고 키운다.

　도덕道德은 인간으로서 마땅히 지켜야 할 도리 및 그에 따른 행위이지만, 도덕의 요체는 타인에게 피해를 주지 않는 것이다. 도덕성道德性은 도덕적 품성, 도덕적으로 옳은 것, 도덕률에 대한 존경심을 가지고 의무적으로 이루어진 행위가 가진 가치, 적법성이나 이해관계가 아니라 도덕률 그 자체에 대한 존중에서 자발적으로 도덕을 준수하는 것, 선악의 견지에서 본 인격, 판단, 행위 따위에 관한 가치를 이른다. 우리가 부정부패 교육에서 도덕성을 강조하는 이유는 타인에게 피해를 주지 않으려는 마음을 가지고 있어야 하기 때문이다.

부정부패 행위로 말미암아 얻게 되는 것은 편익으로, 그 대부분이 금품이나 접대이다. 물건을 주거나 편리를 봐주는 것도 있지만, 그렇게 많지 않다. 따라서 스스로 땀을 흘려 노동한 정당한 대가로 이익을 얻고 가치 있게 사용하는 경제교육이 필요하다. 다 함께 잘 사는 세상을 만들기 위해서는 사회적 약자와 타인에게 관심을 두고 이리저리 마음을 쓰고 염려해 주는 배려配慮, 자신이 가진 지식과 재화를 나누어 주는 나눔, 대가를 받지 않고 어려운 사람이나 공공의 발전, 재난 극복 등을 위해 노동을 해 주는 자원봉사를 생활화하면 착하게 살려는 마음이 커지기 때문에 절제심의 증가로 부정부패를 방지하는 데 도움이 될 수 있다.

부정부패가 사회에 어떠한 악영향을 미치고 왜 나쁜지 정확하게 이해하도록 하는 것은 부정부패 행위를 방지하는 가장 효과적인 방법의 하나다. 내가 하는 일에 대해 다른 사람이 만족한다는 것은 그만큼 공평하고 합리적이라는 것을 의미한다. 그러한 생활이 몸에 배면 부정부패는 자연히 줄어들게 되므로 고객을 만족하게 하는 것도 부정부패 예방에 도움이 된다. 많은 부정부패 행위가 인사와 공천, 선거 등의 과정에서 실력 외적인 요소가 적용되는 불공한 경쟁에서 발생하므로 실력에 의존하여 정정당당하게 겨루는 올바른 경쟁의식을 함양하는 것도 아주 중요하다.

공정公正은 공평하고 올바름이다. 모든 부정부패 행위는 공정하지 않고 나의 이익이나 특정인의 이익에 치우치는 데서 발생한다. 따라서 치우치지 않는 공정도 필요하다. 책임責任은 맡아서 해야 할 임무나 의무, 어떤 일에 관련되어 그 결과에 대하여 지는 의무나 부담 또는 그 결과로 받는 제재制裁를 말한다. 국민은 누구나 자신에게 부여되는 의무를 다하려고 노력해야 하고 잘못이 있을 때는 책임을 질 줄 알아야 한다. 그런데 부정부패 행위를 한 사람들은 책임을 피하려고 갖은 노력을 다한다. 욕심을 부리면서 책임을 회피하려는 사람이 많아지면 사회는 혼란에 빠진다. 부정부패도 만연한다. 그러나 자신, 가족, 사회, 국가에 대한 책임의식이 강한 사람은 부정부패 행위를 저지르지 않는다. 그러므로 내 몫을 다하는 책임의식을 어려서부터 키워두어야 한다.

약속約束은 다른 사람과 앞으로의 일을 어떻게 할 것인가를 미리 정하여 둠 또는 그렇게 정한 내용이다. 약속에는 개인 간의 약속이나 고객 또는 사회와의 약속이 있다. 약속을 잘 지키도록 하는 것도 부정부패 행위 방지에 도움이 된다. 절제節制는 정도에 넘치지 아니하도록 알맞게 조절하여 제한하는 것이다. 스스로 알면서 저지르는 부정부패 행위는 모두 절제심이 부족한 데서 발생한다. 욕심을 조정하는 절제는 수신을 통하여 길러야 한다. 부정부패 행위자의 기본적인 행동양식은 자신이 행한 위법한 행동을 숨기려 한다. 따라서 진실을 위한 정직한 생활을 하도록 하는 것도 중요하다. 정직正直은 거짓·허식이 없이 마음이 바르고 곧음이고, 정직성正直性은 마음에 거짓이나 꾸밈이 없이 바르고 곧은 특성을 말한다. 정직성이 강한 사람은 부정부패 행위를 일삼지 않는다.

인간의 마음에는 여러 가지 요소가 있다. 가치판단에 제반 요소들이 영향을 미친다. 특정한 가치가 판단에 큰 영향을 미치고, 그 가치가 사회적 객관성이 인정되지 않는 것일 때는 문제가 발생한다. 그로 말미암아 비난의 대상이 되거나 법규 위반으로 처벌을 받는 일이 생길 수도 있다. 따라서 사회에서 객관적으로 인정될 수 있는 가치를 함양해야 자신의 능력 발휘와 발전은 물론 사회와 국가발전에도 도움이 된다. 위에 제시된 가치들은 반드시 부정부패가 아니더라도 수많은 사람이 모여 살아가는 사회에서 객관적으로 필요성이 인정되는 것들이다.

초등학교 교육은 치우치지 않는 공정, 내 몫을 다하는 책임, 함께 지키는 약속, 욕심을 조정하는 절제, 진실을 위한 정직, 사회적 약자를 위한 배려와 준법정신, 땀 흘려 일한 정당한 노동에 의한 수익 획득 등 돈에 대해 올바른 경제교육을 하고 나머지는 중학교 이후 교육대상에 따라 그 내용을 조절하여 적절하게 시행하는 것이 바람직할 것으로 보인다.

14. 부패관리의 핵심 3가지

부정부패 관리의 핵심은 정비의 기본인 '닦고제거하고, 기름 치고보정하고, 조인다압박한다'는 것을 실행하는 것이다. 그동안 부정부패 관리에 실패한 곳은 모두 기본에 충실한 실천이 부족했다. 제도와 정책, 행정은 말로 하는 것이 아니라 행동을 통하여 결과물을 창조하고 반응을 끌어내거나 행동하게 하는 등 필요로 하는 일을 하고 모두가 만족을 구하는 것이다. 인간 삶은 실천하는 행동이 수반되지 않는 것은 의미가 없다. 정책과 제도도 마찬가지다. 우리 생활 속에서 실질적인 결과물을 만들어내기 위해서는 법규를 준수하고 만들어진 정책과 제도를 실무에 적용하면서 문제를 해결하고 장애물을 제거하는 실질적인 작업이 이루어져야 한다.

그동안 부정부패가 만연한 곳은 그 부정부패를 통제할 수 있는 인력이나 장비, 법규와 제도의 미비보다는 부정부패 행위를 예방하고자 하는 실천의지가 부족한 것이 문제였다. 의지가 있고 실천을 통해 정상적인 관리가 이루어지면 미비한 제도와 법규는 만들면 되고 인력과 장비는 보충하면 되기 때문이다. 부정부패 관리에는 합리적인 가치관을 가진 사람의 임용, 예방교육, 법규와 제도의 정비, 지도자와 관리자의 확인과 점검, 부패행위의 적발과 처벌, 부패활동이 곤란한 체계 구축과 분위기 조성을 통한 압박 등 제반 활동이 모두 포함된다.

부정부패 관리에서 닦는 것은 불필요한 것을 제거하는 일로 잘못된 법규와 제도, 체계로 말미암아 발생하는 문제를 제거하는 것, 부정부패 행위자를 끈질기게 추적하여 적발하는 일이다. 기름 치는 것은 부패방지를 위해 새로운 법규와 제도를 만들고 인력과 장비를 충원하는 것, 합리적인 가치관을 가진 사람의 임용, 새로운 적발기술의 도입, 잘못된 법규와 제도 등으로 발생할 수 있는 문제를 찾아내 보완하는 것, 예방교육 등 보충하여 매끄럽게 하거나 완전하게 하는 것이 해당한다. 조이는 것은 확인 및 점검 강화, 부패행위자로 적발된 사람에 대한 엄격한 법규 적용과 처벌, 부패활동이 곤란한 체계 구축과 분위기 조성을 통한 압박 등이 있다. 이 가운데 부정부패 관리를 위해 가장 중요한 것이 기름 치는 것, 즉 보정하는 것이다.

정부와 모든 행정기관이 나름대로 부정부패 관리를 하는데도 쉽게 개선되지 않는 것은 기름 치는 것에 해당하는 부정부패 행위자에 대한 보정기술이 부족한 것이 큰 원인으로 지적된다. 합리적인 예방교육, 새로운 적발 기술 도입, 좋은 제도를 만드는 방법을 잘 알지 못하기 때문이다. 사건이 일어나고 비난 여론이 거세져 문제의 심각성을 인식한 상부에서 지적하면 아주 강하게 밀어붙이다가 조금만 지나고 나면 흐지부지되고 만다. 어떤 내용으로 어떻게 관리하고 진행해야 할지 잘 모르고 그 목표도 뚜렷하지 않은 경우가 많은 것 같다.

적어도 달성해야 할 목표 부패인식지수나 청렴도, 고객만족도가 구체적으로 제시되어야 하고 연간 부정부패 관리현황을 통해 전체적인 업무 흐름에 따라 관리가 이루어져야 한다. 좋은 부정부패 관리가 이루어지기 위해서는 제거하고, 보정하고, 압박하는 것을 실천하는 행동이 평상시에 조화롭게 잘 진행되어야 한다. 실천하지 않으면 아무것도 제대로 이루어지지 않는다. 부정부패 관리에서 어정쩡하게 실행하면 오히려 조장하는 결과를 가져온다. 관리를 통해 부패행위자는 반드시 적발되고 대가를 치른다는 인식을 심어주지 못하면 계속 도전될 수밖에 없다.

15. 정당 공천책임 제도 도입

한국 정치의 가장 큰 폐해 중 한 가지는 정당이 공천하고도 전혀 책임을 지지 않는다는 것이다. 이것은 모든 국민이 자신의 권익을 보호해주는 국가에 대해 져야 하는 책임과 의무가 정당에는 부과되지 않는 것으로 이제까지 정당은 권리만 누려온 셈이다. 그동안 한국 정치는 계파 수장들이 영향력을 행사하는 비민주주적인 계파정치에 의해 불합리한 공천제도 운용으로 온갖 불법·부정선거가 난무하고 비생산적인 정쟁이 정당에 의해 조장되었다.

앞으로는 이러한 폐해를 방지하기 위해 정당이 추천한 후보가 정당 내부의 추천과정에서 뇌물을 준 사실이 확인될 경우, 금권선거에 의해 지역 유권자가 금품을 받아 처벌을 받거나 후보자 자신이 처벌을 받는 경우, 당선 후 뇌물을 수수한 것이 확인되는 경우 금액에 상관없이 해당 정당은 보궐선거와 차기 선거에는 후보를 공천할 수 없도록 법으로 제한하는 조치를 취해야 한다. 이는 대통령 선거도 마찬가지이다. 무소속으로 공천하여 영입되거나 자의적인 무소속 출마를 통해 당선된 사람도 영입하지 못하도록 국회의원, 지방자치단체장, 대통령은 당선 후 입당을 제한하는 규정을 둘 필요가 있다.

부정선거를 한 사람은 10년 동안 공직선거에 출마할 수 없고 공기업과 공무원 활동을 제한하는 규정을 만들어야 한다. 특히 대통령 선거는 공천을 위해 정당명만 변경하는 것을 막기 위해 기존 정당의 자산과 조직, 당원을 인수하면 후보를 공천할 수 없도록 제한해야 한다. 이러한 정당 공천책임 제도를 도입하면 우리나라의 부정부패는 획기적으로 개선될 가능성이 크다.

2010년 6월 2일 지방선거를 앞두고 열린 5당 대표 방송토론회에 참석한 정세균 민주당 대표가 선거법을 위반한 당선자를 낸 정당은 보궐선거에서 후보자를 내지 않도록 5당이 합의하자고 제안했다. 이에 대해 정몽준 한나라당 대표는 도요타자동차 리콜recall, 소환수리제 사태를 예로 들면서, 잘못된 제품을 기업에서 새로운 제품으로 교환해주거나 사후에 관리하는 것과 같이 잘못된 후보자를 낸 정당도 더 품질이 좋은 후보자를 내 국민의 선택권을 넓혀야 한다고 말했다. 형편없는 저질의 괴변이다. 이회창 자유선진당 대표는 5당이 합의하고 시행하지 않으면 국민이 정치쇼를 한다고 할 것이다. 민주당에서 진정성이 있다면 먼저 당선된 후 선거법 위반 사실이 드러나 보궐선거를 하게 될 때 스스로 모범을 보이면 다른 당도 모두 따라갈 것이라고 했다.

법규로 정당 공천책임 제도를 도입하기보다는 이회창 대표의 말대로 어느 당이든 저급한 정치문화를 만드는 잘못된 공천 제도를 바로 잡기 위해 정당대표와 정당 스스로 모범을 보이는 일이 가장 바람직하다. 그리고 그러한 길은 언제든지 열려 있다. 2010년 5월 12일 한나라당은 6월 2일 지방선거 유세 중 친동생이 금품수수 혐의로 구속된 것과 관련 현명관 제주지사 후보의 공천을 취소[374]했다. 경선을 통해 후보로 선출되었기 때문에 제주지사 선거에 후보를 내지 않겠다고 밝혔다.

이에 따라 제주도지사 선거는 사상 처음으로 여당과 야당 후보 없이 무소속 후보자로 선거가 치러졌다. 그러나 한나라당의 조치는 야당에서 차떼기 얘기를 꺼내고 '돈' 선거를 했다는 부정적 이미지가 퍼지면 다른 지역의 선거 판도에 영향을 미칠 것을 우려해 서둘러 차단한 것으로 풀이되어 정당 공천책임 제도의 시행과는 거리가 멀다. 여당과 야당이 의지만 있다면 굳이 정당 공천책임 제도와 같은 무리한 생각을 하지 않아도 부정부패를 막을 수 있는 좋은 방법은 얼마든지 있다. 문제는 방법을 모르는 것이 아니라 의지가 약하고 실행을 제대로 하지 않는다는 점이다.

---

[374] SBS 2010. 5. 12.

16. 부패 한 번에 막을 수 있는 것 아니다

언론에서 대통령이 부패와 전쟁을 선포했다는 보도를 하는 것을 종종 볼 수 있다. 그러나 이러한 표현은 적절하지 않다. 잘못하면 부패관리에 대한 인식을 왜곡시킬 수 있다. 원래 전쟁戰爭은 병력에 의한 국가 상호 간 또는 국가와 교전 단체 간의 싸움을 말한다. 간단하게 말하면 싸움이다. 싸움은 적이 있어야 한다. 그러나 부정부패는 사람의 행위에서 나오기 때문에 개인의 기준에서는 법을 어기고 이익을 추구할 것인가 아닌가 하는 자신과의 싸움일 수 있다. 하지만 국가나 행정기관의 입장에서는 관리의 대상이지 싸움의 대상이 아니다.

물론 부정부패가 국가를 좀먹는 것이기 때문에 부패행위를 한 사람을 적으로 간주할 때 전쟁이라는 표현을 적용할 수 있다. 그러나 부패행위를 한 공무원도 국민이고 국민이 국가의 주권자로 주인이기 때문에 부정부패는 당연히 예방해야 하지만, 국민을 적으로 돌리는 것은 올바른 부정부패 관리방법이 아니다. 부정부패 문제 해결을 강력하게 추진할 때마다 항상 대두하는 것이 개혁, 척결, 발본색원이지만 이것도 바람직한 관리방법이 아니다.

제도 자체에 문제가 있을 때는 제도를 개혁하여 새로 만들어 보완하면 어느 정도 효과를 볼 수 있다. 하지만 대부분 부정부패는 제도의 문제가 아니라 운용하는 사람의 행위문제이다. 새로 제도를 만든다고 하여도 인간의 불완전성으로 말미암아 새로 만든 제도에도 한계가 있다. 그러므로 제도개혁으로 부정부패를 해결하려고 하는 행동은 큰 효과를 기대하기 어렵다. 또한 부정부패 행위는 사람의 욕망 절제가 실패했을 때 나타나는 것으로 수신이 부족한 사람은 누구나 할 수 있다. 발본색원할 수 있는 것도 아니고 척결이나 근절할 수 있는 것은 더욱 아니다. 발본색원拔本塞源은 폐단의 근원을 아주 뽑아서 없애 버림이고, 근절根絕은 아주 뿌리째 없애 버림이다. 그 누구도 사람이 갖고 있는 욕망을 발본색원하거나 근절할 수는 없다.

부정부패를 한 번에 발본색원하고 근절할 수 있는 것이면 얼마나 좋겠는가? 그리고 그렇게 할 수 있다면 아마 시대를 뛰어넘어 세계 모든 국가와 인류의 영원한 난제가 되지도 않았을 것이다. 인간의 욕망은 개인이 처한 상황과 주위환경에 따라 수시로 변화하고 그러한 욕망에서 발원하는 부정부패 행위는 고정된 것이 아니라 항상 가변적인 형태로 행동을 통해 나타난다. 그러므로 부정부패는 한 번에 막을 수 있는 것도 아니고 막히는 것도 아니다. 공무원이 부정부패 행위를 하기 어렵게 철저하고 지속적인 관리를 통해 끊임없는 노력을 기울이며 대응해나가야 한다.

인간이 살아가는 세상은 항상 재화가 부족하다. 재화가 충분하다고 하더라도 필요한 때 필요한 곳에 공급이나 분배가 제대로 이루어지지 못하면 문제가 발생한다. 그리고 인간의 욕망은 언제나 더 좋은 것을 더 많이 갖기를 탐하기 때문에 끊임없는 관리노력 외에는 묘책이 없다. 제도개혁이나 척결, 발본색원, 근절, 전쟁보다는 부정부패 행위를 진정으로 예방하려면 평상시에 관리를 잘하는 것이 가장 좋은 방법이다. 눈 가리고 아웅 하는 식으로 관리하면 아무리 개혁을 통하여 새로운 좋은 제도를 만들어도 소용이 없다. 조은뉴스에 보도된 기초수급자 장애인 보조금 10년간 '꿀꺽'이라는 기사가 좋은 사례이다.

지적장애인을 기초수급자로 만든 뒤 10년간이나 보조금을 가로챈 사회복지 공무원이 경찰에 적발됐다. 광주 서부경찰서는 기초수급자의 보조금을 가로챈 혐의로 장흥군청 사회복지담당 공무원 송 모46세. 6급. 사회복지사 씨와 기초수급자 관리를 소홀히 한 혐의로 장흥군 대덕읍사무소 담당 공무원 7명을 2010년 3월 26일 불구속 입건했다. 경찰에 따르면, 송씨는 1999년부터 2010년 2월까지 기초수급자인 강 모57세. 지적장애 3급 씨에게 매달 지급된 보조금 총 3천900여만 원을 횡령한 혐의이다. 사회복지 업무를 담당하던 송씨는 장흥군 대덕읍에서 자신의 부모와 함께 살고 있던 강씨를 기초수급자로 만들어주고 강씨의 계좌로 입금된 보조금을 강씨에게 전달하지 않고 사용한 것으로 드러났다.375)

　이는 10년 이상 보조금을 가로채는 사이 부실한 확인, 점검, 감사 등으로 일관되어 정상적인 관리체계가 작동하지 않았다는 것을 의미한다. 관리를 이렇게 형식적으로 하면 아무리 제도를 바꾸는 개혁을 한다고 달라지지 않는다. 대부분 개혁을 거론하는 지도자들은 부실한 관리책임이 있는 사람들이다.

---

375) 조은뉴스 2010. 3. 27.

17. 공개 · 결과예측 가능한 행정, 투명성 강화

행정절차가 복잡376)하거나 명확하지 않아서 이해당사자들이 쉽게 행정처리 결과를 예측하기 어렵거나, 그 과정과 결과에 대해 이의를 제기가 어려운 경우, 시설에 대한 규제 및 허가기준이 현실성이 없어 그 기준에 따르면 도저히 정상적으로 영업할 수 없는 경우, 여러 기관이 중복해서 감독하거나 인허가와 검사 등의 기준이 지나치게 까다로워 과도한 시간과 비용이 들게 되면 오히려 그 법령 때문에 부패가 발생할 위험이 커진다.

이런 때에는 불명확한 규정을 사안에 따라 명백히 밝히고, 행정절차에 민원인이 참여할 기회를 주는 것이 바람직하다. 또한 표준 인허가 서식이나 서류 공개, 내방하는 민원인이 하고자 하는 일에 대한 공무원의 법규와 절차에 대한 설명 의무화 등 관련 정보를 충분히 공개하고 지키기 어려운 행정기준을 대폭 현실화한다면 부패발생 가능성은 획기적으로 낮아질 것이다.

---

376) 김창룡(2006), "청렴한국 아름다운 미래", 한길사, p.193.

18. 부패관리 관제탑 기능 보강 필요

　부정부패 행위를 일으키는 집단은 대통령을 비롯한 친인척과 측근 참모, 국회의원과 지방자치단체장을 포함한 정치인, 고위공직자, 실무를 담당하는 일반 공무원이 있고, 이들에게 뇌물을 제공하고 접대를 통하여 편익을 추구하는 하위직 공무원과 기업인 같은 국민이 있다. 대통령의 친인척은 공무원이 아니면서 배경을 등에 업고 공무원들에게 압력을 행사하거나 알선 수재 등의 방법으로 비리를 일삼는 사람들이다. 부정부패를 없애기 위해서는 이들 집단에 대한 각각의 방안이 강구될 필요가 있다. 모든 부패관리 기관들은 각각 열심히 노력했다고 하지만 부정부패는 끊임없이 터져 나오고, 국민은 대통령이 지도력과 문제해결능력을 발휘해 달라고 요구한다.

　대통령이 문제해결능력을 발휘하기 위해서는 부패관리 기관에서 제공하는 대책과 관리를 통한 실질적인 성과가 필요하다. 그런데 제대로 된 대책과 성과가 안 나오자 또 다른 기구를 만들자고 한다. 그것이 고위공직자비리수사처 신설 주장 제기와 논란이다. 새로운 기구 설치가 논의된다는 것은 기존에 부정부패 관리를 담당해온 기관의 능력 한계에 기인한 것이다. 행정기관이 무엇을 어떻게 해야 할지 모르고 부패 개념이 부족한 상태에서 뭔가 대책을 내놓아야 한다는 조급함에서 대책이라고 쏟아내는 것들이 새로운 논란을 불러일으키기도 한다. 학교장 공모도 그 중 하나이다.

　정치 부분에서 발생하는 비리는 청와대 참모진의 비도덕적인 사람 추천과 임명, 정당의 비민주화로 인한 불합리한 공천, 대통령 친인척과 측근 참모 및 정치인의 뇌물수수, 금권선거, 지방자치단체장의 비리 등이다. 그런데 국민권익위원회는 정치 부분에 대해 이렇다 할 부정부패 방지방안을 내놓지 못하고 있다. 중앙선거관리위원회가 선거 업무를 전담하지만, 금권선거 단속위주의 업무를 주로 하고 있는데다 수사권이 없어 실효성을 거두지 못하고 있다. 특히 정치인의 부정부패 온상이 되고 있는 공천과 정당 내 선거에 대해서는 별다른 관리가 이루어지지 않는다.

공천과 관련된 정당의 계파정치와 금권선거를 척결하지 않고는 코드인사를 통한 내 사람 앉히기를 막을 수 없다. 내 사람 앉히기는 합리적인 인사기준을 무력화시키기 때문에 계파정치가 청산되어야 합리적인 공천도 가능하고 금권선거를 척결하는 방향으로 나아갈 수 있다. 그런데 이러한 정치 부문에 대한 대책은 제대로 나오지 않는다. 만약 국민권익위원회가 전반적인 부정부패에 대한 원인을 파악하고 있다고 하더라도 실행이 이루어지지 않으면 소용이 없다. 그러면서 국민권익위원회는 공공연하게 고위공직자비리수사처를 신설해야 한다는 목소리를 감추지 않는다.

검찰 역시 부정부패를 속이 시원하게 파헤치지 못하는데다 내부에 부정부패가 상존해 국민의 불신을 받고 있다. 그럼에도 고위공직자비리수사처 신설이나 수사권 분산 등 권력을 쪼개는 것은 싫다며 기존에 주어진 권한 지키기에 급급한 모습이다. 두 기관의 입장이 어떻든 고위공직자비리수사처를 별도로 설치하는 것은 합리적인 방법이 아니다. 오늘날 우리나라의 부정부패는 관리기관이 부족한 것이 문제가 아니다. 이미 충분한 관리기관이 존재한다. 그럼에도 효율적인 부정부패 관리가 이루어지지 못하는 것은 각 기관을 조정하고 통제하면서 통합력을 발휘하도록 관리할 관제기능이 부재한 것이 원인이다.

국민권익위원회는 부정부패 전담기구이다. 하지만 주요 업무는 '공직사회 부패 예방·부패행위 규제를 통한 청렴한 공직 및 사회풍토 확립'으로 역할이 제한되어 있어 중앙선관위와 감사원, 경찰, 검찰, 교과부를 포함한 관계기관의 종합적인 부패관리 업무를 총괄하기 곤란하다. 청와대 민정수석실은 대통령 친인척 관리, 공직자 사찰, 고위공직자 인사검증 외에 검찰·경찰과 같은 공권력 보유 기관의 업무 조화에 치우쳐 있다. 결국 오늘날 우리나라의 부정부패를 총괄적으로 관리하고 조정하는 기능이 부재하다는 것을 의미한다.

효율적인 부정부패 관리를 위해서는 국민권익위원회, 교과부, 중앙선거관리위원회, 검찰, 경찰, 감사원, 행정기관의 부정부패 관리부서, 기업의 윤리경영 등 모든 기관의 적극적인 협력과 노력이 필요하다. 그런데 그동안 우리나라는 국가 차원에서 종합적인 부정부패 문제에 대한 관리와 조정, 통제업무가 제대로 이루어지지 못했다. 즉 부정부패를 종합적으로 기획, 관리, 조정하고 분담된 역할을 확인, 점검할 수 있는 총괄적인 통제조정기구가 제 역할을 하지 못하고 사실상 부재하다고 볼 수 있다. 이러한 상황은 지자체도 마찬가지이다.

그동안 부정부패 관리가 분산되어 종합적인 효과를 발휘하지 못하고 감사나 수사에 의한 적발과 처벌위주로 이루어질 수밖에 없었던 이유가 여기에 있다. 부패는 앞으로도 영원히 지속할 것이므로 부패업무를 총괄적으로 관리하고 수행할 수 있는 부정부패 관리 관제탑control tower의 설치와 부패 전담 관리자 양성도 필요하다. 부정부패 총괄업무를 담당할 수 있는 관제탑 역할을 할 수 있도록 국민권익위원회의 기능을 일부 보완하거나 청와대에 부정부패 전담 수석비서관을 신설하여 제각기 독자적으로 운영되어 온 전체 사정기관과 부정부패 방지기관, 중앙선관위, 교과부 등 전반적인 업무의 조정, 통제, 관리를 통해 관계기관 간 협조체계를 구축할 필요가 있다.

광역지자체도 이러한 조직과 기능이 필요하다. 감사실에서 부정부패 업무를 담당하도록 하는 것은 국민권익위원회의 기능을 없애고 감사원에 부정부패 관리를 맡기자는 것과 다를 바 없다. 이 외에 중앙선거관리위원회가 원할 때 선거사범을 현장에서 체포할 수 있는 제한된 사법경찰권, 국민권익위원회도 기존 업무를 수행하면서 부정부패에 한해 현장에서 체포하고 드러난 부정부패 행위를 적발해 고발할 수 있는 제한된 사법경찰권 부여를 검토해 볼 필요가 있다. 그러나 교육은 국민권익위원회와 교과부, 각 행정기관, 감사는 감사원과 행정기관의 감사실, 수사는 경찰이나 검찰에서 맡고 선거관리 업무는 중앙선거관리위원회에서 담당하는 것이 합당하다.

19. 부패관리 공정설계 개념 도입 필요

부패는 근원적으로 모두 제거할 수 없으므로 가장 현실적인 부정부패 관리방법은 명확한 목표를 정하고 관리를 통하여 달성하는 목표관리 방법으로 접근하는 것이 바람직하다. 목표관리의 가장 현실적인 방법은 공정설계 개념을 도입하는 것이다. 넓은 의미에서 설계는 특정 목적을 달성하기 위한 계획을 전개하는 과정이다. 설계에서 가장 중요한 과정은 예비 및 최종단계의 문제점 파악 그리고 대책 안건과 이와 관련된 문제들로 이루어진 일련의 결정과정이다.

각 결정 항목마다 설계자는 대책 안건을 검토하고 기술적 경제적으로 무리 없는 항목을 선정해야 한다. 또한 각 항목에서 대책 안건의 완전한 검토는 이 대책 안건과 부수된 모든 문제점에 대한 해결방안을 제시해야 한다. 공정工程은 한 제품이 완성되기까지 거쳐야 하는 하나하나의 작업 단계를 말한다. 따라서 공정설계process design는 특정 목적을 달성하기 위해 일련의 각 작업 단계를 계획하고 전개하는 과정이다. 공정설계에는 공정을 도식화한 공정 흐름도process flow sheet를 통해 처음부터 끝까지 단계별 그리고 전체적인 진행과정과 각 단계에서의 문제점과 해결방안이 제시되어야 한다. 그리고 각 공정 간 연계성도 중요하다.

연계성이란 각 공정의 구성요소들이 어떻게 연결되는지 그리고 총괄적으로 공정이 전체 제조설비와 어떻게 연결되는지 파악하는 것이다. 이러한 연계성은 목적하는 바의 목표 달성에 상당한 영향을 미친다. 따라서 설계자가 관계기관 또는 공정 간 연계성을 파악하고 고려하는 것은 당연한 일이다. 부패관리를 위해 반드시 공정설계나 공정흐름 도가 필요한 것은 아니지만, 개념은 분명하게 갖고 있어야 한다. 부패관리자가 무엇을 관리하고 문제를 어떻게 해결할 것인가 하는 점에 대한 방안을 갖고 있지 않으면 올바른 문제 해결이 이루어질 수 없다.

효율에 차이가 날 수는 있겠지만, 문제해결방안을 갖고 있지 못한 관리자는 허수아비와 다를 게 없다. 피터스Max S. Peters는 "관리자들은 자신이 맡은 바 직무를 충실하게 수행할 수 있는 역량377)을 갖추지 않으면 안 된다, 관리자가 갖추어야 할 자질에는 이론적 지식, 실질적 경제적 한계성에 대한 인식, 일반상식, 독창적으로 어려운 일을 수행하는 능력 등이다. 이러한 모든 것들이 훌륭한 설계 관리자가 되기 위한 필수요건이며 설계문제의 해결에 이용되어야 한다"고 말했다.

목표를 달성하기 위해서는 관리자가 있어야 하고 예산이 배정되어야 하며 실질적인 관리가 이루어져야 하는데도 우리나라는 총괄적인 업무를 조정해나갈 관제탑이 부재하고 하부 행정기관에 전담 관리자 지정이 이루어지지 않아 업무가 분산되어 부패 개선의 실효성을 떨어뜨리고 있다.

---

377) C. Daivid Cooper · F. C. Alley 공저, 김동술 · 김태오 공역(2006) "대기오염방지공학", 동화기연, pp.81~83.

20. 부정부패 척결할 수 있는 최선의 방책

‘인사가 만사다’라는 문구는 인사의 중요성을 가장 적절하게 표현한 말이다. 세상의 모든 일은 인간이 주체이고 중심이다. 인간에 의해 평가되고 실행되는 일은 인사에 의해 시작되고, 인사를 통해 임명된 사람의 노력을 포함한 행위에 의해 결과가 달라진다. 인사는 집단이나 조직에서 이루어지는 일이므로 개인의 활동영역은 그 대상이 되지 않는 것으로 생각할 수 있다. 하지만 개인의 삶은 법과 국가에 의해 통제된다. 그러므로 국가를 운용하는 바탕이 되는 공무원 조직의 인사에 따라 영향을 받을 수밖에 없다. 법과 규칙도 모두 그것을 만들고 운용하고 집행하는 주체가 공무원이다. 부정부패도 마찬가지이다.

국민은 정부에 부정부패 척결을 요구할 수 있고, 선거를 통해 일을 제대로 못 하는 선출직 공무원에 대해 책임을 물을 수 있다. 하지만 부정부패 행위를 저지르고, 예방하고 적발해 막을 사람은 모두 공무원이다. 부패행위를 최종적으로 확인해 적발할 수 있는 권한을 가진 사람은 공무원 내부에 있다. 문제는 어떤 사람을 발탁하여 어떻게 일하게 할 것인가 하는 점이다. 사람과 일하는 방법에 따라 결과는 크게 차이가 난다. 유능한 공무원이 임용되고 적재적소에 배치되어 일을 잘하면 부정부패는 줄어들기 마련이다. 부정부패 예방을 위해서는 철저한 관리가 무엇보다 중요하다. 그런데 모든 관리자는 인사의 영향을 받는다.

인사에는 공무원의 임용, 교육, 배치 등이 모두 포함된다. 그 핵심은 유능한 공무원의 육성과 적재적소 배치이다. 부정부패를 척결하기 위해서는 유능한 공무원을 육성하여 그들로 하여금 해결하게 해야 한다. 하지만 아무리 유능한 공무원이 육성되어도 인사가 합리적이지 못하면 능력을 발휘할 기회가 주어지지 않는다. 그러므로 합리적인 인사가 최선의 부정부패 척결 방책이 되는 것이다.

부패척결은 어느 한 분야의 노력만으로는 해결이 쉽지 않고 공무원 조직 내부의 유능한 공무원 양성을 통한 철저한 관리, 환경과 사회풍토 개선이 병행해 이루어질 때 기대하는 바의 실질적인 효과가 발휘될 수 있다. 이 중에서 가장 중요한 것이 유능한 공무원 양성을 통한 철저한 관리이고 인사에 의해 그런 사람이 발탁될 수 있는 합리적인 체계가 갖추어져 한다. 코드인사와 같은 정실인사를 그대로 두고서는 부정부패 척결은 요원하다.

21. 의식개혁 어떻게 할 것인가

그동안 우리가 시행해온 부정부패를 막는 방법은 주로 법과, 제도, 규칙, 인사 조치나 조직 개편 등의 인적 쇄신, 윤리적인 방법을 통한 접근이었다. 이러한 방법이 효과가 없다고 부인할 수는 없지만, 항상 주효한 것만도 아니다. 지금 우리에게는 부패를 막기 위한 너무 많은 법규가 있다. 사람들이 그 내용을 모두 알지도 못할 정도다. 그럼에도 부정부패는 끊이지 않는다. 이러한 한계를 극복하고 부정부패를 줄이기 위해서는 교육과 의식개혁이 필요하다.

우리는 일상적으로 의식개혁이라는 말을 많이 사용한다. 그러나 의식개혁의 정확한 의미를 아는 사람은 그렇게 많지 않다. 의식개혁이 무슨 뜻인지 알면 어떻게 의식을 개혁해야 할 것인가 하는 방법도 알 수 있다. 그런데 실제로 의식개혁을 어떻게 해야 하는지 아는 사람은 극히 드물다. 의식意識은 역사적·사회적으로 규정되는 사상·감정·이론·견해 등을 일컫는 말이고, 개혁改革은 새롭게 뜯어고침, 합법적 절차를 밟아 정치상·사회상의 묵은 체제를 고쳐 새 체제로 바꿈을 뜻한다. 그러므로 의식개혁은 사상·감정·이론·견해를 새롭게 뜯어고치거나 새로운 것으로 바꾸는 것을 말한다.

그럼 의식개혁은 어떻게 할 것인가? 여기에는 세 가지 방법이 있다. 첫째는 교육이다. 교육을 통한 지식과 정보 제공, 체험학습과 교육훈련을 통해 올바른 의식을 함양하고 어떤 생각을 하고 사는 것이 올바른 삶인지 스스로 깨달음을 얻도록 하는 것이다. 공교육이 지향하는 올바른 민주시민 양성과 사회화가 교육의 중요한 목적 가운데 하나가 되는 이유가 여기에 있다. 둘째는 집단이나 사회의 조직에서 관리를 통해 잘못된 의식과 행동이 드러났을 때 지적을 하는 등 견제와 올바른 행동 유도, 셋째는 잘못된 행동에 대한 처벌을 통한 의식과 행동 수정방법이 있다.

위에 제시된 의식개혁을 위한 세 가지 방법은 각각 나름대로 특징이 있다. 이 가운데 어느 한 가지라도 적절하게 운용하면 나름대로 효과를 볼 수 있다. 하지만 욕망과 감정에 의해 사람의 마음 상태는 수시로 변화하기 때문에 아무래도 의식개혁이 제대로 이루어지기 위해서는 집단이나 사회의 조직차원에서 세 가지 모두를 활용하고 개인의 노력이 동시에 이루어져야 효과를 볼 수 있다. 여기에 좋지 않은 환경 개선 노력이 병행되면 더욱 바람직하다.

22. 부정부패 행위자 공소시효 시작 시점 조정

　부정부패 등 공직자의 잘못된 행동이나 비위사실은 그 특정상 시간이 지나야 드러나는 경향이 있다. 따라서 전임자의 잘못은 대개 후임자가 그 내용을 알지만, 전관예우나 동료의식, 자신에게 돌아올 불이익을 고려하여 덮어두고 넘어가려는 경향이 있다. 특히 전임자가 퇴직한 경우에는 더욱 그렇다. 이러한 행동은 때로는 잘못된 관행을 만들거나 좋지 않은 일을 하도록 승인·묵인·방조·방기로 이어지기도 한다. 따라서 부정부패 행위자에 대해서는 공소시효378)를 폐지하든지 아니면 공소시효의 시작 시점을 행위 시점에서 위법이나 범죄 사실을 사정기관이나 수사기관이 인지하여 공식적인 조사나 수사에 착수한 시점으로 변경 명문화할 필요가 있다.

　공무원이라고 특별히 불이익이 돌아가도록 해서는 안 되지만, 공정한 사회를 만들기 위해서는 부정부패 연루자는 반드시 자신이 저지른 잘못에 대한 대가를 치르게 해야 한다. 현직에 있으면서 기업이나 특정인을 봐주고 퇴직 후 대가를 받거나, 퇴직하기 직전에 한몫 챙겨 나가려는 잘못된 풍토를 차단하기 위해 퇴직 후에 부정부패에 연루된 사실이 드러났을 때 횡령하거나 착복한 금액에 대한 회수와 형사책임刑事責任을 묻는 등 '부정부패 행위를 하면 언젠가는 반드시 책임을 지게 된다'는 점을 인식하게 해야 한다.

---

378) 공소시효(公訴時效)는 죄를 범(犯)한 후, 일정 기간이 지나면 검사(檢事)의 공소권(公訴權)이 소멸(消滅)하여 공소를 제기할 수 없는 제도 또는 그 시한(時限)이다.

23. 비윤리적 기업 그대로 두고는 부패 개선 어렵다

우리나라가 선진국이 되기 위해서는 부패인식지수를 반드시 한 단계 더 향상해 7 이상이 되게 만들어야 한다. 국민 스스로 공정하지 못하고 법을 준수하지 않아 다른 국민에게 피해를 주는 사회는 다른 나라 사람들이 선진국이라고 말한다고 해서 그렇게 받아들여질 수 있는 것이 아니다. 선진국은 우리도 선진국이라고 자부하고 다른 나라에서도 그렇게 인정해 주는 것이어야 한다. 이를 위해서는 기업의 윤리경영 풍토가 반드시 정착되어야 한다. 어느 나라 할 것 없이 대형 부정부패는 모두 기업과 연관이 있다. 따라서 비윤리적인 기업을 그대로 두고는 부패를 개선하기 어렵다.

기업의 윤리경영은 형식적인 윤리경영 선포식을 하는 것이 아니다. 오늘날 우리나라와 같이 한편에서는 윤리경영을 선포하고 다른 한편에서는 여전히 불법적인 행동을 일삼으면 윤리경영의 의미가 없다. 윤리경영을 선포하는 것도 중요하지만, 그보다 더 중요한 것은 실제 윤리 경영을 하는 것이다. 즉 기업가나 경영자, 사원들이 다 같이 법규를 준수해야 한다. 기업가나 경영자는 분식회계나 하도급업체를 통해 비자금을 조성하지 않아야 하고, 사원들은 공사 발주와 감독, 자재 납품과 검사 관련하여 뇌물을 받고 부당한 접대를 받지 말아야 한다. 이런 윤리경영 풍토 속에서 각자 스스로 역량을 높이고 경쟁력을 강화하여 국제적인 경쟁력을 갖출 때 우리나라는 당당한 선진국이 될 수 있다.

<서 적 및 정 책 자 료>

강성구 외(2010), 『그리스 구제금융에도 꺼지지 않는 남유럽 위기의 불씨』, LGERI리포트, p.19.
강성철 외(2007), 『새 인사행정론』, 대영문화사, pp.533~538.
김거성, 『공직부패, 어떻게 극복할 것인가?』, p.5.
김거성(2009), 『교육분야의 공공성과 도덕적 해이』, p.3.
김기태(2002), 『윤리경의 실천 포인트: 내부신고제도』, LG주간경제, pp.31~35.
김길환, 『공직기강과 부패방지 교육자료』, 충청남도교육연수원장 p.1.
김명기(2007), 『독도강의』, 책과 사람들, pp.59~61.
김범주(2003), 『법과 사회』, 형설출판사, pp.419~524.
김병렬(2001), 『독도논쟁』, 다다미디어, p.108.
김병렬 외(2005), 『독도자료집 I 』, 동북아의 평화를 위한 바른역사정립기획단, p.25.
김영종(2001), 『부패학』, 숭실대학교 출판부, pp.11~99.
김장민(2010), 『지방자치단체장 부패 근절 방안』, 새세상연구소, pp.10~11.
김창룡(2006), 『청렴한국 아름다운 미래』, 한길사 pp.20~193.
김택(1999), 『관료부패론』, 학문사, pp.29~152.
김학준(2003), 『독도는 우리 땅』, 도서출판 해맞이, pp.77~78.
김호정(1994), 『한국관료 행태의 결정요인: 복지부동의 원인』, 한국행정학보, 28(4)
        pp.1256~1257.
노정현(1996), 『깨끗해야 떳떳하다』, 미래미디어, pp.16~37.
문용린 외(2009), 『학생용 청렴교육 매뉴얼 개발 연구-초등학교 고학년용 (4～6학년) 교사
        지도서』, 국민권익위원회, pp.141~142.

박천식(1999),『재미있는 심리학』, 원출판사, p.87.

배세영(2005)『부패의 경제학』, 대경, pp.3~44.

손무 저, 남면성 역(1982),『손자병법』, 현암사, pp.19~20.

신용하(2005),『한국과 일본의 독도영유권 논쟁』, 한양대학교 출판부, pp.55~60.

신중식 외,『교육지도성 및 인간관계론』, 한국교육행정학회, 2003년, pp.44~50.

유종성(2008),『한국은 부패통제에 성공하고 있는가?』, 국민권익위원회, pp.40~44.

윤태범,『관료부패 발생의 경제적 조건에 관한 연구』, 부경대학교, pp.4~5.

윤태범(2010),『한국의 지속적 성장발전을 위한 청렴정책의 방향』, 국민권익위원회, pp.22~24.

이상안(2000),『공직윤리봉사론』, 박영사, pp.306~313.

이서행(1990),『청백리 정신과 공직윤리』, 인간사랑, p.304.

이수윤(1998),『정치학 개론』, 법문사, p.221.

이순철(1998),『정보화시대의 정부개혁 10가지 성공비결』, 삼성경제연구소, pp.154~187.

이정주(2010),『서울시 청렴실태 및 개선방안』, 서울시, p.69.

이종수 외(2005),『새 행정학』, 대영문화사, pp.76~424.

이진호(2011),『독도 영유권 분쟁 과거 현재 그리고 미래』, 한국학술정보, p.90.

이헌환(2000),『특별검사제』, 박영사, pp.5~88.

임영정 역(2003),『독도 영유권의 일본 측 주장을 반박한 일본인 논문집』, 경인문화사,
        pp.62~69.

전수일(2008),『이명박 정부의 반부패 정책 검토와 과제』, 한국투명성기구, pp.21~22.

조은상(2003),『기업 내 부패의 유형, 원인 및 반부패 제언』, 전경련 간담회자료, p.6.

조현국(2009),『SERI 경영 노트 보이지 않는 힘: 동료효과』, 삼성경제연구소, p.1.

최창호 · 하미승(2006),『새 행정학』, 삼영사, pp.259~549.

하태권 외(2001),『현대 한국정부론』, 법문사, pp.178~200.

홍성열(2008),『사회심리학』, 시그마프레스, p.418.

C. Daivid Cooper · F. C. Alley 공저, 김동술 · 김태오 공역(2006),『대기오염방지공학』,
        동화기연, pp.81~83.

Charles S. Carver · Michael F. Scheier 공저, 김교헌 외 역(2005),『성격심리학』, 학지사, p.163.

Jeffery H. Goldstein 저, 홍성열 · 임영식 옮김(2002),『환경이 범죄자를 만드는가』, 교육
        과학사, p.144.

Sawyer · McCarty · Parkin 공저, 김덕찬 외 공역(2005),『환경화학』, 동화기연, p.30.

국가청렴위원회(2007),『기업 윤리경영 모델』, 국가청렴위원회, p.3.

국민권익위원회,『2009 국민권익백서』, 국민권익위원회, pp.275~779.

국민권익위원회(2008),『공직자 청렴교육 표준강의 프로그램 중앙 · 지방 행정기관 과정』,
        국민권익위원회, pp.24~25.

국민권익위원회(2009),『2008년도 자체평가 결과보고서(주요정책 부분)』, 국민권익위원회, p.3.

국제투명성기구,『2010년 부패인식지수(CPI 2010)』, 한국투명성기구.

국제투명성기구, 『2010년 세계부패바로미터(GCB2010)』, 한국투명성기구.

반부패국민연대(2001), 『반부패 지도Ⅰ』, 사람생각, pp.337~393.

반부패국민연대(2002), 『반부패 지도Ⅱ』, 사람생각, pp.17~112.

서울시(2010년), 『시민대토론회 부패제로 청렴서울로 가는 길!』, 서울시, pp.7~11.

한국투명성기구·대한주택공사(2007), 『청렴교육교재』, 서울, pp.13~126.

행정안전부(2009), 『활기찬 지역경제와 선진정부 실현을 위한 2010년 핵심 정책과제』, 행정안전부, pp.33~34.

행정자치부 총무과(1999), 『늦었지만 이제부터라도』, 행정자치부, pp.20~130.

『2009년도 반부패·청렴정책 추진지침』, 국민권익위원회, p.7.

『2010년 부패인식도 조사 결과』, 국민권익위원회.

『2010년도 정부업무평가 시행계획(안)』, 국무총리실, p.1.

『공무원 행동강령 업무편람』(2009), 국민권익위원회.

『공직자 행동강령의 이해』(2010), 국민권익위원회, p.2.

『교육비리 근절을 위한 제도개선 추진 로드맵 (시안)』(2010), 교육과학기술부, pp.1~11.

『선진일류국가 실현을 위한 2008년 청렴·투명행정 실천가이드』, 국민권익위원회, p.15.

『청렴 선진국 실현을 위한 2010년도 반부패·청렴정책 추진지침』, 국민권익위원회, pp.8~22.

『청렴한 나라 만들기 원년』추진을 위한 공공기관 감사관 회의 자료(2010), 국민권익위원회, p.4.

<법률>

검찰청법	부패방지 및 국민권익위원회의 설치와 운영에 관한 법률
공직선거법	
교육공무원 징계양정 등에 관한 규칙	부패재산의 몰수 및 회복에 관한 특례법
교통법규위반차량신고보상금지급규칙	약사법
국가공무원 복무규정	특정범죄신고자 등 보호법
국가공무원법	헌법
민법	형사소송법

<행정기관>

경찰청	국민권익위원회
공정거래위원회	농림수산식품부
교육과학기술부	서울시
국가기록원	행정안전부

<신문 및 방송>

경북동해뉴스
경인일보
경향신문
교포신문
국민일보
노컷뉴스
뉴스리더
뉴시스
데일리메디
동아일보
디지털타임스
매일신문
머니투데이
보안뉴스
뷰스앤뉴스
서울경제
서울신문
세계일보
아시아경제
아시아투데이
아주경제
업코리아

연합뉴스
이데일리
일요신문
전북일보
정경뉴스
조선일보
조은뉴스
중앙일보
쿠키뉴스
파이낸셜뉴스
포커스신문사
폴리뉴스
한겨레
한국경제
한국일보
BBS
KBS
MBC
MBN
SBS
YTN

<사전>

네이버 국어사전
네이버 백과사전
네이버 지식사전
문화비평용어사전
야후 백과사전

야후 한자사전
위키백과
청렴용어사전
한국민족문화대백과
doopedia 두산백과

<기타>

국민권익위원회 국민권익 블로그
월간중앙 2009년 8월호

조선왕조실록
참여연대 행정감시센터

이진호

대구대학교 불어불문학과 졸업
한국방송광고공사 광고교육원 매체과정 수료
부산대학교 지방자치 및 NGO과정 수료
부산대학교 환경대학원(환경공학 전공) 졸업
한국가스신문사 근무
한중씨아이티 품질보증팀장 역임
현) 교육, 부정부패, 행정개혁, 리더십, 정치, 사회갈등문제 연구·저술가

귀뚜라미그룹 기술아이디어 경진대회 동상 수상
(가정용 가스보일러 연도 폐가스 누출방지용 이음장치)

『현명한 부모의 자녀교육』
『한국사회 대립과 갈등 진단』
『한국 공교육 위기 실체와 해법』
『독도 영유권 분쟁 과거 현재 그리고 미래』
「X지향 설계를 통해 청정생산 달성을 위한 초저온저장탱크에 대한 LCA 적용」(환경공학석사학위 논문)

부정부패
원인과 대책

초판인쇄 | 2011년 11월 25일
초판발행 | 2011년 11월 25일

지 은 이 | 이진호
펴 낸 이 | 채종준
펴 낸 곳 | 한국학술정보㈜
주　　소 | 경기도 파주시 문발동 파주출판문화정보산업단지 513-5
전　　화 | 031) 908-3181(대표)
팩　　스 | 031) 908-3189
홈페이지 | http://ebook.kstudy.com
E-mail | 출판사업부　publish@kstudy.com
등　　록 | 제일산-115호(2000. 6. 19)

ISBN　978-89-268-2816-8 93350 (Paper Book)
　　　　978-89-268-2817-5 98350 (e-Book)